北京公园生态与文化研究（五）

北京市公园管理中心　主编

中国建筑工业出版社

图书在版编目（CIP）数据

北京公园生态与文化研究（五）/北京市公园管理中心主编．—北京：中国建筑工业出版社，2018.9

ISBN 978-7-112-22544-6

Ⅰ.①北… Ⅱ.①北… Ⅲ.①公园－管理－北京－文集 Ⅳ.①G246-53

中国版本图书馆CIP数据核字（2018）第179063号

责任编辑：杜 洁 兰丽婷
责任校对：张 颖

北京公园生态与文化研究（五）
北京市公园管理中心 主编
*
中国建筑工业出版社出版、发行（北京海淀三里河路9号）
各地新华书店、建筑书店经销
北京佳捷真科技发展有限公司制版
北京京华铭诚工贸有限公司印刷
*
开本：880×1230毫米 1/16 印张：$23^3/_4$ 字数：858千字
2018年10月第一版 2018年10月第一次印刷
定价：98.00元
ISBN 978-7-112-22544-6
（32606）

《北京公园生态与文化研究（五）》编辑委员会

前 言

PREFACE

2016年、2017年两年是实施“十三五”规划的开局之年，是深入贯彻党的十九大的关键之年。国家和北京市针对生态文明建设提出了一系列新思想、新举措，这给我们园林科技工作带来了新的机遇。围绕首都生态文明和四个中心建设，尤其是全国科技创新中心和全国文化中心建设要求，北京市公园管理中心充分发挥系统资源和人才优势，强化科研攻关、对接行业发展需求，结合京津冀区域协同发展和首都宜居城市建设需求，在首都增彩延绿、杨柳飞絮治理、历史名园保护、古树名木保护、动植物专类园研究、公园生态环境提升等与首都生态环境建设紧密相关的命题以及在公园发展中的难点、热点问题持续深入开展课题研究，为北京市园林行业发展和历史名园保护发挥了科技支撑作用。同时充分利用已取得的科研成果和人才优势，依托首都科技资源优势，加大科技成果转化应用和宣传工作，通过战略合作、集成示范展示和成果推广宣传，扩大中心科技成果的贡献率和影响力。

《北京公园生态与文化研究（五）》是北京市公园管理中心成立以来第五册以获奖科研课题为内容的论文集，全书收集了2016年、2017年两年来获奖的科技成果，共计60篇。我们希望通过本书的编写，为广大科技工作者提供一个相互学习、广泛交流、深入研讨、促进合作的平台，同时也希望通过学习和交流，切实发挥北京市公园管理中心在园林科技创新和应用示范方面的优势，为首都生态文明建设作出更大的贡献。

编 者

目　录

CONTENTS

北京市公园管理中心 2016~2017 年度科技进步一等奖

北京市公园管理中心 2016~2017 年度科技进步二等奖

北京市公园管理中心 2016~2017 年度科技进步三等奖

魏氏梭菌感染对中国特有种麋鹿表观遗传学的影响

圈养野生动物技术北京市重点实验室 / 由玉岩　张金国
北京动物园 / 张成林　郑常明　张海杰
国家林业局调查规划设计院 / 阮向东
北京麋鹿生态实验中心 / 张林源

摘　要： 魏氏梭菌是一种重要的人畜共患病病原体，目前是麋鹿主要致死性疾病。20年间，曾多次发生麋鹿魏氏梭菌感染而大量死亡的事件，至今仍没有有效的疾病预判措施。本研究以我国特有种麋鹿为研究对象，通过对麋鹿全基因组表观遗传学差异的分析，探讨患病个体与健康个体的表观修饰差异。该研究将对初步了解麋鹿魏氏梭菌感染疾病的机制具有重要意义，为麋鹿多样性保护和系统进化的研究提供科学依据。

关键词： 特有种；麋鹿；表观遗传学；魏氏梭菌

麋鹿（*Elaphurus davidianus*）为我国特有种，被列为我国I级保护动物。又名四不像，属偶蹄目，鹿科；性机警，易受惊吓，好合群，善游泳；以水生植物为食。原产于我国黄河流域及北京附近地区。至清末，麋鹿因自然灾害和战乱而最终在我国全部灭绝（Dobson，1951；于长青，1996）。1985年以来，我国将流散国外的麋鹿重新引进后，先后在北京南海子、湖北石首、江苏大丰等地建立起50余处种群，目前全国麋鹿总数量已近3000只，约占世界麋鹿种群的2/3。虽然麋鹿种群数量已十分可观，但有研究表明，我国最初引进麋鹿的近交系数已达0.2～0.3（Foose and Foose，1983；于长青，1996），且部分繁育基地遗传多样性较为贫乏（Ryder *et al.*，1981；张林源等，2010），并伴随着生命力衰退。存活寿命已由正常平均寿命20年减少到平均9.7年，甚至更低（于长青，1996）。随着麋鹿的世代繁衍，研究人员陆续发现一些麋鹿的疾病类型，如传染性海绵状脑病，慢性消耗性疾病（Miele *et al.*，2001），附红细胞体病（陈绚姣等，2005），长角血蜱病（沈华等，2007），血吸虫病（马秀平等，2007），球虫病（赵金凤等，2011），急性胃肠炎（唐宝田等，2009），以及由奇异变形杆菌、致病性大肠杆菌、放线菌、魏氏梭菌、巴氏杆菌等病原体引发的感染（杨明凡等，2004；全炳昭等，2007；袁硕峰，2010；刘永张等，2011）。据英国、德国、新西兰等国的报道，恶性卡他热是危害麋鹿生存重要的疾病之一，可导致麋鹿大量死亡。目前，导致我国麋鹿大量死亡的主要疾病是魏氏梭菌感染。

因此，增强麋鹿种群存活力和预防魏氏梭菌感染疾病已迫在眉睫。而目前对于该病的患病机制尚未明确，故本研究拟针对麋鹿基因组表观修饰特点，初步探寻魏氏梭菌感染后的麋鹿可能出现的表观修饰特点，摸索对魏氏梭菌感染进行预防的方法，以期实现对魏氏梭菌感染的病发进行预判，提高麋鹿种群的生存力和抗病性，最终为确定麋鹿繁殖核心种群、制定种群管理策略以及为麋鹿多样性保护提供科学依据。

1　研究方法

1.1　麋鹿魏氏梭菌感染发病情况调查

通过文献或各动物园调查，明确麋鹿患魏氏梭菌感染死亡情况。

1.2 样本采集

对患魏氏梭菌感染死亡和意外死亡的麋鹿个体进行组织样本采集。样本放于 -80℃超低温冰箱中保存。

1.3 全基因组提取

使用 DNeasy Tissue（Qiagen，Valencia，California USA）试剂盒，提取组织样本 DNA。

1.4 MSAP 检测

甲基化敏感扩增多态性技术（MSAP）是基于扩增片段长度多态性技术发展起来的一种双酶切处理基因组 DNA 的甲基化的检测方法。MSAP 技术采用对甲基化敏感的同裂酶 Hpa Ⅱ和 Msp Ⅰ，结合限制性内切酶 EcoRI，分别对同一个样品的两份基因组 DNA 进行酶切。这一对同裂酶识别相同的酶切位点 5'-CCGG-3'，但对内侧和外侧胞嘧啶甲基化的敏感程度不同。对上述已提取的全基因组进行亚硫酸盐处理，并送上海生工进行 MSAP 检测。分析患病个体与健康个体间不同脏器表观修饰差异，建立这种差异与魏氏梭菌感染的相关性。

2 结果

2.1 麋鹿魏氏梭菌感染致死的调查结果

调查表明，自 1996 年至 2013 年，动物园及保护区存在大量因魏氏梭菌感染死亡的麋鹿个体（表 1）。

麋鹿魏氏梭菌感染致死的调查结果　　表 1

地点	年份（年）	数量（只）
北京南海子	1996	18
北京南海子	1999	28
北京南海子	2010	15
湖北石首野生麋鹿	2010	45
江苏大丰	2000	34
石家庄动物园	2012	灭绝
石家庄动物园	2013	4
北京动物园十三陵	2011	21
河北滦河国家级自然保护区五道沟林场	2015	13

2.2 魏氏梭菌感染类型检测

魏氏梭菌又称产气荚膜梭菌，在环境中普遍存在，由该菌引发的疾病为人畜共患病。魏氏梭菌主要分为 A 型、B 型、C 型 、D 型和 E 型。魏氏梭菌对动物具有较高的致病性。A 型菌株可引起动物的气性坏疽及肠毒血症；B 型菌可以引起动物的痢疾、肠毒血症或坏死性肠炎；C 型菌主要引起动物的肠毒血症或坏死性肠炎；D 型菌和 E 型菌主要引起动物的肠毒血症或坏死性肠炎。目前，欧美等国家对产气荚膜菌对家畜猝死症病因的报道多是由 C 型、D 型菌引起。而国内报道多为 A 型菌导致的动物猝死。目前，调查结果表明，导致麋鹿患魏氏梭菌感染死亡的为 C 型菌。

2.3 麋鹿全基因组 MSAP 检测

通过对患病和未患病个体的肝脏（图 1）、肌肉（图 2）和脾脏（图 3）进行全基因组甲基化水平的检测，两者存在显著差异。这一结果验证了通过全基因组甲基化与去甲基化建立检验麋鹿患魏氏梭菌感染疾病机制的可行性。

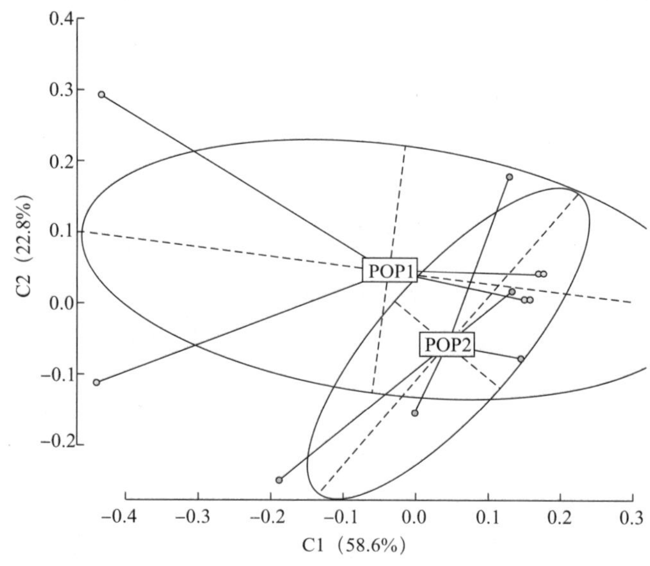

图 1　患病个体和健康个体肝脏全基因组甲基化差异比较

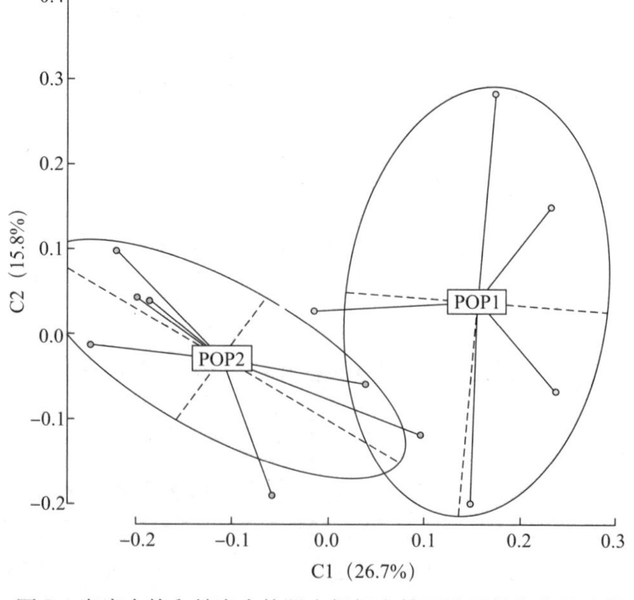

图 2　患病个体和健康个体肌肉组织全基因组甲基化差异比较

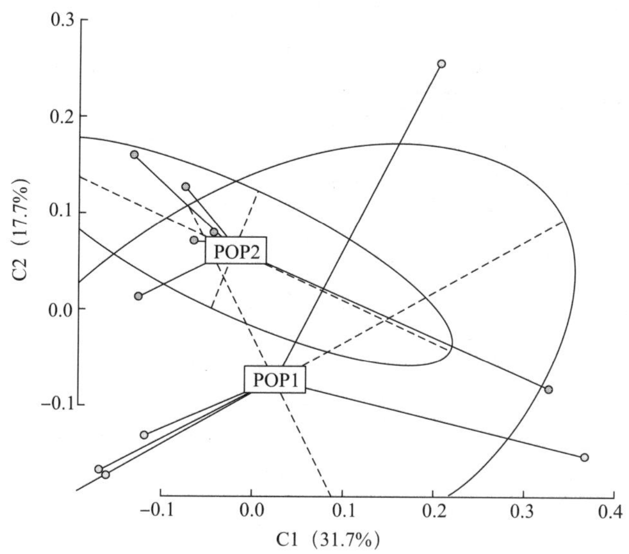

图3　患病个体和健康个体脾脏组织全基因组甲基化差异比较

3　麋鹿魏氏梭菌感染与遗传学及环境因素的相关性

通过表观遗传学领域的研究，并结合其食物、饮用污染水和天气变化等因素综合分析，结果表明，导致麋鹿易感魏氏梭菌且感染后成活率低的因素，主要是由于麋鹿因遗传多样性低以及自身表观遗传学修饰影响免疫基因表达。其食物、饮用水和环境致病菌的存在和爆发对其疾病的突发也起到了重要作用。

4　讨论

通过本项课题的开展，明确了导致麋鹿患魏氏梭菌感染死亡的为C型菌。通过对患病个体和未患病个体的肝脏、肌肉和脾脏进行全基因组甲基化水平的检测，两者存在显著差异，且与魏氏梭菌感染发病存在显著相关性。本试验验证了通过全基因组甲基化与去甲基化检验，明确了开展麋鹿患魏氏梭菌感染疾病前期诊断的可行性。为麋鹿的种群繁育和种群发展提供了重要的基础数据，为其保护奠定了重要的基础。

致谢

本项目的开展得到了国家自然科学基金项目经费资助。石家庄动物园、大丰麋鹿自然保护区、北京麋鹿生态实验中心及北京动物园在样本采集及样本提供方面给予了大力支持。本研究得到了北京动物园领导和相关技术人员的大力支持和帮助。感谢北京动物园饲养队张耀华、王泽重、张恩全等领导的支持。

参考文献

[1] Dobson J. Père David deer and the discovery and early history of Elaphurus. Proc. Zool. Soc. London，1951.

[2] Foose TJ，Foose E. Demographic and genetic status and management In：Beck BB，Wemmer C（eds.），Biology and management of an extinct species：the Père David's deer. New Jersey，Noyes Press，1983.

[3] Miele G，Manson J，Miele G，Manson J，Clinton M. A novel erythroid-specific marker of transmissible spongiform encephalopathies. Nature Medicine，2001，7（3）：361-364.

[4] Ryder OA，Brisbin PC，Bowling AT，Wedemeyer EA. Monitoring genetic variation in endangered species.

[5] 于长青．中国麋鹿遗传多样性现状与保护对策．生物多样性，1996，4（3）：130-134.

[6] 全炳昭，易资庆，黄津仔．鹿巴氏杆菌病．江西畜牧兽医杂志，2007，4：38-39.

[7] 刘永张，王荣琼，杨玉钊，等．麋鹿感染放线菌病例．经济动物学报，2011，15（2）：80-81.

[8] 马秀平，赵红梅，陈远翠．湖北省石首市麋鹿血吸虫病流行现况的调查．中国兽医寄生虫病，2007，15（5）：28-30.

[9] 沈华，丁玉华，徐安宏，等．半散放麋鹿长角血蜱病的诊治．中国兽医寄生虫，2007，15（4）：60-61.

[10] 唐宝田，李坤，钟震宇．驯鹿消化不良与瘤胃积食继发急性胃肠炎的治疗．中国兽医杂志年，2009，45（12）：81-82.

[11] 杨明凡，崔保安，魏战勇，王学斌，张素梅，徐端红．麋鹿魏氏梭菌病和巴氏杆菌病混合感染．中国兽医杂志，2004，40（3）：51-52.

[12] 袁硕峰．麋鹿致病性大肠杆菌的分离鉴定．现代农业科技，2010，13：346-348.

[13] 张林源，温华军，钟震宇，等．湖北石首野生麋鹿种群大量死亡原因调查．畜牧与兽医，2011，43（3）：89-91.

[14] 张林源，吴海龙，钟震宇，等．北京麋鹿苑麋鹿种群的微卫星多态性及遗传结构分析．四川动物，2010，29（5）：505-508.

[15] 赵金凤，牛姝婉，党海亮，等．鹿胃肠道寄生虫流行病学调查．河南农业科学，2011，40（4）：149-151.

夏季城市绿道宽度和群落与温湿效应的关系

北京市园林科学研究院 / 李　薇　任斌斌　段敏杰

摘　要： 为了提升城市绿道建设的合理性、科学性，提高人居环境舒适度水平，本文以北京绿道为研究对象，比较不同宽度和群落类型绿道降温增湿效应的差异，并提出城市绿道建设的适宜宽度及群落类型。研究结果表明：夏季城市绿道可以显著发挥增湿效益的关键宽度为38m左右（郁闭度约80%）；针阔混交群落降温增湿效应与落叶阔叶乔—灌—草群落和乔—草群落相对较好。

关键词： 绿道；温湿效应；宽度；群落

城市绿道是城市绿地生态系统的重要组成部分，其生态功能主要在于调节小气候、净化空气、衰减噪声、防洪固土、改善环境质量、减灾防灾、保护生物栖息地、减轻景观的破碎化、调节与维护城市生态平衡等方面[1]。近年来，城市绿道的大规模建设使其与城市环境改善、城市生态功能提升、市民的幸福指数息息相关，尤其是绿道的降温增湿效应在改善城市小气候、缓解热岛效应、改善人居舒适度方面起重要作用。

本文以北京城市绿道为研究对象，采用小尺度定量测定的技术方法，对不同宽度、不同群落类型绿道的温湿效应进行监测与分析，并提出城市绿道建设的适宜宽度及群落类型。

1　材料与方法

1.1　研究区概况

（1）绿道宽度与温湿效应试验样地（表 1）：选择群落类型、内部构成相同，郁闭度、环境相似，单侧绿化用地宽度分别为 0 ～ 10m、10 ～ 20m、20 ～ 30m、30 ～ 40m、40 ～ 60m、60 ～ 80m 的 7 块绿地，对照为样地周围 30m 宽度的水泥路面。

（2）绿道群落类型与温湿效应试验样地（表 1）：根据群落分类结果，选择宽度（42m）、内部构成相同，位置、环境相似、郁闭度（80% ～ 90%）相似的绿地 5 块，对照为样地周围 42m 宽度的水泥路面。

1.2　研究方法

1.2.1　试验设备

温度与湿度测试仪器采用美国产 NK Kestrel 4500NV 便携式气象测定仪。

1.2.2　试验时间

选择夏季 7 月中旬～ 8 月上旬晴好无风 3 天进行测定，每天 8:00 ～ 18:00 观测，每次间隔 2h。

1.2.3　试验方法

垂直绿道纵向布设样带，绿地内部与绿道外部人行道（非机动车道）采取网格布点，纵向间隔 1m 设置一个测试点，横向采取 3 个重复，对照处选择 9 个点作为对照，距地面 1.5m 处测定温度、湿度。

绿道温湿效应试验样地基本特征

表 1

	编号	位置	宽度（m）	植物构成	郁闭度（%）
宽度样地	1	西四环旁侧	8	圆柏、棣棠、铺地柏、野牛草	80
	2	西四环旁侧	16	绦柳、白蜡、油松、铺地柏、麦冬	80
	3	西四环旁侧	22	洋白蜡、毛白杨、紫叶矮樱、麦冬	80
	4	西四环旁侧	32	绦柳、圆柏、洋白蜡、麦冬	80
	5	西四环旁侧	38	绦柳、白蜡、圆柏、锦带、麦冬	80
	6	西四环旁侧	58	白蜡、油松、紫叶碧桃、早熟禾	70
	7	西四环旁侧	78	国槐、紫叶李、木槿、麦冬	70
群落样地	8	西北四环旁侧	42	白皮松、紫叶碧桃、二月兰	80 ~ 90
	9	西北四环旁侧	42	绦柳、圆柏、栾树、二月兰、夏至草	80 ~ 90
	10	西北四环旁侧	42	栾树、二月兰	80 ~ 90
	11	西北四环旁侧	42	刺槐、二月兰	80 ~ 90
	12	西北四环旁侧	42	元宝枫、紫叶李、二月兰	80 ~ 90

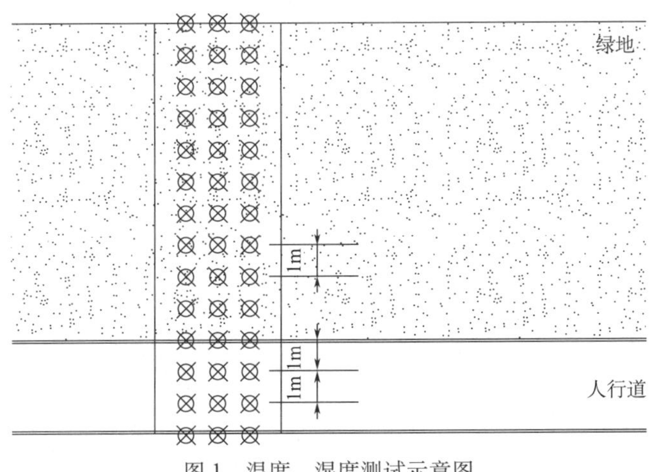

图 1　温度、湿度测试示意图

2　结果与分析

2.1　绿地宽度与温湿效应的关系

2.1.1　6 个时段温湿度变化

本试验分别将 3 天内同一时段所测的温度值加以平均，算得每块样地与对照各时段温度的差值进行比较分析（图 2）。

比较 6 个时段的降温效应值，可以看出各块样地的降温效应随着时间的推移逐渐增强，在 8:00 ~ 10:00 和 16:00 ~ 18:00 时间段幅度达到最大，说明 8:00 ~ 10:00 时间段经过夜间地面温度较低，太阳辐射影响小，外部环境气温较低的环境下绿地内部温度更低，调节能力较强，经过 7 ~ 8 个小时的太阳辐射后 16:00 ~ 18:00 时间段内绿地内部环境的调节能力最强。影响环境气温的因素主要为太阳辐射、地面及周边物体的长波辐射，在一天中温度最高、空气相对湿度最小的时段，绿地的降温作用更明显。从此时的平均温度来看，样地 1 比对照高 0.44℃，样地 2、样地 3 比对照低 0.1 ~ 0.4℃、样地 4、样地 5 比对照低 1.6 ~ 1.8℃，样地 6、样地 7 比对照低 2℃。说明绿地宽度的大小影响环境气温的变化，即降温效应随着绿地宽度的增大而增大。样地 1 宽度值小，绿量小，对外界环境的变化缓解能力小；宽度较大的样地 6、样地 7 绿量大，具有强大的蒸腾作用，内环境相对稳定，使得绿地环境中的降温效应在高温时段比样地 1 明显。

比较 6 个时段的增湿效应值，可以发现在 8:00 ~ 10:00、16:00 ~ 18:00（图 2）两个时间段内各个样地的增湿效果比较明显，这是由于夜间相对湿度较高以及绿地的蒸腾作用逐渐增强，使得绿地内部相对湿度较大，因此绿地的增湿效应表现十分明显。其中样地 4、样地 5、样地 6、样地 7 的增湿幅度明显高于样地 1、样地 2、样地 3，样地 7 的增湿幅度最大，超过 7%；从整体增湿效果来看，样地 5、样地 6、样地 7 的增湿效果则更为显著。样地 1、样地 2 的增湿效应不太稳定，说明绿地的宽度对于绿地的增湿效应有着显著的影响，样地 1、样地 2 宽度值比较小，绿地比较通透，空气的对流、区域性的微风等对相对湿度的影响较大。

综合 3d 中的所有时刻，7 个样地均表现出降温增湿效应。样地 1、样地 2 具有一定的增湿降温效应，但由于受周边环境的影响较大，效应不是十分稳定；样地 3、样地 4 与对照相比降温增湿效果明显；样地 5、样地 6、样地 7 的降温增湿效果最为显著。8:00 ~ 10:00、12:00 ~ 14:00 和 16:00 ~ 18:00 时间段内降温增湿幅度明显高于其他时段。

2.1.2　平均日温湿度变化

计算出各样地 3d 内同一时刻的温、湿度平均值，将所有时刻的温度、湿度均值再次平均（表 2），计算日均每

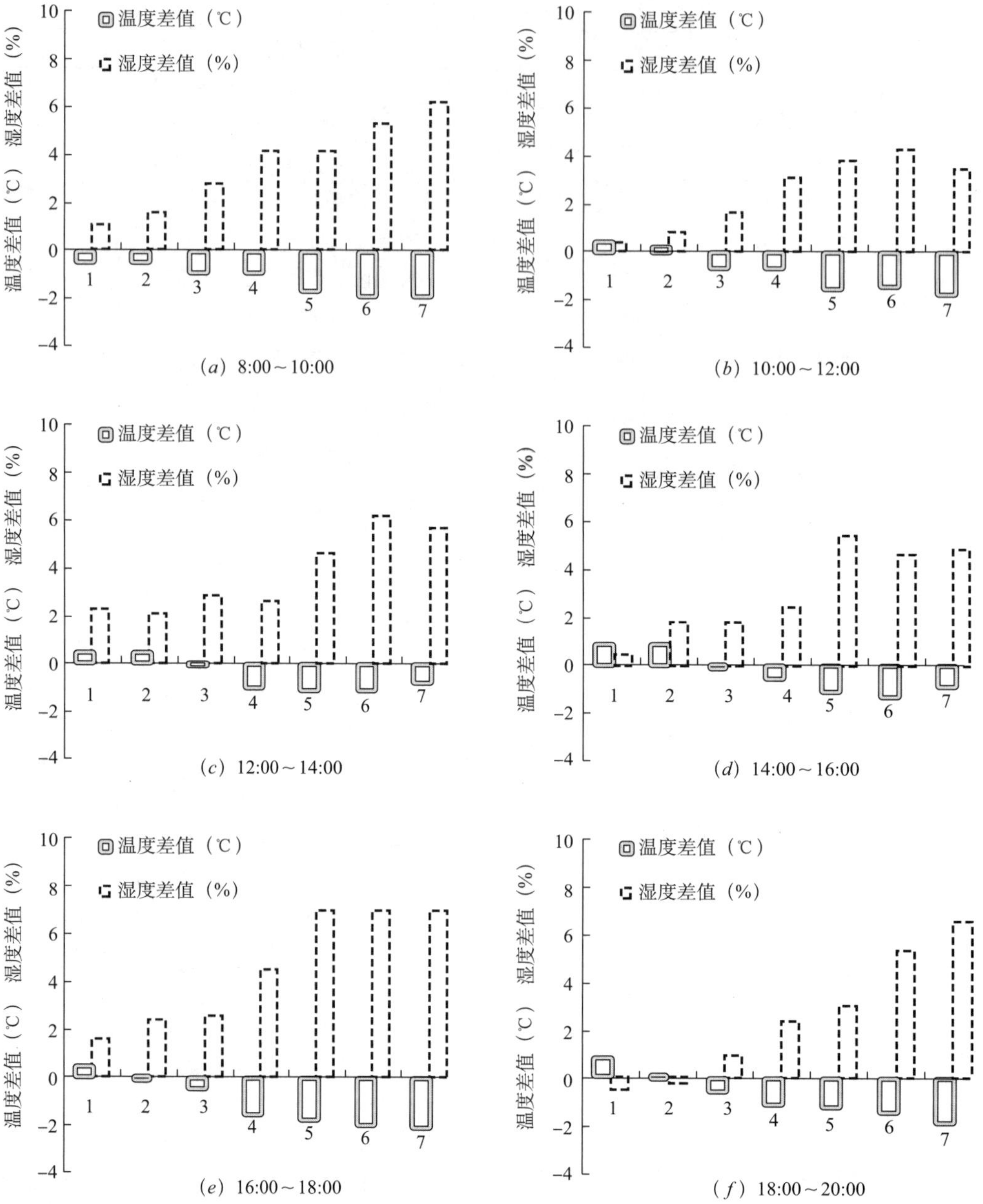
温度差值（℃）
湿度差值（%）
温度差值（℃）　湿度差值（%）
(a) 8:00～10:00
(b) 10:00～12:00
(c) 12:00～14:00
(d) 14:00～16:00
(e) 16:00～18:00
(f) 18:00～20:00

图 2　夏季 6 时段不同宽度绿地内外温度、湿度差异

夏季不同宽度样地日均温湿度　**表 2**

	样地 1	样地 2	样地 3	样地 4	样地 5	样地 6	样地 7	对照
温度（℃）	32.99	32.72	32.06	31.55	31.14	31.04	31.00	32.56
相对湿度（%）	57.62	58.17	58.84	59.96	61.43	62.23	62.40	56.77

块绿地与对照温度、湿度的差值进行比较分析（图 3）。

从 3d 平均温度来看，7 个样地的降温效应排序为：样地 7 ＞样地 6 ＞样地 5 ＞样地 4 ＞样地 3 ＞样地 2 ＞样地 1，样地 1 比对照温度高约 0.4℃，样地 2 比对照温度高约 0.1℃，样地 3 比对照温度低约 0.5℃，样地 4 比对照温度低约 1.0℃，样地 5、样地 6、样地 7 比对照低约 1.5℃。

以绿地内三日平均相对温度进行两两比较（Duncan’S，$P < 0.05$）分析（表 3、表 4），夏季样地 5、样地 6、样地 7 的降温效果显著，虽然 3 块样地的宽度有一定差距，但降温效果基本无差异，样地 5 与样地 4 之间降温效果有显著差异，样地 4 与样地 3 间降温效果有显著差异，样地 1、样地 2 无明显降温效果。由以上分析可得，夏季绿道降温效应明显的绿地宽度为 32m 左右，达到显著降温效应的绿地宽度为 38m 左右。

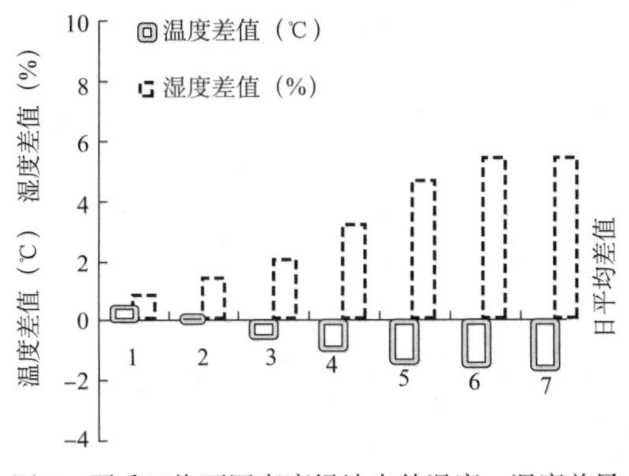

图 3　夏季日均不同宽度绿地内外温度、湿度差异

夏季不同宽度样地相对温度方差分析　　表 3

	平方和	*df*	均方	*F*	显著性
组间	13.720	7	1.960	37.670	.000
组内	.832	16	.052		
总数	14.552	23			

从 3d 平均湿度来看，7 块样地的增湿效应排序为：样地 7 ＞样地 6 ＞样地 5 ＞样地 4 ＞样地 3 ＞样地 2 ＞样地 1，样地 1 比对照相对湿度高约 0.8%，样地 2、样地 3 比对照相对湿度高 1.4% ～ 2%，样地 4 比对照高约 3%，样地 5 比对照高约 4.6%，样地 6、样地 7 比对照相对湿度高 5.4% ～ 5.6%。

夏季不同宽度样地相对温度两两比较（Duncan[a,b]）　　表 4

样地	*N*	alpha=0.05 的子集			
		1	2	3	4
7	3	−1.5589			
6	3	−1.5212			
5	3	−1.4239			
4	3		−1.0128		
3	3			−.5021	
0	3				.0000
2	3				.1621
1	3				.4272
显著性		.752	1.000	1.000	.086

注：a. 将使用调和均值样本大小 =3.000。

以绿地内三日平均相对湿度进行两两比较（Duncan'S，$P < 0.05$）分析（表 5、表 6），可见夏季绿道的增湿效果十分明显，样地 5、样地 6、样地 7 间无显著差异，样地 5 和样地 4、样地 3、样地 2、样地 1 间差异显著，样地 1、样地 2、样地 3、样地 4 与对照间差异不明显。由以上分析可得，夏季绿道达到显著增湿效应的宽度为 38m 左右。

夏季不同宽度样地相对湿度方差分析　　表 5

	平方和	*df*	均方	*F*	显著性
组间	98.195	7	14.028	22.221	.000
组内	10.100	16	.631		
总数	108.295	23			

夏季不同宽度样地相对湿度两两比较（Duncan[a,b]）表 6

样地	*N*	alpha=0.05 的子集			
		1	2	3	4
0	3	0			
1	3	0.8484	0.8484		
2	3	1.4012	1.4012		
3	3		2.066	2.066	
4	3			3.1936	
5	3				4.6591
6	3				5.4549
7	3				5.6318
显著性		0.056	0.093	0.101	0.174

注：a. 将使用调和均值样本大小 =3.000。

2.1.3　不同宽度绿地夏季温湿度相关性分析

以 3d 内 7 块绿地平均温湿度值（42 个数值）进行相关性回归分析：从散点图（图 4）中可见夏季不同宽度绿地温度和湿度有明显直线线性负相关关系。

由相关系数矩阵分析得出温度、湿度之间的相关系数分别为 −0.968**（** 表示具有显著性），P=0.01，有非常显著性的统计学意义（表 7）。

从回归模型的结果（表 8）得知 F 值为 599.465，$P < 0.01$，因此这个回归模型具有统计学意义。对残差统计量进行分析，结果呈正态分布。由表 9 得到回归系数，回归方程 $y=180.034-3.774x$。

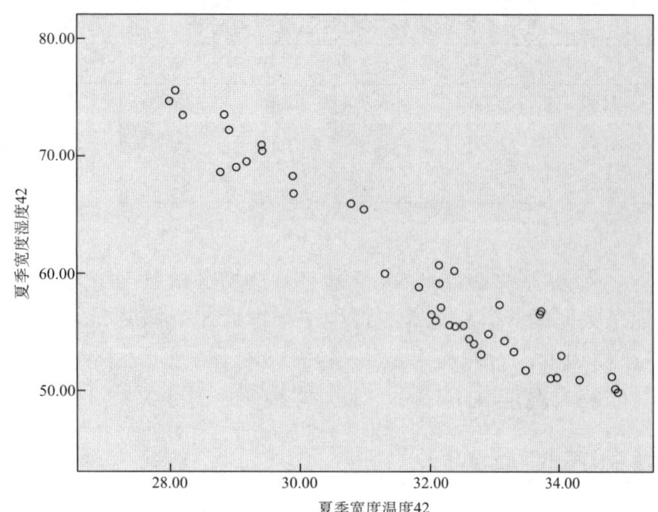

图 4　夏季不同宽度绿地温度、湿度散点图

夏季不同宽度样地温湿度相关性矩阵　　表 7

		湿度	温度
湿度	Pearson 相关性	1	-.968**
	显著性（双侧）		.000
	N	42	42
温度	Pearson 相关性	-.968**	1
	显著性（双侧）	.000	
	N	42	42

注：** 表示在 .01 水平（双侧）上显著相关。

夏季不同宽度样地温湿度（Anovab）　　表 8

模型		平方和	*df*	均方	*F*	*Sig.*
1	回归	2460.359	1	2460.359	599.465	.000[a]
	残差	164.170	40	4.104		
	总计	2624.529	41			

注：a 为预测变量：(常数)，温度；b 为因变量：(常数)，湿度。

夏季不同宽度样地温湿度（系数 *a*）　　表 9

模型		非标准化系数		标准化系数	*t*	*Sig.*
		B	标准误差			
1	（常量）	180.034	4.909		36.676	.000
	温度	-3.774	.154	-.968	-24.484	.000

注：*a* 为因变量：(常数)，湿度。

2.2　群落类型与温湿效益的关系

2.2.1　6 个时段温湿度变化

分别将 3d 内同一时段测定的温湿度计算平均，得到每块样地与对照各时段温湿度的差值进行比较分析（图 5）。

比较 6 个时段的降温效应值，可以发现 12:00 ~ 14:00、14:00 ~ 16:00 时段样地具有明显的降温作用。夏季 12:00 ~ 14:00 和 14:00 ~ 16:00 时段由于太阳辐射为一天中最强导致绿地内部降温效应明显，降温效应从大到小为样地 10、样地 9、样地 8、样地 11 和样地 12，

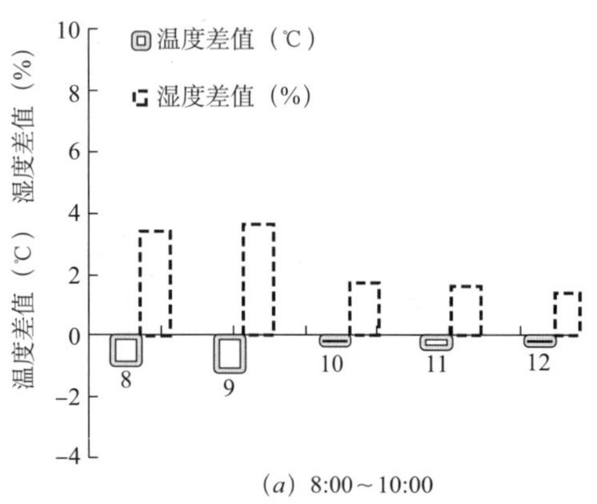

（*a*）8:00 ~ 10:00

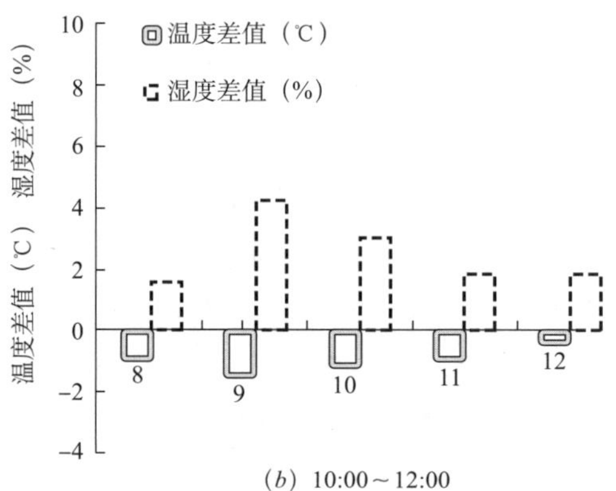

（*b*）10:00 ~ 12:00

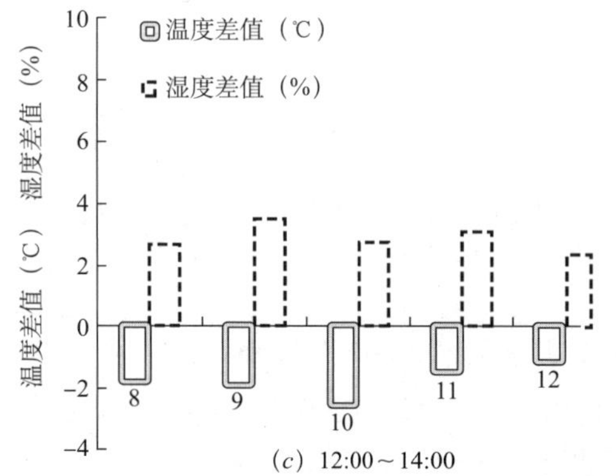

（*c*）12:00 ~ 14:00

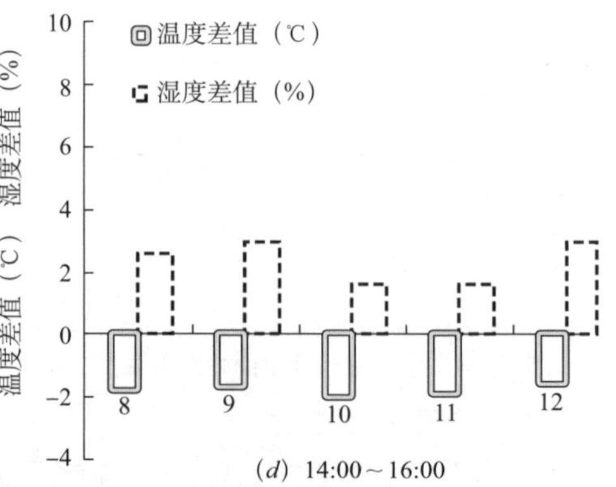

（*d*）14:00 ~ 16:00

图 5　夏季 6 时段不同群落类型绿地内外温湿度差异

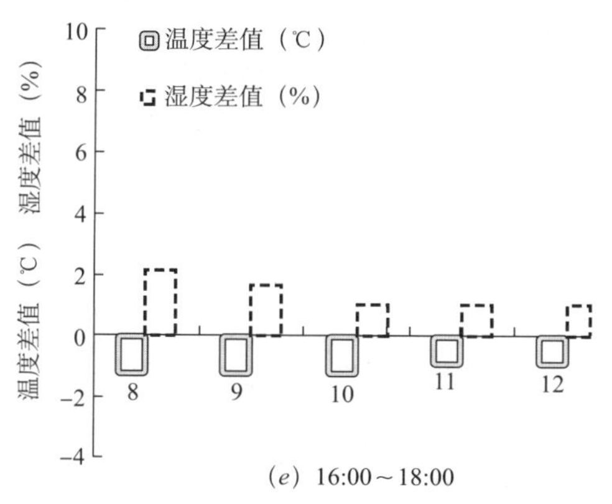

(e) 16:00～18:00

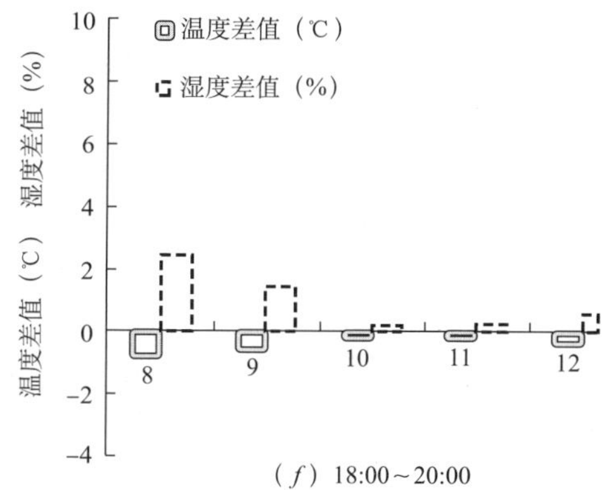

(f) 18:00～20:00

图 5 夏季 6 时段不同群落类型绿地内外温湿度差异（续）

降温分别为 1.65℃、1.05℃、0.92℃、0.56℃和 0.3℃。10:00 ～ 12:00、16:00 ～ 18:00 这两个时段绿地有一定降温效应，8:00 ～ 10:00、18:00 ～ 20:00 时段样地与对照相比较降温效应不稳定。可见，夏季 5 个样地各时段降温效应中，样地 8、样地 9 降温效应较好，以白皮松和圆柏为主的针叶林夏季降温效应较好。

比较 6 个时段的增湿效应值，可以发现 8:00 ～ 10:00、10:00 ～ 12:00、12:00 ～ 14:00 时段各个样地的增湿效果均比较明显。这是由于夜间相对湿度较高以及绿地的蒸腾作用逐渐增强，使得绿地内部相对湿度较大，中午时段外界温度高，绿地的蒸腾作用使得绿地的增湿效应表现十分明显。各植物群落在不同时段表现出不同的增湿效应，8:00 ～ 10:00 和 18:00 ～ 20:00 时段，样地 8、样地 9 的增湿幅度明显高于样地 10、样地 11 和样地 12，10:00 ～ 12:00 时段样地 9、样地 10 的增湿效应明显，12:00 ～ 14:00 时段各样地增湿效应相似，14:00 ～ 16:00 和 16:00 ～ 18:00 时段样地 8 和样地 9 略高。说明绿地的群落类型及植物组成对于绿地的增湿效应有着显著的影响。

综合 3d 的 5 个样地各时刻的温湿度，夏季 5 块样地均有不同程度的降温增湿效应。其中白皮松和圆柏 6 个时段均具有较好的增湿降温效应，元宝枫、栾树林和刺槐林有一定的增湿降温效应。

2.2.2 平均日温湿度变化

综合 3d 的 5 个样地的日均温湿度来看（表 10），5 块样地均有降温效应，降温效果最好的为样地 9，其次为样地 8 和样地 10，再次为样地 11 和样地 12，降温效应从大到小排序为样地 9 ＞样地 8 ≈样地 10 ＞样地 11 ＞样地 12。夏季 5 个样地均具有增湿效应，增湿效果从大到小排序为样地 9 ＞样地 8 ＞样地 12 ≈样地 10 ＞样地 11。

可见圆柏群落具有最好的增湿降温效应，白皮松群落和栾树群落有较好的增湿降温效应，刺槐群落和元宝枫群落的增湿效应与栾树群落相当，降温效应较小。

夏季不同群落类型样地日均温湿度 **表 10**

	样地 8	样地 9	样地 10	样地 11	样地 12	对照
温度（℃）	32.66	32.51	32.66	32.95	33.13	33.92
相对湿度（%）	63.35	63.75	62.57	62.47	62.58	60.94

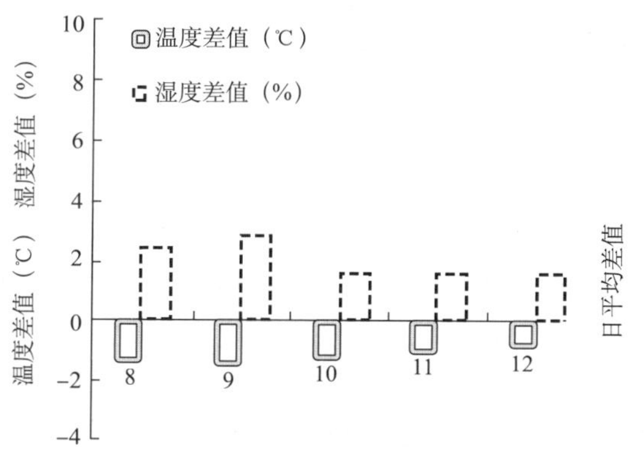

图 6 夏季日均不同群落类型绿地内外温湿度差异

3 结论与讨论

3.1 夏季绿道宽度与温湿效益的关系

综合夏季各样地降温和增湿两方面的共同效应得出：当城市绿地宽度为 8m 时，其具有一定的增湿效应，但降温效果不明显；当绿地宽度为 16 ～ 22m 时，其降温增湿效果较明显：当绿地宽度为 32m 时，其降温效果明显；当绿地宽度为 38m 时，其降温增湿效果极其明显且趋于稳定。夏季宽度为 32m，郁闭度为 80% 的城市绿道与水泥对照相比降温 1.0℃、增湿 3.2%，宽度为 38m，郁闭度为 80% 的城市绿道与水泥对照相比降温 1.5℃、增湿 5%。通过定量研究，认为夏季城市绿道可以明显发挥降温效益的关键宽度为 32m 左右（郁闭度约 80%），可以显著发挥降温效益的关键宽度为 38m 左右（郁闭度约 80%），可以显著发挥增湿效益的关键宽度为38m左右（郁闭度约80%），此时绿地已经表现出较佳的降温增湿效益，有能力稳定自己内部空间的温湿条件，并对周围环境作出一定的贡献。

根据3d内7块绿地平均温湿度值进行相关性分析，得出温度与相对湿度有明显的直线负相关性，回归方程y=180.034−3.774x，温度每升高1.0℃，相对湿度降低约3.7%。

通过对8m、16m、22m、32m、38m、58m、78m宽度城市绿道降温增湿效应的测定，结论与相关研究结论基本一致[2-4]。城市绿道的宽度因子对其生态功能的发挥有着重要的影响。针对绿道不同的生态功能，宽度阈值有所不同。对于降温增湿效应，本试验得出当宽度达到32m左右时，绿道有明显的降温增湿效应，当宽度达到38m左右时，绿道能够发挥极显著的降温增湿效应。可见绿道在达到一定的宽度阈值后，宽度的影响才会明显表现，才能保证其功能的发挥。本试验初步分析了不同宽度绿道对内部环境降温增湿的影响，但有关影响过程及机理方面的研究尚待进一步探讨。

3.2 夏季绿道群落类型与温湿效益的关系

综合夏季各样地降温和增湿两方面的共同效应得出：白皮松群落和圆柏群落具有较好的增湿降温效应，元宝枫群落、栾树林和刺槐林有一定的增湿降温效应。

植物的蒸腾作用是绿道产生降温增湿效应的主要原因[5]。园林植物由于蒸腾作用使其周围的空气湿度明显高于水泥对照，从而降低温度，同时植物阻挡阳光，减少到达地面的辐射热量也能够降低温度。由于植物群落蒸腾作用和绿量的差异导致不同植物群落的降温增湿效应差异，本试验通过对宽度、郁闭度等群落特征相似的白皮松、圆柏、栾树、刺槐和元宝枫5种群落的夏季温湿效应进行测定，得出圆柏＞白皮松≈栾树＞刺槐＞元宝枫。研究结果与相关研究结论基本一致[6-8]。

夏季常绿树种群落种植密度较大，郁闭度较大，增湿效果也较好，落叶阔叶单树种群落由于吸收太阳辐射能较多，不利于群落内水分保存，因此增湿效果较常绿群落较低。

3.3 讨论

不同植物群落对降温增湿的影响复杂，本试验由于受样地条件的限制仅针对几种乔木群落进行了测定，可以选择更丰富的植物群落以及针阔混交等群落类型进行试验。

注：

参考文献

[1] 周年兴，俞孔坚，黄震方．绿道及其研究进展[J]. 生态学报，2006，26（9）：3108-3116.

[2] 朱春阳，李树华，纪鹏，等．城市带状绿地宽度与温湿效益的关系[J]. 生态学报，2011，31（02）：383-394.

[3] 纪鹏，朱春阳，高玉福，等．河流廊道绿带宽度对温湿效益的影响[J]. 中国园林，2012（05）：105-112.

[4] 闫淑君，蔡园园，陈莹，等．亚热带城市河岸绿带宽度的温湿效应[J]. 东北林业大学学报，2013，41（11）：36-40.

[5] 吴菲，张志国，王广勇．北京45种常用园林植物降温增湿效应研究[C]. 中国观赏园艺研究进展，2012.

[6] 苑征．北京部分绿地群落温湿度状况及对人体舒适度影响[D]. 北京林业大学，2011.

[7] 秦仲，巴成宝，李湛东．北京市不同植物群落的降温增湿效应研究[J]. 生态科学，2012，31（5）：567-571.

[8] 张艳丽，费世民，李智勇，等．成都市沙河主要绿化树种固碳释氧和降温增湿效益[J]. 生态学报，2013，33（12）：3878-3886.

古典皇家园林艺术特征三维可视化展示与解读①

中国园林博物馆 / 李炜民　张宝鑫　陈进勇

摘　要：中国古典皇家园林是中国传统园林体系中的重要类型，在园林发展史上占有非常重要的地位。选择颐和园谐趣园和北海静心斋这两处典型的古典皇家园林实例，整合了皇家园林原真性电子数据采集的三维扫描技术，在此基础上研发了中国古典皇家园林互动展示系统，在三维背景下进行古典皇家园林艺术特征的可视化解读，以期为中国古典皇家园林保存原真性电子数据，全面展示中国古典皇家园林艺术成就，并为其他园林类型研究提供研究基础。

关键词：古典园林；三维扫描；虚拟现实技术；皇家园林

皇家园林隶属于古代的皇家，主要为皇帝及其家族服务，是封建帝王避喧听政、居住游憩的重要场所。皇家园林融合了传统造园的精华，但由于历史的发展和朝代的更替，明清以前的皇家园林很难留有实物遗存，保存至今的皇家园林，精品荟萃，成为重要的历史文化资源，也是全人类重要的物质和非物质文化遗产。围绕中国古典皇家园林数字化开展相关研究，可以为传统园林保存详细的电子数据，为中国传统园林的保护奠定重要的研究和数据基础，同时采用现代多媒体技术构建数字展示平台还可以将中国皇家园林的精华展示给观众，提高中国传统园林相关知识的普及，从而更好地弘扬中国优秀传统文化。

1　皇家园林概述

1.1　皇家园林的概念

皇家园林是古典园林三种基本类型（皇家园林、私家园林、寺观园林）之一。在漫长的历史发展过程中，突出帝王至上、皇权至尊的礼法制度也必然渗透到与皇家有关的一切政治仪典、起居规则、生活环境之中，表现为所谓皇家气派。园林作为皇家生活环境的重要组成部分，当然也不能例外，形成了有别于其他园林类型的皇家园林。皇家园林数量的多寡、规模的大小、布局的巧拙，在一定程度上反映着一个朝代国力的盛衰。皇家园林有多种类型，根据具体的位置和使用方式，历代皇家园林可分为大内御苑、离宫御苑和行宫御苑三种主要的类别。此外还有皇家坛庙、帝王陵寝等也都可以纳入到皇家园林范畴中（表 1）。

1.2　皇家园林发展简史

商周时期以周文王“灵囿”等为代表，作为皇家园林雏形的帝王苑囿开始出现。从秦汉时期的建筑宫苑开始，历史上的每个朝代几乎都有皇家园林的建置，朝代及君主的不同，皇家园林的发展也烙印了不同的特色。到明清时

① 基金项目：北京市科委科技计划项目“中国古典皇家园林艺术特征可视化系统研发”。

常见皇家园林的类型　　表 1

类型	主要特征	典型园林
大内御苑	均建成于都城皇宫中，或紧邻皇宫与宫廷连为一体	西苑、御花园
离宫御苑	一般位于城郊，相对独立，帝王长期在此居住并处理朝政，具有皇宫之外的第二生活中心和政治中心的功能	圆明园、畅春园、清漪园（颐和园）
行宫御苑	散布在都城附近以及帝王外出巡游的路线上，供其临时驻跸或游赏之用	避暑山庄、盘山行宫
皇家坛庙	皇家进行祭祀等活动的场所，多有园林建置	天坛、地坛
帝王陵寝	包括陵墓及其附属建筑，周边具有良好自然环境	清东陵、清西陵

期，园林发展进入成熟期，造园实践活动数量多且规模大，造园理论及著作发展迅速，皇家园林的发展也进入成熟期，艺术成就辉煌。

每个时期的皇家园林不但是园林艺术的集大成者，也是宫廷文化主要载体和许多重要历史事件的发生地，在一定程度上承担很多重要功能，不仅仅是游赏休憩、散志澄怀之处，很多皇家园林也成为帝王“避喧听政”和“以恒莅政”的政治中心。由于皇家园林的特殊性，在朝代的更替中，许多皇家园林都已经消失，留存至今的皇家园林多为明清时期的经典园林作品。

1.3　皇家园林艺术特色

1.3.1　规模宏大山水谐调的布局

古典皇家园林的气派首先表现在占地多、规模大，常常包含真山真水景观。此外，在皇家园林的营建过程中，对于山水的比例、联属、嵌合的关系也有周详巧妙的设计，若天然之资欠妥，则不惜动大工程调整山水形态及其关系，以达到理想的山水风景状态。

1.3.2　突出建筑的造景作用

建筑布局重视选址、相地，讲究隐、显、疏、密的安排，务求其构图美观，得以谐调、亲和于园林山水风景之中，并充分发挥其点景的作用和观景的效果。凡属园内重要部位，建筑群的平面和空间组合，一般均显示比较严整的构图，甚至运用几何格律，个体建筑则多采用“大式”的做法来强调皇家的肃穆气氛；其余地段，建筑群因就局部地貌作自由随宜的布局，个体为“小式”做法，不失园林的婀娜多姿。

1.3.3　复杂多样的象征寓意

私家园林的意境核心是文人士大夫不满现状、隐逸遁世的情绪在造园艺术上的反映，皇家园林的意境核心多伴随着一定的政治目的，建立在对儒、道、释等封建统治的精神支柱的宣传之上，表达的是皇权至尊、天人感应、祈愿吉祥盛世、颂扬帝王德行、哲人君子的象征寓意。

1.3.4　融汇各种造园技艺

皇家园林主要是宫殿和苑囿相结合的帝王宫苑，作为皇家生活环境的重要组成部分，博采众家之长，荟萃天下美景于一地。各个朝代的皇家园林都吸收私家园林和寺观园林的造园手法和技艺，如清代皇家园林引进江南造园技艺，主要有引进江南园林的造园手法、再现江南园林的主题和具体仿建名园三种方式。

1.4　皇家园林“园中园”实例选择

在封建社会时期，皇家园林均规模宏大，然而规模巨大的园林难以实施深入且细致的表达和处理。当帝王需要追求精巧的园林意境时，就产生了“园中园”造园手法。这种手法在大规模园林的整体中形成了相对独立的单元和区域，并且各有不同的艺术特征和功能主题，使得较大的皇家园林化整为零，在保证皇家园林宏大的整体性的同时，又增添了些精巧细致的景观。在现存的皇家园林中，园中园既是大园林的有机组成部分，又相对独立而自成完整小园林的格局，在这些相对独立的园中园，各种园林要素齐备，具有很好的代表性。

1.4.1　静心斋

静心斋是我国古典皇家园林艺术中的杰作之一，位于北海公园北岸，清乾隆二十三年（1758 年）建，初名“镜清斋”，为其皇子读书、品茗、操琴、作画之所，园中布有书屋、茶坞、琴房、画室等，建筑疏朗、布局巧妙、山水环境清雅幽静，为读书养性之处，后于光绪年间改名“静心斋”。静心斋是著名的皇家园林园中园，具有相对独立的园林空间和齐备的皇家园林要素，具有典型的皇家园林艺术特征，能够代表明清皇家园林的艺术特色，因此借助于现代多媒体技术，虚拟再现其园林艺术具有非常重要的意义。

1.4.2　谐趣园

谐趣园是清代皇家园林颐和园内的园中园，位于霁清轩的南面，万寿山后山东北麓，始建于乾隆十六年（1751 年），原名惠山园，是仿江苏无锡惠山脚下的寄畅园而建的。嘉庆十六年（1811 年）改建此园后更名谐趣园。光绪十七年（1891 年）重建谐趣园时又有增改。谐趣园作为清代皇家园林中的经典园中园，园林艺术特征明显。园中方塘数亩，沿池建有楼、亭、堂、斋、桥、榭等园林建筑，并由三步一回、五步一折的百间游廊相连接，错落相间，步步

有景，既有天然地利因素，又有设计的别具匠心，将自然美与人工美巧妙结合，真假山水、亭台楼阁、花草树木，给人以完美的视觉享受。

2 皇家园林原真性三维电子数据采集

2.1 数据采集方法

古典皇家园林的组成元素主要包括亭、台、楼、阁、游廊、桥等建筑，以及园林山石、水体驳岸、园林植物和园林陈设等。针对不同的园林要素，采取了不同的扫描方式。

2.1.1 园林建筑

针对皇家园林古建筑的特点，布站方式采用“井”字形和“Z”字形（图 1），在古建筑的屋顶、檐下、梁架结构进行布站，扫描仪获取的点效果和质量最佳，“井字形”针对园林主体建筑的立面、檐口、梁架结构等，使获取的三维点云覆盖率非常高；在空间相对不大的游廊内，采用“Z字形”既保证了有效的采集数据，又减少了不必要的重复，降低了最终数据处理的误差。古建筑扫描采用 Faro 330 扫描仪，获取中距离的最佳数据。对高处和远处，采用适合三维信息采集的升降平台和承载三维激光扫描仪的摇臂，尽可能将建筑三维信息采集完整。

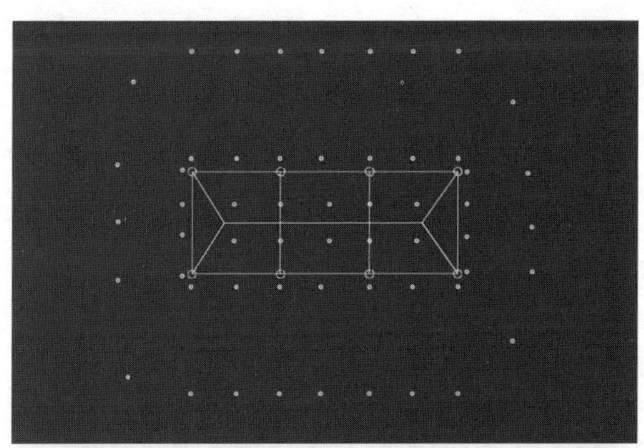

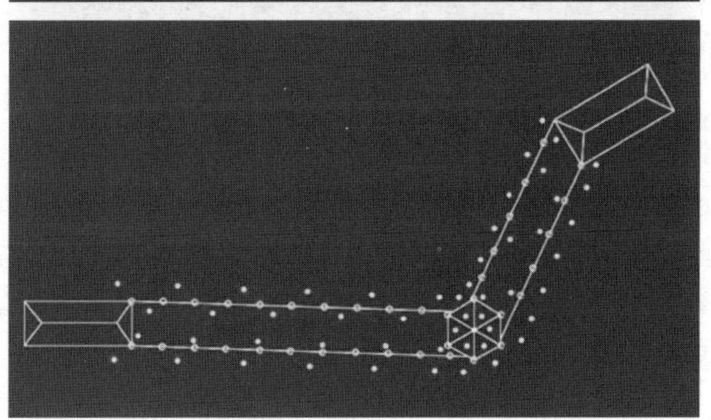

图 1 “井”字形和“Z”字形布站方式

2.1.2 园林山石

山石属于不规则体，在后期的数据应用中，只有获取完整的山石三维信息，才能更真实展现出其形体。山石扫描时要注意的是相互错落导致的互相遮挡，扫描时加密站同时调节控制扫描仪高度，以保证山石数据的完整性。在岩石上方扫描时注意数据的衔接性和互补性，由于扫描仪在进行扫描的时候仪器正下方的位置是底座，通常站位地面会形成圆形的盲区，所以扫描时下一站要能观察到上一站位置，这样数据便会形成互补，保证数据的完整性，扫描时获取中距离的最佳数据。

2.1.3 水体驳岸

三维激光扫描在采集水体及驳岸时会发生明显的误差，那就是来自于水体对光的反射及折射，这会严重影响三维激光扫描数据，在后期处理的时候将水面以下的数据进行裁剪与筛选。在进行水体驳岸三维信息采集时，布站方案需根据控制测量体系分出的碎步测量。由于驳岸测量时有水流地形的特点，所以采取的扫描方式是以在对岸架站，选用 Z+F 高精度的三维扫描仪，获取中远距离的最佳数据。

2.1.4 园林植物

园林中植物是不可或缺的要素，植物本身不具备像建筑一样的标准化形态，对三维信息采集工作造成了比较大的困难。由于站式三维激光扫描仪的特性，它只是记录在静态下的三维空间坐标点，不能捕捉到动态的坐标点，所以针对植物的三维信息采集，是以其根部为中心，重点围绕躯干进行布站扫描。

2.1.5 园林陈设

园林的室外陈设具有很多样式，有花盆、孤石、石碑等，针对园林室外陈设三维信息采集主要以形体为主，根据扫描仪的特性，扫描距离保持 1m 左右，根据不同的陈设摆放的位置，有的需要围绕陈设进行三维信息采集；有的需要连带主体建筑的，在布站的时候考虑建筑立面和陈设一起扫描下来，优化整体布站，减少后期拼接误差。

2.2 数据转换

根据古典皇家园林的特点，对扫描获取的三维点云数据进行特征提取及实体化，最终形成适用于包括 Revit、AutoCAD 及 SketchUp 等多种主流设计平台的三维矢量模型。这些处理过的模型可以通过主流设计平台调取，并轻松转变为 CAD 图纸或虚拟现实模型应用。图 2 示意了从三维点云数据到三角面模型，再到参数化矢量模型，最终输出成图纸的过程，图 3 为获得的点云图像。

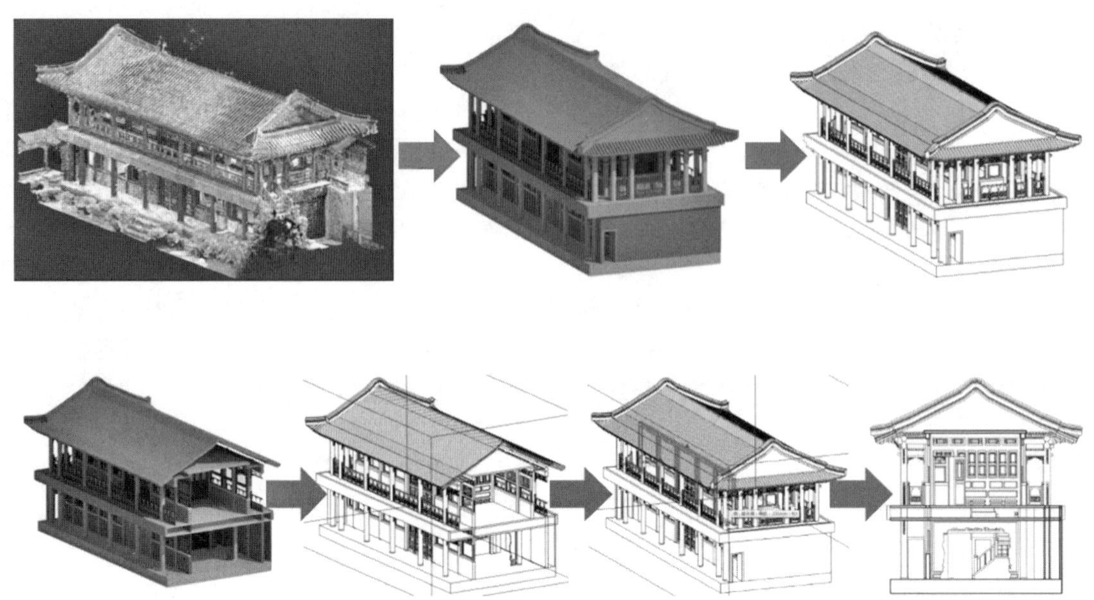

图 2　叠翠楼三维参数化模型

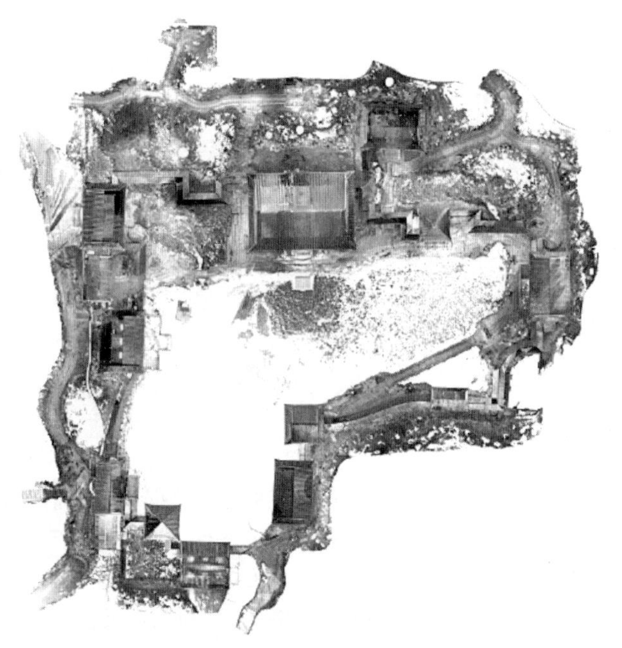

图 3　由测绘和点云生成的谐趣园院落空间

3　古典皇家园林艺术特征可视化系统研究

3.1　设计原理

中国古典皇家园林三维可视化系统以 citymaker 为核心平台，将园林的激光雷达扫描数据进行优化整合，根据需求进行功能的定制开发，与触摸屏交互进行二次开发，实现对可视化数据的交互体验。

3.2　系统实现

利用激光雷达三维扫描技术，经外业采集、内业处理、质量检测、优化的一系列过程，建立了集实景三维数据与图文数据于一体的皇家园林综合数据库，在此基础上完成高数据精度（分辨率）、高仿真度（三维效果）、真三维的园林现状模型；在三维可视化系统中完成园林景点的布局、定位、介绍等一系列功信息和功能。因模型精度高，数据量大，还要具备基于位置的服务功能，构建三维可视化平台时选择 Citymaker 作为三维地理信息系统平台，在其开发接口上进行二次开发，完成互动展示系统应用功能。

中国古典皇家园林三维可视化互动展示系统的初始界面为古典皇家园林可视化系统，其中包含皇家园林概述、经典园林畅游、园林知识科普。重点的园林可视化内容包括静心斋、谐趣园、乾隆花园等园林实例，进入其中一个园林景点后，分为概况、历史、园林艺术特征、园林造景要素、定向游览五个部分。

3.3　皇家园林艺术特征在三维条件下的解读

3.3.1　三维视角下园林全景展示

采用三维激光扫描技术，实现对园林的全覆盖，经过数据转化和加工，能形成整个园林的三维展示系统。从三维图中能对园林的空间布局、山形水势、建筑分布、道路系统等都有比较全面的整体认识。古典皇家园林由于园林要素多、造园比较复杂，游客在常规游览中往往会“身在园中不知园”，缺乏对园林的整体认识。采用三维视角俯瞰全园，便能迅速对园林有一个全面认识（图 4、图 5），这是该系统的主要特色之一。

3.3.2　园林要素的全方位展示

三维视角下可以对建筑、山石等园林要素实现 360°、自上而下的任意角度欣赏，从而对单体有全面的认识，避

图 4　皇家园林常规解读方式（静心斋清代图档）

图 5　由点云数据转换后生成的展示模型（静心斋院落）

免“只见局部、不见整体”的局限性。常规游览只能以单面的视角去欣赏，如六面亭在任一角度都只能看到三面，三维视角下可以 360° 旋转，可以从顶上俯瞰等，从而对六面亭有整体认识，这正是普通游览达不到的效果。

3.3.3　园林景观的最佳展示

三维可视化使得虚拟游览可以在任意点、以任意角度显示景观效果，从而获得最佳视角。常规游览只能在道路上行走，达到步移景异的效果。虚拟游览则可以在空中飞、在水中游、在山上爬、在屋顶上走，达到飞檐走壁、任性看，形成独特的视觉效果（图 6），这是普通游览所望尘莫及的，开启了皇家园林全新的游览方式。

图 6　三维可视化条件下园林的全新视角展示

3.3.4 园林的真实展示

三维可视化影像建立在激光扫描的基础上，数据真实、方法科学，虽然是虚拟游览，但能给人以真实的体验和感受。园林中常规游览只能局限于在道路上观赏，对屋面、建筑物背面等很多地方是目所不能及的。采用虚拟游览可以俯瞰屋面，认识园林建筑的卷棚屋面、硬山、歇山等建筑类型。

4 结语

皇家园林较为集中地展示了中国传统园林的精华，将皇家园林通过可视化技术进行展示，能更好地展示中国园林的文化和艺术特征，更好地普及园林知识。展示中国古典皇家园林离不开展示体系和平台，建设中国古典皇家园林数据库是当前各种资源信息化、网络化时代大背景下的必然要求。开展皇家园林数字化研究可以实现资源的共享，方便研究人员查阅相关文献资料，也大大扩充了信息的获取范围，提高了信息处理效率，为工作和学习提供了有效的工具和方法。以古典皇家园林信息数据库为基础的三维园林的展厅应用，可以实现单体的触摸屏系统、多屏幕的触摸屏系统以及单屏推送的触摸屏系统构架，在展厅内进行多种配套组合应用，也可以应用于教学、科研等教育专业。

参考文献

[1] 周维权．中国古典园林史 [M]. 北京：清华大学出版社，2008.

[2] 汪菊渊．中国古代园林史 [M]. 北京：中国建筑工业出版社，2010.

[3] 朱凌．基于现代测绘技术的古建筑测绘方法研究 [J]. 山西建筑，2007，05.

[4] 张金霞．基于三维激光扫描仪的校园建筑物建模研究 [J]. 测绘工程，2010，02.

‘奥运圣火’一串红系列多花色新品种选育研究

北京市园林科学研究院 / 董爱香　赵正楠　辛海波　崔荣峰　李子敬

摘　要：本研究以自育的‘奥运圣火’一串红为基础，开展了一串红不同花色间杂交试验，结果表明，紫色对红色为显性，酒红色对红色为显性，红色对鲑红色和树莓色为显性。测定了一串红不同花色品种中主要花青苷，结果表明，一串红花色基本可以分为三大类：蓝紫色系、红色系和白色系，共包含3种花青苷，分别为飞燕草苷、矢车菊苷和天竺葵苷，所有的红色、鲑红色品种只含天竺葵色素；酒红色品种含有矢车菊苷和天竺葵苷；而蓝紫色品种含所有3种色素。选育出14个不同花色的一串红新品种（系），并进行了良种申报及其推广应用，为今后一串红育种工作奠定了基础。

关键词：一串红；杂交；新品种选育

一串红（*Salvia splendens*）为唇形科（*Lamiaceae*）鼠尾草属植物，是常用的花坛与盆栽花卉和重要的花青素来源植物。一串红为总状花序，花序上着生花梗长度大致相等的两性花，是一串红的主要观赏器官；其两性花花被因花青素含量和种类差异表现出从白、红到紫等色彩，是一类重要的天然花青素提取原料。

目前我国园林应用的一串红绝大多数为红色品种，蓝色、白色、紫色及复色品种较少，黄色品种几乎没有，且这些种或变种，大多为国外培育的，而我国自育的、适合园林用的优良品种很少，因此，加强多花色一串红优良品种的选育，对一串红在花坛布置、盆花摆放中的颜色调配是十分重要的。

1　一串红不同花色父本与‘奥运圣火’母本杂交后代花色遗传规律

1.1　材料与方法

1.1.1　杂交组合

杂交母本‘奥运圣火’一串红，为北京市园林科学研究院自育的红色一串红品种，显著特点是夏季耐热性强。杂交父本明细见表 1，均为国外选育的在北京地区表现较好的几种不同花色一串红品种。

1.1.2　杂交方法

一串红开花前一天撕开花萼的下半部，将包在花蕾中的两个雄蕊轻轻去掉，并给雌蕊授予当天开花的成熟花粉，第 2 天再授粉一次。授粉时间最好为每天的 9:00 ～ 14:00。本试验从 8 月下旬开始进行杂交授粉，到 10 月 1 日前结束。受精的胚珠 20 ～ 25 天发育为成熟种子。

1.1.3　试验方法

2014 年 10 月采收一串红不同杂交组合的 F_1 代植株结

杂交父本明细　　表 1

编号	名称	来源	花色
1	‘蓝带’	美国 PanAmerican Seed 公司	蓝色带白条
2	‘展望紫’	美国 PanAmerican Seed 公司	紫色
3	‘展望淡紫’	美国 PanAmerican Seed 公司	淡紫色
4	‘展望红白’	美国 PanAmerican Seed 公司	红色花冠白色花萼
5	‘塞丝勒鲑红’	英国 Floranova 公司	鲑红色
6	‘塞丝勒酒红’	英国 Floranova 公司	酒红色
7	‘塞丝勒酒红晨光’	英国 Floranova 公司	淡酒红和白色混色
8	‘菲丝树莓’	日本 Takii 公司	玫红色

的种子，于 2015 年 4 月分别定植于园科院试验田中，每个组合的 F_2 代植株定植 100 株。2015 年 5 月中旬植株开花进入盛花期时，统计花色分离情况。采用英国皇家园艺学会标准比色卡（RHSCC）进行不同花色测定。

1.2 结果与分析

1.2.1 一串红‘蓝带’父本和‘奥运圣火’母本杂交后代花色遗传变化规律

蓝紫色 (N83C) 带白条的‘蓝带’父本和大红色 (42A)‘奥运圣火’母本一串红杂交，后代花色表现见表 2。从表 2 可知，杂交 F_1 代花色全部呈现为带白条的紫红色，花冠和花萼 RHSCC 为 N186D，和父本比紫色略显红，呈紫红色，且花萼带白条，没有出现花色分离情况，这表明两亲本均为纯合体。

F_2 代植株花色分离为 5 种，有与父母本相近的花色，各占 9.9% 和 30%，和 F_1 代相近的带白条的紫红色占 20%，不带白条的深紫色（花冠和花萼 RHSCC 分别为 N79A 和 N79B）为 14.5%，不带白条的紫红色（花冠和花萼 RHSCC 为 N186D）为 23.7%。

一串红父本‘蓝带’和母本‘奥运圣火’杂交 F_1 和 F_2 花色 RHSCC 值　　表 2

		父本	母本	F_1	F_2				
花色									
RHSCC 值	花冠	N83C	42A	N186D	N83C	42A	N186D	N79A	N186D
	花萼	N82B	42C	N186D	N82B	42C	N186D	N79B	N186D

1.2.2 一串红‘展望紫’父本和‘奥运圣火’母本杂交后代花色遗传变化规律

一串红‘展望紫’（花冠和花萼 RHSCC 为 N79A 和 N79B）做父本与母本‘奥运圣火’（RHSCC 为 42A）杂交，后代花色表现如表 3 所示。从表 3 可知，杂交 F_1 代花色全部表现为深紫色，和父本花色相近，没有出现花色分离情况，表明两亲本均为纯合体。

F_2 代植株花色分离为 3 种，和父本花色相近的深紫色植株占 29.2%；和母本花色相近的大红色植株占 23.6%；新分离出的紫红色（花冠和花萼 RHSCC 为 N186D）植株最多，占 37.5%。

1.2.3 一串红‘展望淡紫’父本和‘奥运圣火’母本杂交后代花色遗传变化规律

一串红‘展望淡紫’（花冠和花萼 RHSCC 为 N80A 和 N80B）做父本与母本‘奥运圣火’（RHSCC 为 42A）杂交，后代花色表现见表 4。从表 4 可知，杂交 F_1 代花色全部表现为深紫色（花冠和花萼 RHSCC 为 N79A 和 N79B），没有出现花色分离情况，表明两亲本均为纯合体。

F_2 代植株花色分离为 5 种，其中和父本花色相近的淡紫色占 22.4%；和母本花色相近的大红色植株占 18.9%；和 F_1 花色相近的深紫色植株占 19.4%；新分离出的紫红色（花冠和花萼 RHSCC 为 N186D）植株最多，占 31.3%；新

分离出的鲑红色（花冠和花萼 RHSCC 为 N39C 和 30B）植株占 8.2%。

1.2.4　一串红‘展望红白’父本和‘奥运圣火’母本杂交后代花色遗传变化规律

一串红‘展望红白’花色为红白相间的复色花，花冠中红色部分 RHSCC 为 41B，花萼中发白部分 RHSCC 为 193A，以其为父本与母本‘奥运圣火’（RHSCC 为 42A）杂交，后代花色表现见表 5。从表 5 可知，杂交 F_1 代花色全部表现为浅红色，如褪色后的红色，（花冠和花萼 RHSCC 为 30B），没有分离出其他花色，表明两亲本均为纯合体。

F_2 代植株花色分离为 3 种，其中和母本花色相近的大红色植株占 67.5%；没有出现和父本花色相近的红白相间植株；和 F_1 花色相近的浅红色植株占 14.2%；新分离出的红色花冠白色花萼植株为 18.3%。

一串红父本‘展望紫’和母本‘奥运圣火’杂交 F_1 和 F_2 花色 RHSCC 值　　表 3

		父本	母本	F_1	F_2		
花色							
比色值	花冠	N79A	42A	N79A	N79A	N186D	42A
	花萼	N79B	42C	N79B	N79B	N186D	42C

一串红父本‘展望淡紫’和母本‘奥运圣火’杂交 F_1 和 F_2 花色 RHSCC 值　　表 4

		父本	母本	F_1	F_2				
花色									
比色值	花冠	N80A	42A	N79A	N79A	42A	N80A	N186D	39C
	花萼	N80B	42C	N79B	N79B	42C	N80B	N186D	30B

一串红父本‘展望红白’和母本‘奥运圣火’杂交 F_1 和 F_2 花色 RHSCC 值　　表 5

		父本	母本	F_1	F_2	
花色						
比色值	花冠	41B	42A	30B	41B	42A
	花萼	193A	42C	30B	193A	42C

1.2.5 一串红‘塞丝勒鲑红’父本和‘奥运圣火’母本杂交后代花色遗传变化规律

一串红‘塞丝勒鲑红’（花冠和花萼 RHSCC 为 39C 和 39B）做父本与母本‘奥运圣火’（RHSCC 为 42A）杂交，后代花色表现见表 6。从表 6 可知，杂交 F_1 代花色和母本相近，全部表现为大红色，没有分离出其他花色，表明两亲本均为纯合体。

F_2 代植株花色只分离出和父母本相近的 2 种，其中和父本花色相近的鲑红色植株占 52.0%；和母本花色相近的大红色植株占 48.0%。

1.2.6 一串红‘塞丝勒酒红’父本和‘奥运圣火’母本杂交后代花色遗传变化规律

一串红‘塞丝勒酒红’（花冠和花萼 RHSCC 为 61A 和 59B）做父本与母本‘奥运圣火’（RHSCC 为 42A）杂交，后代花色表现见表 7。从表 7 可知，杂交 F_1 代花色全部表现为比父本略偏红的颜色，花冠和花萼 RHSCC 均为 63A。

F_2 代植株共分离出 3 种花色，其中和父本、母本花色相近的植株分别占 18.1% 和 26.4%，新出现的腥红色（花冠和花萼 RHSCC 为 60A 和 45C）植株占 55.6%。

1.2.7 一串红‘塞丝勒酒红晨光’父本和‘奥运圣火’母本杂交后代花色遗传变化规律

一串红‘塞丝勒酒红晨光’花冠和花萼均为淡酒红和白色分布的复色花（花冠和花萼 RHSCC 为 67A 和 193C+73B），以其为父本与母本‘奥运圣火’（RHSCC 为 42A）杂交，后代花色表现如表 8 所示。从表 8 可知，杂交 F_1 代花色全部表现为比‘塞丝勒酒红’略偏红的颜色，花冠和花萼 RHSCC 均为 63A。

F_2 代植株花色分离较丰富，根据花冠和花萼颜色不同及深浅差异可分为 8 种。其中，花色和父本相近的植株占 17.6%；和母本相近的占 23.0%；和 F_1 代花色相近的植株 16.2%；分离出的颜色较亮的玫红色（花冠和花萼 RHSCC 为 60A 和 45C）植株占 16.1%；分离出的新花色植株花萼为淡粉色、花冠为大红色，占 14.2%；分离的新花色植株花萼为浅鲑红色、花冠为大红色，占 7.3%；除此之外，还有 2 种花萼为复色花的，一种为花萼淡酒红和白色复合，花冠为深酒红色植株，占 6.5%；一种为花萼是淡鲑红和白色复合，花冠为大红色植株，占 6.1%。可见，复色花做亲本杂交，后代更容易分离出丰富的花色，主要为父母本中间的过渡色。

一串红父本‘塞丝勒鲑红’和母本‘奥运圣火’杂交 F_1 和 F_2 花色 RHSCC 值 表 6

		父本	母本	F_1	F_2	
花色			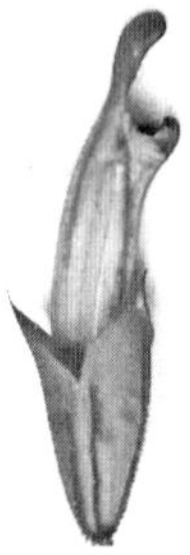	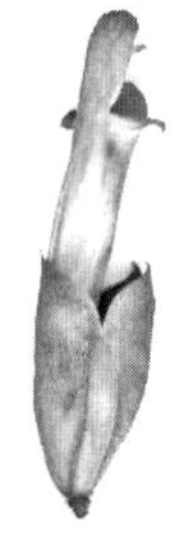		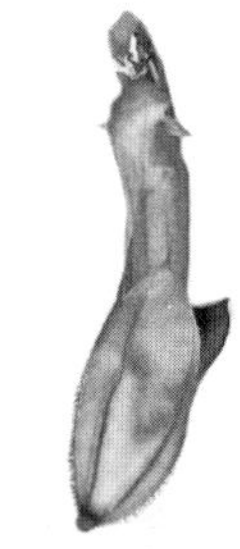
比色值	花冠	39C	42A	42A	39C	42A
	花萼	30B	42C	42C	30B	42C

一串红父本‘塞丝勒酒红’和母本‘奥运圣火’杂交 F_1 和 F_2 花色 RHSCC 值 表 7

		父本	母本	F_1	F_2		
花色			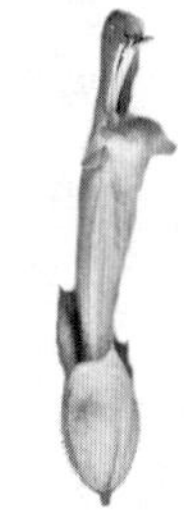				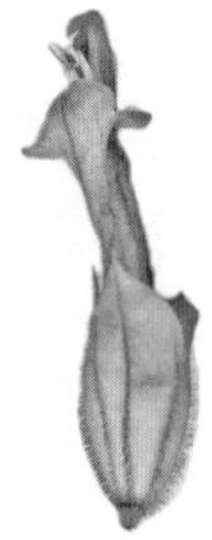
比色值	花冠	61A	42A	63A	63A	42A	60A
	花萼	59B	42C	63A	63A	42C	45C

一串红父本‘塞丝勒酒红晨光’和母本‘奥运圣火’杂交 F_1 和 F_2 花色 RHSCC 值　　表 8

		父本	母本	F_1	F_2						
花色				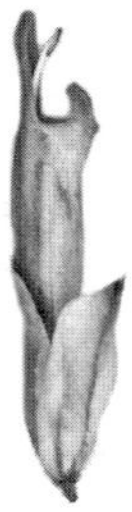	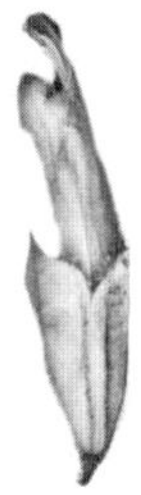	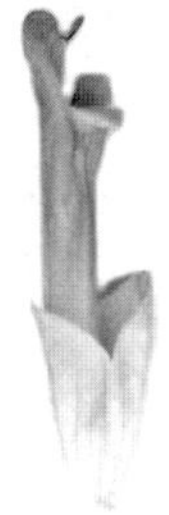		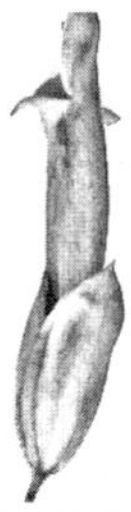			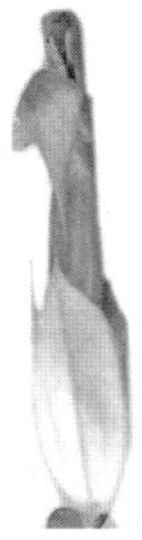
比色值	花冠	67A	42A	63A	42A	67A	60A	63A	44A	42A	39B
	花萼	193C+73B	42C	63A	42C	193C+73B	45C	63A	48B+44A	42A+30C	193B+42B

1.2.8　一串红‘菲丝树莓’父本和‘奥运圣火’母本杂交后代花色遗传变化规律

一串红‘菲丝树莓’（花冠和花萼 RHSCC 为 53A 和 47C）做父本与母本‘奥运圣火’（RHSCC 为 42A）杂交，后代花色表现如表 9 所示。从表 9 可知，杂交 F_1 代花色全部表现为和母本相近的大红色。

F_2 代植株花色只分离出和父本及母本相近的 2 种花色，和父本相近花色的植株占 12.8%，和母本相近花色的植株占 87.5%，没有分离出其他新花色。

1.2.9　一串红不同花色植株杂交后代花色遗传变化规律

一串红不同花色之间杂交，F_1 代紫色对红色为显性，红色对鲑红色和树莓色为显性，酒红色对红色为显性。F_2 代花色除出现父母本的颜色外，亲本为红复色的，F_2 代显现出多种父本、母本的中间色。因此，要想得到新的花色可采用复色花间杂交。

一串红父本‘菲丝树莓’和母本‘奥运圣火’杂交 F_1 和 F_2 花色 RHSCC 值　　表 9

		父本	母本	F_1	F_2	
花色		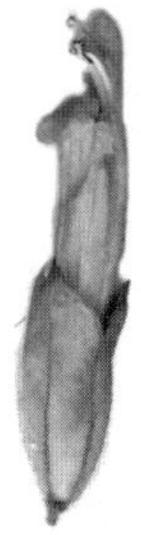	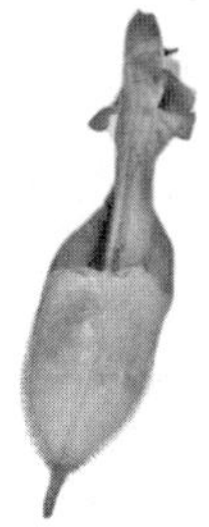	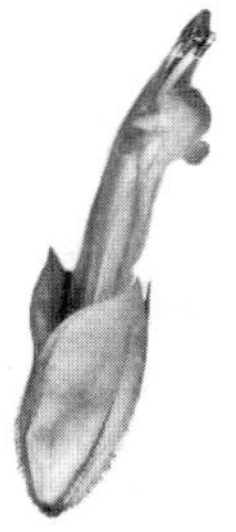	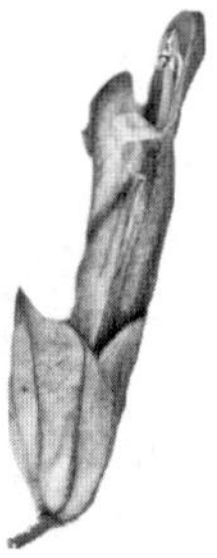	
比色值	花冠	53C	42A	42A	63A	42A
	花萼	47A	42C	42C	63A	42C

2　一串红花色遗传机理研究

2.1　材料与方法

2.1.1　材料

2014 年 4 月上旬至 10 月下旬，于北京市园林科学研究院展示圃地栽 28 个国外多花色品种，具体品种名称及花色见表 10。

2.1.2　花青素种类的测定

于 7 月份（盛花期）对候选材料进行花青素和总 RNA 提取。取花冠 0.1g 加入 600μL 1% 盐酸的乙醇，超声处理 10min，1000rpm 常温离心 10min。上清液经 0.22μm 微膜过滤，于 –20℃保存待测。

花青素检测采用超高效液相色谱（UPLC）法，所用设备为 Acquity PDA detecter（Waters），色谱柱型号为 HSS T3 2.1mm×50mm 1.8u，色谱检测范围 λ 为 200 ～ 800nm；质谱检测采用 Xevo TQ 系统（Waters），锥孔电压为 50V，m/z 为 100 ～ 21000。

2.2　结果与分析

为了分析不同花色品种包含色素的种类，本试验选取了 14 种代表花色类型和 1 个蓝花鼠尾草进行了花青素种类检测，各花色材料花青素种类见表 11。

29 个国外多花色品种 **表 10**

编号	品种	花色	编号	品种	花色	编号	品种	花色
1	‘红景’	红	11	‘神州红’	红	21	‘酒红色’	酒红
2	‘菲丝奶油’	白	12	‘菲丝树莓’	树莓红	22	‘大师’	红
3	‘展望玫红’	玫红	13	‘塞兹勒红’	红	23	‘菲丝桃’	桃红
4	‘灯塔红’	红	14	‘塞兹勒紫’	紫	24	‘灯塔紫’	紫
5	‘塞兹勒鲑’	鲑红	15	‘猩红王后’	红	25	‘莫哈韦’	红
6	‘展望白’	白	16	‘桑格利亚’	紫	26	‘展望淡紫’	淡紫
7	‘猩红国王’	红	17	‘菲丝草莓’	玫红	27	‘展望红白’	红萼白边
8	‘太阳神’	红	18	‘绿洲红’	红	28	‘展望鲑红’	鲑红
9	‘野火’	红	19	‘红绫’	红			
10	‘桑格利亚’	红冠白萼	20	‘超威’	红			

不同花色一串红花青素种类的超高效液相色谱质谱分析 **表 11**

编号	品种	花色	飞燕草素	矢车菊素	天竺葵素
1	‘蓝带’		303/437/627/637		271/605/613/629 271/745
2	‘展望紫’		303/393/551/627/875 303/437/637/961	287/525/945	271/613/637/945
3	‘展望红白’				271/519/595/843/945 271/595/605/629/929
4	‘展望淡紫’		303/627/637 303/627/637/945	287/472/621	271/606/817/929
5	‘塞兹勒鲑’				271/519/595/621/843/945 271/595/605/929
6	‘猩红王后’				271/595/758/979 271/519/595/843 271/595/605/929 271/519/579
7	‘塞兹勒酒’			287/535/611/959	217/595/605/929 271/579/605/807/913

续表

编号	品种	花色	飞燕草素	矢车菊素	天竺葵素
8	‘酒红晨光’			287/535/611/859	271/519/595/843 271/595/605/629/929
9	‘菲丝树莓’				271/519/595/843 271/519/613/629 271/519/579/827
10	‘莎莎’				271/519/595/843 271/595/605/529 271/579/605/913
11	‘桑格利亚’				271/519/595/843 271/595/606/529 271/579/605/913
12	‘X1−F1’			287/519/595/843	271/292/605/727/941
13	‘X2−F1’				271/519/595/843/946 271/595/605/929 271/519/579/827 271/579/605/913
14	‘7×1−F1’			287/519/621/843/945	271/595/605/929 271/579/605/790/913
15	蓝花鼠尾草		303/525/551/611/859 303/437/551/859	287/701/717/984	271/433/920 271/944

从表11结果可知，本试验所检测的一串红可以分为3个色系，即蓝紫色、红色和白色。在蓝紫、红这两种色系中，同一色系中色彩差异极为丰富，这主要是因为花朵内花青素的种类比较丰富。在蓝紫色中，如展望紫、展望淡紫和蓝带中，含不同种类的飞燕草素、矢车菊素和天竺葵素；而在酒红色材料中，例如塞兹勒酒红和其后代 F_1 植株均含有矢车菊色素；而在其他红色品种在只含天竺葵色素。

试验采用超高效液相色谱分析了不同色系品种花青素的种类。由表11可知，被检测的12个一串红品种、2个 F_1 植株和1个鼠尾草品种总共包含3种花青苷，分别为飞燕草苷、矢车菊苷和天竺葵苷。所有的红色、鲑红色品种只含天竺葵色素；酒红色品种含有矢车菊苷和天竺葵苷；而蓝紫色品种含所有3种色素。

3 一串红多花色新品种（系）选育及其推广应用

3.1 选育方法

2014年8月选用8个不同花色的（大红色除外）国外一串红品种与自育的‘奥运圣火’一串红杂交，经过 F_1 代亲本杂种优势的整合，F_2代花色及其他观赏性状发生广泛分离，以一串红花色独特鲜亮、植株生长健壮为选择目标，采用优株单选自交的方法，从F_2代众多群体中选出优良单株进行单独采种。2016年播种F_3代种子，不同杂交组合中F_3代单株有的还发生花色分离，有的花色已纯合，花色不分离的F_3代优株为初选多花色一串红新品种（系），可进行播种扩繁及应用。

3.2 不同花色一串红新品种（系）性状

3.2.1 ‘奥运圣火紫’一串红（图1）

‘奥运圣火紫’一串红是以北京市园林科学研究院自育的红色‘奥运圣火’一串红为母本，美国泛美种子公司培育的‘展望淡紫’一串红为父本，从F_2代分离的优株中经过单株自交选育得到。

‘奥运圣火紫’一串红花冠和花萼均为深红紫色，花冠和花萼RHSCC值均为N186D，叶色翠绿光亮，北京春季地栽株高18～21cm，冠幅23～26cm，播种到开花需12周左右，盛花期花穗数8～10个，主花穗长为17cm左右，生长开花整齐一致，生长势强，夏季高温高湿环境也能健壮的生长。

3.2.2 ‘奥运圣火腥红’一串红（图2）

‘奥运圣火腥红’一串红是以北京市园林科学研究院自育的红色‘奥运圣火’一串红为母本，以英国Floranova公司培育的酒红色‘塞丝勒酒红’一串红为父本，从F_2代分离的优株中经过单株自交选育得到。

‘奥运圣火腥红’一串红，花冠和花萼均为鲜亮的腥红色，花冠和花萼RHSCC值均为63A，叶色翠绿光亮，北京春季地栽株高16～19cm，冠幅20～22cm，播种到开花需12周左右，盛花期花穗数7～10个，主花穗长为15cm左右，生长开花整齐一致，生长势强，夏季高温高湿环境也能健壮生长。

3.2.3 ‘奥运圣火鲑红’一串红（图3）

‘奥运圣火鲑红’一串红是以北京市园林科学研究院自育的红色‘奥运圣火’一串红为母本，以英国Floranova公司培育的酒红色‘塞丝勒鲑红’一串红为父本，从F_2代分离的优良鲑红单株经自交选育得到。

‘奥运圣火鲑红’一串红，花冠和花萼均为鲜亮的鲑红色，花冠和花萼RHSCC值分别为39C和30B，叶色翠绿光亮，株高23～25cm，冠幅31～33cm，主花穗长18～21cm，播种到开花需12周左右，生长健壮，抗性强。

3.2.4 ‘奥运圣火玫红’一串红（图4）

‘奥运圣火玫红’一串红是以北京市园林科学研究院自育的红色‘奥运圣火’一串红为母本，以英国Floranova公司培育的酒红色‘塞丝勒酒红晨光’一串红为父本，从F_2代分离的优良玫红单株经自交选育得到。

‘奥运圣火玫红’一串红，花冠为大红色，花萼为鲜亮的玫红色，花冠和花萼RHSCC值分别为44A和63A，叶色翠绿光亮，株高26～29cm，冠幅32～34cm，主花穗长18～20cm，播种到开花需11周左右，花穗鲜艳，生长健壮，生长势强。

图1 ‘奥运圣火紫’一串红

图2 ‘奥运圣火腥红’一串红

图3 ‘奥运圣火鲑红’一串红

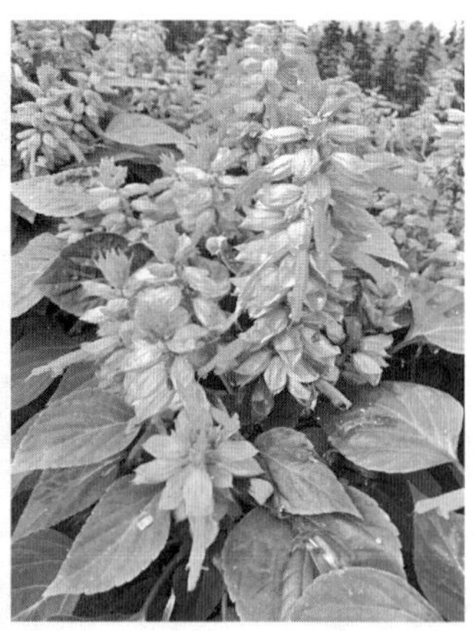
图4 ‘奥运圣火玫红’一串红

3.2.5 ‘奥运圣火夕阳红’一串红（图5）

‘奥运圣火夕阳红’一串红是以北京市园林科学研究院自育的红色‘奥运圣火’一串红为母本，以英国Floranova公司培育的酒红色‘塞丝勒酒红晨光’一串红为父本，从F_2代分离的优良复色单株经自交选育得到。

‘奥运圣火夕阳红’一串红，花冠为大红色，花萼为红白渐变色，花冠和花萼RHSCC值分别为44A和48B，叶色翠绿光亮，株高31～34cm，冠幅32～34cm，主花穗长19～20cm，播种到开花需11周左右，花穗鲜艳，生长健壮，生长势强。

3.2.6 ‘奥运圣火晨光’一串红（图6）

‘奥运圣火晨光’一串红是以北京市园林科学研究院自育的红色‘奥运圣火’一串红为母本，以英国Floranova公司培育的酒红色‘塞丝勒酒红晨光’一串红为父本，从

图 5 ‘奥运圣火夕阳红’一串红

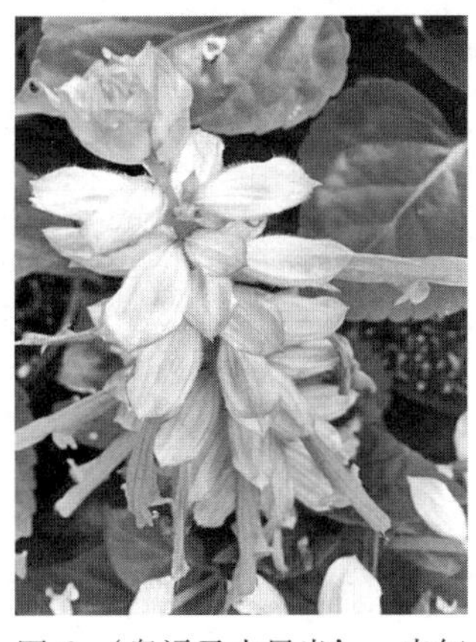
图 6 ‘奥运圣火晨光’一串红

F_2 代分离的优良复色单株经自交选育得到。

‘奥运圣火晨光’一串红，花冠为淡粉色，花萼为粉红和白渐变色，花冠和花萼 RHSCC 值分别为 39B 和 193B，叶色翠绿光亮，株高 31 ~ 34cm，冠幅 32 ~ 34cm，主花穗长 19 ~ 20cm，播种到开花需 11 周左右，花穗鲜艳，生长健壮，生长势强。

3.2.7 复色花系列新品种（系）（图 7）

以国外引种的不同花色一串红品种配合为 12 个杂交组合，根据 F_3 代花色统计，就花色性状来看，有 9 个单株后代未出现分离，其他组合均出现不同程度的分离。选育出新花色品系 8 个(图 7)。其花色分别表现为白萼浅蓝冠、白萼深蓝冠、白萼酒红冠、白萼浅粉冠、紫红萼酒红冠和近蓝色花萼。

X-A X-B X-C X-D X-E X-F X-G X-H

图 7 复色花一串红新品系

4 结论与讨论

（1）一串红不同花色植株杂交后代花色遗传变化规律：F_1 代紫色对红色为显性，红色对鲑红色和树莓色为显性，酒红色对红色为显性；F_2 代花色除出现父母本的颜色外，亲本为复色的，F_2 代显现出多种父母本的中间色。因此，要想得到新的花色可采用复色花间杂交。

（2）一串红按照花被色系，基本可以分为三大类：蓝紫色系、红色系和白色系。共包含 3 种花青苷，分别为飞燕草苷、矢车菊苷和天竺葵苷。所有的红色、鲑红色品种只含天竺葵色素；酒红色品种含有矢车菊苷和天竺葵苷；而蓝紫色品种含所有 3 种色素。

（3）选育出多种花色的一串红新品种（系）14 个，分别为‘奥运圣火紫’、‘奥运圣火腥红’、‘奥运圣火鲑红’、‘奥运圣火玫红’、‘奥运圣火夕阳红’、‘奥运圣火晨光’及 8 个复色花株系，其中‘奥运圣火紫’和‘奥运圣火腥红’2 个一串红新品种进行了良种申报，并在北京市朝阳区的北京市园林科学研究院展示圃、北京市通州区中央组织部机关大院、北京市丰台区花卉大观园、延庆世园会进行了推广应用，取得了很好的应用效果。

月季倍性育种研究

北京市园林科学研究院 / 周　燕　冯　慧　王茂良　巢　阳　吉乃喆

摘　要：三倍体藤本月季多表现为花后花瓣自行脱落，种子皱缩，可免除修剪残花和果实，减少养护成本。月季的亲缘关系复杂，高度杂合，杂交组合后代结实性差异大，平均10%～20%，且部分组合杂交后代虽结实但种子不发芽或即使发芽但幼苗长势弱等特性给杂交育种带来很多不确定性。课题组为育出三倍体藤本月季，3年努力坚持对藤本月季（4X）进行遗传改良。寻找合适组合且充分利用中国古老月季的优良种质即利用‘橘红色火焰’×‘月月粉’组合，选育出符合育种目标的2个三倍体藤本月季优株F1-2和F1-272。

关键词：月季；杂交育种；三倍体；新品系

月季（*Rosa* cvs.）为蔷薇科（*Rosaceae*）蔷薇属（*Rosa*）植物，原产中国。自18世纪末至19世纪初，中国的月季花和香水月季始传欧洲，经国外园艺家历数百年，数以万计地与欧洲蔷薇进行反复杂交，才创造出了现代月季。据2012年美国月季协会出版的 *Mordern Rose XII* 所记载的全世界月季品种已超过30000种。月季素有“花中皇后”之称，其品种之多，色彩之繁，花期之长，应用范围之广，是其他众多花卉都无法比拟的。月季的栽培几乎遍布全世界，是美国、伊拉克等十个国家的国花，也是国内60余个城市的市花。

目前，在国内外月季育种研究中，通过常规杂交育种获得的月季品种数量占大多数，在美国月季协会的品种登录名单中，绝大部分的新品种都是通过常规杂交育种的方法而获得的。美国利用抗寒种质疏花蔷薇与现代月季杂交，F1经过3代回交，育成了能耐 −38℃低温的聚花月季新品种‘Carefree Beauty’[1, 2]。育成了名为‘Suryeo’的月季新品种，该品种花瓣为粉白色，且具有较高的白粉病抗性。用耐寒的弯刺蔷薇与现代月季杂交育出了能耐 −20℃低温的‘天山之光’。[3] 采用中国原产的疏花蔷薇、报春蔷薇、单瓣黄蔷薇等与中国古老月季和现代月季进行杂交，培育出‘野火春风’、‘幻影’、‘血蝴蝶’、‘一片冰心’等10个月季新品种[4]。利用‘多特蒙德’与‘北林俏’、‘北林红’杂交，获得‘特娇’、‘特俏’、‘多娇’、‘多俏’等连续开花、观赏效果好、低结实率的藤本月季新品种[5]。云南农科院花卉研究所自主培育出切花月季新品种‘云玫’、‘云粉’[6]。2009年昆明杨月季公司选育的5个切花月季新品种‘堇青石’、‘俏玉’、‘芙蓉石’、‘孔雀石’、‘虎睛石’，获得植物新品种权[7]。切花月季新品种‘蜜糖’是由‘好莱坞’与‘镭射’杂交选育而成[8]。中国农业大学通过‘塞维丽娜’和‘紫色美地兰’的品种间杂交，从后代群体中选育出了丰花月季新品种‘北京红’[9]。以‘香欢喜’×‘艾丽’为亲本育成茶香月季新品种‘美人香’[10]，以‘巨型美地兰’×‘第一玫瑰红’为亲本育成的茶香月季新品种‘醉红颜’[11]，由亲本‘艾丽’开放授粉选育而成茶香月季新品种‘香妃’[12]。

在杂交育种工作中，亲本的选择是十分关键的问题。育种者都希望子代表现出父母本各自优良的特征，但在实际的杂交育种过程中，子代往往表现不出优良亲本的特性，而是远不如亲本，即优秀亲本的子代不一定是优秀的。这便使得育种者不得不做大量的组合及重复才有可能育成继承亲本优良特性的新品种。另外由于不同品种月季的结实率差异较大以及月季种子发芽率较低（一般小于20%）等问题的存在，一个杂交组合很难得到数量较多的F1植株，也就很难进行统计分析找到性状的遗传规律，所以对于F1的筛选需要依靠大量的人力去观测。虽然月季杂交育种存在着上述问题，但由于其操作技术简单便于广大的育种研究者掌握，杂交育种仍是现阶段月季育种中最常用的技术。

藤本月季是现代月季中一个亲缘关系非常庞杂的重要类型。藤本月季的起源可分为两支，一是由杂种茶香月季（Hybrid Teas Roses）、大花月季（Grandiflora Roses）、丰花月季（Floribunds Roses）和微型月季（Miniature Roses）的芽变而来；二是由野蔷薇（*Rosa multiflora* Thunb.）及其变种粉团蔷薇（*Rosa multiflora* Thunb. var. *cathayensis* Rehd.）、七姐妹（*Rosa multiflora* Tumb. var. *platyphylla* Rehd.）等与大花香水月季反复杂交育种而成。藤本月季集中了野蔷薇的抗逆性、抗寒性和大花月季、茶香月季的花型、花色、花香，是具有极高观赏价值的优良园林绿化材料。另外藤本月季总是依附于建筑或其他附属物而生长，占地极少，又不易受人为或其他无意破坏，因此在城市垂直绿化中具备诸多优势。

我国目前所应用的藤本月季品种如‘御用马车’、‘光谱’、‘多特蒙德’、‘至高无上’、‘金绣娃’、‘大游行’和‘桔红色火焰’等，这些品种均为国外引进，且多为四倍体植株，实际应用中还存在一些急需解决的问题。首先，藤本月季生长势强大，花色鲜艳，开花数量多，结实率高，盛花期（5月）过后，特别是炎热的夏季7～8月基本无花，9～10月恢复开花，但花朵数量大大减少，不到盛花期花量的20%，其果实成熟期较长，观赏价值不高，过高的结实率导致花后养分消耗较大，影响夏季连续开花。又由于藤本月季茎上生有疏密不同的尖刺，人工剪除果实和残花的修剪难度大，很大程度地增加了养护成本。另外藤本月季主要为国外引进品种，因此不能完全适应中国本地的气候，表现为抗寒性差、易染病、抗热能力差等。

三倍体由于减数分裂中染色体配对的紊乱，势必会产生一些非整倍性配子，从而导致育性降低，表现为种子皱缩或不结实，通过倍性育种的方法对四倍体的藤本月季进行遗传改良，花后花瓣自行脱落，有的连花梗一起落下，免除修剪果实和残花，降低藤本月季的结实性，减少养护成本，从而保持藤本月季连续开花及美化环境的特点。

本试验以四倍体藤本月季为母本，二倍体古老月季为父本进行杂交试验，意图筛选出观赏性优良、易修剪、结实率低的三倍体藤本月季品种，并对其后代的倍性及形态学性状进行观测，进而研究其遗传特性。

1 ‘桔红色火焰’×‘月月红’杂交分析

以‘桔红色火焰’为母本与‘月月粉’杂交，F1株型表现出多样性，14株藤本，其中8株三倍体、6株四倍体，三倍体：四倍体为4：3；11株灌丛，其中6株三倍体，5株四倍体（表1）。

‘桔红色火焰’×‘月月粉’F1植株的倍性及形态特征观测　　表1

F1	倍性	株型	花色	花瓣	花径（cm）	顶叶长（cm）	顶叶宽（cm）	叶形	茎刺
F1-1	3x	灌丛	桔粉	重瓣	5.60	4.05	2.32	卵形	无刺
F1-2	3x	藤本	粉	单瓣	5.25	4.90	2.97	卵形	无刺
F1-3	3x	灌丛	红	单瓣	4.66	3.72	2.12	卵形	小而多
F1-4	3x	藤本	红	单瓣	5.80	4.25	2.46	卵形	大小不一且多
F1-5	4x	灌丛	桔红	单瓣	6.25	3.85	2.55	卵形	小而少
F1-6	3x	灌丛	红	单瓣	5.90	4.18	1.98	披针形	小而多
F1-7	4x	灌丛	桔粉	重瓣	8.40	4.15	2.28	卵形	大而少
F1-8	4x	藤本	粉红	单瓣	12.50	5.09	3.80	卵形	大而少
F1-9	4x	藤本	粉	单瓣	8.66	4.91	3.20	卵形	小而多
F1-10	3x	藤本	红	单瓣	5.82	4.40	2.20	披针形	小而多
F1-11	4x	灌丛	桔红	单瓣	6.45	4.95	3.45	卵形	大而少
F1-12	4x	藤本	红	单瓣	7.70	5.75	3.65	卵形	大小不一且多
F1-13	4x	藤本	桔红	单瓣	5.70	4.04	2.55	卵形	小而少
F1-14	4x	藤本	桔红	半重瓣	6.70	3.48	2.16	卵形	大而少
F1-15	3x	藤本	粉	单瓣	6.80	4.92	2.45	披针形	小而多
F1-16	3x	灌丛	深粉	单瓣	9.10	4.93	2.51	披针形	大而少

续表

F1	倍性	株型	花色	花瓣	花径（cm）	顶叶长（cm）	顶叶宽（cm）	叶形	茎刺
F1-17	3x	藤本	粉	单瓣	6.10	4.05	2.24	卵形	小而少
F1-18	3x	藤本	粉	单瓣	7.90	3.70	1.82	披针形	小而少
F1-19	3x	藤本	红	单瓣	4.90	4.97	3.10	卵形	大小不一且多
F1-20	3x	灌丛	红	单瓣	7.16	4.30	2.68	卵形	小而少
F1-21	3x	灌丛	粉红	单瓣	6.50	4.55	2.37	卵形	无刺
F1-22	3x	藤本	红	单瓣	6.15	4.43	2.75	卵形	小而多
F1-23	4x	灌丛	桔红	单瓣	8.20	4.14	2.72	卵形	小而少
F1-24	4x	灌丛	桔红	单瓣	8.50	5.10	3.53	卵形	小而少
F1-25	4x	藤本	桔红	半重瓣	7.60	5.85	3.05	卵形	小而多

注：株型：矮生＜80cm，灌丛 80 ~ 150cm，藤本＞150cm；花瓣：单瓣＜10 瓣，半重瓣 10 ~ 20 瓣，重瓣 20 ~ 60 瓣。

1.1 ‘桔红色火焰’×‘月月粉’F1 形态观察

统计杂交组合中的 25 株 F1 中藤本占 56%，与母本‘桔红色火焰’表型一致，灌丛占 44%，与父本‘月月粉’表型一致。花色也表现出多样性，红色 8 株、粉红色 2 株、桔粉色 2 株、深粉色 1 株，粉色 5 株与父本花色相近且均为藤本，桔红色 7 株与母本花色相近且均为四倍体；瓣形表现较为单一，多数为单瓣，只有 2 株重瓣且都为灌丛型桔粉色，2 株半重瓣且都为四倍体藤本桔红色（图 1、图 2）。叶形表现较为单一，多数为类似母本的卵形叶，5 株为类似父本的披针形叶且均为三倍体（图 3）。几乎所有的 F1 都有大大小小的茎刺，仅 3 株为无刺类型且均为三倍体（图 4）。对于结实性来说，F1 中三倍体植株多数花后子房不膨大，个别三倍体植株花后子房有所膨大，但随后便逐渐萎缩自然脱落；四倍体 F1 各植株均有结实（图 5）。

图 1 ‘桔红色火焰’×‘月月粉’F1 植株花的特征

图 2 ‘桔红色火焰’×‘月月粉’F1 的株型特征
（F1-1 灌丛型，F1-2 藤本型）

1.2 ‘桔红色火焰’×‘月月粉’F1 表型性状主成分分析及相关性分析

‘桔红色火焰’×‘月月粉’F1 表型性状主成分分析结果如表 2、表 3 所示，主成分贡献率比较分散，累计贡献率增长较慢，直到第 5 个主成分累积贡献率才达到 84.53%。由数学统计原理按主成分分析法中特征根大于 1 的原则提取 3 个主成分，它们占信息总量的 63.07%。第 1 主成分贡献率为 29.39%，其中顶端叶长、顶端叶宽、倍性的载荷量较其他性状表现出较大载荷量，绝对值均大于

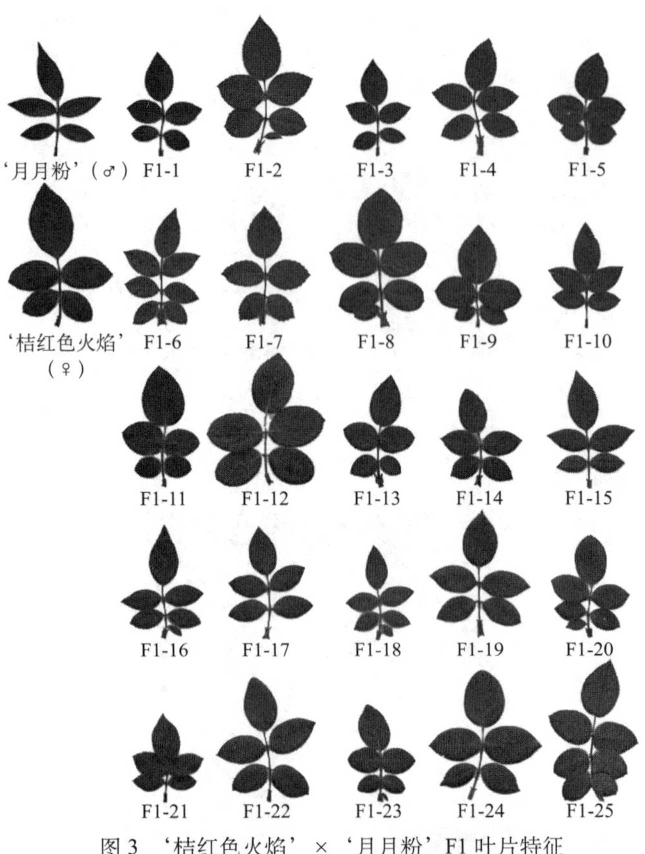

图 3 '桔红色火焰' × '月月粉' F1 叶片特征

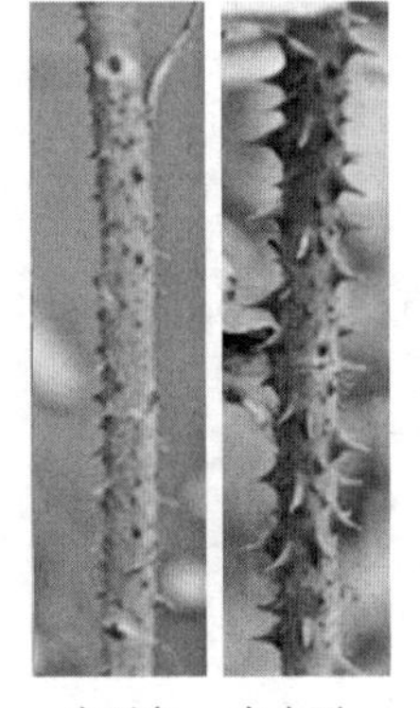

图 4 F1 茎刺

图 5 F1 结实情况

等于 0.70，第 1 主成分主要反映 F1 植株的倍性叶片大小的信息。第 2 主成分贡献率为 17.73%，花瓣、株型、叶形的载荷量较大，绝对值均大于等于 0.50，主要反映的是 F1 花、叶、植株具体形态上的特征。第 3 主成分贡献率为 15.95%，其载荷量绝对值较大的是花色和花径，主要反映的是 F1 植株花朵的观赏性特征。可见三个主成分中各性状的载荷量均有所不同，在各个主成分中表现出较高载荷量的性状没有重叠，且未见有某一性状在三个主成分中都表现出较高的载荷量，所以不能把某些性状作为 F1 植株表型的主要性状，本试验中所涉及的每个性状对于 F1 形态学表型都是非常重要的，应该进行综合的描述和评价。

9 个主成分特征根及相应的贡献率　　表 2

主成分	特征值	贡献率（%）	累计贡献率（%）
1	2.64	29.39	29.39
2	1.60	17.73	47.12
3	1.44	15.95	63.07
4	0.97	10.74	73.81
5	0.96	10.72	84.53
6	0.69	7.67	92.20
7	0.32	3.56	95.76
8	0.26	2.84	98.60
9	0.13	1.40	100.00

9 个表型性状在主成分中的特征向量　　表 3

性状	主成分 1	主成分 2	主成分 3
倍性	0.70	0.43	0.09
株型	0.14	−0.51	0.36
花色	0.29	−0.31	−0.78
花瓣	−0.04	0.70	0.12
花径	0.51	0.14	0.62
顶端叶长	0.72	−0.30	0.26
顶端叶宽	0.88	0.01	−0.18
叶形	0.50	0.50	−0.42
茎刺	0.50	−0.46	−0.05

由表 4 可知，'桔红色火焰' × '月月粉' F1 倍性与花径、顶端叶宽、叶形呈显著的正相关关系，顶端叶宽与顶端叶长、叶形呈极显著正相关关系。可见倍性与花和叶片的大小存在正相关关系，即倍性越高 F1 植株的花朵和叶片越大，这符合同一种植物高倍性品种较低倍性品种拥有更多的染色体而表现出某些器官也相对较大的特性的理论。除上述性状外，其余各性状之间只有一定程度的相关性，但均未达到显著的水平，说明试验中选择的各个性状较为独立，各个特征、性状之间不能互相替代。如果育种目标为选育花朵较大的品种，则可考虑从提高后代的倍性方面着手。

1.3 '桔红色火焰' × '月月粉' F1 表型数量性状遗传分析

如表 5 所示，花径、顶端叶长、花粉极轴长和保卫细胞长这四个数量性状的变异系数均大于 10%，说明这些性状在 F1 中的表现多样且分布比较分散。F1 花径和花粉极轴长表现出不同程度的超亲优势，顶端叶长和保卫细胞长未表现出超亲优势。有较多数量的 F1 植株在顶端叶长和保卫细胞长这两个性状上表现出负向超亲优势，而没有植株在这两个形状上表现出超亲优势。对于花径这一性状，有 40% 的 F1 植株表现出超亲优势，其他植株介于双亲之

'桔红色火焰'×'月月粉'F1 代 9 个性状表型相关系数　　表 4

	倍性	株型	花色	花瓣	花径	顶端叶长	顶端叶宽	叶形	茎刺
倍性	1	−0.03	0.07	0.19	0.49*	0.23	0.47*	0.44*	0.19
株型		1	−0.15	−0.19	0.00	0.22	0.00	−0.04	0.28
花色			1	−0.25	−0.22	0.03	0.28	0.17	0.38
花瓣				1	0.02	−0.15	−0.10	0.21	−0.03
花径					1	0.35	0.26	−0.04	0.19
顶端叶长						1	0.69**	0.07	0.30
顶端叶宽							1	0.53**	0.28
叶形								1	−0.03
茎刺									1

注：*：在 $P < 0.05$ 水平显著；**：在 $P < 0.01$ 水平显著。

'桔红色火焰'×'月月粉'F1 表型数量性状遗传分析　　表 5

性状	亲本表型			F1 表型			平均值 / 中亲值	F1 表型分布（%）		
	♀	♂	中亲值 p	平均值 x	变异系数（%）	极值	x/p（%）	小于低亲	双亲之间	大于高亲
花径（cm）	7.00	4.30	5.65	6.97	24.17	4.66 ~ 12.50	123.36	0.00	60.00	40.00
顶端叶长（cm）	6.19	4.78	5.49	4.51	13.59	3.48 ~ 5.85	82.22	60.00	40.00	0.00
花粉极轴长（μm）	51.13	41.22	46.18	48.00	12.99	32.02 ~ 56.16	103.95	12.00	52.00	36.00
保卫细胞长（μm）	36.85	25.72	31.29	25.38	12.05	20.09 ~ 31.01	81.13	56.00	44.00	0.00

间，而没有植株表现出负向超亲优势。对于花粉极轴长度来说，多数 F1 植株介于双亲之间，其他植株有的表现出超亲优势，有的表现出负向超亲优势。

2　倍体藤本月季的鉴定与评价

根据三倍体不结实表现为种子皱缩或不结实，通过杂交育种的方法对四倍体的藤本月季进行遗传改良，使其花后花瓣自行脱落，有的连花梗一起落下，免除修剪果实和残花，降低藤本月季的结实性，减少养护成本，从而保持藤本月季连续开花及美化环境的特点。

2.1　三倍体藤本月季品种鉴定与初步评价指标

根据前人工作基础，结合月季相关研究的工作经验，提出百分法作为三倍体藤本月季品种鉴定与初步评价的参数。

（1）株型、生长量：总分 20 分。

1）植株高大，健壮，美观，直立性强，枝条 7 个节间以上，分枝力强，叶片有光泽——20 分。

2）植株直立性一般，分枝力中等，枝条 7 个节间以上，叶片暗绿——15 分。

3）植株直立性弱，花枝有 7 个节间以上，叶质较薄——10 分。

枝条表现光滑无刺——10 分。

（2）结实：总分 10 分。

1）不结实——10 分。

2）有少量果实——8 分。

（3）花色：总分 20 分。

1）花色艳丽、纯净、明亮，有光泽——20 分。

2）花双色或多色，色彩搭配艳丽、别致、有光泽——20 分。

3）具备上述 1）、2）条，但无光泽——15 分。

4）具备上述 1）、2）条，但受气候影响易褪色——10 分。

5）花色中间带有杂色、斑点或水渍，色彩暗淡——5 分。

花色特殊，如黑、深绿、咖啡等或现有品种中有或稀少的或有特殊观赏效果——10 分。

（4）花量，花期：总分 20 分。

1）单朵花的花径大，花量大，花梗硬，花枝多（2 ~ 3 年生），盛开时单朵花类型可覆盖整株 40% 以上，或花群集丛生，丛生花可覆盖整株 80% 以上——10 分，能三季开花——20 分。

2）花群集或单朵花量一般，花枝多（2 ~ 3 年生），盛开时单朵花类型可覆盖整株大约 30%，丛生花可覆盖整株大约 50% 盛开时花梗略软，三季开花——15 分。

3）符合上述 1）、2）条，盛开时花梗略弯，但二季开花——10 分。

（5）抗性：总分 20 分。

1）抗性强，尤抗黑斑病——20 分。

2）抗性一般，除雨季有黑斑病外，其他季节中较抗黑斑病——15 分。

3）抗性较弱，有黑斑病、白粉病等危害，但药物能控制——10 分。

（6）花瓣质地及数量：总分 5 分。

1）花瓣在 25 瓣以上（含 25 瓣），瓣质厚实、有张力，盛开时不露心，花冠形状保持持久——5 分。

2）瓣质较厚实，花瓣在 25 瓣以下，盛开时露心——3 分。

3）瓣质一般，盛开时花冠外面一层花瓣无张力——2 分。

（7）花香：总分 5 分。

1）浓香，即花有浓郁的香味——5 分。

2）芳香，即花有芬芳的香味——3 分。

3）微香：即花有轻微的香味——2 分。

4）不香：花在鼻子边闻不出味——0 分。

按以上标准评定，将所得分相加，总分在 90 分以上为杰出，80 ～ 90 分为优秀，70 ～ 79 分为良好，60 ～ 69 分为较好，60 分以下为较差。以上鉴赏、评定的藤本月季品种宜在最佳状态期和盛开期评定，以充分展示品种特点和花色。

2.2 三倍体藤本月季品种鉴定与评价指标应用实例

现代月季倍性复杂，有四倍体、三倍体、二倍体，但以四倍体为主。由于三倍体月季有不结实的优点，可减少人工修剪次数，降低养护成本，在园林绿化中有广阔的应用前景。结合形态学及倍性检测结果，‘桔红色火焰’×‘月月粉’组合中有 15 个三倍体植株，初步筛选出 F1-2、F1-272 两个单株为符合育种目标的优株并进行少量扦插扩繁，将对其进一步进行观测筛选（图 6）。试验中观察到 2 个四倍体：F1-153 为灌丛月季，千重瓣；F1-219 为藤本，半重瓣，表现较好。1 个二倍体 F1-181，进一步观察。

2.2.1 ‘桔红色火焰’×‘月月粉’F1-2 号

三倍体无刺藤本，性状综合得分：88 分。

该优株植株直立藤本，评分 20 分；三季开花，评分为 15 分；不结实，评分 10 分；花色粉色，单瓣花，有光泽 10 分；抗病性评分 20 分，花瓣质地与数量的评分为 3 分，枝条光滑，无刺加 10 分（图 7）。

2.2.2 ‘桔红色火焰’×‘月月粉’F1-272 号

三倍体藤本，性状综合得分：85 分。

该优株植株直立藤本，评分 20 分；花量与单朵花的直径均较大，三季开花，评分为 15 分；不结实，评分 10 分；半重瓣，花色桔红色，艳丽，有光泽 20 分；抗病性评分 15 分，花瓣质地与数量的评分为 5 分（如图 8）。

图 6 ‘桔红色火焰’×‘月月粉’F1 三倍体及优选株

图 7 三倍体无刺藤本 F1-2 及倍性压片检测
a—F1-2 花；b—F1-2 植株；c—F1-2 无刺的茎；
d—F1-2 茎尖压片染色体图

图 8 三倍体藤本 F1-272 倍性压片及流式检测
a—F1-272 植株；b—F1-272 花；c—F1-272 茎尖压片；
d—F1-272 流式倍性检测图

参考文献

[1] Bryson S R，Buck G J. About our cover：'Carefree Beauty'（Bucbi）rose [J]. HortScience，1979，14（2）：98，196.

[2] Ju Hyoung K，Si Dong K，Seung Deok K. A new rose cultivar 'Suryeo' with white-pink flower color [J]. Korean Journal of Horticultural Science and Technology，2011，29(2)：160-163.

[3] 黄善武，葛红，陈玫芳 . 绿色花月季的研究 [J]. 中国园林，1990，6（2）：47-48.

[4] 马燕，陈俊愉 . 培育刺玫月季新品种的初步研究（I）. 北京林业大学学报，1989，12（3）：18-25.

[5] 鲍平秋，丁艳丽，张雷 . 月季杂交育种研究 I. 特娇与特俏的筛选与繁育 [J]. 湖北农业科学，2009，48（8）：1910-1915.

[6] 李树发，张颢，邱显钦，等 . 切花月季 ^{60}Co-γ 辐照诱变育种初报核农学报，2011，25（4）：713-718.

[7] 杨玉勇 . 切花月季新品 [J]. 中国花卉园艺，2009（22）：46-47.

[8] 王其刚，张颢，蹇洪英，等 . 月季新品种'蜜糖'[J]. 园艺学报，2010，37（9）：1545-1546.

[9] 孔畅，柴菲，曹蕾，等 . 丰花月季新品种'北京红'[J]. 园艺学报，2011，38（7）：1419-1420.

[10] 王勋曜，俞红强，游捷，等 . 茶香月季新品种'美人香'[J]. 园艺学报，2014，41（4）：809-810.

[11] 李虹，吴春莹，王勋曜，等 . 茶香月季新品种'醉红颜'[J]. 园艺学报，2013，40（3）：605-606.

[12] 吴春莹，俞红强，游捷，等 . 茶香月季新品种'香妃'[J]. 园艺学报，2013，40（11）：2333-2334.

附图

杂交 F1 倍性流式细胞仪检测图。

（F1-1 ~ F1-25 为'桔红色火焰'×'月月粉'F1）

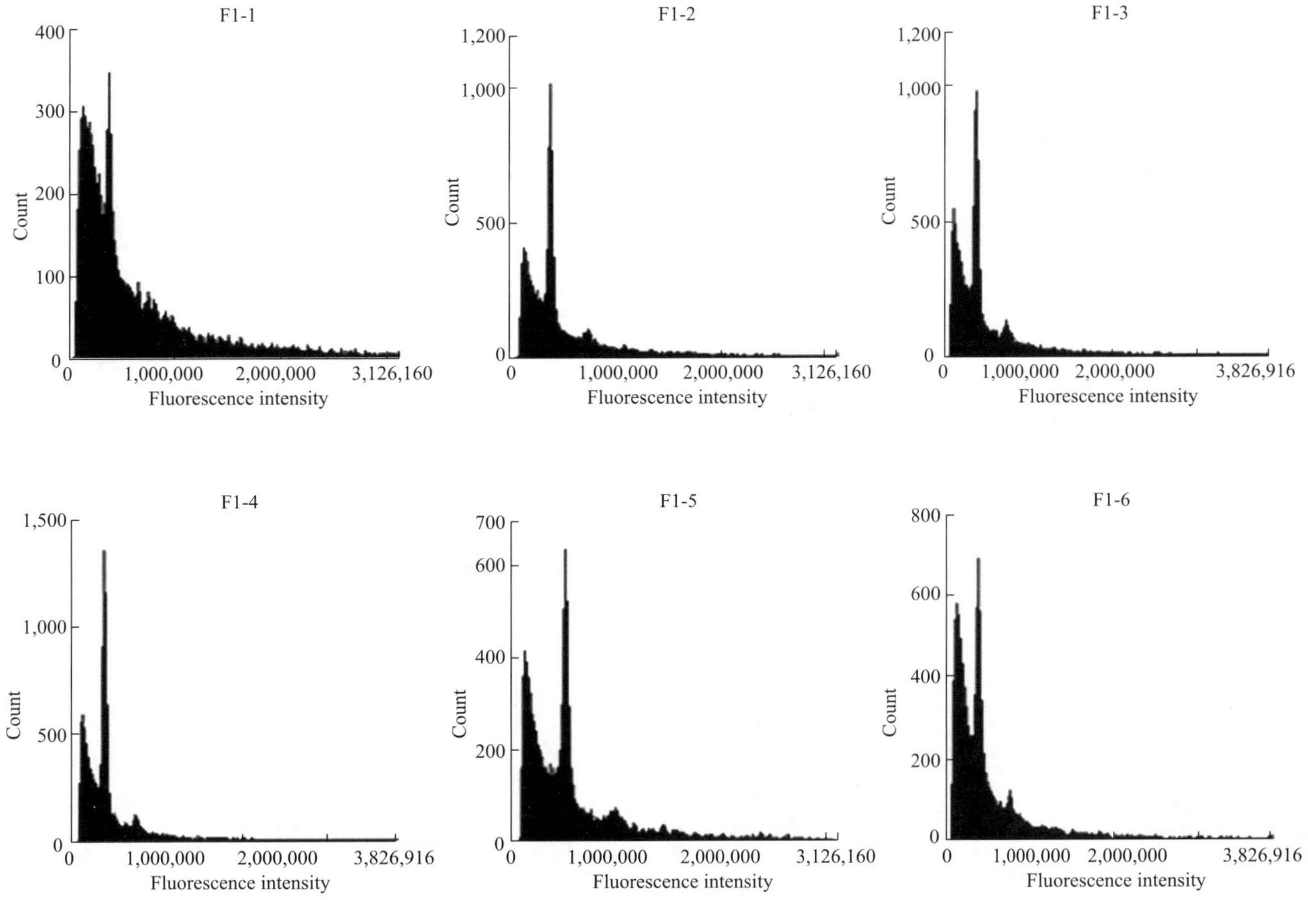

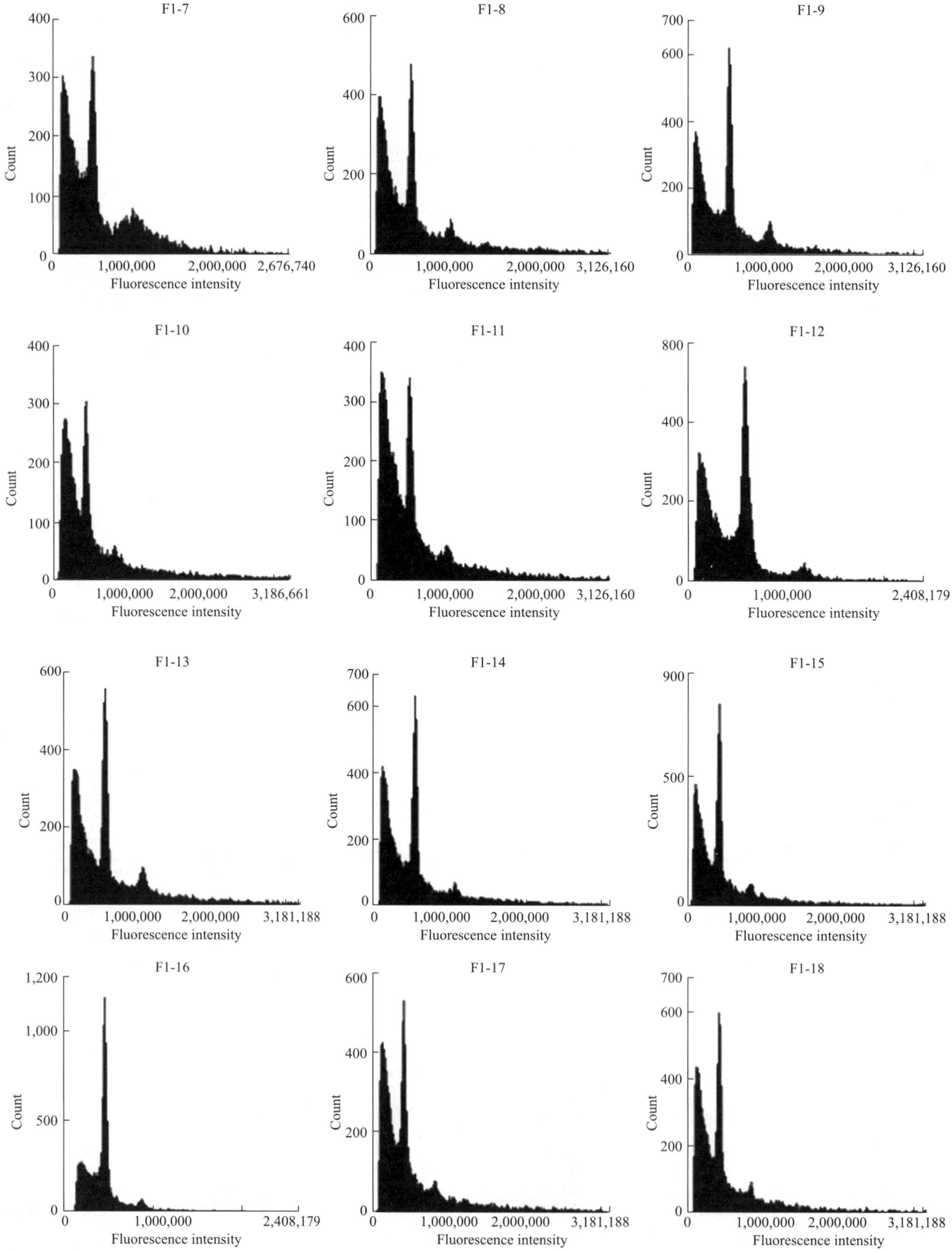

F1-7
Count: 0, 100, 200, 300, 400
Fluorescence intensity: 0, 1,000,000, 2,000,000, 2,676,740

F1-8
Count: 0, 200, 400, 600
Fluorescence intensity: 0, 1,000,000, 2,000,000, 3,126,160

F1-9
Count: 0, 200, 400, 600, 700
Fluorescence intensity: 0, 1,000,000, 2,000,000, 3,126,160

F1-10
Count: 0, 100, 200, 300, 400
Fluorescence intensity: 0, 1,000,000, 2,000,000, 3,186,661

F1-11
Count: 0, 100, 200, 300, 400
Fluorescence intensity: 0, 1,000,000, 2,000,000, 3,126,160

F1-12
Count: 0, 200, 400, 800
Fluorescence intensity: 0, 1,000,000, 2,408,179

F1-13
Count: 0, 200, 400, 600
Fluorescence intensity: 0, 1,000,000, 2,000,000, 3,181,188

F1-14
Count: 0, 200, 400, 600, 700
Fluorescence intensity: 0, 1,000,000, 2,000,000, 3,181,188

F1-15
Count: 0, 500, 900
Fluorescence intensity: 0, 1,000,000, 2,000,000, 3,181,188

F1-16
Count: 0, 500, 1,000, 1,200
Fluorescence intensity: 0, 1,000,000, 2,408,179

F1-17
Count: 0, 200, 400, 600
Fluorescence intensity: 0, 1,000,000, 2,000,000, 3,181,188

F1-18
Count: 0, 200, 400, 600, 700
Fluorescence intensity: 0, 1,000,000, 2,000,000, 3,181,188

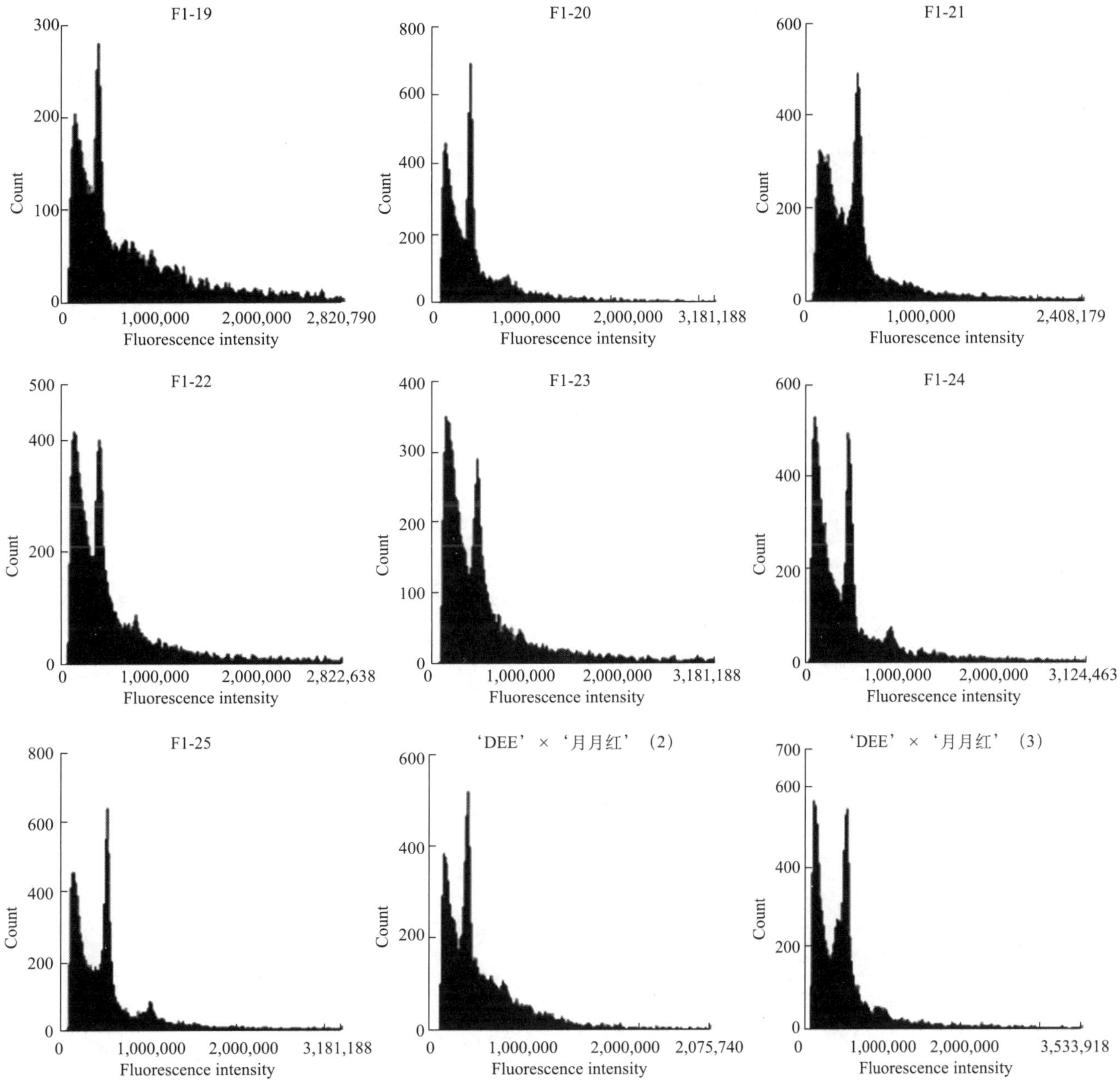

F1-19

300 200 100 0 Count

0 1,000,000 2,000,000 2,820,790

Fluorescence intensity

F1-20

800 600 400 200 0 Count

0 1,000,000 2,000,000 3,181,188

Fluorescence intensity

F1-21

600 400 200 0 Count

0 1,000,000 2,408,179

Fluorescence intensity

F1-22

500 400 200 0 Count

0 1,000,000 2,000,000 2,822,638

Fluorescence intensity

F1-23

400 300 200 100 0 Count

0 1,000,000 2,000,000 3,181,188

Fluorescence intensity

F1-24

600 400 200 0 Count

0 1,000,000 2,000,000 3,124,463

Fluorescence intensity

F1-25

800 600 400 200 0 Count

0 1,000,000 2,000,000 3,181,188

Fluorescence intensity

'DEE' × '月月红' (2)

600 400 200 0 Count

0 1,000,000 2,000,000 2,075,740

Fluorescence intensity

'DEE' × '月月红' (3)

700 600 400 200 0 Count

0 1,000,000 2,000,000 3,533,918

Fluorescence intensity

湿云深度壑　飞雪冷穿松——香山碧云寺水泉院的研究

北京市香山公园管理处/高云昆　李　博　贾　政　刘　莹　马　龙

摘　要：碧云寺位于香山静宜园之北侧，以其独特的汉藏结合建筑形式和景色出众的“碧云十景”而享誉北京，成为历代文人墨客、帝王权贵礼佛游赏的必到之处。与潭柘寺、戒台寺同为“京西三大寺”。经过680多年的历史积淀，其拥有丰厚的物质文化价值和非物质文化价值，水泉院作为寺庙园林和乾隆行宫的花园，最为清幽别致。本文从历史沿革、园林布局、淹没建筑切入，查证历史档案，分析园林意境，考证梳理水泉院的历史变迁，对保护历史名园皇家寺院的完整性和原真性格局具有指导意义。

关键词：香山；碧云寺；水泉院；研究

1　历史沿革

碧云寺位于香山静宜园之北侧，坐落在“寺后山势，旋舞外张，两翼如抱，寺枕中罔，独收其胜。基之两旁皆深谷数仞，后山嵯峨，松柏插天”的聚宝山下。

初为金章宗翫景楼，年久废坠。元代耶律楚材后裔耶律阿勒弥（又称阿里吉）于至顺二年（1331年）舍宅开山建成碧云庵。到了明代宦官擅权，权势熏天，正德时太监于经利用亲上之便诱导武宗皇帝开煤矿，从中获利扩建碧云寺，使寺院瑰壮靡丽、廓然焕然。天启年间魏忠贤也相中该寺，对其大加修整，仿明皇陵建生圹，规模宏大，覆压数里，郁葱绵亘，金碧辉煌，奢侈逾甚。

清康熙年间仆碑铲墓，乾隆好山乐水，崇佛礼教，于乾隆十二年（1747年）“驻跸静宜园，时过此寺，乐观林壑之美，而念古刹之有待于护持也，爰命重加修葺”，除将原有建筑修缮一新外，增建罗汉堂、金刚宝座塔及行宫。历经元、明、清三朝修葺，碧云寺形成南北中三轴线对称的格局。

民国时期碧云寺成为文化教育事业的重要场所，有中法大学西山学院、农业试验场测候所等单位先后驻寺。1925年孙中山在北平辞世，灵柩暂存碧云寺，现有孙中山纪念堂及金刚宝座塔衣冠冢。

1952年10月北京市人民政府接管了碧云寺，并对公众开放。1957年碧云寺列为北京市第一批重点古迹文物保护单位。2001年列入全国第五批重点文物保护单位范围。2017年9月1日香山碧云寺获得北京市对台交流基地称号。

碧云寺以其独特的汉藏结合建筑形式和景色出众的“碧云十景”而享誉北京，成为历代文人墨客、帝王权贵拈香礼佛游赏的必游之处。与潭柘寺、戒台寺同为“京西三大寺”。近七百年的历史积淀，使其拥有丰厚的物质文化价值和非物质文化价值。

水泉院位于碧云寺西北最深处，是一处以泉取胜的院落。院内有天然流泉，泉出自山神庙下石罅中，潺潺有声，此泉元代起就有“卓锡”之名，明代声名显赫。在《长安客话》记载：“水自寺后石岩出，喷薄人小渠，人以卓锡名之”。当时有“碧云寺以泉取胜”的说法。《佛学辞典》

图 1　水泉院历史原貌图

解释“卓锡”为：“锡者锡杖也，僧人所持卓者拄立，故谓僧人居处为卓锡，意通锡杖，释为：锡者，意取锡作声，鸣杖、锡杖任情称……，头上唯有一股铁卷，可容三二寸，安其饽管长四五指，其竿用木，粗细随时，高与肩齐，下安铁纂，可二寸许，其环或圆或扁……”。

水泉院依山就势，山石叠筑，亭台池桥，峭壁如城，被历朝皇帝所喜爱，明代皇帝至此题匾，清代皇帝至此修缮，形成幽静典雅之境。历代文献对该院情形进行了真切的描述，《宛署杂记》载：“卓锡之前，有一小亭，又前为小池，蓄泉水，布莲其中，延池松柏年久，状如虬龙，每岁夏，泉水流溢，荷花盛开，上下云烟，如坐天上。万历十四年（1586 年）驾至，爱之，为书‘水天一色，苍松古柏’……泉前有御书沼堂”。《珂雪斋集》载：“（卓锡）泉从石罅出，有声，石壁色甚古，亭日听水佳处。泉绕亭而出，流于水池，种白莲百本，塘前竹树嫩绿有致，竹旁有银杏 2 株，阴荫 1 亩。其左一洞若夏屋，泉复绕之而出，达于廊下”。可惜水泉院明代时的大部分建筑到清初都已不存在。清谈迁《北游录》载：清顺治十一年（1654 年）八月游览碧云寺，“东北，其园卓锡泉，自石罅龙吻出。下注飞涛，监军御史吴阿衡题曰龙湫……中堂艺竹，俗曰黄金间碧玉……南亭之阶，镌二石枰，枰旁各刊诗，草书。又银杏树一，其大甲于西山。右藏花洞，以石室备冬者。”《天府广记》载：康熙年间碧云寺“岩下一泉汩汩，石渠导之，过斋厨，绕两廊，出殿两庑，左右折复于殿前石池。泉旁一柳有大瘿，人呼瘿柳，柳左堂三楹，万历御题水天一色，前临河沼，沼南修竹成林，岩下一亭日啸云。”

乾隆十三年（1748 年）对碧云寺进行扩建的同时，也对水泉院进行了修整，因而大部分建筑因移动与明代时的位置有所不同，《日下旧闻考》详细地记载了碧云寺扩建后建筑设施的存废状况：“……瘿柳左之堂及啸云亭今俱无考。水天一色匾已废。……寺内泉源今从岩罅吐注，非螭口也。……听水佳处亭无考，（其左一洞若夏屋）洞屋今存。……苍松古柏诸额今废”。对水泉院添建的建筑物作了记载：“碧云寺北为涵碧斋……为洗心亭，又后为试泉悦性山房”。

明清时期的水泉院，以其泉之胜、景之幽、建筑之靡丽而形著于人们的笔墨。延续到民国时期，水泉院之名泉胜景不亚于昔日。民国时期的文章记载可知水泉院仍是碧云寺景致最清幽的场所。

1936 年庄俞在《京都新记》上发文载：“旁有水泉院，小而幽，石岩有泉渗入小池，清响不绝，仍留作游人憩息之所，院中有银杏一株，里于枯根间，称初为槐，历百年而枯，在根中复生一柏，又历数百年而枯，更生一银杏，今亦参天矣。又有一桑，其根茎为三株，合绞而成彼具其姿。……此院由天然之山岩石形成，位西有一个小庙，庙底下有水泉一。”

1941 年，忏龛在《西山之胜迹》载：“别有一院，山石磷峭，树木蓊蓊，复甃石为池，有泉自石隙流人于小渠，曲折达于寺前，泉旁旧有亭榭，柱石尚存，亭前为三仙洞凡三穴……洞外有古柳一株，其杆大曲如弓，枝叶垂青，姿态绝佳。”

2　园林布局

水泉院是碧云寺皇家园林寺庙的点睛佳作，因泉而建，由泉而名，规模有限，却耐人寻味。《宛署杂记》载元代僧续溥所作碧云十景诗中便有四景是涉及水泉院的专门描述，古代诗词题咏更是占据了碧云寺诗词的一大部分。水泉院处于碧云寺的北次轴线上，有清朝乾隆年间修建的涵碧斋和含青斋行宫别院，是一处景致幽深的山水院落。碧云寺共有三条轴线，从山门经至塔园这一轴线为主轴线，其南次轴线贯穿禅堂院和罗汉堂，北次轴线贯穿了涵碧斋、含青斋和水泉院。水泉院因其独特的地理位置，在北次轴线的尽端，与乾隆行宫成为完整的建筑景观序列。

水泉院与它前面的含青斋组成了碧云寺特有的一处休息、赏游的行宫别院。含青斋行宫建成后，水泉院中的洗心亭和试泉悦性山房成为诗咏最多的所在，也是乾隆皇帝在水泉院从事园林活动的最佳载体。水泉院最大特点就是借景。充分体现出中国古典园林“巧于因借，精在体宜”造园理念。

借泉为院，有明代穆光胤卓锡泉诗文“林锡原龙化，山泉一卓通。根深连地脉，溜曲绕珠宫。”诗中前两句道明了卓锡泉的传说和来源。多数的园林寺庙，将园置于寺之后院，水泉院却坐落于碧云寺的北次要轴线的末端，是卓锡泉的所在决定了水泉院的存在。水是寺之命脉所在，河南嵩山少林寺有诗云：“深山藏古寺，碧溪锁少林，”其中“溪”能“锁”寺,可见水源之重要。卓锡泉水终年不涸，古时其水不仅供寺内使用，还流出寺外，供寺外所用。它与香山双清泉均为香山地区重要的水源。清代《余文敏集》载：“碧云寺泉从山西壁螭口中吐出，去渠尺许，微有飞沫下注于渠亭前有沼可一亩，渠水注之”。明代《帝京景物略》记：“左侧有泉，屋之，纳以方池，吐以螭唇……”。在饮用之余，将泉水做为造景的元素。卓锡泉位于水泉院的最西头，于是水泉院由西向东展开，以泉、瀑、潭、池、沼、溪，水景序列共同组成了以水、泉为题的庭院。明人陶允嘉有诗云：“金风猎猎吹远松，青霞朵朵生残云，西山一经三百寺，唯有碧云称纤裱。山僧不放山泉出，缭绕阶前声瑟瑟……”，诗中所说的，便是最大程度地对水资源进行综合利用。

借水为池，碧云十景中池泉映月便是此景。水从泉眼涌出，明代时“吐以螭首”，注入渠中，渠水入池沼，这样的景致是明代书籍中所记载的池泉。泉水涌出，加以人工理景，喷以螭首，绕亭而出，纳水入方池；到了清代，乾隆的重建，则水出石罅隐泉入奥，导泉入渠成小瀑，入方池，可谓“凿石引泉香”，池使自在的水有了容身之所，为景所用，池是为纳水而成的。

借墙为背，水泉院的高墙给人留下很深刻的印象。这堵高墙是由于寺庙与水泉院的高差而形成，有高 10 余米。平直的高墙是依托架空建筑的平台，具有“先难而后得”之妙，也起到了围合水泉院幽静空间的重要作用，借壁成墙造园者正是借用石壁的高而平直，将建筑依石壁而建，以国画“补壁 ”作法弥补高墙空旷之弊。水泉院以壁为背的建筑有三个，弈棋台、清净心、照壁亭，错落有致。此举可化解高墙的突兀与单调。

借势掇山，院中多有山石堆叠，均采用北太湖石。龙王庙所在地势能借其高而堆叠成山，下部叠山中部造就了山谷之势，空而有迎人之态。清净心抱厦东西分向连接照壁亭、弈棋台，峰回路转，沟壑蜿蜒，大有“居山者几忘东山之为山”，宛若置身游历西山之中，且自然天成，宛若天开。彰显清代“山石张”张氏叠山流派的自然风格，注重叠山艺术的真实性，依墙就势，逶迤连绵，聚散、虚实对比，开合章法有度。

借湿植竹，竹在古时北方是稀罕物，限制因素是干旱。水泉院却种植了大量的竹子，修竹喜暖喜湿润，水泉院水量充沛，空气湿度大，是竹类生长的极佳场所。元代萨都剌写道：“绕松生翠色，灌竹长清幽”。成片的竹类种植，原本幽静的水泉院更显幽邃之感。

水泉院不仅有借景，还有障景：古人常说“山重水复疑无路，柳暗花明又一村”。障景意趣盎然，障景不仅增添游趣，更是对水泉院进行空间分隔，塑造丰富的空间层次。水泉院这一手法运用自如，三道屏障，将院分隔为三进。这种屏障并不是单纯的实体，而是似断似连，从而使景物能相互渗透，又互成对景。所以此处的障景，既为障，本身亦成景，其增加了景深，在感官上增加了庭院的面积，以障为隔，不着痕迹地塑造出了既相互关联，又相互独立的空间。

独特围合性的园林空间又增加了植物造景，如十景中所提及的“修竹欺霜”、“乔松傲雪”、“奇桧连阶”。其中竹为成片种植，油松、白皮松、桧柏点缀其间。还有宛如园门的“篆柏”分隔清净心临水蹬道与试泉悦性山房，穿过“篆柏”，仿佛置身“洞天仙境”。

3 主要建筑

水泉院凿壁开洞的“清净心”独具特色，原称藏花洞，元、明时期用作花卉佳木越冬之处。洞位于水泉院之南墙壁,《大复山房集》载“寺前有泉亭竹树……其西峭壁如城，有石室三，临涧石门石窦，盛夏可以避暑，冬则徙卉木藏焉”。清乾隆年间进行改造，在洞内陈列了佛像和菩萨像，布置了相应陈设。洞外修建抱厦，并赐名“清净心”，使其成为行宫御苑内一处供佛之地。清净心，意为菩萨在修成佛时，发愿要清净己心，教化众生，以便众生都能往生佛所居住的净土去。佛经说:“得净土当净其心，随其心净，则佛土净。”因为洞内陈列佛像，后人也称其为“三仙洞”。

中国第一历史档案馆《黄册》档案中对清净心修缮工程也作了一些记载：乾隆五十年（1785 年）十二月至五十一年（1786 年）六月，“碧云寺清净心抱厦三间揭瓦头停，挑修椽望，拆去后檐墙，添安夹堂板，改做暗沟，泊岸上筑打灰土四步”。同时还记载了清朝无具体年代的修缮工程：“清净心抱厦三间，六方亭一座……揭瓦头停

并拆砌虎皮石大墙，以及找补、油画、裱糊”；“清净心洞内添安青白石神台三分，配安白玉石炉座一分，以及油画、裱糊”。“清净心”修缮完工后，又对其陈设进行精心布置。

前院居中建筑洗心亭建于清乾隆年间，位于碧云寺水泉院内清净心洞前。原亭湮没年代不详，现只留有亭基，面积为 $64m^2$。中国第一历史档案馆《黄册》档案对洗心亭东侧大墙、山石维修曾作记载：“乾隆四十三年（1778 年）七月初十，碧云寺洗心亭东边拆砌隔断院墙一段，这项工程与其他十几项工程共用银四千九十六两九钱三分九厘”。另有：“洗心亭拆砌大墙二段，长十四丈一尺七寸；洗心亭前拆葺院墙一道长七丈，随墙门口一座满换过木槛框；碧云寺洗心亭东边靠墙拆堆有碍太湖山石高峰三座，奏长五丈一尺，均高八尺五寸，拆宽五尺……洗心亭堆砌太湖石、山门外泄水沟东南沟帮包堆本山石，与樱桃沟水源处开创清理，实用工料银七百九十四两八钱一分六厘”的记载。

洗心亭建于池水中央，水岸遍植翠竹，乾隆皇帝的御制诗多次强调洗心亭是对杭州云栖寺洗心亭的写仿，这种写仿有三个层次。第一层是对写仿对象命名和周围环境意境的呼应：杭州洗心亭位于云栖竹径之内，“云栖竹径”亦名“云栖梵径”，是著名古刹云栖寺附近一条遍植毛竹的山道，洗心亭始建于明代，初建时便以“万竿绿竹影参天，几曲山溪咽细泉”的优美风光而闻名。乾隆皇帝写仿洗心亭时，利用了水泉院原有的竹林和山泉，虽然景观与杭州云栖寺大相径庭，但亭、竹和水这些要素均在，从而呼应了江南名胜。第二层是对“洗心”禅意的解读：“借得云栖题额字，境观虽异洗心同”，“祛却尘心悦性灵，禽言听似摩诃声”，“身是菩提心似镜，洗如拂拭去尘埃”是乾隆皇帝对洗心的理解。古人有洗耳和濯足的典故，表示洁身自爱。禅宗更近一步，有“即心即佛”的说法。洗心亭坐落于古刹内一汪碧水之中，天光云影烘托出浓厚的禅学韵味，呼应了“洗心”之名。第三层是由禅学“洗心”引申到华夏经典和治国之道：“君子洗心退藏密，易经早已着精辞”，《易经·系辞》有“圣人以此洗心，退藏于密”之说，这里的“洗心”强调的是“圣人以此齐戒，以神明其德”这个过程，澄静内心，荡涤疑虑，借助“洗”而整肃自身，达到“洗心”的目的，继而把德行提升到高深而纯净的境界。“便教掬尽是间水，那洗忧民一片心”，乾隆皇帝在游兴时不忘理政，在强调忧国忧民的同时，也深谙儒家“内圣外王”之道，“内圣”是儒家对心的最高期望，也是乾隆皇帝追求的治国之道。

试泉悦性山房位于水泉院二进院卓锡泉源前，是清乾隆十三年（1748 年）建造行宫时所建，当时为皇帝贵族游览听泉赏景之所。乾隆在试泉悦性山房诗中日：“德水堪方性，澄滓见本初。每来试汲绠，便以拟浇书。五字片时就，千峰一牖虚。松门章奏鲜，适可悦几余”道出了该处之意境。《日下旧闻考》对该处题额作了记载：“试泉悦性山房，檐额日境与心远，后檐额日澄华，是为泉水发源处。”

清代嘉庆三年（1798 年）试泉悦性山房存有大量陈设记载，其中明间记载“明间靠南墙向北设：竹丝格一对（随几一件），内设：文竹三阳开泰陈设一件（乌木座），文竹宝月瓶一件，内供：花二枝（乌木架座），文竹有盖提梁卣一件（乌木架座玉顶），文竹海棠盆景一件（乌木座架），文竹双管瓶一件（内插：桃花一枝、乌木座），文竹盘一件（内盛：文竹香橼一件，乌木座），文竹花盆景一件（乌木座），紫竹山子文竹虎耳草一件（乌木座），文竹云龙方瓶一件（内插：梅花二枝、乌木座），文竹鼓式盆景一件（乌木座），文竹文王有盖四足鼎一件（紫竹盖玉顶乌木座），文竹枸杞一件（乌木座），文竹盆景一对（内插紫竹、乌木座），紫竹山子水仙盆景二件（内栽花二枝），文竹花觚一件（内插：绣球梅一枝、乌木座），文竹碟一件（内盛佛手一个、乌木座），文竹蓍草瓶一件（内插：玉兰一枝、乌木座），文竹渣斗一件（内盛：海棠花一枝，乌木座）”。最为有意思的是殿内陈设大量的竹类制品，内部的竹类陈设与院内的“修竹欺霜”园林景观遥相呼应，园林情趣与使用陈设巧妙契合，再次突出了清高纯朴的气质、清丽脱俗的风韵和清幽雅致的意境。

洗心亭突出了乾隆皇帝在水泉院中的思考和感悟，试泉悦性山房承担了实际活动——饮茶。择水是古人饮茶艺术中的一个重要组成部分，乾隆皇帝计量各地名泉，以愈轻为愈佳，故以北京西郊玉泉山玉泉为“天下第一泉”，济南珍珠泉为第二轻，扬子金山泉为第三轻，惠山、虎跑第四轻，平山第五等，清凉山、白沙、虎邱及西山之碧云寺卓锡泉第六轻。乾隆帝仿照惠山寺竹垆山房在皇家园林中有泉水的地方建各种饮茶建筑，如玉泉山竹垆山房、香山竹垆精舍等。竹垆源自南方，是一种外为竹编的特殊煮茶工具，乾隆帝多置其于建筑中用以煮泉品茶。“试泉悦性山房”也是一处利用卓锡泉泉水，供乾隆皇帝煮茶品茶的建筑。有试泉悦性山房诗云：“泉虽输第一，房自纳三千。清暇值偶尔，烹云便试旂。竹垆文武火，芸壁短长篇。境诣于焉验，心希四十贤。”“洗心亭北入松门，别有山房临水源。瓷铫筠炉俱恰当，试泉悦性且温存。”“便试越瓯非别品，南方贡到雨前茶。”

龙王庙位于碧云寺水泉院的最深处，为最后一进院落，传说龙王统领水族，掌管兴云降雨，旧时迷信的人向它求雨，故为他建庙宇。乾隆多次在香山龙王庙祈雨，尤其在水泉院龙王庙祈雨最为灵验。

4 历史湮没

啸云亭位于古藏花洞前水池南，为明代水泉院建筑景观之一，疑为洗心亭旧址。文人陶允嘉记载了该亭的位置和名称“(碧云寺）泉旁……柳左堂三楹……岩下有亭……人以‘啸云’题之”。《帝京景物略》中交代了亭子是“填荷池，伐林苑所落成也。”该亭清乾隆年间已不存在，《日下旧闻考》载：“……柳左之堂及啸云亭今俱无考。”

听水佳处亭原位于碧云寺水泉院泉源前，是明代碧云寺建筑景观之一，疑为试泉悦性山房旧址。明文人“公安三袁”之一的袁中道有“泉从石罅出，有声……亭日‘听水佳处’,泉绕亭出”的记载。在此饮水听泉,如人清凉世界，故王西樵有“最爱泉上亭”的诗句。该亭湮没于清代，《日下旧闻考》载：“听水佳处亭今无考”。

还有在古代文献中常为咏叹的“瘿柳”，其树身布满树瘤，成为当时院中一景，现已不存。

5 意境分析

水泉院的园林意境为中国古典园林“壶天模式”或“洞天仙境”的典型代表。壶天为在中国道教神话和传说中，“壶”即葫芦，在古代，葫芦是最常用的容器。我国各民族都曾有关于人出自葫芦的神话。道家之“壶天”原本为葫芦之内腔。据葛洪《神仙传》载，有仙人称壶公者，悬葫卖药，夜则归宿葫中，有人随壶公入葫，唯见其中仙宫世界，楼台重门阁道。此外，“三神山”也被称为“三壶”。据王嘉《拾遗记》：“三壶，则海中三山也。一曰方壶，则方丈也；二曰蓬壶，则蓬莱也；三曰瀛壶，则瀛洲也。形如壶器。”如此看来，蓬莱模式也是一个中有空腔的大葫芦，这在王氏父子的《三才图绘》中备有详图。概而言之，对“壶天”的偏好，揭示了中国文化中理想景观模式的两大结构特征：一个与外界相隔离的围合空间（壶腔)，一个连接内外空间的狭口（壶口）空间。水泉院的空间布局完全符合壶天结构。

葫芦在我国，历史久远。早在新石器遗址中就有古葫芦皮和众多的葫芦形陶器物的出土，而且有些葫芦陶器底部较尖，显然变成了一种文化符号，成为蕴涵了某种宗教意识的祭祀器物。《诗经·大雅·绵》中有：“绵绵瓜瓞，民之初生”，其中的“瓜瓞”就是指葫芦。许多民族的创始传说中都离不开葫芦，比如汉族《独异志》载：人类的始祖伏羲、女娲兄妹是从昆仑（葫芦）山中诞生的。远古人类的思维方式是直观、象征性和充满幻想的。因葫芦外形浑圆饱满，常见且极易生长，在人们看来，多籽的葫芦便是人类祖先的化身。甚至在不少西南少数民族地区，至今仍保留着将葫芦作为始祖和保护神的习俗。同时，葫芦作为收魂法器在古代广为应用。尤其在道教活动中，葫芦与灵药相关，并成为道教仙人最具特征的伴物。例如，“八仙”中的铁拐李，跨鲤渡海的琴高，寿星膝前的仙童等，身边均有药葫芦或酒葫芦的佩挂。仙人是长生之人，葫芦中的仙药为长生不死之药，因此葫芦又具有了生生不息的意义。“大一生水”的水泉院位于西北方向,也正是“乾卦”所在位置，暗合所有信息，值得关注和深入解读。

水泉院其场所为皇家寺庙，同时也契合了该区域的佛教思想，清净心与试泉悦性山房也是佛教中的须弥山模式，佛教虽为外源宗教，但自东汉初年传入中原以来，逐渐与中华民族原有的信仰体系相互同化、融合，终成为中国民族文化的一个有机部分。所以，中国佛教中所编织的佛国净土景观，实际上也表达了中国人心目中的一种理想景观模式。佛典以三个大千世界为一佛土，每一大千世界由无数小世界所构成，每一小世界之中心是一座须弥山。须弥山由金、银、琉璃和玻璃四宝所构成；山高八万四千由旬；山顶为帝释天，四面山腰为四大王天；周围是七香海和七金山（七轮围山)，第七金山外有铁围山所围绕的咸海，咸海之中有四大部洲，佛国净土即由无数个这样的须弥世界所构成的。如《华严经》描绘的华藏世界,有无数香水海，每一香水海的中各有一大莲花，每一莲花都包藏着无数世界，这是一个“盒子中的盒子”的多重围合和多重岛屿的复合模式。

作为“以儒治国”的乾隆皇帝对于水泉院来讲，可以将水泉院视作身在尘世却可摆脱尘世烦嚣的理想之境，借以修养身心、怡养情趣、超凡脱俗之地。空间有限的水泉院具有安全性、隐蔽性和私密性，在此尽享山林之乐，享受身心与自然的交融，或避喧思政，或清心隐逸，或拈香禅悟,作为君王也要体味凡夫隐士的无限惬意和瞬间酣足。

11 种园林植物的耐旱性研究[①]

北京市植物园，北京市花卉园艺工程技术研究中心 / 刘东焕　施文彬　刘滓洋　樊金龙
北京市园林科学研究院 / 赵世伟

摘　要： 以北京常见的11种园林植物为试验材料，在人工建造的干旱池内通过自然控水的方法，进行耐旱植物的筛选。试验结果表明：随水分胁迫的加重，植物的光合速率呈现出逐渐降低的趋势、植物叶片荧光诱导动力学曲线发生明显改变，叶片持水力降低，但不同植物降低的幅度不同。综合分析11种园林植物在不同水分水平下的植物形态表现、叶片最大净光合速率、叶片叶绿素荧光动力学参数和叶片持水力的变化，按照耐旱性的强弱，把11种园林植物分为三类：（1）强耐旱植物：小叶扶芳藤、大叶黄杨、大叶扶芳藤；（2）中等耐旱植物：刺槐、醉鱼草、连翘、锦带；（3）耐旱性差的植物：蓝叶忍冬、金焰绣线菊、金山绣线菊和千屈菜。

关键词： 园林植物；耐旱性；光合速率；叶片持水力；叶绿素荧光

多年来，北京城市的水资源日趋紧缺，然而园林绿地量在日益增加，需水量势必也在增加。因此，提出了“节约型园林”的概念。这要求我国的园林绿化必须改变水的利用模式，使之从“耗水型园林”向“节水型园林”过渡，即城市绿化应用的园林植物应该是节水的、抗逆的、低养护的。因此，耐旱植物的筛选研究对节约型园林建设具有非常重要的理论和现实意义。

水分胁迫对植物的影响主要表现在叶片水分状况的变化，进而影响气孔开度和光合作用[1-3]。以往耐旱植物的研究主要以盆栽植物为研究试材，在盆栽情况下，由于植物根的生长受到限制，其生长势必受到影响，这很难说明植物生长势的差异是由于干旱胁迫产生的。本研究采用人工模拟干旱池的方法，进行自然控水，观察不同干旱程度下植物叶片形态的变化，并测定叶片的生长状况、水分状况和叶绿素荧光参数，保证其筛选方法的科学性和真实性。

同时本研究将叶绿素荧光技术应用于耐旱植物的筛选上。叶绿素荧光作为一种快速无损伤的测定技术，被广泛应用于检测叶片的光合活性[4-7]。它具有操作简单、测定迅速、不损伤叶片等几大优势，一般作为常规的抗逆生理指标用于抗逆植物的筛选上。

那么，利用干旱池进行控水试验，在植物根系生长不受影响的情况下，水分胁迫对园林植物的形态特征、叶片持水力、光合速率和叶绿素荧光参数有何影响？不同园林植物的耐旱性有何差异？为此，我们选取常见的 11 种园林植物为试验材料，对水分胁迫下 11 种园林植物的光合速率、叶绿素荧光参数、叶片持水力和形态表现进行研究，为园林绿化中耐旱植物的筛选提供技术参考。

①　资助项目：北京市科技计划“高效抗逆园林植物新品种的选育和推广”（2014 ~ 2016）。

1 试验材料与试验方法

1.1 试验材料及试验设计

选取北京常见的 11 种园林植物为材料，包括刺槐、花叶锦带、蓝叶忍冬、醉鱼草、千屈菜、金山绣线菊、金焰绣线菊、连翘、大叶黄杨、小叶黄杨和小叶扶芳藤。植物材料均为三年生，生长健壮，无病虫害。在人工建造的干旱池内进行栽植，每种 8 株，进行正常浇水灌溉。待栽植的植物过渡适应后，进行自然控水，跟踪观察检测土壤相对含水量的大小和植物形态表现。分别控制水分含量为 80% ～ 90%、50% ～ 60% 和 20% ～ 30% 时进行各项生理指标的测试。

1.2 试验方法

1.2.1 最大净光合速率的测定

分别在控水前期（80% ～ 90%）、控水中期（50% ～ 60%）和控水后期(20% ～ 30%)，选取每种植株成熟叶片 6-7 片，于晴朗的上午 8:00 ～ 11:00 进行气体交换参数的测定。用 CIRAS-2 型便携式光合作用测定系统（PP-Systems，UK）进行最大净光合速率（Pn）的测定。设定光强为光饱和光强［800μmol/（m^2·s）］，叶室温度控制在 25℃，湿度控制在 70% ～ 80%，大气 CO_2 浓度控制在 400μmol/mol。光合速率稳定后进行数据记录。

1.2.2 叶绿素荧光参数测定

在光合速率测定的当天，于清晨 6:00 左右，对经过充分暗适应（＞ 8h）的植物叶片进行叶绿素荧光动力学参数的测定。使用 Handy-PEA 非调制式荧光仪（Hansatech，UK）进行测定。

1.2.3 离体叶片的持水力测定

在光合和荧光测定结束后，剪取新鲜的叶片立即称量鲜重，然后放于室内自然阴干，每隔 1h、2h、4h、6h、8h、12h、26h、30h、35h、50h 称量一次叶重，直到离体叶片重量保持相对恒定为止，然后放于 85℃的烘箱内烘干至恒重。叶片持水力 =（鲜重 - 干重）/ 鲜重。

1.2.4 叶片形态特征观察

在控水前期、控水中期和控水后期分别跟踪观察测试植物的长势、叶片的萎蔫情况甚至是叶片干枯状态，并进行拍照和记录。

2 试验结果与分析

2.1 水分胁迫对不同园林植物光合速率的影响

光合作用是植物生长的物质和能量基础，光合速率

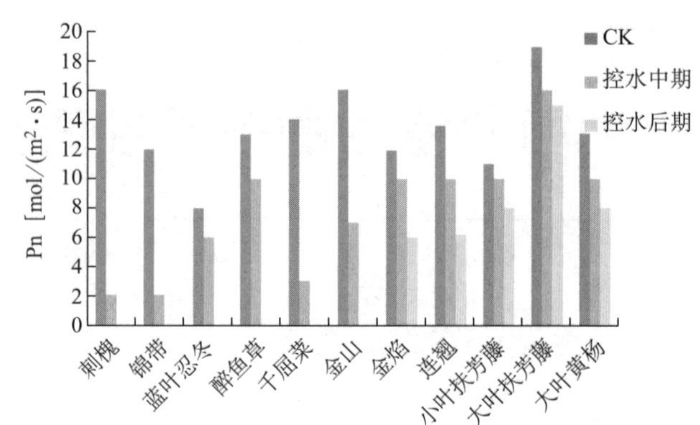

图 1 不同园林植物在水分胁迫下的光合速率变化

是衡量植物生长情况的常规指标。在对 11 种常见园林植物进行控水期间，分别在控水前期（土壤相对含水量 80% ～ 90%）、控水中期（土壤相对含水量 50% ～ 60%）、控水后期（土壤相对含水量 20% ～ 30%）测定所选植物的光饱和光合速率。数据表明：随水分胁迫的加重，所有植物的光合速率呈现出逐渐降低的趋势，但不同植物光合速率降低幅度不同。依据光合速率降低的幅度对这 11 种植物的耐旱性进行排序，按耐旱能力由大到小排序，分别为小叶扶芳藤＞大叶扶芳藤＞金焰绣线菊＞醉鱼草 = 大叶黄杨＞蓝叶忍冬＞连翘＞金山绣线菊＞千屈菜＞花叶锦带＞刺槐。其中小叶扶芳藤、大叶扶芳藤、金焰绣线菊、醉鱼草、大叶黄杨和蓝叶忍冬的叶片光合速率降低幅度不足 30%。

2.2 水分胁迫对不同园林植物叶绿素荧光诱导曲线的影响

为研究不同园林植物的叶片在水分胁迫下伤害的差异，分别测定了 11 种园林植物叶片的叶绿素荧光诱导动力学曲线（图 2）。K 点的出现是反映植物叶片遭受伤害程度的重要标志（Jiang *et al.*，2006）。试验结果表明：水分胁迫导致叶片荧光诱导动力学曲线发生明显改变，随着水分胁迫的加重，荧光诱导动力学曲线的 P 点相对荧光产量下降，J、K 点相对荧光产量增加，但不同的植物种类变化幅度不同。以锦带和大叶黄杨变化最为明显，P 点相对荧光产量随水分胁迫的加重，迅速下降；其次是金山绣线菊、连翘、醉鱼草和连翘出现明显的 K 点，且 K 点相对荧光产量随水分胁迫的加重而增加，尤其以金山绣线菊 K 点相对荧光产量增幅最大，其次是连翘、醉草和蓝叶忍冬，其他植物变化不明显。说明锦带、大叶黄杨、金山绣线菊、连翘、醉鱼草对干旱胁迫（缺水）敏感；其他植物对缺水不敏感，耐旱能力较强。

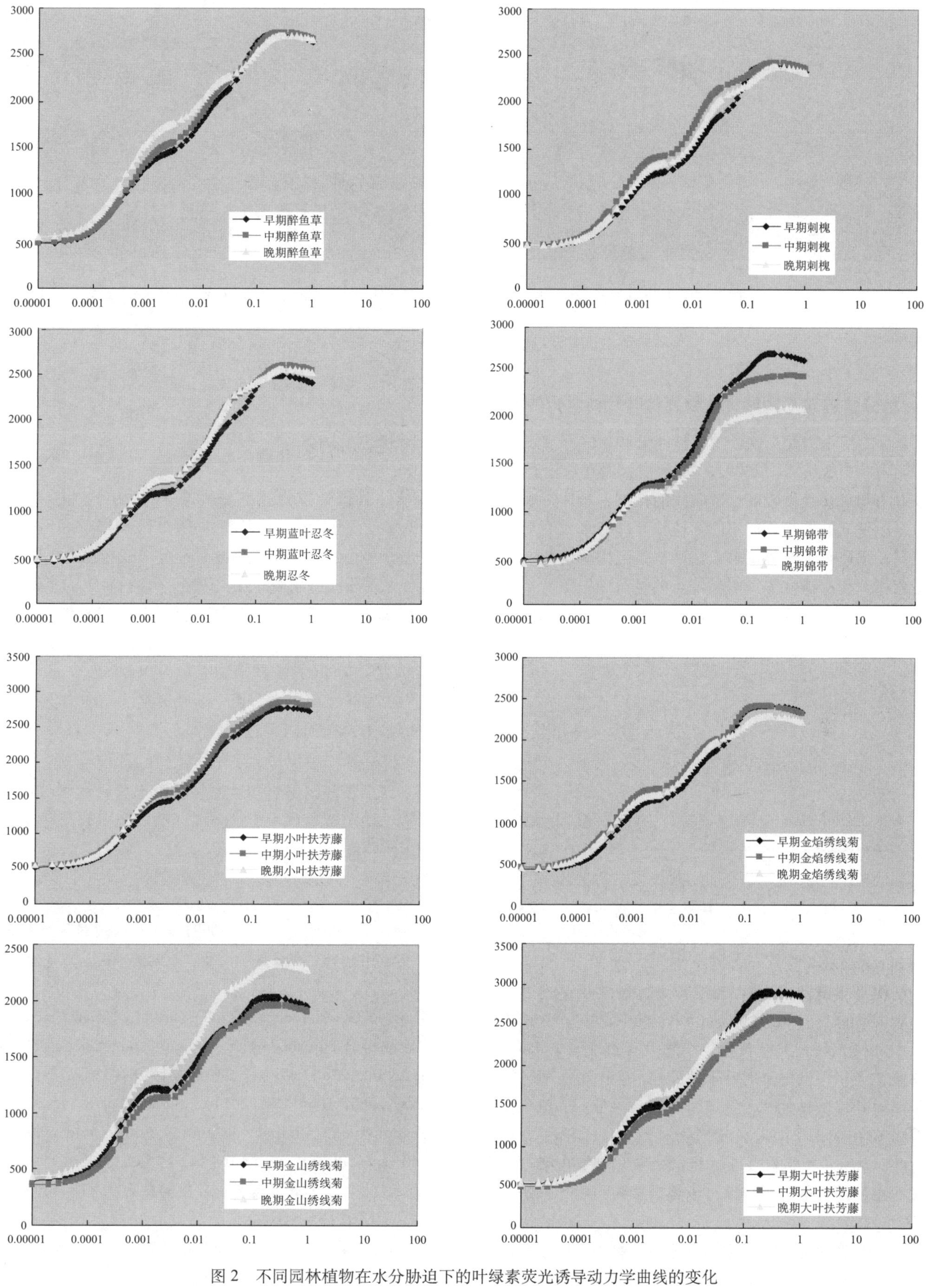

早期醉鱼草
中期醉鱼草
晚期醉鱼草

早期刺槐
中期刺槐
晚期刺槐

早期蓝叶忍冬
中期蓝叶忍冬
晚期忍冬

早期锦带
中期锦带
晚期锦带

早期小叶扶芳藤
中期小叶扶芳藤
晚期小叶扶芳藤

早期金焰绣线菊
中期金焰绣线菊
晚期金焰绣线菊

早期金山绣线菊
中期金山绣线菊
晚期金山绣线菊

早期大叶扶芳藤
中期大叶扶芳藤
晚期大叶扶芳藤

图 2　不同园林植物在水分胁迫下的叶绿素荧光诱导动力学曲线的变化

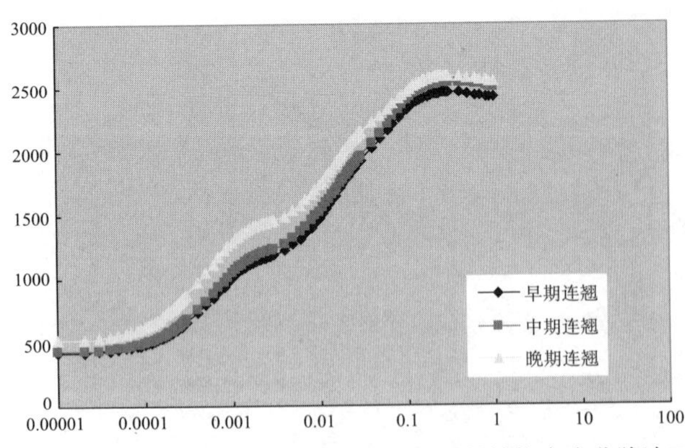

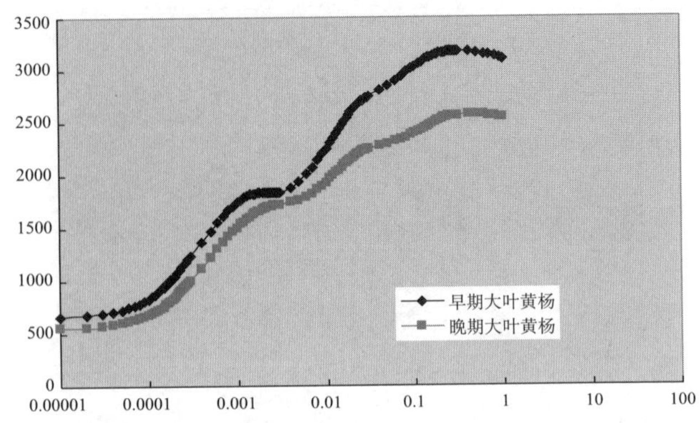

图 2　不同园林植物在水分胁迫下的叶绿素荧光诱导动力学曲线的变化（续）

2.3　水分胁迫对不同园林植物离体叶片持水力的变化

叶片的持水力是反映叶片保持水分和延缓叶片丧失水分的能力（史胜青等，2009）。对 11 种园林植物进行叶片持水力的测定，数据表明：随时间的持续，叶片持水力表现出逐渐降低的趋势。但不同的植物叶片持水力下降的幅度不同。千屈菜下降幅度最大，其次是金山绣线菊、金焰绣线菊和刺槐，持水力下降幅较小的是蓝叶忍冬、小叶扶芳藤、连翘、醉鱼草、大叶扶芳藤、锦带、大叶黄杨。

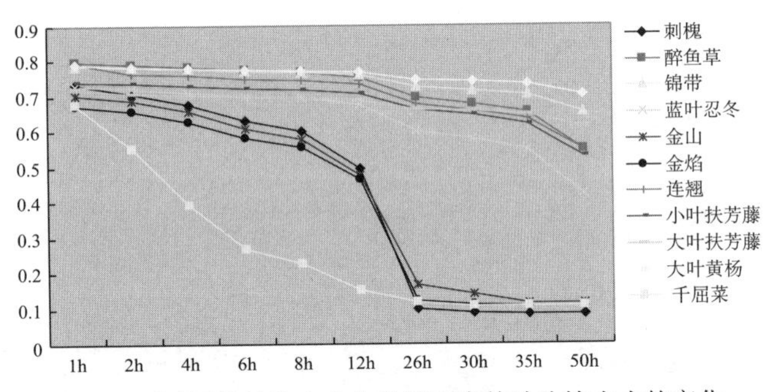

图 3　不同园林植物在水分胁迫下离体叶片持水力的变化

2.4　11 种园林植物在干旱胁迫下的性状表现

利用干旱池对 11 种园林植物进行连续两年的控水试验，观察记录其形态表现。11 种木本植物中，小叶扶芳藤、大叶扶芳藤、大叶黄杨、连翘没有表现出失水症状，千屈菜在当年中度干旱时叶干枯死亡，金山绣线菊当年严重干旱时叶片干枯死亡，金焰绣线菊、锦带、醉鱼草、蓝叶忍冬在严重干旱时叶片出现干枯现象，干枯率分别达到 60%、50%、25% 和 12%。但醉鱼草和刺槐在第二年春季又萌发新叶，金山绣线菊、金焰绣线菊和蓝叶忍冬没再萌芽。

从形态表现得出结论：11 种木本植物中，千屈菜是最不耐旱的，其次不耐旱的是金山绣线菊、金焰绣线菊和蓝叶忍冬。其他属于较耐旱的种类。

3　讨论与结论

从 11 种园林植物在水分胁迫下的光合速率、叶绿素荧光诱导动力学参数、叶片持水力和叶片形态的变化来看：随着水分胁迫的加重，植物叶片最大净光合速率下降、叶绿素荧光诱导动力学曲线发生改变、叶片持水力持续下降、叶片表现出萎蔫甚至干枯现象。但不同植物的变化幅度不同。

综合分析 11 种园林植物在不同水分水平下的叶片形态变化、生长状况、光合速率、叶绿素荧光动力学特征和叶片持水力，按照耐旱性的强弱，把 11 种园林植物分为三类：(1) 强耐旱植物：小叶扶芳藤、大叶黄杨、大叶扶芳藤；(2) 中等耐旱植物：刺槐、醉鱼草、连翘、锦带；(3) 耐旱性差的植物：蓝叶忍冬、金焰绣线菊、金山绣线菊和千屈菜。

参考文献

[1] 史胜青，孙晓光，王颖（2009）. 水分胁迫对 4 树种幼苗叶水势和持水力的影响 . 河北农业大学学报，32（6）：24-28.

[2] Damour G，Simonneau T，Cochard H，Urban L（2010）. An overview of models of stomatal conductance at the leaf level. Plant Cell Environ，33（9）：1419-1438.

[3] Lawson T，Blatt MR（2014）. Stomatal size，speed，and responsiveness impact on photosynthesis and water use efficiency. Plant Physiol，164（4）：1556-1570.

[4] 张守仁 . 叶绿素荧光动力学参数的意义及讨论 . 植物学通报，1999，16：444-448.

[5] 李鹏民，高辉远，Strasser RJ. 快速叶绿素荧光诱导动力学分析在光合作用研究中的应用 . 植物生理学与分子生物学

学报，2005，31：559–566.

[6] Strasser RJ，Tsimill-Michael M，Srivastava RJ. Analysis of the chlorophyll a fluorescence transient. In：Papageorgiou G and Govindjee（eds）. Advances in Photosynthesis and Respiration. *Netherlands: KAP Press*，2002，12，1-47.

[7] Jiang CD，Jiang GM，Wang XZ，*et al.* Increased photosynthetic activities and thermostability of photosystem Ⅱ with leaf development of elm seedlings（*Ulmuspumia*）probed by the fast fluorescence rise OJIP. *Environmental and Experimental Botany*，2006，58，261–268.

六种观果植物的耐热性研究

北京市植物园，北京市花卉园艺工程技术研究中心 / 陈　燕　刘东焕　温韦华
北京市园林科学研究院 / 赵世伟
中国园林博物馆 / 陈进勇

摘　要： 为筛选出适合北方夏季生长的观果植物，以不同原产地的6种观果植物叶片为试验材料，采用电导率法，结合Logistic方程计算其半致死温度（LT_{50}），并通过夏季田间及高温胁迫形态学观察进行验证。结果表明：处理温度与细胞伤害率之间呈"S"形曲线；6种观果植物高温半致死温度由高到低分别为：蓝叶忍冬62.31℃＞欧洲火棘61.67℃＞紫珠61.10℃＞海州常山57.12℃＞吴茱萸57.10℃＞刺梨53.23℃；形态学观察结果与电导率法测定一致，半致死温度可以作为其耐热性的评价指标。

关键词： 观果植物；耐热性；半致死温度；相对电导率

观果植物是指以果实为观赏对象的园林植物，常具有色彩艳丽、果形奇特、着果丰硕、芳香宜人、吸引鸟类、观赏期能弥补花叶类观赏植物空白等优点，用来营造独特的造景效果和园林意境[1]。从高纬度、高海拔向低纬度、低海拔引种，高温往往成为影响观果植物生长发育和果实观赏品质的重要限制因子之一，北京夏季的高温会造成一些观果植物生殖器官发育不良，落花落果，果实畸形，观赏品质下降。研究植物耐热性最常用的方法是通过测定叶片相对电导率，判断电解质外渗与高温伤害程度。植物受到高温胁迫时，细胞膜受到破坏，膜透性增大，使细胞内的电解质外渗．导致植物细胞浸提液的电导率增大[2]，耐热性强的植物高温胁迫后电导率上升幅度相对缓慢。

本文选取不同原产地、不同花果期的6种观果植物，测定其在高温胁迫下的叶片相对电导率，用Logistic方程确定其高温半致死温度（LT_{50}），结合其在北京市区夏季自然及模拟高温环境的生长状况，评价各供试种类的耐热性，为观果植物在夏季高温地区的引种栽培、应用推广提供参考。

1　材料与方法

1.1　材料

试材为2013年4月在北京市植物园繁殖出苗的刺梨（*Ribes burejense*）、海州常山（*Clerodendrum trichotomum*）、紫珠（*Callicarpa bodinieri*）、蓝叶忍冬（*Lonicera korolkowii*）、吴茱萸（*Tetradium ruticarpum*）和欧洲火棘（*Pyracantha coccinea*）等6种观果植物，其中刺梨采自河北小五台山，海州常山和紫珠种源为中科院北京植物园，其余3种均采自北京市植物园，选取长势基本一致的6种植物健康植株各若干株。

1.2　试验方法

1.2.1　梯度高温下叶片细胞伤害率的测定

2014年8月分别采集各植物相同叶位的叶片，去离子水清洗干净后，用滤纸吸干叶表水分，避开主脉和边缘，用直径1cm的打孔器打取小圆叶片若干，每次称取0.2g装入盛有10mL去离子水的试管中，真空抽气直至叶片沉

入水底后，分别在40、45、50、55、60、65和70℃的水浴中放置15min，取出静置冷却2h并震荡；再用EPH-119型电导率仪测定电导率（R），后全部放入100℃沸水浴中煮沸15min，杀死植物组织，取出冷却至室温后分别测定终电导率（R_0）。重复3次，取平均值，以室温下叶片的电导率作为对照（R_{CK}）。计算细胞伤害率，即相对电导率 $REC=(R-R_{CK})/(R_0-R_{CK})\times100\%$。

1.2.2 夏季田间及模拟高温环境植株性状表现观测

于2013年、2014年7月15日～8月31日，挑选规格、长势基本一致的不同观果植物，分别进行田间性状观测，记录植物形态特征变化，观测期正常养护。

2014年7月15日起将每种3盆植株放入光照培养箱中，设定光强12000lx，光照时间昼夜12h/12h，温度40℃/30℃，正常浇水养护，保证植物不受水分胁迫，模拟高温胁迫生境，记录植株受害状况。热胁迫持续30天后恢复至室温观测各观果植物恢复情况。

1.2.3 北京夏季气温观测记录

利用北京植物园气象站记录2013～2014年北京市区夏季高温期（7月1日～8月31日）的旬最高温度及旬平均温度等气象数据，并对数据进行分析。

1.2.4 数据分析

利用Excel 2003和SPSS17.0软件进行数据分析处理。

2 结果与分析

2.1 不同温度处理对各类观果植物离体叶片细胞伤害率的影响

通过计算，各梯度温度处理后6种观果植物的细胞伤害率，与处理温度存在一定的相关性（表1），多数植物在40～50℃温度范围内，细胞伤害率呈平缓上升趋势，而且各植物种间变异幅度不大；在50～65℃温度范围内，细胞伤害率急剧上升，同时各种间的变异幅度增大；65～70℃温度范围内，细胞伤害率又趋于平缓，不同观果植物之间变异幅度也有所减缓。各类植物细胞伤害率随温度变化均呈先缓慢增加，再迅速上升，最后又缓慢上升的“S”形变化趋势（图1）。其中刺梨的细胞伤害率增加最快，蓝叶忍冬和欧洲火棘的细胞伤害率上升幅度相对较低。

不同温度处理下各观果植物叶片细胞伤害率　　表1

温度（℃）	刺梨	海州常山	紫珠	蓝叶忍冬	吴茱萸	欧洲火棘
40	0.11	0.10	0.10	0.00	0.15	0.01
45	0.11	0.29	0.20	0.06	0.16	0.01
50	0.27	0.30	0.25	0.14	0.22	0.17
55	0.78	0.57	0.43	0.22	0.44	0.33
60	0.77	0.67	0.50	0.33	0.57	0.50
65	0.92	0.59	0.57	0.67	0.75	0.63
70	0.91	0.74	0.67	0.75	0.83	0.75

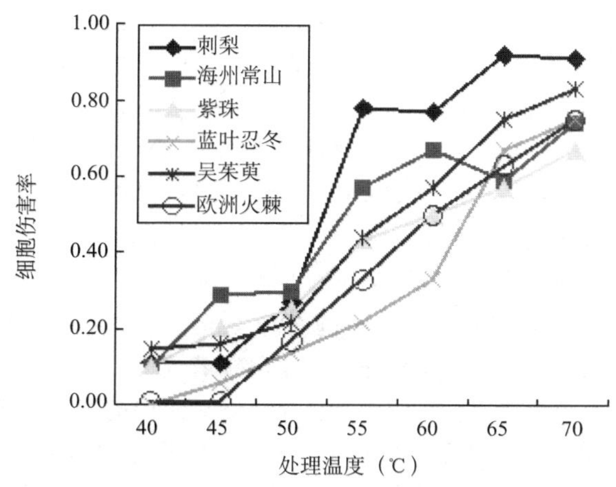

图1 细胞伤害率与处理温度之间的关系

2.2 Logistic方程的参数及高温半致死温度的确定

Logistic方程 $y=k/(1+ae^{-bt})$，用来拟合梯度温度与细胞伤害率之间的关系，其中 y 是细胞伤害率，t 为处理温度，k 为细胞伤害饱和容量，消除本底干扰，设为100%，a、b 为方程参数。为了确定 a、b 的值，需将方程进行线性化处理，$\ln[(k-y)/y]=\ln a-bt$，令 $Y=\ln[(k-y)/y]$，得 $Y=\ln a-bt$ 的线性方程，由 k、y 得到 Y，即转化细胞伤害率（表2、图2）。利用 *SPSS* 软件对 t、Y 进行线性回归分析，得到 a、b 值及相关系数 r，通过显著性测定，均达到极显著水平，表明转化细胞伤害率（Y）与处理温度（t）之间存在显著的直线相关关系。求Logistic方程的二阶导数，并令其等于零，则可获得曲线的拐点 $t=\ln a/b$，该 t 值即为半致死温度（LT_{50}）[6]。根据公式得出6种观果植物的高温半致死温度（表3）。

不同温度处理下各观果植物转化细胞伤害率　　表 2

温度（℃）	刺梨	海州常山	紫珠	蓝叶忍冬	吴茱萸	欧洲火棘
40	2.09	2.20	2.20	6.21	1.73	4.82
45	2.09	0.90	1.39	2.75	1.66	4.60
50	0.99	0.85	1.10	1.82	1.27	1.59
55	−1.27	−0.28	0.28	1.27	0.24	0.71
60	−1.21	−0.71	0.00	0.71	−0.28	0.00
65	−2.44	−0.36	−0.28	−0.71	−1.10	−0.53
70	−2.31	−1.05	−0.71	−1.10	−1.59	−1.10

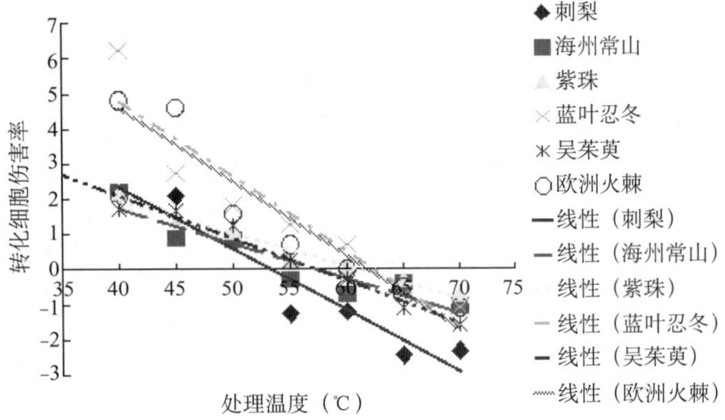

图 2　转化细胞伤害率与处理温度之间的关系

图 3　7 ～ 8 月北京地区气温变化（2013 ～ 2014 年）

方程参数及高温半致死温度　　表 3

供试植物	方程参数		相关系数 (r)	LT_{50}（℃）
	a	b		
刺梨	11103.33	0.18	0.954**	53.23
海洲常山	285.72	0.10	0.933**	57.12
紫珠	312.00	0.09	0.985**	61.10
蓝叶忍冬	617849.39	0.21	0.942**	62.31
吴茱萸	1059.97	0.12	0.984**	57.10
欧洲火棘	476393.75	0.21	0.954**	61.67

注：** 代表极显著相关（P=0.01）。

以半致死温度高低作为耐热性强弱的指标，半致死温度越高，植物耐高温能力越强，反之则耐高温的能力就越弱。6 种观果植物的耐热能力由强到弱依次为蓝叶忍冬 62.31℃＞欧洲火棘 61.67℃＞紫珠 61.10℃＞海州常山 57.12℃＞吴茱萸 57.10℃＞刺梨 53.23℃。

2.3　北京夏季自然及模拟高温胁迫下各种植物的性状表现

2.3.1　北京市区及各观果植物原产地夏季气温

北京市位于北纬 39.56°，东经 116.20°，属暖温带大陆性季风气候，四季分明，夏季炎热多雨，7 月份平均气温 26.8℃，极端最高温度 37.7℃，高温主要集中在 7 月中旬～ 8 月中旬（图 3），最高温持续到 8 月底，高温持续期长。

刺梨采集地小五台山位于位于河北蔚县境内，属东亚大陆性季风气候，具有雨热同季、冬长夏短、四季分明、夏季昼夜温差大等特点。刺梨生长于海拔 900 m 以上地段，年均温 6.4 ℃，7 月份平均气温 22.1℃，无霜期仅 130 ～ 140 天 [8]。

海州常山和紫珠分布广、多分布于黄河以南省区，气候温暖湿润 [9]；蓝叶忍冬原产地土耳其夏季高温期长，降雨少 [10]；吴茱萸产秦岭以南各地，夏季普遍高温，7 月平均温度多在 28℃以上 [11]。

欧洲火棘原产于欧洲中部 [12]，属温带大陆性气候，冬寒夏暖，年温差大，降水集中，四季分明。

2.3.2　北京夏季自然条件下各观果植物性状表现

6 种观果植物在北京夏季生长表现均未发现明显的热害症状和植株死亡现象；仅刺梨部分叶片出现反卷、焦边、干枯并向叶片中心扩大的趋势。表明除刺梨外，其余 5 种观果植物基本适应北京夏季的高温环境，表现基本上与电导率法测定的耐热性一致。

2.3.3　高温胁迫下各观果植物性状表现

胁迫初期刺梨产生叶片反卷、脱落，基部叶片变黄后脱落的表现，有 1 株植株死亡；吴茱萸少量叶片出现边缘焦边直至全叶干枯失绿；紫珠少量叶片出现黄斑；海洲常山、欧洲火棘和蓝叶忍冬表现正常，无明显受害症状。随着胁迫时间延长，刺梨、吴茱萸症状加剧，受害范围逐步扩大；海州常山也出现了叶片下垂、反卷；而紫珠仍保持

胁迫初期状态，受害症状并未明显扩大；欧洲火棘和蓝叶忍冬出现部分顶端新生叶片轻微反卷，症状不显著。高温胁迫结束后，室外温度也相对降低，各类观果植物均出现不同程度地抽生新叶，其中刺梨新生叶片密集但叶片相对缩小；吴茱萸也产生部分新枝叶，受害叶片未能恢复；海州常山和紫珠抽生少量新枝，症状有所减轻；欧洲火棘和蓝叶忍冬生长量较小，受害部位很快恢复正常。

通过观察高温胁迫处理下植物受害情况，可作为鉴定植物耐热性的直接指标。本胁迫试验观察结果和夏季田间观察结果、半致死温度测定结果一致，说明半致死温度可以作为确定几种观果植物耐热性的量化指标。

3 结论与讨论

3.1 细胞伤害率结合形态学观察确定观果植物耐热性

确定植物抗热性有多种鉴定方法，用梯度温度处理植物离体叶片，通过电导率法测定植物的细胞伤害率，利用Logistic 方程拟合处理温度与细胞伤害率，通过求“S”形曲线拐点温度确定植物高温半致死温度是较灵敏、快捷的方法之一。结果表明 6 种观果植物的耐热能力及半致死温度由强到弱依次为：蓝叶忍冬 62.31℃＞欧洲火棘 61.67℃＞紫珠 61.10℃＞海州常山 57.12℃＞吴茱萸 57.10℃＞刺梨 53.23℃。此结论与田间及高温胁迫实际形态观察情况相符，蓝叶忍冬、欧洲火棘等耐热性强的种类无明显受害症状，耐热性弱的刺梨热害症状明显，这种性状差异在高温胁迫条件下表达更为强烈。故高温半致死温度结合高温胁迫下的形态学观测可以反映不同种类观果植物的耐热性。

3.2 耐热性与不同地理种源之间的关系

本文 6 种观果植物引种于不同地区，其原产地也各异。不同地区由于生态条件不同，在长期进化过程中形成了适应性不同的地理类型，对外界不良环境也就形成了不同的抵御能力 [13]。刺梨种源地海拔较高，夏季短促而温度较低，其耐热性最弱；欧洲火棘引种地夏季温暖、温度适中，但经多年在北京植物园的引种驯化，基本适应北京夏季高温生境；海州常山、吴茱萸和紫珠多分布于我国南方各省，具有较强的耐热能力；蓝叶忍冬原产地土耳其夏季高温少雨，其耐热性最强。与李子敬等所报道的白桦的耐热性与地域分布无明显关系 [14] 不同，本研究表明耐热性是对原产地温度环境长期适应的结果，其与地理种源是否存在相关性是值得探究的内容。

3.3 耐热性与植物生殖生长物候期之间的关系

花器官是植物开花期对高温影响最敏感、最易受损伤的器官 [15]，35℃以上长期高温会对茶花造成灼伤，甚至落花落蕾或花芽无法分化 [16]，高温胁迫对部分菊花花器官影响的研究显示耐热品种的花期略有推迟 [17]。本研究选取了不同开花结果期的观果植物，其中刺梨在北京市区花期最早，在早春 3 月末～ 4 月；蓝叶忍冬、欧洲火棘和吴茱萸的花期在初夏，4 ～ 5（6）月；海州常山和紫珠为夏花植物，花期主要集中在（6）7 ～ 8（9）月。植物耐热性表现出夏季高温开花结果的植物种类耐热性较强、早春开花植物耐热性较低的趋势，关于植物耐热性与花期是否存在相关性是可以探索的方向。

3.4 耐热性与形态解剖结构的关系

有研究表明抗热性强的植物种类、品种，有较大的叶片厚度、栅栏组织厚度、栅栏组织海绵组织比例，叶脉维管束特别是木质部导管发达以及较高的气孔密度。有些植物叶片革质发亮，有些密生茸毛，有些具有蜡质，均能有效地反射太阳光而降低体温，有利于增强植株的抗热性 [19]。本研究材料中，与耐热性差的刺梨相比，耐热性强的蓝叶忍冬、欧洲火棘均表现出叶片较厚、叶片被毛或革质的形态特征，其具体形态解剖结构与耐热性的关系是今后的研究方向之一。

3.5 抗热性培育作为观果植物推广应用的发展方向之一

我国北方地区夏季高温多雨，选育出抗热能力强的种类是观果植物推广应用的发展方向之一。通过选育耐热品种、进行抗热锻炼、喷施植物生长调节剂、平衡施肥、合理灌深水、适当密植 [21] 等提高观果植物耐热性的技术措施也是今后研究方向之一。

参考文献

[1] 陈燕，陈进勇，吴超然，等 . 北京地区主要观果植物资源调查及应用 [C//]. 中国植物学会植物园分会编辑委员会 . 中国植物园（第十七期）. 北京：中国林业出版社，2014.

[2] Blum A，Eberson A.Cell membrane stability as a measure of drought and heat tolerance in wheat[J].Crop Science，1981，21：43-47.

[3] 赵亚洲，卓丽环，张琰 . 2 种红枫的高温半致死温度与耐热性 [J]. 上海农业学报，2006，22（2）：51-53.

[4] 龚萍，王健 . 利用电导率法测定六种芳香植物的耐热性 [J]. 湖北农业科学，2011，50（10）：2038-2040.

[5] 徐静平，徐振华，杜克久 . 8 种屋顶绿化木本植物的耐热性比较 [J]. 中国农学通报，2011，27（6）：1-5.

[6] 盖钧镒 . 试验统计方法 [M] . 北京：中国农业出版社，2000：56-59.

[7] 李秀玲，刘君，宋海鹏，等 . 应用 Logistic 方程测定 13 种观赏草的耐热性研究 [J]. 江苏农业科学，2010，(3)：184-186.

[8] 于澎涛，刘鸿雁，崔海亭 . 小五台山北台林线附近的植被及其与气候条件的关系分析 [J]. 应用生态学报，2002，13（5）：523-528.

[9] 裴鉴，陈守良 . 中国植物志：第 65 卷，第 1 分册 [M] . 北京：科学出版社，1982：58，65.

[10] 张天麟 . 园林树木 1200 种 [M] . 北京：中国建筑工业出版社，2005：480-481.

[11] 黄成就 . 中国植物志：第 43 卷，第 2 分册 [M] . 北京：科学出版社. 1997：65.

[12] 王永格 . 新优观花、观果园林树种——欧洲火棘 [J]. 中国花卉园艺，2005，(6)：37-38.

[13] 陈志刚，谢宗强，郑海水 . 不同地理种源西南桦苗木的耐热性研究 [J]. 生态学报，2003，23（11）：2327-2332.

[14] 李子敬，王永格，卜燕华，等 . 北京园林绿化耐热白桦种源筛选 [J]. 科学技术与工程，2013，13（16）：4635-4638，4646.

[15] 王涛，田雪瑶，谢寅峰，等 . 植物耐热性研究进展 [J]. 云南农业大学学报，2013，28（5）：719-726.

[16] 吴楠，谢云，包江涛，等 . 不同种源地野生浙江红山茶幼苗的耐热性研究 [J]. 江苏农业科学，2011，39（5）：249-25l.

[17] Whealy C A，C A，Nell et al.High temperature Effectss on growth and floral development of *Chrysanthemum morifolium*[J]. American Society for Horticultural Science，1987，112：464-468.

[18] Yeh D M，Lin H F.Thermostability of cell membranes as a measure of heat tolerance and relationship to flowering delay in *Chrysanthemum*[J]. American Society for Horticultural Science，2003，128：656-660.

[19] 邱勇波 . 矮牵牛耐热性形态及生理指标的研究 [D]. 呼和浩特：内蒙古农业大学，2007.

[20] 李淑娟，陈香波，李毅，等 . 观赏山楂耐热性比较研究 [J]. 上海农业学报，2007，23（3）：70-72.

[21] 欧祖兰，曹福亮 . 植物耐热性研究进展 [J]. 林业科技开发，2008，22（1）：1-5.

先秦雅乐与清代中和韶乐关系的探索与研究

北京市天坛公园管理处 / 王　玲　霍　燚　陈　颖

摘　要：天坛是明清两朝封建国家举行祭天大典的场所，是世界仅存的最大祭天建筑群，作为一个地区和城市的历史文化坐标，起到了传承中国传统文化的作用。天坛神乐署中和韶乐源自于三千年前的雅乐，是用于皇家祭祀、朝贺等重大国事活动的专用礼仪音乐。本文旨在通过对天坛礼乐文化的重要组成部分——神乐署中和韶乐的历史渊源和现实意义进行系统深入的挖掘、保护、传承与实践，梳理出中和韶乐与先秦雅乐的历史关系和脉络，通过游客调查、展示实践等多种形式提炼中和韶乐在天坛文化发展中的作用和对弘扬中华民族优秀历史文化的重大而深远的意义。

关键词：天坛；中和韶乐；先秦雅乐；关系；研究

1　先秦雅乐与清代雅乐情况概述

雅乐的定义学术界众说纷纭，有广义和狭义之说。广义上来看包括了祭祀乐、宴飨乐、卤簿乐等等，涉及五礼范畴的国家用乐都可以称作雅乐。还有泛雅乐的概念，就是雅致的音乐，如文人音乐。狭义上看特指祭祀乐。本文主要针对先秦祭祀乐和清代祭祀乐进行对比研究。

1.1　先秦雅乐的情况概述

1.1.1　先秦雅乐的概述

"雅乐"一词由来已久，最早可以追溯到《论语·阳货》当中所记载的"恶郑声之乱雅乐也。"[1] 这个论断是与"郑声"，也就是俗乐相对立而看的。作为中国传统音乐文化中一个重要组成部分，在近三千年来的中国古代社会当中拥有着主流意识形态的地位，进而演变成王权的象征。

《左传》中记载："国之大事，在祀与戎。"[2] 古代社会，国家的统治集中体现在祭祀和征伐当中。正是这一系列的礼仪制度树立起了统治者至高无上的地位。这些礼仪制度涉及到祭祀、朝会、宴飨、军事等各个活动，当中就有用乐的情况，这里所谓的乐就是"雅乐"。

1.1.2　祭祀乐的由来

在上古时代，基于自然界带给人的神秘感，古人会对大自然产生畏惧，而对皇天上帝产生崇拜。古人为了娱悦祖先神灵，出现了原始祭祀乐舞，并在长期的生产生活过程当中，形成了乐、歌、舞融为一体的祭祀仪式。《吕氏春秋·古乐》就有"昔葛天氏之乐，三人操牛尾，投足以歌八阕"[3] 的记载。这种祭祀仪式表面上是沟通天人的具体表现形式，更深层次来讲实际上是表达了古人对祭祀对象渴望沟通的情感。人们"在祭祀乐舞这类艺术化了的形式中，证实了自己的所知所感，精神意识的东西与乐舞的表演、声音的感荡相互融合、共鸣，从而达到情与理、心与声、现实与非现实的统一"。[4]

1.1.3　雅乐的产生

在初始时期，"乐"主要是以"祭祀乐"的面貌呈现在世人面前，体现了一种原始宗教性。而随着社会的发展和文化的演变，“乐”更多是与“礼”交织呈现的。在西周初年，周公“制礼作乐”就是“礼乐一体”的时间节点。为了使“乐”体现出更广阔的社会功能性和伦理性，先秦儒家在“制礼作乐”的基础上将“祭祀乐”范畴扩而充之，形成了后世的“雅乐”体系。“雅乐”便与道德、伦理、社会、教育等方面相结合，衍生出了单纯于音乐之外的诸多社会功能。

“雅乐”承袭了前代祭祀乐，并且兼具了前代的古乐，形成了主要用于各种仪式典礼、宴飨仪仗当中所使用到的典雅纯正的音乐。可以说，先秦时期，“雅乐”所包含的概念很广泛，本体上是一种集音乐、舞蹈、歌唱于一体的综合性艺术表现形式，宽泛的来讲还有“表达君子志向、称颂先王之道、修身养性、和睦家庭、治国平天下”[5]的乐教含义。从本质上讲，雅乐从祭祀的神坛走下来，融入社会生活当中，成为了实现社会伦理教化的有效方法。

1.1.4　先秦雅乐的表现形式

《周礼·春官·大宗伯》中就将繁杂的礼分为了五种形式，为吉礼、嘉礼、宾礼、凶礼、军礼，在这五种礼当中都会有用乐的仪式。

尽管《周礼》对于五礼的分类有了详细的介绍，但是没有对各种礼节仪式有着具体的阐述。到了孔子的时代，孔子将周代的十七种礼节编辑成册，形成了我们看到的《仪礼》。“商周统治者有名目繁多的典礼，其仪节日益繁缛复杂，非有专门职业训练并经常排练演习者不能经办这些典礼。儒生掌握的可能创行于西周并在春秋以后更加通用的各种仪节单，经不断排练补充，整齐厘定，成为职业手册。”[6]《仪礼》共十七篇，分别是：“士冠礼”、“士昏礼”、“士相见礼”、“乡饮酒礼”、“乡射礼”、“燕礼”、“大射礼”、“聘礼”、“公食大夫礼”、“觐礼”、“丧服”、“士丧礼”、“既夕礼”、“士虞礼”、“特牲馈食礼”、“少牢馈食礼”、“有司彻”。各篇所包含的礼仪内容，属于冠、昏、乡、射、朝、聘、丧、祭八类，其中冠、昏、丧、祭是人生经历的礼节，士相见、乡、射、朝、聘是贵族间社交或进行国事活动的仪式。[7]

五礼之中凶礼“令去乐”、“令驰县”[8]，是不使用音乐的。除此之外四礼皆用乐，但是宾礼和军礼的用乐记载不详，因此目前总结吉礼和嘉礼的用乐情况。

先秦雅乐列表见表 1。

先秦雅乐列表　　**表 1**

分类		乐舞使用情况	出处
吉礼	祀天神	天门	《周礼》
	祭地祇	咸池	
	祀四望	大磬	
	祭山川	大夏	
	享先妣	大濩	
	享先祖	大武	
嘉礼	乡饮酒礼	鹿鸣、四牡、皇皇者华、南陔、白华、华黍、鱼丽、由庚、南有嘉鱼、崇丘、南山有台、由仪、关雎、葛覃、卷耳、鹊巢、采蘩、采蘋、陔	《仪礼》
	乡射礼	关雎、葛覃、卷耳、鹊巢、采蘩、采蘋、驺虞、陔	
	燕礼	鹿鸣、四牡、皇皇者华、南陔、白华、华黍、鱼丽、由庚、南有嘉鱼、崇丘、南山有台、由仪、关雎、葛覃、卷耳、鹊巢、采蘩、采蘋、陔、肆夏、新宫、勺	
	大射礼	肆夏、鹿鸣、四牡、皇皇者华、狸首、新宫、陔、骜	

这使得西周在继承夏商文化的同时将礼乐文化集大成，最终以制度的形式确立了礼乐文化的表现形式，以达到辅助政治的作用和教化人民的功效。而自西周以后的历朝历代也都是以“礼乐和鸣”的形式出现，尽管有所损益，但是大体形式依然是按照先秦雅乐的形式进行指定。可以说先秦雅乐确立了后世中华三千年的礼乐文化模式。

1.2　清代雅乐情况概述

1.2.1　清代雅乐——以中和韶乐为代表的清代宫廷乐

清代承袭了明代的雅乐体系，并稍加损益，形成了独具特色的清代宫廷音乐，也体现了多民族同一国家的兼容性。清代依然沿用自周代以来的五礼制度，将不同乐种纳入五礼范畴。

清代宫廷音乐是清代皇家专用的音乐，区别于民间音乐，从定义上讲等同于清代雅乐。我们所说的清代宫廷之中所有用乐都可以纳入这个体系，大体可分为典制性音乐和娱乐性音乐两类。典制性音乐就是我们所说的礼乐，伴随着礼仪仪式所演奏的音乐；娱乐性音乐就是俗乐，供人们娱乐欣赏的音乐。

清代属于少数民族入主中原，入关之后几十年间就学习了汉族的文化和礼法，并且“清承明制”，按照汉文化的统治方式来治理国家，使国家能够很快统一。同时为了

巩固满族少数民族的地位，又联合了蒙古等少数民族，因此在民族政策上，有一种包容开阔的心态，这使得整个朝代的文化具有多样性，音乐也呈现出多元化的特点。

清代宫廷乐乐种繁多，所代表着各自不同类型的功能，比如中和韶乐、丹陛大乐、中和清乐、丹陛清乐、队舞乐、蒙古乐、瓦尔喀部乐、回部乐、番子乐、廓尔喀乐、朝鲜乐、安南乐、缅甸乐、赐宴乐、部宴乐、乡宴乐、铙歌大乐、铙歌清乐、铙歌鼓吹、前部大乐、导迎乐、凯旋乐、庆神欢乐等等。

1.2.2　中和韶乐概述

中和韶乐是明清两朝皇家用于祭祀朝贺的专用音乐，承袭于明代以前的雅乐。在中国古汉语里，“韶”的意思为美好，“韶之言绍也，言舜能继绍尧之德。”[9] 故在远古时就有人将雅乐称为韶乐。仅从有文字记载的夏朝“韶乐”算起，距今已有4000多年的历史，而它的源头，更可以追溯到远古先民时期，表现氏族部落图腾崇拜、祭祀典礼、狩猎农耕等社会生活活动，人们从衣服、形貌和动作上来装扮和模拟成神，且歌且舞，而这种歌舞往往被组合成一定的格式，从而形成了原始祭祀乐舞的雏形。

随着周代礼乐制度的建立，雅乐成为中华礼乐文化的重要标志。自西周以后，历代一直被用于坛庙祭祀、朝廷宴享及其他重大的国事活动。明洪武年间，朱元璋将雅乐更名为中和韶乐。清朝承袭了明朝的礼乐制度，将中和韶乐用于天坛大祀等祭祀典礼，“世祖入关，修明之旧，有《中和韶乐》，郊庙朝会用之。”[10]

中和韶乐以金、石、丝、竹、土、木、匏、革八种材料制成的乐器演奏，和以律吕，文以五声，八音迭奏，玉振金声，融礼、乐、歌、舞为一体，气宇轩昂，场面宏大，表演内容包含了打击、吹奏、弹拨、演唱及舞蹈等多种形式，全部演出人员达205人，规模庞大，气势恢宏。在明清两朝一直用于坛庙祭祀，朝廷宴享及其他重大的国事活动。

中国古代统治者信奉“治民莫善于礼，移风易俗莫善于乐”[11]，中和韶乐更因其乐音纯正、舞姿庄重、进退有序、整齐划一而受到了儒家学者和中国历代统治者的推崇，被认为是最和谐完美、最符合儒家伦理道德的音乐，尊为“华夏正声”。

2　先秦雅乐与清代中和韶乐的对比

清代中和韶乐从功能定位上讲，是祭祀活动当中大祀和中祀所使用到的音乐；还有一重功能就是朝会仪式当中皇帝、皇太后以及皇后升座降座所使用的音乐。具体演奏方法相同，乐器也相同，只是由于等级不同、场合不同，使用到的乐器数量不同，从而体现出不一样的规制。朝会乐中和韶乐有音乐，没有乐舞，祭祀乐中和韶乐则音乐舞蹈皆有。清代祭祀乐中的群祀是由和声署承应庆神欢乐，不属中和韶乐范畴，故此不表。以下针对先秦雅乐中的祭祀部分和清代中和韶乐中的大祀和中祀部分进行比对，来查找其中的关联和不同。

2.1　仪程对比

周代《大武》仪程分为六成[12]（表2）。

《大武》六项仪程　　表2

	所象之事
一成	北出
二成	灭商
三成	南归
四成	南国是疆
五成	分周公左召工右
六成	复缀以崇

清代根据祭祀的内容和等级不同，仪程的数量和表现形式也不同。据《律吕正义后编》中清乾隆十一年（1746年）正月初三奏折[13]所载，整理出清代祭祀仪程列表（表3）。

清代祭祀仪程列表　　表3

序号	祭祀地点	一成	二成	三成	四成	五成	六成	七成	八成	九成
1	圜丘	迎神	奠玉帛	进俎	初献	亚献	终献	撤馔	送神	望燎
2	方泽	迎神	奠玉帛	进俎	初献	亚献	终献	撤馔	送神	
3	祈谷	迎神	奠玉帛	进俎	初献	亚献	终献	撤馔	送神	望燎
4	雩祭	迎神	奠玉帛	进俎	初献	亚献	终献	撤馔	送神	
5	太庙时享	迎神	初献	亚献	终献	还宫				
6	太庙祫祭	迎神	初献	亚献	终献	还宫				
7	社稷坛	迎神	初献	亚献	终献	撤馔	送神	望瘗		
8	社稷坛祈雨报祀	迎神	奠玉帛初献	亚献	终献	撤馔	送神	望瘗		
9	朝日坛	迎神	奠玉帛	初献	亚献	终献	撤馔	送神		

续表

	祭祀地点	一成	二成	三成	四成	五成	六成	七成	八成	九成
10	夕月坛	迎神	初献	亚献	终献	撤馔	送神			
11	历代帝王庙	迎神	初献	亚献	终献	撤馔	送神			
12	文庙	迎神	初献	亚献	终献	撤馔	送神			
13	先农坛	迎神	初献	亚献	终献	撤馔	送神	望瘗		
14	先蚕坛	迎神	初献	亚献	终献	撤馔	送神			
15	神祇坛	迎神	初献	亚献	终献	撤馔	送神			
16	太岁坛	迎神	初献	亚献	终献	撤馔	送神			
17	太岁坛祈雨报祀	迎神	奠玉帛初献	亚献	终献	撤馔	送神			

通过对比可以看出周代祭祀和清代祭祀都是分章节的，每个章节都对应着不同的情节。清代的祭祀形式更加多样化，所祭祀的对象也更加丰富具体，这是人类社会历史发展的必然。

2.2 内容对比

在史料当中记载先秦时期有六大乐，分别是：黄帝时的《云门大卷》、唐尧时的《大咸》、虞舜时的《大韶》，夏禹时的《大夏》、商汤时的《大濩》以及周初的《大武》，其中包括了先周时期的五部经典乐舞。“六大乐”用于天子和少数王侯亲自主持的祭祀大典和重大的宴享活动，其目的是为了使参加者受到伦理教育的感化。秦汉以降，六大乐频频出现在史册典籍中，成为雅乐之楷模。《大武》是六大乐中唯一保存资料较多的作品。依《乐记·宾牟贾》的记载可知《大武》的内容[14]（表4）。

周代《大武》内容　　表4

	所象之事	舞容	大意
一成	北出	总干而山立	舞队由北面而来
二成	灭商	发扬蹈厉	表现了消灭商纣的战争胜利
三成	南归	武乱皆坐	再向南方进军
四成	南国是疆	夹振之而驷伐	巩固了南国疆域
五成	分周公左召工右	分夹而进	分成两个舞行，周公、召公分列左右辅理朝政
六成	复缀以崇	久立于缀	表现对周天子的尊崇

清代的祭祀等级以祭天为最高，其祭祀程序最复杂、人员数量最多、祭祀时间最长，清代祭天共有九项仪程（表5）。

清代祭天九项仪程　　表5

	名称	乐舞	内容
一成	迎神	乐奏《始平之章》	皇帝为皇天上帝和列祖列宗上香，并三跪九叩，迎请神明的降临
二成	奠玉帛	乐奏《景平之章》	皇帝向皇天上帝和列祖列宗敬献玉帛
三成	进俎	乐奏《咸平之章》	执事官持执壶浇汤于俎牛之上，由皇帝奠献于皇天上帝和列祖列宗
四成	初献	乐奏《寿平之章》 舞干戚之舞	皇帝向皇天上帝敬酒献爵，读祝官读祝，皇帝向列祖列宗敬酒献爵
五成	亚献	乐奏《嘉平之章》 舞羽龠之舞	皇帝再次向皇天上帝和列祖列宗敬酒献爵
六成	终献	乐奏《永平之章》 舞羽龠之舞	皇帝第三次向皇天上帝和列祖列宗敬酒献爵，敬酒毕，皇帝饮酒受胙
七成	撤馔	乐奏《熙平之章》	皇帝行三跪九叩礼，有司撤走馔盘
八成	送神	乐奏《清平之章》	皇帝三跪九叩，恭送神明
九成	望燎	乐奏《太平之章》	皇帝站望燎位目送燎炉中的缕缕青烟升入天际

从内容上对比，《大武》表现了武王伐纣和治理天下的内容。而清代圜丘祭天所体现的是皇帝向皇天上帝祈求天下太平、风调雨顺的美好愿望。进一步体现出了后世君权神授的思想主张。

2.3 音乐对比

《周礼·春官·大司乐》：“以六律、六同、五声、八音、六舞大合乐，以致鬼神祇，以和邦国，以谐万民，以安宾客，以说远人，以作动物。乃分乐而序之，以祭、以享、以

祀。”[15] 先秦时期，在不同的祭祀活动中要使用不同的祭祀音乐，对此有着明确的规定和区分。

以六代大乐为例，所使用的乐曲音律和歌唱音律就有严格规定（表6）。

六代大乐音律对应关系　　表6

	乐曲音律	歌唱音律	乐舞名称
1	奏黄钟	歌大吕	云门
2	奏太簇	歌应钟	咸池
3	奏姑洗	歌南吕	大磬
4	奏蕤宾	歌函钟	大夏
5	奏夷则	歌小吕	大濩
6	奏无射	歌夹钟	大武

先秦时期的祭祀音乐要有“闻其音而德起，论其数而法立”[16] 的特点。祭祀音乐以突出“德”的内涵，因此祭祀的音乐也被称为“德音”。与之相反的被称为“乱音”、“慢音”与“溺音”。“宫乱则荒，其君骄；商乱则陂，其臣坏；角乱则忧，其民怨；徵乱则哀，其事勤；羽乱则危，其财匮。五音皆乱，迭相陵，谓之慢。”[17]《乐记》当中以五音之乱比喻了乱漫的音乐带给社会的几种不良影响。子夏说：“郑音好滥淫志，宋音燕女溺志，卫音趋数烦志，齐音敖辟乔志。此四者皆淫于色而害于德。”可见乱音、慢音、溺音与德音相对应，是不能用于祭祀的。这样也就突出了祭祀音乐要求“中正”、“平和”的特点。

清代的中和韶乐，不论是祭祀用或殿陛用，其乐谱都是用五声音阶，并且是一字一音的，音域从下羽到高宫。谱中虽未标节奏，但从《律吕正义后编》所载祭孔乐谱与清桂良所撰《中和韶乐》及《阙里文献考》中关于演奏程序的记载相互参照来看，乐曲进行速度是相当缓慢的。上述后两书中记载祭孔的中和韶乐的演奏程序见表7。

中和韶乐演奏程序　　表7

	形式	音乐信号	意义
1	起麾	乐队可以演奏	
2	击柷三声	音乐开始	
3	击镈钟一声	乐句的开始	定调
4	击编钟一声	乐音的开始	以宣其声
5	歌生协律歌一字，琴按谱弹一声、瑟弹两声、其余乐器齐奏一声	音乐的演奏	
6	歌声将绝，击编磬一声	乐音的结束	以收其韵
7	每一句结束，击特磬一声	乐句的结束	收一句之韵
8	击建鼓一声、应搏拊两声，共击建鼓三声，应搏拊六声	乐句之间的节奏	以节乐句
9	栎敔三下	乐章的结束	

按此程序，每奏歌一字，即使每声一拍，加起来也要三十拍左右。其速度之慢可想而知。庄严肃穆的祭祀乐或殿陛乐绝不会用快板，只有这样的演奏才能体现儒家所追求的“中和”、“平和”的韶乐格调。

虽然在史料当中我们已经无从可考先秦音乐的旋律和节奏是何种模样，仅能从乐曲和歌唱的音律当中得知其调性。但从其对于“德音”的描述来看应是平和、缓慢，且使用五声音阶。清代的祭祀乐保持一字一音的风格，仍延续了先秦雅乐的特征。

2.4　歌词对比

由于目前史料的限制，先秦方面关于音乐操作方面的论述少之又少，音阶、节奏等等无法与后世相比较，流传下更多的是歌词。表8为《周颂》的祭祀诗和清代中和韶乐《始平之章》的歌词比较。

《周颂》与《始平之章》歌词比较　　表8

乐章	《诗经·周颂·武》	清代中和韶乐祭天大典《始平之章》
歌词	于皇武王， 无竞维烈。 允文文王， 克开厥后。 嗣武受之， 胜殷遏刘， 耆定尔功	钦承纯祜兮於昭有融； 时维永清兮四海攸同； 输忱元祀兮从律调风； 穆将景福兮乃眷微躬； 渊思高厚兮期亮天工； 聿章彝序兮夙夜宣通； 云軿延伫兮鸾辂空濛； 翠旗纷袅兮列缺丰隆； 肃始和畅兮恭仰苍穹； 百灵祗卫兮齐明辟公； 神来燕娭兮惟帝时聪； 协昭慈惠兮逖鉴臣衷
对比	周代祭祀的歌词是《诗经》体，以四字一句为主，兼以杂言	歌词每句八字，中间兼有一个“兮”字，仿《离骚》体，音乐与歌词相对应，一个字对应一个音符、一下节拍。也有其他乐章，歌词长短不一，乐句数量也多少不等，但大致仿《离骚》的文体不变

周代祭祀歌词其表现形式与清代祭天乐章相比较有异曲同工之妙。清代唯独祭祀文庙之时所使用的歌词是四字一句的《诗经》体，以表达对孔子的尊崇。

2.5 乐器对比

先秦雅乐与中和韶乐的乐器对比见表 9。

先秦雅乐与中和韶乐的乐器对比　　表 9

	先秦雅乐乐器	中和韶乐乐器
吉礼	祭天：雷鼓、雷鼗、孤竹之管、云和之琴瑟 祭地：灵鼓、灵鼗、孙竹之管、空桑之琴瑟 祭人鬼：路鼓、路鼗、阴竹之管、龙门之琴瑟 土鼓、应鼓、县鼓、𫸩、鞀、柎、鞞、镛、钟、编磬、柷、敔、笙、龠、篪、簧	金：镈钟、编钟 石：特磬、编磬 丝：琴、瑟 竹：笛、篪、箫、排箫 土：埙 木：柷、敔 匏：笙 革：建鼓、搏拊
嘉礼	应鼓、𫸩、编钟、编磬、柎、管、笙、瑟、建鼓、鼗、应鼙、镈、颂磬、箫、瑟、鼗、路鼓、晋鼓、铙、铎、镯	方响、云锣、管、笛、箫、笙、大鼓、杖鼓、板、手鼓、拍板、导迎鼓、龙鼓、画角、大铜角、小铜角、金、钲、金口角、铜鼓、铜点、钹、行鼓、平笛、蒙古角、锣、铙、大和钹、小和钹、花框鼓、得胜鼓、海笛、星、锡、筝、奚琴、琵琶、三弦、节、拍、觱栗、俳鼓、胡笳、胡琴、口琴、蒙古胡琴、火不思、二弦、提琴、轧筝、月琴、达卜、那噶喇、哈尔扎克、喀尔奈、塞他尔、喇巴卜、巴拉满、苏尔奈、阿尔萨兰、大郭庄、四角鲁用得梨、柏且儿、得勒窝、扎什伦布用得梨、巴汪、苍清、龙思马尔得勒窝、达卜拉、萨朗济、丹布拉、达拉、公古哩、接内搭兜乎、稽湾斜枯、聂兜姜、聂聂兜姜、结莽聂兜布、巴达拉、蚌札、总稿机、密穹总、不垒、接足、丐鼓、丐拍、丐哨、丐弹弦子、丐弹胡琴、丐弹双韵、丐弹琵琶、丐三音锣

吉礼清代中和韶乐的乐器种类依然沿用先秦时代所延续的八音分类方法，只是数量有所减少，尤其是革类乐器的数量。而相比之嘉礼，清代的乐器种类极大丰富了，这也是因为后世的音乐发展和少数民族及周边属国的吸收，使得乐器数量极大增加了。

2.6 乐舞对比

先秦佾舞与清代佾舞的对比见表 10。

先秦佾舞与清代佾舞对比　　表 10

	先秦佾舞	清代佾舞
记载	《左传 · 隐公五年》：九月，考仲子之宫，将万焉。公问羽数于众仲。对曰："天子用八，诸侯用六，大夫四，士二。夫舞所以节八音而行八风，故自八以下。公从之。于是初献六羽，始用六佾也"	舞用八佾，武舞生执干戚，文舞生执羽龠，各六十四人，左右各三十二人……惟文庙……舞用六佾，止用文舞生三十六人，俱太常掌之[18]
对比	天子用八佾，64 人；诸侯用六佾，48 人；大夫用四佾，32 人；士用二佾，16 人	文舞生 64 人，武舞生 64 人，共 128 人。只有祭祀孔子时，不用武舞生，仅用 36 名文舞生

从乐舞上比较，先秦与清代皆用佾舞，先秦祭祀舞蹈所关注的就是人员数量、队形调度和舞蹈姿势。"天子八佾，诸侯六佾，卿大夫四佾，士二佾。"因此人员数量有着严格的礼仪规定。"八佾舞于庭"就是对僭越规制的很好例证。但由于先秦是分封制，故此有四个等级的规制，而清代是大一统的中央集权王朝，不管是大祀和中祀统一使用八佾舞。唯独祭孔另有规制，也是个案。

3 结论

二者比较来看，在先秦时期，祭祀、宴飨活动已经完备，清代与之相比，大体功能基本相同，只是具体流程上有所损益。清代典礼活动更加丰富，各种仪式都会涉及用乐情况，但是从分类上看，都可以纳入祭祀、宴飨、朝会、仪仗等这几个大类之中。仪式上看，仅是时间地点之分，用乐流程大体相同。如祭祀乐，在人员配置和乐章数量上体现等级，歌词内容和舞蹈动作、读祝等过程体现内容，其他仪程几乎相同。通过对于两个时代对于礼的比对研究，笔者发现先秦雅乐与中和韶乐有共通之处，说明了中华文化的一贯性和延续性。

中国历代提倡礼乐治国，用礼来区分等级，用乐来调和人与人之间的关系，以达到君臣和敬、长幼和顺、父子兄弟和亲的整个社会完全和谐的目的。先秦雅乐与中和韶乐同为中华民族特有的礼乐文化的代表，在中华民族发展史上塑造了中华文明的形象，汇集了中华文明丰富的思想文化内涵。作为非物质文化遗产，具有丰富的内容和明显的时代特征，作为天坛文化的典型例证，与天坛这一物质文化遗产相匹配，是天坛文化不可分割的一部分，是对天坛物质文化遗产的动态补充。

天坛的价值不仅仅在于它的古建筑，更因为天坛有着极其丰富的历史文化内涵。如果我们不去挖掘和弘扬这些中华民族历史文化的精神内涵与文化元素，那么，天坛就剩下一个外壳，失去了灵魂，失去了它与时俱来的珍贵价

值。中和韶乐是天坛文化中的一颗璀璨明珠，能够对中和韶乐及其深厚的文化内涵在天坛文化发展过程中的一些问题进行学习和探究，乃我辈之幸。

参考文献

[1]《十三经注疏·论语注疏·卷十七·第六十九页·阳货》，2525.

[2] 杨伯峻.《春秋左传注》."成公十三年"条.北京：中华书局，1981：861.

[3] 陈奇猷.《吕氏春秋校释》，上海：上海学林出版社，1984：284.

[4] 修海林.中国古代音乐美学.福州：福建教育出版社，2004.

[5] 谭钟琪.《乐记》与中国古代的乐教.社会科学家，2005，(3)：123.

[6] 刘海霞.现代研究《仪礼》的意义——兼谈现代礼仪制度下的《仪礼》.洛阳师范学院学报，2011.

[7] 彭林.仪礼全议.贵阳：贵州人民出版社，1997.

[8] 阮元 校刻.十三经注疏.北京：中华书局，1980：791.

[9] 李学勤主编.十三经注疏：礼记注疏.北京：北京大学出版社，1999：1100.

[10] 赵尔巽等撰.清史稿·乐志一.北京：中华书局，1976：3732.

[11] 李学勤主编.十三经注疏：孝经注疏.北京：北京大学出版社，1999：42.

[12] 曹贞华.西周至唐宫廷雅乐研究.北京：中国艺术研究院，2009.

[13] 乾隆御修.景印文渊阁四库全书.经部209.台北：台湾商务印书馆，1986：286.

[14] 曹贞华.西周至唐宫廷雅乐研究.中国艺术研究院，2009.

[15] 阮元 校刻.十三经注疏.北京：中华书局，1980：788.

[16] 班固.《汉书·礼乐志》.北京：中华书局，2008：1038.

[17] 郑康成.钦定四库全书荟要——礼记注疏（全两册）卷三十七[M].吉林：吉林出版集团，2005：147.

[18] 乾隆御修.景印文渊阁四库全书.经部209[M].台北：台湾商务印书馆，1986：297.

北京居住区绿地规模与结构对环境微气候的影响研究

北京市园林科学研究院，园林绿地生态功能评价与调控技术北京市重点实验室 / 任斌斌　李　薇　谢军飞
亿利首建生态科技有限公司 / 刘　兴

摘　要：以北京居住区绿地为研究对象，对不同规模、不同结构绿地的夏季空气温度、相对湿度、舒适度等进行定量化研究，结果表明，（1）面积＜1hm²的北京居住区绿地夏季昼平均降温1.43℃，昼平均增湿3.49%，并伴随绿地规模的增大，降温增湿作用增强。（2）夏季不同结构绿地的降温增湿效益和人体舒适程度大体呈现出乔—灌—草型绿地＞乔—草型绿地＞草地≈裸地的特征。（3）在＜9m的垂直高度，14：00～16：00为居住区绿地每日高温低湿时段，5：00～6：00为低温高湿时段；伴随着高度的升高，乔—灌—草型和乔—草型绿地的日均和高温低湿时段空气温度大体呈上升趋势，相对湿度呈下降趋势，草坪和裸地变化相对平缓。

关键词：降温增湿效应；居住区绿地；规模；结构；北京

城市绿地具有缓解城市热岛效应、改善城市生态环境等重要生态功能。居住区绿地是城市绿地的重要形式之一，与居民的生活最密切，合理实施居住区绿地规划、设计与建设是改善城市人居环境的有效途径。近年来，探讨绿地特征与环境气候之间的相关关系，以科学指导绿地建设，逐渐成为相关学科的关注热点[1-7]。针对居住区绿地改善城市热环境的相关研究多集中于大尺度的遥感、观测试验和数值模拟等[8-9]，利用仪器、设备进行定点、定位监测的小尺度研究起步较晚。本研究以北京居住区绿地为研究对象，对夏季不同规模、不同结构绿地的空气温度、相对湿度、舒适度等进行定量化研究，为居住区绿地规划、设计与建设提供依据。

1　材料与方法

1.1　研究地概况

1.1.1　绿地规模对环境微气候的影响研究

选择位于北京西北三环至四环间的海淀区万柳社区为研究样地（N39° 58′13″，E116° 17′35″）。并在其中选择内部构成相同、郁闭度相似、建植时间相同、规模不同的4块居住区绿地作为测试样地，1块裸地作为对照（表1）。与公园绿地、防护绿地相比，居住区绿地面积相对较小，多小于1hm²。因此，样地1、2、3、4的绿地面积分别设定为1.0hm²、0.6hm²、0.4hm²及0.2hm²。其中，样地1位于小区外围，一侧临路；样地2、3、4位于居住区核心区域。

不同规模绿地概况 表 1

样地号	面积 (hm^2)	绿地结构	主要植物			郁闭度	绿地类型
			乔木层	灌木层	草本层		
1	1.0	乔—灌—草	白蜡（*Fraxinus chinensis*）、绦柳（*Salix matsudana* 'Pendula'）、油松（*Pinus tabuliformis*）、元宝枫（*Acer truncatum*）、栾树（*Koelreuteria paniculata*）	碧桃（*Prunus persica* 'Duplex'）、榆叶梅（*P. triloba*）、金银木（*Lonicera maackii*）、连翘（*Forsythia suspensa*）	早熟禾（*Poa*）	0.7 ~ 0.8	居住区公园
2	0.6	乔—灌—草	白蜡、油松、银杏（*Ginkgo biloba*）	金银木、碧桃	早熟禾	0.7 ~ 0.8	居住区组团绿地
3	0.4	乔—灌—草	白蜡、油松、栾树	榆叶梅、金银木	土麦冬（*Radix Liriopes*）	0.7 ~ 0.8	居住区组团绿地
4	0.2	乔—灌—草	白蜡、白皮松（*P. bungeana*）	金银木、连翘	土麦冬	0.7 ~ 0.8	居住区楼间绿地
5	0.4	裸地	—				

1.1.2　绿地结构对环境微气候的影响研究

在海淀区万柳社区内，选择绿地面积为 $0.3hm^2$、郁闭度为07 ~ 0.8，环境相似，植物配置结构分别为乔—灌—草、乔—草和草地 3 块绿地作为测试样地，1 块裸地作为对照（表 2）。

不同结构绿地概况 表 2

结构类型	乔木层		灌木层		草本层	
	植物种类组成	高度 (m)	植物种类组成	高度 (m)	植物种类组成	高度 (m)
乔—灌—草	白蜡、油松、栾树	11	紫丁香（*Syringa oblata*）、金银木、碧桃	1.5 ~ 3.0	早熟禾	0.2
乔—草	油松	9	/	/	早熟禾	0.2
草坪	/	/	/	/	早熟禾	0.2
裸地	/	/	/	/	/	/

1.2　测试方法

1.2.1　绿地规模对环境微气候的影响

每处样地随机布点，在距地面 1.5m 处进行测试，每处样地内选择 20 个观测点，共计 100 个。试验于夏季进行，选择晴朗无风天气，每天 8:00 ~ 18:00，每隔 2h 分别对 5 块样地的空气温度、相对湿度进行同步测定 1 次，连续 3d 进行数据采集。测试仪器为 Kestrel 4500NV 便携式气象测定仪（美国 NK 公司）。

1.2.2　绿地结构对环境微气候的影响

采用固定式气象站对 4 块样地空气温度、相对湿度和风速进行测定。测试方法为从距地面 1.5m 开始，每隔 1.5m 设 1 组速采器，最高点距地面 9m，每块样地共设 6 组速采器。试验于夏季进行，0:00 ~ 24:00，每隔 10min 记录 1 次，连续 14d。

1.3　数据处理

采用 EXCEL2013 对不同规模绿地与不同结构绿地测得数据进行计算与统计；采用 SPSS 17.0 软件对数据进行多重比较（LSD，d=0.05），分析各样地及对照间温度和湿度的差异显著性。

选用人体感觉最大的空气温度、相对湿度和风速 3 个要素为主要评价指标，计算不同结构绿地及其对照的人体舒适度指数[10]：

$$I=1.8\times T+0.55\times(1-RH)+32-3.2V^{0.5}$$

式中，I 为人体舒适度指数；T 为气温（℃）；RH 为相对湿度（%）；V 为风速（m/s）。人体舒适度指数的等级划分按照中国气象局规定的统一标准，采用 9 级分类法（表 3）。

人体舒适度指数分级 表 3

等级 / 级	指数范围	表征意义
1	$I < 25$	寒冷，感觉极不舒适
2	$25 \leq I < 40$	冷，感觉不舒适
3	$40 \leq I < 50$	偏冷或较冷，大部分人感觉不舒适
4	$50 \leq I < 60$	偏凉或凉，部分人感觉不舒适
5	$60 \leq I < 70$	普遍感觉舒适
6	$70 \leq I < 79$	偏热或较热，部分人感觉不舒适
7	$79 \leq I < 85$	热，感觉不舒适
8	$85 \leq I < 90$	闷热，感觉很不舒适
9	$I \geq 90$	极其闷热，感觉极不舒适

2 结果与分析

2.1 不同绿地规模对环境微气候的影响

2.1.1 昼平均影响规律

分别计算5块样地3d昼平均空气温度与相对湿度，结果（表4）表明，昼平均空气温度呈现出样地2＜样地3＜样地1＜样地4＜样地5的规律；相对湿度呈现出样地5＜样地3＜样地4＜样地1＜样地2的规律。4块绿地昼平均降温（对照样地空气温度减去各样地空气温度，下同）1.43℃，增湿（各样地相对湿度减去对照样地相对湿度，下同）3.49%。

对不同样地3d昼平均降温效应进行两两比较（LSD，*d*=0.05），结果表明，样地1、样地2和样地3的降温效应与样地5分别存在显著性差异。对不同样地3d昼平均增湿效应进行两两比较（LSD，*d*=0.05），结果表明，样地1、样地2、样地3、样地4的增湿效应分别与样地5存在显著性差异。在小于1hm^{2}的居住区绿地中，除样地1外，绿地面积越大，降温效应越明显。在所有样地中，样地2（绿地面积0.6hm^2）降温增湿效应最强，昼平均降温1.88℃，增湿3.94%。

不同规模绿地昼平均空气温度与相对湿度　　表4

环境指标	样地1（1.0hm^2）	样地2（0.6hm^2）	样地3（0.4hm^2）	样地4（0.2hm^2）	样地5（裸地）
空气温度（℃）	33.469	32.860	33.326	33.605	34.743
相对湿度（%）	30.878	31.046	29.909	30.571	27.108

2.1.2 日内不同时段的影响规律

分别计算各样地3d内不同时段的空气温度值和相对湿度值（图1、图2），一天内各时段的温度变化与湿度变化呈大致相反趋势，每日高温时段为14:00左右，低湿时段为12:00左右。

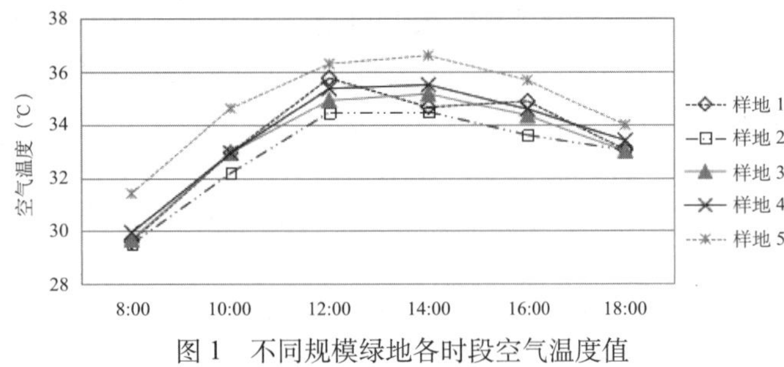

图1　不同规模绿地各时段空气温度值

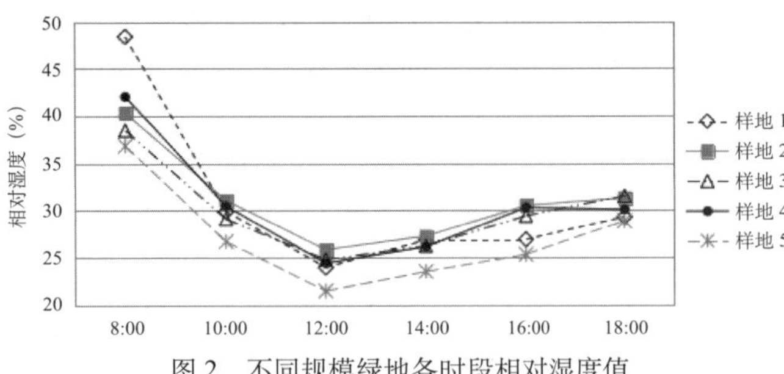

图2　不同规模绿地各时段相对湿度值

在高温时段，绿地平均降温1.64℃。各样地空气温度呈现出样地2＜样地1＜样地3＜样地4＜样地5的规律，与日均温度规律大致相似。影响环境气温的因素包括太阳辐射、地面辐射以及周边物体长波辐射，除样地1因一面临路，受到硬质地面辐射影响高于其他样地外，样地面积越大，绿地降温效应越强，样地2降温达2.12℃。

在低湿时段，绿地平均增湿3.10%。各样地相对湿度呈现出样地5＜样地1＜样地4＜样地3＜样地2的特点，除样地1外，样地面积越大，增湿作用越强，样地2增湿达3.76%。

2.2 不同绿地结构对环境微气候的影响

2.2.1 垂直高度上的日平均环境因子影响

分别计算各样地5d内垂直方向上的温、湿度平均值比较分析。

空气温度值在垂直方向的各个高度呈现出乔—灌—草型＜乔—草型＜对照≤草地的特点，其中，乔—灌—草型绿地因其强大的蒸腾作用和遮蔽作用，而在其各垂直高度上均发挥了最好的降温效应，1.5m高度日均降温1.70℃（图3）。在垂直方向上，4块样地在1.5m处的温度最低，随高度的增加略有升高或趋于平缓。分别以3块绿地与对照温度的差值作为绿地的降温效应值，对每一高度的降温效应进行多重比较（LSD，*P*=0.05），结果显示，乔—灌—草型和乔—草型绿地随着垂直高度的升高，降温效应逐渐降低，其中，乔—灌—草型绿地在各个高度上的降温效应差异不显著，乔—草型绿地在1.5m、3.0m和4.5m处的降温效应分别与6.0m、9.0m处的降温效应存在显著性差异。

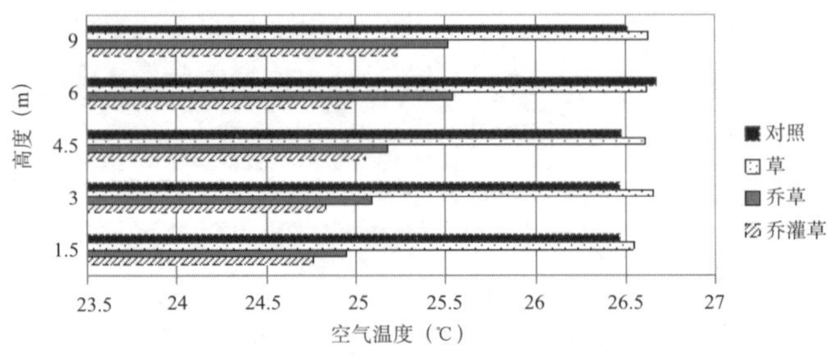

图3　不同绿地结构日平均空气温度垂直变化

各样地相对湿度在垂直方向各高度呈现出对照＜草坪＜乔—草型＜乔—灌—草型样地的特点，其中，乔—灌—草型绿地 1.5m 处日均增湿 2.10%（图 4）。在垂直高度上，4 块样地在 1.5m 处的相对湿度最高，随高度的增加大体呈下降趋势。分别以 3 块绿地与对照湿度的差值作为绿地的增湿效应，对每一高度的增湿效应多重比较（LSD，P=0.05）显示，乔—灌—草结构绿地在 3m 和 4.5m 处的增湿效应与 9m 处存在显著差异；乔—草在 1.5m、3.0m 和 4.5m 处的增湿效应与 9.0m 处的增湿效应存在显著差异。

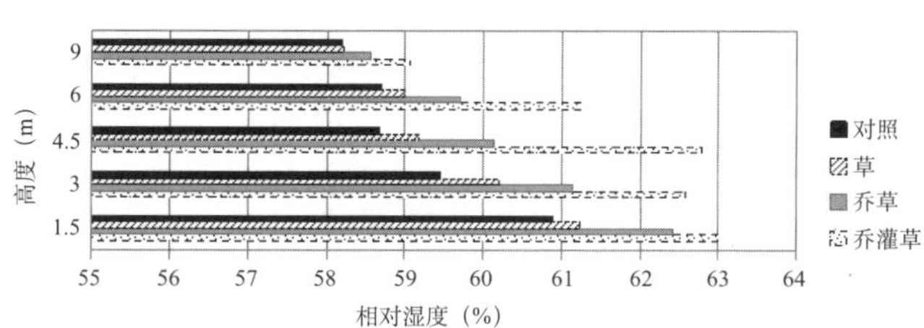

图 4　不同绿地结构日平均相对湿度垂直变化

2.2.2　垂直高度上日内不同时段的影响

空气温度受太阳辐射影响，各样地一天内各时段的变化趋势在垂直方向上具有一致性，每日高温时段为 14:00 ~ 16:00，低温时段为 5:00 ~ 6:00。在同一时段，垂直方向上的变化与日平均变化大体一致，除 0:00 ~ 8:00、20:00 ~ 24:00 差异不大外，其他时间段内，随着高度的升高，乔—灌—草型和乔—草型绿地气温逐渐上升，草地和对照变化相对平缓。14:00 ~ 16:00，在垂直方向上的各个高度，温度特征大体呈现出乔—灌—草＜乔—草＜草≈对照的规律。在 1.5m 处，乔—灌—草绿地比对照低 3.12℃。

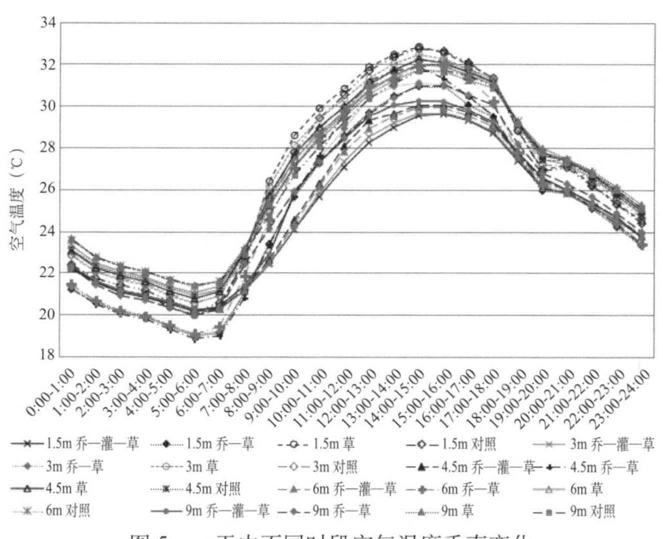

图 5　一天内不同时段空气温度垂直变化

各样地一天内各时段的相对湿度变化趋势在垂直方向上具有一致性，每天低湿时段为 14:00 ~ 16:00，高湿时段为 5:00 ~ 6:00，与温度趋势相反。在同一时段，垂直方向

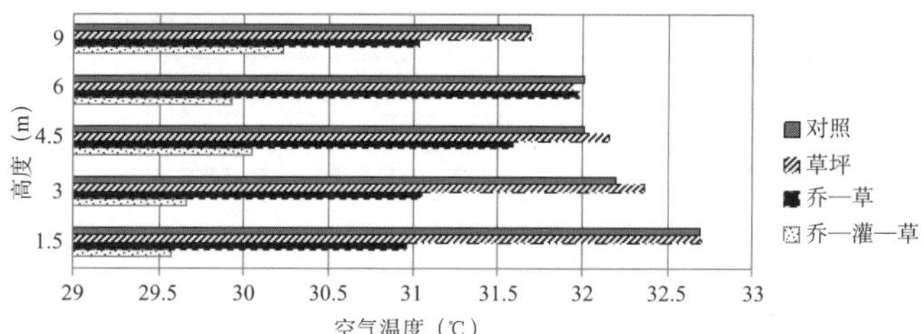

图 6　不同绿地结构 14:00 ~ 16:00 空气温度垂直变化

上的变化与日平均变化大体一致，即随高度的增加大体呈下降趋势（图 7）。14:00 ~ 16:00，在垂直方向的 4.5m 以下的湿度特征呈现出对照＜草＜乔—草＜乔—灌—草的规律。在 1.5m 处，乔—灌—草绿地比对照高 4.61%。其中，乔—草和乔—灌—草型绿地随着高度的增加，相对湿度呈下降趋势；裸地与草坪相对平缓。

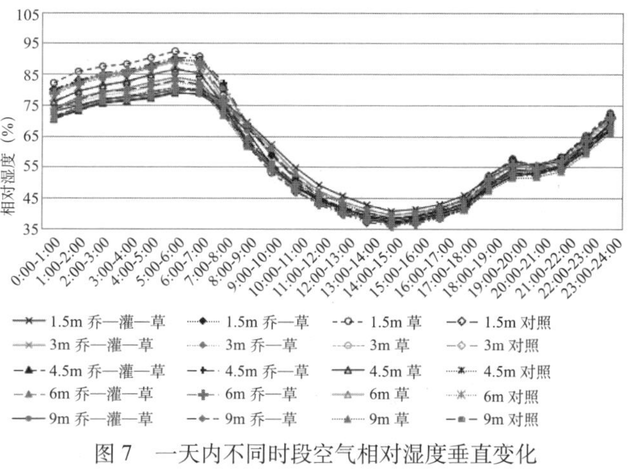

图 7　一天内不同时段空气相对湿度垂直变化

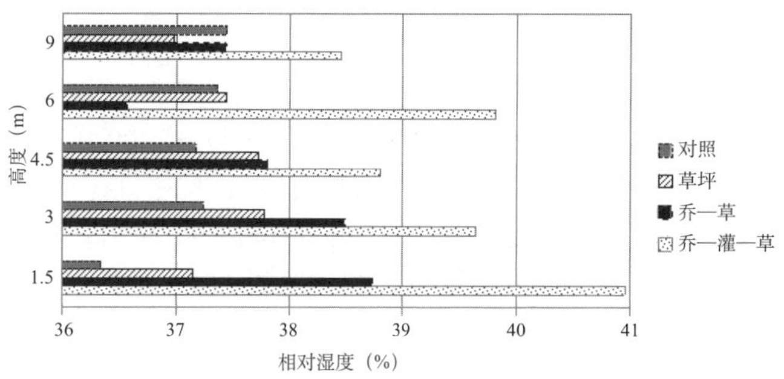

图 8　不同绿地结构 14:00 ~ 16:00 空气相对湿度垂直变化

2.2.3　舒适度比较

在垂直方向上，人体能感受到室外环境舒适状况的高度为 1.5m 左右。因此，以 1.5m 处空气温度、相对湿度以及风速值进行人体舒适度指数（I）计算（表 5）。参考 I 值与舒适度的关系可知，在炎热的夏季，I 值越低，等级越低，人体感觉越舒适。在不同结构绿地中，I 指数与舒适度等级大体呈现出类似的规律，14:00 ~ 16:00 是一天中 I 指数最高的一段时间，不舒适程度最强。其中，乔—灌—草结构绿地的舒适度等级为 7 级，令人感到热和不舒适；其他

不同绿地结构舒适度指数与等级比较 表 5

时间段	乔灌草		乔草		草		对照	
	I	等级	*I*	等级	*I*	等级	*I*	等级
0:00 ~ 1:00	71.317	6	69.696	5	71.544	6	71.488	6
1:00 ~ 2:00	70.574	6	68.838	5	70.334	6	70.445	6
2:00 ~ 3:00	69.631	5	68.076	5	69.748	5	69.801	5
3:00 ~ 4:00	69.279	5	67.653	5	69.417	5	69.768	5
4:00 ~ 5:00	68.973	5	66.875	5	68.584	5	69.010	5
5:00 ~ 6:00	68.108	5	66.000	5	67.786	5	68.067	5
6:00 ~ 7:00	68.073	5	66.171	5	68.425	5	68.425	5
7:00 ~ 8:00	69.621	5	69.606	5	72.398	6	71.520	6
8:00 ~ 9:00	71.558	6	73.494	6	78.890	6	76.548	6
9:00 ~ 10:00	74.292	6	77.138	6	82.160	7	80.037	7
10:00 ~ 11:00	76.904	6	79.738	7	84.309	7	82.890	7
11:00 ~ 12:00	79.540	7	82.113	7	85.782	8	84.912	7
12:00 ~ 13:00	81.664	7	84.136	7	87.864	8	87.129	8
13:00 ~ 14:00	82.938	7	85.626	8	88.797	8	88.234	8
14:00 ~ 15:00	83.947	7	86.450	8	89.343	8	88.890	8
15:00 ~ 16:00	84.250	7	86.579	8	89.062	8	88.937	8
16:00 ~ 17:00	84.002	7	85.295	8	88.287	8	88.219	8
17:00 ~ 18:00	82.837	7	84.170	7	87.114	8	86.702	8
18:00 ~ 19:00	80.555	7	80.988	7	82.870	7	82.663	7
19:00 ~ 20:00	78.267	6	78.052	6	79.449	7	79.143	7
20:00 ~ 21:00	77.747	6	77.676	6	79.640	7	79.213	7
21:00 ~ 22:00	76.701	6	76.612	6	78.446	6	78.019	6
22:00 ~ 23:00	75.613	6	74.978	6	76.514	6	76.228	6
23:00 ~ 24:00	74.319	6	73.514	6	75.320	6	74.904	6

类型绿地及对照的舒适度等级为 8 级，令人感到闷热和很不舒适，严重者会导致中暑等的发生。5:00 ~ 7:00 是一天中 *I* 指数最低的一段时间，舒适程度最高，不同结构绿地和对照的舒适度等级均为 5 级，温湿环境令人感到舒适。

在一天中，不同绿地结构和对照的 *I* 值大小排序为：乔—灌—草＜乔—草＜草坪＜对照。在 24 个时段中，乔—灌—草绿地的 *I* 值最高为 84.250，舒适度等级最高为 7；乔—草绿地的 *I* 值最高为 86.579，舒适度等级最高为 8，有 4 个时段处于该等级中；草坪的 *I* 值最高为 89.062，舒适度等级最高为 8，有 7 个时段处于该等级中；对照的 *I* 值最高为 88.937，舒适度等级最高为 8，有 6 个时段处于该等级中。可见，乔—灌—草绿地是人体感觉最舒适的。

3 结论与讨论

居住区绿地具有明显的降温增湿效应，绿地面积越大，降温增湿作用越强，这与大尺度研究结果一致。在 8:00 ~ 18:00 时段内，面积小于 $1hm^2$ 的绿地夏季日均降温 1.43℃，增湿 3.49%，并以样地 2（绿地面积 $0.6hm^2$）降温增湿效应最强，日均降温 1.88℃，增湿 3.94%。高温时段（14:00），绿地平均降温 1.64℃，最大降温 2.12℃；低湿时段（12:00），绿地平均增湿 3.10%，最大增湿 3.76%。其中，绿地降温效应主要通过植物蒸腾耗热、降低辐射平衡和削减乱流热交换量 3 个方面而实现，因此，绿地面积很大程度上决定了绿地的降温效应。绿地增湿效应一方面是由于植物降低了局部温度，使其饱和水汽压降低，提高了相对湿度；另一方面是由于植物蒸腾产生了大量的水汽，增加了局部空气中的水汽含量，从而提高了相对湿度。而植物蒸腾量与环境温湿度、土壤温湿度、叶面积等多种因素相关，一定程度上绿地面积也与其增湿效应正相关。

受太阳辐射影响，一天 24h 内，各样地每日高温低湿时段为 14:00 ~ 16:00，低温高湿时段为 5:00 ~ 6:00。对不同层次结构绿地而言，乔—灌—草型绿地降温增湿效应优于乔—草型和草坪。日均以及高温低湿时段，空气温度

呈现出乔—灌—草型＜乔—草型＜对照≤草地的特点，相对湿度呈现出对照＜草坪＜乔—草型＜乔—灌—草型样地的特点。依据不同结构绿地人体舒适度指数，在炎热夏季，乔—灌—草型绿地最令人感到舒适。一方面，乔—灌—草型绿地因具有较强的蒸腾作用，比由同样树种构成的乔—草型绿地具有更好的降温增湿效果。另一方面，树荫面积和周围环境温度是决定冠层下温度改变的两大主要因素[11]，对相同环境下，不同类型植物而言，乔木往往具有较大的遮荫空间，比同等占地面积的灌木和草本的降温效果更佳。因此，基于温湿度调控功能的居住区绿化，一方面，应尽量避免较大面积裸地的集中分布，以减少局部热源对植物降温增湿效果的不良影响；另一方面，应以枝大荫浓的高大乔木为骨干树种，再结合景观美化功能，适当搭配灌木和草本地被植物，营造乔—灌—草复层植物群落，对于有开展活动要求的广场应以林下广场为主，并注重选择浓荫树种，以充分发挥植物遮蔽作用，改善室外人体舒适状况。需要提出的是，目前国内尚缺乏针对不同植物种类，特别是不同乔木的降温增湿效益综合效果的相关研究[12-15]，诸如在同等条件下，白蜡、国槐、绦柳等纯林对环境微气候的影响，以为城市绿化树种选择提供参考。

在 9m 以下的垂直高度上，受群落冠层的影响，乔—灌—草型和乔—草型绿地在垂直方向上的温湿度变化较大，伴随着高度的升高，空气温度呈上升趋势，相对湿度呈下降趋势；草坪和对照则趋于平缓。乔—草型绿地中，群落冠层下部降温增湿效应优于中、上部，乔木树冠以下相对通透，气流交换通畅，树冠遮荫效果显著，而树冠以上部分，遮荫效果逐渐减弱，且树冠内部枝叶密集处接受太阳辐射最多，气流交换不畅，降温作用减弱。

绿地植物降温作用的实现源于其遮荫效果和蒸腾作用的吸热效果。对于植物蒸腾作用的估算研究，测量过程相对复杂，人力、物力以及时间成本较高昂，不适宜指导实际规划建设；单独使用遮荫分布仅可粗略估算植物的降温效果。本文采用小尺度测量方法能够反映植物遮荫与蒸腾作用的综合效果和对环境微气候的综合影响，但容易受到环境中其他因素的干扰。因此，在今后进行环境微气候小尺度测定研究中，在既定变量的基础上，环境一致的样地选择是试验成功的关键，诸如本研究中的建筑密度、高度，甚至是立面材料等在理想状态下应保持一致。

注：本论文已发表在 2017 年的西北林学院学报第 6 期。

参考文献

[1] GOMEZ F，GIL L，JABALOYES J. Experimental investigation on the thermal comfort in the city：relationship with the green areas，interaction with the urban microclimate[J]. Building and Environment，2004，39（9）：1077-1086.

[2] 李延明，张济和，古润泽．北京城市绿化与热岛效应的关系研究 [J]. 中国园林，2004（1）：72-75.

[3] 李延明，郭佳，冯久莹．城市绿色空间及对城市热岛效应的影响 [J]. 城市环境与城市生态，2004（1）：1-4.

[4] SOLECKI W D，ROSENWEIG C，PARSHALL，et al. Mitigation of the heat island effect in urban New Jersey[J]. Environmental Hazards，2005（6）：39-49.

[5] 贾琦．城市绿色空间演化及其冷岛强度遥感分析 [D]. 天津：天津大学，2015.

[6] BYOMKESH T，NAKAGOSHI N，DEWAN M A. Urbanization and green space dynamics in Greater Dhaka，Bangladesh[J]. Landscape and Ecological Engineering，2012，8（1）：45-48.

[7] SUN R H，CHEN A L，CHEN LD，et al.Cooling effects of wetlands in an urban region：the case of Beijing[J].Ecological Indicators，2012（20）：57-64.

[8] 李新．基于 Citygreen 的居住区绿地生态效益研究 [D]. 邯郸：河北工程大学，2011.

[9] 秦俊．绿地缓解城市居住区热环境效应的研究（以上海市为例）[D]. 上海：华东师范大学，2014.

[10] 吴兑，邓雪娇．环境气象学与特种气象预报 [M]. 北京：气象出版社，2001：170 -172.

[11] SHASHUA-BAR L，HOFFMAN M E. Quantitative evaluation of passive cooling of the UCL microclimate in hot regions in summer，case study：urban streets and courtyards with trees [J]. Building & Environment，2004，39（9）：1087-1099.

[12] 吴菲，朱春阳，李树华．北京市 6 种下垫面不同季节温湿度变化特征 [J]. 西北林学院学报，2013，28（1）：207-213.

[13] 黄良美，黄海霞，项冬云，等．南京市四种下垫面气温日变化规律及城市热岛效应 [J]. 生态环境，2007，16（5）：1411-1420.

[14] 康博文，王得祥，刘建军，等．城市不同绿地类型降温增湿效应的研究 [J]. 西北林学院学报，2005，20（2）：54-56.

[15] 张哲．深圳市公园绿地植物群落的温湿度效应及对人生理心理的影响 [D]. 北京：北京林业大学，2014.

全国川金丝猴圈养种群现状及人工饲养技术调研与分析

圈养野生动物园北京市重点实验室 / 刘学锋　由玉岩　王　伟　贾　婷　张成林
中国动物园协会 / 于泽英

摘　要： 本文以2015年全国川金丝猴重要饲养单位的调研结果为基础，结合川金丝猴的人工饲养种群现状进行综合分析，梳理川金丝猴饲养过程中环境配置、饲料营养、繁殖及疾病防控等人工饲养技术，总结归纳优缺点，为饲养管理工作提供科学指导。

关键词： 种群；环境；繁殖；饲料营养；疾病防控

川金丝猴隶属灵长目（Primates）猴科（Cercopithecidae）疣猴亚科（Colobinae）仰鼻猴属（*Rhinopithecus*）川金丝猴种（*Rhinopithecus roxellana*），是中国特有的灵长类物种。

川金丝猴在我国已有 60 多年的饲养和展出历史，深受国内外游客的喜爱。1956 年北京动物园首次饲养展示金丝猴，并于 1964 年首次圈养繁殖成功。1958 年成都动物园也饲养展示金丝猴。到 20 世纪 70 年代后，全国动物园饲养展示金丝猴的单位逐渐增多，饲养繁殖水平逐渐提高。国内外科研人员对川金丝猴的野外食性、社群结构、遗传多样性、营养等多方面进行研究，但缺乏系统完整的人工饲养技术研究。本文汇总全国多家动物园的饲养经验，结合种群现状进行系统研究分析，获得具有实践指导意义的科学数据，为饲养管理工作提供技术指导。

1　研究方法

基于川金丝猴谱系保存人调研的川金丝猴出生、转移、死亡等信息建立的《川金丝猴国际谱系》，利用 PMx v1.0 软件完成。

基于对国内 10 家重要的饲养繁殖单位进行实地和问卷调查，涉及川金丝猴自身种群及配对、饲料营养、丰容训练、兽舍建设和疾病防控情况等，利用 Excel 进行统计分析。

2　研究结果

2.1　圈养种群统计学数据

2.1.1　历史数据

2000 ～ 2015 年，对川金丝猴圈养种群的种群年度存活数量、雄性、雌性、雌雄比率、野外捕获个体数量、圈养出生数量、每年出生个体数、出生率、每年死亡数、死亡率以及种群数量增长率和繁殖增长率等的数据进行统计（图 1）。

在 2000 年前，圈养种群野外捕获个体数大于圈养出生个体数，种群发展主要依靠野外个体进入种群；2000 年后，两种来源的个体几乎相等，野外捕获个体数量为 111 只，圈养出生个体数量为 109 只，之后圈养出生个体数大于野外捕获个体数，并逐年增长。截至 2015 年，野外捕获个体 49 只，圈养出生个体 378 只，圈养出生个体占总数的 88.5%。

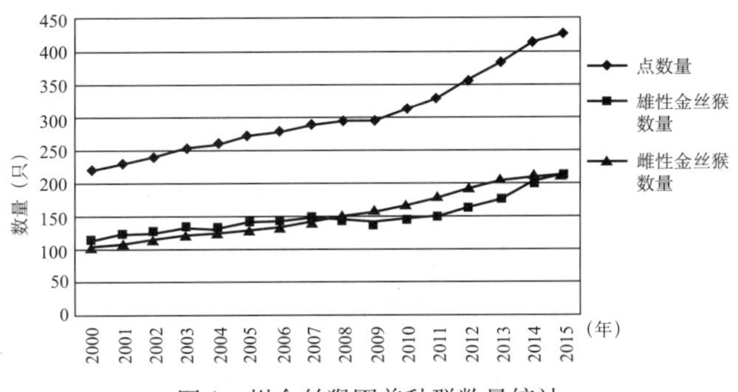

图 1　川金丝猴圈养种群数量统计

2000 ～ 2015 年出生率平均为 0.103，新生幼仔死亡率平均为 0.060。2000 ～ 2015 年有 53 只野外出生个体进入种群，2012 年有 4 只个体进入，2013 年有 13 只进入，2014 年有 5 只，2015 年未从野外进行捕获新个体，从趋势看野外捕获个体引入大多是救助，且引入越来越少。

2.1.2　圈养种群 2015 年数据

2015 年川金丝猴圈养种群饲养在 43 个单位中，存活个体数量 426 只，其中雄性 214 只，雌性 212 只，雄雌比 1.0 ：1，雄性个体占 50%。2015 年新出生个体 38 只，出生率 0.092，死亡 26 只，新生幼仔死亡率 0.023。2000 ～ 2008 年种群性别比一直很稳定，雄性所占比率约为 0.50，但从 2009 年开始雌性数量超过雄性数量，数量逐渐增大，2013 年雄性所占比率稳定在 0.46。圈养种群中育龄个体（4 ～ 20 岁）共 279 只，雄性 132 只，雌性 146 只，其中有繁殖历史的个体 148 只，雄性 53 只，雌性 95 只。

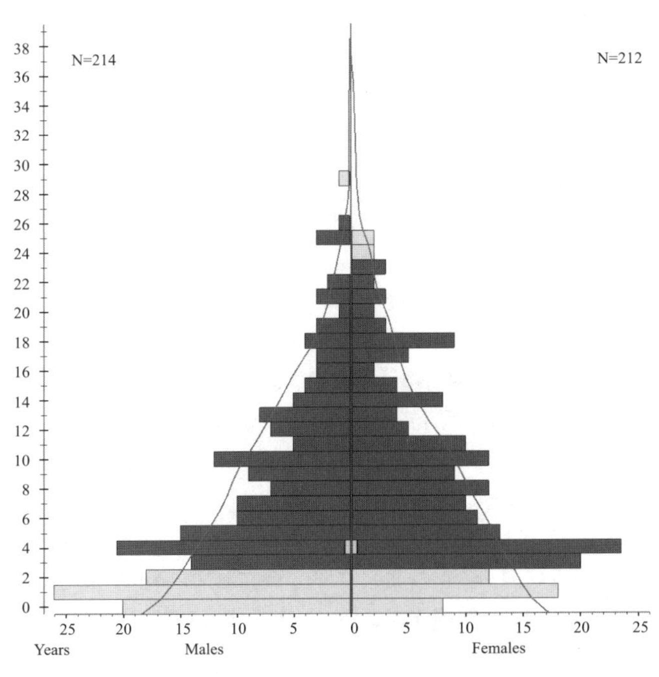

图 2　金丝猴圈养种群 2015 年性别年龄结构图

2.2　圈养种群遗传学数据

2015 年圈养种群建立者数量 123 只，潜在建立者 18 只，存活后代 371 只，种群基因多样性保持量 98.87%，种群平均近亲系数 0.0114（表 1）。

2015 年川金丝猴圈养遗传学数据　　表 1

建立者	123
潜在建立者	18
存活动物	427
存活后代	371
祖先已知	98.5%
祖先确定	97%
基因多样性	0.9887
基因价值	0.9886
建立者基因等量值	44.22
建立者基因保存量	86.20
平均近亲系数 F	0.0114

圈养种群建立者共 123 只，现存活个体 31 只。其中育龄个体 20 只。20 只育龄个体后代数量差异较大，最多的是 26 只，最少的 1 只。

圈养种群中现在还有 18 只潜在建立者，年龄 1 ～ 21 岁，幼体 3 只，其他为育龄个体：8 只雄性，6 只雌性，1 只未知性别。

2.3　人工饲养技术现状

2.3.1　饲养单位分布

调研涉及 10 家饲养单位，分别是北京动物园、北京野生动物园、大连森林动物园、成都动物园、上海动物园、上海野生动物园、杭州动物园、陕西濒危物种抢救中心、甘肃濒危动物研究中心、湖北省金丝猴研究中心，占饲养单位数量的 23%，调研数量占总种群数量的 48.4%。根据地理区域划分，调研的单位主要位于川金丝猴原栖息地纬度范围内。

2.3.2　调研内容

调研分五个部分：种群及配对情况、饲料营养、丰容训练、兽舍建设和疾病情况。

（1）种群及配对情况

种群个体情况均清晰，以家庭为单位饲养，配对方式以一雄一雌占 57%，一雄二雌占 33%，一雄带 3 ～ 4 雌占 10%。

（2）饲料营养

主要包括人工精料（鸡蛋、窝头、馒头、白面糕），坚果（花生、瓜子），水果（苹果、香蕉、橘子、西瓜、梨、柚子、桃），蔬菜（芹菜、油菜、黄瓜、西红柿、卷心菜、莴苣、胡萝卜、西兰花、韭菜、洋葱、大蒜、番薯、甜玉米、瓜类），树叶（女贞、构树、黄杨、冬青、桑叶）。

饲料供应明显呈现树叶南多北少，精料南少北多的现象。

（3）兽舍建设

主要分为两种模式，其一是展览区和繁殖区分开，其二是混在一起，第一种方式的繁育状况明显好于后一种。

繁殖区：内舍 10 ~ 20m^2，外舍 10 ~ 25m^2

展示区：内舍 40 ~ 60m^2，外舍 70 ~ 150m^2

混　合：内舍 30 ~ 60m^2，外舍 40 ~ 1000m^2

（4）环境丰容

丰容设施基本满足需要。

（5）疾病情况

常见病为消化道、呼吸道疾病，与季节、食物变化相关，其中川金丝猴感染毛尾线虫病常见并难以根治。

3　讨论

3.1　配对繁殖

圈养种群的遗传学管理应该尽可能使得 MK 值较小的个体参与繁殖，避免 MK 平均值以下的个体过度繁殖。在圈养种群 2014 ~ 2015 年繁殖个体 MK 值分布情况表(表 2)中，把 MK 值的范围分为两个范围，MK 平均值以上部分和 MK 平均值以下部分。MK 平均值以上部分个体的繁殖增加种群基因多样性，反之，则减少种群基因多样性。在川金丝猴圈养种群中，繁殖个体的 MK 值分布还是处在平均值以上的个体比例较大，但优势不显著。雄性个体分布情况好于雌性个体，2015 年雌性个体两者的比例趋于平衡，这不利于基因多样性的保存。今后繁殖工作中应尽量用配对适宜度系数（MSI）值较低的配对，避免让那些 MK 值处在平均值以下的个体进行过多繁殖。

2014 ~ 2015 年川金丝猴圈养种群繁殖个体 MK 值分布情况　　表 2

年度	MK 值段	雄性	百分比	雌性	百分比
2014	MK 平均值以上部分	19	63%	27	60%
	MK 平均值以上部分	11	37%	18	40%
2015	MK 平均值以上部分	18	72%	19	53%
	MK 平均值以上部分	7	28%	17	47%

圈养种群管理的首要任务是尽可能让潜在建立者参与繁殖，保留更多的遗传多样性；雌性没有后代可能是繁殖能力问题或没有合适配对，如果是配对问题，应积极调整配对。在实际配对中一雄一雌占 57%，一雄二雌占 33%，一雄带 3 ~ 4 雌占 10%，今后的繁殖中，不仅要让后代较少的个体尽可能多地参加繁殖，后代数量较多的个体应限制其参与繁殖。因此应尽可能 1 ∶ 1 配对，让每只个体的遗传多样性都有保留，同时避免圈养条件下全雄群的出现。这与 50% 被调查人认为一雄二雌的展示效果最佳的结果相悖。

3.2　笼舍建设

设立单独繁殖区的饲养单位的繁殖成功率远高于繁殖和展示在一起的单位，应尽量避免游客或其他动物的干扰。兽舍面积要求：繁殖区内舍 ≥ 10m^2，外舍 ≥ 20m^2；展示区内舍 ≥ 10m^2，外舍 ≥ 60m^2。展示区的面积不宜过大，清洁难度大，同时会影响动物行为观察效果。

3.3　精粗饲料比

由于南北差异较大，饲料结构不同，尤其体现在精料和树叶、果蔬的供应量上，很难形成统一的标准，建议树叶、果蔬的日提供量应占总量的 90%。

参考文献

[1] 曹杰，何国声，徐梅倩等．野生动物园寄生虫调查．野生动物杂志，2005，26（6）：46-47.

[2] 黄淑芳，胡新波，于学伟等．圈养条件下川金丝猴毛尾线虫感染控制方法的研究．野生动物学报，2014，35（2）：160-166.

[3] 李明杰．金丝猴的饲养管理与疾病防治综述．野生动物，2012，33（6）：350-353.

[4] 李梅，杨光友．我国金丝猴寄生虫种类及其疾病研究概况．动物医学进展，2015，36（6）：155-158.

[5] 李银华，李保国，Chia L.TAN. 秦岭川金丝猴一周岁内个体的行为发育．动物学报，2005，51（6）：953-960.

[6] 罗茂芳．川金丝猴保护遗传学及适应性进化研究．中国科学院研究学院博士学位论文，2012.

[7] 齐晓光．秦岭川金丝猴的繁殖策略、社会组织与个体扩散迁移机制的研究．西北大学博士学位论文，2008.

[8] 戚静芬．金丝猴饲养与繁殖．野生动物，1982（2）：25.

[9] 全国强，谢家骅．金丝猴研究．上海科技教育出版社，2002.

[10] 任仁眉，严康慧，苏彦捷，等．金丝猴的社会．北京：北京大学出版社，2000.

[11] 尚志峰，赵国瑞，王辉太．金丝猴采食桃树叶中毒的研究（C）//．中国动物园协会．中国动物园论文集，1997，5：70-72.

[12] 铁军．神农架川金丝猴栖息地植物特性和食源植物．北京：中国林业出版社，2013.

[13] 铁军，张晶，彭林鹏，等．神农架川金丝猴冬春季节食性分析．2010，29（1）：62-68.

[14] 于泽英．动物园圈养种群的遗传学管理．野生动物，2004，4：41-42.

[15] 于泽英，川金丝猴国际谱系薄．中国动物园协会，2015.

[16] 张恩权，李晓阳．动物园设计．中国建筑工业出版社，2015.

[17] 周芸芸．神农架川金丝猴的遗传多样性和保护研究．中央民族大学博士学位论文，2015.

公园与室内及道路旁空气 $PM_{2.5}$ 浓度差异分析和影响因素研究[①]

北京市园林科学研究院，园林绿地生态功能评价与调控技术北京市重点实验室 / 赵松婷　李新宇　李延明

摘　要：（目的）通过公园内、公园附近建筑室内及公园道路旁等不同环境内$PM_{2.5}$浓度做差异对比分析，评价城市公园对降低大气$PM_{2.5}$浓度的作用，同时探讨环境要素对$PM_{2.5}$浓度的影响。（方法）以北京市天坛公园、中山公园和北小河公园为研究对象，通过测定公园绿地内、公园附近建筑室内及公园道路旁的$PM_{2.5}$浓度，并对其做差异对比分析，同时监测温湿度、风速及气压、车流量、人流量，以分析环境因素对$PM_{2.5}$浓度的影响。（结果）（1）三个公园内及道路开敞空间内$PM_{2.5}$浓度日变化趋势较一致，基本呈现双峰单谷型，即早晚高，白天低。建筑室内$PM_{2.5}$浓度第一波峰的出现略滞后。（2）无污染或轻度污染（$PM_{2.5}$≤115μg/m^3）天气条件下时，公园对$PM_{2.5}$有一定的滞留作用，与道路旁和建筑室内$PM_{2.5}$浓度相比，公园内$PM_{2.5}$浓度降低了0.19%~22.12%；中度污染（115μg/m^3<$PM_{2.5}$≤150μg/m^3）天气条件下，公园内$PM_{2.5}$浓度比道路旁平均降低了4.91%，与建筑室内相比没有一定规律；重度污染及以上（$PM_{2.5}$>150μg/m^3）天气条件下，建筑室内$PM_{2.5}$浓度最低。（3）对$PM_{2.5}$浓度的年变化分析时，三个环境内$PM_{2.5}$浓度均表现出在2月份最高，200μg/m^{3}以上，8月份最低，50μg/m^{3}以下。（4）对$PM_{2.5}$浓度的季节变化分析时，三个环境内$PM_{2.5}$浓度均表现为冬季最高，春季最低。（5）$PM_{2.5}$浓度与温度、风速呈显著负相关关系，与相对湿度呈显著正相关关系，与气压相关性不显著。道路旁$PM_{2.5}$浓度与车流量呈显著正相关，室内$PM_{2.5}$浓度与人流量呈显著正相关。（结论）在无污染、轻度污染天气条件下时，公园内$PM_{2.5}$浓度低于建筑室内及道路旁，说明公园绿地对$PM_{2.5}$有一定的滞留作用。而在中度污染、重度污染及以上天气条件下，公园绿地消减$PM_{2.5}$浓度的作用受到一定的限制，建筑室内$PM_{2.5}$浓度反而达到最低，建议人们在中度污染、重度污染及以上天气条件下减少外出及开窗通风。

关键字：公园绿地；滞留；颗粒物；$PM_{2.5}$；环境要素

$PM_{2.5}$为空气动力学直径小于或等于2.5μm的颗粒物，被人体吸入后容易直接进入肺泡，干扰肺部的气体交换，引发各种疾病，严重影响人们的身体健康，因而越来越受到人们的关注[1]。

近年来，不少学者[2-7]通过实地监测分别对公园绿地和道路绿地$PM_{2.5}$浓度变化进行了研究，李新宇等[8, 9]（2014a，2014b）对北京市不同主干道绿地群落消减大气$PM_{2.5}$浓度的影响进行了研究，并对公园绿地不同植物

① 资助项目：国家科技支撑计划课题“北京地区扬尘抑制技术研发及示范应用”（2013BAC17B03）。

群落对细颗粒物 $PM_{2.5}$ 浓度的消减作用进行了分析，杨柳等[10]针对不同交通状况下道路边大气颗粒物数浓度粒径分布特征进行了分析。由于人们每天大多数时间是在室内度过的，室内细颗粒物污染对人体健康的影响研究愈显重要，刘阳生等[11]研究了北京市冬季公共场所室内空气中 TSP、PM_{10}、$PM_{2.5}$ 和 PM_1 污染情况，胡锦华等[12]对长沙市冬季某商场建筑室内外细颗粒物浓度进行了实测与分析，目前，以上研究都局限于一段时间内，某一类型的绿地或某一特定的环境内 $PM_{2.5}$ 浓度的变化研究，缺乏不同环境内细颗粒物浓度的长期监测数据及差异对比分析。

本文对不同公园内及附近商场建筑室内、道路旁 $PM_{2.5}$ 浓度进行连续两年的采样，分析不同环境内 $PM_{2.5}$ 浓度的日变化、月变化和季节性变化特征，并针对不同污染天气条件下 $PM_{2.5}$ 浓度在公园内、室内及道路开敞空间的变化进行了对比分析，以及这种变化与其他因素之间的关系。以期为今后研究公园、公共建筑室内及道路旁细颗粒物的污染控制提供依据，并科学指导城市公园建设，帮助居民合理开展户外游憩活动。

1 研究区域概况

天坛是圜丘、祈谷两坛的总称，占地 273hm²，现有面积 200hm² 左右，有古建筑 92 座 600 余间，是中国也是世界上现存规模最大、形制最完备的古代祭天建筑群。天坛公园有各种树木 6 万多株，更有 3500 多株古松柏、古槐，绿地面积达 163 万 m²，环境森然静谧，气氛肃穆庄严。

中山公园位于北京城的中心，占地总面积为 68.2 万 m²，其中水面积 38.9 万 m²，陆地面积 29.3 万 m²，是中国现存历史最悠久、保存最完整的古典皇家园林，是国家重点文物保护单位和 AAAA 级旅游景区。

北小河公园位于朝阳区望京地区，是望京地区最大的社区公园。公园始建于 2005 年，2006 年 5 月正式开园。占地面积 24.8hm²，其中水面积 0.7hm²。园内栽植植物 60 余种万余株，展现了三季有花、四季常青的特点。

2 研究方法

2.1 调查方法

2.1.1 监测区的选取

根据北京市公园的主要类型及公园的分布特点，分别选取二环内、四环和五环之间的公园—天坛、中山和北小河公园进行 $PM_{2.5}$ 浓度的监测，如图 1 所示。

2.1.2 监测点选取

分别对天坛、中山和北小河公园内，公园附近的道路旁（相对应的分别是天坛东路、中山公园南门外和利泽西街），附近商业区（相对应的分别是天乐市场、无和高尔夫会所室内）进行空气 $PM_{2.5}$ 浓度监测并做差异对比分析，同时建立空气 $PM_{2.5}$ 浓度监测数据库，进而评价城市公园对降低大气 $PM_{2.5}$ 浓度的作用。

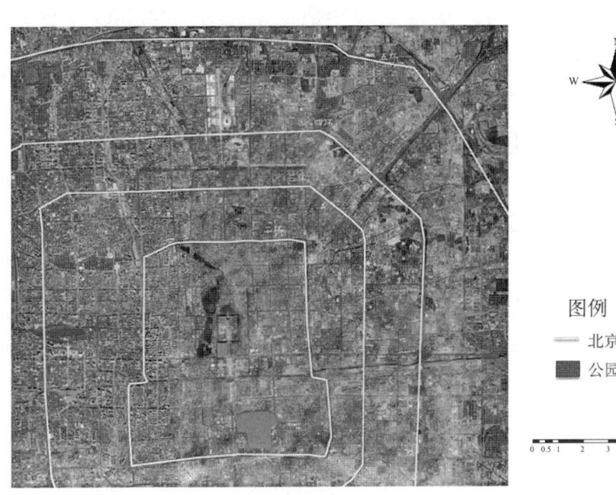

图 1 监测点的位置图

2.2 指标的选取与测定

2.2.1 指标的选取

（1）$PM_{2.5}$ 颗粒物浓度：用 PDR-1500 测试仪。

（2）空气温湿度、风速（包括最大风速、平均风速）：用 kestrel-4500 袖珍式气候测量仪。

（3）公园绿地配置类型：目测。

（4）公园绿地郁闭度、覆盖度：目测。

（5）道路车流量：目测。

（6）公园及附近商场人流量：根据参照点目测、计算。

2.2.2 指标的测定

（1）月变化和季节性变化

春季（3 月、4 月、5 月）、夏季（6 月、7 月、8 月）、秋季（9 月、10 月、11 月）、冬季（12 月、次年 1 月和 2 月），每月上、中、下旬各选取一天，对选定公园内及公园附近的道路旁、附近商场内进行 $PM_{2.5}$ 浓度的监测。

（2）日变化

选择晴天、微风（风力小于 3 级）、无或轻度污染天气，每天监测时段为 7:00 ～ 19:00，每隔 2h 监测一次，每次监测 10min，每 10 s 读取一组数据。同时记录空气温度、空气湿度、风速。采样高度为距离地表 1.5m，与成人呼吸高度基本一致。

对公园内与建筑室内及道路旁的 $PM_{2.5}$ 浓度日平均值变化进行差异对比分析时，采用降低率（D）表示，$D_{道路}=(C_{道路}-C_{公园内})/C_{道路}$，$D_{室内}=(C_{室内}-C_{公园内})/C_{室内}$。其中：$C$ 为 $PM_{2.5}$ 浓度，单位：μg/m³。

3 结果分析

3.1 公园内、外 $PM_{2.5}$ 浓度的日变化分析

3.1.1 公园内、外 $PM_{2.5}$ 浓度的日变化特征分析

三个公园内、建筑室内和道路旁 $PM_{2.5}$ 浓度的日变化特征分析如图 2 所示，从图 2 可以看出，三个公园内、道路旁 $PM_{2.5}$ 浓度日变化趋势较一致，基本呈现双峰单谷型，即早晚高，白天低。早上与晚上相比，早上的 $PM_{2.5}$ 浓度高于晚上。变化趋势是：$PM_{2.5}$ 浓度在早上 7:00 左右达到最大值后浓度开始一直下降，到 13:00 或 15:00 左右达到最低值，然后晚高峰 $PM_{2.5}$ 浓度开始上升。而建筑室内的 $PM_{2.5}$ 浓度变化的第一个波峰推迟到 11:00 左右出现，到 15:00 左右达到最低值后 $PM_{2.5}$ 浓度开始上升。11:00 左右和 19:00 左右可能是商场或者高尔夫会所人流量的高峰期，建筑室外产生的空气污染物也会输送到室内从而增加了 $PM_{2.5}$ 的浓度。

3.1.2 公园内、外 $PM_{2.5}$ 浓度日平均值变化分析

（1）无污染或轻度污染天气条件下（$PM_{2.5} \leqslant 115\mu g/m^3$）

不同公园内、外 $PM_{2.5}$ 浓度的日平均值变化分析如图 3 所示，当无污染或轻度污染天气条件下即 $PM_{2.5} \leqslant 115\mu g/m^3$ 时，天坛公园、中山公园和北小河公园 $PM_{2.5}$ 浓度均表现出公园内低于道路旁，分别降低了 22.12%、3.63%、5.68%，其中以天坛公园绿地的配置模式最佳，消减 $PM_{2.5}$ 能力最强，中山公园最弱。此外，天坛公园和北小河公园内 $PM_{2.5}$ 浓度也同样低于建筑室内，降幅分别为 0.19% 和 6.9%。说明公园在无污染或轻度污染天气条件下对 $PM_{2.5}$ 有较明显的滞留作用，不同公园消减 $PM_{2.5}$ 能力不同，可能与公园绿地规模、植物群落配置等因素有关。在此天气条件下，建筑室内开窗通风有利于室内空气质量的改善。

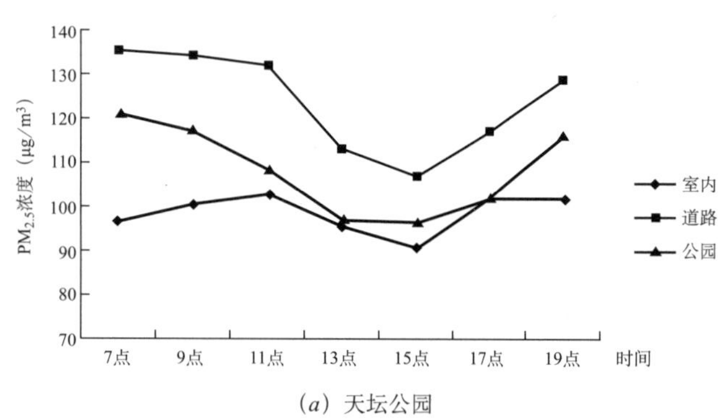

（a）天坛公园

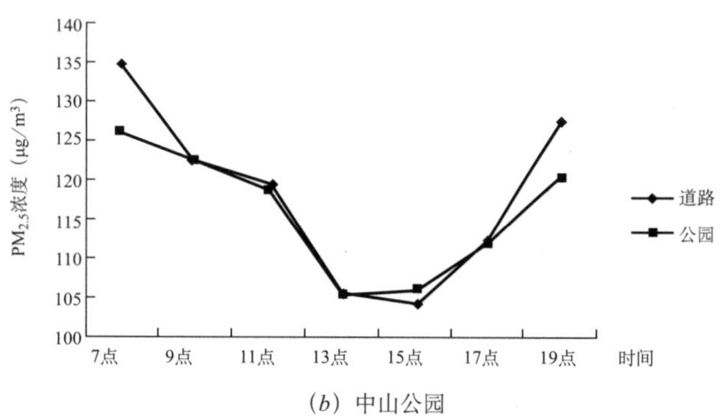

（b）中山公园

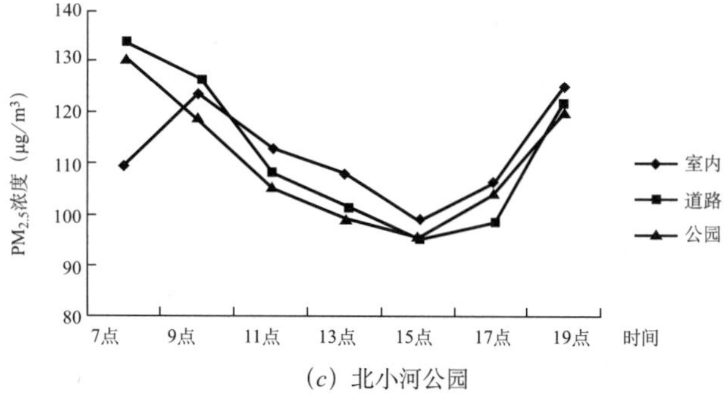

（c）北小河公园

图 2 不同公园内、外 $PM_{2.5}$ 浓度的日变化图

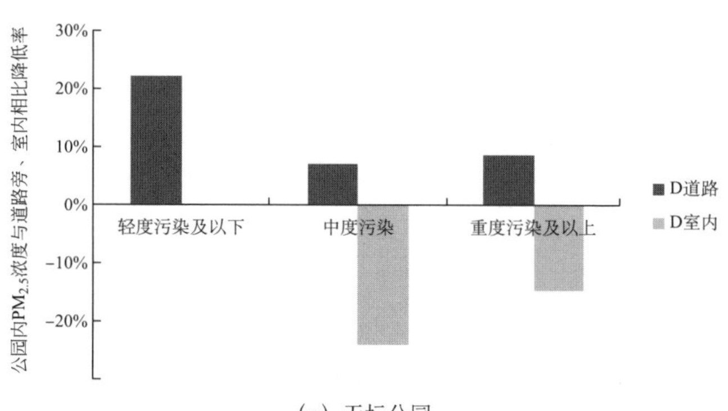

（a）天坛公园

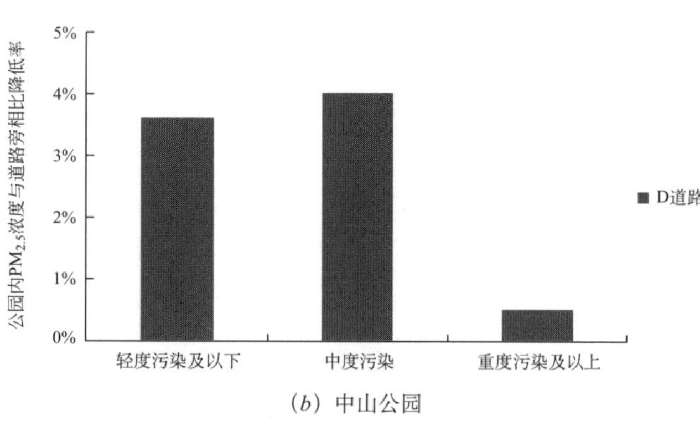

（b）中山公园

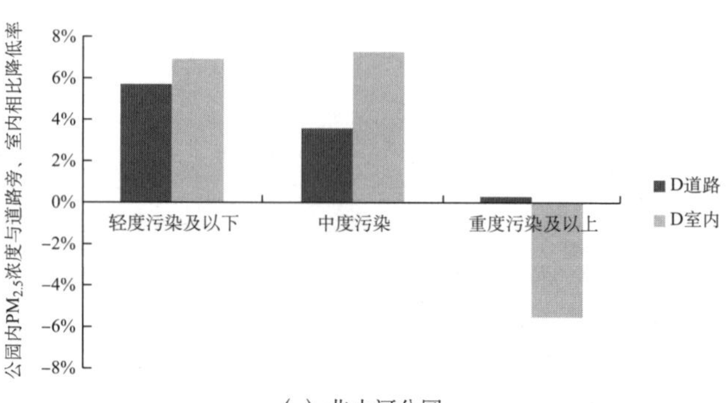

（c）北小河公园

图 3 不同公园内、外 $PM_{2.5}$ 浓度的日平均值变化图

(2) 中度污染天气条件下（$115\mu g/m^3 < PM_{2.5} \leqslant 150\mu g/m^3$）

在中度污染（$115\mu g/m^3 < PM_{2.5} \leqslant 150\mu g/m^3$）天气条件下，公园对 $PM_{2.5}$ 也有一定的滞留作用，天坛公园、中山公园和北小河公园 $PM_{2.5}$ 浓度同样表现出公园内低于道路旁，分别降低了 7.12%、4.03%、3.59%，而天坛公园内 $PM_{2.5}$ 浓度高于建筑室内，高出 24.12%，在一定程度上说明中度污染天气条件下，不太适宜外出及开窗通风，开窗通风则会恶化室内空气质量。

(3) 重度污染及以上天气条件下（$PM_{2.5} > 150\mu g/m^3$）

重度污染及以上天气条件下（$PM_{2.5} > 150\mu g/m^3$），公园对 $PM_{2.5}$ 滞留作用不十分明显，天坛公园、中山公园和北小河公园内 $PM_{2.5}$ 浓度略低于道路旁，降幅分别为 8.73%、0.5%、0.33%。此外，公园内、室内与道路旁三个不同环境 $PM_{2.5}$ 浓度变化表现为建筑室内最低。天坛公园和北小河公园 $PM_{2.5}$ 浓度与附近建筑室内相比分别高出 14.74% 和 5.53%，可能是由于所选择的建筑室内观测点为大型商场和高尔夫会所，其内置中央空调起到一定的净化空气的作用，以上数据结果更进一步说明公园对 $PM_{2.5}$ 滞留作用的发挥是受一定的天气污染条件制约的。

3.2 公园内、外 $PM_{2.5}$ 浓度的年变化分析

3.2.1 公园内、外 $PM_{2.5}$ 浓度的月变化分析

不同公园内、外 $PM_{2.5}$ 浓度的月变化分析结果如图 4 所示，不同月份之间 $PM_{2.5}$ 浓度有较大差异，三个公园内、室内及道路旁 $PM_{2.5}$ 浓度变化趋势较一致，均在 2 月份达到最大值，在 $200\mu g/m^3$ 以上，空气质量指数为重度污染；$PM_{2.5}$ 浓度在 8 月份达到最小值，在 $50\mu g/m^3$ 以下，空气质量指数为良。但公园内、室内与道路三个不同环境内的 $PM_{2.5}$ 浓度的比较没有一定的规律。

由图 4 可知：三个公园内、建筑室内及道路旁 $PM_{2.5}$ 浓度均在 8 月份最低，主要是由于植物生长进入旺盛期，林内郁闭度和草坪的覆盖度都逐渐达到最高，植物起到了很好的滞留 $PM_{2.5}$ 的作用，另外 8 月的降水量多，降水起到了湿沉降的作用，使得空气中的细颗粒物浓度减少，致使 8 月份 $PM_{2.5}$ 浓度最低。12 月、1 月和 2 月的 $PM_{2.5}$ 浓度值逐月递增，这主要是由于北京市 12 月进入采暖期且落叶植物进入相对休眠期导致的结果。3 月、4 月和 5 月植物开始进入生长期，树木郁闭度和草坪的覆盖度逐渐增加，3 月中旬供暖停止、落叶树木从休眠转入生长期，故 3 月 $PM_{2.5}$ 浓度值较 2 月明显降低，但由于北京春季风沙大、气候干旱、沙尘暴频繁，4 月 $PM_{2.5}$ 浓度值受风沙、扬尘等的影响略高。

3.2.2 公园内、外 $PM_{2.5}$ 浓度的季节变化分析

从公园内、外 $PM_{2.5}$ 浓度的季节变化结果可以看出（图 5）：三个公园内、道路旁和建筑室内的 $PM_{2.5}$ 浓度均表现为冬季最高，秋季次之，春季最低。原因可能为：冬季燃煤释放的大量黑炭和经常出现的逆温天气加剧了雾霾的形成[13, 14]，所以北京市冬季 $PM_{2.5}$ 浓度最高；夏季植物生长旺盛，林分郁闭度也达到最大，但在空气污染比较突出、颗粒物污染源多的城市大环境背景下，外部持续的污染源输入到公园内，加之本身不是以重力沉降为主的特点，植物是来不及完全滞纳这些颗粒物的，从而造成 $PM_{2.5}$ 浓度反而高出春季[14]；春季虽有扬尘，但王成等[14]研究表明春季北京风沙大有利于粗颗粒物的产生，对细颗粒的贡献较小；并且夏季桑拿天可能更容易使细颗粒物集聚增多，一些气体挥发物光化学反应产生的次生盐也是细颗粒物的重要来源[14]；秋季植物叶片自然脱落，落叶树由生长期进入休眠期[13]，致使植物滞留颗粒物能力下降，故可能造成秋季 $PM_{2.5}$ 浓度偏高。

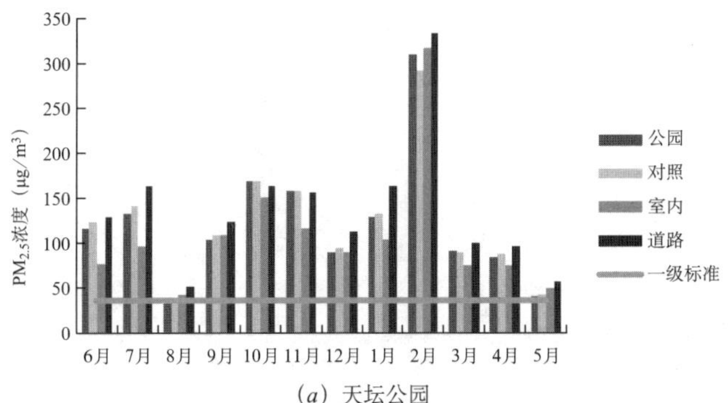

(*a*) 天坛公园

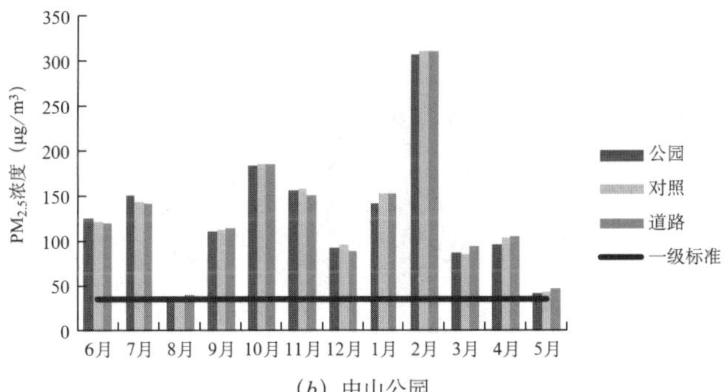

(*b*) 中山公园

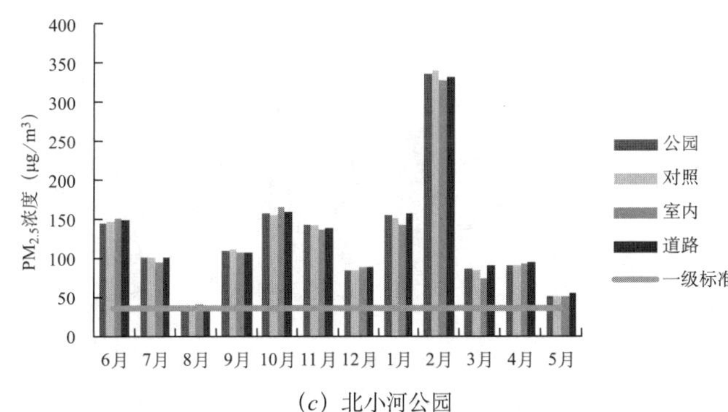

(*c*) 北小河公园

图 4 不同公园内、外 $PM_{2.5}$ 浓度的月变化图

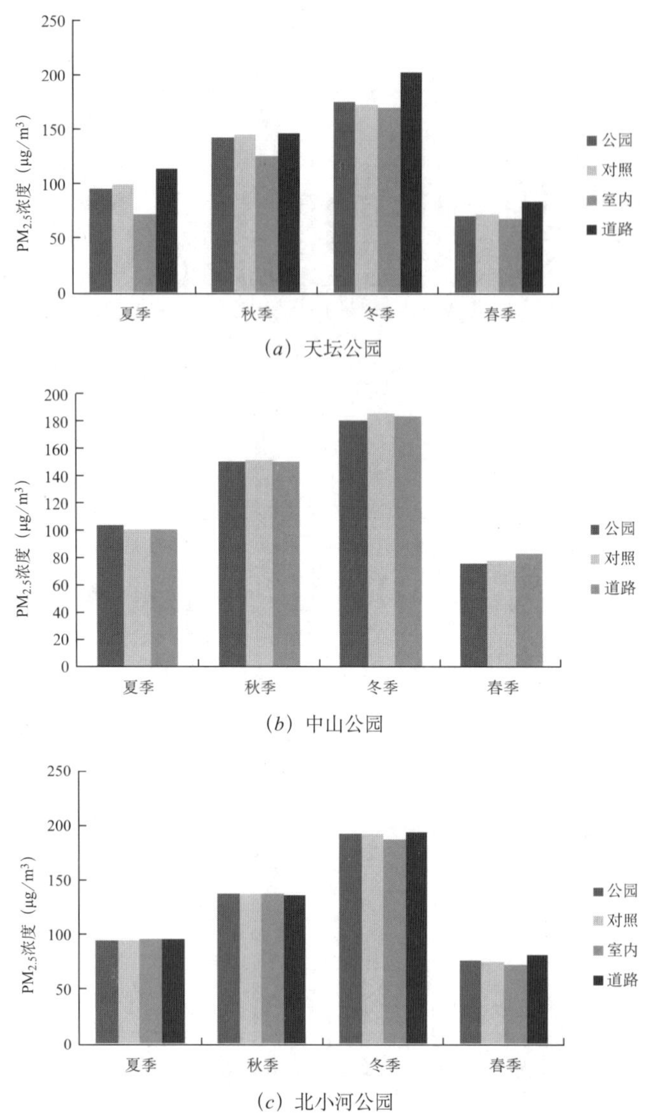

图 5　不同公园内、外 PM$_{2.5}$ 浓度的不同季度变化图

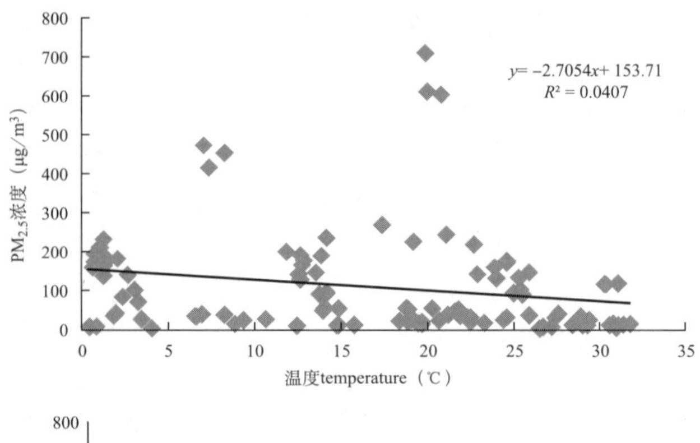

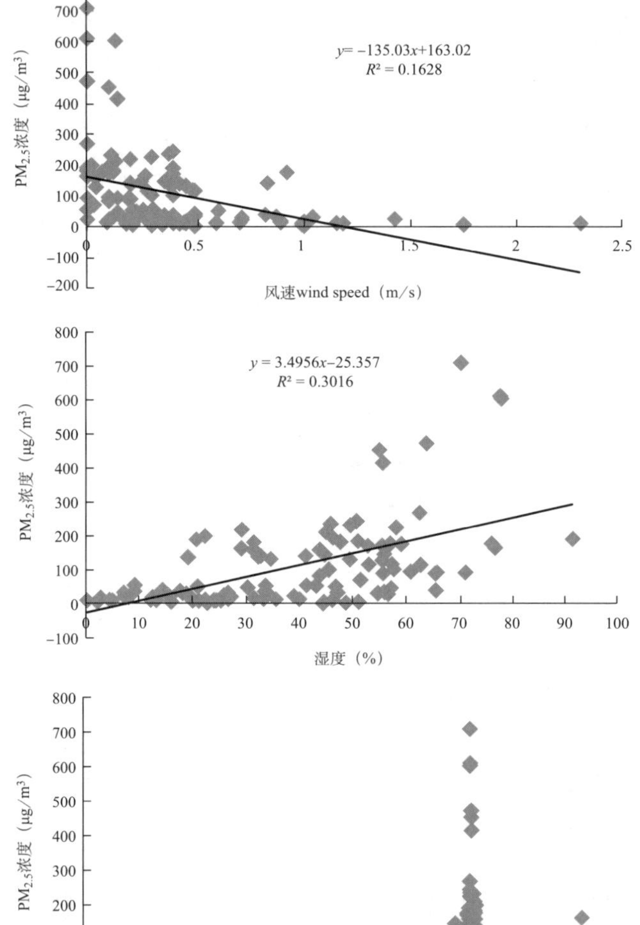

图 6　PM$_{2.5}$ 浓度与气象因子关系图

3.3　环境要素对 PM$_{2.5}$ 浓度的影响

3.3.1　气象因子与 PM$_{2.5}$ 浓度的关系

公园绿地对空气 PM$_{2.5}$ 浓度变化与消减作用的影响受气象因子制约。PM$_{2.5}$ 浓度与温度、风速显著负相关，相关系数分别为 0.202（$P < 0.05$）和 0.404（$P < 0.01$），即温度越高、风速越大，PM$_{2.5}$ 浓度越低，消减能力越强；气压与 PM$_{2.5}$ 浓度相关性不显著，相关系数为 0.109（$P > 0.05$），说明气压对 PM$_{2.5}$ 浓度影响较小；PM$_{2.5}$ 浓度与相对湿度呈显著正相关关系，相关系数为 0.549（$P < 0.01$），即相对湿度越大，PM$_{2.5}$ 浓度越大。这也进一步证明了低温、高湿和相对静风的气象状态不利于空气 PM$_{2.5}$ 颗粒物的扩散和输送，相对的高温，风大，空气对流、湍流运动加强易于 PM$_{2.5}$ 颗粒物的扩散和输运。赵晨曦等 [14] 研究同样发现当风速较小时，相对湿度较大，该条件有利于大气近地面层保持稳定状态，逆温强度增大，从而不利于 PM$_{2.5}$ 等污染物在垂直和水平方向的扩散，加重了颗粒物的积聚污染，使其质量浓度居高不下。

3.3.2　车流量对 PM$_{2.5}$ 浓度变化的影响（图 7）

北小河公园、天坛公园道路旁 PM$_{2.5}$ 浓度与道路（主路＋辅路）的车流量呈显著正相关，相关系数分别为 0.348（$P < 0.05$）和 0.198（$P < 0.01$），即车流量增大，PM$_{2.5}$ 浓度

也会缓慢地升高。说明汽车尾气对 $PM_{2.5}$ 浓度有一定的贡献。中山公园道路旁 $PM_{2.5}$ 浓度与道路（主路＋辅路）的车流量呈极弱正相关，相关性不显著，相关系数为 0.08（$P > 0.05$），可能与中山公园特殊的地理位置及所选道路监测点有关，不能很好地表现出 $PM_{2.5}$ 浓度与道路车流量的显著相关性。

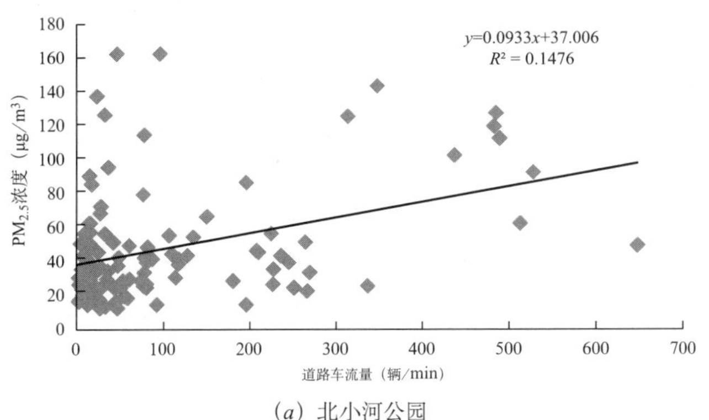

（*a*）北小河公园

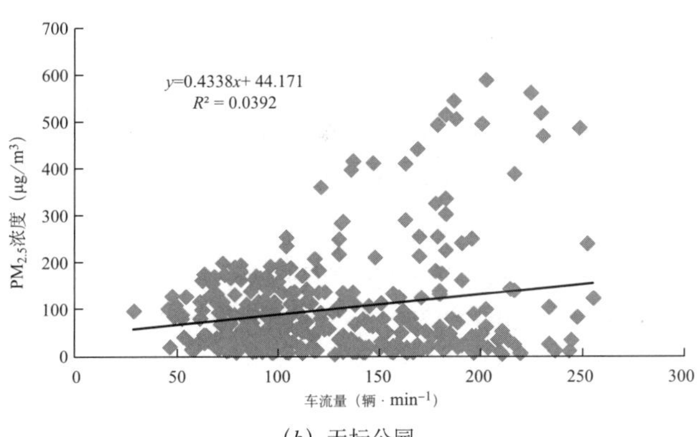

（*b*）天坛公园

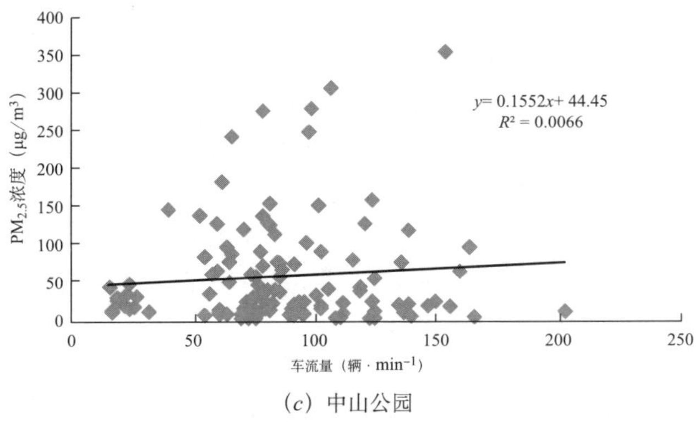

（*c*）中山公园

图 7　公园附近道路 $PM_{2.5}$ 浓度与车流量变化关系

3.3.3　公园内对照点人流量对 $PM_{2.5}$ 浓度变化的影响（图 8）

对人流量较大的天坛公园和中山公园中对照点的人流量与 $PM_{2.5}$ 浓度进行相关性分析，发现天坛公园对照点的人流量与 $PM_{2.5}$ 浓度呈显著正相关，相关系数为 0.347（$P < 0.01$），中山公园对照点的人流量与 $PM_{2.5}$ 浓度也呈显著正相关，相关系数为 0.233（$P < 0.01$），表明人流量对公园对照点 $PM_{2.5}$ 浓度有一定程度的影响，人流量增大，$PM_{2.5}$ 浓度也会缓慢地升高。

3.3.4　建筑室内人流量对 $PM_{2.5}$ 浓度变化的影响（图 9）

以天坛附近的红桥天乐商场为例，红桥天乐商场内 $PM_{2.5}$ 浓度与人流量也呈显著正相关，相关系数为 0.246（$P < 0.01$），表明建筑室内人流量增大，$PM_{2.5}$ 浓度也会缓慢地升高，人流量对建筑室内 $PM_{2.5}$ 浓度有一定程度的影响。

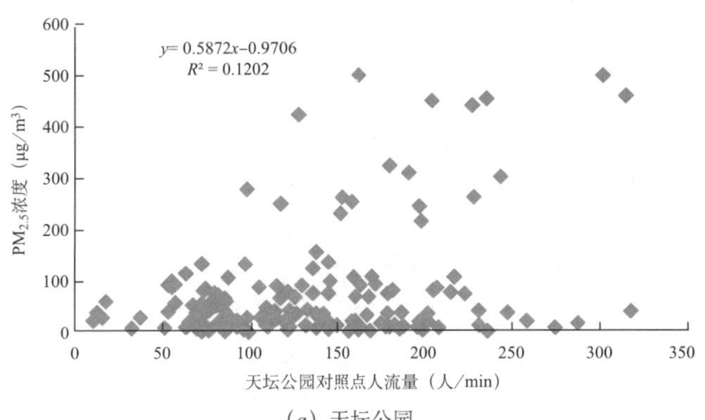

（*a*）天坛公园

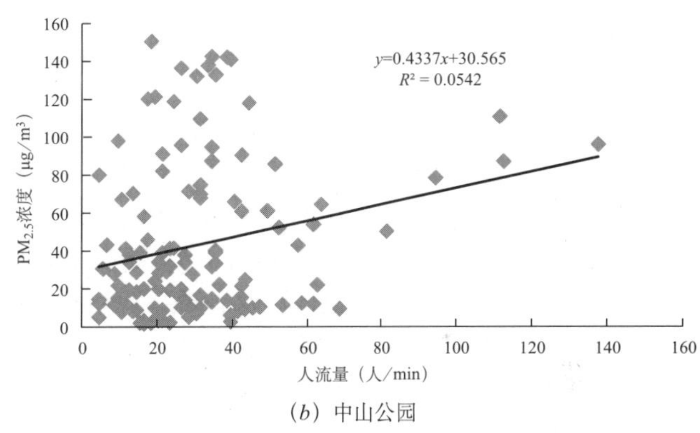

（*b*）中山公园

图 8　公园对照点 $PM_{2.5}$ 浓度与人流量变化关系

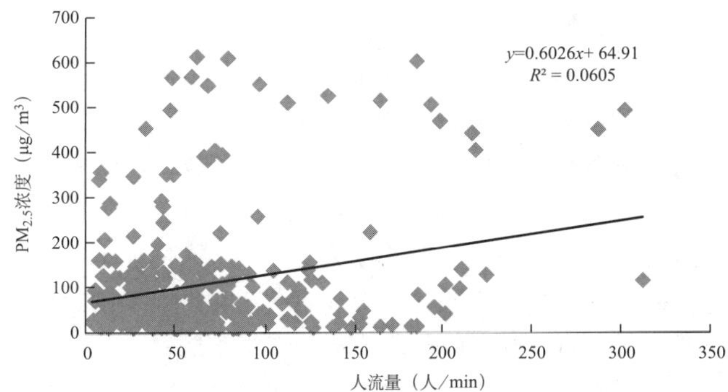

图 9　天坛公园旁建筑室内 $PM_{2.5}$ 浓度与人流量变化关系

4　结论与讨论

（1）本研究结果表明在无污染、轻度污染天气条件下时，公园内 $PM_{2.5}$ 浓度低于建筑室内及道路旁，说明公园

绿地对 $PM_{2.5}$ 有一定的滞留作用。而在中度污染、重度污染及以上天气条件下，公园绿地消减 $PM_{2.5}$ 浓度的作用受到一定的限制，建筑室内 $PM_{2.5}$ 浓度反而达到最低，建议人们在中度污染、重度污染及以上天气条件下减少外出及开窗通风。

不同月份之间 $PM_{2.5}$ 浓度有较大差异，三个公园内、室内及道路旁 $PM_{2.5}$ 浓度月变化趋势较一致，均在 2 月份达到最大值，在 8 月份达到最小值，8 月份 $PM_{2.5}$ 浓度的降低既有可能是由于植物生长进入旺盛期，致使植物起到很好滞留 $PM_{2.5}$ 的作用，也有可能是由于 $PM_{2.5}$ 的污染源排放量的降低。在对三个公园内、外 $PM_{2.5}$ 浓度进行不同季度分析时均表现为冬季 $PM_{2.5}$ 浓度最高，春季 $PM_{2.5}$ 浓度最低。王成等[15]对北京西山 3 种游憩林内的 $PM_{2.5}$ 浓度的季节变化研究也同样发现 $PM_{2.5}$ 浓度在冬季最高，春季最低。而吴志萍等[13]对清华大学校园绿地内空气 $PM_{2.5}$ 浓度变化进行研究后得出，$PM_{2.5}$ 浓度在夏季最高，其次是冬季，秋季最低。导致 $PM_{2.5}$ 浓度的季节变化分析结果不同的原因可能与观测地点、观测时间和当时气象条件的不同有关。

（2）在分析 $PM_{2.5}$ 浓度变化的影响因素时得出 $PM_{2.5}$ 浓度与温度、风速成负相关关系，与相对湿度成正相关关系，这与赵文慧等[16]的研究结果一致。三个公园内和道路旁 $PM_{2.5}$ 浓度的日变化特征表现为“双峰单谷型”，出现上述日变化规律的原因可能是：白天气温高，空气湿度低，特别是午后左右气温达到最高、空气湿度最低，气温较高时，大气对流旺盛，垂直湍流运动强烈，有利于颗粒物扩散和输送，从而加速了颗粒物的输移，公园内颗粒物浓度降低。相反，早晚气温低，空气湿度大，气温较低时，低层大气对流运动和垂直湍流运动较弱，颗粒物难以被转移到远处，使其聚集增多[17]。

另外，本研究结果表明道路旁 $PM_{2.5}$ 浓度与车流量、人流量呈显著正相关，王成等[15]认为人为活动和汽车尾气的影响致使细颗粒物的二次生成和排放。7:00 左右和 19:00 左右是车流量的两个高峰期，产生的空气污染物也会输送到公园绿地与附近的建筑室内，从而增加了空气细颗粒物浓度，所以 7:00 左右和 19:00 左右是空气细颗粒物浓度达到高峰的两个时间段，不利于城市居民进行外出活动和公园游憩，一天中最佳游憩时间为 15:00 左右。公园对照点和建筑室内的人流量与 $PM_{2.5}$ 浓度均呈弱正相关，表明无论开敞空间还是建筑室内的人流量对 $PM_{2.5}$ 浓度均有一定程度的影响，人流量增大，$PM_{2.5}$ 浓度也会缓慢地升高。郭二果等[18]的研究同样证明城区绿地和城郊绿地空气细颗粒物浓度与人流量、车流显著正相关。

（3）影响城市公园 $PM_{2.5}$ 浓度因素较多，除了受温度、湿度、风速等气象因子及道路车流量影响外，还与城市公园规模、绿地结构、郁闭度或盖度及不同的植物配置有密切相关性。李新宇等[19]在研究公园绿地植物配置对大气 $PM_{2.5}$ 浓度的影响时发现纯林与乔草群落优于草坪与乔灌草，且绿地斑块面积显著影响其对 $PM_{2.5}$ 的消减能力。目前，对于城市公园绿地的研究多以小范围城市公园为研究对象，不能很好地在全局上反映城市公园绿地对大气 $PM_{2.5}$ 颗粒物的消减作用，未来的测定与评价应注意多点、长时间的测量，实际的评价应用应在大样本量的基础上进行。

参考文献

[1] Poschl U. Atmospheric aerosols：composition，transformation，climate and health effects. Atmospheric Chemistry，2005，44（46）：7520-7540.

[2] 赵晨曦，王玉杰，王云琦，等. 细颗粒物（$PM_{2.5}$）与植被关系的研究综述 [J]. 生态学杂志，2013，32（8）：2203-2210.

[3] 余海龙，黄菊莹. 城市绿地滞尘机理及其效应研究进展 [J]. 西北林学院学报，2012，27（6）：238-241.

[4] 赵松婷，李延明，李新宇，等. 园林植物滞尘规律研究进展 [J]. 北京园林，2013，29（103）：25-30.

[5] 王晓磊，王成. 城市森林调控空气颗粒物功能研究进展 [J]. 生态学报，2014，08：1910-1921.

[6] P.H.Freer-smith，Sophy H W，A.Goodman. The uptake of particulates by an urban woodland：site description and particulate composition[J].Environmental pollution，1997，95（1）：27-35.

[7] B.A.K. Prust，P.C.Mishra，P.A. Azeezy. Dust accumulation and leaf pigment content in vegetation near the national highway at Sambalpur，Orissa，India[J].Ecotoxicology and Environmental Safety，2005，60：228-235.

[8] 李新宇，赵松婷，郭佳，等. 公园绿地不同植物群落对细颗粒物 $PM_{2.5}$ 浓度的影响 [J]. 现代园林，2014：4907-4910. 2014，11（11）：11-13.

[9] 李新宇，赵松婷，李延明，等. 北京市不同主干道绿地群落对大气 $PM_{2.5}$ 浓度消减作用的影响 [J]. 生态环境学报，2014，23（4）：615-621.

[10] 杨柳，吴烨，宋少洁，等. 不同交通状况下道路边大气颗粒物数浓度粒径分布特征 [J]. 环境科学，2012，33（3）：694-700.

[11] 刘阳生，沈兴兴，毛小苓，等. 北京市冬季公共场所室内空气中 TSP、PM_{10}、$PM_{2.5}$ 和 PM_1 污染研究 [J]. 环境科学，2004，24（2）：190-196.

[12] 胡锦华，李念平，孙烨瑶，等. 长沙市冬季某商场建筑室内外细颗粒物浓度的实测与分析 [J]. 安全与环境学报，2015，15（3）：309-312.

[13] 吴志萍. 城市不同类型绿地空气颗粒物浓度变化规律

的研究 [D]. 北京：中国林业科学研究院硕士学位论文，2007.

[14] 赵晨曦，王云琦，王玉杰，等 . 北京地区冬春 $PM_{2.5}$ 和 PM_{10} 污染水平时空分布及其与气象条件的关系 [J]. 环境科学，2014，35（2）：418-427.

[15] 王成，郭二果，郄光发 . 北京西山典型城市森林内 $PM_{2.5}$ 动态变化规律 [J]. 生态学报，2014，34（19）：5650-5658.

[16] 赵文慧，宫辉力，赵文吉，等 . 北京市可吸入颗粒物的空间分布特征及与气象因子的 CCA 分析 [J]. 地理与地理信息科学，2009，25（1）：71-74.

[17] 吕铃钥，李洪远，杨佳楠 . 植物吸附大气颗粒物的时空变化规律及其影响因素的研究进展 [J]. 生态学杂志，2016，35（2）：524-533.

[18] 郭二果，王成，郄光发，等 . 北京西山典型游憩林空气颗粒物不同季节的日变化 [J]. 生态学报，2009，29（6）：3253-3263.

[19] 李新宇，赵松婷，郭佳，等 . 公园绿地植物配置对大气 $PM_{2.5}$ 浓度的消减作用及影响因子 [J]. 中国园林，2016，32（8）：10-13.

颐和园寿文化体系之初步研究

北京市颐和园管理处 / 孙　震　孙　萌

摘　要：为母祝寿是乾隆营建清漪园的主要缘由之一，而寿文化必然是颐和园造园思想的集中体现。本文从造园、建筑、植物、礼仪、诗词、饮食等方面对颐和园的寿文化元素进行了系统的整理与分析，探索了颐和园在山形水系、植物造景、建筑装饰、文物陈设、服饰饮食、庆典礼仪等方面所蕴含的寿文化内容，初步构建颐和园寿文化资源库，为今后颐和园文化研究、相关资料的查录、文化数据库的开发打下基础。

关键词：颐和园；寿文化；万寿庆典

寿文化是中国传统文化的重要组成部分，集宗教、艺术、文学、历史、民俗等各种表现形式为一身。颐和园其长期的历史发展进程中，保存了大量的具有寿文化信息的物质文化遗产和非物质文化遗产，这些文化遗产是颐和园文化的根基与命脉，是古老园林的内生价值。

1　颐和园中的寿文化概况

颐和园始建于清乾隆十五年（1750年），原名清漪园，其建园主题之一就是为母祝寿、体现孝道。乾隆在《御制万寿山大报恩延寿寺碑记》中写道："……粤乾隆辛未之岁，恭遇圣寿六袠诞辰，朕躬率天下臣民，举行大庆礼，奉万年觞，敬效天保南山之义，以瓮山居昆明湖之阳，加号万寿，创建梵宫，命之曰大报恩延寿寺……以为礼忏祝嘏地……"。由于其肇建的初衷就与寿文化息息相关，因此园中的山形水系、花草树木都笼罩在"寿"的氛围之中。

在清漪园的山水园林、建筑陈设中，彰显着寿文化形神。传说在这幅一气呵成的画卷中，由皇家专属建筑家族"样式雷"传人精心构思，绘制出一幅"福山寿海"的巧图。万寿山佛香阁两侧建筑犹如一只展翅高飞的蝙蝠，昆明湖状如寿桃，斜贯湖面狭长的西堤，构成了桃身上凸起的沟痕，寿桃的"歪嘴"，是偏向东南方向的长河闸口。寿桃的梗蒂，是颐和园西北角西宫门外的引水河道。寿桃衔在蝙蝠口中，惟妙惟肖，巧夺天工，更取多福多寿之意（图1）。昆明湖中的三座小岛，象征着道家思想中的蓬莱、瀛洲、方丈三仙岛。"一水三山"人造仙境的出现，是清漪园的肇建者——乾隆皇帝追求长治与长寿"天人合一"的展现。

1886年，在清漪园的废墟上，由慈禧太后主持新建颐和园，但"寿"的音符并没有消退。颐和园的命名就包涵了崇寿的思想：颐，是《周易》八卦中的卦名，下震（雷）上艮（山），表征颐养。颐卦是吉卦，意为养生遵循正道就会吉祥安康。可以说颐和园的复建就是为了慈禧颐养天年，修福养寿而修建的。

2　颐和园中的寿文化元素分析

可以说清漪园和颐和园一出生便深深地刻下了"寿文化"的烙印，而这中华文明独有的寿文化也成为支撑这座

图1　颐和园中的福山寿海意向

古老园林文化的根基，在颐和园内无处不在，表现形式多样、内容丰富，或流于表面，或深藏寓意；大到福山寿海的山水格局，小到一块瓦当上精巧的寿字，“寿”几乎覆盖了颐和园古建、文物、露陈、家具、字画、贴落、服饰、饮食、庆典，甚至传说故事，其对寿文化的诠释，几乎不可超越和取代。

2.1　山水形胜

北京西郊，山环水抱、群山叠翠，地势优越，藏风聚气，自古就被视为上风上水的宝地，是皇室贵族、名臣雅士兴建离宫别院、消暑纳凉的首善之地。古代昆明湖水域，地处北京西北部永定河冲积扇和南口山前冲积扇之间的低洼部位，原为由地下水溢出带汇集而成的淀泊。金朝迁都北京后，大型园囿兴建之风盛行。元朝时期，在西湖（昆明湖）的西北面修建了著名的功德寺，周边陆续出现“环湖十寺”，这时期的引水工程也初具规模。明代是中国古典园林兴建的成熟期，明成祖迁都北京后，大肆兴建离宫别院，西郊地区虽没有皇家宫殿等建筑，但自然风光旖旎。这时的万寿山因山麓魁大，凹秀似瓮形被命名为瓮山。明孝宗弘治七年（1494年）在瓮山上修建了圆静寺，此寺虽不及功德寺壮丽，但也因地制宜，成为瓮山一处点睛之笔，此后西郊地区成为文人雅客的聚集之所。清乾隆时期，以瓮山、西湖的天然结构为基础框架，充分利用山环水抱的地理优势，加之大规模的人工修整改造，一座满含尊孝慈母之心的大型皇家园林腾空出世。这里有乾隆皇帝移天缩地在君怀的帝王理想、有祈母长寿彰显孝道的赤子深情，这些丰满了中国园林的造园意境，揭开了园林建筑史上的璀璨篇章。

2.2　建筑

从颐和园主要建筑名称上看，有为母祝寿的大报恩延寿寺，“仁者寿”的仁寿殿、“乐与寿同”的乐寿堂、“寿者介眉”的介寿堂、养生文化的益寿堂、“万寿无疆”的贵寿无极殿等。在一座园林的主要建筑中如此大量地引用“寿”字作为建筑名称的现象，这在中国建筑史乃至世界建筑史上，都是极具代表性的。

2.2.1　仁寿殿

仁寿殿原名勤政殿，光绪朝引用《论语》“智者乐水，仁者乐山；智者动，仁者静；智者乐，仁者寿”的语意改为仁寿殿，侧面揭示出慈禧重修颐和园的真实意图——颐养天年、祈福延寿。在仁寿殿殿内陈设中，为了配合慈禧对长寿的渴求，能工巧匠们精心制作了一块百寿玻璃屏风。屏风设在大殿宝座后，屏心为玻璃镜，镜面上装饰有226个不同写法的“寿”字。宝座上方悬挂着金字匾额“寿协仁符”，迎合了帝王仁者长寿的心理，与仁寿殿的寓意相呼应（图2）。这里也成为慈禧晚年在园中举办数次盛大庆寿宴会的重要场所，所谓实至名归。

图2　仁寿殿内景

2.2.2　乐寿堂

乐寿堂是颐和园时期慈禧的寝宫，也是生活区的重要建筑。殿内陈设见证了慈禧晚年的奢华生活，殿内的各式陈设收藏都满含着对健康长寿的无限希冀。如殿内有四只巨大的九桃镀金铜炉，用来焚烧檀香，在缭绕的烟雾中驱害辟邪，以求长寿安康。

2.2.3 德和园

德和园戏楼中的京剧唱演，是清末帝后万寿庆典中不可缺少的重要组成部分，同时也是慈禧驻园期间重要的娱乐活动。慈禧晚年对京剧已经达到了痴迷的程度，自光绪二十一年（1895 年）德和园建成至三十四年（1908 年）去世，慈禧在此观戏 300 余天，最多一年 40 余天次。据档案记载，慈禧万寿庆典时，要在德和园上演九天大戏，《万寿庆典》的剧目即有 :《万寿无疆》、《万寿长春》、《寿益京垓》等 80 多出，以祈福纳寿为主题的戏目占据了慈禧观戏的相当大的份额，成为清朝统治者独享的庆寿赏剧的场所。

2.3 古树植物

颐和园中的植物种类丰富，万寿山松柏常青，一方面考虑了景观上的需要，因为松柏是本地的乡土树种，且能在冬季保持常绿，给人以生机勃勃之感；另一方面“松为百木之长，而柏与松齐寿。”取长寿永固的蕴意。除万寿山、颐和园中以寿文化为主题的建筑群，大多配以植物栽植渲染主题，如介寿堂、乐寿堂、益寿堂、永寿斋等。介寿堂是排云门东侧的两进四合院，介寿语出《诗经》：“为此春酒，以介眉寿”，意为助寿。介寿堂前院中有四棵古柏，其中两棵较大的古柏主干呈人字形连搭，另两棵较小古柏的主干正好垂直长在人字柏的中间，恰好组成一个天然的介字，取寿者介眉之意（图 3）。院内古树与建筑名称不谋而合，更突显出浓浓的祝寿意味。寄寿意于木植，在清代已成为礼制，《颐和园志》记载 :“乐寿堂园内的两株盆栽翠柏，来源于庆亲王进献给慈禧的寿礼（图 4）”。

图 3　介寿堂中的介字柏

图 4　乐寿堂院中的翠柏

2.4 构件

2.4.1 瓦当

颐和园中的瓦当，通常能看到雕琢精致的“寿”字纹饰。他们或以长形、圆形等变体形态单独出现，圆形团寿象征无疾而终，生命圆满，长形寿字表示生命的长长久久；或是与其他吉祥纹饰、梵文经咒字等组合在一起，如“日月同辉”，在瓦当居中位置，设有一异形长寿字，在祥云的衬托下，伴随在寿字两侧的太阳和月亮高高升起，象征着生命与日月同辉，与天地同寿。“福寿满堂”是在寿字的周围配以蝙蝠、双桃做装饰图案，巧取谐音“福寿”及百子寿桃的寓意。

2.4.2 琉璃

在颐和园中，万寿山翠翠浓荫仍掩盖不住转轮藏上“福禄寿”三星的熠熠光彩（图 5）。福禄寿三星是中国民间传说中的天上吉星，代表五福临门、高官厚禄、长命百岁，是道教中的神仙形象。乾隆年间兴建的转轮藏是一组佛教建筑，宝顶上却立有道教神仙，这种释道共生的独特现象，是帝王对多元宗教信仰的兼容并包，是民间世俗文化在皇

图 5　福禄寿三星

家园林中的“扦插”，也暗含一些统治者福荫于民、普天同寿的意味。

2.4.3 彩画

颐和园长廊以苏式彩画的形式描绘出绚丽多姿的壮美画卷，其中不乏以寿文化为题材的作品。麻姑献寿彩画，取自民间广泛流传的传说故事，麻姑是中国古代神话中的长寿女神，在民间为女寿星祝寿时，常挂《麻姑献寿图》，寓意延年益寿，青春永驻。在长廊鱼藻轩外有一幅八仙庆寿的吉祥彩画，每逢王母寿诞之日，八仙都要齐聚一堂，为王母祝寿。八仙持用的法器也被赋予了吉祥的寓意，称为“暗八仙”，如渔鼓、宝剑、花篮等，这些吉祥图案常常出现在古代建筑、家具、陈设、器物和服饰上，有着浓浓的贺寿寓意。在五福庆寿的彩画中，描绘着一位老者张开双臂，迎接空中飞来的五只蝙蝠，暗含着五福庆寿的寓意（图 6）。

图 6　长廊麻姑献寿、八仙庆寿、五福庆寿彩画

2.5　文物陈设

颐和园的文物陈设或隐喻或直白地流露出无限的福寿喜庆之意。如园藏乾隆粉彩瓜瓞纹如意耳瓶，描画了 26 只瓜和 10 只蝴蝶，瓜蝶交织，蝶舞其中，布满器身。“瓜蝶”取谐音“瓜瓞”，“大者为瓜，小者为瓞”，其寓意出自《诗经·大雅·绵》中“绵绵瓜瓞，民之初生……”，原意为赞颂周民族子孙繁衍生息不断，后来引申为子孙昌盛、多子多福之意。在瓶颈部绘画的蝴蝶图案中，蝴蝶双翼上的纹饰好似猫的两只眼睛，故称之“猫蝶”，取谐音“耄耋”，又有长寿之意。此件瓷器体现了清代彩瓷纹饰“图必有意，意必吉祥”的特点。

“寿”元素不仅在瓷器中有所体现，在园中收藏的其他文物中表现形式也是多种多样的。如玉雕东方朔偷桃摆件，表达了东方朔偷桃的传说，后世帝王寿辰，常用东方朔偷桃图装点。再如海屋添筹插屏雕琢出层层海浪、楼台人物，三位驾云老者在悠然交谈，呈现出“海屋添筹”的祝寿题材（图 7）。

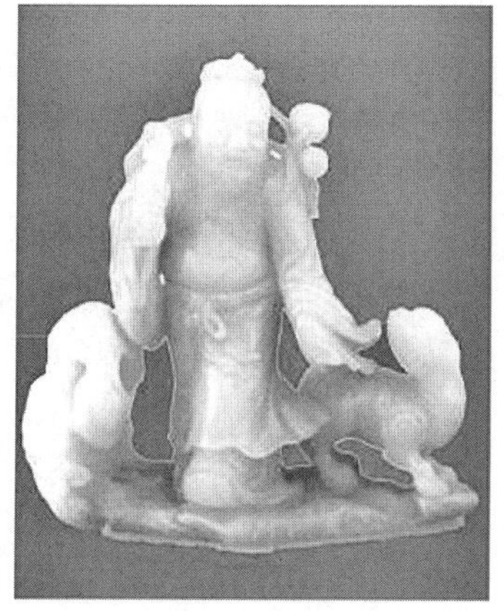

图 7　海屋添筹插屏、东方朔偷桃白玉摆件

2.6　匾额楹联

颐和园中的匾额几乎无处不在，与建筑相结合，文景辉映、涵意深远。除了仁寿殿、乐寿堂等直接点出寿文化的匾额，还有间接表达寿文化的匾额。如颐和园祝寿核心区的排云门、排云殿以及配殿、后殿等处的楹联总共有十多幅，只有排云殿后柱、排云殿内柱两联各有一个寿字。虽然不用寿字，却没有离开主题，如排云殿二宫门楹联：“宝祚无疆万年绵茀禄，天颜有喜四海庆蕃釐”，意思是：国运长久，长享福禄绵延万载；皇帝欢欣，四海共祝洪福齐天。联中虽不言寿字，却为万寿庆典烘托了庆寿的气氛。

2.7　礼仪规制

在颐和园中，除了有形“寿”文化遗产，还有蕴藏在皇家万寿庆典、祭祀仪式中等无形“寿”文化宝藏。故宫藏《崇庆皇太后万寿庆典图》（图 8）向世人展现了乾隆十五年（1751 年）十月二十五日，其母崇庆皇太后六十岁寿辰的盛大庆寿活动，清漪园中张灯结彩、喜庆祥和，物华天宝之势可见一斑。相传乾隆皇帝还曾在听鹂馆戏台上

图 8　《崇庆皇太后万寿庆典图》（局部）

为母唱戏祝寿，一代天子的奉母孝心全情流露。孝之善举，皇帝本人衷心遵从，并以实际行动昭告天下子民：万事孝为先的道理。

慈禧重建颐和园后，把饮宴娱戏、万寿庆典等享乐活动在园中发挥到极致。据史料记载，慈禧在颐和园共举办过五次庆典（60岁、63岁、68岁、69岁、70岁）（图9）。做寿的地点在仁寿殿和排云殿，光绪二十三年（1897年）十月初十是慈禧六十三岁生日，慈禧在排云殿接受朝贺。先由銮仪卫设太后仪驾于排云门外。掌仪司设中和韶乐于排云殿檐下，丹陛大乐于排云门内，武备院设皇帝拜褥于二宫门，鸿胪寺设进表桌于二宫门。清早，内阁大学士由东宫门外朝房捧皇帝祝太后寿的表文的表匣进东宫门，由礼部堂官引大学士到排云殿的二宫门，将表匣恭放进表桌黄案之上。这时亲王以下百官着礼服入园，列队排云门外等候。待钦天监报“吉时已到”，礼部堂官奏请光绪来排云殿行礼。光绪乘舆到排云门，由东门进院，先到东配殿休息。再由鸿胪寺官引王公百官进入安排的位置。钦天监再报“升殿吉时”，光绪到二宫门。慈禧由乐寿堂乘轿到排云殿前下轿。礼部堂官请太监李莲英奏请太后升入宝座，光绪走到二宫门拜褥前。丹陛大乐开始演奏“益平之章”，鸣赞官高喊“跪”，光绪及王公百官均下跪，受贺礼开始。首先是宣表；第二，鸣赞官高喊进表，光绪跪接表文，慈禧面前跪进表文，有太监接过去放在宝座东边的黄案上，光绪原路退回；第三件事是拜寿，行三跪九叩礼。行罢大礼，受贺仪式完毕。一次贺寿之礼排场之大、礼节之繁、分工之细、动用人力物力之多，极尽奢侈之势，彰显出晚清皇权的真正掌控者——慈禧太后权利的至高无上。

图9　慈禧庆寿图

2.8　诗词

清漪园的修建印证了乾隆皇帝尊孝慈母的爱心，彰显了他崇尚风雅的艺术气质，满足了他寄情山水的诗人情怀。乾隆皇帝把作诗当成了生活的重要组成部分，随时随地，想起就写，甚至许多诗作是“口占”、“口号”、“作歌”，灵感一时来袭，于是信口吟出。乾隆的这些诗，没有应酬之作，也不需要取悦他人，抒发的是自己内心一时的感受。下面这首咏乐寿堂诗是乾隆皇帝的内心独白，这一年，崇庆皇太后六十六岁了，她乘坐着“亮轿”（八人肩舆），乾隆跟随轿子步行游园，一颗奉母至孝的赤子之心流露纸上。

乐寿堂　乾隆三十一年

山翠水波鲜，高堂燕喜便。

城堪乐永日，益祝寿如山。

花缬欲开锦，鸟调不操弦。

安舆扶小步，胜赏更迎前。

2.9　饮食

在清代统治者中，堪称养生达人的乾隆与慈禧，把宫廷饮食文化发挥得淋漓尽致。乾隆皇帝曾在其母崇庆皇太后50岁寿辰时，亲自筹办，献上二百余道附有吉祥名的贺寿膳食，如鸡肉三仙面称作三仙拱寿，枣糕玫瑰饼称作安期献寿、紫玉双睢。这些名称是乾隆皇帝为了讨得老母欢心，特命大臣杜撰出来的，有的名称贴切，有的则牵强附会。作为中国千年封建帝制中最为长寿的帝王——乾隆，与他深谙和谐之道、精研福寿之理不无关系。据乾隆《膳底档》中记载，多见鸡鸭等禽类，豆腐、豆芽、豆制品类也是乾隆膳桌上的常客。膳食平衡、搭配合理；饮有节、息有律；再辅以药膳，如八珍糕、寿桃丸等，成就了一代古稀天子——乾隆皇帝。

慈禧的万寿庆典，在等级和规模上都极力效仿崇庆皇太后，她在颐和园中建寿膳房——东八所，其中膳房、药房、茶房、豆腐房一应俱全，专门为其提供日常驻园饮膳及庆典时用饮宴。据慈禧万寿庆典膳单中所载，寿膳筵席有：祝福延年益寿的“万寿无疆席”；祝福吉祥如意的“福禄寿禧席”；象征太平盛世的“江山万代席”；注重营养保健的“延年益寿席”，还有“吉庆有余席”、“普天同乐席”等。其中以为慈禧太后祝寿的“万寿无疆席”最具特色和代表性，内含数道冠以吉祥名称的菜品、点心。如以燕窝和鸭子为主料的热菜，还有寿字饼、福字饼、鹤年饼等面点。这些肴馔、筵席无不满溢浓浓的滋补延年之韵味。历经沧海风云，时代变迁，这些宫廷寿宴大部分被保存了下来，在听鹂馆中不断传承和创新。

3 颐和园中的寿文化成果转化

课题组以实际应用和历史文化传承为切入点，利用课题的研究成果，对寿文化进行了初步的推广应用：

（1）2012年10月至2014年10月，在仁寿北殿举办福寿文化展，展览围绕清漪园园林规划、帝后活动、建筑中的寿文化、书画中的寿元素、福寿主题的文物陈设等内容，全面盘点了颐和园皇家文化的重要组成部分福寿文化的内涵等，并以东宫门福寿展览为福寿主题路线第一站，开发特色旅游路线。

（2）2013年1月至2014年2月，以听鹂馆饭庄为寿文化切入点，设计内部环境，查阅历史膳单，打造出可“品”、可“赏”、可“带走”的餐饮博物馆。

图10　听鹂馆寿文化改造

（3）2014年6月，以颐和园向公众开放100年活动为契机，在景福阁举办老照片展、益寿堂举办书画展等活动。尝试利用旅游文化商品、整理旅游文化故事在景福阁、益寿堂区域打造特色福寿文化旅游区块。

4 结语

寿文化是颐和园文化的根基与脉络，伴随着整座园林的兴衰起伏。因此，寿文化是颐和园文化现象的重要组成，也是文化建园的有力支撑。课题组虽然对颐和园中的寿文化进行了系统的梳理和研究，但还需在横向上进一步深入挖掘其他史料，在纵向上对其他景区的推广应用情况做进一步调研，利用寿文化提升颐和园的品牌影响力。

参考文献

[1] 刘毓庆，李蹊注．诗经．中华书局，2011.

[2] 高翠萍，陈文生．浅谈颐和园的古建瓦当文化 // 颐和园研究论文集．五洲传播出版社，2011.

[3] 夏成刚．湖山品题——颐和园匾额楹联解读．中国建筑工业出版社，2009.

[4] 易名．颐和园长廊彩画故事．中国旅游出版社，2009.

[5] 翟小菊．德和园大戏台的历史、形制、活动，颐和园研究论文集．五洲传播出版社，2011.

[6] 北京市地方志编纂委员会．北京志——颐和园志．北京出版社，2004.

[7] 徐慕云．中国戏剧史．上海古籍出版社，2001.

[8] 姚伟钧，刘朴兵．清宫饮食养生秘籍．中国书店出版社，2007.

[9] 周维权．中国古典园林史．清华大学出版社，2008.

[10] 颐和园管理处．颐和园文物菁华．五洲传播出版社，2000.

[11] 北京市颐和园管理处．仁和万寿——乾隆诞辰三百年颐和园珍宝展．五洲传播出版社，2011.

[12] 颐和园管理处．庆演昌辰——慈禧与德和园演剧．五洲传播出版社，2013.

26种园林植物对臭氧响应的研究[①]

北京市植物园，北京市花卉园艺工程技术研究中心，城乡生态环境北京实验室 / 刘东焕　王雪芹　施文彬　樊金龙

北京市园林科学研究院 / 赵世伟

摘　要：通过人工模拟臭氧环境，对26种园林植物进行臭氧响应性的研究，总结出不同园林植物臭氧伤害的症状，并对26种园林植物进行抗臭氧能力评价，筛选出抗臭氧植物14种，包括9种木本植物（圆柏、白皮松、油松、紫藤、小叶扶芳藤、构树、木本香薷、荆条、月季）和5种宿根花卉（马蔺、鸢尾、萱草、荆芥、'蓝梦'玉簪）。

关键词：园林植物；臭氧；人工模拟环境

近年来，由于在工业上大量使用化石燃料，在农业上大量使用含氮化肥以及汽车数量的急剧增加，大气中氮氧化物含量剧增，导致近地层大气臭氧浓度的日益升高。监测表明，全球近1/4的国家和地区生长季近地层臭氧浓度高于60ppb，而且臭氧目前仍以每年0.5%～2.0%的速率持续升高。按照此速度，至2100年前后近地层臭氧浓度将超过70ppb[1-2]。有些大城市，如北京和上海近地层臭氧浓度甚至达到过200ppb以上[3-4]。其对环境的污染甚至可能超过了$PM_{2.5}$。

近地层臭氧作为重要的大气污染物之一，已成为当今世界研究者及公众密切关注的重要问题。在2012年3月颁布实施的新的《环境质量标准》中，臭氧与$PM_{2.5}$一同被纳入空气质量指标之中。臭氧是强氧化剂。研究表明，臭氧对包括农作物和野生植物在内的很多种植物造成明显危害。臭氧通过气孔进入植物，在植物体内产生脂质过氧化反应，破坏细胞膜结构，改变植物生理生化过程，造成植物叶片出现色斑、褪绿、变黄等可见的叶片伤害特征，还会导致幼叶脱落、光合作用降低以及根茎叶生物量的减少[5-8]。

最早在1958年RICHDS等对葡萄属植物叶片在高浓度臭氧条件下近轴面出现深色斑点的典型伤害特征进行了描述，随后被SKELLY（2000）所证实，并作为典型臭氧伤害特征确定下来。DAVIS等人在对远郊野生生物保护区的植物进行研究时，在黑莓、马利筋、黄樟以及野葡萄等植物上也发现了相同特征，同时在少数美国接骨木和一些荚醚属植物上也发现了相同特征。熏气试验也证明臭氧浓度升高可以造成小麦、水稻和油菜等农作物的叶片出现受害症状和减产以及生长迟缓等特征。我国许多地区的臭氧浓度已经超过植物受伤害的临界浓度，但缺少对植物生长影响的长期观测。

就研究现状而言，前期就臭氧对植物影响的研究主要针对农作物、森林植物等，对园林植物很少涉及。本课题

①　项目资助：北京市公园管理中心课题"不同园林植物对臭氧响应的研究（2013-2015）"。

将对北京臭氧浓度进行分析并就高浓度地区进行植物调查，并通过人工熏气试验得到验证，建立评价体系，并筛选抗臭氧植物，以为北京城市抗臭氧园林植物的筛选提供参考依据，对提高空气环境质量、减轻臭氧危害，具有重要的理论和实际意义。

为排除自然环境下臭氧与其他环境因素交叉对园林植物的影响，本研究通过搭建人工气候室，通过臭氧发生器对气候室进行臭氧熏蒸，通过臭氧监测仪对气候室的臭氧浓度进行监测，研究不同园林植物对臭氧的响应差异。

1 材料与方法

1.1 实验材料

以三年生的 26 种园林植物为试验材料，包括 18 种木本植物，即油松（*Pinus tabuliformis*）、白皮松（*Pinus bungeana*）、圆柏（*Sabina chinensis*）、小叶黄杨（*Buxus sinica* var. *parvifolia*）、连翘（*Pinus tabuliformis*）、花叶锦带（*Weigela florida*）、金亮锦带（*Weigela florida* 'Goldrush'）、醉鱼草（*Buddleja lindleyana*）、荆条（*Vitex negundo* var. *heterophylia*）、接骨木（*Sambucus williamsii*）、构树（*Broussonetia papyrifera*）、木本香薷（*Elsholtzia stauntoni*）、栾树（*Koelreuteria paniculata*）、丁香（*Syringa chinensis*）、月季（*Rosa* 'Rouge Meilland'）、平枝栒子（*Cotoneaster horizontalis*）、紫藤（*Wisteria sinensis*）和小叶扶芳藤（*Euonymus fortunei* var. *radicans*）；8 种宿根花卉，即马蔺（*Iris lactea* var. *chinensis*）、荆芥（*Nepeta cataria*）、鸢尾（*Iris tectorum*）、萱草（*Hemerocallis fulva*）、白玉簪（*Hosta plantaginea*）、东北玉簪（*Hosta ensata*）、紫萼（*Hosta ventricosa*）和蓝梦玉簪（*Hosta* 'Blue Vision'）。于 2015 年 7 月选取长势均一的每种植物植入花盆。花盆直径 30cm、高 27cm，基质为草炭和园土（3 ∶ 1）。每个种类 18 盆。移入三个人工气候室进行过渡适应，每个气候室每种植物 6 盆。进行正常的水、肥管理。

1.2 臭氧熏蒸处理

采用开孔的人工气候室，模拟自然动态的熏气箱进行熏气。利用臭氧发生器提供臭氧，臭氧检测仪（Model202，美国生产）监测臭氧浓度。臭氧熏蒸试验于 7 月 10 日～ 7 月 30 日，设背景浓度 CK、200ppb、300ppb 三个处理；每天臭氧熏蒸 7 小时（9:00 ～ 16:00）。熏蒸过程中进行正常水、肥管理，且每天将气候室内的花盆随机移动，确保消除室内因小气候可能导致的差异。每隔 2 天，停熏一次，进行伤害症状的观察记录。熏蒸结束后进行各项指标的测定。

1.3 植物叶片伤害症状的观察方法

植物熏气处理后，每两天停熏一次，分种类记录不同臭氧浓度处理下的叶片伤害症状，统计受伤叶片的数量和受伤的面积。并依照以下公式，计算出叶片伤害率。叶片伤害率 = 植物伤害比率 × 叶片面积的伤害比率。

2 结果与分析

2.1 人工气候室臭氧浓度的日变化

由图 1 可知：随一天中气温和光照的日变化，气候室的臭氧浓度范围分别为 50 ～ 100ppb；150 ～ 200ppb；300 ～ 400ppb 。基本与控制的臭氧浓度相一致。

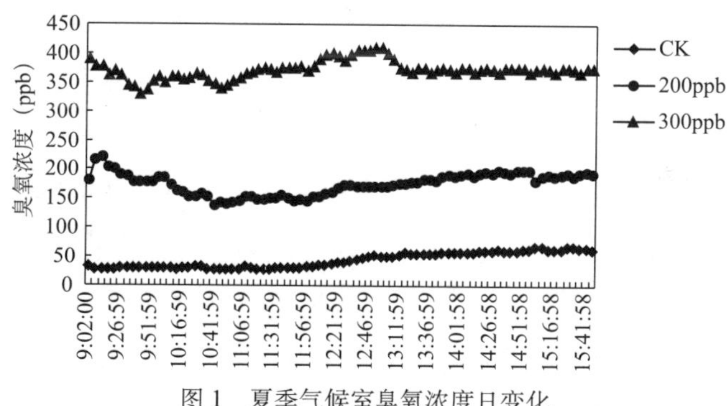

图 1　夏季气候室臭氧浓度日变化

2.2 不同园林植物的伤害症状及对臭氧敏感性的差异

臭氧是强氧化剂，研究表明，臭氧会对包括农作物和野生植物在内的很多种植物造成明显危害。臭氧通过气孔进入植物，在植物体内产生脂质过氧化反应，破坏细胞膜结构，改变植物生理生化过程，造成植物叶片出现色斑、褪绿、变黄等可见的叶片伤害特征，还会导致幼叶脱落、光合降低以及根茎叶生物量的减少。

由表 1、图 2 和图 3 可知：臭氧伤害最典型的特征：伤害症状主要表现在叶片的近轴侧，即上表面。首先伤害下部的老叶，逐渐伤害到成熟叶，最后伤害当年生新生叶。不同的植物遭受臭氧伤害后的症状不同。有的呈现褪绿的斑点，如：油松、白皮松、鸢尾、萱草、玉簪等；有的呈现棕红色，如：接骨木、荆条、平枝栒子、构树、醉鱼草、木本香薷等；有的呈现褐色，如：连翘；有的呈现砖红色，如：金亮锦带、花叶锦带等；有的叶片表现出非正常脱落，如：小叶黄杨、小叶扶芳藤、荆芥等。

根据 200ppb 和 300ppb 下每种植物受伤害的临界天数和伤害的程度，分析 26 种园林植物臭氧敏感性的差异，可以得出结论：

26 种园林植物的臭氧伤害症状

表 1

植物种类	臭氧处理浓度	2 天	4 天	10 天	14 天
白玉簪	200ppb	老叶变黄	成熟叶褪绿白色斑点	白色斑块	白色斑块
	300ppb	老叶变黄	白色斑块	白色斑块	叶片透明状
蓝梦玉簪	200ppb	老叶变黄	老叶脱落	白色斑点	白色斑点
	300ppb	老叶变黄	老叶脱落，成熟叶褪绿	白色斑块	白色斑块
荆芥	200ppb	老叶轻微枯黄	下部老叶枯黄	下部老叶枯黄	下部老叶枯黄
	300ppb	老叶轻微枯黄	下部老叶枯黄	叶片枯黄，出现非正常脱落	下部叶片脱落
马蔺	200ppb	无	无	无	无
	300ppb	无	无	无	无
花叶锦带	200ppb	老叶轻微红色斑点	下部叶片呈现红褐色斑点	红色斑块状	叶片由下至上依次呈现红褐色斑点
	300ppb	老叶明显的红色斑点	叶片由下至上依次呈现红褐色斑点	红色斑块状	整个叶片红褐色
连翘	200ppb	老叶叶缘变黄	老叶呈现棕色斑点	老叶棕黑色斑点	老叶棕黑色
	300ppb	老叶叶缘变黄	老叶呈现棕色斑块	斑点数量增多变成褐色斑块	成熟叶和老叶棕黑色，新生叶褪绿斑点
小叶黄杨	200ppb	叶片变黄	叶片变黄	叶片开始非正常脱落	叶片脱落 30%
	300ppb	叶片变黄数量多	叶片变黄数量多，且有脱落	叶片脱落 75%	叶片脱落 90% 以上
小叶扶芳藤	200ppb	老叶轻微枯黄	老叶轻微枯黄	老叶脱落	成熟叶开始脱落
	300ppb	老叶枯黄明显	老叶变红或脱落	成熟叶开始脱落	成熟叶脱落严重
油松	200ppb	无	无	叶从中部到叶尖呈现不连续褪绿斑	叶从中部到叶尖呈现不连续褪绿斑
	300ppb	无	叶下端枯叶脱落	从叶中部到叶尖部位逐渐干枯	从叶中部到叶尖部位全部枯焦
圆柏	200ppb	无	无	无	无
	300ppb	无	无	无	无
荆条	200ppb	无	成熟叶棕褐色斑点	成熟叶呈现棕褐色斑块	成熟叶棕红色
	300ppb	成熟叶棕褐色斑点	由上到下依次受害，叶片变成棕褐色	成熟叶棕红色，幼叶变黄	成熟叶褪绿变黄，有坏死斑
接骨木	200ppb	无	叶呈现褪绿的斑点	叶褪绿变白色	成熟叶呈现棕红色
	300ppb	成熟叶褐色斑点	由上到下依次受害，叶片漂白至白色	成熟叶干枯脱落，幼叶开始受伤害	成熟叶呈现棕红色斑块，幼叶开始受害
构树	200ppb	无	无	无明显受伤害	无
	300ppb	褪绿的斑点	成熟叶和老叶褪绿变白色至红色斑块	叶片呈现紫红色斑块	成熟叶呈现红色斑块，幼叶无伤害
平枝栒子	200ppb	无	成熟叶棕褐色后黄色	叶片有黄变棕色，老叶脱落	叶片脱落 1/3 至 2/3
	300ppb	成熟叶红棕色斑点	成熟叶由棕褐色变黄色，部分叶片脱落	叶面由棕红色变黄色至脱落	叶面呈现棕黄色斑块，最后脱落死亡
醉鱼草	200ppb	无	叶片褪绿变白色	叶面呈现白色斑块	叶面呈现棕红色
	300ppb	老叶红棕色斑点	叶片褪绿变白至棕红色	叶面由白色斑块变成棕红色	叶面呈现棕红色的坏死斑
木本香薷	200ppb	无	老叶褪绿成红褐色斑点	成熟叶褪绿成白色斑块，老叶棕红色	成熟叶呈现红棕色

续表

植物种类	臭氧处理浓度	2 天	4 天	10 天	14 天
木本香薷	300ppb	褪绿色斑	老叶脱落，成熟叶呈现紫红色斑块	成熟叶呈现棕红色	成熟叶呈现棕红色坏死斑至脱落
栾树	200ppb	无	成熟叶褐色斑点	成熟叶棕红色斑点	成熟叶呈现红色斑块
	300ppb	褐色斑点	褐色斑块	成熟叶呈现棕红色，卷曲干枯	成熟叶干枯死亡，幼叶开始受害
白皮松	200ppb	无	无	无	无
	300ppb	无	无	当年生叶从中间出现褪绿斑点	坏死斑向叶缘延伸
丁香	200ppb	无	无	不明显	不明显
	300ppb	无	叶缘褪绿变黄	叶缘干枯，叶面棕褐色斑块	叶缘干枯，叶面褐色至干枯死亡
月季	200ppb	无	有红色斑点出现	叶片褪绿变黄	叶片变成金黄色
	300ppb	无	红斑数量多	叶面紫红色斑点，叶脉变成金黄色	老叶干枯死亡，成熟叶呈现棕褐色斑块
金亮锦带	200ppb	无	成熟叶红褐色斑点	叶面棕红色斑点，由上到下依次加重	叶片呈现棕红色的斑块
	300ppb	无	老叶砖红色，成熟叶红褐色斑块	叶片砖红色，由上到小依次加重	叶片呈现砖红色的坏死斑，除新叶外，都有坏死斑现象
紫藤	200ppb	无	无	不明显	无
	300ppb	无	无	不明显	幼叶褪绿成黄色
鸢尾	200ppb	无	无	无	无
	300ppb	无	无	叶缘开始干枯，叶面呈现褪绿的斑点	老叶干枯死亡，成熟叶的中间呈现褪绿的斑块
萱草	200ppb	无	老叶褪绿成黄色斑点	叶缘变黄，老叶干枯	老叶脱落，叶缘变黄
	300ppb	无	老叶变黄脱落，成熟叶无变化	成熟叶变黄干枯	成熟叶干枯死亡
东北玉簪	200ppb	无	成熟叶褪绿的斑点	成熟叶由黄色斑点变成斑块	成熟叶坏死斑块扩大
	300ppb	叶褪绿斑点	成熟叶褐色斑块	成熟叶叶缘干枯，幼叶开始褪绿漂白	成熟叶干枯，幼叶开始受害
紫萼	200ppb	无	老叶出现褪绿斑点	成熟叶叶缘干枯，幼叶无伤害	成熟叶干枯，幼叶无伤害
	300ppb	叶褪绿变黄色斑点	老叶叶缘全部干枯	成熟叶干枯死亡，新叶叶缘开始漂白	成熟叶干枯死亡，幼叶褪绿变黄呈现坏死斑

（1）白玉簪、蓝梦玉簪、荆芥、花叶锦带、连翘、小叶黄杨和小叶扶芳藤在 200ppb 的臭氧浓度下，熏蒸 2 天即 14 小时，就表现臭氧伤害的症状。说明这些是对臭氧敏感的植物。

（2）圆柏和马蔺臭氧熏蒸 14 天，即使在 300ppb 的熏蒸下，也没有表现伤害的症状，说明这两种植物抗臭氧能力最强；紫藤、白皮松、构树、丁香和鸢尾在 200ppb 的臭氧熏蒸下，14 天都没有表现明显的伤害症状，说明这 5 种植物的抗臭氧能力强相对较强。

（3）根据在臭氧熏蒸下不同园林植物出现症状的时间和伤害程度不同，对 18 种木本植物可分三类：抗臭氧的植物：圆柏、白皮松、紫藤和构树；稍抗臭氧的植物：油松、丁香、月季、金亮锦带、荆条、木本香薷、栾树和醉鱼草；不抗臭氧的植物：连翘、小叶黄杨、小叶扶芳藤、接骨木和花叶锦带。

（4）对 8 种宿根花卉的抗臭氧能力也分为三类，抗臭氧的植物：马蔺、鸢尾、萱草；稍抗臭氧的植物：荆芥，白玉簪和蓝梦玉簪。不抗臭氧的植物：东北玉簪和紫萼。

图 2　人工模拟环境下 8 种宿根花卉的臭氧伤害症状比较（左：CK；中：200ppb；右：300ppb）
1—白玉簪；2—东北玉簪；3—紫萼；4—蓝梦玉簪

图 2　人工模拟环境下 8 种宿根花卉的臭氧伤害症状比较（左：CK；中：200ppb；右：300ppb）（续）
5—萱草；6—鸢尾；7—荆芥；8—马蔺

1

2

3

4

图 3　人工模拟臭氧环境下 14 种木本植物的臭氧伤害症状比较（左：CK；中：200ppb；右：300ppb）
1—构树；2—荆条；3—接骨木；4—栾树

图 3　人工模拟臭氧环境下 14 种木本植物的臭氧伤害症状比较（左：CK；中：200ppb；右：300ppb）（续）
5—醉鱼草；6—木本香薷；7—丁香；8—金亮锦带

图 3　人工模拟臭氧环境下 14 种木本植物的臭氧伤害症状比较（左：CK；中：200ppb；右：300ppb）（续）
9—花叶锦带；10—连翘；11—紫藤；12—平枝栒子

13

14

图 3　人工模拟臭氧环境下 14 种木本植物的臭氧伤害症状比较（左：CK；中：200ppb；右：300ppb）（续）
13—油松；14—小叶黄杨

2.3　不同园林植物在臭氧处理下的叶片伤害率比较

依照伤害率的大小，将伤害等级划分为 5 级。0 无伤害；1 级 0 ～ 15%；2 级 15% ～ 30%；3 级 30% ～ 50%；4 级 50% ～ 75%；5 级 75% 以上。其中叶片伤害率 = 叶面伤害比率 × 叶片伤害比率。

不同园林植物在臭氧处理下叶片伤害率的比较　　表 2

植物种类	臭氧处理	叶片伤害率（%）	伤害等级
白玉簪	200ppb	8.44	1
	300ppb	91.06	5
蓝梦玉簪	200ppb	3.67	1
	300ppb	48.97	3
荆芥	200ppb	34.85	3
	300ppb	50	3
马蔺	200ppb	0	无伤害
	300ppb	0	无伤害
连翘	200ppb	56.49	4 级
	300ppb	94.43	5 级
花叶锦带	200ppb	59.5	4 级
	300ppb	84.93	5 级
小叶黄杨	200ppb	50	3 级
	300ppb	87.5	5 级

续表

植物种类	臭氧处理	叶片伤害率（%）	伤害等级
小叶扶芳藤	200ppb	10	1
	300ppb	35	3
油松	200ppb	0	无伤害
	300ppb	10	1
圆柏	200ppb	0	无伤害
	300ppb	0	无伤害
荆条	200ppb	60	4 级
	300ppb	76	5 级
紫萼	200ppb	67	4 级
	300ppb	100	5 级
栾树	200ppb	70	4 级
	300ppb	100	5 级
白皮松	200ppb	0	无伤害
	300ppb	12.5	1 级
丁香	200ppb	0	无伤害
	300ppb	95	5 级
东北玉簪	200ppb	47	3 级
	300ppb	85.5	5 级
接骨木	200ppb	32.5	3 级
	300ppb	85	5 级
构树	200ppb	0	无伤害
	300ppb	30	2 级
木本香薷	200ppb	49	3 级
	300ppb	67.5	4 级
金亮锦带	200ppb	30	2 级
	300ppb	85.5	5 级
月季	200ppb	15	1 级
	300ppb	100	5 级
平枝栒子	200ppb	40	3 级
	300ppb	90	5 级
醉鱼草	200ppb	30	2 级
	300ppb	100	5 级
鸢尾	200ppb	0	无伤害
	300ppb	15	1 级
紫藤	200ppb	0	无
	300ppb	0	无
萱草	200ppb	4	1 级
	300ppb	8	1 级

依照叶片伤害率的大小，把木本园林植物分为三类，抗臭氧的植物：圆柏、白皮松、油松、紫藤；稍抗臭氧的植物：构树、木本香薷、小叶扶芳藤；不抗臭氧的植物：荆条、月季、金亮锦带、丁香、接骨木、栾树、醉鱼草、平枝栒子、小叶黄杨、花叶锦带、连翘。

宿根花卉依照抗臭氧能力分类：抗臭氧植物：马蔺、鸢尾和萱草；稍抗臭氧的植物：荆芥、蓝梦玉簪；不抗臭氧的植物：白玉簪、东北玉簪和紫萼。

3 结论与讨论

综合不同园林植物的臭氧伤害症状和叶片伤害率，可以得出结论：在 18 种木本植物中，抗臭氧的植物为圆柏、白皮松、油松、紫藤；稍抗臭氧的植物为：小叶扶芳藤、构树、木本香薷、荆条和月季；臭氧敏感性的植物为：醉鱼草、金亮锦带、丁香、接骨木、栾树、小叶黄杨、花叶锦带和连翘。

在 9 种宿根花卉中，抗臭氧植物为马蔺、鸢尾和萱草；稍抗臭氧的植物为荆芥、蓝梦玉簪；不抗臭氧的植物为白玉簪、东北玉簪和紫萼。

根据以上结果：在空气污染严重的区域，可以推荐的植物种类为：9 种木本植物（圆柏、白皮松、油松、紫藤、小叶扶芳藤、构树、木本香薷、荆条和月季）和 5 种宿根花卉（马蔺、鸢尾、萱草、荆芥和‘蓝梦’玉簪）。

参考文献

[1] Sitch S，Cox PM，Collins WJ，Huntingford C. Indirect radiative forcing of climate change through ozone effects on the land-carbon sink. Nature，2007，448：791-794.

[2] Zeng G，Pyle JA. Influence of EI Niňo southern oscillation on stratosphere/troposphere exchange and the global tropospheric ozone budget. Geophysical Research Letters，2008，32：1814-1814.

[3] 殷永泉，单文坡，纪霞，等. 济南市区近地面臭氧浓度变化特征. 环境科学与技术，2006，29：49-51.

[4] 漏嗣佳，朱彬，廖宏. 中国地区臭氧前体物对地面臭氧的影响. 大气科学学报，2010，33：451-459.

[5] Gravano E，Giulietti V，Desotgiu R，et al. Foliar response of an Alianthus altissima clone in two sites with different levels of ozone-pollution. Environ Pollut，2003，121：137-145.

[6] 许宏，杨景成，陈圣宾，等. 植物的臭氧污染胁迫效益研究进展. 植物生态学报，2007，31：1205-1213.

[7] Mastyssek R，Wieser G，Ceulemans R. Enhanced ozone strongly reduces carbon sink strength of adult beech resume from the free-air fumigation study at Kranzberg Forest. Environ Pollut，2010，58：2527-2532.

[8] 张巍巍. 近地层 O_3 浓度升高对我国亚热带典型树种的影响 [D]. 2011.

花绒寄甲规模化生产关键技术研究

北京市园林科学研究院 / 仇兰芬　仲　丽　邵金丽　王建红　车少臣

摘　要：花绒寄甲是天牛类蛀干害虫的优势天敌昆虫，可利用替代寄主进行规模化生产。花绒寄甲在北京地区有2个明显的产卵高峰，即5月中下旬和6月中旬，这与光肩星天牛老熟幼虫–蛹期比较一致，从理论上说明花绒寄甲是光肩星天牛的有效天敌。花绒寄甲成虫产卵和存活受密度影响较大，200头/盒的总产卵量最高，而100头/盒的单头产卵量最高。补充营养可以延长花绒寄甲成虫的储存期，通过定期补充营养，储存1年后花绒寄甲成虫仍能达到80%以上存活率。

关键词：花绒寄甲；光肩星天牛；替代寄主；密度；储存

花绒寄甲（*Dastarcus helophoroides*），别名花绒坚甲、花绒穴甲、木蜂寄甲和缢翅寄甲等。花绒寄甲是中大型天牛（如光肩星天牛、云斑天牛、锈色粒肩天牛、松褐天牛、栗山天牛等）的主要天敌昆虫，分布于东经105°～135°，北纬30°～40°的范围内，为我国和日本所特有。国内已知在辽宁、上海、山东、江苏、广东、四川、安徽、浙江、湖北、北京、山西、河北、河南、内蒙古、陕西、天津、宁夏和甘肃东南部均有分布[1, 2]。

我国对花绒寄甲的研究的生物学、生态学和繁殖技术等都有一些报道[3-5]，但在规模化生产方面还存在诸多关键性技术问题亟待解决，如替代寄主种类的选择和病害防治、花绒寄甲的繁育密度、保存时间等。针对当前花绒寄甲生产中存在的问题，我们对花绒寄甲生产中的关键技术问题开展了系统深入的研究，通过3年的研究，建立了利用非天牛类替代寄主生产两种天敌昆虫的繁育技术流程，提高了天敌繁育效率，降低了花绒寄甲生产成本。

1　材料与材料

培养盒：用20cm×10cm×8cm透明塑料盒。

产卵卡：牛皮纸剪成10cm×4cm。

花绒寄甲种虫来自于中国林科院森环森保所生物防治实验室，花绒寄甲卵块为本实验室饲养所得，黄粉虫、大麦虫、家蚕蛹从市场购买幼虫后，进行饲养，待化蛹后备用。

2　试验方法

2.1　花绒寄甲对3种不同种类替代寄主的选择性

在实验室内分别将家蚕蛹、大麦虫蛹和黄粉虫蛹放置到指形管中，按照花绒寄甲：家蚕蛹：指形管=10：2：1，花绒寄甲：黄粉虫：指形管=10：3：1，花绒寄甲：大麦虫：指形管=10：1：1的比例分别接入花绒寄甲初孵幼虫，每处理3个重复，每个重复100管，每个重复接的花绒寄甲幼虫总量为1000头、大麦虫蛹为100头、黄粉虫幼虫为300头，在25℃室温下试验，观察

记录花绒寄甲的寄生情况。

2.2 密度对花绒寄甲产卵及存活的影响研究

以羽化 7 ～ 10d 的光肩星天牛型花绒寄甲成虫作为试虫，每盒放置 2 个诱发产卵木段，分别放置 100 头、200 头、300 头、400 头、500 头成虫，置于 24±1℃，L ： D=20 ： 4，RH=55±5% 的养虫室内，定期检查花绒寄甲在诱发木块的纸片上的产卵情况、花绒寄甲成虫死亡情况，取卵、记录卵粒数和死亡数，并补充水分及饲料。试验在 2015 年 4 ～ 8 月进行，每个处理重复 3 次。

2.3 饲喂对花绒寄甲冷藏期存活率的影响研究

收集刚羽化花绒寄甲成虫喂食人工饲料、给水，饲喂 5d 后放入 10℃冷藏柜内储藏，分别于储藏后每 1 月、2 月、3 月、4 月、5 月取出于室外自然条件下进行饲料和水分补给，4 ～ 7d 后重新进行冷藏。每月调查按不同储藏时间补给饲料水分各处理的成虫数量，计算花绒寄甲成虫存活率。每个处理设 3 个重复，每个重复 100 头，将所有处理进行统一编号，1、2、3 为每月饲喂一次（A），4、5、6 为每 2 个月喂一次（B），7、8、9 为每 3 个月喂一次（C），10、11、12 为每 4 个月喂一次（D），13、14、15 为每 5 个月喂一次（E），冷藏不饲喂（羽化后一直未取食）的为对照（ck），编号为 ck1、ck2、ck3。

3 结果与分析

3.1 花绒寄甲幼虫对不同替代寄主的寄生性研究

试验结果表明，用家蚕幼虫繁育花绒寄甲，花绒寄甲幼虫不能成功取食家蚕幼虫，家蚕幼虫很快会死亡、腐烂。花绒寄甲幼虫可以寄生大麦虫和黄粉虫蛹，并成功繁育出花绒寄甲成虫。试验结果如表 1 所示，花绒寄甲幼虫寄生大麦虫的寄生率为 92%，寄生黄粉虫蛹的寄生率为 73.67%，有极显著差异；寄生大麦虫蛹的花绒寄甲幼虫成活率为 50.23%，寄生黄粉虫蛹的花绒寄甲幼虫成活率为 29.30%，有极显著差异；寄生大麦虫蛹的花绒寄甲结茧率为 47.93%，寄生黄粉虫蛹的花绒寄甲结茧率为 16.43%，有极显著差异；寄生大麦虫用的花绒寄甲羽化率为 28.10%，寄生黄粉虫蛹的花绒寄甲羽化率为 2.67%，有极显著差异。由此可见，大麦虫蛹繁育花绒寄甲的效果较好，是较适合的替代寄主，黄粉虫蛹繁育花绒寄甲的幼虫寄生成功率较高，但是成茧率和羽化率较低。

繁育花绒寄甲相关寄生指标　　表 1

替代寄主	寄生率（%）	幼虫成活（%）	结茧率（%）	羽化率（%）
大麦虫	92.00±3.06	50.23±2.17	47.93±3.09	28.10±0.73
黄粉虫	73.67±4.84**	29.30±2.84**	16.43±2.39**	2.67±0.33***

注：表中数据为平均值 ± 标准差（SEM）。* 表示差异显著（$p < 0.05$）；** 表示差异极显著（$p < 0.01$）。

3.2 密度对花绒寄甲产卵及存活的影响

3.2.1 不同密度下花绒寄甲产卵量变化

花绒寄甲在试验期即 4 月～ 8 月（13 周内）内，不同密度下的总产卵量和单雌产卵量均有 2 个明显的产卵高峰，即 5 月中下旬～ 6 月中旬，这个时期是北京地区光肩星天牛老熟幼虫 - 蛹期，从理论上说明花绒寄甲是光肩星天牛老熟幼虫 - 蛹期优势天敌昆虫。

由图 1 可知，200 头 / 盒、300 头 / 盒的总产卵量高于 400 头 / 盒、100 头 / 盒、500 头 / 盒，其中 500 头 / 盒的总产卵量最低，可见花绒寄甲成虫产卵受密度影响较大，密度过大或过小均不利于其产卵。因此，从 5 个密度下的总产卵量考虑，200 头 / 盒和 300 头 / 盒是生产中较好的生产密度。

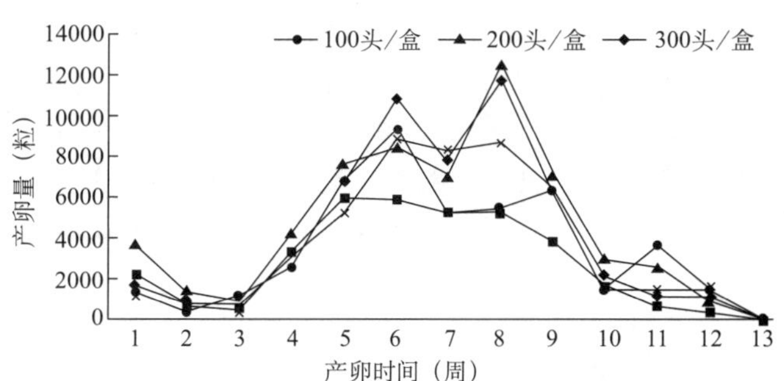

图 1 不同花绒寄甲密度随不同时间的产卵量变化曲线

由图 2 可知，不同密度下花绒寄甲的单头产卵量 100 头 / 盒＞ 200 头 / 盒＞ 300 头 / 盒＞ 400 头 / 盒＞ 500 头 / 盒，密度小有利于花绒寄甲产卵，密度大影响花绒寄甲产卵，二者呈负相关。

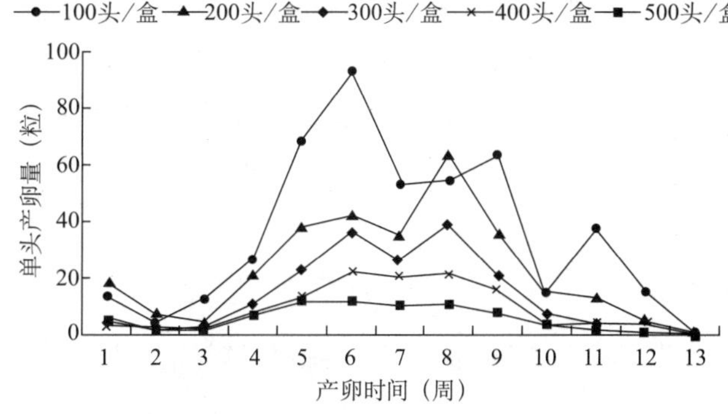

图 2 不同虫口密度下花绒寄甲单头产卵量随时间变化趋势

3.2.2　不同密度下花绒寄甲存活情况

由图 3 可知，随着花绒寄甲成虫密度的增加，其成活率逐渐下降，即 100 头 / 盒的成活率最高，500 头 / 盒的成活率最低，二者差异显著；而 100 头 / 盒与 200 头 / 盒、300 头 / 盒、400 头 / 盒的存活率差异不显著；而 500 头 / 盒与 200 头 / 盒、300 头 / 盒、400 头 / 盒的差异也不显著。

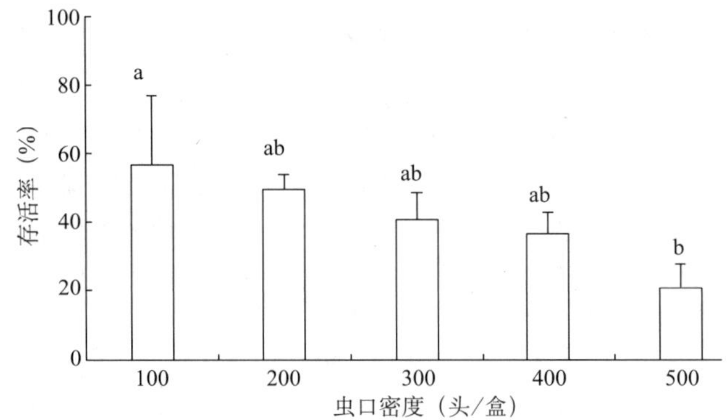

图 3　不同虫口密度花绒寄甲成虫存活率差异显著性

因此，从图 1 ～图 3 不同密度下花绒寄甲的总产卵量、单头产卵量及存活率可知，100 头 / 盒、200 头 / 盒是生产中宜采用的生产密度，有利于花绒寄甲的存活及产卵。

3.2.3　不同密度不同时间花绒寄甲单头产卵量变化规律

在试验开始的第 1 周，即 4 月下旬，200 头 / 盒的单头产卵量最高，与其他 4 个密度的花绒寄甲单头产卵量差异显著；100 头 / 盒的单头产卵量其次；300 头 / 盒、400 头 / 盒、500 头 / 盒的单头产卵量差异不显著（图 4）。

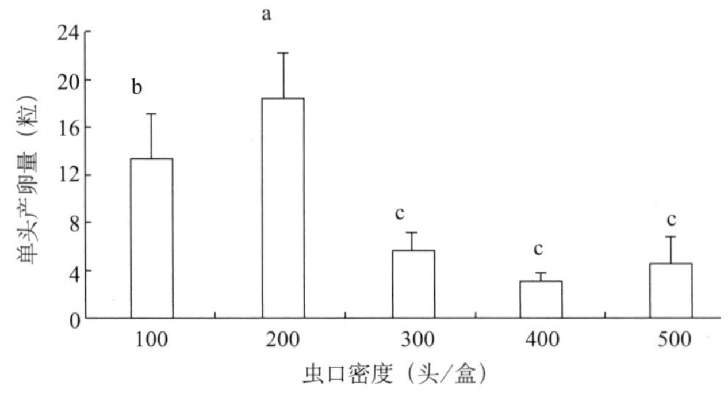

图 4　第 1 周不同虫口密度花绒寄甲单头产卵量差异显著性

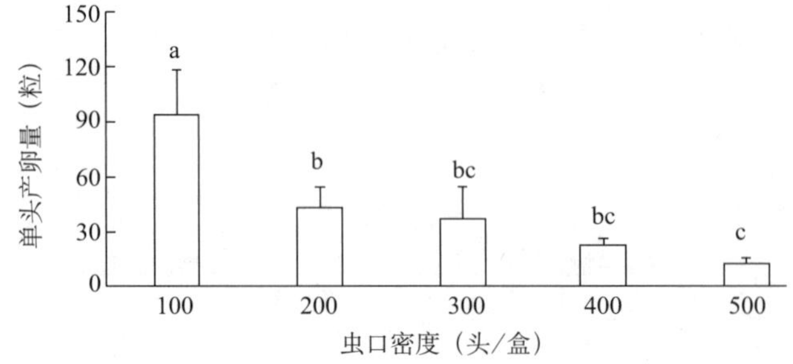

图 5　第 6 周不同虫口密度下花绒寄甲成虫单头产卵量差异显著性

在试验开始的第 6 周，即 5 月下旬，100 头 / 盒的单头产卵量最高，与其他 4 个密度的花绒寄甲单头产卵量差异显著；其次是 200 头 / 盒的单头产卵量，但与 300 头 / 盒、400 头 / 盒的差异不显著；500 头 / 盒的单头产卵量最低，与 100 头 / 盒、200 头 / 盒差异显著（图 5）。

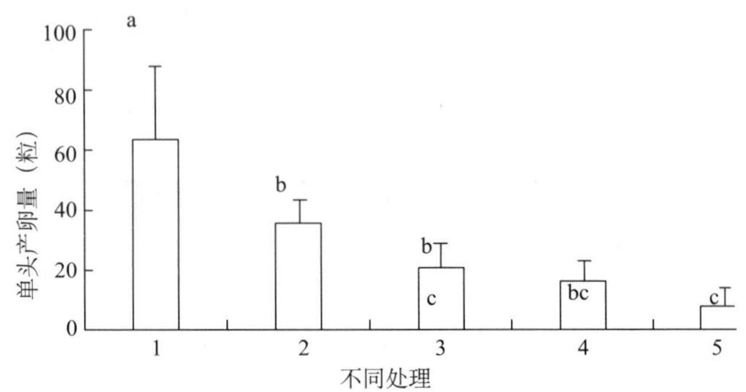

图 6　第 9 周不同虫口密度下花绒寄甲成虫单头产卵量差异显著性

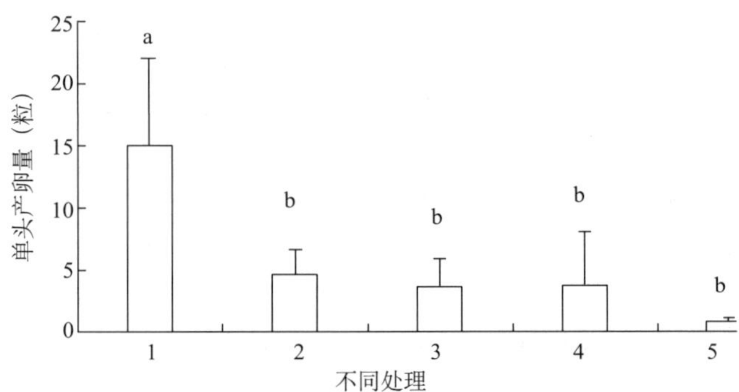

图 7　第 12 周不同虫口密度下花绒寄甲成虫单头产卵量差异显著性

3.3　饲喂对花绒寄甲不同冷藏期内的存活率

3.3.1　饲喂对花绒寄甲冷藏 12 个月内的存活率影响

由表 2 结果可以看出 10℃冷藏 1 月，所有处理存活率都可达到 100%，冷藏 2 个月出现少量死亡，冷藏 4 个月 ck 和每 4 个月喂一次和每 5 个月喂一次出现大量死亡。冷藏 12 个月每 1 个月喂一次处理存活率仍可高达 81.33%，而对照几乎全部死亡。对不同处理存活率在不同调查时间进行各处理间多重比较，结果见表 2。

由上表可看出冷藏处理 1 个月时，各处理存活率与对照之间无显著差异，2、3 个月调查结果羽化后进行食物和水分饲喂处理与不喂食对照差异显著；A、B、C 三个处理在 1 ～ 12 月调查中始终无显著差异；从 4 个月开始处理 A、B、C 三个处理与处理 D、E、ck 差异显著，D、E 与 ck 之间无显著差异；5 个月调查处理 D 存活率急剧下降，显著低于对照 ck；12 月 ck 与处理 E 无显著差异，与其他处理间差异显著，D、E 差异不显著。对花绒寄甲成虫不同储存处理存活率进行方差分析，分析结果见表 3。

花绒寄甲不同处理 12 个月存活率多重比较　　表 2

处理	平均存活率（%）										
	1 月	2 月	3 月	4 月	5 月	6 月	7 月	8 月	9 月	11 月	12 月
处理 1	100.00a	99.00a	98.33a	98.33a	92.33a	89.00a	86.00a	84.67a	84.33a	82.67a	81.33a
处理 2	100.00a	99.03a	94.73a	94.09a	91.85a	90.88a	83.33a	82.06a	79.91a	77.30a	69.45ab
处理 3	100.00a	98.33a	96.00a	89.33a	88.33a	87.00a	79.00a	75.67a	73.00a	69.33a	64.33b
处理 4	100.00a	99.67a	98.67a	54.00b	39.00b	37.00b	33.00b	31.33b	29.33b	22.00b	18.33c
处理 5	100.00a	99.67a	97.33a	50.33b	17.67c	11.33c	10.33c	10.33c	10.00c	8.67bc	4.67cd
对照	100.00a	95.67b	83.33b	55.00b	51.67b	49.00b	43.33b	37.67b	20.33bc	1.33c	0.33d

注：处理 1：每 1 个月饲喂 1 次；处理 2：每 2 个月饲喂 1 次；处理 3：每 3 个月饲喂 1 次；处理 4：每 4 个月饲喂 1 次；处理 5：每 5 个月饲喂 1 次。

花绒寄甲成虫不同储存处理存活率方差分析　　表 3

变异来源	自由度	平方和	均方	F	P
总处理间	65	172015.9598	2646.3994	6.98	＜ .0001**
处理间	5	87828.58909	17565.71782	46.31	＜ .0001**
时间	10	53956.43713	5395.64371	14.23	＜ .0001**
互作	50	30230.93355	604.61867	1.59	0.0188
误差	132	50066.6733	379.293		
总变异	197	222082.6331			

表 3 差分析结果表明不同时间间隔喂食及给水处理对花绒寄甲储存存活率影响极显著，不同储存时间对存活率影响极显著，二者互作对存活率影响显著，但未达极显著水平。

3.3.2　饲喂对花绒寄甲冷藏 18 个月的存活率影响分析

由图 8 可知，花绒寄甲成虫冷藏期间，不同饲喂时间对其存活率影响很大。每 1 个月饲喂 1 次，冷藏 6 个月的存活率为 85%，12 个月的存活率为 80%，18 个月的存活率为 78%；每 2 个月饲喂 1 次，冷藏 6 个月的存活率为 92%，12 个月的存活率为 72%，18 个月的存活率为 55%；每 3 个月饲喂 1 次，冷藏 6 个月的存活率为 87%，12 个月的存活率为 64%，17 个月的存活率接近 0；每 4 个月饲喂 1 次，冷藏 6 个月的存活率为 37%，12 个月的存活率为 18%，16 个月的存活率接近 0；每 5 个月饲喂 1 次，冷藏 6 个月的存活率为 11%，7 个月的存活率为 0；而对照 CK 冷藏 6 个月的存活率为 50%，冷藏 12 个月的存活率为 0。

3.3.3　饲喂对不同冷藏时间花绒寄甲存活率的差异分析

由图 9 可知，花绒寄甲成虫冷藏 3 个月时，各处理与对照的存活率差异显著，各处理之间差异不显著。而每 3 个月饲喂 1 次、每 4 个月饲喂 1 次、每 5 个月饲喂 1 次的花绒寄甲，在冷藏 3 个月时跟对照均没有饲喂，但是它们之间差异显著，可能与试验时所用花绒寄甲本身质量有关。而图 10 种，冷藏 6 个月时（图 10），每 4 个月饲喂 1 次和每 5 个月饲喂 1 次的饲喂存活率低于对照，且每 5 个月饲

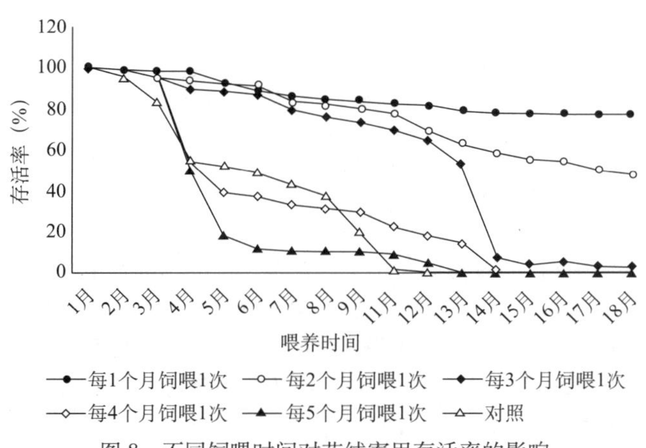

图 8　不同饲喂时间对花绒寄甲存活率的影响

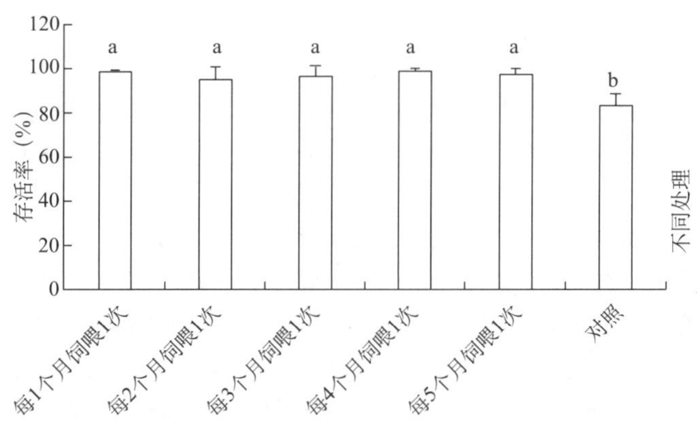

图 9　冷藏 3 个月时不同处理存活率

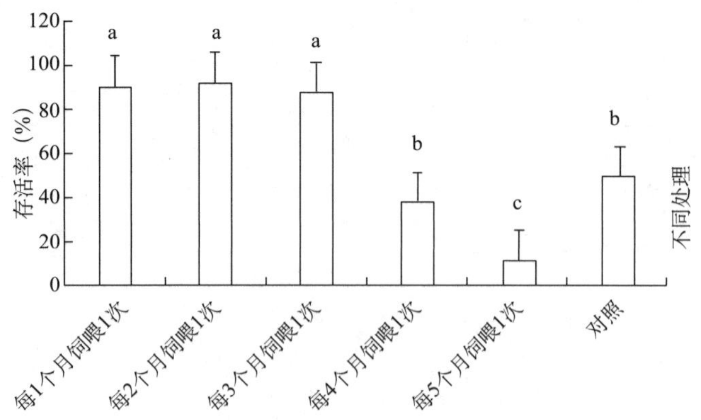

图 10　冷藏 6 个月时不同处理存活率

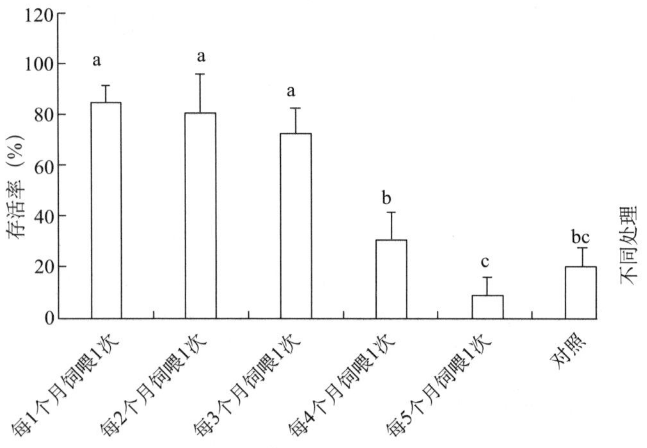

图 11　冷藏 9 个月时不同处理存活率

喂 1 次的与对照差异显著，分析这种现象也是由花绒寄甲本身质量有关。

如图 11 所示，冷藏 9 个月的花绒寄甲，每 1 个月饲喂 1 次、每 2 个月饲喂 1 次和每 3 个月饲喂 1 次的存活率高，三者差异不显著，每 4 个月饲喂 1 次与每 5 个月饲喂 1 次的差异显著，与对照差异不显著，每 5 个月饲喂 1 次的存活率最低。

如图 12 所示，冷藏 12 个月的花绒寄甲，每 1 个月饲喂 1 次与每 2 个月饲喂 1 次的存活率差异不显著，而与其他处理均差异显著；每 4 个月饲喂 1 次与对照差异显著，每 5 个月饲喂 1 次的存活率高于对照，但与对照差异不显著。

如图 13、图 14 所示，冷藏 15 个月和 18 个月时，每 1 个月饲喂 1 次的花绒寄甲存活率可达 80%，每 2 个月饲喂 1 次的存活率约为 50%，二者与其他各处理差异显著；每 3 个月饲喂 1 次与每 4 个月饲喂 1 次、每 5 个月饲喂 1 次、对照的差异显著，而这 3 个处理之间差异不显著，成虫全部死亡。

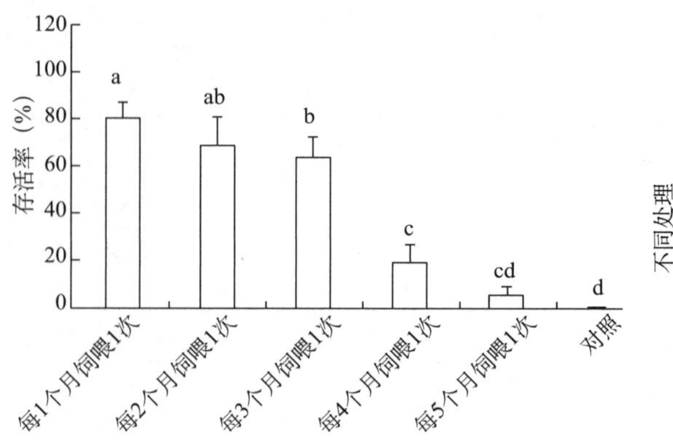

图 12　冷藏 12 个月时不同处理存活率

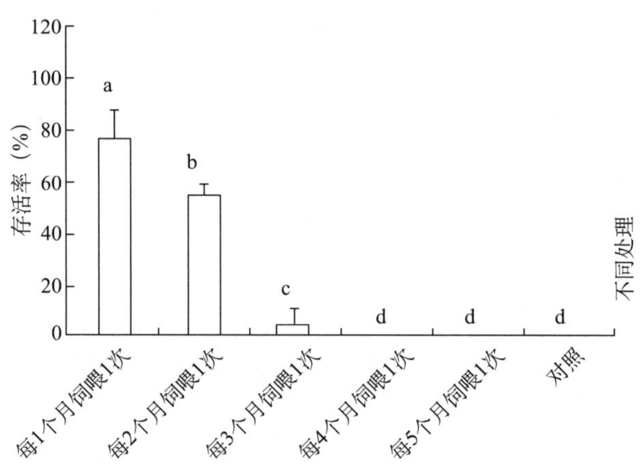

图 13　冷藏 15 个月时不同处理存活率

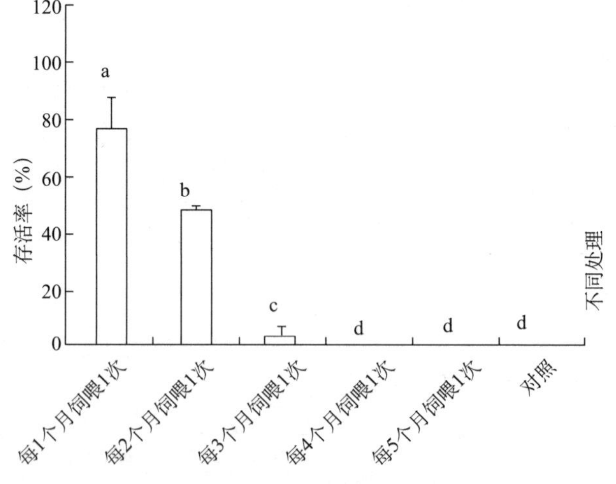

图 14　冷藏 18 个月时不同处理存活率

因此，冷藏期间每 1 个月饲喂 1 次的花绒寄甲存活率最高，冷藏 18 个月时的存活率仍约为 80%；每 2 个月饲喂 1 次的花绒寄甲，冷藏 18 个月的存活率约为 50%；不喂食的花绒寄甲，冷藏 12 个月就全部死亡；说明喂食有利于提高花绒寄甲冷藏期间的存活率。

4 结论与讨论

花绒寄甲在北京地区光肩星天牛危害期即4月～8月（13周内）内，其产卵量随季节变化明显，有2个明显的产卵高峰，即5月中下旬～6月中旬，这个时期即北京地区光肩星天牛老熟幼虫-蛹期，二者相互协调，这也是花绒寄甲与光肩星天牛长期协同进化的结果，花绒寄甲是光肩星天牛老熟幼虫-蛹期优势天敌昆虫，能对光肩星天牛起到有效的控制作用。

花绒寄甲成虫产卵和存活受密度影响较大，500头/盒的总产卵量和存活率均最低，100头/盒的单头产卵量和存活率最高，二者差异显著；而200头/盒的总产卵量高于其他4个密度，其存活率与100头/盒差异不显著。从天敌生产角度考虑，100头/盒和200头/盒是生产中较适宜的生产密度。我们在具体的生产工作中，可以分别采用不同的密度。即需要总产卵量高时，采取200头/盒；需要单头产卵量高时，采取100头/盒。

花绒寄甲成虫羽化后进行人工饲料喂养及水分补充有利于其人工储存期的延长。通过每月1次自然温度下补充营养和水分，可使花绒寄甲成虫储存1年后仍能达到80%以上存活率。这极大地方便了我们人工规模化饲养计划的安排和满足我们随时使用的需求。

参考文献

[1] 杨忠岐，李孟楼，雷琼，等. 温度对花绒寄甲发育和生殖的影响. 中国生物防治学报，2012，28（1）：9-14.

[2] 杨忠岐. 利用天敌昆虫控制我国重大林木害虫研究进展. 中国生物防治，2004(04)：221-227.

[3] 王希蒙，任国栋，马峰. 花绒坚甲的分类地位及应用前景. 西北农业报，1996，5（2）：75-78.

[4] 王卫东，赵军，小仓信夫. 花绒穴甲幼虫人工饲料的开发研究. 北京林业大学学报，1999，21（4）：48-51.

[5] 王小东. 花绒坚甲生物学特性、种群动态及其饲养方法研究. 山东农业大学毕业论文，2004.

北京天坛建筑基址规模研究

北京市天坛公园管理处 / 刘　勇　袁兆晖　牛建忠　车建勇　周珍玉

摘　要：本文按照历史脉络对历代北京天坛的建筑基址规模的“原状”、“为何变迁”、“如何变迁”等进行深度探讨，对明永乐十八年（1420年）始建北京天坛以来，天坛历经的多次改制进行研究与探讨，初步理清天坛建筑基址规模演变的历史路线图，并对北京天坛建筑基址规模进行系统性研究，力求使北京天坛这一中国古代建筑极品的价值得到更加深入的挖掘。

关键词：天坛；建筑基址；规模；演变

北京天坛是明清两朝皇帝祭天的场所，从明永乐十八年（1420 年）北京天地坛初建成时开始，天坛作为皇帝祭祀皇天上帝的专用祭坛的历史一直延续了 490 余年。1911 年的辛亥革命终结了中国的封建帝制，也结束了贯穿中国历史达五千年的祭祀史，天坛从此成为向公众开放的公园。基于北京天坛的文物与艺术价值，于 1998 年被联合国教科文组织列为世界文化遗产。明清以来，由于祭祀礼制的变化、战乱的影响以及城市建设的需要，天坛的建筑基址规模多有变化。

1　明代初期圜丘坛的建筑概况

1.1　明代初期南京圜丘坛的建筑概况

朱元璋初定天下，按“王者事天明，事地察，故冬至报天，夏至报地，所以顺阴阳之义也。祭天于南郊之圜丘，祭地于北郊之方泽，所以顺阴阳之位也。”[1] 祀天与祭地为《大明集礼》所载吉礼之一、二，南郊圜丘祀天以冬至日，北郊方丘祭地为夏至日。

吴元年（1367 年）八月癸丑，圜丘与方丘建成。圜丘在正阳门外东南，钟山之阳，其坛为上下两层圆坛，以琉璃砖和琉璃栏杆装饰，四面设置台阶（图 1）；坛外有圆、方两重围墙，围墙四面设棂星门，并设有天库、神厨、神库、

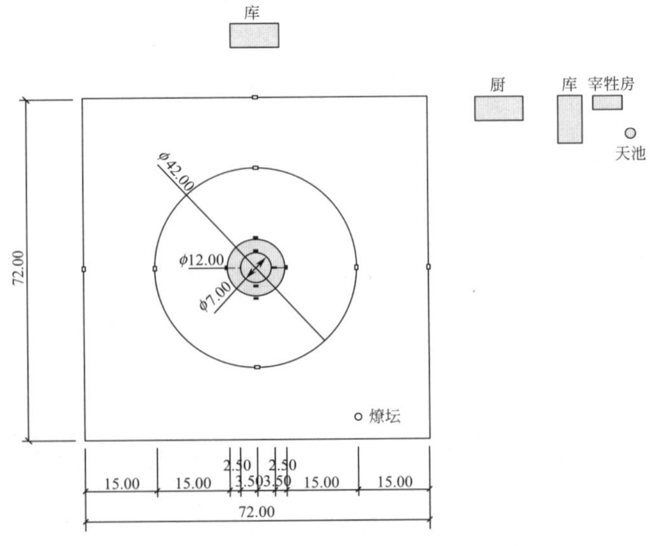

图 1　明南京圜丘复原示意图（据文献记载绘制，单位：丈）

宰牲亭、天池、牌楼、燎坛等附属建筑（图2）。[2]

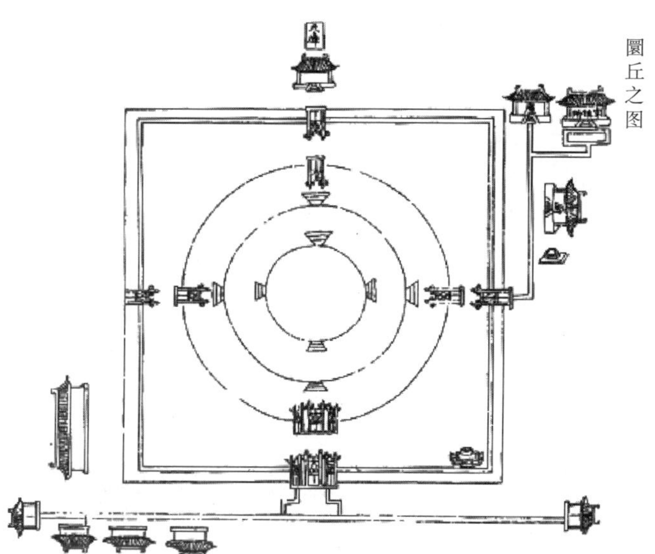

图2　洪武朝《大明集礼》（四库全书本）中《圜丘之图》

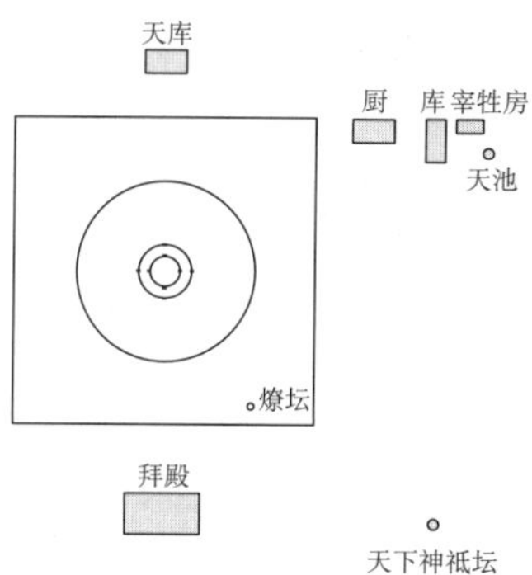

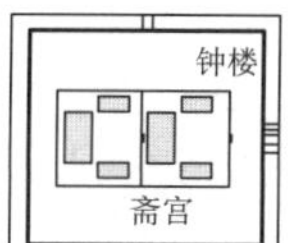

图3　明南京圜丘组群复原示意图（据文献记载绘制）

1.2　圜丘建置完善

洪武二年（1369年），二月甲申，礼部尚书崔亮奏请增建天下神祇坛于圜丘之东、方丘之西，用以在有事于圜丘、方丘之前，预告百神之坛，朱元璋应允。同日，又与崔亮商讨省牲所应远离祭坛至少200步，即100丈。[3] 八月，在圜丘、方丘坛壝以南各建殿九间，作为遇风雨时的望祭之所。[4]

洪武三年（1370年）五月，于圜丘之西、方丘之东分别建斋宫。斋宫核心建筑为两进院落，各有正殿和配殿；院落外再绕以墙垣。墙垣内外可供将士防卫、居住，外设有防护沟渠。墙垣正面及左、右各设灵星门，门前有桥横跨沟渠。同年十一月，命改作牺牲所于南郊，中3间以豢养祀天之牲，左3间养祀地之牲，右3间以养宗庙与社稷用牲。其余房屋养牲为山川百神祭祀之用。洪武六年（1373年）九月，大和钟铸成，在圜丘斋宫东北建钟楼悬挂此钟。[5]

综上，南郊圜丘组群建筑制度已非常完善，据记载绘制圜丘组群平面示意图（图3）。

1.3　洪武十年（1378年）南京圜丘改制——合祀天地于大祀殿

明初，太祖定制分祀天地于南北郊之圜丘、方丘。洪武十年（1378年），明太祖“因风雨不时，灾异时见，览（汉）京房灾异对”[6] 遂改分祀天地为合祀。遂于圜丘旧壝上新建大祀殿（图4），采用古明堂遗制，以合祭皇天后土。关于其规制记载散见于各种文献中。

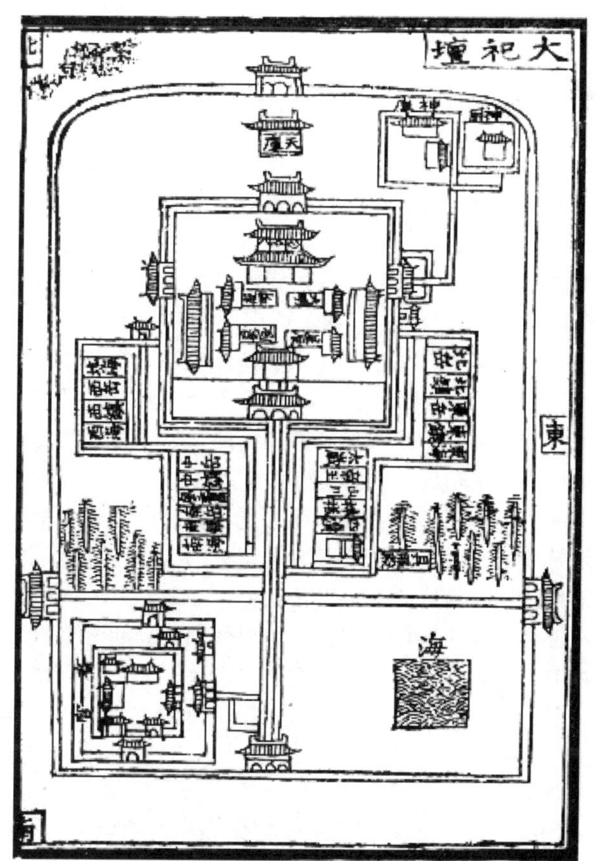

图4　明弘治本《洪武京城图志》明洪武南京大祀殿图

2　明永乐帝迁都北京后天坛建筑基址规模

2.1　明代北京天坛格局形成与演变的关键时期

纵观明代北京坛庙建筑营建与祀典更迭的全过程，按照祀典制度则可分为两个时期，即永乐朝至正德朝的北京坛庙初制时期、嘉靖朝至崇祯朝北京坛庙改制时期。就北京坛庙建筑而言，则有两个最为关键的时期，即永乐朝初创时期和嘉靖朝改制时期。

永乐朝初营北京之时，是以洪武定制后的祀典制度与南京建筑制度为蓝本，全新营建了天地坛、山川坛、太庙、社稷坛等重要祀典坛场。永乐十八年（1420 年）十二月，南郊与左祖右社皆已建成，国子监孔庙也因袭元代制度进行了修缮，至明正德朝结束之时，各坛庙虽有结合使用功能的添建以及祀典制度的完善，但在城市中的总体布局与组群格局皆未发生重大变化。

至嘉靖朝，因旁系承继皇位而引发诸多问题，则开始对祀典制度进行持续的更改。其多以洪武初制为依据，亦力求稽古创制，对北京永乐朝创建的多数坛庙进行了大规模的改建、扩建，还修建了方泽坛、朝日坛、夕月坛、先蚕坛、帝社稷坛、历代帝王庙、世庙、献皇帝庙等全新组群。嘉靖朝之后，虽相关祀典制度大量被罢止，但其坛庙建筑皆保存至明末并被清代所沿用。

2.2 明永乐朝北京天地坛基址规模

朱棣自即位之后，即以恢复“洪武旧制”为施政法则，对“建文改易”之政令格条，如南京宫城殿门名称、吏部官制、祠祭署名称[7]皆改回旧制，由此，可见永乐皇帝秉承“洪武旧制”之决心，故其修建北京坛庙时即以洪武朝南京坛庙制度以及相关祀典为蓝本。

明代史料中，永乐营建北京部分非常简略，对比《洪武京城图志》南京大祀殿图和《明万历会典》北京天地坛图，除比例问题外，几乎没有区别，因此，可以相信明北京之天地坛从建筑布局到单体建筑都与南京无异。

成书于天顺五年（1451 年）的《大明一统志》中所载的建筑配置与《明英宗实录》中记载的维修情况是永乐朝天地坛建置与格局的重要依据：

天地坛在正阳门之南左，缭以垣墙，周回十里。中为大祀殿，丹墀东西四坛，以祀日月星辰；大祀门外东西列二十坛，以祀岳、镇、海、渎、山川、太岁、风、云、雷、雨、历代帝王、天下神祇；东坛末为具服殿；西南为斋宫；西南隅为神乐观、牺牲所。[8]

正统四年（1439 年）九月癸酉，修天地坛斋宫殿宇及金水河岸。[9]

正统八年（1443 年）秋七月丙子，命修天地坛大祀等门、具服殿、天库、神库、宰牲亭、钟楼、銮驾库等处。[10]

由以上《大明一统志》与《明英宗实录》的三则史料，应可说明永乐十八年（1420 年）十二月天地坛建成之时，大祀殿组群、神厨库院、宰牲亭院、斋宫、銮驾库、具服殿、天库、牺牲所、神乐观皆已建成；同时，“周回十里”的记载或应为永乐朝天地坛外垣的周长。

基于永乐朝山川坛内外垣共用南墙的推测，天地坛内外垣极有可能也是共用南垣。现成贞门所在的东西隔墙为嘉靖朝所建，城砖款识上能明确其建造年代，但现天坛内垣墙体未有发现同期城砖，或可说明嘉靖朝增建圜丘时并未扰动原有内垣墙体。因此，或可认为现昭亨门所在位置即为永乐朝天地坛的南神门所在位置。

结合 1943 年美军北京航拍照片（图 5）以及 1 ： 2000 现状地形图中残存的牺牲所南墙，可基本确定牺牲所围墙的区域范围，且牺牲所位置也正好处于上述判断的永乐朝天地坛南墙以内，位于天地坛的西南角，则与后期演变无冲突，复原图中的天地坛外垣的周长逾十里。天地坛总体格局略见图 6。

图 5 1943 年美军航拍照片中的天坛

2.3 明嘉靖朝北京天坛基址规模

嘉靖一朝对北京坛庙持续改制与营建 20 余年，改建与创制成为这一时期的重要亮点，其中，特别是嘉靖皇帝对永乐朝天地坛、山川坛与太庙的改建过程最为复杂。

嘉靖九年（1530 年），世宗朱厚熜恢复洪武初制，分祀天地于南、北两郊，在大祀殿之南别建圜丘，并改洪熙朝初创的太祖、太宗并配天地为太祖独配，祭祀时间也由孟春改为冬至。

由于已改分祀天地于南北两郊，南郊原天地坛之名即应废止，嘉靖九年（1530 年）世宗即改天地坛之名为天坛。其后，嘉靖十三年（1534 年）在礼臣夏言的建议下，在祭祀时仍称“圜丘”，其余事项则称“天坛”。[11]

嘉靖九年（1530 年）五月南郊圜丘兴工，同年（1530

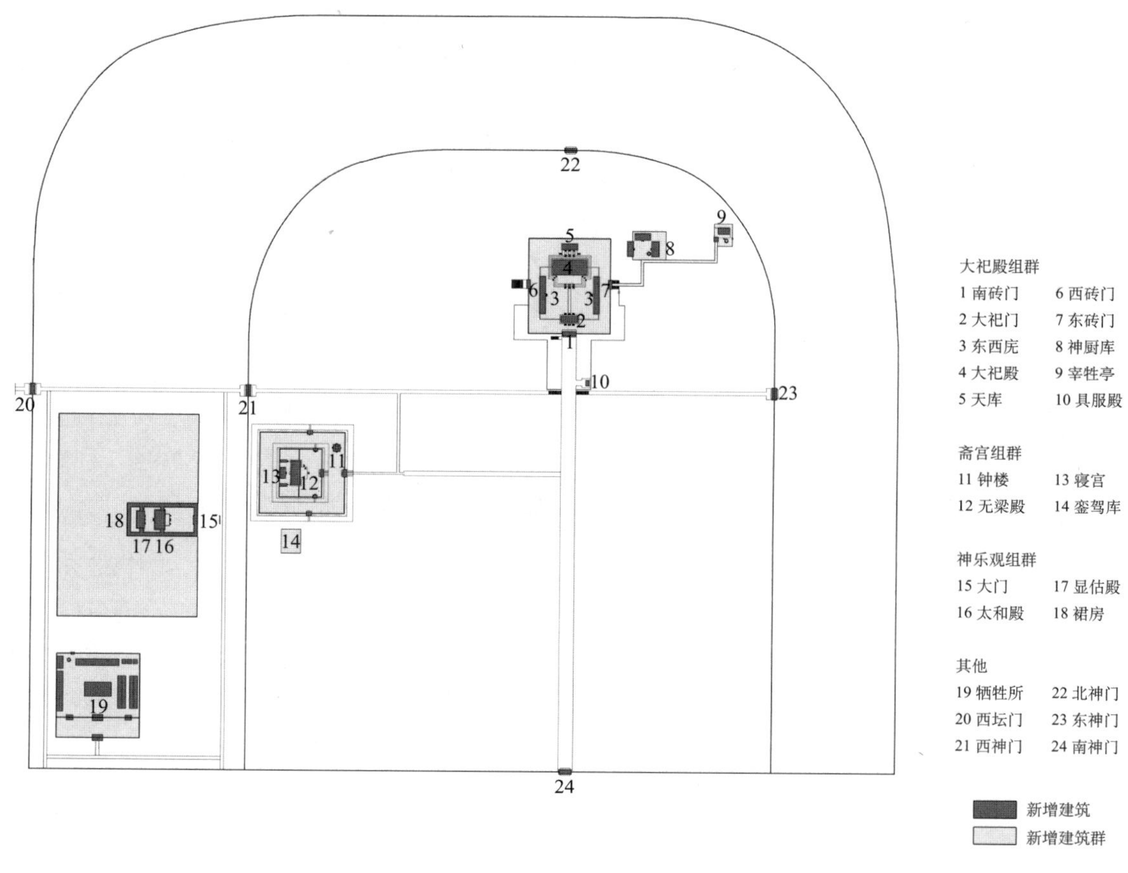

图 6 明永乐十八年（1410 年）天地坛总平面复原图

年）十月圜丘建成，冬至日即在新建之圜丘举行了祀天大典；嘉靖十年（1531 年）四月，藏神御版的泰神殿也最终建成。在此期间，圜丘外围垣的四门也已建成，分别为南门昭亨、北门成贞、东门泰元、西门广利。至此，圜丘组群初创时期的建设告一段落。

嘉靖十八年（1539 年）八月，嘉靖皇帝改泰神殿为皇穹宇，至嘉靖十九年（1540 年）七月建成。此次改泰神殿为皇穹宇不仅是建筑形制的更改，同时新建的皇穹宇组群已并非在泰神殿原址位置，而是向北移动到原成贞门的位置，致使成贞门两侧墙体呈现出现状的弧墙与直墙组合的特殊形态。

嘉靖十九年（1540 年）十月，嘉靖皇帝诏建大享殿，然而，次年太庙一场大火致使大享殿工程暂停，再次开工已是嘉靖二十二年（1543 年）三月，工程历经两年多的时间，至嘉靖二十四年（1545 年）八月，大享殿与皇乾殿建成。根据上述史料可以推断，除大享殿与皇乾殿为新建，原大祀殿组群中的东、西、南砖门与北三座门不应涉及此次新建与改建；大享门与东西庑或应在永乐朝大祀门及两庑基础上“俱修饰之”[12]（图 8）。

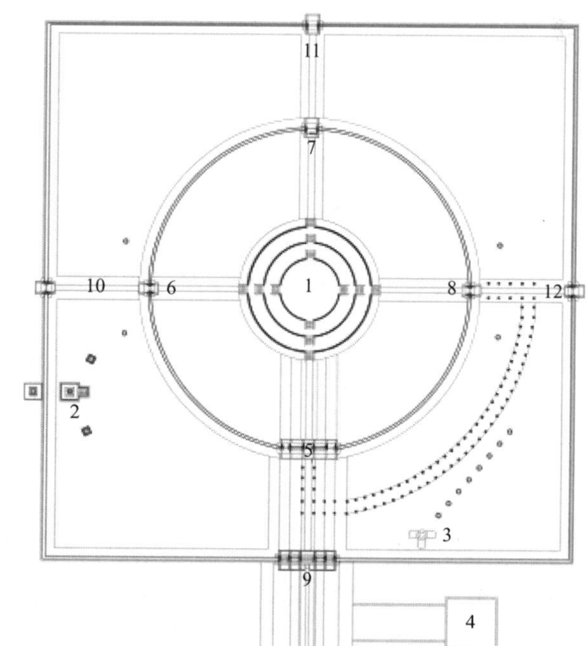

1 圜丘 2 塑灯杆 3 燎炉 4 具服台 5 内壝南棂星门 6 内壝西棂星门 7 内壝北棂星门 8 内壝东棂星门 9 外壝南棂星门 10 外壝东棂星门 11 外壝北棂星门 12 外壝东棂星门

图 7 明嘉靖十年（1531 年）圜丘总平面复原图

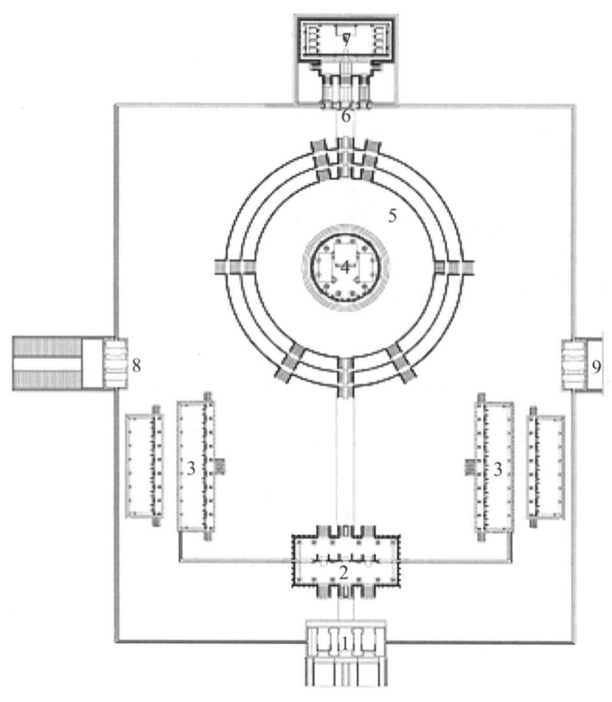

图 8　明嘉靖二十四年（1545 年）大享殿组群总平面复原图

明代永乐皇帝迁都北京之后，永乐十八年（1420）在南郊东侧营建天地坛，成为北京天坛建筑基址规模演变之始，后经明嘉靖朝新建圜丘、新建崇雩坛、改建皇穹宇、改建大享殿，最终在嘉靖二十四年（1545）基本完成了明代天坛的改扩建活动，也基本奠定了北京天坛的基址规模（图 9）。

3　清朝时期北京天坛建筑规制与基址规模

清初北京的宫室坛庙多沿用明代旧物，关乎天坛则可分为三个时期：(1) 顺康雍朝的天坛（1644 ~ 1735 年）；(2) 乾隆朝天坛改建（1736 ~ 1795 年）；(3) 嘉庆朝至光绪朝的天坛（1796 ~ 1908 年）。

3.1　顺康雍朝的天坛（1644 ~ 1735 年）

清世祖顺治朝关于营缮天坛的记载极少。虽然，《清史稿·礼志》、《清会典》中有世祖奠鼎燕京建圜丘于正阳门外南郊的记述，而所谓"奠鼎"实际是袭用明代旧物（图 10、图 11），却不肯直述而已。[13]

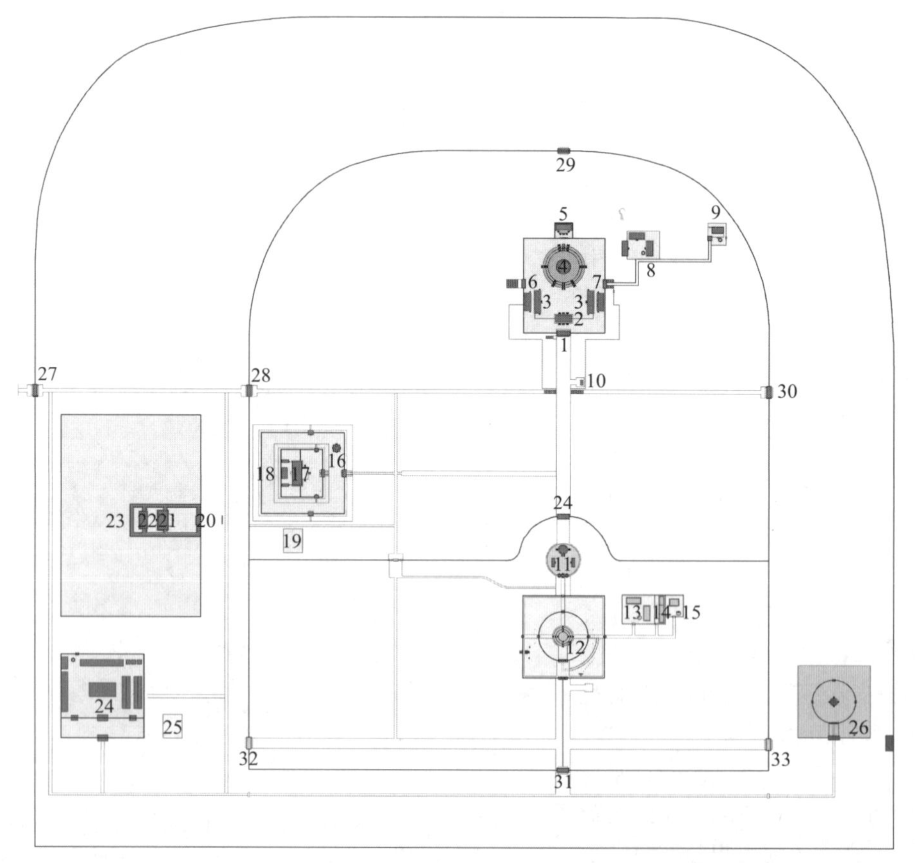

图 9　明嘉靖二十四年（1545 年）天坛总平面复原图

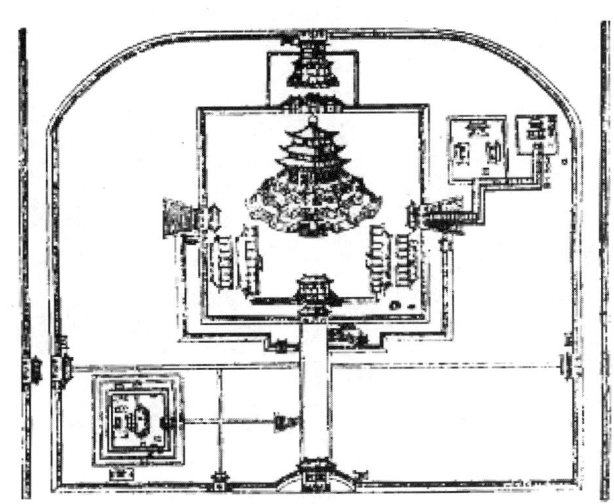

图 10 《古今图书集成》清顺康雍大享殿图

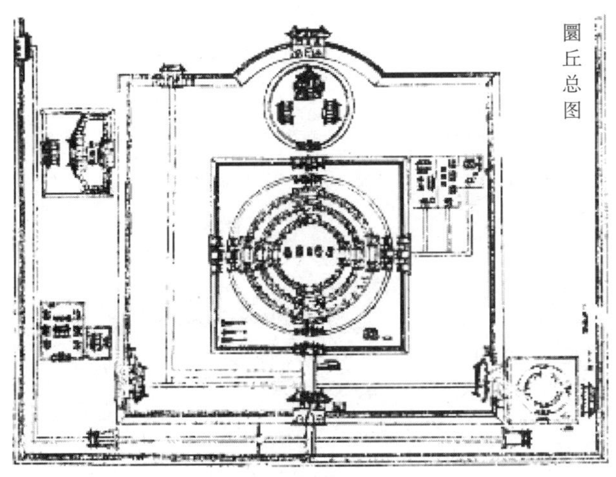

图 11 《古今图书集成》清顺康雍圜丘图

清代顺治、康熙、雍正三朝沿用明代天坛建筑，并未有改建、扩建等基址规模变化的情况。

3.2 乾隆朝天坛改建（1736 ~ 1796 年）

乾隆朝对天坛建筑进行了数次较大规模的改建，涉及基址规模的改建主要集中在斋宫、圜丘、祈年殿、坛门等处，主要可分为三个时期：乾隆八年（1743 年）改建斋宫；乾隆十二年（1747 年）拆除崇雩坛；乾隆十四年（1749 年）至乾隆十九年（1754 年）扩建圜丘，改建皇穹宇，拆除大享殿东西后重庑各 7 间，改大享殿、大享门、东西庑、祈谷坛北门及围墙瓦顶颜色为青色，更名大享殿为祈年殿、大享门为祈年门，添建圜丘坛门与钟楼。此外，乾隆三十七年（1772 年）在南砖门外西侧添建花甲门与乾隆四十六年（1781 年）在皇乾殿院西添建古稀门。其中对天坛影响较大的是圜丘的扩建与大享殿的改建。

乾隆皇帝对圜丘扩建工程非常重视，曾下过两道谕旨。第一道谕旨说明了扩建的原因，即明嘉靖朝建造的圜丘坛面尺度较小，难以容纳神版、祭品以及人员活动，同时提出了按“九五之数”扩建的设计要求。[14]

第二道给总理工程大臣的谕旨是对台面加展宽度后的具体做法的建议，即台面的铺砖可以用金砖，而不必承继明代圜丘所用的青色琉璃砖。[15]

圜丘工程兴工于乾隆十六年（1751 年）十二月，即同年冬至祭天之后。施工中由于琉璃栏板难以烧造，遂把所设计的栏板与须弥座皆用琉璃的做法改为：栏板与柱子用汉白玉，须弥座用青白石，并且每层须弥座皆安龙头。由于栏板材料改为汉白玉，因此长度上不受制约，且长高比例适中，因此数量上按照 216 楂修建。

乾隆十五年至十八年（1750 ~ 1753 年），乾隆皇帝对大享殿组群进行了改建，改大享殿为祈年殿。拆除了两重庑的后部 7 间；并更改了大享殿、大享门、东西庑、三座门及围墙的瓦顶颜色；同时对祈谷坛的三层台基进行了重新铺墁。乾隆十九年（1754 年）增建圜丘坛门与钟楼[16]（图 12）。

3.3 清后期（嘉道咸同光朝）天坛基址规模

经由乾隆朝对天坛的新建、改建工程，已趋于完善，在此后的清代后期使用中，并未有过多的基址规模变化，主要涉及的即为嘉庆十二年（1807 年）斋宫寝殿失火后重建寝殿工程与光绪朝祈年殿失火后重建工程。

光绪十五年（1889 年）祈年殿毁于雷火，光绪十六年（1890 年）重建祈年殿，大体仍依旧制。值得重视的是，这次工程留有《天坛工程做法一册》是光绪重修时工部算房之底本，虽施工上略有更变，但大体仍与现状符合，为研究此殿结构做法最重要之参考，现藏于北京图书馆。此外，祈年殿此次重建与嘉靖大享殿、乾隆祈年殿之间尚存一些差异，虽不涉及基址规模变化，但也基于此次研究略作分析：重建的祈年殿高度略低于原祈年殿，出檐也相应减小。

4 近现代北京天坛建筑基址规模变化

清末，内忧外患，法纪渐弛，天坛管理机构虽在，威仪渐失，仅能勉强维持。在 1900 年遭受外虏入侵之后，建筑基址规模和坛域走向消减。

1912 年清帝逊位，祭天制度随即废弃，北京天坛进入一个崭新的时代，1918 年由祭坛转变为公园。天坛管理、保护力度大幅下降，天坛建筑基址规模也随之发生变化，坛域不断被侵蚀，呈持续缩小状态，直至 20 世纪末，天坛坛域的萎缩态势才被遏止。

近现代天坛建筑基址规模变化从其成因，可分为两个时期：(1) 民国时期；(2) 中华人民共和国建立以后。

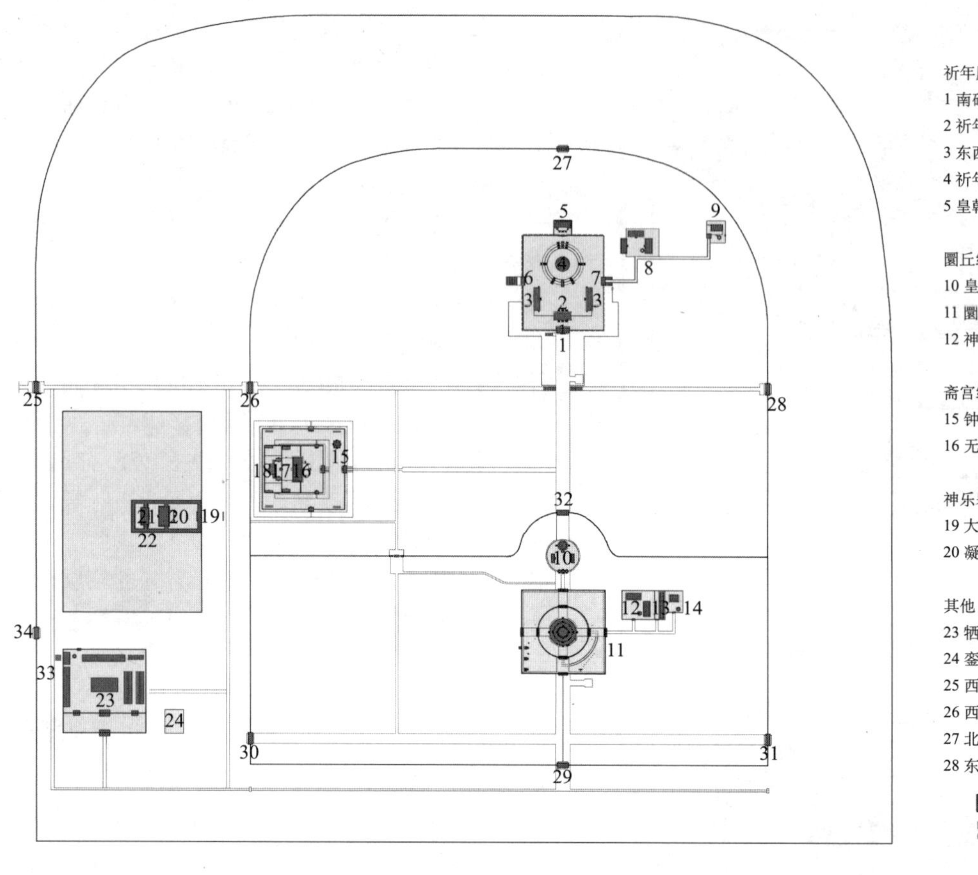

图 12　乾隆十九年（1754 年）天坛总平面复原图

4.1　清末、民国时期的基址规模变化（1900 ~ 1948 年）

清末，八国联军于 1900 年侵占天坛，毁牺牲所部分屋宇，八国联军撤走后，清政府无力恢复，而后牺牲所余房渐改为他用。民国年间牺牲所全部建筑均为林艺试验场占用，以后又辟为医院，而日军及国民党军皆以其处建军队医院。中华人民共和国成立后，其处遂成天坛医院，古建筑渐次被清除，今仅遗垣墙 1 段，滚墩石 2 座及柱础石 10 余块。余皆不存。

清朝灭亡后，帝制废除，虽然 1914 年袁世凯为复辟帝制，仍以大总统之身于天坛祭天，但其仅对祭天礼仪、服制有所改变，对天坛建筑基址没有任何影响。在为袁世凯祭天做准备时，内务部典礼司主持进行圜丘修缮工程，将各处破损瓦件更换，由于需更换者太多，烧制不及，修缮中采用了用黄瓦涂青色釉的方法，由于望灯杆损伤严重，遂拆除了南北两根灯杆，留下中间 1 根。1934 年，仅存的 1 根灯杆被大风吹折后，折木被收存。

1918 年（民国 7 年）新年元旦，天坛正式对外售票开放，从此完成了由祭坛向公园功能上的转变。这一转变，使天坛完全大众化，失去了禁令保护，在军阀混战、时局混乱的年代，这一转变无疑加速了天坛基址规模的削减。其削减成因有：(1) 驻军、战斗破坏；(2) 外单位蚕食、拆改；(3) 管理力微，平民拆毁及自然毁塌；(4) 按公园功能服务游客拆改。

建筑规模缩减最为严重的时段是 1948 年北平解放前夕。国民党军队大量进入天坛，在坛内构筑工事。斋宫辟为粮库，藏贮军需物资，两道御河也贮满了军械弹药，河廊辟为营房，并将斋宫内外清代陪祀大臣斋戒幄次旧址破坏。七十二连房为军械库，设置电台、仓库、医院等。伪军民合作会在天坛昭亨门南建飞机场，为建飞机场将天坛南外坛大片土地夷平，爆炸声隆隆半月不绝于耳，南坛墙亦扒毁，炸毁明代所建石牌坊两座，东外坛墙及北外坛墙也被破坏多处。北平解放以后，昭亨门以南坛域已不复原貌，没有围墙阻隔保护的区域，逐渐失去了和天坛的联系。

天坛既已辟为公园，必须服务于游客，民国时期对原有服务于祭祀功能的部分建筑进行了拆改。清乾隆十七年（1752 年）改建后的长廊有 72 间，有栅窗及槛墙，式如房舍，1937 年北平市文物整理实施事务处将运送祭品避风雨的七十二连房辟为游廊，拆除栅窗槛墙，添加座凳，以利

游人。改造后仅保留2间，以识其旧，并立记石，嵌于壁上。1977年再修长廊时，保留的2间也被拆除。

4.2 中华人民共和国建立以后的基址规模和坛域变化

中华人民共和国成立后，政局稳定，天坛的保护力度逐步加强，文物保护工作得到重视。1957年10月28日，天坛被北京市定为第一批古建文物保护单位，1961年天坛被国务院列为第一批全国重点文物保护单位。但因民国时部分坛墙倾圮，外坛部分坛域已跟外界无差别接壤，加上天坛作为公园的管理方针不断变化，无建筑区域及使用性质已被改变的建筑之保护在多年中被忽视，导致天坛外坛建筑基址规模持续衰减，坛域被蚕食缩小（图13）。基址规模和坛域范围缩减成因有：(1) 外单位蚕食、拆改；(2) 市政、公园功能服务、拆改。

1949年7月12日北平市市长叶剑英、副市长张友渔联署命令：占驻天坛各单位撤出，并要求有关机关加强对古建筑的保护。内坛占用单位陆续迁出殿堂。此后内坛核心区古建逐渐得到保护，依清代原有规制进行修缮恢复，保存完好。外坛区域古建则或已因战乱倾圮，或历史沿袭仍被占用，并逐渐脱离天坛公园的管理，成为外单位用地。

1952年为开辟天坛北路，又将天坛北外坛墙拆除，以拆下之砖在原基址迤南30m处另砌一道砖墙，即今天坛公园北园墙。

神乐署在解放后由卫生部及中国医学科学院下属诸单位借用，1960年由天坛公园管理处收回凝禧殿，显佑殿则被中国医学科学院、生物药品检定所改为职工食堂。署内群房则成为民居，建筑外观大变。而署外院落群房均为卫生部单位占用，建筑悉被改造，古建不存，天师府、关帝庙竟无痕迹。神乐署署院的回收工作自1983年开始，历经19年，直至2002年2月，长期占用神乐署署院的中国药品检定所等单位居民全部迁出，天坛随即展开大规模的保护修缮工程。2005年元旦，神乐署被辟为古代皇家音乐展馆对外开放。

1984年，天坛提出了“以文物保护为前提，恢复历史原貌为方向”的规划设想。首先以斋宫为试点，举办祭天文物陈展，此后，按照“恢复历史原貌，发挥天坛特色”的发展方向，陆续有了1988年的皇穹宇祭天文物陈展以及1990年祈年殿建筑群历史原貌恢复展出，天坛文化的深刻内涵也日益引起社会各界专家学者的关注。

1998年天坛申报世界文化遗产成功，为兑现完整性承诺，天坛逐渐回收被外单位占据坛域。2001年，天坛北外坛的中山花圃占地被收回，恢复绿地7公顷。北京花木公司原天坛花卉市场10hm^{2}占地全部还绿。2001年，收回位于西南内坛园林机械厂占地。2004年，完成神乐署居民腾退并实施文物修缮和陈展工作。2005年位于东南外坛的园林学校将主校址搬迁到房山，北外坛公园管理处搬迁到公园游览区以外。2012年随着位于西北外坛的园林学校教学实习苗圃归还天坛，园林系统所有占用坛域全部回归天坛（图14）。目前，天坛外坛仍有72hm^{2}土地被外单位和居民楼占用，占整个外坛面积一半之多。

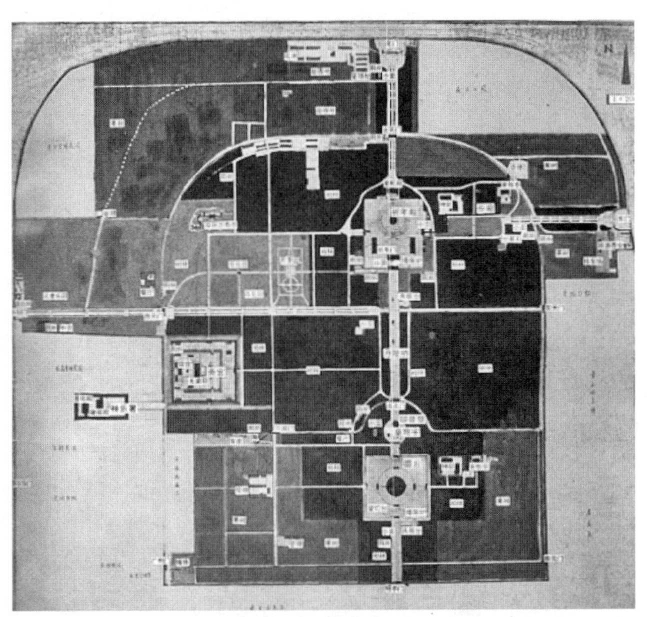

图13　1992年《天坛公园总体规划》的天坛现状图，黄色区域为被外单位占用坛域

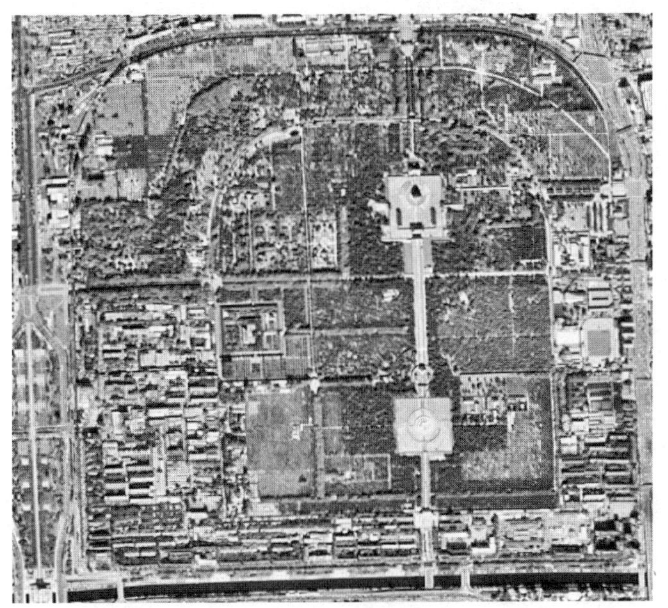

图14　2012年天坛坛域回收恢复绿化后实景图

5 结语

“完整性”是世界遗产保护的重要原则之一，是支撑世界遗产普遍价值的重要支柱之一。完整性原则既包括世界遗产空间格局完整，也包括历史信息概念的完整。因此，天坛在申报世界遗产时，把恢复天坛的完整性作为缔约国的一项重要承诺。

根据申遗承诺，天坛核心保护区（天坛公园现有管理区域）和一般性保护区（包括现公园管理区域以外的原有坛域）不得兴建新建筑，必须按规划逐渐拆除坛域内非古代建筑，并恢复为绿地，此项工作应该在2030年以前全部完成，最终达到世界遗产“完整性”的要求。

参考文献

[1]（清）张廷玉．明史 志24 卷48[M].北京：中华书局，1976：1245.

[2]（明）徐一夔，等．大明集礼 卷1[M].日本早稻田大学藏书．明嘉靖本．

[3] 明太祖实录 卷39[M].台湾：中央研究院历史语言研究所校勘影印，1962.

[4] 明太祖实录 卷44[M].台湾：中央研究院历史语言研究所校勘影印，1962.

[5] 明太祖实录 卷85[M].台湾：中央研究院历史语言研究所校勘影印，1962.

[6]（清）孙承泽撰．春明梦余录 卷14.《四库全书》光盘版．武汉大学出版．

[7] 明太宗实录 卷10[M].台湾：中央研究院历史语言研究所校勘影印，1962.

[8]（明）李贤等．大明一统志 卷1[M].汉籍善本全文影像资料库，1962.

[9] 明英宗实录 卷59[M].台湾：中央研究院历史语言研究所校勘影印，1962.

[10] 明英宗实录 卷106[M].台湾：中央研究院历史语言研究所校勘影印，1962.

[11] 明世宗实录 卷119 [M].台湾：中央研究院历史语言研究所校勘影印，1962.

[12]（清）钦定续文献通考 卷68[M].文渊阁四库全书电子版．上海：上海出版社，迪志文化出版有限公司，1999.

[13] 单士元．明代营造史料——天坛．中国营造学社汇刊．

[14]（清）大清会典则例 卷七十六 [M]// 迪志文化出版有限公司．文渊阁四库全书内联网版．

[15]（清）皇朝文献通考 卷九十三 [M]// 迪志文化出版有限公司．文渊阁四库全书内联网版．

[16] 乾隆大清会典则例 卷127.《四库全书》光盘版．武汉大学出版．

栾多态毛蚜和京枫多态毛蚜繁殖能力研究

北京市园林科学研究院 / 王建红　李　广　邵金丽　车少臣

摘　要：多数蚜虫具夏季高温种群崩溃现象，因而研究温度与栾多态毛蚜（*Periphyllus koelreuteria*）和京枫多态毛蚜（*P. diacerivorus*）种群发生发展规律、种群存活率和内禀增长率等关系具重要意义。本文通过插条法对此进行了研究。研究结果显示，在24～32℃温度区间内，栾多态毛蚜和京枫多态毛蚜的种群存活率和生殖力均为先随温度升高而增加，后随温度升高而降低，但前者的生殖力在28℃时达到顶点，后者在26℃时达到顶点。因而，栾多态毛蚜的最适繁育温度为28℃，京枫多态毛蚜为26℃。两种蚜虫在32℃高温下种群崩溃。研究结果为合理控制两种蚜虫提供了依据。

关键词：栾多态毛蚜；京枫多态毛蚜；存活率；生殖力；种群

世界上蚜虫共有5000多种，中国已知蚜虫1000多种，大多数蚜虫是农林生产上的害虫，少数为重要的农林大害虫（乔格侠等，2009）。同时，由于极大多数种类蚜虫营周期性孤雌生殖生活，使其能在逆境下以卵渡过不利环境，在适生条件下以孤雌繁殖快速建立种群，成为最适于温带地区生存的物种，而多样性的热带地区植物环境不利于寿命较短且食物专化性较强的蚜虫生存，因而热带地区蚜虫种类和数量极少（Dixon *et al.*，1987）。尽管蚜虫成为温带地区适生种，但已有的研究表明，多数蚜虫具夏季高温种群崩溃现象（Basky，1993；马吉宏等，2012；高桂珍和吕昭智，2015），园林绿地蚜虫同样如此（李广等，2016），因而研究温度与蚜虫种群发生发展规律、种群存活率和内禀增长率等关系对于有效控制蚜虫、减少化学药剂盲目使用等具重要的意义。

栾树（*Koelreuteria paniculata*）是北京市十分常见的园林绿化树种，其主要害虫栾多态毛蚜（*Periphyllus koelreuteria*）常于早春栾树未发芽前就开始爆发，至5月中下旬后虫口数量迅速减少，形态上也转为越夏滞育型，秋季虫口密度再次上升到极大虫口数量；五角枫（*Acer mono*）、元宝枫（*Acer truncatum*）同样为北京市常见的园林绿化树种，其主要害虫京枫多态毛蚜（*P. diacerivorus*），也常于早春五角枫和元宝枫刚发芽时就开始爆发成灾，至5月中下旬随着气温的升高而种群数量迅速减少，至秋季天气转凉后田间可再次发现京枫多态毛蚜的发生。基于上述两个因素，对不同温度条件下栾多态毛蚜和京枫多态毛蚜的种群存活率、繁殖力、净增殖率和内禀增长率等进行了研究。

1　材料与方法

1.1　供试虫源

栾多态毛蚜和京枫多态毛蚜分别采自北京市园林科学院院内的栾树和五角枫植株上，接种到本试验室盆栽栾树和五角枫幼苗上，于人工气候箱中［26±0.5℃、60% 相对湿度、L16（24000lx）∶D8］繁育3～5个世代后，作为供试虫源。

1.2 材料与方法

蚜虫种群存活率、繁殖力、净增殖率和内禀增长率等参考插条法（单访，况荣平，1988）进行研究。在北京市园林科学研究院院内选择长势、粗细、成熟度一致的栾树枝条，截取顶叶下含第7～9叶片的20cm长度枝条，各枝条的保留复叶大小一致，将各枝条插入内有250mL蒸馏水的三角瓶中，在瓶口处嵌入有孔白色泡沫塑料，每枝条接种栾多态毛蚜和京枫多态毛蚜成虫各5头，置于2000mL烧杯中，用纱布封口后置于按表1运行的6个温度处理的人工气候箱中培养。待其产生若蚜后将成虫剔除，仅保留初生若蚜，每隔2d计数1次。若蚜期需定期观测若蚜的存活数；待进入生殖期，需要定期观测蚜虫的存活数和产蚜量，并将新产的若蚜剔除。每试验处理设重复5次，每次观测结束后需将三角瓶内的蒸馏水补足。

人工气候箱各温度处理运行条件　　表1

处理名称 / 温度	24h循环 全光培养→半光培养→暗培养→半光培养→全光培养											
	全光培养				暗培养				半光培养			
	时间(hr)	湿度(%)	光照(lx)	温度(℃)	时间(hr)	湿度(%)	光照(lx)	温度(℃)	时间(hr)	湿度(%)	光照(lx)	温度(℃)
22℃	8	55	24000	22	8	75	0	19	4	65	16000	20.5
24℃				24				21				22.5
26℃				26				23				24.5
28℃				28				25				26.5
30℃				30				27				28.5
32℃				32				29				30.5

1.3 数据分析

观测并统计不同温度处理下栾多态毛蚜和京枫多态毛蚜的存活率，以及不同温度处理下栾多态毛蚜和京枫多态毛蚜的生殖力如产蚜前期、单体日均产蚜量、总产蚜量、产蚜期等指标，并进行方差分析，进行显著性比较，计算出各处理下栾多态毛蚜和京枫多态毛蚜种群增长能力参数，各参数的计算方法如下：

存活率 $L_x=\frac{N_t}{N_0}$

产雌率 $M_x=\frac{F_t}{N_t}$

净增殖率 $R_0=\Sigma L_xM_x$

平均世代周期 $T=\frac{\Sigma L_xM_xX}{\Sigma L_xM_x}$

种群指数增长模型 $N_t=N_0e^{rt}$，其中内禀增长率 $r=\frac{\ln R_0}{T}$。

种群抗干扰反应时间 $t=-\frac{1}{r}\ln(1-M)$，其中 M 为干扰系数。

2 结果与分析

2.1 温度对栾多态毛蚜和京枫多态毛蚜存活率的影响

2.1.1 栾多态毛蚜

从图1结果可见，在22～30℃温度范围内，栾多态毛蚜种群的初始存活率均较高，但存活率下降拐点时间存在较大差异，即28℃≈26℃＞24℃≈22℃＞30℃，且其平均寿命之间差异显著，见表2。26～28℃处理条件下栾多态毛蚜的存活率和平均寿命显著高于其他温度；24℃又显著高于30℃和22℃；32℃又显著低于其他温度处理。在高温条件下（32℃）栾多态毛蚜种群很早即表现出存活率急剧下降的趋势，10d后存活率不足10%，22d后全部死亡。因此，26～28℃是栾多态毛蚜的最适适生温度；当温度

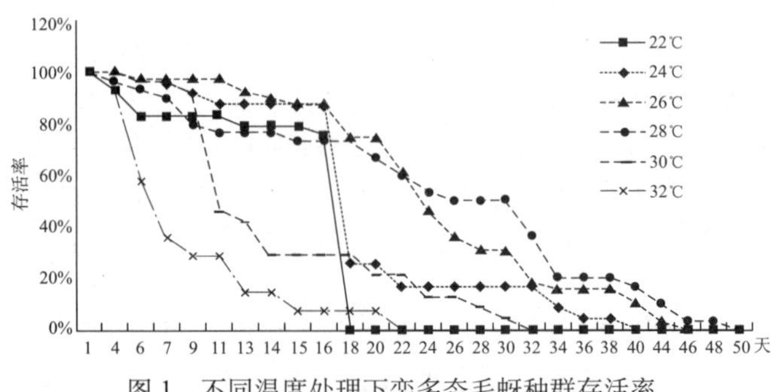

图1　不同温度处理下栾多态毛蚜种群存活率

高于32℃时，高温不利于栾多态毛蚜的存活，容易造成栾多态毛蚜种群的崩溃。

2.1.2　京枫多态毛蚜

由图2可见，在22～32℃温度范围内，京枫多态毛蚜的初始成活率均较高，但10天后30℃处理下蚜虫的存活率急剧降低；32℃处理下的蚜虫种群由于高温诱发滞育，存活率在试验中期保持在一个稳定的水平，至25天后突然全部死亡；22℃处理下的蚜虫种群于试验中期突然崩溃，是否因为其他因素导致种群死亡率突升，还需要进一步重复试验证明；24～28℃温度区间下蚜虫种群的存活率曲线未显示出明显的差异。

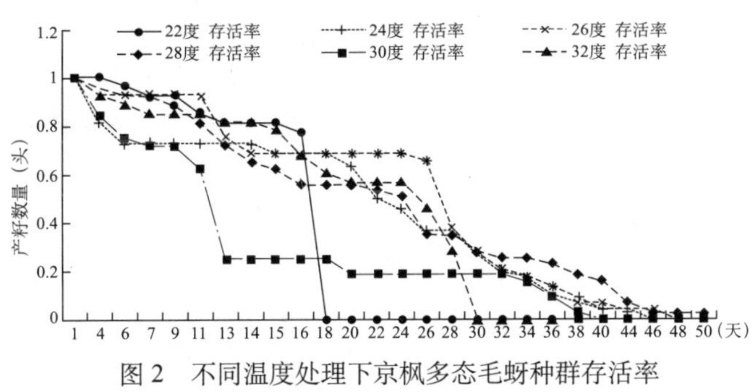

图2　不同温度处理下京枫多态毛蚜种群存活率

2.2　温度对栾多态毛蚜和京枫多态毛蚜生殖力的影响

2.2.1　栾多态毛蚜

从表2可见，温度对栾多态毛蚜种群的平均寿命、产蚜前期、日均产蚜量均有显著影响。26℃和28℃时，栾多态毛蚜种群的平均寿命最长，且极显著高于其他温度；22℃和28℃时，其产蚜前期最短，且极显著短于其他温度；28℃时，其成虫产蚜期最长，且极显著长于其他温度；26℃和28℃时，其日均产蚜量仅低于22℃，但显著高于24℃。因而，28℃时，平均每头孤雌蚜的产蚜总量达（36.58±5.60）头，显著高于其他温度；26℃时达（27.06±8.93）头，显著高于22℃、24℃和30℃；22℃时，其日均产蚜量最高，但成蚜产蚜期极短，因而其平均每头孤雌蚜的产蚜总量仅为（10.99±3.25）头；24℃时，因其日均产蚜量极低，成蚜产蚜期极短，其平均每头孤雌蚜的产蚜总量极低，仅为（5.70±2.59）头；当温度达30℃，5组试验中，仅有1组产蚜，且其产蚜前期极长，因而栾多态毛蚜在30℃时，生殖力已降低到极低；至32℃时，5组栾多态毛蚜直至全部死亡，均未产生后代。因而，24～28℃，随温度的升高，栾多态毛蚜的生殖力逐渐升高，28℃达到顶点；温度高于28℃，栾多态毛蚜的生殖力随温度的升高急剧降低，至32℃时，丧失生殖力。22℃处理，其平均寿命和成蚜产蚜前期未表现出随温度降低而延长，成蚜日均产蚜量也未表现出随温度降低而降低的规律，原因有待进一步研究。

2.2.2　京枫多态毛蚜

由表3可见，温度对于京枫多态毛蚜种群的产蚜前期、日均产蚜量和成蚜产蚜期等均有显著影响，但温度对京枫多态毛蚜的寿命无显著影响。24℃时，虽其产蚜前期最长，且显著长于其他温度，但其日均产蚜量最高，且显著高于22℃、28℃和30℃。26℃时，其成蚜日均产蚜量仅次于24℃，但其成蚜产蚜期最长。因而，24℃和26℃时，其平均每头孤雌蚜的产蚜总量分别达（23.26±6.86）和（28.94±7.87）头，显著高于22℃和30℃。22℃时，虽其产蚜前期最短，成蚜日均产蚜量仅次于24℃和26℃，但其成蚜产蚜期显著低于24℃、26℃和28℃，因而其成蚜产蚜总量相对较低。当温度达30℃时，仅有1头成蚜产卵，且其成蚜日均产蚜量急剧降低，极显著地低于22～28℃，其成蚜产蚜期也极显著地低于22～28℃，蚜虫的繁殖能力急剧降低。当温度达到32℃时，蚜虫丧失生殖力。

不同温度处理下栾多态毛蚜的种群生殖力参数　　表2

种群参数	平均寿命（天）	产蚜前期（天）	成蚜日均产蚜量（头/天）	成蚜产蚜总量（头）	成蚜产蚜期（天）
22℃	15.07±1.47c	13.20±0.66c	2.68±0.31a	10.99±3.25c	3.80±0.66c
24℃	20.26±2.27b	16.50±2.53b	0.72±0.19c	5.70±2.59d	6.40±3.08c
26℃	26.96±2.43a	15.50±0.96b	1.40±0.41b	27.06±8.93b	15.20±4.29b
28℃	25.95±1.55a	13.00±1.10c	1.39±0.17b	36.58±5.60a	26.00±1.55a
30℃	18.06±3.32c	22.00±4.00a	0.62±0.31c	5.53±2.66d	5.80±2.56c
32℃	10.43±1.57d	—	0.00d	0.00e	0.00d

不同温度处理下京枫多态毛蚜的种群生殖力参数 表 3

种群参数	平均寿命（天）	产蚜前期（天）	成蚜日均产蚜量（头／天）	成蚜产蚜总量（头）	成蚜产蚜期（天）
22℃	16.11±1.56a	9.25±1.65b	1.13±0.31b	8.91±3.16b	6.2±2.01b
24℃	22.72±5.19a	16.2±2.71a	1.78±0.18a	23.26±6.86a	13.2±4.21ab
26℃	25.85±3.71a	10.50±0.50b	1.34±0.41ab	28.94±7.87a	19.2±6.28a
28℃	19.74±3.76a	10.33±0.67b	0.68±0.33c	18.79±8.85ab	17.6±7.63a
30℃	15.48±4.87a	11.00	0.16±0.16d	2.60±2.60c	3.2±3.2c
32℃	21.46±1.11a	—	0.00 d	0.00 d	0.00 d

2.3 温度对栾多态毛蚜和京枫多态毛蚜种群生命表参数的影响

2.3.1 栾多态毛蚜

由图 3 可见，22℃处理下种群的产蚜峰值出现较早，出现在第 16 天左右，而后迅速下降；24℃、26℃和 28℃的产蚜峰值出现较晚，均在 24 天左右出现，并且最大产蚜率 26℃处理＞28℃处理＞24℃处理；24℃和 26℃下，18 ～ 28 天为其产蚜高峰期，随后其产蚜量急剧下降；28℃下，其产蚜高峰期可一直从 18 天维持至第 45 天；30℃处理下产蚜率偏低并且没有明显的峰值，32℃处理在试验周期里没有若蚜产生。

栾多态毛蚜的种群生殖力表的各参数见表 4，由表 4 可见，26℃和 28℃处理下的栾多态毛蚜种群净增殖率要显著高于其他处理；26 ～ 28℃温度范围内，栾多态毛蚜种群的平均世代时间较 22℃和 24℃长，但短于 30℃；22℃、26℃和 28℃处理下，栾多态毛蚜具有更高的内禀增长率。

2.3.2 京枫多态毛蚜

图 4 为 22 ～ 32℃条件下京枫多态毛蚜的逐日产蚜量趋势图，由图 4 可见，24 ～ 28℃温度处理区间内单头产雌率的高峰期维持时间较长，集中在第 15 至第 30 天左右。且在各温度处理下，当其产蚜高峰期结束后，存活率即开始显著下降。

京枫多态毛蚜的生命表参数见表 5，由表 5 可见，在不同温度处理下，随着温度的升高，京枫多态毛蚜种群的净增殖率先升后降，26℃净增殖率最高；24 ～ 28℃区间范围内京枫多态毛蚜的平均世代时间要长于其他温度处理；22 ～ 28℃范围内各温度处理下京枫多态毛蚜种群内禀增长率之间无显著差异，而高温条件下其内禀增长率则显著下降。

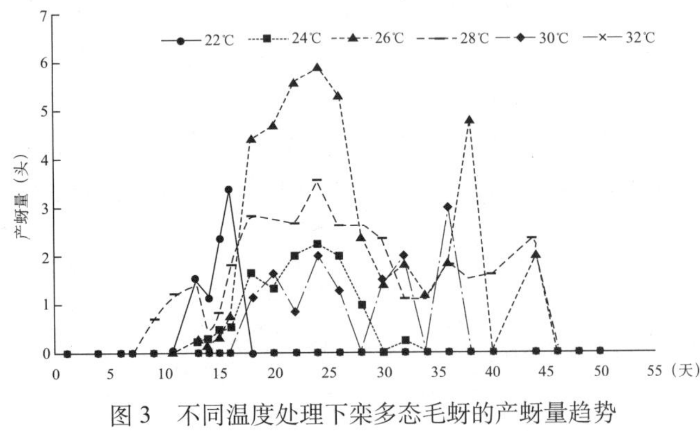

图 3 不同温度处理下栾多态毛蚜的产蚜量趋势

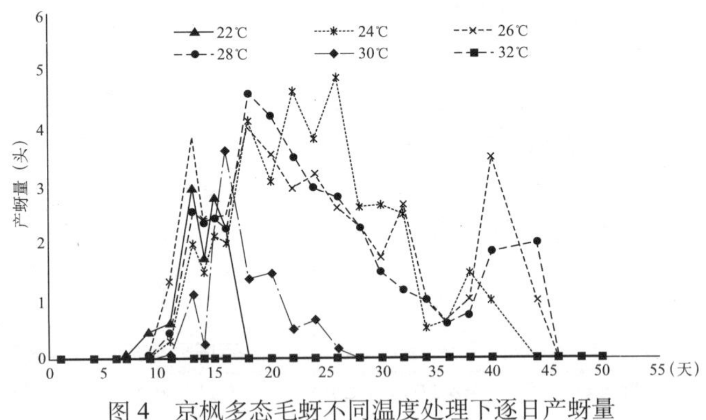

图 4 京枫多态毛蚜不同温度处理下逐日产蚜量

不同温度对栾多态毛蚜的生命表参数的影响 表 4

生命表参数	净增殖率（%）	平均世代时间（天）	内禀增长率
22℃	6.69	14.82	0.1282
24℃	3.33	19.49	0.0618
26℃	17.38	22.85	0.1249
28℃	17.77	21.95	0.1311
30℃	1.80	23.47	0.0250
32℃	—	—	—

不同温度处理下京枫多态毛蚜的生命表参数 表 5

生命表参数	净增殖率（%）	平均世代时间（天）	内禀增长率
22℃	8.91	13.92	0.1571
24℃	18.68	20.62	0.1420
26℃	22.66	19.58	0.1593
28℃	18.37	20.19	0.1442
30℃	2.75	16.72	0.0605
32℃	—	—	—

2.4 温度对栾多态毛蚜和京枫多态毛蚜抗干扰能力的影响

2.4.1 栾多态毛蚜

表 6 为栾多态毛蚜在 22 ～ 32℃下和 50% ～ 90% 干扰系数的抗干扰反应时间，由表 6 可见，22℃、26℃和 28℃处理下的蚜虫种群在各干扰比例下的抗干扰反应时间无显著差异，24℃处理下的蚜虫种群在干扰下恢复的时间稍长，而 30℃处理则需要更长的恢复时间，32℃处理下的蚜虫种群由于没有繁育后代的能力，因此没有恢复种群的抗干扰能力。在 26℃和 28℃时，即使干扰力为 80%，蚜虫的种群在 13 天内即可恢复，而 26℃和 28℃为北京 4 ～ 5 月的日平均气温，因此，仅凭药剂在 4 ～ 5 月很难控制栾多态毛蚜的危害；至 5 月的下旬后，北京夏季温度普遍高于 30℃，此时即使不施用化学药剂，栾多态毛蚜的种群数量也会很快崩溃。

栾多态毛蚜种群的抗干扰反应时间（单位：天） 表 6

温度 \ 干扰系数	50%	60%	70%	80%	90%
22℃	5.41	7.15	9.39	12.55	17.96
24℃	11.22	14.83	19.49	26.05	37.27
26℃	5.55	7.33	9.64	12.88	18.43
28℃	5.29	6.99	9.19	12.28	17.57
30℃	27.67	36.58	48.07	64.25	91.93
32℃	—	—	—	—	—

2.4.2 京枫多态毛蚜

表 7 为京枫多态毛蚜在 22 ～ 32℃下和 50% ～ 90% 干扰系数的抗干扰反应时间，由表 7 可见，22 ～ 28℃温度范围内蚜虫种群在各干扰比例下的抗干扰反应时间没有显著差异，温度达到 30℃之后蚜虫种群的抗干扰反应时间则显著延长，32℃处理下的蚜虫种群由于没有繁育后代的能力，因此没有恢复种群的抗干扰能力。在 22℃和 28℃时，即使干扰力为 90%，蚜虫的种群在 15 天左右即可恢复，而 26℃和 28℃为北京 4 ～ 5 月的日平均气温。因此，仅凭药剂在 4 ～ 5 月很难控制京枫多态毛蚜的危害；至 5 月的下旬后，北京夏季温度普遍高于 30℃，此时即使不施用化学药剂，京枫多态毛蚜的种群数量也会很快崩溃。

京枫多态毛蚜种群抗干扰反应时间（单位：天） 表 7

温度 \ 系数	0.50	0.60	0.70	0.80	0.90
22℃	4.41	5.83	7.66	10.24	14.65
24℃	4.88	6.45	8.48	11.33	16.21
26℃	4.35	5.75	7.56	10.10	14.45
28℃	4.81	6.36	8.35	11.16	15.97
30℃	11.45	15.14	19.89	26.59	38.05
32℃	—	—	—	—	—

3 讨论

3.1 寄主叶片新老程度对试验结果的影响

由于试验需在严格控制温湿度的人工气候箱中进行，而人工气候箱空间有限，无法直接用栾树和五角枫幼苗直接进行试验，因而本研究采用插条法。但在试验过程中，我们发现无论是栾树还是五角枫，其幼嫩枝条在水培 5d 后即开始萎蔫，无法继续试验，而重新频繁更换枝条会对 2 种蚜虫的寿命和产蚜量造成极大影响，但枝条上的叶片为顶叶下第 7 ～ 9 个叶片时，水培时可保持 30 天的寿命，中间只需更换 1 次枝条。但由于栾多态毛蚜和京枫多态毛蚜均喜在寄主植物的嫩枝和嫩叶上为害，强制上述 2 种蚜虫在老叶上取食，可能会对其生殖能力造成影响。

同时，由于枝条水培时间较长，水培液中又不能增加营养物质，否则易造成插条基部发霉，进而引起插条死亡，因而插条在长期水培条件下，后期会表现出营养不良的症状，水培时间越长，症状越明显。因而，本试验获得的数据均为 2 种蚜虫可能处于营养不良下的数据，也可能会对 2 种蚜虫的生殖能力造成影响。

3.2 变温对蚜虫生殖力的影响

在预试验中，我们发现栾多态毛蚜和京枫多态毛蚜在恒温人工气候箱中培养时，其生殖力极低，在 20℃至 30℃温度处理下，其种群数量均很难达到一定的密度。而在变温处理情况下，其种群数量上升较快。蚜虫在恒温条件下生殖力低，而在变温条件下生殖力较高的现象还未见文献报道，也需进一步进行试验证明。

在本试验中所涉及的温度处理均为人工气候箱中变温培养的最高温度，如 28℃处理为 55% 相对湿度和 24000lx 光照条件下培养 8 小时，后 65% 相对湿度和 16000lx 光照条件下培养 4 小时，后 75% 相对湿度和暗培养 8 小时，后 65% 相对湿度和 16000lx 光照培养 4 小时，再升温至 28℃的循环。

3.3 温度对蚜虫种群的影响

众多的文献研究报道表明温度是造成蚜虫夏季种群崩溃的主要原因（Basky，1993），但不同蚜虫耐受的高温不同（Jeffs *et al.*，2014；Chiu *et al.*，2015），同一蚜虫在不同地区亦可耐受不同程度的高温，如在伊朗 35℃时，棉蚜不能够完成生命循环，也不能产仔（Zamani *et al.*，2006），35℃的持续高温对若蚜是致命的（Aldyhim and Khalil，1993；Satar *et al.*，2005）。但中国南部蚜虫在 35℃下能够生存并且产仔（Xia *et al.*，1999）。同时，变温与恒温对麦蚜（Ma *et al.*，2004）、桃蚜（Davis *et al.*，2006）、棉蚜（李晶晶等，2011）等存活和繁殖存在显著差异影响。

本研究结果表明，温度对于栾多态毛蚜和京枫多态毛蚜种群发展的诸多参数均有显著的影响，两者均在30℃及以上温度条件下产生种群崩溃现象。当环境气温连续出现30℃及以上高温时，两种蚜虫均不需进行防治，其种群数量即可处于极低水平。

本研究结果还表明，栾多态毛蚜的最适生存、繁殖温度为28℃，京枫多态毛蚜的最适生存、繁殖温度为26℃。

参考文献

[1] Aldyhim Y N，Khalil A F. Influence of temperature and daylength on population development of *Aphis gossypii* on *Cucurbita pepo*. Entomology Experiment and Application，1993，67（2）：167-172.

[2] Basky Z. Incidence and population fluctuation of Diuraphis noxia in Hungary. Crop protection，1993，12（8）：605-609.

[3] Blackman R L，Eastop V F. Aphids on the world' plants—An online identification and information guide. http：// aphidsonworldsplants.info/.

[4] Chiu M C，Kuo J J，Kuo M H. Life stage-dependent effects of experimental heat waves on an insect herbivore. Ecol Entomol，2015，40：175-181.

[5] Davis J A，Radcliffe E B，Ragsdale D W. Effects of high and fluctuating temperatures on *Myzus persicae*（Hemiptera：Aphididae）. Environmental Entomology，2006，35（6）：1461-1468.

[6] Dixon A F G，Kindlmann P，Lepš J et al. Why there are so few species of aphids，especially in the tropics. Am. Nat. 1987，129：580-592.

[7] Jeffs C T，Leather S R. Effects of extreme，fluctuating temperature events on life history traits of the grain aphid，*Sitobion avenae*. Entomol Exp Appl，2014，150：240-249.

[8] Ma C S，Hau B，Poehling H M. Effects of pattern and timing of high temperature exposure on reproduction of the rose grain aphid，*Metopolophium dirhodum*. Entomologia Experimentalis et Applicata，2004，110（1）：65-71.

[9] Satar S，Kersting U，Nedim U. Effect of temperature on development and fecundity of *Aphis gossypii* Glover（Homoptera：Aphididae）on cucumber. Journal of Pest Science，2005，78（3）：133-137.

[10] Xia J Y，Vander W W，Rabbinge R. 1999. Inuence of temperature on bionomics of cotton aphid，*Aphis gossypii* on cotton. Entomologia Experimentalis et Applicata，90（1）：25-35.

[11] Zamani A A，Talebi A A，Fathipour Y，*et al.* 2006. Effect of temperature on biology and population growth parameters of *Aphis gossypii* Glover（Hom.，Aphididae）on greenhouse cucumber. Journal of Applied Entomology，130（8）：453 － 460.

[12] 卜庆国 . 2012. 马铃薯蚜虫种群生态学的研究 . 硕士学位论文，内蒙古农业大学，内蒙古：呼和浩特 .

[13] 李晶晶，马罡，黄敏，等 . 2011. 短期高温脉冲对瓜型棉蚜的抑制作用及其在防治中的应用 . 中国植保导刊，31（7）：10-13.

[14] 单访，况荣平 . 1988. 苹果绵蚜种群内享增长率的研究 . 动物学研究，9（3）：285-289.

[15] 冯丽凯 . 2015. 温度对棉花蚜虫种群增长及种间竞争的影响效应 . 硕士学位论文，石河子大学，新疆，石河子 .

[16] 高桂珍，吕昭智 . 2015. 仲夏棉蚜种群崩溃机制研究进展 . 环境昆虫学报，37（5）：1101-1108.

[17] 李广，车少臣，仇兰芬，等 . 2016. 园林绿地刺吸害虫及其天敌时序动态及发生规律的研究 . 北方园艺，16：118-124.

[18] 马吉宏，吕昭智，高桂珍，等 . 2012. 波动性高温模式对夏季棉蚜繁盛期种群崩溃的影响 . 干旱区研究，29（2）：369-374.

[19] 乔格侠，张广学，姜立云，等 . 2009. 河北动物志，蚜虫类 . 河北科学技术出版社，河北，石家庄 .

木兰属植物的引种筛选与繁殖

北京市植物园 / 曹 颖 孙 宜 王 扬

摘 要： 在对北京地区木兰属植物调查的基础上，有针对性地从国内外引种木兰属植物30个种及品种；采用百分法对这30个种（品种）进行综合评价和打分，共筛选出适合北京地区、综合性状优良的木兰属植物品种10个；对8个木兰属品种进行了繁殖试验，8月芽接的成活率较高，大部分品种达90%以上。筛选出的木兰属植物适应北京的气候特点，且花色、花型多样，在城市园林应用中能够丰富城市色彩，提升景观品质。

关键词： 木兰属；引种；筛选；繁殖

木兰属植物种类繁多，花色艳丽多姿，盛花时节芳香怡人，是少有的集树形优美、观花、观果为一体的优良树种。木兰属（*Magnolia*）是木兰科植物中分布最广的属，木兰属植物全球分布约 90 种，产亚洲东南部温带及热带。我国约有 31 种，分布于西南部、秦岭以南至华东、东北。[1] 木兰属中的玉兰是我国传统观赏花木，有 2500 余年的栽培历史。玉兰树姿雄伟，早春花开时冰清玉洁，姿态典雅，景色壮观。国外虽然木兰属种资源不多，却有众多的木兰爱好者，园艺工作者对木兰情有独钟，我国的许多种被引种到国外，成为园林栽植的首选和品种创新的母本。法国人在 19 世纪就利用引自我国的白玉兰和紫玉兰进行杂交，培育出的杂种二乔玉兰现在已有上百个品种，在世界各地广泛栽培。美国通过引种木兰属植物及从中选择和杂交培育出的木兰类观赏品种有上千个，新西兰、澳大利亚等也培育有不少木兰品种。[2] 我国近年也有报道发现新种和变种，马履一等[3] 在湖北发现木兰属一新种，2006 年命名为红花玉兰（*M.wufengensis* L．Y．Ma et L．R．Wang），随后又发现了它的变种多瓣红花玉兰（*M.wufengensis* var. *multitepala*）。丁宝章等[4] 在河南省进行木兰属植物调查中也发现了新种河南玉兰（*M. honanensis*），同时也发现了许多望春玉兰（*M.biondii*）的变种。

木兰属植物不仅拥有雅致的花姿与清新淡雅的芬芳，而且生长势旺盛，生命力顽强。尤其是在园林应用中，适应性强，管理粗放，使得木兰属植物在中国古典园林与现代园林绿化中得以广泛的栽植。目前，北京园林中应用的木兰属植物主要有玉兰、望春玉兰、二乔玉兰等，树形以大乔木为主，花色大部分是白色。种类较少，花色单调，是我市木兰属植物应用存在的问题。为丰富北京地区木兰属植物的种类，北京植物园于 2014 年分别从西安、荷兰引种一批木兰属植物，株型包括乔木、大灌木、小灌木；花色富含黄、紫、粉、白等。此次引种的木兰属植物种类多，株型、花型、花色全面。引种的成功丰富了北京地区木兰属植物的种植资源，为今后的园林应用及育种工作奠定了基础。

1 木兰属植物的引种

为增加北方地区木兰属植物种类，2014、2015 年北京植物园陆续从荷兰及西安等地引种木兰属植物 30 个种及品种。通过科学合理的栽培种植与观测记录，这些木兰属植物经历了北京炎夏和寒冬的锻炼，大部分生长良好，且部分品种已经开花，表现了优良的观赏特性，详见附表 1。

2 木兰属植物的筛选

植物筛选是在广泛引种的基础上，对植物的性状、观赏价值、适应性、繁殖力、应用效果等因素做综合评价，从中选择观赏性和抗性均较优良的植物进行重点繁殖和推广试验。

北京植物园引种的木兰属植物 30 个种及品种，经过物候观测，其中 21 个品种开花，表现出良好的观赏特性。为了减少人为因素，更加客观地评价引进的木兰属植物，采用“百分法”对这些木兰属植物进行综合评定。“百分法”是根据初选的原则，以植物本身的性状为依据，根据评选标准，将植物的性状优劣用量的形式表达出来，各性状的最高分，即为我们初选的目标，最高分之和为 100 分。北京地区木兰属植物的筛选采用生长势、花色、花瓣、花繁密度、花期、抗热性、抗寒性等 7 个性状因子作为综合评价标准，分值大于 80 分的品种，确定为可在北京地区进行推广的木兰属新品种，详见附表 2。各项评分标准及说明如下：

（1）生长势评价分为 20：分强、中、弱三级，得分分别为 20、15、10。

（2）花色性状评价分为 20：分三级，一级为花黄色或深紫红色，得分为 20；二级为花紫红或粉，得分为 15；三级为花白色，得分 10。

（3）花瓣评价分为 20：分三级，一级为花瓣数量 30 个以上，得分 20；二级为花瓣数量 10 ~ 30 个，得分 15；三级为花瓣数量 9 个及以下，得分 10。

（4）花繁密度评价分为 10：分极繁密、繁密、稀疏三级，得分分别为 10、7、4。

（5）花期评价分为 10：分二级，早花或晚花、二次开花品种定为一级，得 10 分；一般花期品种定为二级，得 7 分。

（6）抗热性评价分为 10：分强、中、弱三级，得分分别为 10、7、4。

（7）抗寒性评价分为 10：分强、中、弱三级，得分分别为 10、7、4。

3 木兰属植物的繁殖试验

为了使优选出的木兰属植物品种能够尽早地应用于北京地区的园林绿化中，项目组对部分优选的品种进行初步繁殖试验，通过扦插和嫁接两种繁殖手段，以期找到最佳的繁殖方法，为今后的实践应用奠定基础。

3.1 扦插繁殖

通过文献报道可知，生长激素对木兰属植物插条生根具有明显的效果。宗树斌等 [5] 研究表明，使用生长素能极显著地提高宝华玉兰的扦插生根率。张虹等 [6] 用 ABT1 号生根粉 200mg/kg 处理 2h，白玉兰嫩枝扦插生根成活率最高可达 60%，望春玉兰嫩枝扦插生根成活率最高可达 53%。吲哚丁酸 200mg/kg 处理 2h，嫩枝扦插白玉兰生根成活率最高达 80%，望春玉兰生根成活率最高可达 60%。由于引种苗木插条数量有限，只在 2016 年 5 月选取‘林耐’玉兰、‘木荷’玉兰、‘黄河’玉兰、‘王星’玉兰、‘贝蒂’玉兰 5 个品种进行嫩枝扦插试验。在全光雾插床内进行，自动喷水设置为 15 分钟喷水一次，喷水时长为 40 秒。每隔 10 天检查生根情况，及时调整喷水时间和喷水量。

3.1.1 材料与方法

（1）插穗的采集

选择生长充实、半木质化的一年生枝条作为插穗，尽量选择植株朝阳方位的枝条。将枝条剪成长度 10cm 左右的插穗，保留 3 ~ 5 个腋芽。下剪口距离最底下腋芽 0.5cm，呈马蹄形，上剪口剪成平面。插穗只保留最上部的 2 个叶片，叶片过大时，剪去 1/2 ~ 1/3，减少蒸腾。

（2）扦插基质的制作

扦插基质采用全新的珍珠岩与腐殖土按照 2 ∶ 1 比例进行配比，使用 0.5% 的高锰酸钾喷洒基质进行消毒。使用前用清水预先淋透。

（3）扦插实验

选用 RHIZOPON 生根剂 2500 mg/L、4000 mg/L 和 6000mg/L 三种浓度梯度。插穗下部对齐，先于清水中浸泡 10 秒，取出速蘸粉剂，然后将处理后的插条插在基质中，扦插深度为插穗长度的 1/3 左右。

3.1.2 结果与分析

2016 年 5 月对木兰属 5 个品种进行扦插实验，由于木兰属品种条数有限，‘林耐’玉兰、‘木荷’玉兰、‘黄河玉’兰、3 个品种只设置 6000mg/L 一个处理。对其生根率进行统计，结果详见表 1。

试验结果表明：

乔木类的 3 个玉兰品种‘林耐’玉兰、‘木荷’玉兰、‘黄河’玉兰在生根剂 6000mg/L 浓度的处理下均没有生根。可能是这个生根剂不适合乔木种类玉兰的扦插。

灌木类的 2 个玉兰品种‘王星’玉兰、‘贝蒂’玉兰在生根剂不同浓度处理下，均有生根。在生根剂 4000mg/L 浓度的处理下，‘王星’玉兰、‘贝蒂’玉兰的生根率、平均根长、最大根长都超过 2500mg/L 和 6000mg/L 浓度处理，4000mg/L 浓度处理最适合这两个品种玉兰的扦插繁殖。

木兰属扦插记录表 表1

品种名	生根剂处理	生根率	平均根数/（条）	平均根长（cm）	最大根长（cm）
‘林耐’玉兰	CK	0	/	/	/
	6000mg/L	0	/	/	/
‘木荷’玉兰	CK	0	/	/	/
	6000mg/L	0	/	/	/
‘黄河’玉兰	CK	0	/	/	/
	6000mg/L	0	/	/	/
‘王星’玉兰	CK	0	/	/	/
	2500mg/L	10%	7	8	10
	4000mg/L	38%	10	10	15
	6000mg/L	35%	8	10	12
‘贝蒂’玉兰	CK	0	/	/	/
	2500mg/L	10%	2	10	10
	4000mg/L	80%	8	10	16
	6000mg/L	40%	4	4	6

3.2 嫁接繁殖

3.2.1 材料与方法

（1）嫁接时间

嫁接能否成功与嫁接方法和砧木能否离皮有很大关系，因此为了找到最好的嫁接时间和嫁接方法，项目组分别在2016年3月、2016年8月进行木兰属植物嫁接。

（2）嫁接方法

苗木嫁接方法有很多，不同的嫁接方法都有其特定的条件和应用的范围。我们选择了枝接中的腹接和芽接中的‘T’字形芽接两种方法进行木兰属植物的嫁接，并对这两种方法嫁接后的成活率进行了比较。

（3）接穗的制作

春季枝接，于3月下旬，树液开始流动时，剪取健康植株树冠外围中上部叶芽饱满的一年生枝条，将接穗短截成10cm长度，带3～4芽，上下剪口均距芽尖0.5cm，然后将剪好的接穗进行蜡封，保持接穗湿度。

夏季芽接，于8月中下旬，当年生枝条停止生长前，剪取健康植株树冠外围中上部叶芽饱满的一年生枝条，接穗长度不要求，采后立即去掉叶片保留叶柄。随采随接，保持接穗湿度。

3.2.2 结果与分析

2016年分别于3月和8月对‘银河’玉兰、‘黄鸟’玉兰、‘变色龙’玉兰、‘贝蒂’玉兰4个品种进行了嫁接繁殖，对其成活率进行了统计，结果详见表2。

木兰属嫁接记录 表2

品种名	嫁接时间	嫁接数量	成活数量	成活率
‘银河’玉兰	2016.3	207	88	43%
	2016.8	179	161	90%
‘黄鸟’玉兰	2016.3	134	45	34%
	2016.8	224	212	95%
‘变色龙’玉兰	2016.3	54	19	35%
	2016.8	213	194	91%
‘贝蒂’玉兰	2016.3	38	11	29%
	2016.8	63	41	65%

不同嫁接时间的嫁接方法对木兰属植物成活率有影响，由图1可知，2016年8月份芽接的木兰品种成活率均高于3月份枝接的成活率。8月份3个乔木类木兰品种成活率在90%以上，而灌木类的‘贝蒂’玉兰成活率也达到了65%，因此8月份芽接是木兰属植物嫁接繁殖的最佳时间。

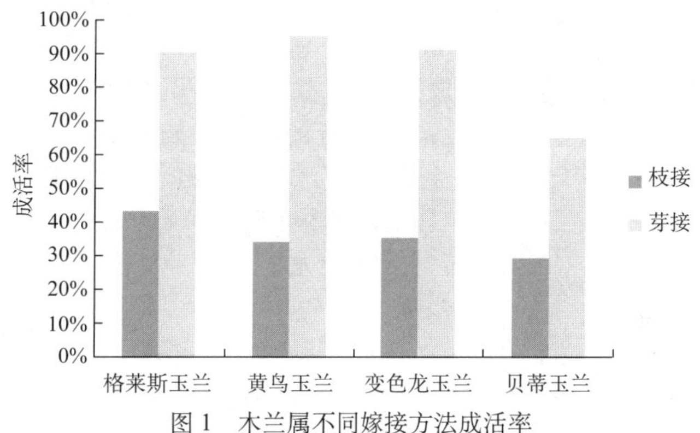

图1 木兰属不同嫁接方法成活率

3.3 结论与讨论

（1）木兰属5个品种的扦插繁殖，‘王星’玉兰和‘贝蒂’玉兰最适合的生根剂浓度是4000 mg/L。影响扦插生根的因素很多，包括激素种类、激素浓度、处理方法、扦插时间、扦插基质等多方面的原因。因可采条量有限，只选用5个品种进行扦插实验，试验简单。今后应该综合考虑多因素进行扦插试验，使得试验数据更准确，更具有科学性。

（2）木兰属4个品种的嫁接繁殖，8月份芽接成活率高于3月份枝接成活率。

（3）木兰属植物通过扦插和嫁接两种繁殖方式，得出木兰属植物8月份芽接嫁接繁殖成活率更高，因此8月份芽接是木兰属植物更适合的繁殖方式。

（4）在同等条量下，芽接繁殖的繁殖系数大于扦插繁殖和枝接繁殖，出苗更多，因此芽接繁殖更适合木兰属植物的繁殖。

4 结论与展望

（1）本项目从荷兰、西安等地共引种木兰属植物30个种及品种。株型包括乔木、大灌木及小灌木，花型除常规类型外还包括独特的星花型，花色包含紫、黄、白、粉、绿。目前仅有1个品种死亡，其他品种均已成活。并有21个种及品种在北京正常开花，并表现出良好的抗逆性和观赏性。

（2）对引种的品种进行栽培养护管理及抗寒训练，并对其观赏特性、抗逆性等进行观察与记载。

（3）采用百分法对这些品种进行综合打分，采用生长势、花色、花瓣、花繁密度、花期、抗热性、抗寒性等7个性状因子作为综合评价标准，分值大于80分的为入选品种。共筛选出适合北京地区综合性状优秀的木兰属植物品种‘蝴蝶’玉兰、‘黄鸟’玉兰、‘玫瑰’玉兰等10个。

（4）木兰属植物的筛选采用“百分法”，虽然相对客观准确，但是在设置打分项目、分值比例及量化打分时都会存在人为的主观因素。而且由于筛选目的的不同，打分表的项目和分值比例亦有差异。本文中的百分表的设定仅适用于北京地区木兰属植物的筛选，具有一定的局限性。

（5）对5个玉兰品种进行的扦插繁殖试验，使用RHIZOPON生根剂（主要成分为IBA），得出‘王星’玉兰、‘贝蒂’玉兰扦插的最佳生根剂浓度为4000 mg/L。对‘银河’玉兰、‘黄鸟’玉兰、‘变色龙’玉兰、‘贝蒂’玉兰4个品种进行了枝接和芽接的繁殖试验，得出这4个玉兰品种最佳的嫁接繁殖方法为8月份进行‘T’字形芽接。

（6）由于项目实施的时间较短，有些资料目前尚不完善，对植物的观察还应继续。引种的最终目的是应用，本项目尝试了一些木兰属植物的繁殖，今后应进一步进行繁殖试验，使其尽早在北京的园林建设中得以应用，为美化首都环境作出贡献。

（7）此次引种种类多，数量大，成活率高。不但增加了北京地区早春的赏花种类，而且大大丰富了北京地区的木兰属植物种植资源，亦为今后的玉兰育种工作奠定了基础。

参考文献

[1] 中国植物志．1996，30（1）：108.

[2] Callaway DJ. The World of Magnolias. Portland：Timber Press，1994.

[3] 马履一，王罗荣，贺随超，等．中国木兰科木兰属一新种．植物研究，2006，26（1）：4-7.

[4] 丁宝章，赵天榜，王遂义，等．河南木兰属新种和新变种．河南农学院学报，1983（4）：6-11.

[5] 宗树斌，鲍荣静，段春玲．宝华玉兰扦插繁殖技术研究．山东林业科技，2008，6：39-41.

[6] 张虹，查振道，王军涛．白玉兰、望春玉兰全光喷雾嫩枝扦插试验．陕西林业科技，2003，4：22-23.

木兰属植物生成表现 附表1

序号	中名	拉丁学名	株型	表现	花色
1	渐尖玉兰	*Magnolia acuminata*	乔木	B	
2	‘蜜蜂小姐’玉兰	*Magnolia acuminata* var. *subcord* ‘Miss Honeybee’	乔木	B	
3	‘蝴蝶’玉兰	*Magnolia acuminata* ‘Butterflies’	乔木	A，FL	黄
4	‘金光’玉兰	*Magnolia acuminata* ‘Golden Glow’	乔木	B	
5	‘伊丽莎白’玉兰	*Magnolia brooklynehsi* ‘Elisabeth’	小灌木	B，FL	黄
6	‘精选’玉兰	*Magnolia kobus* ‘Esveld Select’	小灌木	D	
7	‘墨’玉兰	*Magnolia liliiflora* ‘Nigra’	小灌木	C，FL	深紫红
8	‘唐娜’玉兰	*Magnolia loebneri* ‘Donna’	乔木	A，FL	白
9	‘丽克’木兰	*Magnolia loebnerr* ‘Ricki’	大灌木	A，FL	紫红
10	天女木兰	*Magnolia sieboldii*	小灌木	C，FL	白
11	‘白木荷’玉兰	*Magnolia soulangeana* ‘Alba Superba’	乔木	B，FL	白
12	‘林耐’木兰	*Magnolia soulangeana* ‘Lennei’	大灌木	A，FL	紫红
13	‘木荷’	*Magnolia soulangeana* ‘Superba’	乔木	A，FL	紫红
14	‘百年’星花玉兰	*Magnolia stellata* ‘Centennial’	小灌木	A，FL	白
15	‘裙舞’星花玉兰	*Magnolia stellata* ‘Pirouette’	小灌木	A，FL	白
16	‘玫瑰’星花玉兰	*Magnolia stellata* ‘Rosea’	小灌木	A，FL	粉
17	‘王星’玉兰	*Magnolia stellata* ‘Royal Star’	小灌木	A，FL	白
18	伞玉兰	*Magnolia tripetala*	乔木	C，FL	白

续表

序号	中名	拉丁学名	株型	表现	花色
19	‘贝蒂’玉兰	*Magnolia*‘Betty’	大灌木	A，FL	深紫红
20	‘变色龙’玉兰	*Magnolia*‘Chameleon’	乔木	A，FL	紫红
21	‘香云’玉兰	*Magnolia*‘Fragrant Cloud’	乔木	A，FL	紫红
22	‘格莱斯’玉兰	*Magnolia*‘Galaxy’	乔木	A，FL	深紫红
23	‘金色池塘’玉兰	*Magnolia*‘Golden Pond’	乔木	B	
24	‘天香’玉兰	*Magnolia*‘Heaven Scent’	小灌木	C，FL	紫红
25	‘热光’玉兰	*Magnlia*‘Hot Flash’	乔木	B	
26	‘黄鸟’玉兰	*Magnolia*‘Yellow Bird’	乔木	A，FL	黄
27	‘黄河’玉兰	*Magnolia*‘Yellow River’	乔木	A，FL	黄
28	红笑星	*Magnolia*‘Star’	乔木	C	
29	红脉二乔	*Magnolia denudate*‘Red Nerve’	乔木	B	
30	多瓣天女花	*Magnolia sieboldii*‘Qingxin’	小灌木	B	

注：A——生长良好；B——生长一般；C——生长不正常；D——死亡；FL——开花。

木兰属植物“百分法”打分表

附表 2

中名	品种名	生长势	花色	花瓣	花期	花繁密度	抗热性	抗寒性	总分
‘格莱斯’玉兰	*Magnolia*‘Galaxy’	20	20	15	7	10	10	10	92
‘蝴蝶’玉兰	*Magnolia acuminata*‘Butterflies’	20	20	15	7	10	10	10	92
‘黄鸟’玉兰	*Magnolia*‘Yellow Bird’	20	20	10	10	10	10	10	90
‘黄河’玉兰	*Magnolia*‘Yellow River’	20	20	10	7	10	10	10	87
‘变色龙’玉兰	*Magnolia*‘Chameleon’	20	15	10	10	10	10	10	85
‘林耐’木兰	*Magnolia soulangeana*‘Lennei’	20	20	10	7	7	10	10	84
‘贝蒂’玉兰	*Magnolia*‘Betty’	20	15	15	7	10	7	10	84
‘玫瑰’星花玉兰	*Magnolia stellata*‘Rosea’	15	15	15	7	10	10	10	82
‘百年’星花玉兰	*Magnolia stellata*‘Centennial’	20	10	15	7	10	10	10	82
‘裙舞’星花玉兰	*Magnolia stellata*‘Pirouette’	15	10	20	7	10	10	10	82
‘丽克’玉兰	*Magnolia loebnerri*‘Ricki’	15	15	15	7	10	7	10	79
‘香云’玉兰	*Magnolia*‘Fragrant Cloud’	20	15	10	7	10	7	10	79
‘唐娜’玉兰	*Magnolia loebneri*‘Donna’	15	10	15	7	10	10	10	77
‘木荷’玉兰	*Magnolia soulangeana*‘Superba’	15	15	10	7	10	10	10	77
‘王星’玉兰	*Magnolia stellata*‘Royal Star’	15	10	15	7	7	10	10	74
‘伊丽莎白’玉兰	*Magnolia brooklynehsis*‘Elisabeth’	15	20	10	7	4	7	10	73
‘白木荷’玉兰	*Magnolia soulangeana*‘Alba Superba’	15	10	10	7	7	10	10	69
‘墨’玉兰	*Magnolia liliiflora*‘Nigra’	10	20	10	10	4	10	4	68
伞玉兰	*Magnolia tripetala*	15	10	10	10	4	7	10	66
‘天香’玉兰	*Magnolia*‘Heaven Scent’	15	15	10	7	4	10	4	65
天女木兰	*Magnolia sieboldii*	10	10	10	10	4	4	7	55

‘格莱斯‘玉兰（*Magnolia*‘Galaxy’）

‘贝蒂’玉兰（*Magnolia*‘Betty’）

‘林耐’玉兰（*Magnolia soulangeana*‘Lennei’）

‘变色龙’玉兰（*Magnolia*‘Chameleon’）

‘黄河’玉兰（*Magnolia*‘Yellow River’）

‘蝴蝶’玉兰（*Magnolia*‘Butterflies’）

‘黄鸟’玉兰（*Magnolia*‘Yellow Bird’）

‘玫瑰’星花玉兰（*Magnolia* stellata‘Rosea’）

‘百年’星花玉兰（*Magnolia stellata*‘Centennial’）

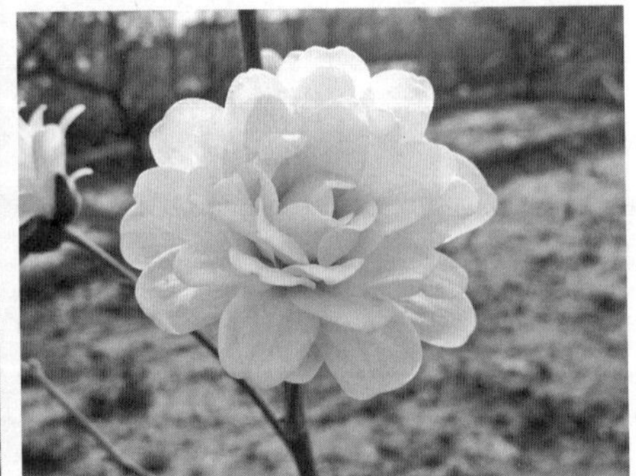
‘裙舞’星花玉兰（*Magnolia stellata*‘Pirouette’）

附图1　优选木兰品种

景天科园林植物的应用研究

北京市植物园 / 成雅京　赵世伟　孙皓明　揣福文　杨　涓

摘　要：以‘火祭’为例，分别在7月、10月测定植物叶片中花青素的含量，证明光照、干燥是促进火祭叶片变红的因素，在干燥且光照充足的条件下火祭叶片颜色变红的程度更高。光照不足和土壤湿润会降低植物叶片中花青素的含量。植物在温度高或低的气候条件下都会发生变色现象，证明植物变色与光照和土壤湿度的关系更为明显。

以火祭为例，对比了立体绿化中常用的植物，绿草、红草、海棠，分别在干旱胁迫下测量植物叶片中叶绿素的含量及电导率，证明叶绿素浓度不能作为植物受到胁迫的指标。电导率可以有效地指示出植物受胁迫的程度，经过对比证明火祭抗干旱胁迫的能力比绿草、红草、海棠强。可以更好地应用到立体绿化中。

通过对比筛选出适合制作粘贴画的基质为水苔，同时具有吸水性好、保水性好、浇水以后不会遗撒、材料种植后固定性好的优点；筛选出作为网罩的材料镀膜铁丝网，易造型、保持效果好。

对58种景天科植物进行了体量小、色彩、株型紧凑、耐干旱、主茎等条件的筛选，在58种景天科植物中，‘白凤’、‘神刀’、‘花叶寒月夜’、‘奥普琳娜’、‘高纱之翁’因为直径过大，不适合制作粘贴画，‘明镜’因为主茎不明显，无法固定不适合制作粘贴画，其他种类的植物都可以用于制作粘贴画。

关键词：景天科植物；园林应用；应用；研究

1　植物体内花青素含量与植物抗逆性试验

1.1　实验方法

1.1.1　花青素含量的测定

实验方法选用了北京林业大学于晓南的分光光度法[1]。

试剂：0.1mol/L 盐酸溶液。

仪器：UV-2802S 型紫外可见光分光光度计，恒温培养箱。

样品的处理：将含有花青素的植物叶片（鲜）用剪刀剪成 1 ~ 2mm 碎片，准确称量 1.00g，置于 50mL 三角瓶中，加入 10mL 0.1mol/L 盐酸溶液，杯口用封口膜扎紧以防水分蒸发。于 32℃恒温培养箱中浸提 20h。取出过滤，滤液作为待测溶液。

试验数据处理方法为：设每 1g 样品在 10mL 0.1mol/L 盐酸溶液的浸提液中的吸光度 A=0.1 为一个花青素单位，以此比较花青素的相对含量。

花青素含量（花青素单位 /g · 10mL · 0.1mol/L 盐酸）= $10AB$

式中，10——将吸光度换算成为花青素单位；

A——测得的吸光度；

B——稀释倍数。

1.1.2　叶绿素含量的测定

叶绿素含量的测定选择了 80% 丙酮提取法。

仪器：UV-2802S 型紫外可见分光光度计。

材料的处理：称取剪碎的植物叶片 0.1g，共 3 份，加石英砂及少量 80% 丙酮研磨，定容 25mL 容量瓶，摇匀、静置、测量。分别测量波长 663nm、652nm 和 645nm 时提取液的吸光度 A，叶绿素 a 含量和叶绿素 b 含量及叶绿素啊 a 与叶绿素 b 总含量分别按照以下公式计算：

$$C_a=12.72A_{663}-2.59A_{645}$$

$$C_b=22.88A_{645}-4.67A_{663}$$

将 C_a 与 C_b 相加即得叶绿素总量 C_T：

$$C_T=C_a+C_b=20.29A_{645}+8.05A_{663}$$

式中，A_{663}、A_{645}——叶绿素溶液在波长 663nm 和 645nm 时的吸光度；

C_a、C_b——叶绿素 a 和 b 的浓度，mg/L。

1.1.3　植物抗逆性的鉴定选择了电导仪法

仪器：EPH-119 型电导仪。

将处理过的叶片放入试管中，然后放入真空干燥器，抽气 15 分钟，静置 20 分钟后测电导率，然后放入 100℃沸水浴中 15 分钟，冷却后测煮沸电导率。

试验结果分析：

伤害率（%）= 处理电导率 / 煮沸电导率 ×100

1.2　试验

1.2.1　预试验

2014 年 11 月 2 日将‘火祭’分成 6 组，每组 10 株，放入光照培养箱进行处理，12 月 15 日取回。

第一组为 25℃恒温，无光照；

第二组为 25℃恒温，8 小时光照，光照等级为 4 级，20 小时无光照；

第三组为 25℃，8 小时光照，光照等级为 4 级，20 小时无光照 15℃；

第四组为 15℃，8 小时光照，光照等级为 4 级，20 小时无光照 10℃；

第五组为 15℃，8 小时光照，光照等级为 4 级，20 小时无光照 10℃；

第六组为 15℃，12 小时光照，光照等级为 4 级，20 小时无光照 10℃；

光照 4 级 358×10lx，室内光照 750lx，室外树荫下 821×10lx，阳光下 352×100lx（12 月 2 日测量）。

使用的光照培养箱为 HPG-280BX，有光照条件下温度范围 15 ～ 50℃，无光照条件下温度范围 10 ～ 45℃。

处理后 6 组植物在叶色上没有变化，这主要是因为光照培养箱条件限制，温度不能低于 10℃，光照最高 358×10lx，无法达到植物变色的需要。

1.2.2　花青素含量的测定

（1）高温变色试验

景天科植物在野外条件下，夏季高温也有变色现象，为了探讨高温变色，及高温情况下植物变色的程度，在夏季 7 月 16 日至 8 月 24 日期间，将‘火祭’分为四组，分别为：室内浇水为阴湿组、室外浇水为阳湿组、室内干燥为阴干组、室外干燥为阳干组，所有干燥组土壤含水量保持为 0，所有湿润组土壤含水量保持在 30%，试验前测‘火祭’第 5 对叶片中花青素含量，这期间，室外白天最高温为 33℃，夜间最低温为 21℃，室内白天最高温为 50℃，夜间最低温为 23℃。种植 40 天后，分别测各组叶片中花青素含量，每组测 3 个结果，取平均值，结果见表 1。

处理前后火祭叶片中花青素含量对比　　表 1

	标准组	阴湿组	阳湿组	阴干组	阳干组
花青素含量	0.48	0.21	1.30	0.72	3.80

注：花青素单位 /g · 10mL · 0. 1mol/L 盐酸。

结果与讨论：试验结果中，花青素含量最低为阴湿组，暨室内浇水组，为 0.21，低于处理前的花青素含量 0.48；花青素含量最高为阳干组，暨室外干燥组，为 3.80；试验证明光照、干燥是促进‘火祭’叶片变红的因素，在干燥且光照充足的条件下‘火祭’叶片颜色变红的程度更高。光照不足和土壤湿润会降低植物叶片中花青素的含量。

（2）低温变色情况

秋冬季是景天科植物变色最明显的季节，为了探讨低温变色，及低温情况下植物变色的程度，在 10 月 15 日至 11 月 17 日期间，将‘火祭’分为三组，分别为：室外组，将‘火祭’放在室外阳光下；室内对照组，将‘火祭’放在温室内光照正常处；室内红组，将‘火祭’放在温室内经观察变色最好的区域。这期间，室外白天最高温为 25℃，夜间最低温为 1℃，室内白天最高温为 48.8℃，夜间最低温为 2.2℃。10 月 24 日分别测定 3 处的光照值见表 2。

三组‘火祭’光照值［单位：μmol/（m^2·s）］　表 2

	8:44	14:30
室外组	304	338
室内对照	150	305
室内红组	490	263（阴影）

处理前后‘火祭’叶片中花青素含量对比　　表 3

	标准组	室外组	室内对照	室内红组
花青素含量	0.97	3.06	1.43	2.89

注：花青素单位 /g · 10mL · 0. 1mol/L 盐酸。

结果与讨论：试验结果，所有处理过的植物叶片中花青素含量都比开始时增加了；其中室外组花青素含量最高为3.06，室内对照组也就是室内光照偏弱的一组花青素含量偏低，为1.43。试验证明光照充足是促进‘火祭’叶片变红的重要因素，室内的对照组光照明显低于室外，室内红组由于下午14:30以后已经进入阴影区，光照质量明显下降，造成植物叶片中花青素的含量也随之减少。

1.2.3　火祭抗逆性的实验

为了比较‘火祭’与其他立体绿化植物抗性的区别，选择了立体绿化中常用的植物、绿草、红草[2]、海棠，和‘火祭’作为试验材料，5种试材均为1年生苗；分成干燥组、湿润组作对比。用统一规格的塑料花盆装入湿度基本一致的基质，将所有花盆用浸泡法浸湿，用土壤水分测量计测得水分含量为30%～40%，干燥组不浇水，用土壤水分测量计测得水分含量为10%～20%，湿润组每天浇水，保持土壤湿度，试验开始日期为2015年10月15日～11月26日，分别测得植物叶绿素含量与EC值。

叶绿素是植物生长中重要的农学参数，在不同养分水平条件下，它既能表明植物生长状况，又能表征作物的生产能力，因而可作为植物环境胁迫的指示器[3]。

冷冻、高温、干旱等不良环境会使植物细胞的质膜结构受损，透性增大。测定质膜透性变化的最常用的方法是测定组织外渗液电导率的变化。伤害越大，电解质外渗越多，电导率越大，从而用电导率来反映逆境对植物的伤害程度和植物的抗性强弱。

处理前植物叶片中叶绿素含量（单位：mg/L）　表4

分组	C_a	C_b	C_T
红草	3.32194	1.45574	4.77768
绿草	6.3678	2.837407	9.205207
海棠	0.645997	0.25258	0.898577
‘火祭’	0.02403	0.056965	0.08995

处理后植物叶片中叶绿素含量（单位：mg/L）　表5

分组	C_a	C_b	C_T
红草干	4.926335	3.7065	8.6328
红草湿	3.3417	3.3636	6.7053
绿草干	6.2687	6.6566	12.9253
绿草湿	6.6652	7.6769	14.3421
海棠干	1.2235	0.8227	2.0462
海棠湿	1.5433	1.6192	3.2025
‘火祭’干	0.9485	1.0443	1.9928
‘火祭’湿	1.3707	1.7847	3.1554

处理前植物叶片电导率　表6

组别	真空15分钟EC值	沸水浴15分钟EC值	伤害率（%）=处理电导率/煮沸电导率×100
红草	0.04	1.39	2.88
绿草	0.15	1.72	8.72
海棠	0.16	121	0.13
火祭	0.19	1.08	17.59

处理后植物叶片电导率　表7

组别	真空15分钟EC值	沸水浴10分钟EC值	伤害率（%）=处理电导率/煮沸电导率×100
红草湿	0.20	1.26	15.87
红草干	0.21	1.31	16.03
绿草湿	0.27	1.47	18.37
绿草干	0.35	1.59	22.01
海棠湿	0.20	1.06	18.87
海棠干	0.23	1.10	20.91
火祭湿	0.14	0.77	18.18
火祭干	0.22	0.90	24.44

结果与讨论：处理后植物叶片中叶绿素a和叶绿素b的浓度明显增加，证明植物在短期的干旱胁迫下生长势变强了，在土壤湿度为10%～20%的条件下，用叶绿素浓度不能作为植物受到胁迫的指标。

处理后植物叶片的伤害率都有增加，其中海棠叶片的伤害率增加幅度最高，为145～161倍，证明海棠的抗干旱胁迫能力低，这主要是因为海棠叶片较大，散失水分较快，干旱胁迫对海棠的影响最明显。

处理后‘火祭’叶片的伤害率为处理前的1.03～1.39倍，证明‘火祭’抗干旱胁迫的能力强，这与‘火祭’叶片厚及多肉植物的抗旱能力有关。

细胞膜对维持细胞正常代谢起着重要作用，在植物受逆境胁迫时，细胞膜受损，透性增大，使电解质外渗量增大，膜透性增大程度与逆境胁迫强度有关。植物在逆境下细胞电解质外渗量增加的幅度大小，可反映植物抗逆性的强弱。因此根据细胞膜受损程度的测定结果可认为，参试植物的抗旱性‘火祭’明显高于其他植物。

1.2.4　结论

（1）7月份的试验证明，高温条件下光照、干燥也可以促进‘火祭’叶片变红，在干燥同时光照充足的条件下‘火祭’叶片颜色变红的程度更高。光照不足和土壤湿润会降低植物叶片中花青素的含量。

（2）10 月份的试验证明，低温且光照充足是促进‘火祭’叶片变红的重要因素，在室内的对照组光照明显低于室外，室内红组由于下午 14:30 以后已经进入阴影区，光照质量明显下降，造成植物叶片中花青素的含量也随之减少。

（3）植物在短期的干旱胁迫下生长势变强了，在土壤湿度为 10% ~ 20% 的条件下，用叶绿素浓度不能作为植物受到胁迫的指标。

（4）海棠的抗干旱胁迫能力低，这主要是因为海棠叶片较大，散失水分较快，干旱胁迫对海棠的影响最明显。

（5）火祭抗干旱胁迫的能力强，这与‘火祭’叶片厚及多肉植物的抗旱能力有关。

2 粘贴画制作材料的筛选

粘贴画是新兴的一种花艺形式，是随着近 20 年多肉植物的流行和大规模商业化栽植形成的新形式，最先在日本流行，今年被引进国内，粘贴画与普通的组合盆栽、立体栽植不同的地方是其应用材料的不同。

第一是其基质和其他多肉植物的种植不同，要选择清洁、吸水性与保水性好、固定性好的种类，因为粘贴画通常作为艺术品欣赏，同时还要满足植物短时期生长的需要。

第二粘贴画需要有网罩，可以将基质固定造型，方便制作，所以对网罩基质的选择很重要，一定要易造型、好保持，同时还要能够经受基质长期湿润的侵蚀。

第三花材的选择，理论上所有的多肉植物都可以使用，但是在实际制作过程中对植物还是需要选择的，为了制作效果通常采用切取植物顶端的方式取材，顶端生长势好，材料新鲜，体型小，植株紧凑。

本课题针对这三个问题进行了对比和筛选。

2.1 基质的筛选

植物种植中常用的基质有：草炭土、珍珠岩、树皮、水苔等，在景天立体花坛的制作中我们曾经用了草炭土作为基质，但是粘贴画作为更小型、更精致的作品必须做到清洁，同时要吸水性好、保水性好，浇水以后不会遗撒，材料种植后固定性好。

在充分比较各种基质的性能后确定使用水苔作为粘贴画的基质，水苔清洁，吸水性与保水性均较好，同时固定性好，不会撒漏。

种植基质特性对比　　表 8

名称	清洁	吸水性	保水性	撒漏	固定性
草炭土	否	好	好	是	好
珍珠岩	好	否	否	是	否
树皮	好	否	否	否	否
水苔	好	好	好	否	好
椰糠	好	好	好	是	好

2.2 网罩的筛选

粘贴画中网罩的选择非常关键，网罩既要成型容易，又要能够保持，试验选择了国内常见的两种材料，同时从日本购买了一种材料进行对比。

国内常见的一种是直径 1mm 的钢丝网，钢丝网坚硬，必须借助工具才能够造型；作为 1 号网。

第二种是直径 0.5mm 的铁丝网，铁丝网柔软有弹性，可以用手直接造型；作为 2 号网。

第三种是日本购买的直径 1mm 的镀膜铁丝网，丝网柔软有弹性，用手可以直接造型；作为 3 号网。

将 3 种网造型后静置 1 小时，比较形状的变化。

结果及讨论：

第一种直径 1mm 的钢丝网，必须借助钳子才能够造型，在造型的过程中因为钢丝太硬无法达到设计的形状，直接淘汰。第二种直径 0.5mm 的铁丝网与第三种日本购买的直径 1mm 的镀膜铁丝网，质地柔软、造型容易、放置 1 小时不变形。但 2 号网镀膜薄易生锈，3 号网镀膜均匀，不易生锈。

总体评价 3 号网最好。

2.3 花材的选择

粘贴画的花材是景天科及其他科植物的顶端枝叶，根据实际种植的要求，有以下特点：

（1）体量小：特别是叶片小，粘贴画作品通常体量小，尺寸为 30cm×40cm，所以花材要求株型紧凑，切下的枝叶直径 3 ~ 5cm。

（2）色彩艳丽：色彩是作品的关键，特别是红色的‘火祭’、‘红叶祭’、‘虹之玉’、‘虹之玉锦’以及黄色的‘黄丽’、紫红色的‘锦丝晃’，都是很好的材料。

（3）株型紧凑：特别是切下的枝叶紧凑，可以让作品紧凑。

（4）耐干旱：粘贴画的作品不能经常浇水，所以必须选择耐干旱的植物品种。

（5）有主茎：植株必须有主茎才能切下，并插入基质。

粘贴画植物材料的筛选　　表 9

编号	名称	直径（cm）	颜色	株型紧凑	耐干旱	有主茎
1	‘露娜莲’	15	淡粉绿	是	是	是
2	‘雨燕座’	13	淡绿	是	是	是
3	‘天狼星’	10	灰绿	是	是	是
4	‘花月夜’	7.5	浅绿	是	是	是
5	‘白蜡冬云’	6.5	翠绿	是	是	是
6	‘冰莓’	5	粉绿	是	是	是
7	‘黑爪’	4.5	蓝绿	是	是	是
8	‘罗密欧’	8	紫红	是	是	是
9	‘魅惑之宵’	15	翠绿	是	是	是
10	‘白牡丹’	7	灰绿	是	是	是
11	‘艳日辉’	6	黄绿	否	是	是
12	‘虹之玉锦’	6	红绿	否	是	是
13	‘新玉缀’	4	淡绿	是	是	是
14	‘火祭’	7	红绿	否	是	是
15	‘黄丽’	5.5	黄绿	是	是	是
16	‘玉蝶’	9	淡绿	是	是	是
17	‘黑王子’	9.5	紫黑	是	是	是
18	‘姬胧月’	5.5	紫黑	是	是	是
19	‘格林’	6	粉灰绿	是	是	是
20	‘小玉’	2	紫绿	是	是	是
21	‘茜之塔’	3	红绿	是	否	是
22	‘锦司晃’	5.5	翠绿	是	是	是
23	‘唐印’	9.5	红	否	是	是
24	‘费菜’	5	翠绿	是	是	是
25	‘钝叶瓦松’	6	淡绿	否	是	是
26	‘钢叶莲’	13	红绿	否	是	是
27	‘月亮仙子’	7	淡绿	是	是	是
28	‘鱿鱼’	5	绿	否	是	是
29	‘仙女杯’	11	白绿	是	是	是
30	‘初霜’	6	红绿	是	是	是
31	‘筑波根’	10	深绿	否	是	是
32	‘白凤’	20	粉绿	否	是	是
33	‘蓝石莲’	9	浅粉蓝	是	是	是
34	‘凌樱’	6.5	深绿	是	是	是
35	‘霜之鹤’	15	淡绿	否	是	是
36	‘冰绒’	30	绿	是	是	是
37	‘福兔耳’	6	白绿	否	是	是
38	‘天狗之舞’	20	绿	是	是	是
39	‘绒针’	5	深绿	是	是	是
40	‘神刀’	25	淡绿	否	是	是
41	‘黑法师’	16	紫黑	是	是	是
42	‘红叶祭’	7	红	是	是	是
43	‘奥普琳娜’	20	灰白绿	是	是	是

续表

编号	名称	直径（cm）	颜色	株型紧凑	耐干旱	有主茎
44	‘观音莲’	7	翠绿	是	是	是
45	花叶寒月夜	25	黄绿	是	是	是
46	乙姬牡丹	5	淡绿	是	是	是
47	昭和	7	深绿	是	是	是
48	燕子掌	8	灰绿	否	是	是
49	‘虹之玉’	6	红绿	否	是	是
50	‘明镜’	15	翠绿	是	是	否
51	‘霜之朝’	7	蓝绿	是	是	是
52	‘旭波之光’	13	黄绿	否	是	是
53	‘高砂之翁’	26	淡粉绿	是	是	是
54	‘小人祭’	15	深绿	是	是	是
55	‘轮回’	7	淡绿	否	是	是
56	‘梅兔耳’	6.5	褐绿	否	是	是
57	‘吉娃莲’	7	粉绿	是	是	是
58	‘红化妆’	7	红绿	是	是	是

2.4 结论及讨论

根据以上统计，在试验的58种景天科植物中，‘白凤’、‘神刀’、‘花叶寒月夜’、‘奥普琳娜’、‘高纱之翁’因为直径过大，不适合制作粘贴画，‘明镜’因为主茎不明显，无法固定不适合制作粘贴画，其他种类的植物均可以用于制作粘贴画。

3 总结与建议

3.1 总结

（1）以‘火祭’为例，分别在7月、10月测定植物叶片中花青素的含量，证明光照与干燥是促进‘火祭’叶片变红的因素，在干燥且光照充足的条件下‘火祭’叶片颜色变红的程度更高。光照不足和土壤湿润会降低植物叶片中花青素的含量。植物在温度高与低的气候条件下都会发生变色现象，证明植物变色与光照和土壤湿度的关系更为明显。

（2）以‘火祭’为例，对比了立体绿化中常用的植物：绿草、红草、海棠，分别在干旱胁迫下测量植物叶片中叶绿素的含量及电导率，证明叶绿素浓度不能作为植物受到胁迫的指标。电导率可以有效地指示出植物受胁迫的程度，经过对比证明‘火祭’抗干旱胁迫的能力比绿草、红草、海棠强。

（3）通过对比筛选出适合制作粘贴画的基质为水苔，同时具有吸水性好、保水性好、浇水以后不会遗撒、材料种植后固定性好等优点；筛选出作为网罩的材料镀膜铁丝网，易造型、保持效果好。

（4）对58种景天科植物进行了体量、色彩、株型紧凑、耐干旱、主茎等条件的筛选，在58种景天科植物中，‘白凤’、‘神刀’、‘花叶寒月夜’、‘奥普琳娜’、‘高纱之翁’因为直径过大，不适合制作粘贴画，‘明镜’因为主茎不明显，无法固定不适合制作粘贴画，其他种类的植物都可以用于制作粘贴画。

3.2 建议

景天科植物大多根系发达，固土锁水能力极强，耐干旱瘠薄，管理粗放，少病虫害。除了现在的室内盆栽应用外建议应用到室外景观的营建中，如营造花坛、花境；修剪成绿篱、模纹花坛；用于屋顶绿化、道路绿化等。

景天科植物作为园林绿化的优势植物品种资源还需加大开发推广力度，不断引进和驯化新品种，进一步加强景天科植物在城市园林景观绿化中应用的研究，以更好地发挥景天科植物在现代城市立体绿化中的景观功能和生态效益。

参考文献

[1] 于晓南．植物叶片中花青素的分析与研究．现代仪器，2000，4：37-38.

[2] 顾美萍．植物材料在立体绿化中的运用．北方园艺，2009（7）：217-219.

[3] 孔维平，毕银丽，李少朋，等．利用高光谱估测干旱胁迫下接菌根菌大豆叶绿素含量．农业工程学报，2014，30（12）：123-131.

藤本植物的引种、繁殖及应用的研究

北京市植物园 / 孙　宜　孙　猛　石青松　曹　颖　樊金龙　杜建波

摘　要： 目前北京城市园林中应用的藤本植物种类较少，应用形式单调。为此，从国内外引进藤本植物53个种及品种（15个种和38个品种）。采用“百分法”，设置相应的评价标准对引种的藤本植物进行综合打分与筛选。共筛选出藤本植物30种，包括紫藤属15个、忍冬属4个、凌霄属6个、地锦属4个和山荞麦。对部分藤本植物进行了扦插繁殖试验。生根剂为RHIZOPON系列生根粉剂（主要成分为IBA）。总结出：‘薄荷碎片’忍冬、‘金焰’京红久忍冬和‘猩红’布朗忍冬最适的繁殖方法为3月份温室内扦插，IBA浓度2500mg/L；‘美国丽人’京红久忍冬扦插最适的生根剂浓度为IBA 2500mg/L。‘熊野’、‘安了寺’、‘阿知’这三个紫藤品种扦插繁殖的最佳方法为8月份进行，生根剂浓度为IBA2000ppm。凌霄、‘弗拉明哥’美国凌霄、‘黄花’美国凌霄、‘加仑夫人’杂种凌霄和美国凌霄在IBA1000mg/L浓度下生根率最高。在北京市植物园内进行藤本植物的示范应用。种植了藤本植物共31种及品种。植株栽植后长势良好，部分品种已经开花，表现出良好的观赏性状。

关键词： 藤本植物；引种；筛选；扦插繁殖；示范应用

随着城市中可用于园林绿化的土地越来越少，依靠传统的平面绿化来增加城市绿化总量和绿化覆盖率难度将越来越大。而藤本植物具有生长迅速、占地面积少、绿化面积大、种植管理容易等优点，在城市垂直绿化中应用广泛。通过对墙体的绿化，能够降低墙体的温度，从而减少城市热岛效应。张迎辉[1]2006年对爬山虎的释氧、固碳、降温等生态效应进行了研究，结果表明在土壤水分条件良好的情况下，生长季节爬山虎可以使周围 $1000m^3$ 的空气温度降低5℃,相对湿度提高0.39%。武术杰[2]2007年研究表明，五叶地锦对桥墩和地面的降温效果显著，达8.9℃；对不同墙体的降温幅度在6.8～7.7℃。我国已经将藤本植物应用于荒漠化治理、水土保持工程等生态建设的研究和开发，取得了令人鼓舞的成效[3]。张毅功等[4]研究表明，爬山虎在25°～45°的荒山坡度下不施用任何肥料，成活率达到90%以上。种植1年后，穴周围1～2m范围内的地面、岩壁均被爬山虎所覆盖。通过对北京地区藤本植物的调查，了解可利用的藤本植物资源，针对藤本植物进行引种，不仅可以丰富首都垂直绿化的植物种类，而且能够更好地改善城市景观及生态效应。

1　北京地区藤本植物的调查

针对北京的主干道（三环路、白颐路等）、公园（北京市植物园、颐和园、香山、恭王府、中科院北京植物园、鲜花港）、生活小区（青塔、中塔园等生活小区）、机关单位（首都师范大学、林业科学研究院）及北京周边的喇叭沟门、小五台、雾灵山等地进行了藤本植物种类的调查。

通过调查可以得出在北京城市绿化中可见的藤本植物有27种，主要有地锦、五叶地锦、紫藤、美国凌霄、蔷薇、藤本月季、金银花等。城市道路绿化中的藤本植物种类最少，在公园、生活小区绿化中藤本植物应用的种类相对丰富。北京市植物园与中国科学院北京植物园收集藤本植物种类最多，但许多品种展示效果不明显。北京野生的藤本植物主要有：杠柳、鸡矢藤、茜草、菟丝子、萝藦、薯蓣、短尾铁线莲等20余种。野生的藤本植物资源具有抗性强、栽培管理容易等特点。可选择观赏性好、不具入侵性的野生藤本植物在城市园林中进行应用。

2　藤本植物的引种与筛选

2.1　藤本植物的引种

为了丰富北京地区的藤本植物种类，从国内外引进了藤本植物共53个种及品种（15种和38个品种）。主要包括紫藤属、忍冬属、凌霄属、地锦属等藤本植物，详见附表1。引进的藤本植物在北京市植物园圃地内进行栽植。由于苗木规格小，栽植的前几年冬季需进行覆土防寒。

2.2　藤本植物的筛选

项目共引进包括豆科、紫葳科、忍冬科、葡萄科、猕猴桃科、蔷薇科、蓼科等共10个科的藤本植物。使用“百分法”对其性状进行综合评价。以观赏性状、抗逆性和繁殖能力作为主要的评价标准，设定花色、叶色、抗寒性等10个性状。将10个性状用量的形式表达出来，最高分之和为100分。其中耐寒性、耐旱性等抗性标准有临界值，即耐寒性、耐旱性、抗病虫力的临界值分别为10、2、2，低于此临界值的视为引种未成功。总分值大于等于80分的为入选藤本植物，可进一步进行繁殖推广。通过综合评分，课题共筛选出藤本植物30种，见附表2。

3　藤本植物的繁殖试验

通过文献报导可知生长素对忍冬属植物插条的生根具有明显的效果。张国杰等[5]研究表明，生长素IBA、NAA对金银花扦插生根有明显作用。曾燕蓉等[6]用100mg/L IBA浸泡金银花插穗，能够提高插条的生根率并促进根系生长。张健夫采用1000mg/L NAA处理金银忍冬的插穗，生根率高达92%[7]；紫藤的繁殖方法多样，毕慧娟等[8]介绍了紫藤硬枝扦插和春季嫁接的繁殖方法；罗玉兰等[9]对‘开东阁’多花紫藤进行了组织培养的研究，总结出最适的培养基配方。齐雨等[10]对凌霄（*Campsis grandiflora*）进行了组织培养繁殖试验，得出不同阶段的培养基配方。本课题主要采用嫩枝扦插的方法对藤本植物进行繁殖技术的研究。

3.1　试验材料

忍冬属：‘薄荷碎片’忍冬、‘猩红’布朗忍冬、‘美国丽人’京红久忍冬和‘金焰’京红久忍冬；紫藤属：‘阿知’、‘八重’、‘安了寺’、‘开东阁’、‘熊野’、‘开东み’；凌霄属：‘黄花’美国凌霄、凌霄、美国凌霄、‘弗拉明哥’美国凌霄、‘加仑夫人’杂种凌霄。

3.2　试验方法

选择健壮、无病虫害、叶片完整植株的中上部枝条。将枝条剪成15cm左右的长度，保留2～3个腋芽，上部的2枚叶片保留一半，其余叶片全部去掉。插条切口剪为上平下斜。插穗制成后插入清水中2h备用。生根剂选用RHIZOPON生根剂（主要成分IBA）。

忍冬属采用两因素进行正交试验。2个因素为：(A)激素浓度；(B)扦插时间。各因素的处理水平为：激素浓度分别为0mg/L（A1）、1000mg/L（A2）、2500mg/L（A3）、5000mg/L（A4）；扦插时间为2015年7月16日（B1）、2016年3月11日（B2）。

紫藤属采用两因素进行正交试验，使用RHIZOPON系列生根粉剂（主要成分为IBA）。2个因素为：(A)激素浓度；(B)扦插时间。各因素的处理水平为：激素浓度分别为0mg/L（A1）、2000mg/L（A2）、4000mg/L（A3）、6000mg/L（A4）；扦插时间为2015年5月21日（B1）、2015年8月19日（B2）。

凌霄属扦插采用生根剂1000mg/L、2500mg/L两种浓度梯度。设置对照组CK，蘸清水。

将插穗速蘸粉剂，静置60s后插于基质内，插条深度为插穗长度的1/3～1/2。扦插基质采用全新的珍珠岩与草炭土按照4：1比例进行配比，使用0.5%的高锰酸钾喷洒基质进行消毒。扦插前用清水预先淋透。光雾插床，自动喷水设置为1h喷水一次，每次喷水时长为30s。

3.3　结果与分析

3.3.1　忍冬属植物的扦插繁殖试验结果分析

结果表明3个藤本忍冬品种在两因素综合作用下表现出不同的生根能力。由表1可见，‘猩红’布朗忍冬最易生根。在无激素情况下，两个组合的生根率分别达到83.3%和100%。‘金焰’金红久忍冬和‘薄荷碎片’忍冬的生根能力差异不明显。不同的激素浓度和扦插繁殖时间对3种藤本忍冬的生根率和根系质量等均有影响。

不同的激素浓度对4种藤本忍冬插穗的生根率、根系质量和生根时间均有有明显影响。在2500mg/L浓度下，

这 4 个忍冬品种的生根率最高；5000mg/L 的浓度对这 4 个忍冬品种的生根有一定的抑制作用。激素浓度为 2500mg/L 时，根系质量最佳。表现为根粗壮，须根多，根团直径大多为 3cm 以上。扦插 10d 后每隔 2 ~ 3d 随机抽取插条查看生根情况。每组取 2 根，只要有 1 根生根即记为生根，均未生根记为未生根。结果表明，A2、A3、A4 水平下插穗生根时间均比 A1 的短。'薄荷碎片'、'金焰'在 A3B2 时生根时间最短，分别为 10d、12d；'猩红'在 A2B2 时生根时间最短为 13d。

综合各因素对生根率、根系质量及生根时间等的影响得出'薄荷碎片'忍冬、'金焰'京红久忍冬和'猩红'布朗忍冬最适的繁殖方法为：3 月份扦插，IBA 浓度 2500mg/L；'美国丽人'京红久忍冬的最适的激素浓度为 IBA2500mg/L。

繁殖记录表 **表 1**

	组合	生根率 %	根系质量	生根时间（d）
'薄荷碎片'	A_1 B_1	58.3	几条根	20
	A_1 B_2	78.6	几条根	20
	A_2 B_1	88.9	稍丰满	15
	A_2 B_2	100	稍丰满	13
	A_3 B_1	93.3	丰满	13
	A_3 B_2	100	丰满	10
	A_4 B_1	57.5	稍丰满	15
	A_4 B_2	67.5	稍丰满	15
'金焰'	A_1 B_1	54.5	稍丰满	20
	A_1 B_2	66.7	几条根	20
	A_2 B_1	86	丰满	18
	A_2 B_2	100	丰满	15
	A_3 B_1	90.7	丰满	15
	A_3 B_2	100	丰满	12
	A_4 B_1	80	较丰满	15
	A_4 B_2	81.8	较丰满	15
'猩红'	A_1 B_1	83.3	稍丰满	20
	A_1 B_2	100	稍丰满	18
	A_2 B_1	89.7	稍丰满	15
	A_2 B_2	100	较丰满	13
	A_3 B_1	94.3	丰满	15
	A_3 B_2	100	丰满	15
	A_4 B_1	73.3	较丰满	15
	A_4 B_2	78.9	稍丰满	15
'美国丽人'	A_1 B_1	80	稍丰满	20
	A_2 B_1	86.7	丰满	15

续表

	组合	生根率 %	根系质量	生根时间（d）
'美国丽人'	A_3 B_1	93.3	丰满	15
	A_4 B_1	53.1	稍丰满	15

注：根系质量说明：丰满：根团直径 > 4cm；较丰满：4cm > 根团直径 > 3cm；稍丰满：3cm > 根团直径 > 2cm。

3.3.2 紫藤属植物的扦插繁殖试验结果分析

对紫藤品种生根率进行了统计，结果详见表 2。由表 2 可得，不同的生根剂浓度及不同的扦插时间对紫藤扦插生根率均有影响。

紫藤繁殖记录表 **表 2**

植物名称	繁殖时间	生根率（%）			
		A1（CK）	A2（IBA2000ppm）	A3（IBA4000ppm）	A4（IBA6000ppm）
'阿知'	B1	10	22.5	10	12.5
	B2	21.7	30	27.5	11.7
'八重'	B1	0	2.4	34.1	16.7
	B2	8.8	24.4	35.6	48.3
'安了寺'	B1	5.3	16.8	10	10.5
	B2	22.2	35.3	17.6	17.6
'开东阁'	B1	15.8	15	7.5	30
	B2	33.3	63.2	26.3	21.1
'熊野'	B1	25	41.3	28	29.3
	B2	11.3	45	36.1	32.4
'开东み'	B1	0	30	10	20
	B2	26.7	56.9	40	56.9

生根剂能够促进紫藤品种的生根率。不同的紫藤品种其最适的生根剂浓度不同。5 月份(B1)扦插试验时，'熊野'、'开东み'、'阿知'、'安了寺'这四个品种在 IBA2000ppm 时生根率最高，'八重'在 IBA4000ppm 时生根率最高，'开东阁'在 IBA6000ppm 时生根率达到最大。在 8 月份（B2）扦插繁殖时，'开东阁'、'熊野'、'安了寺'、'阿知'均在 IBA2000ppm 时生根率最高，'开东み'在 IBA2000ppm 和 IBA6000ppm 生根率均达到了最高点，只有'八重'在 IBA6000ppm 时生根率最高。2015 年 8 月份扦插的紫藤的生根率均高于 5 月份扦插的生根率。因此 8 月份更有利于紫藤品种的扦插繁殖。

综合全部繁殖结果可以得出：'熊野'、'安了寺'、'阿知'这三个品种的紫藤最佳的扦插繁殖方法：为 8 月份进行，生根剂浓度均为 IBA2000ppm；'开东み'、'八重'扦插繁殖的生根率与扦插时间及激素浓度之间没有显示出明显的相关性，以后需要进步进行繁殖试验。

3.3.3 凌霄属藤本植物的扦插繁殖试验结果分析

由表 3 可知，不同凌霄品种的 CK 组的生根率均可达到 40% 以上，说明凌霄为易生根树种。生根剂对凌霄扦插的生根率有显著的影响，但是不同浓度生根剂的影响差异不显著。1000mg/L、2500mg/L 两种浓度的生根率均达到 80% 以上。

不同凌霄品种生根情况略有差异。美国凌霄最易生根，CK 组的生根率可达 80%，在两种不同的激素浓度下的生根率均为 93.3%。其它品种在不同的激素浓度下的生根率相近。综合分析，这 5 种凌霄扦插繁殖最适的生根剂浓度为 1000mg/L。

凌霄扦插繁殖记录表　　表 3

植物名称	生根率（%）		
	CK	IBA1000ppm	IBA2500ppm
凌霄	40	83.3	83.3
‘弗拉明哥’美国凌霄	40	89.7	88.2
‘黄花’美国凌霄	40	86.8	81.5
‘加仑夫人’杂种凌霄	42.9	87	84.3
美国凌霄	80	93.3	93.3

4　藤本植物的示范应用

课题经过对藤本植物的引种筛选工作，选择出抗性较强、观赏性状好的藤本植物 31 种进行示范应用的研究。包括：杂种凌霄、凌霄、‘加仑夫人’杂种凌霄、‘弗拉明哥’美国凌霄、‘黄花’美国凌霄、美国凌霄、山荞麦、‘薄荷碎片’忍冬、‘猩红’布朗忍冬、‘金焰’京红久忍冬、‘美国丽人’京红久忍冬、丛林爬山虎、‘天使’爬山虎、‘绿色春天’爬山虎、‘博斯科普’爬山虎、‘逸斋’多花紫藤、‘多米诺’多花紫藤、‘卡洛琳’紫藤、‘纳加’多花紫藤、‘粉冰’多花紫藤、‘丰硕’紫藤、‘雪瀑’多花紫藤、‘阿知’、‘安了寺’、‘大岁’、‘雄野’、‘西寒多’、‘半岛’、‘清流亭’、‘开东み’、‘八重’。在北京市植物园内选择宿根园、藤本园、及植物园西北门门口栅栏处共 3 个区域作为藤本植物示范展示区。

主要采用篱垣式的种植方式，围绕铁栅栏种植。部分紫藤品种搭架子，进行盆景式的种植。冬季防寒采用根部覆土，由于紫藤苗小，因此除了覆土外，使用无纺布对其茎部裹干。翌年春季观察，地锦类抗寒性最好，紫藤越冬表现良好。忍冬品种会有抽条现象，凌霄类的植物抗寒性相对较弱，除美国凌霄外，其他凌霄品种抽条现象严重。早春修剪后，这些藤本植物均能继续生长，年生长量大，长势旺盛。忍冬品种、凌霄品种每年都开花，花量大、花期长，观赏效果佳。地锦品种秋季表现出叶色变化。紫藤品种苗龄小，大多品种目前尚未开花。

参考文献

[1] 张迎辉，姜成平，赵文飞等 . 城市垂直绿化植物爬山虎的生态效应 [J]. 浙江林学院学报，2006，23（6）：669-672.

[2] 武术杰，赵珺 . 适合北方城市垂直绿化的藤本植物品种特性与应用 [J]. 东北林业大学，2007，35（12）：15-16

[3] 刘永贵 . 江河复式断面结构堤防采用爬山虎植物护坡技术 [J]. 吉林水利，2006，2（283）：36-39.

[4] 张毅功，张振元，陆诗雷 . 爬山虎绿化荒山作用初步研究 [J]. 林业科技通讯 . 2000（3）：26-27.

[5] 张国杰，翟春峰 . 药剂处理对金银花扦插繁殖的影响 [J]. 经济林研究，2005，23（2）：54-55.

[6] 曾燕蓉，谢英，段维兴，等 . 不同生长素和基质对华南忍冬组培苗和扦插苗幼嫩枝条扦插的影响 [J]. 广西农业科学，2009，40（5）：460-463.

[7] 张建夫 . 金银忍冬的引种及栽培技术 [J]. 西北林学院学报，2011，26（6）：88-90.

[8] 毕慧娟，董爱莲 . 城市绿化植物紫藤的栽培技术研究 [J]. 吉林农业，2011（9）：177.

[9] 罗玉兰，华程 . 多花紫藤组织培养体系优化研究 [J]. 浙江农业科学，2015，6（56）：844-846.

[10] 齐雨，李森，刘梦颖等 . 凌霄组织培养及快速繁殖的研究 [J]. 河北林业科技，2008，（4）：1-3.

藤本植物引种名单　　附表 1

序号	植物名称	拉丁名	科属	材料类别	引种地
1	‘紫藤阿知’		豆科，紫藤属	苗木	上海（引自日本）
2	‘八重’		豆科，紫藤属	苗木	上海（引自日本）
3	‘安了寺’		豆科，紫藤属	苗木	上海（引自日本）
4	‘玉口吴’		豆科，紫藤属	苗木	上海（引自日本）
5	‘开东阁’		豆科，紫藤属	苗木	上海（引自日本）
6	‘熊野’		豆科，紫藤属	苗木	上海（引自日本）
7	‘开东み’		豆科，紫藤属	苗木	上海（引自日本）
8	‘半岛’		豆科，紫藤属	苗木	上海（引自日本）
9	‘大岁’		豆科，紫藤属	苗木	上海（引自日本）
10	‘西寒多’		豆科，紫藤属	苗木	上海（引自日本）

续表

序号	植物名称	拉丁名	科属	材料类别	引种地
11	‘清流亭’		豆科，紫藤属	苗木	上海（引自日本）
12	‘白花藤萝’	*Wisteria venusta*	豆科，紫藤属	枝条	中科院植物园
13	‘多米诺’多花紫藤	*Wisteria floribunda* ‘Domino’	豆科，紫藤属	苗木	荷兰
14	‘粉冰’多花紫藤	*Wisteria floribunda* ‘Honbeni’	豆科，紫藤属	苗木	荷兰
15	‘雪瀑’多花紫藤	*Wisteria floribunda* ‘Shiro Noda’	豆科，紫藤属	苗木	荷兰
16	‘逸斋’多花紫藤	*Wisteria floribunda* ‘Issai’	豆科，紫藤属	苗木	荷兰
17	‘完美’多花紫藤	*Wisteria floribunda* ‘Issai Perfect’	豆科，紫藤属	苗木	荷兰
18	‘纳加‘多花紫藤	*Wisteria floribunda* ‘Issai-naga’	豆科，紫藤属	苗木	荷兰
19	‘八重黑龙’多花紫藤	*Wisteria floribunda* ‘Violacea Plena’	豆科，紫藤属	苗木	荷兰
20	‘紫晶’紫藤	*Wisteria sinensis* ‘Amethyst’	豆科，紫藤属	苗木	荷兰
21	‘丰硕’紫藤	*Wisteria sinensis* ‘Prolific’	豆科，紫藤属	苗木	荷兰
22	‘白花’紫藤	*Wisteria sinensis* ‘Alba’	豆科，紫藤属	苗木	荷兰
23	‘卡洛琳’紫藤	*Wisteria sinensis* ‘Caroline’	豆科，紫藤属	苗木	荷兰
24	‘珍珠帘’紫藤	*Wisteria sinensis* ‘Pearl Drops’	豆科，紫藤属	苗木	荷兰
25	‘安迪阿姨’紫藤	*Wisteria macrostachys* ‘Aunt Dee’	豆科，紫藤属	苗木	荷兰
26	‘克拉’紫藤	*Wisteria macrostachys* ‘Clara Mack’	豆科，紫藤属	苗木	荷兰
27	‘蓝月亮’紫藤	*Wisteria macrostachys* ‘Blue Moon’	豆科，紫藤属	苗木	荷兰
28	杂种紫藤	*Wisteria floribunda macrostachys*	豆科，紫藤属	苗木	荷兰
29	软枣猕猴桃	*Actinidia arguta*	猕猴桃科，猕猴桃属	枝条	中科院植物园
30	山荞麦	*Fallopia aubertii*	蓼科，何首乌属	枝条	北京市植物园
31	何首乌	*Fallopia multiflora*	蓼科，何首乌属	枝条	中科院植物园
32	木香花	*Rosa banksiae*	蔷薇科，蔷薇属	枝条	中科院植物园
33	杠柳	*Periploca sepium*	萝藦科，杠柳属	枝条	中科院植物园
34	啤酒花	*Humulus lupulus*	桑科，葎草属	枝条	中科院植物园
35	五味子	*Schisandra chinensis*	木兰科，五味子属	小苗	大海陀
36	巴东忍冬	*Lonicera henryi*	忍冬科，忍冬属	小苗	甘肃
37	‘猩红’布朗忍冬	*Lonicera brownie* ‘Dropmore Scarlet’	忍冬科，忍冬属	小苗	荷兰
38	蔓生盘叶忍冬	*Lonicera caprifolium*	忍冬科，忍冬属	小苗	荷兰
39	‘美国丽人’京红久忍冬	*Lonicera heckrottii* ‘American Beauty’	忍冬科，忍冬属	小苗	荷兰
40	‘金焰’京红久忍冬	*Lonicera heckrottii* ‘Goldflame’	忍冬科，忍冬属	小苗	荷兰
41	‘薄荷碎片’忍冬	*Lonicera japonica* ‘Mint Crisp’	忍冬科，忍冬属	小苗	荷兰
42	凌霄	*Campsis grandiflora*	紫葳科，凌霄属	小苗	荷兰
43	‘弗拉明哥’美国凌霄	*Campsis radicans* ‘Flamenco’	紫葳科，凌霄属	小苗	荷兰
44	‘黄花’美国凌霄	*Campsis radicans* ‘Flava’	紫葳科，凌霄属	小苗	荷兰
45	‘加仑夫人’杂种凌霄	*Campsis tagliabuana* ‘Madame Galen’	紫葳科，凌霄属	小苗	荷兰
46	美国凌霄	*Campsis radicans*	紫葳科，凌霄属	小苗	荷兰
47	杂种凌霄	*Campsis tagliabuana*	紫葳科，凌霄属	插穗	河北
48	丛林爬山虎	*Parthenocissus inserta*	葡萄科，地锦属	小苗	荷兰
49	彩叶爬山虎	*Parthenocissus henryana*	葡萄科，地锦属	小苗	荷兰
50	‘天使’爬山虎	*Parthenocissus quinquefolia* ‘Engelmannii’	葡萄科，地锦属	小苗	荷兰
51	‘绿色春天’爬山虎	*Parthenocissus tricuspidata* ‘Green Spring’	葡萄科，地锦属	小苗	荷兰
52	‘劳氏’爬山虎	*Parthenocissus tricuspidata* ‘Lowii’	葡萄科，地锦属	小苗	荷兰
53	‘博斯科普’爬山虎	*Parthenocissus tricuspidata* ‘Veitchii Boskoop’	葡萄科，地锦属	小苗	荷兰

藤本植物筛选表　　附表 2

植物名称	拉丁学名	总分值	应用形式	备注
山荞麦	*Polygonum aubertii*	83		
‘猩红’布朗忍冬	*Lonicera brownie* ‘Dropmore Scarlet’	83	廊架式、篱垣式、垂挂式	耐半阴
‘美国丽人’京红久忍冬	*Lonicera heckrottii* ‘American Beauty’	83	廊架式、篱垣式、垂挂式	耐半阴
‘金焰’京红久忍冬	*Lonicera heckrottii* ‘Goldflame’	83	廊架式、篱垣式、垂挂式	耐半阴
‘薄荷碎片’忍冬	*Lonicera japonica* ‘Mint Crisp’	83	廊架式、篱垣式、垂挂式	耐半阴
‘弗拉明哥’美国凌霄	*Campsis radicans* ‘Flamenco’	83	篱垣式、附壁式	
凌霄	*Campsis grandiflora*	80	篱垣式、附壁式	
‘黄花’美国凌霄	*Campsis radicans* ‘Flava’	81	篱垣式、附壁式	
‘加仑夫人’杂种凌霄	*Campsis tagliabuana* ‘Madame Galen’	83	篱垣式、附壁式	
杂种凌霄	*Campsis tagliabuana*	89	篱垣式、附壁式	
美国凌霄	*Campsis radicans*	80	篱垣式、附壁式	
丛林爬山虎	*Parthenocissus inserta*	81	附壁式、护坡式、垂挂式	耐阴
‘绿色春天’爬山虎	*Parthenocissus tricuspidata* ‘Green Spring’	80	附壁式、护坡式	耐阴
‘博斯科普’爬山虎	*Parthenocissus tricuspidata* ‘Veitchii Boskoop’	80	附壁式、护坡式	耐阴
‘天使’爬山虎	*Parthenocissus quinquefolia* ‘Engelmannii’	80	附壁式、护坡式、垂挂式	耐阴
‘阿知’		100	廊架式、附壁式	
‘八重’		100	廊架式、附壁式	
‘安了寺’		80	廊架式、附壁式	
‘开东阁’		100	廊架式、附壁式	
‘熊野’		100	廊架式、附壁式	
‘开东み’		90	廊架式、附壁式	
‘多米诺’多花紫藤	*Wisteria floribunda* ‘Domino’	90	廊架式、附壁式	
‘粉冰’多花紫藤	*Wisteria floribunda* ‘Honbeni’	90	廊架式、附壁式	
‘雪瀑’多花紫藤	*Wisteria floribunda* ‘Shiro Noda’	100	廊架式、附壁式	
‘逸斋’多花紫藤	*Wisteria floribunda* ‘Issai’	90	廊架式、附壁式	
‘纳加’多花紫藤	*Wisteria floribunda* ‘Issai-naga’	90	廊架式、附壁式	
‘丰硕’紫藤	*Wisteria sinensis* ‘Prolific’	80	廊架式、附壁式	
‘白花’紫藤	*Wisteria sinensis* ‘Alba’	80	廊架式、附壁式	
‘卡洛琳’紫藤	*Wisteria sinensis* ‘Caroline’	90	廊架式、附壁式	
‘珍珠帘’紫藤	*Wisteria sinensis* ‘Pearl Drops’	80	廊架式、附壁式	

山桃多倍体诱变方法研究初步

北京市植物园，北京市花卉园艺工程技术研究中心，城乡生态环境北京实验室 / 付俊秋　吴超然　赵世伟

摘　要：利用秋水仙素对山桃进行多倍体诱导，结果表明：（1）采用种胚浸泡法操作方法简单且诱变率较高；（2）通过对山桃胚根A、B、C的处理可以看出，秋水仙素对胚根A的诱变结果明显，诱变率高；处理时间在2h、4h和8h时，胚根A、B、C的出苗量较高，且胚根A的诱变率高；（3）从胚根A的全部处理浓度来看，浓度为0.2%～2.0%的秋水仙素溶液对山桃胚根诱导效果明显。总之，采用秋水仙素对山桃进行多倍体诱导，可采用种胚浸泡法，选择胚根露白且长度<0.5cm、处理时间2～8h、处理浓度0.2%～2.0%进行处理，诱变效果明显。

关键词：山桃；多倍体；秋水仙素；诱变方法

植物多倍体具有形态巨大性的特点，近年来，利用秋水仙素进行多倍体诱导研究一直吸引着广大植物育种工作者。山桃（*Prunus davidiana*）为落叶乔木，树皮古铜色，光滑，叶卵状披针形，无毛。花单生，粉红色，花径2～3cm，近无梗或极短，先叶开放，花期3月下旬。山桃具有较强的抗寒、抗旱、耐瘠薄能力，是很好的春季观花植物之一。本文利用秋水仙素对山桃进行多倍体诱导，期望培育出观赏价值更高的山桃多倍体植株，丰富园林绿化植物材料，并可将其用于观赏桃花育种的亲本材料。[1-6]

1　材料与方法

1.1　试验材料

供试材料为山桃种子及实生小苗。2014～2015年，种子均来源于北京市源禾林林木种子有限公司。

1.2　试验方法

1.2.1　茎尖浸润法

山桃种子经浸种、冷藏催芽后播种，当幼苗长至10cm时，掐掉一部分茎尖刺激下部产生萌蘖，将蘸有秋水仙素溶液的脱脂棉小球放在断茎处，每天8：30和16：00各滴秋水仙素溶液一滴，滴后盖上塑料薄膜，保持脱脂棉湿润，以药液浸透而不滴落为准。秋水仙素溶液浓度为0.4%、0.6%、0.8%、1.0%，处理时间4、6、8天，10株为一组，3次重复，以不进行秋水仙素溶液处理为对照。

1.2.2　种胚浸泡法

种子处理方法：用水清洗山桃种子，始温70℃水浸泡24h，捞出沥干，装入自封袋并放入4℃冰箱内冷藏催芽，待50天左右种核裂开时剥出种仁备用。

选择已长出胚根的山桃作为供试材料，设三个胚根长度，胚根A<0.5cm、0.5cm<胚根B<1.5cm、胚根C>2.0cm，秋水仙素浓度为0.05%、0.2%、0.4%、0.6%、0.8%、1.0%，处理时间为2h、4h、8h、16h、24h，其中，胚根A<

0.5cm 增设 1.2%、1.4%、1.6%、1.8% 和 2.0% 五个浓度，每个处理 10 粒为一组，3 次重复，处理条件为常温，以蒸馏水处理为对照。

1.3 统计方法

茎尖浸润法：以叶片出现畸形现象作为诱变成功的初步统计依据，并记录诱变植株数量。

种胚浸泡法：同样以叶片出现畸形的株数作为诱变成功的初步统计依据，并记录出苗数量及诱变植株数量。

2 结果分析

2.1 茎尖浸润法诱变结果

秋水仙素不同浓度和不同处理时间对山桃幼苗茎尖浸润处理的结果表明，不同浓度的秋水仙素对山桃茎尖浸润处理都有一定的诱导作用，随着处理时间及浓度的增加，诱变数量呈上升趋势，诱导结果较为明显（表 1）。

秋水仙素不同浓度和不同处理时间对山桃幼苗茎尖浸润的诱导结果　表 1

浓度 %	处理时间（d）	处理株数（株）	成活株数（株）	成活率（%）	变异株数（株）	变异率（%）
CK	0	30	30	100	0	0
0.4	4	30	30	100	5	16.7
	6	30	30	100	7	23.3
	8	30	30	100	6	20.0
0.6	4	30	30	100	5	16.7
	6	30	30	100	6	20.0
	8	30	30	100	6	20.0
0.8	4	30	28	93.3	6	20.0
	6	30	27	90	6	20.0
	8	30	25	83.3	8	26.7
1.0	4	30	28	93.3	9	30.0
	6	30	26	86.7	10	33.3
	8	30	25	83.3	12	40.0

2.2 种胚浸泡法诱变结果

2.2.1 对山桃不同胚根长度的诱导结果对比

秋水仙素对山桃不同胚根长度的诱导结果表明，胚根 A 的诱变结果明显，叶片出现畸形的株数较多，诱变率高；对胚根 C 的诱变处理结果不明显，出苗量高，但叶片出现畸形的株数较少，诱变率较低。秋水仙素对山桃不同胚根长度的诱导率排序为：胚根 A ＞ B ＞ C（表 2 ～表 4）。

由表 2 ～表 4 可见，处理时间在 2h 和 4h 时，胚根 A、B、C 的出苗量较高，且胚根 A 的整体诱变量高于胚根 B、C；处理时间在 8h 时，胚根 A、B 的出苗量呈现下降趋势，处理时间在 16h 和 24h 时，胚根 A、B、C 出苗量明显下降，尤以胚根 A 下降明显。

秋水仙素不同浓度和处理时间对胚根 A 的诱导结果　表 2

胚根长度	浓度（%）	处理时间（h）	处理株数（株）	成活株数（株）	成活率（%）	变异株数（株）	变异率（%）
A	0	0	30	23	76.7	0	0
A	0.05	2	30	25	83.3	0	0
A		4	30	25	83.3	0	0
A		8	30	16	53.3	3	10
A		16	30	9	30	2	6.7
A		24	30	4	13.3	2	6.7
A	0.2	2	30	20	66.7	3	10
A		4	30	26	86.7	4	13.3
A		8	30	20	66.7	3	10
A		16	30	8	26.7	2	6.7
A		24	30	2	6.7	1	3.3

续表

胚根长度	浓度（%）	处理时间（h）	处理株数（株）	成活株数（株）	成活率（%）	变异株数（株）	变异率（%）
A	0.4	2	30	21	70	3	10
A		4	30	21	70	3	10
A		8	30	18	60	12	40
A		16	30	9	30	3	10
A		24	30	5	16.7	0	0
A	0.6	2	30	24	80	7	23.3
A		4	30	28	93.3	12	40
A		8	30	15	50	10	33.3
A		16	30	10	33.3	3	10
A		24	30	3	10	3	10
A	0.8	2	30	21	70	9	30
A		4	30	24	80	15	50
A		8	30	13	43.3	9	30
A		16	30	7	23.3	5	16.7
A		24	30	2	6.7	2	6.7
A	1.0	2	30	22	73.3	8	26.7
A		4	30	23	76.7	18	60
A		8	30	12	40	10	33.3
A		16	30	8	26.7	4	13.3
A		24	30	0	0	0	0

秋水仙素不同浓度和处理时间对胚根B的诱导结果 **表3**

胚根长度	浓度（%）	处理时间（h）	处理株数（株）	成活株数（株）	成活率（%）	变异株数（株）	变异率（%）
B	0	0	30	23	76.7	0	0
B	0.05	2	30	20	66.7	0	0
B		4	30	20	66.7	0	0
B		8	30	14	46.7	0	0
B		16	30	15	50	1	3.3
B		24	30	20	66.7	0	0
B	0.2	2	30	24	80	0	0
B		4	30	21	70	2	6.7
B		8	30	14	46.7	4	13.3
B		16	30	12	40	1	3.3
B		24	30	16	53.3	6	20
B	0.4	2	30	20	66.7	2	6.7
B		4	30	23	76.7	4	13.3
B		8	30	21	70	5	16.7
B		16	30	14	46.7	5	16.7
B		24	30	18	60	9	30
B	0.6	2	30	21	70	7	23.3
B		4	30	19	63.3	2	6.7
B		8	30	12	40	6	20

续表

胚根长度	浓度（%）	处理时间（h）	处理株数（株）	成活株数（株）	成活率（%）	变异株数（株）	变异率（%）
B	0.6	16	30	15	50.0	5	16.7
B		24	30	19	63.3	7	23.3
B	0.8	2	30	23	76.7	9	30
B		4	30	22	73.3	7	23.3
B		8	30	15	50	7	23.3
B		16	30	10	33.3	6	20
B		24	30	16	53.3	8	26.7
B	1.0	2	30	25	83.3	8	26.7
B		4	30	17	56.7	9	30
B		8	30	16	53.3	6	20
B		16	30	7	23.3	6	20
B		24	30	7	23.3	5	16.7

秋水仙素不同浓度和处理时间胚根 C 的诱导结果　　表 4

胚根长度	浓度（%）	处理时间（h）	处理株数（株）	成活株数（株）	成活率（%）	变异株数（株）	变异率（%）
C	CK	0	30	23	76.7	0	0
C	0.05	2	30	24	80	0	0
C		4	30	26	86.7	0	0
C		8	30	28	93.3	0	0
C		16	30	15	50	0	0
C		24	30	17	56.7	0	0
C	0.2	2	30	26	86.7	0	0
C		4	30	21	70	0	0
C		8	30	22	73.3	4	13.3
C		16	30	10	33.3	0	0
C		24	30	14	46.7	6	20
C	0.4	2	30	25	83.3	0	0
C		4	30	22	73.3	2	6.7
C		8	30	24	80	2	15.4
C		16	30	12	40	3	10
C		24	30	13	43.3	7	23.3
C	0.6	2	30	23	76.7	1	3.3
C		4	30	23	76.7	1	3.3
C		8	30	16	53.3	3	10
C		16	30	13	43.3	4	13.3
C		24	30	16	53.3	1	3.3
C	0.8	2	30	25	83.3	4	13.3
C		4	30	24	80	6	20
C		8	30	28	93.3	8	26.7
C		16	30	11	36.7	5	16.7
C		24	30	17	56.7	5	16.7
C	1.0	2	30	22	73.3	4	13.3
C		4	30	23	76.7	8	26.7

续表

胚根长度	浓度（%）	处理时间（h）	处理株数（株）	成活株数（株）	成活率（%）	变异株数（株）	变异率（%）
C	1.0	8	30	27	90	8	26.7
C		16	30	15	50	6	20
C		24	30	11	36.7	8	26.7

用 SPSS 软件中的 ANOVA 分析法，胚根 A、B、C 三组之间无显著差异性，由表 2 ~表 4 可见，A 组的均值明显高于 B、C 组，基于本试验结果，对 A 组试验进行深入细化，增设了 1.2%、1.4%、1.6%、1.8%、2.0% 五个秋水仙素浓度。

2.2.2　胚根长度 A 组的诱变结果

不同处理浓度对山桃胚根 A 浸泡的诱导结果表明，秋水仙素的不同浓度对山桃胚根均具有一定的诱导作用，处理时间在 2h 时，随着秋水仙素浓度的增加，其叶片畸形数量呈现明显的上升趋势；处理时间在 24h、浓度为 1.4% 以上时，种胚诱变出苗率为零（表 2、表 5）。

秋水仙素不同浓度和处理时间胚根 A 的诱导结果　　**表 5**

胚根长度	浓度（%）	处理时间（h）	处理株数（株）	成活株数（株）	成活率（%）	变异株数（株）	变异率（%）
A	CK	0	30	23	76.7	0	0
A	1.2	2	30	20	66.7	19	63.3
A		4	30	12	40.0	11	36.7
A		8	30	7	23.3	7	23.3
A		16	30	9	30.0	9	30
A		24	30	2	6.7	2	6.7
A	1.4	2	30	21	70	18	60
A		4	30	14	46.7	14	46.7
A		8	30	13	43.3	11	36.7
A		16	30	6	20	6	20
A		24	30	0	0	0	0
A	1.6	2	30	23	76.7	14	46.7
A		4	30	10	33.3	9	30
A		8	30	4	13.3	4	13.3
A		16	30	2	6.7	2	6.7
A		24	30	0	0	0	0
A	1.8	2	30	26	86.7	23	76.7
A		4	30	12	40	11	36.7
A		8	30	7	23.3	7	23.3
A		16	30	4	13.3	4	13.3
A		24	30	0	0	0	0
A	2.0	2	30	20	66.7	20	66.7
A		4	30	17	56.7	12	40
A		8	30	2	6.7	2	6.7
A		16	30	0	0	0	0
A		24	30	0	0	0	0

3　结论与讨论

人工诱导多倍体是获得植物新类型和新品种的重要途径之一。迄今为止，人工诱导多倍体的最有效药剂是秋水仙素，诱导方法主要有滴生长点法、浸种法、组织培养等。本研究采用的方法是茎尖浸润法和种胚浸泡法。试验表明，种胚浸泡法较茎尖浸润法操作简单且变异率高。这种处理方法适用于山桃多倍体诱导。

本研究通过试验发现，秋水仙素对山桃不同胚根长度的诱变结果不同。胚根A的诱变结果最为明显，导致叶片出现畸形的株数较多，诱变率高；对胚根B、C的诱变处理结果不明显。即秋水仙素对山桃胚根长度＞0.5cm的处理结果不明显，出苗量较高，但叶片出现畸形的株数较少，诱变率低。山桃进行多倍体诱导，应抓住胚根细胞分裂的关键时期进行，即在种胚露白且长度小于0.5cm时，利用秋水仙素进行诱导处理，效果明显。

秋水仙素的有效浓度和处理时间是诱导山桃多倍体的关键。从处理时间上来看，不同处理时间对山桃不同胚根长度浸泡的诱导结果表明，处理时间在2h和4h时，胚根A、B、C的出苗量较高，胚根A、B的叶片畸形率高，诱变率高；处理时间在8h时，胚根A和B的出苗量开始呈现下降趋势；处理时间在16h和24h时，胚根A、B、C出苗量明显下降，尤以胚根A下降明显。由于胚根直接浸泡在秋水仙素溶液中，受毒性危害严重，随着浸泡时间的延长，出苗量明显下降。从处理浓度上来看，通过秋水仙素对山桃胚根A的全部诱导结果可以看出，秋水仙素浓度范围在0.2%～2.0%时，对山桃多倍体诱导效果明显，但要控制浸泡处理时间，处理浓度与时间是紧密相关的，高浓度短时间和低浓度长时间的诱导处理效果明显。山桃多倍体植株尚需进一步鉴定研究。

参考文献

[1] 刘静，等．茶树多倍体诱变研究初报．山东农业大学学报，2003，34（4）：475-478.

[2] 李云，冯大领．木本植物多倍体育种研究进展．植物学通报，2005，22（3）：375-382.

[3] 刘喜星，顾玉红，等．核桃多倍体诱导技术研究．北方园艺，2012（02）：113-116.

[4] 岳建芳．臭椿多倍体诱变的初步研究．山西林业科技，2012，41（1）.

[5] 张海凤，等．杜仲四倍体的诱导与鉴定．园艺学报，2008，35（7）：1047-1052.

[6] 雷家军，王冲．观赏植物多倍体诱导研究进展．东北农业大学学报，2012，43（1）：18-24.

香山（静宜园）二十八景导览讲解技法研究

香山公园/高云昆　李　博　贾　政　马　龙

摘　要：随着文化大发展大繁荣，香山公园启动了静宜园二十八景的修复工程，并已完成了17处景点及相关组团建筑的修复，其相关二十八景导讲词的筹划编写、讲解实践及技法研究等方面也已取得显著效果，香山静宜园二十八景导讲词不仅是展示香山公园悠久深厚的历史文化底蕴，而且增加了导讲词整体的功能性、技法性、关联性研究，从而推进香山公园文化产业的发展。

关键词：香山静宜园二十八景；导览讲解；技法研究

1　香山（静宜园）公园概述

香山位于北京西郊，风景优美，气候宜人，在历史上一直是风景名胜区，具有丰富的自然与人文资源。香山的历史源远流长，历代多有营建。相传东晋时期就有葛稚川的“丹井”，唐代在此建有香山、吉安二寺，辽代出现永安陵，金代世宗敕建永安寺。元、明时期营建更多，出现了著名的护驾长松、金界香莲、妙高云堂等香山八景和玉华寺、洪光寺、碧云寺等。至清代香山发展进入鼎盛时期，康熙中叶，开始了北京西北郊皇家园林的营造工程，康熙十六年（1677年），香山行宫建成，成为康熙皇帝游玩、临幸、驻跸之所，但建筑比较简单。香山作为皇家园林，其大规模的营造修建则是在乾隆年间。据乾隆御制《静宜园记》中曰：“乾隆乙丑（1745年）秋七月始廓香山之郛，剃榛莽，剔瓦砾，即旧行宫之基，葺垣筑室。佛殿琳宫，参错相望。而峰头岭腹，凡可占山川之秀，供揽结之奇书，为亭、为轩、为庐、为广、为舫室、为蜗寮，自四柱以至数楹，添置若干区。越明年丙寅（1746年）春三月而园成，非创也，盖因也。”

乾隆十二年（1747），香山命名为“静宜园”。总占地面积为153.3hm^2，周围的宫墙顺山势蟠蜒，宛如巨蟒，全长约5km。使香山这座古刹、行宫自成体系的园林，成为一座皇家的离宫禁苑，并在北京西北郊“三山五园”中占据一山一园，且以天然山景取胜的大型山地园，并分成“内垣”、“外垣”、“别垣”三个部分，共有建筑群、大小园林80余处。其中有名噪一时，乾隆皇帝亲笔御笔的二十八景。

但不幸的是毁于1860年英法联军之手，民国时期，时任内阁总理、财政总长熊希龄为收养因顺直水灾受灾儿童，在香山创办慈幼院，为了解决经费问题，将园内多处建筑出租给达官贵人、军阀巨商。

1949年3月，中共中央由西柏坡迁至香山，当时中央书记处五大书记，毛泽东、刘少奇、朱德、周恩来、任弼时分别住在香山“双清别墅”及香山寺来青轩，老一辈革命家在香山指挥了全国解放战争，同时又共同商讨了建国大计，为筹集新中国做了大量的工作。为此，香山的历史长卷中也增添了极其光辉灿烂一页。

1956年香山公园在党和人民政府的关怀下，经过整修，正式开辟为人民公园对游客开放。

2 香山多元文化板块概述

香山地区自然资源丰富、历史底蕴深厚，拥有皇家园林文化、宗教文化、民国文化、红色文化、生态文化等多元文化资源。

静宜园是一座具有浓郁山林野趣的大型皇家园林，是山地园林的典型范例；静宜园内香山寺和昭庙分别为北京地区皇家山地寺院和藏传佛教寺院的典型代表；民国时期香山慈幼院承载着先进的民国教育思想和众多仁人志士的善心。香山公园拥有如此丰富多元的文化内涵，文化地位独特而重要，应予以充分的梳理、解读和展示。

2.1 皇家园林文化

香山早在我国唐代，就出现了极为壮美的寺宇建筑，但作为皇家园林，其大规模的营造修建则是在乾隆年间，但是，在清咸丰十年（1860 年），遭到了英法联军的焚掠，清静宜园包括“内垣”、“外垣”和“别垣”三个部分，共有建筑群、风景名胜、小园林近 80 余处。其中有名噪一时，乾隆皇帝题署的二十八景。

2.2 林泉生态

香山地处西山东坡之腹心，也是西山山梁东端的枢纽，其峰峦层叠，涧壑交错，清泉甘洌适口。独特的地貌形胜，是西山其他地区所无法比拟的。香山公园植物丰茂，整体长势良好，绿化覆盖率面积达 95% 以上，共有苔藓植物 8 科、13 种；蕨类植物 6 科、7 种；种子植物 73 科、317 种。其中，木本小灌木 24 种、草本植物 209 种、藤本植物 14 种；属自然野生的 229 种，引进栽培 18 种。

知名特色植物：古树计有 5800 余株，占北京市区的近 1/4；红叶是公园目前最具号召力的品牌景观，其历史记载远自元代。目前园内有黄栌近 10 万株。

花期优势：公园乡土植被及特色植物的花期晚于城区，是城区观花季节的延续与互补。

动物资源：香山栖息着多种动物，如常见的松鼠、刺猬。有 23 种留鸟、13 种候鸟，8 个科 57 个种的蝴蝶。其他各种昆虫如蜂、蝉、蟋蟀、蚂蚱、蝈蝈、瓢虫等等。

代表景点：南部红叶区、中部松柏混交林区、北部及山顶灌丛区。其中以中部松柏混交林长势最为良好，红叶区次之，北部及山顶植被较为薄弱。

2.3 红色文化

毛泽东同志和他的战友们居住在香山只是短暂的时期，然而正是这个时期里，他们送走了一个旧中国，创建了一个新中国，从此中华人民共和国巍然屹立在世界的东方。双清别墅也作为爱国主义教育基地，供广大党员、群众学习参观。中央专用电话局、中共中央机要局、中共中央秘书处也曾设在香山公园内，这里是建国前夕政治风云的发生地。

“香山是中共中央和毛泽东在人民解放战争走向全国胜利过渡时期的指挥部。”毛泽东、朱德、刘少奇、周恩来、任弼时五位书记在香山留下了光辉的足迹，为香山增添了永不消失的光彩。中共中央在香山的历史，在中共党史上有着重要的地位，将以它的辉煌篇章载入史册。周恩来曾深情地说：“要记住这个地方。”

党中央在香山领导全党贯彻党的七届二中全会决议，实现七届二中全会提出的各项战略任务，完成了历史赋予的伟大使命。军事上，指挥了举世闻名的渡江战役并向全国进军；政治上，同各民主党派一道协商，筹备召开新政协、建立中央人民政府；经济上，成立了中央财政经济委员会，进一步制定新中国经济建设方针与各项政策。

2.4 寺庙文化

香山公园宗教文化主体包括香山寺、洪光寺、碧云寺及为班禅六世来京朝觐而修建的“宗镜大昭之庙”等皇家寺院。体现了皇家寺院、寺院与园林结合、汉藏寺庙结合、藏传佛教等宗教文化内涵。

香山的寺庙中有很多在北京少见的景观，如碧云寺内五大菩萨集于一堂的菩萨殿、五百罗汉集于一堂的罗汉堂、自乾隆十三年（1748 年）传承至今的金刚宝座塔、体现寺庙与行宫结合的北轴线行宫建筑等；洪光寺内明太监郑同仿高丽毗卢圆殿建上圆下八方重檐琉璃“千佛亭”；昭庙以藏族碉房式建筑风格为主，结合了汉式的遮檐手法的寺院，建有三门琉璃坊、清净法智殿、白台群房、井字碑亭、大红台、都罡殿、四智殿、七层琉璃万寿塔等。

代表景点：香山寺、碧云寺、昭庙。

2.5 民国文化

2.5.1 香山慈幼院概况

1912 年，贡王福晋善坤（清宗室肃亲王之女）率领马相伯（又名马良）、英敛之等人游香山，发现“静宜园兵焚之后，宫殿无存、垣墙颓坏，古树被盗者十之七八，胜地名园日就荒废”，便商量怎样保护这里的古迹，他们觉得西山附近的人很穷又没机会受教育，于是决定创设女子学校及女学工厂，由皇亲善坤向皇室请以该园地基。后经隆裕皇太后（慈禧太后的侄女）谕允，由马良负责创办静宜女校事宜。

1913 年学校成立，当时在热河作都统的熊希龄曾提供一些公款。校址设在静宜园军机处，即勤政殿北侧院落，四至为：东到公园东门围墙、南到勤队部院西墙（致远斋遗址东侧）、北到镇南房南围墙。

1918年水灾平息熊希龄出面请就任民国大总统的徐世昌与前清皇室交涉，“拟择京西香山静宜园建设男女慈幼院两所，以资移养慈幼局无法遣散之儿童（《香山公园志》）。”这一请求很快得到应允。

1919年2月17日，两校的建筑正式动工。然在建筑的过程中，承包者桐发公偷工减料，被熊希龄查出，罚款之后，乃改招德国罗克格（Curt Rothkegel）公司承办，是年12月30日，经历了近十个月的时间，男女两校的工程方次第告竣，遂命名为“香山慈幼院”。

2.5.2 孙中山暂厝之地

1929年5月22日孙中山遗体易棺后，当时北平各级国民党党部及团体均认为，西山碧云寺是“总理停灵四年之地，不可无一重大纪念之留遗，以为民众瞻仰，并请以所易衣履安置原厝木棺内为衣冠冢”。5月25日，奉安委员会办公处总干事孔祥熙亦建议国民党中常会“保留碧云寺及原用棺椁以资纪念”，当即得到国民党中常会批准。因此，在碧玉寺设立了总理纪念堂和国父衣冠冢，以供民众瞻仰。孙中山纪念堂设在碧云寺的普明妙觉殿，面积为202.m^2。1929年因该殿在奉移期间停放过孙中山的灵柩，做过祭堂，被辟为“总理纪念堂”。纪念堂居正中，堂内置孙中山遗像，像前放置花圈。殿北侧，陈列苏联政府赠送的玻璃盖钢棺及钢质镀镍外盖。纪念堂院内缀以白皮松、桧柏和七叶树，这些树均是具有纪念意义的常青树，整座院落格外庄严肃穆。

2.5.3 西山中法大学

西山中法大学成立于1920年，它是在民国初年（1912年）蔡元培组织发起的留法俭学会与法文预备学校和孔德学校的基础上组建的。最初设在西山碧云寺的法文预备学校扩充为文理两科，改称中法大学西山学院，是该大学创建之始。

3 香山静宜园二十八景导览讲解技法研究

随着文化大发展大繁荣，香山公园启动了静宜园二十八景的修复工程，并已完成了17处景点及相关组团建筑的修复，其相关二十八景导讲词的筹划编写、讲解实践及技法研究等方面也已取得显著效果，香山静宜园二十八景导讲词不仅是展示香山公园悠久深厚的历史文化底蕴，而且增加了导讲词整体的功能性、技法性、关联性研究，从而推进香山公园文化产业的发展。

3.1 功能性研究

香山静宜园二十八景功能性导讲词的研究主要涉及不同游线的讲解、不同时期的讲解和不同参观群体的讲解。

3.1.1 不同游线的讲解

不同游线的讲解依据游客的游览路线，设计三条不同游线的讲解，分别为中路、南路、北路。

（1）中路

游线：东宫门—勤政殿—致远斋—知松园—来秋亭—玉华岫—芙蓉坪—烟霏蔚秀—香雾窟—西山晴雪—重阳阁—鬼见愁—观景台—踏云亭。

依据不同的功能分区，东宫门、勤政殿及致远斋处为静宜园时为皇家理政场所，在此结合当今讲解治国理政的理念；而知松园为20世纪80年代建成，以景区内100余株的古松柏著称，其西侧的来秋亭为同时期建成，亭前临水池，碧波一泓与周围山坡红叶、知松园松柏相映成趣，两处景观可结合讲解香山的古松柏及植物景观；玉华岫景观为全园中心，为观景最佳地点，烟霏蔚秀为其相关附属建筑，两处建筑与芙蓉坪、香雾窟均为静宜园时期外垣景点，且为观景最佳地点；西山晴雪碑为乾隆时期钦定燕京八景之一，在此处观赏香山雪景为最佳，在此可讲解香山的自然山川形态；重阳阁、鬼见愁、观景台及踏云亭均为山顶景观，在此可俯瞰整个京城，可以在此讲解香山静宜园与三山五园其他各园及北京城的视觉体系及关系。

（2）南路

游线1：静翠湖—引水石渠—翠微亭—璎珞岩—引水石渠—双清—知乐濠—香山寺—白松亭—绚秋林—雨香馆—阆风亭—晞阳阿。

游线2：多云亭—玉乳泉—阆风亭—森玉笏—晞阳阿。

南路讲解游线依据空间的划分，可分为两条线路，线路1从静翠湖为起点，静翠湖在清静宜园时期为带水屏山，后由公园清挖为湖，是以水景观取胜的景区，其与周边清宜园时期引水用引水石渠及璎珞岩和线路2中的玉乳泉均以水景观取胜，可讲解香山静宜园时期的理水文化；翠微亭以植物景观取胜，其四周种植杏树，重现了香山杏花香景观，在此可讲解香山名字的由来；而翠微亭南侧的双清别墅则可以重点讲解香山公园的红色文化；香山寺为汉藏合璧式寺庙，是静宜园二十八景中的核心景观要素，其独具特色的前街、中寺、后苑格局，堪称中国皇家寺庙与山地御园的完璧之作，拥有唯一性、稀缺性及独特性的历史和人文价值，实属中国园林史结晶之作，在此可着重讲解香山寺的选址布局、殿内陈设及园林建筑等；白松亭以周边种植的白皮松而得以命名，而北侧建筑绚秋林以秋季在此观赏彩叶树种景观最佳而得名。乾隆有诗曰：“山中之树，嘉者有松、有桧、有柏、有槐、有银杏、有枫。深秋霜老，丹黄朱翠，幻色炫彩，朝旭初射，夕阳返照，绮颉不足拟其丽，巧匠设色不能穷其工”，这两处亭式建筑，可结合着重讲解香山的自然生态。雨香馆是以乾隆皇帝在此观雨景和闻到雨后香山的地被植物散发出芳香之气而得名，乾隆在其御制诗的诗序中也这样解释道：“山中晴雨朝暮各有其胜，而雨景尤奇。油云四起，滃郁栋牖，长风飘洒，倏近倏远。苔石药苗，芬馨郁烈，沉水龙涎，不免烟火气”。而“雨香”则是写在御制诗中最后一句，“何必刘宾客，端称以德馨”是指“雨之德利农桑”为香，在此景点除讲解雨香馆本意外，可衍生讲解封建社会，作为把农业视为第一产业的农业大国，清帝关心农事丰产等；阆风亭为观赏山顶最佳景点，风景秀丽，可在此驻足观景；晞阳阿为源于屈原《楚辞·少司命》之诗句：“与女沐兮咸池，晞女发兮阳之阿”，为静宜园二十八景之一，可在此讲解中国传统的经典读物文化，如四书五经。

（3）北路

游线：北门城关—眼镜湖—见心斋—宗镜大昭之庙—隔云钟等。

北路讲解游线可从北门城关处开始。北门城关处为清清宜园时期遗物，由青石砌成，极具古韵。城关石券门上嵌石额曰：“绀翠凌虚”，两侧楹联曰：日临祇树传经地，香散天花绕法台，从北门城关可以结合三山五园其他各园的城关建筑讲解；入城关后进香山公园范围内是眼镜湖，眼镜湖在清代称饮鹿池，在此可结合香山静宜园时期的鹿文化进行讲解；在眼镜湖西南侧是香山静宜园时期外垣的见心斋、昭庙，其中见心斋建于明嘉靖年间，清嘉庆时期重修，在清代是皇帝训诫臣属是否对他忠心的地方，整座院落颇具江南风情，通过见心斋可结合中国古典江南园林的布景之美及当下反腐倡廉形势进行讲解。见心斋南侧为宗镜大昭之庙，是清乾隆皇帝为六世班禅为其进京祝寿所建，在这里乾隆皇帝与六世班禅同修佛法、共商国事，解决了西藏内部政治问题，留下了一段秉承大统、促进民族团结和增进民族文化交流的佳话，是中华民族大团结、大融合的见证，昭庙和见心斋这两处别垣景区均可结合中国反腐倡廉和民族团结的形式进行讲解。

3.1.2　不同时期的讲解

不同时期的讲解考虑香山层峦叠嶂，四季分明，阴晴雨雪，气象万千，按照“春粉、夏绿、秋红、冬白”的不同季相变化拓展讲解。春天山杏绽放，山花浪漫，结合游赏路线如：南路的翠微亭景区的杏花林、香山遍布的山桃花等讲解香山春季的自然生态，让游客徜徉在自然山林的盎然春趣里；夏季致远斋垂花门外金莲花盛开，柏林小区、知松园古柏浓荫茂密，静翠湖、韵琴斋水池内荷花、莲花香气袭人，讲解以香山独具翠色为重点；秋季万叶飘丹，层林尽染，巧匠设色不能穷其工，讲解皇家御园的香山红叶。冬季讲解致远斋庭院内的岁寒三友松、竹、梅，经冬不凋和燕京八景之一的西山晴雪。

3.1.3　不同群体的讲解

不同群体的讲解，讲解是一门语言艺术，是情感交流的真实表白。游客的年龄、社会身份、知识背景、兴趣、动机、次数、逗留时间等影响着他们的认知和要求。随着国民素质的不断提升，相当一部分观众在来景区之前就已经对该景区具备了一定的知识并且形成了自己的观点，讲解需要帮游客对既有知识和将要获知的信息加以整合，照本宣科、灌输知识的讲解方式已然不合时宜。

面对不同群体的参观者采取不同的讲解，探寻展览与观者的共鸣。如对专家学者讲解时，在掌握展览内容更深层次的知识时，还应抱有谦虚、谨慎和求教的态度，注意语言和用词规范。对成人讲解时，掌握“接地气”的原则，多讲喜闻乐见的故事，并运用画龙点睛、制造悬念、设置疑问及含蓄幽默的方法。对青少年讲解时，掌握其年龄段的心理特征，讲解展览相关的名人名句，用通俗易懂语言传播普世价值观，且讲解展览幕后的人文趣事，运用问答法、比喻法等方法。

3.2　技法性研究

公园讲解是指讲解员在景区内向游客介绍公园历史文化知识的讲解。是一项复杂的艺术工程，除了要进行复杂的脑力劳动外，工作的表现形式还具有一定的艺术性。讲解员通过知识综合和心理鉴别，运用语言技巧和不同的表现形式，将公园信息传送给游客，使游客的心灵受到影响，产生一种积极向上的动力，这对讲解员的综合素质要求是比较高的。它不仅要求讲解员有比较丰富的知识和较高的普通话水平，还需要一定的导览讲解技法，技法研究主要为音量、语速、语调。

3.2.1　音量

音量是指讲解声音的强弱与大小。平时说话各人有不同的习惯。有的人气粗嗓门儿大，有的人慢声细语。这都不影响人们交流思想感情。但是，室内讲解就必须注意声音的大小。声音过大不易保持声音的圆润、容易使声音破裂，这对观众是一种不舒适的刺激，讲解员的喉咙也容易疲劳。声音太小，观众听起来费劲，甚至听不清楚，影响讲解的效果，所以室内讲解的音量必须适当。那么，怎样的音量才是适宜的呢？要让最后一排的游客能清楚听到讲解而又不觉费力。自己听起来觉得耳感舒适。为了达到这样的效果，讲解员平时就要注意练声，从低声到高声分级练习，以便在不同的情况下，掌握说话音量的大小。其次，要根据讲解内容调节音量，比如，在语法上，谓语或显示各种属性、情态的定语、状语、补语，要读重音，才容易使人听清语义。表达强烈感情的词语也要读重音。

如：香山位于北京西郊，风景优美，气候宜人，在历史上一直是风景名胜区，具有丰富的自然与人文资源。

——《香山公园导览》

而在表达欣慰、温馨、幸福感情的语、句要用“轻读”。

例如：现在，请大家随我进入双清别墅这座红色革命圣地，去一睹老一辈无产阶级革命家的光辉历程。

——《双清别墅讲解词》

在逻辑上，对一些内容重要、上下文之间有一定逻辑联系的内容要音量大。例如从展览的一组陈列到另一组陈列时要音量大些。总之，讲解员讲解时一定要控制音量，声音该大时大，该小时小，绝不能无缘无故用高声或低声，不然便有危言耸听之嫌。

3.2.2 语速

语速就是讲解的节奏与快慢。讲解员讲解时如果用同一种速度往下讲，像背书似的，就会使人感到乏味，语速太快，观众既紧张又听不清楚讲解的内容，语速太慢，又不能给人流利舒畅的美感，都会影响观众听讲情绪和讲解效果。那么，讲解时如何控制语速呢？主要是依据不同的讲解内容、观众的理解能力及反应因素来控制语速，分别采用快速、缓慢、中速等不同速度来进行讲解。

例如：对于众所周知的事情、不太重要的事情、讲解进入高潮时等情况要用快速的语言；对于需要强调的事情，重要的事情，想引起观众注意的事情，容易误解的事情、以及数字、人名、地名等重要的内容，如：中共中央进驻香山的时间、香山静宜园建造的年代、香山主峰香炉峰的海拔高度等要放慢讲解速度。而对于一般的内容则要用中等的速度进行讲解，如：香山黄栌树种的数量、二十八景的建筑风格等，一般来说，讲解的语速应该掌握在每分钟200个字左右。但对于特殊的观众，如老年人和儿童语速宜慢，以他们能听清为准。

3.2.3 语调

语调是讲解时声音的变化。它主要是依据讲解内容和感情的不同，去改变声音的高低、强弱和快慢。它总是和停顿、重音、速度等相配合，形成讲解中的抑扬顿挫。它既可以根据标点符号提示来改变声调表感情，更应根据讲解的内容用适宜的语调来打动观众，增强讲解的效果。一般来说，凡是高昂激动的感情，如愤怒、狂喜、惊异、怀疑与命令的语调，讲解的语调一般都要先低后高，如：在双清别墅毛主席指挥的渡江战役，发出的打过长江去，解放全中国的伟大号令，语调就可以从低后高、先抑后扬；凡是低沉平缓的感情，如沉痛、感叹、惋惜、谦恭的语句，讲解的语调应先高后低，如：讲解到1860年英法联军焚毁了香山静宜园时，就可以用低沉平缓的语调；仅仅只是述说、解释的话，语调就可前后保持平直，无须多大的起伏。总之，讲解的语调要和讲解员的“心律”合拍，语调最好不要忽高忽低，要适当以情发声，以声带情，不能给人以矫揉造作之感。

3.3 “三山五园”关联性研究

3.3.1 香山静宜园与其他四园关联性

“三山五园”作为一个有机的整体，各园之间不是相对孤立的，有许多关联元素，在历史上“三山五园”一直作为一个整体看待，且各园均为占地面积较大的皇家园林，不同的历史背景、迥异的自然环境，使得这几处皇家园林景观存在诸多方面的相似之处，从景观视线、水系、整体布局、及造园手法等方面进行了比较与分析。

（1）视觉一体

香山作为京城西北郊的制高点，顺地势，依次为香山、玉泉山，万寿山，自西向东，高低错落。在“三山五园”内部，香山静宜园俯瞰玉泉山静明园，万寿山清漪园借景玉泉山静明园，圆明园又借景万寿山清漪园，层层借景最终汇集于圆明园福海，建立了一种九重宫阙的仙境般的视觉层次。虽然西郊园林不是同时建成，但各个园林之间存在着紧密联系，在西郊、京城之间具有整体空间设计联系。

（2）水脉相连

“三山五园”历史上就具有丰富的水源，受地形的影响，雨量丰沛，地下水源丰富，且这一地带多石灰岩，溶洞较多，透水性强，容易形成山泉，自金、元、明三朝一直不断整合、梳理当地水系，至清代随着“三山五园”皇家园林群的大规模兴建、扩建，对水的需求量也逐渐加大，自清康熙帝历经雍正、乾隆三朝的大力兴修，“三山五园”整体的水系基本形成。

为了收集更多泉水，增加昆明湖的蓄水量，1773～1784年（乾隆三十八年～四十九年），又将西山卧佛寺樱桃沟和香山诸泉的水流，利用长数公里的石凿水槽引流到四王府村广润庙内的石砌水池中，然后引水东流至玉泉山，再合流玉泉山诸泉，注入昆明湖。至此，“三山五”园水系自西而东，贯通一气。

（3）文化关联

香山静宜园与其他各园都包含着相同的文化，其中多以建筑格局、题额、对联、题记的形式熔铸其中，尤以儒家文化在其中体现，主要包括：大一统思想、孝道、问农观稼等，这几类儒家文化元素始终贯穿在整个“三山五园”文物体系之中。

1）家国天下

堪舆家认为，天下山脉发于昆仑，以西北为首，东南为尾，大小河川的总流向亦随山势自西北向东南而归于大海。“三山五园”位于北京西北地区，背依西山，水流东南，和中国的地势完全契合，是中国的象征，“三山五园”地区的这种地形水系不仅为建园提供有利条件，而且还表示了清朝统治者对天下一统的期望。站在香山或玉泉山上，眺望东南，山脉河流与都城尽收眼底，加上园林设计者的叠山理水，使“三山五园”的地形地貌更加契合中国的地形地貌。康熙二十一年（1682年）在玉泉山建成行宫“澄心园”，并在此处理政事，三十一年（1692年）更名为静明园。康熙二十六年（1687年），建成畅春园。雍正和乾隆时期，又陆续建成圆明园、香山静宜园和万寿山清漪园，至此，西郊皇家园林体系形成。同时，清代统治者为了向汉族证明自己统治的合理性，修正汉族的“华夷之辩”思想，为此不仅推崇儒学，增加文化认同感，而且对“华夷之辩”和“正统观”进行重新阐释。自顺治“天下一统，满汉无别”“满汉个官民，俱为一家”，到康熙进一步阐述“天下一家”的思想，再到雍正所说“天下一统，华夷一家”，最后到乾隆“主中华者为正统”的阐述，完成了对正统观和华夷观的理论再构建，这种思想在“三山五园”中得到了体现。

“九州清晏”是圆明园中最大的一组建筑群，位于正大光明殿北面、前后湖之间，是帝后和嫔妃居住的地方。取自“禹贡九州”之义，以“九州清晏”殿为主，仿佛浔阳九脉，寓意整个天下，九州是中国的象征，而皇室则是帝国的中心，显示了清帝作为天下共主的宽广胸襟。

乾隆十五年（1750年），乾隆帝疏浚翁山前的西湖时，联想到汉武帝的文治武功，便将“西湖”改名“昆明湖”，表示要像汉武帝“征服昆明”一样，实现天下一统。从此，昆明湖成为八旗水师操练场所。

“三山五园”中出现的藏传佛教寺庙也是华夷一家的体现，如静宜园的宗镜大昭之庙是为六世班禅向乾隆皇帝进京祝寿而建，同时乾隆皇帝与六世班禅共同出席了宗镜大昭之庙的开光典礼，并留下华夷一家亲的佳话。

2）孝敬之道

历代统治者奉行以孝治天下的理念，《孝经》认为“夫孝，德之本也。又，天之经也，民之行也”。孝是儒家文化极为重要的内容之一，历代统治者大力提倡“孝道”，标榜“以孝治天下”，康熙、乾隆帝等在“三山五园”通过建造皇太后行宫、宗教寺庙以及题额与咏诗体现孝道，于是“三山五园”成为清帝奉行孝道的场所，如香山静宜园中的丽瞩楼建筑群、畅春园内的“春晖堂”、圆明园中的“长春仙馆”；万寿山清漪园内的大报恩延寿寺是乾隆皇帝专门为其母后祝寿而建，同时在香山静宜园为其母后祝七旬、八旬大寿专门两次邀请三班九龙宴游香山，充分体现了清帝注重孝道。

3）问农观稼。

农业是国家的根本，是封建社会经济的基础，这就是儒家所提倡的“农本”思想。儒家认为“民为邦本”。而“民”的主体是农民，重视农业，也就是保邦固本。重农是统治者的共识。清朝皇帝即便在园居时，也通过建造景观来表达重农的思想，提醒自己不忘稼穑之苦、农耕之艰，以体恤农民。康熙皇帝首先在畅春园首开观稼验农之先河，从畅春园水稻的生长情况推测全国各地的秋收景象。雍正帝即位后，继承康熙帝在御园观稼验农的传统，圆明园中田字房、观稼轩、多稼轩、耕织轩、北苑山房等景点，目的就为了观稼验农。

清漪园是乾隆皇帝修建的专门供帝后散志澄怀的园林，在其中也建造了一些观稼验农的景观，游园不忘农事。园中的绿畦亭建筑是乾隆皇帝重农思想的反映，位于西北湖西北岸的畅观堂，始建于乾隆年间，乾隆三十年（1765年）御制畅观堂诗云：左俯昆明右玉泉，背屏镜治名阁面溪田，是一处验农观稼的处所。而在清漪园西部偏北方向修建的耕织图景区，更是体现了乾隆帝“重农兴穑”的思想。

静明园中也修建了一些观稼验农的景观，如静明园十六景之一的“溪田课耕”是乾隆皇帝建造的，目的是“每辄与田翁课晴量雨”。而乾隆皇帝为什么建造静宜园呢？他在《静宜园记》中道出了原有：“山居望远村平畴，耕者，耘者，馌者，获者，敛者，历历在目。杏花菖叶，足以验时令而备农经也。”原来建造静宜园的原因之一是为了验农观稼。

（4）东西文化交融

明末清初，随着西方传教士纷沓而至，中西文化交流翻开新的一页，为中国带来了西方哲学、科学和文化艺术，为中西文化的交融提供了可能性。到了清乾隆时期，清廷对西方有了进一步的了解，乾隆《续文献通考》卷298“四裔”中记载了法国、英国、西班牙、意大利等多国的情况，虽然雍正、乾隆年间几度禁教，但并没有完全关闭与西方交流的大门，这在皇家园林中的西洋建筑就得以体现出来，虽然皇家园林中大规模西洋建筑的出现并非偶然，更不是心血来潮的产物，从明末利玛窦初入皇宫到乾隆年间，中西建筑文化交流经历了漫长的时间，中国人已认可西式建筑，同时，乾隆初年国库充盈，政局稳定，这为在皇家园林内西洋建筑的兴建奠定了物质基础，而清帝的个人喜好，也是大兴西洋建筑的重要原因。

在圆明园中长春园北界的欧式园林建筑，俗称“西洋楼”，由谐奇趣、线法桥、万花阵、养雀笼、方外观、海晏堂、远瀛观、大水法、观水法、线法山和线法墙等十余个建筑和庭园组成。

清漪园中含有西洋元素建筑有养云轩、清晏舫等，养云轩院门为西洋门式建筑，其是以中国传统建筑体量为构架，以西方建筑特点为主体的，钟表形态的仿西式建筑，同罗马凯旋门一样采用的是三开间设计，但养云轩门上雕塑不是西方惯用的人物雕塑，而是中国式的吉祥图案以及楹联匾额，这体现了清漪园里“中西合璧”的建筑典型；而清晏舫在1860年清漪园毁于英法联军之手后，于1893年慈禧太后模仿西洋轮船的样式重建石舫，把乾隆年间中式的舱楼改建成西洋式的雕花屋顶，并在石舫两侧添加了两个石造的西式机轮，舱内铺满了西洋地砖，就连门窗上也镶嵌了特制的彩色玻璃，从里到外都洋溢着西洋情趣。

香山静宜园中西洋元素的建筑为香山寺内小青石仿西洋式建筑。

（5）宗教信仰

宗教是人类世界中最古老、最神秘、最不可思议的领域，迄今为止，人类社会还没能真正解开宗教的秘密。宗教文化在整个中国封建社会至关重要，是封建帝王宗教信徒的精神寄托。

宗教文化是中国皇家园林的重要组成部分，“三山五园”各园均将宗教文化引入了园林建筑，修建了各种类型的寺庙建筑。这些寺庙是帝后主要用以求福祈祷的宗教活动场所，其中宗教场所大致涵盖佛、道两大类别，属佛教系统的建筑较多，而这五个园子中没有严格意义上的道观建筑，但却拥有大量的祀庙祠宇，其中所祀神灵几乎都源自民间信仰，相当一部分可以归入道教范畴。香山静宜园中佛教寺院有：香山寺、宏光寺、宗镜大昭之庙；而具有道教范畴的建筑有：香山寺中的土地庙、山神庙、龙王庙、财神庙。玉泉山静明园中佛教寺院有：香岩寺、妙高寺、楞伽洞、圣缘寺，具有道教范畴的建筑有：东岳庙。万寿山清漪园中的佛教寺院有佛香阁、香岩宗印之阁、须弥灵境、智慧海等，归入道教范畴的有：文昌阁。畅春园中佛教寺院：恩慕寺、恩佑寺，属于道教范畴建筑：娘娘庙、关帝庙。圆明园中佛教建筑：日天琳宇、舍卫城、慈云普护、月地云居、洛伽胜境、宝相寺、法慧寺、正觉寺、庄严法相、延寿寺，属于道教范畴的为：蓬岛瑶台、广育宫、天神坛、关帝庙、花神庙、河神庙。

以上各园之间的祀庙建筑有着共同的特点：一是使用对象均为帝王个人或太后、后妃女眷等，是一个比较小的群体，其宗教生活是一种特权的象征。二是建筑体量较小，在中国的文化传统中，宗教建筑同居住之间有着紧密的关系，一方面，是受地域空间的影响，像香山静宜园中的宏光寺、宗镜大昭之庙受山林空间地域影响，尤其占地面积较小；另一方面宗教建筑往往可以理解为“偶像居住场所”，寺庙宫观的主体建筑都供奉着神像，而神像的大小往往决定了建筑的尺度，而这几个园子中除香山静宜园的宗镜大昭之庙各寺庙均没有出现大佛的事实，可以说明帝王们对于宗教持有的一种比较克制的态度，因为这完全是他们能力范围内的事，没有大佛宗教建筑内部空间就没有那种近观大佛所形成的压迫感，这是帝王希望的一种空间感受。神像数量多：作为对帝王宗教狂热的补偿，神像的数量极多，形成了尚多不尚大的局面，像香山静宜园宗镜大昭之庙就有1000多尊大小佛像，圆明园中的方壶胜境宜春殿一座殿内就有佛像2000多尊。

4 结论

（1）香山静宜园二十八景导览讲解的研究是香山文化的传承与传播的最便捷、最直接的方式，传播中国古典皇家园林博大精深的文化内涵，是导讲人员与参观者思想交流、情感共鸣的有机融合。

（2）香山静宜园二十八景是价值取向的选择，其所包含传达的普世价值观和核心价值观，集中体现了当今社会价值的正确导向，传播皇家历史名园儒、释、道的哲学与精神，就是讲好中国故事。

（3）在“互联网+”的信息时代背景下，香山静宜园二十八景的导览讲解应借助终端智能导讲器和网络宣传，让游客感受香山文化的独特魅力，有助于香山文化产业的持续发展。

参考文献：

[1] 袁长平，朱如意．香山公园志．中国林业出版社，2000.
[2] 周维权．中国古典园林史．清华大学出版社，1999.
[3] 甘长青，袁长平，贾政．乾隆咏香山静宜园御制诗．中国工人出版社，2008.
[4] 周明，朱如意．香山石雕石刻．中国工人出版社，2009.
[5] 甘长青，朱如意．北京香山慈幼院探研．人民出版社，2015.
[6] 李荻生．中共中央在香山，中央文献出版社，2003.
[7]《乾隆皇帝与六世班禅研讨会论文集》编委会．乾隆皇帝与六世班禅研讨会论文集．中国藏学出版社，2015.
[8] 张娟，高云昆，赵康．北京香山慈幼院近代建筑现状调研．华中建筑，2013，07.
[9] 阚红柳．民国香山诗文精选．北京联合出版公司，2015.
[10] 陶婷婷．浅谈博物馆讲解员的专业素质．大众文艺，2010，11.
[11] 孙勤．提升博物馆讲解员业务水平的方法研究．大众文艺，2011，05.
[12] 吴子钟．论导游讲解语言技巧．科技文汇，2012，06.
[13] 李菲，吴军．中国传统园林的模式化景观及内涵．山东科技大学学报，2016，02.
[14] 贾珺．圆明园买卖街钩沉 // 建筑历史与理论第十辑（首届中国建筑史学全国青年学者优秀学术论文评选获奖论文集），2009.
[15] 赵连稳．清代三山五园地区水系的形成．北京联合大学学报（人文社会科学版），2015，01.
[16] 李萌，张健．中国古典园林中的风水布局浅析．沈阳建筑大学学报（社会科学版），2015，03.
[17] 赵连稳．论三山五园中的儒家文化．安康学院学报，2016，03.
[18] 高云昆，李博．香山公园致远斋导讲词技法的研究．文化产业，2016，88.
[19] 高云昆．香山昭庙的历史价值．中国名城，2016，05.
[20] 贾政．解读香山静宜园二十八景．文化香山，2015.

23份萱草材料花粉形态电镜扫描研究

北京市园林科学研究院，绿化植物育种重点实验室 / 李　俊　孙丽萍

摘　要：本文通过电镜扫描试验，开展了23份萱草材料花粉电镜分析工作，每种花粉根据其不同形态分别拍照，测量其极轴长（P）、赤道轴长（E），计算P/E值，观察外壁纹饰，最终利用SPSS软件对花粉形态数据进行聚类分析，绘制出亲缘关系树状图，结果表明在23份材料中‘海尔范’和‘红运’的亲缘关系最远，杂种优势效果更突出。

关键词：萱草；花粉形态；电镜扫描

萱草属为多年生宿根花卉，节水耐旱，景观效果好，作为优良的观赏花卉常用于道路、庭院、公园等地布置园林景观。萱草原产中国的就有11种和部分杂交变种，其野生状态和栽培种均有[1, 2]，适应性好，易于栽培应用。国外萱草研究历史悠久，尤其美国的育种工作更是突出，目前已注册在美国萱草协会的品种就有8万余个。我国近年也广泛开展萱草相关科研工作，多数集中在资源调查及育种研究方面，但有关花粉形态特征鉴定、亲缘关系以及杂交育种工作相结合的报道相对较少。

花粉粒功能与进化关系的研究认为，花粉粒越长，其体积与表面积之比越小，调节功能越强，越进化。植物花粉生长、发育在孢粉囊内，不易受外界环境条件的影响，具有很强的保守性和遗传稳定性。因此，了解萱草属植物的孢粉学特性可以客观地反映种间、品种间的亲缘关系，是进行种质资源鉴定的重要依据之一，也是杂交亲本选配的参考依据。由此，开展萱草花粉电镜扫描工作，不仅利于寻找适宜的杂交育种材料与组合，而且花粉形态的差异还可以为品种鉴定提供有效依据。

1　材料与方法

1.1　花粉采集与处理

花粉材料取自园科院萱草资源圃种植的萱草材料。选择晴朗天气条件时的上午9：00～10：00从尚未完全开放的萱草花朵中收集花粉。在实验室自然晾干后收集保存，待电镜试验使用。

1.2　数据处理

每种花粉根据其不同形态分别拍照，测量其极轴长（P）、赤道轴长（E），计算P/E值，观察外壁纹饰。利用SPSS软件对花粉形态数据进行聚类分析。

2　结果与分析

2.1　花粉粒形态特征

萱草属植物花粉粒极面观为椭圆形、萌发沟为单沟（极远沟）。多数外壁纹饰为网状，但不同种质间网文疏密程度差异明显，其中‘香妃’、‘S’、‘YZ1261’等品种网孔

小且密集、网孔大小相对较均一，而其余品种网孔稀疏，但大小不一，具体结果见图 1。

2.2 利用 SPSS 软件对花粉粒形态特征数值聚类分析

在完成 23 份萱草材料花粉的电镜扫描试验，获得花粉粒长度、宽度、极轴长等指标（图 1），萱草不同材料花粉形态特征参数结果见表 1。进一步分析不同材料之间在花粉粒长度、宽度、极轴长等指标中存在的差异性。利用 SPSS 软件对花粉粒形态特征数值聚类分析，结果表明 23 份材料总共聚为五类，其中 6、9、21、17、5、16、15、23、13、20、11、18 聚为一类，12 单独为一类，3、19、1、2、22 聚为一类，8、14、10、7 聚为一类，4 单独聚为一类；整体来看从 6 开始，直至 4 结束，关系由近及远，表明了从花粉形态特征角度分析出‘海尔范’和‘红运’的亲缘关系最远的结果（图 2）。

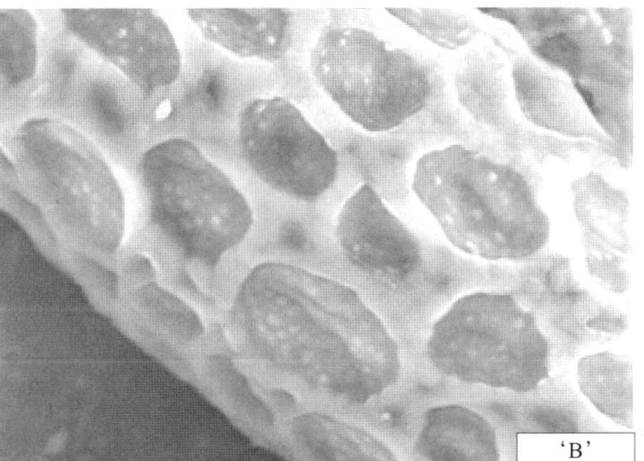

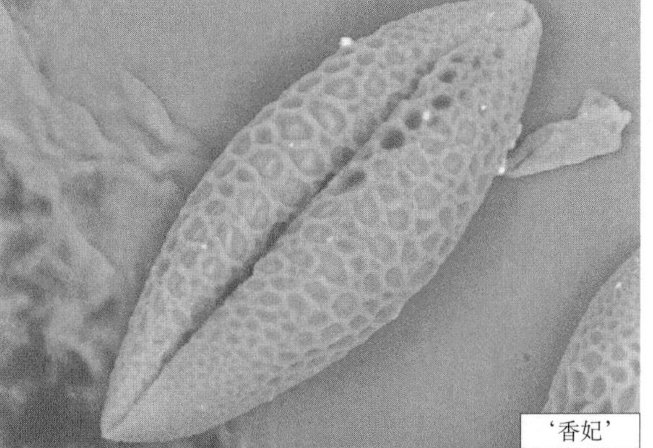

图 1 部分萱草材料花粉电镜扫描图

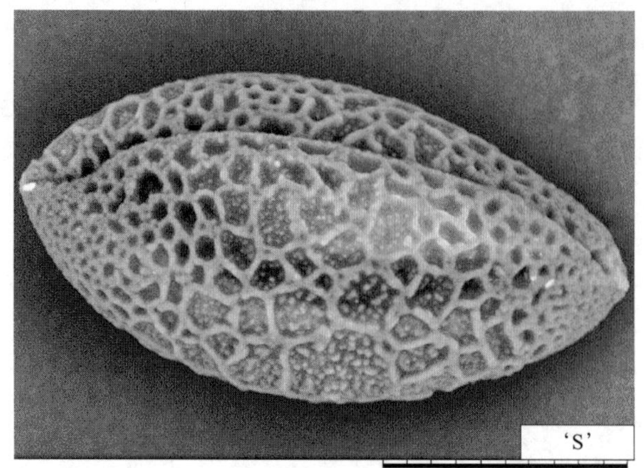

TM3000_0862　2014/09/19　09:16　HL　D7.4　x1.5k　50 um

‘YZ1261’

TM3000_1337　2014/09/26　14:59　HL　D12.8　x1.8k　50 um

图 1　部分萱草材料花粉电镜扫描图（续）

23 份萱草不同材料花粉形态特征参数　　表 1

编号	材料	赤道轴长 E（μm）	极轴长 P（μm）	P/E（μm）
1	‘圣诞岛’	41.18	104.41	2.54
2	‘黄娃娃’	38.83	103.68	2.67
3	‘欢乐时代’	40.48	106.14	2.62
4	‘红运’	53.22	134.0	2.52
5	‘红海盗’	43.05	110.7	2.57
6	‘海尔范’	44.21	114.73	2.60
7	‘小蜜蜂’	41.24	147.05	3.57
8	‘Y’	50.95	145.53	2.86
9	‘W 小珍珠’	44.45	115.0	2.59
10	‘V’	55.94	149.2	2.67
11	‘T_1’	42.63	121.33	2.85
12	‘S’	54.70	119.64	2.19
13	‘香妃’	42.17	122.47	2.90
14	‘奶油卷’	52.94	143.73	2.72
15	‘金娃娃’	37.87	116.15	3.08
16	‘YZ1261’	44.73	111.1	2.48
17	‘g’	44.55	114.19	2.56
18	‘f’	43.65	126.13	2.89
19	‘e’	40.91	106.71	2.61
20	‘B’	41.97	123.27	2.94
21	‘莎蔓’	44.55	114.59	2.57
22	‘秋红’	41.35	101.17	2.45
23	‘比赛’	39.06	115.4	2.95

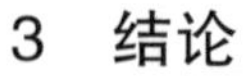

3　结论

通过对 23 份萱草不同材料的花粉进行电镜扫描工作，

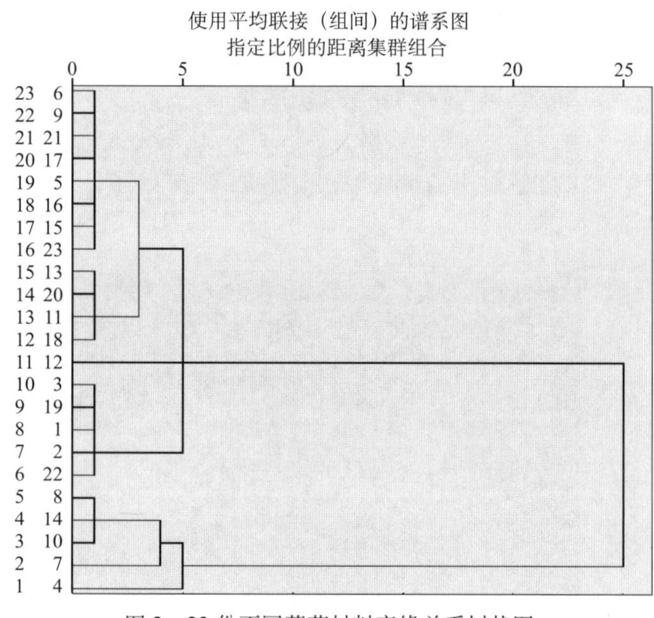

图 2　23 份不同萱草材料亲缘关系树状图

利用聚类分析收集到的不同的形态特征参数绘制出亲缘关系树状图，表明在 23 份材料中‘海尔范’和‘红运’的亲缘关系最远，杂种优势效果更突出。

4　讨论

有花植物的花粉形态因具有稳定、保守、可靠等特性，常被应用于研究植物的分类、发育、起源与演化等[3]。孔红等收集了中国西北地区萱草属植物的花粉用于电镜扫描，研究表明西北地区萱草的种内花粉形态具有一定共性，体现了种间的一致性；不同种的花粉形态存在一定的差异性，可证明花粉形态差异可用于种间分类[4]。还有研究表明西北萱草的花粉形态可能经历了平滑型—过渡型—粗糙型的演化趋势，这与百合科其他属的花粉演化趋势有所不

同。对西北地区萱草植物进行归类，将小黄花菜、黄花菜、北萱草归为一类，将北黄花菜、萱草、折叶萱草、重瓣萱草归为一类。李岩等基于花粉形态研究萱草属植物的亲缘关系，结果表明北萱草、矮萱草和小黄花菜亲缘关系较近，‘金娃娃’萱草、大花萱草、折叶萱草等亲缘关系较为紧密[2]。孔红对甘肃地区的萱草新变种——对苞萱草（*H. fulva* var. *oppositibracteata*）的花粉进行电镜扫描，得知对苞萱草的花粉粒具有形体椭圆、具有单沟、外壁有网纹、网脊粗糙等特点；认为对苞萱草属于西北地区萱草属两大类群中的第二类[5]。毛学文等采用显微照相方法，对萱草花粉的发育过程进行了观察，结果表明萱草花粉粒发育过程与大多数单子叶植物相似：小孢子因孢母细胞分裂而移动至一端，开始花粉的第一次有丝分裂，形成生殖细胞和营养细胞；生殖细胞在营养细胞质内游离后细胞壁消失，并与营养细胞分别位于萌发孔两侧。成熟花粉属于二胞型[6]。本文对园科院收集的23份萱草种质资源的花粉形态进行了电镜扫描，分析了赤道轴长、极轴长、*P*/*E*等数据，通过聚类分析，探讨萱草属种质资源的亲缘关系，发现23份材料中‘海尔范’和‘红运’的亲缘关系最远，杂种优势效果更突出，为后期杂交育种亲本选配、品种改良创新提供了重要的参考依据。

参考文献

[1] 刘昕，刘树英，孙叶迎，等．萱草属植物研究进展[J]. 黑龙江农业科学，2014（3）：138-141.

[2] 李岩，董延龙，陈忠．萱草属植物花粉形态的电镜观察[J]. 园艺学报，2011，38（增刊）：2619.

[3] 王伏雄．中国植物花粉形态[M]. 第二版．北京：科学出版社．1995：117.

[4] 孔红，王庆瑞．中国西北地区萱草属花粉形态研究[J]. 植物研究，1991，11（1）：85-90.

[5] 孔红．对苞萱草的花粉形态研究[J]. 甘肃林业科技，2002，27（1）：8-9.

[6] 毛学文，宋廷成．萱草花粉发育的细胞学观察[J]. 甘肃科学学报，1997，9（2）：65-67.

北京城区典型绿地土壤健康状况监测及含量特征研究①

北京市园林科学研究院园林绿地生态功能评价与调控技术重点实验室 / 吴建芝　王艳春　张　娟

摘　要：本文研究了北京城区五环内的公园、道路、居住区和单位附属绿地四种绿地类型的土壤，系统分析了绿地土壤的肥力、重金属及有机污染物情况。结果表明：碱解氮含量呈现出缺乏的趋势；有效磷含量差异比较大；速效钾含量较丰富；有机质含量比较低；土壤整体呈现碱性。土壤重金属Cu、Pb、Zn、Cr、Cd都存在超标或污染，Cu和Pb的污染较严重。绿地表层土壤有机污染物绝大多数采样点处于重度污染水平，仅个别采样点处于中度污染水平。

关键词：北京市；绿地；土壤肥力；重金属；有机污染物

北京绿地土壤由于受到人为干扰等因素较大，普遍存在紧实、通气孔隙少、有机质含量低和土壤肥力低等问题，绿地土壤质量已影响园林植物的健康生长，使得园林植物年新梢生长量低或不生长等，从而对北京绿地土壤肥力情况进行调查和改良势在必行。城市绿地土壤污染情况与城市居民生活关系尤为密切，作为城市绿地土壤环境质量重要因子之一的重金属积累不仅是城市绿地土壤生态系统质量评价指标，而且对绿地生态功能的正常发挥具有显著影响。针对北京土壤重金属分布特征与相关性的研究已经取得了诸多成果（王鹏，2012；韩玉丽，2015），然而，作为城市土壤的构成部分，城市园林绿地的污染情况缺乏系统研究，本研究对城市绿地土壤重金属污染特征进行系统研究，无论对城市绿化建设还是对使用人群的安全都有重要意义。本研究对与市民日常活动密切相关的城市园林绿地表层土壤中多环芳烃类化合物的分析检测，揭示绿地表层土壤中多环芳烃类污染物的组成特征与空间分布状况，为今后绿地建设和使用提供基础数据。

1　材料与方法

1.1　采样点布设与样品采集

参照北京城区绿地分布图，依据土壤环境监测技术规范 HJ/T 166—2004 分块随机法的布点方法，将北京五环之内分成 30 个网格，一个网格大约 24km^2，每个网格分别采集公园、道路、居住区及单位附属绿地土壤样品，采用网格法布点取样，兼顾了代表性和均匀性。采样点分布见图 1，共采集土壤样品 114 个。其中公园绿地（PGS）39 个、道路绿地（RDS）30 个、居住区绿地（RGS）25 个、单位附属绿地（AGS）20 个。采样时用不锈钢铲子采集 0 ～ 20cm 和 0 ～ 5cm 土壤样品，采样时间为 2014 年 3 ～ 4 月份。

① 基金项目：北京市公园管理中心“北京城区典型绿地土壤健康状况监测及培肥关键技术研究与示范”。

采集的样品经风干，剔除石子、树叶、植物根系等杂质过18目、60目和100目筛后保存于牛皮纸袋至分析。

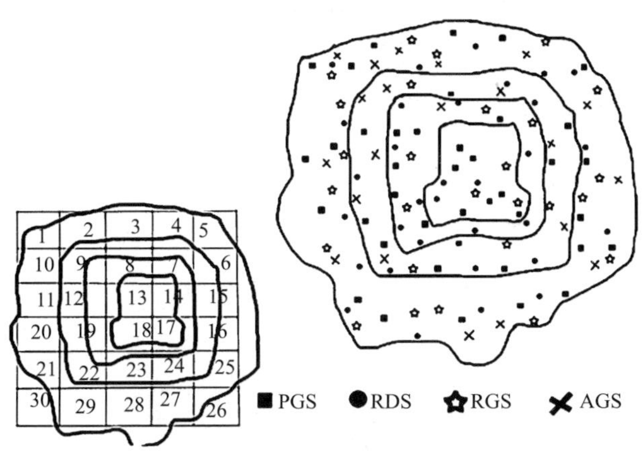

图1　北京城区绿地土壤采样布点图

1.2　分析方法

（1）土壤肥力测定指标具体测定方法

碱解氮：碱解扩散硼酸吸收法；有效磷：碳酸氢钠浸提-钼锑抗比色法《石灰性土壤有效磷测定方法》NY/T 148—1990；速效钾：火焰光度法《土壤速效钾和缓效钾含量的测定》NY/T 889—2004；有机质：重铬酸钾-外加热法《土壤检测　第6部分：土壤有机质的测定》NY/T 1121.6—2006；pH值：酸度计法《土壤检测　第2部分：土壤pH的检测》NY/T 1121.2—2006；全盐量：残渣烘干-质量法《土壤检测　第16部分：土壤水溶性盐总量的测定》NY/T 1121.16—2006。

（2）土壤重金属测定指标主要包括Cu、Zn、Cr、Pb和Cd等采用王水消煮法（古小治，2007；曹灿，2012），用ICP-OES来测试。

（3）有机污染物测定指标主要包括萘、苊烯、苊、芴、菲、蒽、荧蒽、芘、苯并（a）蒽、屈、苯并（k）荧蒽、苯并（b）荧蒽、苯并（a）芘、二苯并（a，h）蒽、苯并（g，h，i）苝、茚并（1,2,3-c,d）芘等，测定采用美国EPA方法（USEPA，1991），用GC-MS来测试。

实验数据用Microsoft Excel和SPSS 17.0进行统计分析。

1.3　评价方法

（1）土壤肥力参照北京市土壤养分分等定级标准并结合北京城市绿地土壤已有研究中的数据分析，具体各指标分级标准见表1。

北京市土壤养分分等定级标准　　表1

养分指标	评分（F）	极高	高	中	低	极低
有机质	g/kg	≥ 25	25 ~ 20	20 ~ 15	15 ~ 10	< 10
	分值	100	80	60	40	20
碱解氮（N）	mg/kg	≥ 120	120 ~ 90	90 ~ 60	60 ~ 45	< 45
	分值	100	80	60	40	20
有效磷（P）	mg/kg	≥ 90	90 ~ 60	60 ~ 30	30 ~ 15	< 15
	分值	100	80	60	40	20
速效钾（K）	mg/kg	≥ 155	155 ~ 125	125 ~ 100	100 ~ 70	< 70
	分值	100	80	60	40	20

注：各指标数值分级区间的分界点包含关系均为下(限)含上(限)不含，例如有机质“高”等级中，“25 ~ 20”表示“大于或等于20，且小于25的区间值”，其他类同。

（2）土壤重金属评价方法采用单项污染指数（陈同斌，2004）以及综合污染指数法（陈洪，2013）。

（3）有机物污染物采用生态风险评价法（Hakanson et al，1980）进行评价。

2　结果与讨论

2.1　北京城区土壤肥力情况

本研究主要参照北京市土壤养分分等定级标准并结合北京城市绿地土壤已有研究的数据进行分析，绘制出城区绿地土壤肥力系数分布图，如图2～图7所示。

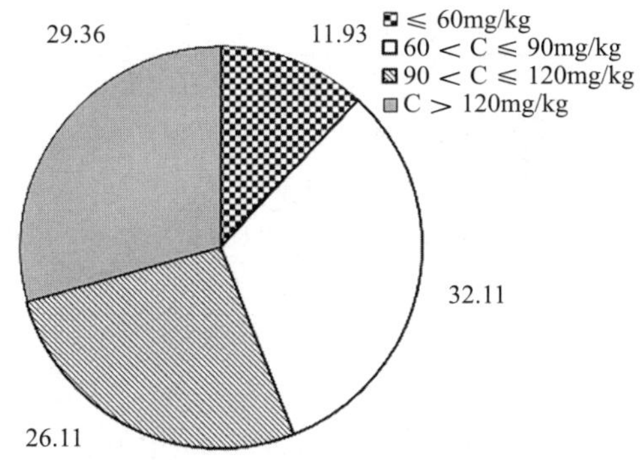

图2　城区绿地土壤碱解氮含量分布图（单位：%）

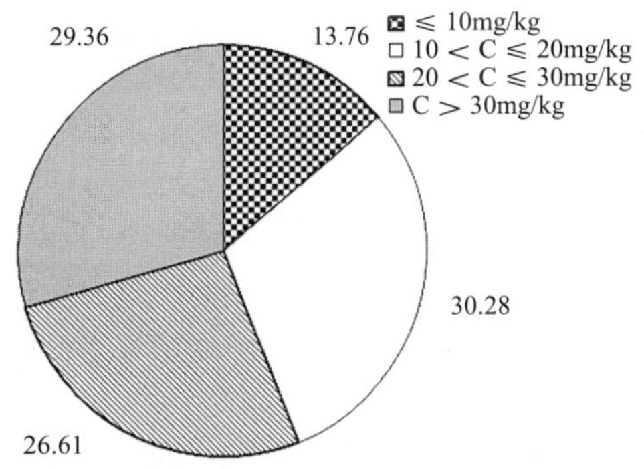

图3　城区绿地土壤有效磷含量分布图（单位：%）

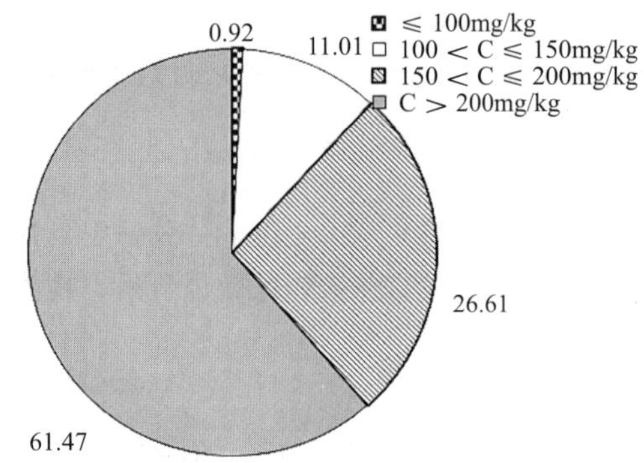

图 4　城区绿地土壤速效钾含量分布图（单位：%）

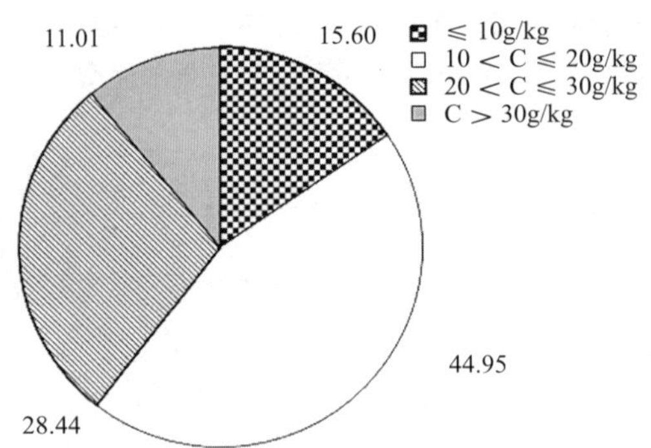

图 5　城区绿地土壤有机质含量分布图（单位：%）

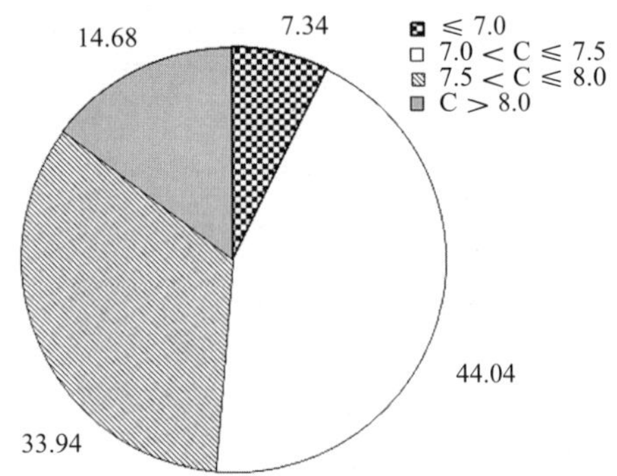

图 6　城区绿地土壤 pH 值分布图（单位：%）

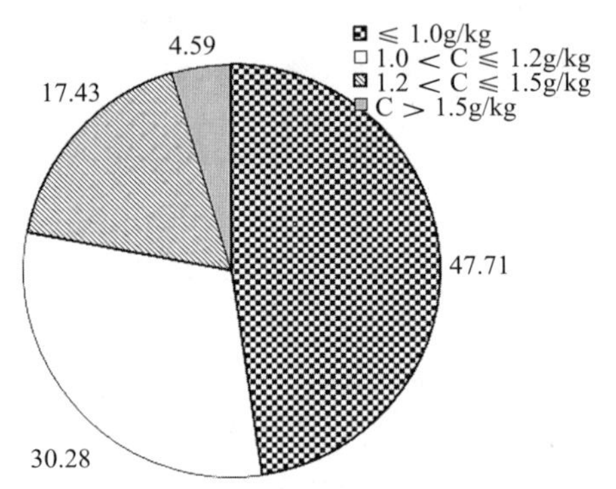

图 7　城区绿地土壤全盐量分布图（单位：%）

城区绿地土壤碱解氮含量呈现出缺乏的趋势，< 90 mg/kg 的土壤占总土壤比例的 44.04%。有效磷含量的空间分布极不平衡，城区绿地内有效磷的含量差异比较大，有近 13.76% 的采样点土壤处于磷缺乏状态，即低于 10mg/kg，仅有 39.45% 的采样点有效磷的含量大于 20mg/kg。城区绿地土壤速效钾含量各采样点之间差异较大，速效钾含量大于 200mg/kg 占 61.47%。土壤速效钾含量较丰富，能够满足植物正常生长的需要。土壤有机质含量，15.60% 的城区绿地土壤有机质处于较低水平。44.95% 的城区绿地土壤有机质含量在 10 ~ 20g/kg，整体来看，有机质含量比较低。园林绿化土壤 pH，总体上属于偏碱性土壤。土壤全盐含量 77.99% 的采样点小于 1.2g/kg，整体盐含量不高，局部存在过高的问题。

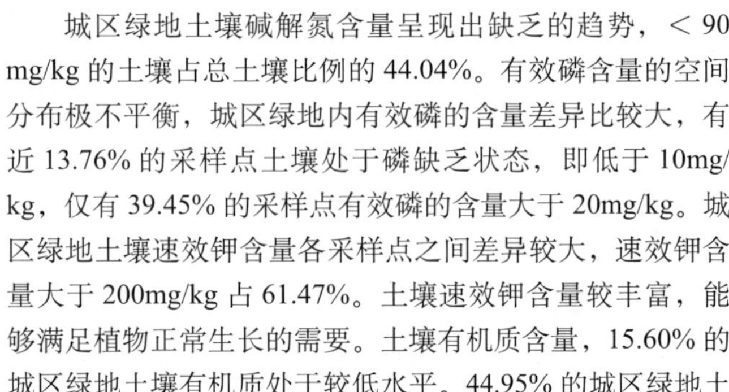

2.2　土壤重金属情况

2.2.1　不同绿地类型土壤重金属情况概述

本研究对北京城区绿地 0 ~ 20cm 的土壤重金属含量进行检测分析并进行评价，结果见表 2。

北京市不同类型绿地土壤重金属污染状况及参考标准　　表 2

指标	平均值 ± 标准差（mg/kg）				参考标准（mg/kg）	
元素	公园绿地	道路绿地	居住区绿地	单位附属绿地	背景值	二级标准
Cu	186.43±54.24	218.97±57.84	188.36±46.59	195.47±83.46	18.7	300
Zn	107.20±54.73	137.91±64.47	128.3±101.08	111.64±59.80	57.5	500
Cr	68.72±8.27	78.95±9.97	74.4±11.48	76.00±8.81	29.8	400
Pb	122.87±41.29	188.64±65.34	173.40±80.61	157.49±64.71	24.6	300
Cd	0.31±0.11	0.39±0.13	0.51±0.23	0.30±0.16	0.119	10

注：表中二级标准为《土壤环境质量标准》GB 15618—2008 中居住用地土壤二级标准。

表 2 分别对所有土壤样品的 Cu、Zn、Cr、Pb、Cd 含量按照公园、道路、居住区以及单位附属绿地进行求平均值和标准偏差分析，同时引用“北京地区的土壤背景值”（陈同斌，2004）和《土壤环境质量标准》GB 15618—2008 的参考标准数据。测试数据均高于背景值，这说明城区土壤已经发生了重金属累积，而 Cu 的累积程度最高。Cu 的超

标可能跟过去几十年大量含铜农药在园林维护方面的广泛应用有关（刘倩等，2016）。Pb 曾经作为防爆震剂被广泛地添加到城市机动车燃料汽油中，熔点和沸点都较低的 Pb 在汽油燃烧过程中极易以金属蒸汽的形式逸散到大气中并随着空气中颗粒沉降到地表土壤中，导致表层土壤 Pb 含量高于其他重金属（郭广慧等，2007）。

五种重金属虽然高于背景值，但还没有超过基于保护人体健康制定的土壤限制值（二级标准），处于尚清洁，一般无污染状态，做好重金属源头控制即可。

2.2.2 不同绿地类型土壤重金属污染评价

（1）内梅罗指数法对不同类型绿地土壤污染现状评价

以北京市土壤背景值作为参比，计算单项污染指数。由表 2 可以看出，四种功能城市绿地土壤中所测 5 种重金属的平均含量均高于北京地区的土壤背景值，不同类型绿地土壤重金属 Cu 和 Pb 的污染较为严重，尤其是以道路绿地为首。四种类型绿地土壤的 Cu 单因子污染指数均超过 10，已经达到重度污染水平，四种类型绿地土壤的 Pb 单因子污染指数均超过 4，已经达到重度污染水平。四种绿地类型土壤中的 Zn 和 Cr 处于轻度和中度污染水平。道路绿地和居住区绿地中的 Cd 单因子污染指数都大于 3，处于重污染水平，公园绿地和单位附属绿地处于中度污染水平。

从不同类型绿地土壤来看，公园绿地受到 Cu 和 Pb 的重度污染，Zn 轻度污染，Cr、Cd 中度污染；道路绿地和居住区绿地都受到 Cu 和 Pb 的重度污染，Cd 的重度污染，Zn、Cr 中度污染；单位附属绿地受到 Cu 和 Pb 的重度污染，Zn 轻度污染，Cr、Cd 的中度污染。

从综合污染指数来看，四种类型绿地土壤的综合污染指数都大于 7，处于重度污染水平（表 3）。

北京市不同类型绿地土壤重金属的单项污染指数（P_i）和综合污染指数（P_N） 表 3

绿地类型	单项污染指数（P_i）					综合污染指数（P_N）
	Cu	Zn	Cr	Pb	Cd	
公园绿地	9.97	1.86	2.31	4.99	2.61	7.69
道路绿地	11.71	2.4	2.65	7.67	3.28	9.16
居住区绿地	10.07	2.23	2.5	7.05	4.29	8.02
单位附属绿地	10.45	1.94	2.55	6.4	2.52	8.12

（2）重金属潜在生态风险评价

本研究还采用 Hakanson 的潜在生态风险指数法对研究区土壤的重金属生态风险进行了评价，根据重金属毒性系数 Cd=30 ＞ Cu = Pb = 5 ＞ Cr = 2 ＞ Zn = Mn = 1 与各单因子污染指数，对不同类型绿地土壤重金属元素潜在生态风险系数进行了计算（表 4）。

北京市不同类型土壤重金属生态风险系数（E_r^i）和潜在生态风险指数（RI） 表 4

绿地类型	潜在生态风险系数（E_r^i）					潜在生态风险指数（RI）
	Cu	Zn	Cr	Pb	Cd	
公园绿地	49.85	1.86	4.62	24.95	78.3	159.58
道路绿地	58.55	2.4	5.3	38.35	98.4	203
居住区绿地	50.35	2.23	5	35.25	128.7	221.53
单位附属绿地	52.25	1.94	5.1	32	75.6	166.89

由上述 5 种重金属的潜在生态风险系数来看，其潜在生态危害大小顺序为：Cd ＞ Cu ＞ Pb ＞ Cr ＞ Zn。

Cd 的潜在生态风险程度最大，居住区绿地和道路绿地 Cd 达到强生态风险水平，公园绿地和单位附属绿地 Cd 达到中等风险水平，居住区绿地的潜在风险程度最大，单位附属绿地潜在风险程度最小。

四种不同绿地类型土壤的 Cu 的潜在生态风险程度达到中等生态风险水平，从数值来看，差异不大，风险危险从大到小顺序为：道路绿地＞单位附属绿地＞居住区绿地＞公园绿地。

Zn、Cr、Pb 处于轻微生态风险水平，道路绿地暴露的风险水平最高，公园绿地的风险水平最低。

多种重金属的综合潜在生态风险指数（RI）的范围为 159.58 ～ 221.53。所有采样点处于中等生态风险程度，居住区绿地表现出的综合生态风险最高。可见，北京城区居住区绿地土壤重金属存在很高的生态风险，可能会存在环境隐患。此外，重金属 Cd 是在潜在生态危害中占有较大的贡献率，不同的采样点的 Cd 潜在生态危害系数与相应的 RI 值具有较好的一致性，这可能主要与 Cd 潜在生态危害较大有关。绿地土壤中 Cd 的生态风险应引起高度关注。

2.2.3 土壤中有机污染物含量特征分布

从表 5、表 6 可以看出，不同绿地类型表层土壤中 15

种 PAHs 总量有所不同，PAHs 总量最高的是道路绿地，含量范围为 924 ～ 44495μg/kg，均值为 8596μg/kg；PAHs 总量最低的是居住区绿地，范围为 947 ～ 16882μg/kg，均值为 5431μg/kg。从平均值看，不同绿地类型土壤中 PAHs 总量的大小顺序为：道路绿地＞单位附属绿地＞公园绿地＞居住区绿地，而从 PAH 单体含量来看，萘、芘、苯并 [a] 芘在四种绿地类型表层土壤中含量均较高。土壤样品中 Nap 的含量均较高，是 15 种多环芳烃中溶解性和活性最大的组分，较易挥发和光解。参照荷兰 Maliszewska-Kordybach 在 1996 年划分的土壤中多环芳烃的分类标准（＜ 200μg/kg 未污染，200 ～ 600μg/kg 轻度污染，600 ～ 1000μg/kg 中度污染，＞ 1000μg/kg 重度污染），可以发现所调查的绿地表层土壤绝大多数采样点处于重度污染水平，仅个别采样点 PAHs 含量处于中度污染水平，这几个浓度相对较低的采样点存在共性，即都来自于经常维护的或新建不久的草坪土壤。草坪的日常维护和更换是城市土壤扰动的重要方式。草本植物多少会从表层土壤中吸收污染物，并经定期的草坪修剪转移出去，同时北京草坪一般在郊区的农业区种植，而研究表明北京农业区土壤中 PAHs 含量较城市土壤低很多（Ma *et al*. 2005；Jiao *et al*. 2009），因此草坪的更换也会降低表层土壤中 PAHs 的含量。通过对不同绿地类型 PAHs 含量的分析，发现在所调查的居住区绿地中，老旧小区土壤 PAHs 的含量要高于新建小区。而土壤 PAHs 含量较高的公园绿地也存在共同特点，即地理位置多数处在二环、三环之间，公园面积较小，是附近居民日常游憩锻炼的主要场所，附近居住区分布也较多，且游人相对集中。这样高浓度的土壤 PAHs 残留由于此次采样集中在北京市五环线内，位于人口密集的城市核心区域，繁重的交通和居民活动带来较高的 PAHs 输入，这也充分说明了 PAHs 的产生与人类活动密切相关。

公园绿地和道路绿地土壤样品中 PAHs 的含量（μg/kg） **表 5**

PAHs	TEF (s) [a]	公园绿地		道路绿地	
		浓度范围	平均值 ± 标准偏差	浓度范围	平均值 ± 标准偏差
Nap	0.001	36 ～ 9446	1985±2738	8 ～ 26361	3330±5830
Any	0.001	50 ～ 637	219±148	47 ～ 1369	306±292
Ace	0.001	38 ～ 827	259±190	39 ～ 1710	361±359
Fle	0.001	40 ～ 335	98±63	41 ～ 277	100±52
Phe	0.001	40 ～ 1613	155±307	39 ～ 580	114±120
Ant	0.01	38 ～ 1588	191±330	39 ～ 1415	160±265
Flu	0.001	51 ～ 823	131±147	50 ～ 1021	150±192
Pye	0.001	50 ～ 6094	1327±1663	50 ～ 10716	1844±2642
BaA	0.1	61 ～ 419	129±85	59 ～ 666	176±156
Chr	0.01	65 ～ 644	163±118	67 ～ 1006	214±216
BbF	0.1	66 ～ 1018	182±192	62 ～ 433	190±102
BkF	0.1	66 ～ 1018	193±213	61 ～ 1154	212±197
Bap	1	61 ～ 7109	681±1231	56 ～ 6604	991±1561
DBA	1	44 ～ 493	186±138	45 ～ 761	229±160
BghiP	0.01	80 ～ 841	192±145	80 ～ 803	219±150
Σ 15PAHs		1069 ～ 19002	6092±4599	924 ～ 44495	8596±8985

注：a 中值摘自 Malcom（1994）和 Nisbet *et al*.（1992）。

居住区绿地和单位附属绿地土壤样品中 PAHs 的含量（μg/kg） **表 6**

PAHs	TEF (s) [a]	居住区绿地		单位附属绿地	
		浓度范围	平均值 ± 标准偏差	浓度范围	平均值 ± 标准偏差
Nap	0.001	12 ～ 7297	2010±2825	6 ～ 9933	1972±3388
Any	0.001	49 ～ 606	340±489	52 ～ 653	253±177
Ace	0.001	46 ～ 810	331±282	52 ～ 745	296±225
Fle	0.001	43 ～ 279	100±59	46 ～ 135	80±28

续表

PAHs	TEF (s) [a]	居住区绿地		单位附属绿地	
		浓度范围	平均值 ± 标准偏差	浓度范围	平均值 ± 标准偏差
Phe	0.001	39 ~ 516	109±113	36 ~ 430	92±86
Ant	0.01	41 ~ 1680	178±331	36 ~ 771	121±181
Flu	0.001	50 ~ 632	127±127	51 ~ 380	99±71
Pye	0.001	52 ~ 5683	3211±10606	51 ~ 8991	1729±2717
BaA	0.1	61 ~ 322	248±683	61 ~ 933	164±204
Chr	0.01	65 ~ 304	255±618	66 ~ 860	184±212
BbF	0.1	65 ~ 508	168±117	66 ~ 930	195±189
BkF	0.1	66 ~ 508	147±94	66 ~ 930	191±187
Bap	1	82 ~ 3424	803±1077	89 ~ 2299	491±511
DBA	1	45 ~ 468	222±294	52 ~ 779	205±191
BghiP	0.01	86 ~ 400	184±132	85 ~ 385	191±89
Σ 15PAHs		947 ~ 16882	5431±3999	984 ~ 23613	6263±6720

注：a 中值摘自 Malcom（1994）和 Nisbet *et al*.（1992）。

3 结论

城区绿地整体土壤养分含量特征如下：碱解氮含量呈现出缺乏的趋势，有效磷的含量差异比较大，速效钾含量较丰富，有机质含量比较低，土壤整体呈现碱性，整体盐含量不高，局部存在过高的问题。

单因子指数法计算结果表明城区绿地土壤已受到不同程度的污染，Cu、Pb、Zn、Cr 和 Cd 五种重金属都存在超标或污染，特别是绿地土壤中 Cu 和 Pb 的污染较严重，应引起高度关注，但低于《土壤环境质量标准》GB 15618—2008 规定的居住用地土壤二级标准限值。

∑ 15PAHs 的含量范围为 924 ~ 83513μg/kg，平均值为 7316±9553μg/kg。四种绿地类型中道路绿地土壤中 PAHs 最高，达到 8596±8985μg/kg，其次为单位附属绿地、公园绿地和居住区绿地，参照荷兰 Maliszewska-Kordybach 在 1996 年划分的土壤中多环芳烃的分类标准，可以发现所调查的绿地表层土壤绝大多数采样点处于重度污染水平，仅个别采样点处于中度污染水平。

参考文献

[1] CHEN M，HUANG P，CHEN L. Polycyclic aromatic hydrocarbons in soils from Urumqi，China：distribution，source contributions，and potential health risks [J]. Environmental Monitoring and Assessment，2013，185：5639-5651.

[2] HAKANSON L. An ecological risk index for aquatic pollution control. A sediment logical approach [J]. Water Research，1980，14（8）：975-1001.

[3] JIAO W，WANG T，KHIM J S，et al. Polycyclic aromatic hydrocarbons in soils along the coastal and estuarine areas of the northern Bohai and Yellow Seas，China[J]. Environmental Monitoring and Assessment，2013，185（10）：8185-8195.

[4] MALISZEWSKA K B. Polycyclic aromatic hydrocarbons in agricultural soil in Poland：preliminary proposals for criteria to evaluate the level of soil contamination[J]. Applied Geochemistry，1996，11（1/2）：121-127.

[5] MAN YB，KANG Y，WANG H S，et al. Cancer risk assessments of Hong Kong soils contaminated by polycyclic aromatic hydrocarbons[J]. Journal of Hazard Material，2013，261：770-776.

[6] PENG C，CHEN W P，LIAO X L，et al. Polycyclic aromatic hydrocarbons in urban soils of Beijing：status，sources，distribution and potential risk[J]. Environmental Pollution，2011，159（3）：802-808.

[7] USEPA，Risk Assessment Guidance for Superfund，Volume 1，Human Health Evaluation Manual（Part B，Development of Risk-based Preliminary Remediation Goals）.1991，EPA/540/R-92/003 Publication 9285.7-01B.

[8] 曹灿．ICP-AES 法测定蔬菜和土壤中的 As、Cd、Pb、Cr、Zn 及污染程度评价的研究 [D]．中南大学，2012.

[9] 陈同斌，郑袁明，陈煌，等．北京市土壤重金属含量背景值的系统研究 [J]. 环境科学，2004，25（1）：117-122.

[10] 古小治．土壤样品前处理技术的研究 [D]．南京林业大学，2007.

[11] 国家环境保护总局．中华人民共和国环境保护行业标准 HJ/Y 166—2004- 土壤环境监测技术规范 [M]. 北京：中国

环境科学出版社，2004.

[12] 郭广慧，陈同斌，宋波，等. 中国公路交通的重金属排放及其对土地污染的初步估算[J]. 地理研究，2007，26(5)：922-930.

[13] 韩玉丽，邱尔发，王亚飞，等 . 北京市土壤和 TSP 中重金属分布特征及相关性研究 [J]. 生态环境学报，2015，24（1）：146-155.

[14] 刘倩，吴建芝，李芳 . 园林绿地土壤的农药污染与植物修复技术 [J]. 农药科学与管理，2016，37（1）：36-40.

[15] 王鹏，贾学秀，涂明，等 . 北京某道路外侧土壤重金属形态特征与污染评价 [J]. 环境科学与技术，2012，35（6）：165-172.

颐和园（清漪园）拈香祈雨历史文化研究

北京市颐和园管理处 / 孙　震　张鹏飞

摘　要：本文通过历史档案资料的分析和考证，对颐和园龙王庙进行了全面系统的研究，梳理出龙王庙的历史沿革，考证出颐和园龙王庙在不同时期建筑形式的变迁，整理出颐和园龙王庙殿内陈设并恢复六从神像，同时在龙王庙等级规制、祭祀人员、祭期、祭器、位次陈设、仪注等方面进行考证还原出颐和园龙王庙的祈雨仪式。

关键词：颐和园；南湖岛；龙王庙；祈雨文化

颐和园是世界上保存最完整、历史遗迹最多的皇家园林，作为封建帝国最后一座大规模的皇家园林，至今仍保留着古代祈雨文化的载体——南湖岛龙王庙。可以说，祈雨是清代重要的祭祀活动之一，而颐和园龙王庙又是清代祈雨活动的重要场所和载体，因此祈雨文化是颐和园中一项重要的文化要素。但长久以来此项文化要素未被充分重视和挖掘，研究工作一直未成体系，急需挖掘和研究。

1　祈雨文化的起源、发展与龙神信仰

祈雨是围绕着农业生产、祈禳丰收的巫术活动，上古时期就有祈雨活动。在以农业立国的古代中国，由于事关国计民生，降水对于农业生产的重要性不言而喻。

官方的祈雨活动，伴随封建王朝活动的始终。统治者祈雨的重要举措之一就是举行雩祀，“雩，祈雨之祭也，大雩祭天，而雩天子之礼也”，雩祀由皇帝垄断履行，是国家级的祭祀礼仪，场面盛大。

雩祀可以分为两种，一是孟夏四月举行的常规雩祀，为例行之祭，这是由于农历四月是春季农作物生长成熟的重要阶段，此时不降雨，就有可能造成饥荒。在清初，常规雩祀在国家祭统中列在“中祀”，乾隆七年(1742 年)将“雩祀”升格为“大祀”。另一种是因天旱不定时举行的“大雩”。“大雩”是最高级别的雩祭，由皇帝本人举行的国家级别的专题性宗教祭典，在整个清代只于乾隆二十四年（1759 年）和道光十二年（1832 年）举行过两次。

祈雨的场所多种多样，可分为名山大川、宗庙、社稷、郊坛、寺庙、道观、祈雨群神祠及龙潭、龙祠等类型。而由于龙能兴云致雨，因此祭龙神祈雨在所有祈雨祭祀中占有重要地位，也是祈雨活动中最为普遍的形式。《太平御览》记载：“绛北有阳石山，有神龙池。黄帝时遣云阳先生养于此，帝王历代养龙之处，国有水旱不时，即祀池请雨。”可见早在黄帝时代，我国就已经开始祈龙求雨了。龙神祭祀进入国家祀典始于唐代，开元十六年（728 年），唐玄宗在其潜邸兴庆宫龙池畔“置坛及祠堂”（图 1），成为在皇家苑囿中以国家正祀形式祭祀龙神的开端。在唐代四海龙王还获得了皇帝赐予的封号，据《通典》记载“（天宝）十载正月以东海为广德王，南海为广利王，西海为广润王，北海为广泽王”。

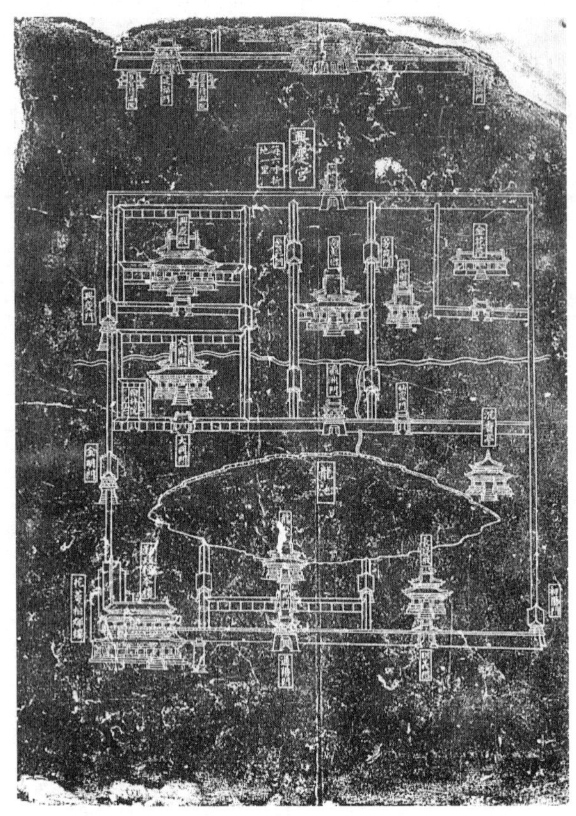

图 1　兴庆宫图拓片

北京地区的龙神信仰源远流长，据《元史·吕思诚传》记载，在元代卢师山的青龙信仰就已经产生。明代北京地区的龙王庙已经非常普遍，除了西湖的龙王庙，比较有名的还有广源闸龙王庙、白浮泉都龙王庙。

清代对龙神的祭祀在雍正时就已经存在。《大清会典事例》记载“雍正元年奉旨，以西苑紫光阁北前后殿，改建为时应宫。”时应宫是清代较早的官方祭祀龙神的场所。此后，清廷陆续将北京地区的黑龙潭龙王庙、玉泉山龙神祠、昆明湖龙神祠、白龙潭龙神祠、圆明园的惠济祠和河神庙纳入国家祀典，成为祭祀等级中的群祀，每年春二月、秋八月皇帝遣官致祭。

2　颐和园祈雨文化研究

2.1　清漪园祈雨文化的载体——南湖岛龙王庙

颐和园的龙王庙位于西湖（昆明湖旧称）东岸，在明代就已经存在，其北侧有黑龙潭（图 2）。明代宋彦《山行杂记》中记载：“西湖北岸，长堤五六里，砌石古色可爱。夹堤烟柳，绿荫参天，树多合抱者。龙王庙据其中……步西湖，堤右小龙王庙，坐门槛望湖，湖修三倍于广。庙当其冲，得湖景最全”。西湖与西堤是明代北京重要的公共游览区，龙王庙为明朝“环湖十寺”之一，是西湖一处重要的人文景观，也是游堤赏湖的最佳处。

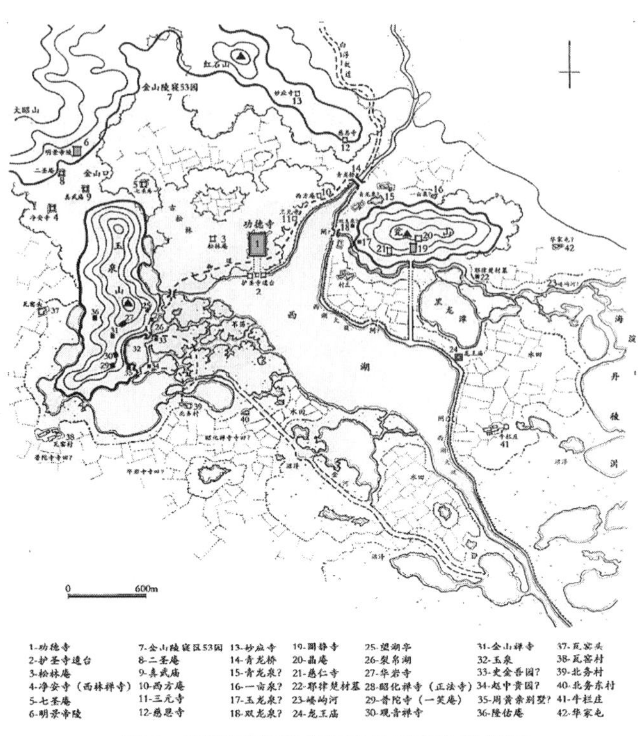

图 2　清漪园修建之前的龙王庙及黑龙潭

乾隆十五年（1750 年），伴随着万寿山行宫的开工建设，需要拓展昆明湖，考虑到拓湖之后建园的造景要求，同时也为了表达对掌管人间雨水龙王的尊敬，乾隆皇帝保留并以龙王庙为中心建成了昆明湖中最大的岛屿——南湖岛，并因昆明湖旧称西海而将龙王庙命名为广润祠，将龙神封号为“安佑普济”，使得龙王庙的文脉和历史得以延续。

建成后的龙王庙位于南湖岛东南部，是岛上最重要的建筑，直接与码头相对，便于皇帝乘船上岸拈香。从各种样式雷图档及清宫绘画上可见龙王庙在颐和园的地位非常重要（图 3）。

图 3　南湖岛在清代绘画中直接标注为龙王庙，且所画建筑体量明显偏大

2.2　龙王庙在不同时期建筑形式的变化

根据档案资料的研究发现，清漪园建园之初的龙王庙历经时间的推移，建筑形式也发生着微妙的变化。

2.2.1 建筑的缺失与增添

缺失：东西配殿和顺山房。据中国第一历史档案馆藏内务府黄册《清漪园寄澜堂殿广润祠等处粘修销算银两总册》①中记载“广润祠正殿三间，东西配殿二座计六间，南顺山房二座计四间……”，这是咸丰十年（1860年）龙王庙被毁前的情况。从乾隆年间绘制的《崇庆太后万寿庆典图》上可以清楚地看到两座配殿和与之相连的顺山房（图4）。

图4 《崇庆太后万寿庆典图》上的龙王庙

东西配殿在嘉庆十二年（1807年）前依然存在。在嘉庆十二年《鉴远堂等处陈设清册》中提到的建筑有：“鉴远堂、垂花门、澹会轩、月波楼、望蟾阁、渊精金碧敞厅、广润灵雨祠、东西配殿和旗杆”②。但在清漪园晚期的样式雷图（图5）中东西配殿则消失不见。

从光绪时期档案中，可进一步明确东西配殿和顺山房消失，并出现祭器房与静房作为广润祠的配套建筑。《颐和园内外等处已修续修各工清单》中记载“龙王庙、涵虚堂五间、洞庭留赏三间、云香阁十间、月波楼十间、澹会轩五间、鉴远堂五间、宫门三间、东西垂花门二座、祭器房二间、静房三间”③。

增添：从乾隆年间万寿庆典图和嘉庆十二年《鉴远堂等处陈设清册》均无云香阁的图画和记载，可知嘉庆十二年以前并无广润祠后面的云香阁，从清漪园晚期样式雷图（图5）中可以见到云香阁，可知云香阁为清漪园晚期增建。

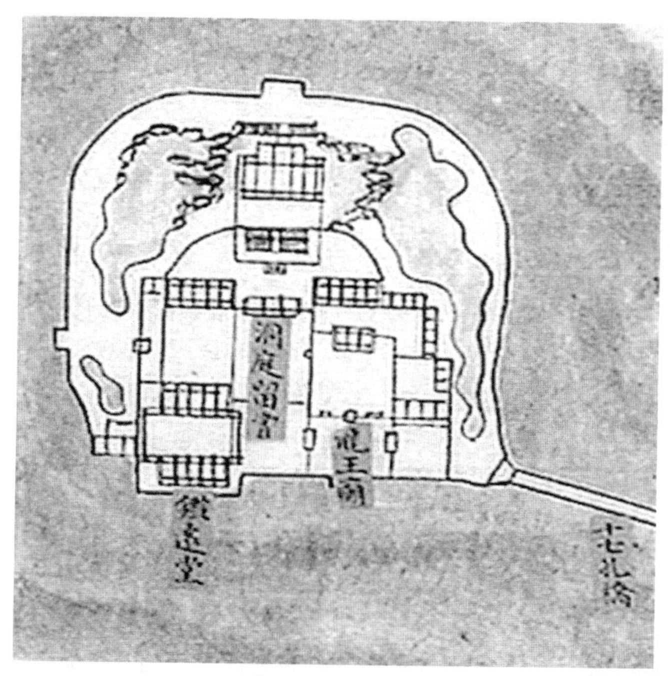

图5 清漪园晚期的南湖岛样式雷图

2.2.2 琉璃瓦颜色的变化

从乾隆年间绘制的《崇庆太后万寿庆典图》中可以看出：当时的龙王庙正殿是绿琉璃瓦，两座配殿是灰瓦绿剪边，而光绪年间改为黄琉璃瓦，据光绪《大清会典》记载“昆明湖龙神祠正殿三间，覆黄琉璃瓦”。

2.2.3 牌楼形制的变化

从乾隆年间绘制的《崇庆太后万寿庆典图》可见牌楼都是两柱三楼，与今天的四柱三楼不同。关于牌楼的变化，乾隆五十一年（1780年）《清漪园绮望轩等座粘修销算银两册》有明确记载：“广润祠等处二柱牌楼七座拆换糟朽柱木、大木，各添边柱二根，俱改为四柱三楼”。

2.3 颐和园龙王庙殿内陈设研究

关于广润灵雨祠中陈设，咸丰九年的陈设清册有详细记载：（广润灵雨祠）神台上供：红油三屏宝座龛一座，内供：黄缎香莲靠背一件、增胎龙王一尊，项上挂：哈达三匹、蔡玉多星圭一件、缎八团龙杏黄袍一件、杏黄缎嵌十九块硝石带一条。前面供：红油供桌一张，上供：黑漆五供五件，红漆金花桃杆八吉祥八件、乾隆款霁红瓷胆瓶二件。龛外两边设：木贴金嵌玻璃桌灯二件。地铺栽绒花拜毯一块、黄地红花毯一块、红白毡二块、黄缎拜褥一件。前面挂：五色锦欢门幡一堂。墙上挂：御笔黄绢壁子匾对三件，两边神台上供：增胎站像从神六尊。风窗上挂：黑

① 《清漪园寄澜堂殿广润祠等处粘修销算银两总册》，《清宫颐和园档案·营造制作卷》，第7册，3170页。

② 内务府陈设清册381，中国第一历史档案馆。

③ 《颐和园内外等处已修续修各工清单》，《清宫颐和园档案·营造制作卷》第6册，2999-3000页。

漆金字诗意匾九面。四角安：紫檀嵌牙花戳灯四件。门上挂：黄布帘刷一件。旗杆上挂：黄云缎龙旗二件。备用：黄布龙旗二件、旧黄布龙旗二件、五色锦欢门幡一堂，随边幡六首。

对比嘉庆十二年（1807 年）、十八年（1813 年）与道光十六年（1836 年）的《鉴远堂等处陈设清册》来看，陈设基本没有变化。

1860 年英法联军火烧颐和园，祠内陈设多损毁丢失。咸丰十年（1860 年）的《清漪园山前山后南湖河道功德寺等处陈设清册》中记载“广润灵雨祠，蔡玉多星圭一件，古铜鼎炉一件”。

对比清漪园时期的殿内陈设，龙王塑像的服饰挂饰差别较大，如“缀八团龙杏黄袍一件”颜色不对。一般较高级别的龙王庙墙上有绘画表述龙王及其辅助神的布雨过程，但从陈设档来看，昆明湖龙王庙中并没有壁画，只挂有一些匾额。尤其是缺少六从神使得屋内环境单调，因此恢复六从神像是恢复龙王庙历史原真性的重要一步。虽然陈设档中对于室内各陈设记载较为详细，但对于六从神像却只提到“站像”、“六尊”，具体模样却语焉不详，老照片中也没有发现龙王庙的室内照片，后来经多方考证，发现 1960 年拍摄的电影《林海雪原》中，有一处场景取自南湖岛龙王庙，从而确定六从神为风雨雷电及千里眼、顺风耳，并且对六从神的形象有了比较准确的把握，最后完成了六从神的复制。

图 6　电影《林海雪原》中的龙王庙场景及六从神的恢复

2.4 颐和园龙王庙的祈雨仪式考证

昆明湖龙神祠的祈雨仪式是比照黑龙潭和玉泉山龙神祠的。通过查阅《大清会典》、《大清会典事例》、《大清会典图》等文献资料中关于玉泉山、黑龙潭龙王祭祀的记载，考证整理出昆明湖龙神祠祈雨的仪式。

2.4.1 颐和园龙王庙的等级研究

乾隆十五年（1750 年）广润祠建成后，管园大臣奏请增设龙王庙香供，乾隆皇帝批复“其香供着照静明园等处之例办理”，此时昆明湖龙王庙列入清廷统一管理，乾隆将其比照静明园龙王庙。乾隆六十年（1795 年）四月二十八日，北京地区干旱，已年过八旬的乾隆皇帝亲临龙王庙祈雨，当晚即获甘霖。次日，乾隆皇帝上谕：“诣广润祠谢雨，增号广润灵雨祠”。

嘉庆十七年（1812 年）五月初六，嘉庆皇帝从广润灵雨祠祭祀后，在返回宫中的半路上，甘霖就从天而降。次日，嘉庆皇帝颁布上谕“于原封安佑普济神号下，敬增沛泽广生四字，并着礼部查照黑龙潭、玉泉山两处龙神祠祀典一体春秋致祭”。从此昆明湖龙神祠正式列入国家祀典。

皇帝每年指派大臣到广润祠拈香行礼，所派官员一般为总管内务府大臣中管理清漪园（颐和园）事务的。光绪《大清会典》“春秋祭黑龙潭、玉泉山、昆明湖三处龙神祠，以总管大臣三人，分别行礼”。此后，除了形成规定的春秋两次遣官祭龙神之例外，皇帝本人也经常亲自来广润祠拈香，或派亲王、皇子等代为祈雨。

昆明湖龙王庙、时应宫龙王庙和黑龙潭龙神祠都是在乾隆朝以前就已存在的龙王庙，其中黑龙潭龙王庙为明代皇帝敕建，是规模最大而且也是进入祀典最早的龙王庙，时应宫龙王庙为雍正敕建且在皇城之内，而昆明湖龙王庙则最初为民间龙王庙。因此，前两者的地位和规制要略高于昆明湖龙王庙。

图 7　时应宫龙王庙和黑龙潭龙王庙

除了黑龙潭，另外进入国家祀典的四座龙王庙：玉泉山、昆明湖、圆明园、白龙潭，由于祭祀程序基本相同，派遣的主祭官级别相近，因此地位也基本相同。这五座龙王庙的地位要明显高于静宜园等未列入祀典的其他龙王庙。但从建筑格局上分析，也是有差别的，如昆明湖龙王庙有独立的院落，有东西配殿，山门外有三牌楼，黄琉璃瓦顶；而玉泉山龙王庙仅为独立的一个建筑，绿琉璃瓦顶，从建筑的格局和规制上显然不如昆明湖龙王庙。

2.4.2　颐和园龙王庙祭期研究

《钦定大清会典事例》记载：“祭昆明湖龙神礼节，岁以春秋仲月致祭”（图 8）。仲月即第二个月，春秋仲月即为农历二月和八月。

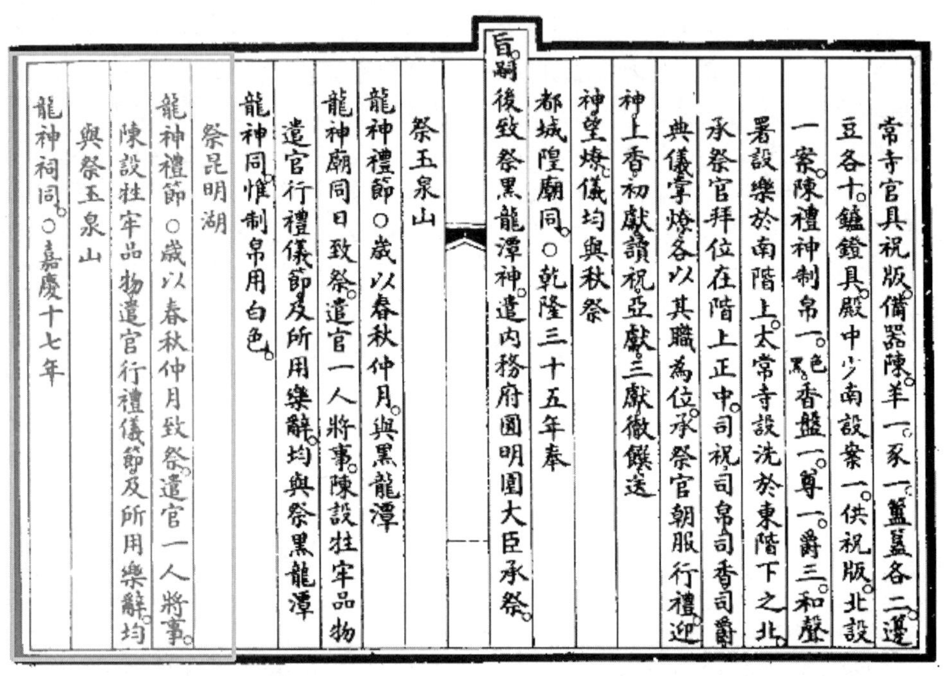
常寺官具祝版備器陳羊一豕一簠簋各二籩
豆各十鐙鐙具殿中少南設案一供祝版北設
一案陳禮神制帛一色黑香盤一尊一爵三和聲
署設樂於南階上太常寺設洗於東階下之北
承祭官拜位在階上正中司祝司帛司香司爵
典儀掌燎各以其職為位承祭官朝服行禮迎
神上香初獻讀祝亞獻三獻徹饌送
神望燎儀均與秋祭
都城隍廟同乾隆三十五年奉
旨嗣後致祭黑龍潭神遣内務府圓明園大臣承祭
祭玉泉山
龍神禮節歲以春秋仲月與黑龍潭
龍神廟同日致祭遣官一人將事陳設牲牢品物
遣官行禮儀節及所用樂辭均與祭黑龍潭
龍神同惟制帛用白色
祭昆明湖
龍神禮節歲以春秋仲月致祭遣官一人將事
陳設牲牢品物遣官行禮儀節及所用樂辭均
與祭玉泉山
龍神祠同嘉慶十七年

图 8　《钦定大清会典事例》中关于昆明湖龙王庙祭期的记载

关于具体日期的确定，《钦定大清会典事例》中规定“广润灵雨祠列入祀典，一体春秋致祭，应由钦天监查照致祭龙神之例。每岁选定春秋致祭日期，汇入祀册……。”钦天监每年在祭祀之前确定春二月秋八月中的某一天为祭祀之日，一般在黎明就开始。

2.4.3　颐和园龙王庙位次陈设研究

位次陈设主要指祭祀时祭器的摆放及祭祀人员的站位。《大清会典图》中记载：昆明湖龙神祠与圆明园惠济祠位次陈设同，因此只需考究惠济祠的位次陈设（图 9）。惠济祠与昆明湖龙王庙所不同的是惠济祠中祭祀的是天后的排位，而昆明湖龙王庙中祭祀的是龙王的塑像。

根据以上资料，绘制昆明湖龙神祠位次及陈设图，明确了颐和园龙神祠祭器的种类、数量、摆放位置、方向及祭祀参与者的位次（图 10）。

图 9　《大清会典图》中关于惠济祠陈设的记载

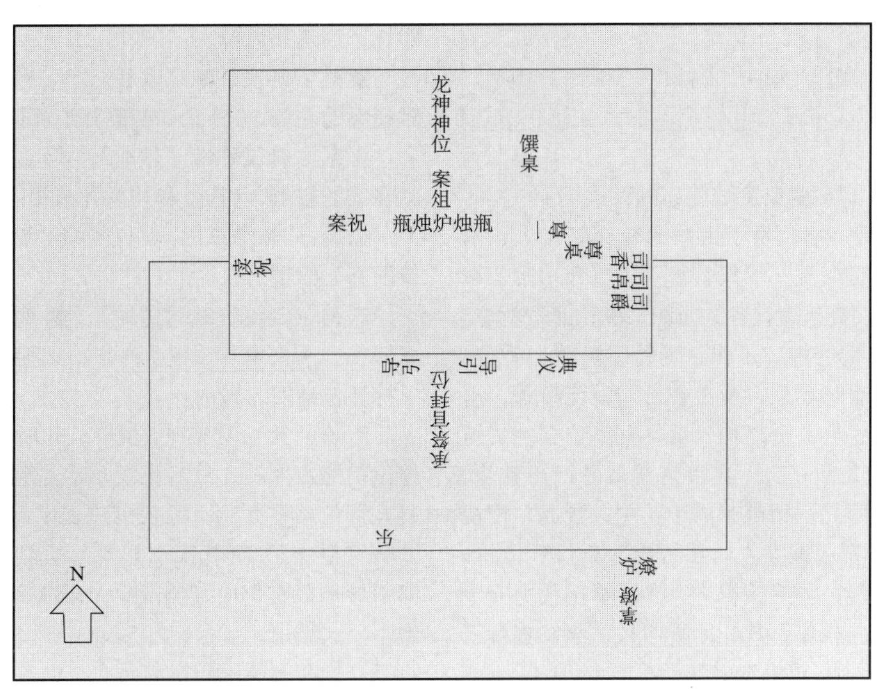

图 10　昆明湖龙神祠位次及陈设图

所用祭器的种类、材质在《大清会典图》中可以找到相关记载：昆明湖龙神祠爵三、簠二、簋二、均用铜。笾十，用竹。豆十，用铜。篚一，用竹。俎一，用木。尊一，用铜。对龙王庙祭祀祭器的尺寸、样式在《大清会典图》中找到相关记载。

2.4.4　颐和园龙王庙仪注研究

仪注即祭祀的程序和仪节。光绪《大清会典事例》中记载昆明湖龙神祠的祭祀仪节与玉泉山龙神祠同，而玉泉山龙神祠的仪节又与黑龙潭龙王庙同，黑龙潭龙王庙的祭祀仪节与秋祭都城隍庙同。

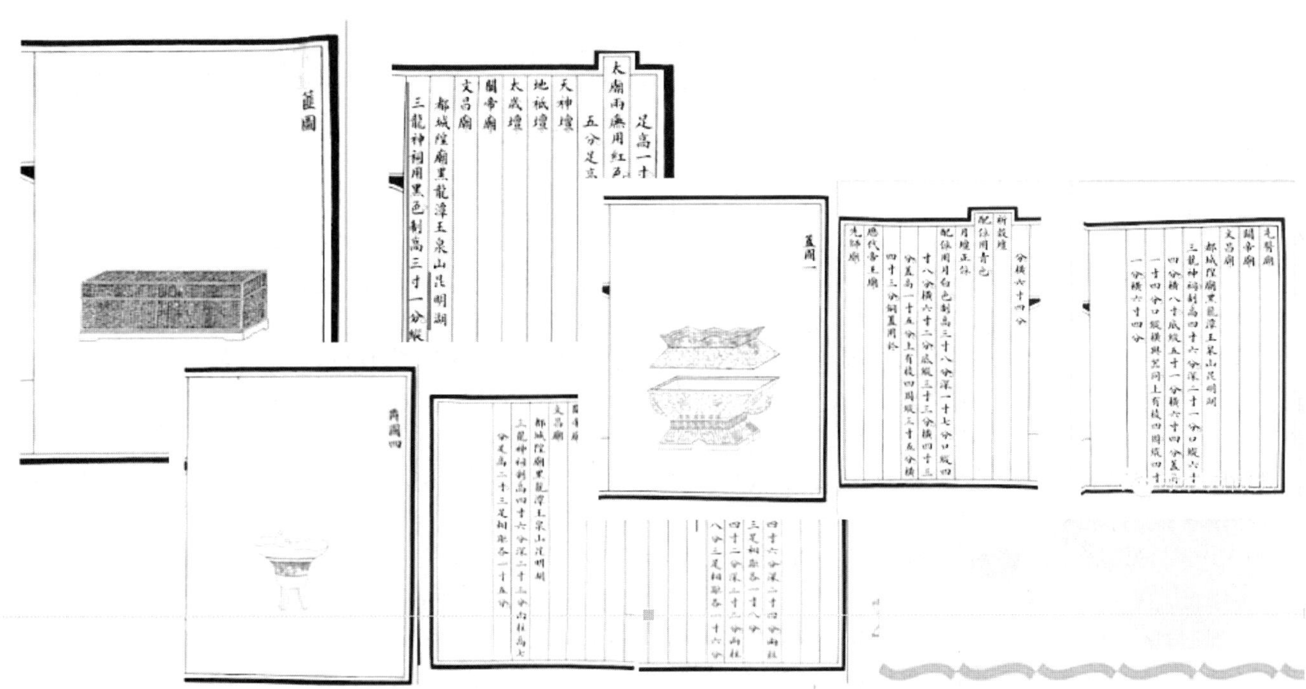

图 11　《大清会典图》中关于祭器的记载

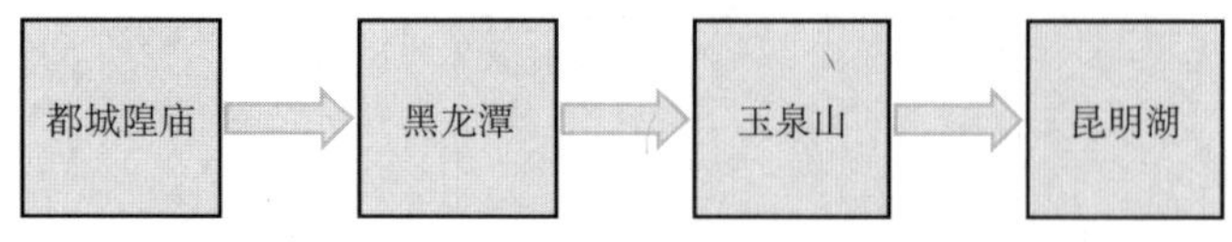

《大清会典事例》记载的祭都城隍庙的仪式是：

“黎明承祭官朝服诣庙。赞引太常寺赞礼郎二人，引承祭官由左侧门入，赞盥洗。承祭官盥手毕，升东阶，至拜位前，北面立。典仪赞执事官各共乃职。赞礼郎赞就位。承祭官就位立。典仪赞迎神。乐作。赞礼郎赞就上香位，引承祭官入殿中门至香炉前立，赞上香，司香跪奉香，承祭官上炷香，三上瓣香毕，赞复位，承祭官复位立。赞跪叩兴，承祭官行三跪九叩礼兴。典仪赞奠帛爵行初献礼。司帛跪献篚于案，三叩兴。司爵献爵于正中，皆退。司祝诣祝案前三叩兴，奉祝版跪案左。乐暂止。典仪赞读祝，赞礼郎赞跪，承祭官跪，司祝读祝毕，兴，奉祝版跪安于篚内，叩如初，兴退。乐作。赞礼郎赞叩兴，承祭官行三叩礼兴，典仪赞行亚献礼，司爵奉爵献于左，如初献仪，退。典仪赞行终献礼，司爵奉爵献于右，如亚献仪，退。典仪赞送神，赞礼郎赞跪叩兴，承祭官行三跪九叩礼兴。典仪赞奉祝帛送燎，司祝、司帛诣神位前跪三叩。奉祝帛兴，司香跪奉香兴，以次送至燎所，承祭官避立拜位西，俟祝帛过，复位立。典仪赞望燎，赞礼郎引承祭官诣燎位视燎。赞礼郎引承祭官仍由东侧门出。乐止。各退……送神时典仪赞撤馔，有司乃撤。”

祭祀仪节包括“诣庙，迎神，上香，初献，读祝，亚献，三献，撤馔，送神，望燎”十个步骤。

具体行为如下：

诣庙：皇帝指派的代祭亲王率文武大臣和仪仗护卫到达龙王庙正门，两名导引（赞礼郎）由左侧门引进前院，导引承祭官盥手完毕，从东侧的台阶，然后到拜位前，向北面肃立。

迎神：文武大臣及侍卫立于两侧。赞礼郎就位。典仪赞喊：“迎神”（赞礼郎把龙神神位由殿内请出到案上）。此时，乐队音乐起，奏《始平之章》。

上香：赞礼郎走到上香位的位置，引导承祭官在殿中门至香炉前站立，赞礼郎开始上香，司香跪在一旁奉香，承祭官上炷香，三上香结束，赞礼郎和承祭官回到原来的位置站立，承祭官行三跪九叩礼。

初献：典仪赞喊“献礼”，奏《寿平之章》。司帛跪在案前把篚献上，行三叩礼。司爵献爵，把爵放在案的正中，司帛、司爵一起退到原位。司祝拿祝版在案前行三叩礼，然后手举祝版跪在案的左边。

读祝：典仪赞喊“读祝”，赞礼郎和承祭官都跪，司祝开始朗读祝文，结束后，司祝奉版跪安于篚内，行三叩礼后退回原位。此时，乐队音乐起，赞礼郎和承祭官行三叩礼，后退回原位。

亚献：典仪赞喊“献礼”，奏《嘉平之章》。司爵举爵献在案的左侧，（其余和初献礼节相同）。

三献：典仪赞喊“献礼”，奏《永平之章》。司爵举爵献在案的右侧，（其余和初献礼节相同）。

撤馔：三献结束后，典仪赞喊“撤馔”，奏《熙平之章》，侍卫开始撤馔。

送神：典仪赞喊“送神”，奏《太平之章》。赞礼郎行三叩礼，承祭官行三跪九叩礼，然后回到原位。赞礼郎把龙神神位请回大殿内。

望燎：典仪赞喊“送燎”，此时司祝、司帛、司香在神位前跪三叩礼，然后把祝帛等送到燎炉，这时候承祭官避开拜位站在西侧，等祝帛过去以后，再回到原位。典仪赞喊“望燎”，赞礼郎引导承祭官到燎位视燎。然后赞礼郎引导承祭官仍由东侧门出。乐队音乐停，其余人等各退出，仪式结束。

2.4.5　颐和园龙王庙祝辞研究

祝辞的格式是固定的，光绪《大清会典事例》中有明确的昆明湖龙神祠祝文：

“維光緒某年。歲次干支。二八月干支朔。越若干日干支。皇帝遣某官某致祭於安佑普濟沛澤廣生龍神曰。惟神德隆润下。秩視升中。周禁籞以瀠洄。如臨左右。濬神皋而灌注。莫测津涯。靈應常昭。虔忱夙展。凡籲求乎甘澍。皆立霈於崇朝。顯号優加。明禋特薦。沛然若江河莫禦。被澤無疆。广矣言天地之間。資生允賴。或源也。或委也。祭川隆先後之文。有祈焉。有報焉。練日舉春秋之典。煙凝楝宇。结彩霧以揚靈。雲擁旛幢。御長風而來格。尚其歆享。鑒此苾芬。”

3　结语

综上所述，本课题以大量史料全面系统的对颐和园龙王庙进行了研究，尤其对龙王庙建筑的历史变迁研究和祈雨仪式研究最具特色，无论从研究的角度、深度，还是系统性都具有较强的创新性。研究成果丰富了颐和园的文化类型，进一步推动了颐和园文化挖掘的完整性，也是对颐和园生态文明和运河文化的重要补充。

参考文献

[1] 清漪园山前山后南湖功德寺等处破坏不全陈设清册 . 089 · 004 陈 5433.

[2] 白玉英，陈雪柏 . 承德胜景大全 . 远方出版社，2006.

[3] 郭宏珍 . 古代官方祈雨考述 . 广西大学学报：哲学社会科学版，2012，34（1）.

[4] 郜迪 . 中国古代祈雨习俗及祈雨文学研究综述 . 上饶师范

学院学报，2014，(2).
[5] 孙萌 . 颐和园中的龙王庙 . 颐和园杂志 2014，10.
[6]（清）鄂尔泰，张廷玉等 . 国朝宫史 . 北京古籍出版社，2001.
[7]（清）于敏中 . 日下旧闻考 . 北京古籍出版社，2001.
[8] 吴十洲 . 帝国之雩——18 世纪中国的干旱与祈雨 . 紫禁城出版社，2010.
[9] 北京市颐和园管理处 . 颐和园志 . 中国林业出版社，2006.
[10] 北京市颐和园管理处 . 颐和园大事记 . 五洲传播出版社，2014.
[11] 中国第一历史档案馆 . 北京市颐和园管理处 . 颐和园皇家档案（政务礼仪卷），2013.
[12] 何瑜 . 清代三山五园史事编年 . 中国大百科全书出版社，2014.
[13]（清）徐珂 . 清稗类钞 . 中华书局，2010.
[14] 侯皓之 . 风调雨顺—盛清诸帝雩祀与龙神崇祀，台北故宫博物院院刊，2012（347）.
[15] 赵尔巽. 清史稿 . 中华书局，1976.
[16] 大清会典 . 中华书局，1991.
[17] 清会典则例 .
[18]（清）张廷玉 . 钦定大清会典则例 . 四库全书本 .
[19] 清会典图 . 中华书局，1991.
[20] 郭宏珍 . 古代官方祈雨考述 . 广西大学学报（哲学社会科学版)，2012.
[21] 何芳 . 乾隆朝设常雩为“大祀”史实考述 . 农业考古，2005.
[22] 刘毓兰 . 清代京师的祈雨活动 . 紫禁城，1995.
[23] 李运国 . 浅谈“龙舞”的历史传承 . 大舞台，2010.
[24]（明）宋彦 . 山行杂记 . 中华书局，1991.

中国绿孔雀保护现状①

北京动物园圈养野生动物技术北京市重点实验室 / 崔多英　刘　佳　滑　荣　张　敬　张成林
世界雉类学会 / （英）John Corder

摘　要：绿孔雀在中国仅分布于云南中部、南部和西部。2015年至2017年，采用样线法、样点法，结合调查访问，进行了绿孔雀种群数量和分布现状调查。结果显示，中国现存野生绿孔雀种群数量已经不足500只，种群数量比20多年前800～1100只（文贤继等，1995）的调查结果明显减少。分布地区由1995年云南省的32个县，急剧缩减至现在的13个县。在我国云南，绿孔雀主要生活在沿河谷两岸的热带、亚热带常绿阔叶林和林型较为开阔的低密度思茅松林，由于栖息地生境的破坏，导致绿孔雀现存种群呈小家族群点状隔离分布。

我国绿孔雀面临的主要威胁有：（1）偷猎猖獗；（2）毁林开荒、修路、水电站建设等导致的栖息地破坏；（3）栖息地破碎化导致小种群隔离分布，近亲繁殖；（4）农药包衣种子、灭鼠药、家禽传染病和种群内传染病；（5）当地村民笼养蓝孔雀逃逸，导致野生绿孔雀基因污染。

保护管理建议/启动濒危物种拯救计划：（1）根据绿孔雀野外分布精确调查结果，确定3～5个重点分布区；（2）在野外重点分布区、北京动物园、昆明动物园等地，建立救护繁育中心，重建绿孔雀圈养种群；（3）待绿孔雀圈养种群发展壮大以后，及时开展绿孔雀重引入生物学研究。另外，在绿孔雀分布区开展保护宣传教育，加强管理，严厉惩治偷猎行为；在绿孔雀分布区禁止饲养蓝孔雀，防止其逃逸导致绿孔雀种群基因污染。

关键词：中国；绿孔雀；保护现状；保护管理建议

① 基金项目：国家自然科学基金项目资助（项目编号：31470460）；国家林业局“珍稀濒危物种野外救护与繁育”项目；中国动物园协会大熊猫及珍稀野生动物保护基金；北京市公园管理中心科研项目。

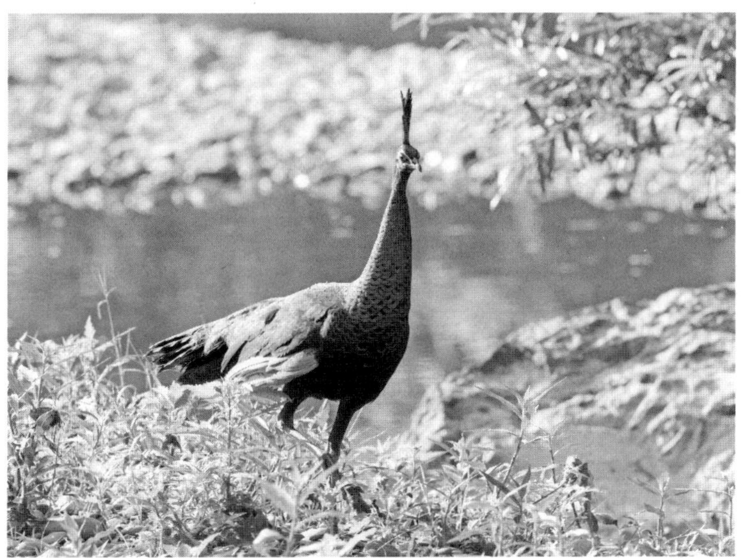

图 1　Green Peafowl, in Ailao mountains, Yunnan, China. Dry heat valley habitat, altitude from 600 to 1200 m. Photo by Duoying Cui

图 2　Green Peafowl, in Ailao mountains, Yunnan, China. Dry heat valley habitat, altitude from 600 to 1200 m. Photo by Duoying Cui

图 3　Habitate, Shiyang river in Xinping County in Yunnan Province. Photo by Duoying Cui

喇叭沟门乡土植物的引种、筛选和应用

北京市植物园，北京市花卉园艺工程技术研究中心，城乡生态环境北京实验室 / 刘东焕　王雪芹　温韦华　施文彬
北京市园林科学研究院 / 赵世伟

摘　要：北京怀柔区喇叭沟门自然保护区拥有丰富的植物资源，不少乡土植物具有良好的观赏价值，是园林绿化很好的植物材料。北京植物园自2015~2016年两年间对喇叭沟门森林公园和珍稀濒危植物园进行调研和引种，共引种乡土植物123种（15种木本植物，58种宿根花卉，50份种子）。对引种植物进行物候观察和生长适应性研究，并选取其中的50种乡土植物依照其生长情况、观赏特性、耐热性、耐旱性、抗强光性和耐阴性进行综合评价，优选30种适宜于北京园林绿化的乡土植物，并进行示范应用。

关键词：喇叭沟门自然保护区；乡土植物；引种；筛选；园林应用

喇叭沟门自然保护区位于北京市怀柔区喇叭沟门乡境内，建立于1999年，是北京市市级自然保护区。地理坐标是北纬40° 42’ ~ 41° 04’，东经116° 17' ~ 116° 42'，总面积184.4hm^2。海拔高度自1705m下延至550m，年平均气温7 ~ 9℃，年降水量为500mm左右，全年无霜期为120 ~ 140天，具有典型的燕山山脉森林生态系统特点[1]。喇叭沟门自然保护区的地质除东南一小部分的太古代片麻岩外，山体以中生代和新生代燕山运动时期侵入的花岗岩为主。土壤种类以棕壤和褐土为主。

喇叭沟门自然保护区具有丰富的植物资源，是北京市植物种类最丰富的地区之一，现有维管植物102科367属668种。野生植物的科、属、种分别占北京市的71.4%、53.2%、38.7%，其中木本植物占22.7%，草本植物占77.3%[2-3]。有数种植物北京地区仅在此分布，如：华忽布（*Humulus lupulus* var. *cordi folius*），星毛芥（*Berteroells maximowiczii*）、北萱草（*Hemerocallis esculenta*）等[3]。其中很多野生植物具有很好的观赏价值，是园林绿化、美化的良好材料，有待于进一步研究开发利用。如：北京锦鸡儿、美蔷薇、东陵八仙花、大花溲疏、小花溲疏、大瓣铁线莲、草芍药、金莲花、华北楼斗菜、白头翁、柳兰、黄芩、大花剪秋罗、轮叶婆婆纳、桔梗、风毛菊、祁州漏芦、返顾马先蒿、红旱莲、升麻、珠果黄堇、紫斑风铃草等[4]。

基于以上现状，有必要对喇叭沟门自然保护区的植物资源进行调研和引种工作，通过栽培驯化，筛选适宜北京城市园林绿化的乡土植物，以增加乡土植物的多样性，丰富城市园林景观。

1　喇叭沟门乡土植物的调研和引种

以观赏性和抗性为主要的引种目的，于2015 ~ 2016年两年间对喇叭沟门森林公园和珍稀濒危植物园进行调研和引种，引种植物123种（木本植物15种、宿根花卉58种、种子50份）。

珍稀濒危植物园木本植物的引种（活体植植株） 表 1

序号	植物名称	拉丁文	生长情况
1	东北茶藨子	*Ribes mandshuricum*	长势良好
2	虎榛子	*Ostryopsis davidiana*	长势良好
3	欧榛子	*Corylus heterophylla*	长势良好
4	水榆花楸	*Sorbus alnifolia*	死亡
5	花楸	*Sorbus pohuashanensis*	死亡
6	黄檗	*Phellodendron amurense*	死亡
7	柽柳	*Tamarix chinensis*	长势良好
8	稠李	*Prunus padus*	死亡
9	无梗五加	*Acanthopanax sessiliflorus*	长势良好
10	北京锦鸡儿	*Caragana pekinensis*	长势良好
11	软枣猕猴桃母本	*Actinidia arguta*	长势良好
12	软枣猕猴桃父本	*Actinidia arguta*	长势良好
13	刺楸	*Kalopanax septemlobus*	长势良好

珍稀濒危植物园宿根花卉的引种（活体植株） 表 2

序号	植物名称	拉丁文	生长情况
1	北黄花菜	*Hemerocallis lilio-asphodelus*	正常开花
2	桔梗	*Platycodon grandiflorus*	正常开花
3	珊瑚菜	*Glehnia littoralis*	正常开花
4	景天三七	*Sedum aizoon*	正常开花
5	茖葱	*Allium victorialis*	正常开花
6	草本威灵仙	*Veronicastrum sibiricum*	正常开花
7	棉团铁线莲	*Clematis hexapetala*	正常开花
8	黄精	*Polygonatum sibiricum*	正常开花
9	黄芩	*Scutellaria baicalensis*	正常开花
10	知母	*Anemarrhena asphodeloids*	正常开花
11	白鲜	*Dictamnus dasycarpus*	正常开花
12	歪头菜	*Vicia unijuga*	正常开花
13	蚊子草	*Filipendula palmata*	正常开花
14	苦参	*Sophora*	正常开花
15	北乌头	*Aconitum kusnezoffii*	正常开花
16	北柴胡	*Bupleurum chinese*	正常开花
17	羊乳	*Codonopsis lanceolata*	正常开花
18	聚花风铃草	*Campanula glomerata*	正常开花
19	毛茛	*Ranunculus japonicus*	正常开花
20	金莲花	*Trollius chinensis*	正常开花

喇叭沟门自然保护区的引种（活体植株） 表 3

序号	中文名	成活率 /%	序号	中文名	成活率 /%
1	草芍药	0	5	轮叶沙参	0
2	穿山龙	100	6	苍术	0
3	大黄	0	7	东北茶藨子	100
4	景天三七	0	8	黄芩	0

续表

序号	中文名	成活率 /%	序号	中文名	成活率 /%
9	北乌头	100	30	岩青兰	100
10	拳参	0	31	黄花乌头	100
11	鹿药	50	32	毛蕊老鹳草	100
12	北重楼	0	33	红景天	100
13	蚊子草	100	34	马蹄叶橐吾	100
14	落新妇	0	35	假报春	100
15	糙苏	100	36	长瓣铁线莲	100
16	华北鳞毛蕨	0	37	升麻	100
17	歪头菜	100	38	刺五加	0
18	石竹	40	39	羊乳	0
19	藁本	0	40	裂叶榆	33
20	返顾马先蒿	0	41	风毛菊	0
21	曲枝天门冬	100	42	高山乌头	67
22	穗花马先蒿	0	43	紫斑风铃草	0
23	北五味子	40	44	黄精	0
24	红旱莲	100	45	啤酒花	—
25	短尾铁线莲	—	46	东陵绣球	—
26	柴胡	0	47	悬钩子	100
27	金腰子	0	48	委陵菜	0
28	鸢尾	100	49	山菠菜	100
29	北黄花菜	100	50	软枣猕猴桃	100

喇叭沟自然保护区乡土植物的引种（采种） 表 4

序号	植物名称	科、属	拉丁文
1	华北耧斗菜	毛茛科耧斗菜属	*Aquilegia yabeana*
2	败酱	败酱科败酱属	*Patrinia scabiosifolia*
3	婆婆纳	玄参科婆婆纳属	*Veronica didyma*
4	华北乌头	毛茛科乌头属	*Aconitum soongaricum*
5	荫生鼠尾草	唇形科鼠尾草属	*Salvia umbratica*
6	华北蓝盆花	川续断科蓝盆花属	*Scabiosa tschiliensis*
7	华北风毛菊	菊科风毛菊属	*Saussurea mongolica*
8	和尚菜	菊科和尚菜属	*Adenocaulon himalaicum*
9	蚊子草	蔷薇科蚊子草属	*Filipendula palmata*
10	蓝刺头	菊科蓝刺头属	*Echinops sphaerocephalus*
11	红旱莲	藤黄科金丝桃属	*Herba Hyperici*
12	穗花马先蒿	玄参科马先蒿属	*Pedicularis spicata*
13	天门冬	百合科天门冬属	*Asparagus cochinchinensis*
14	糙苏	唇形科糙苏属	*Phlomis umbrosa*
15	穿山薯蓣	薯蓣科薯蓣属	*Discorea nipponica*
16	黄花乌头	毛茛科乌头属	*Aconitum coreanum*
17	藿香	唇形科藿香属	*Agastache rugosa*
18	角蒿	紫葳科角蒿属	*Incarvillea sinensis*
19	大花剪秋罗	石竹科	*Lychnis fulgens*

续表

序号	植物名称	科、属	拉丁文
20	短尾铁线莲	毛茛科铁线莲属	*Clematis brevicaudata*
21	甘菊	菊科菊属	*Dendranthema lavandulifolium*
22	返顾马先蒿	玄参科马先蒿属	*Pedicularis resupinata*
23	月见草	柳叶菜科月见草属	*Oenothera biennis*
24	水杨梅	茜草科水团花属	*Adina rubella*
25	苦麻	菊科苦荬菜属	*Ixeris denticulata*
26	续断	川断续科川断续属	*Dipsacales*
27	白芷	伞形科当归属	*Angelica dahurica*
28	石竹	石竹科石竹属	*Dianthus chinensis*
29	茜草	茜草科茜草属	*Rubia cordifolia*
30	杏叶沙参	桔梗科沙参属	*Adenophora hunanensis*
31	苦参	豆科苦参属	*Sophora flavescens* var. *flavescens*
32	兔儿伞	菊科兔儿伞属	*Syneilesis aconitifolia*
33	拳参	蓼科蓼属	*Bistort Rhizome*
34	红升麻	虎耳草科落新妇属	*Astilbe chinensis*
35	蓟	菊科蓟属	*Cirsium japonicum*
36	糖芥	十字花科糖芥属	*Erysimum bungei*
37	辽东楤木	五加科楤木属	*Aralia elata*
38	女娄菜	石竹科蝇子草属	*Silene aprica*
39	苍术	菊科苍术属	*Atractylodes Lancea*
40	多歧沙参	桔梗科沙参属	*Adenophora wawreana*
41	阴性草	玄参科阴性草属	*Siphonostegia chinensis*
42	南蛇藤	卫矛科南蛇藤属	*Celastrus orbieulatus*
43	高山杜鹃	杜鹃花科杜鹃属	*Rhododendron lapponicum*
44	溲疏	虎耳草科溲疏属	*Deutzia scabra*
45	山丹	百合科百合属	*Lilium pumilum*
46	羊乳	桔梗科党参属	*Codonopsis lanceolata*
47	苦木	苦木科苦木属	*Picrasma quassioides*
48	牛蒡	菊科牛磅属	*Arctium lappa*
49	金莲花	毛茛科金莲花属	*Trollius chinensis*
50	珠果黄堇	罂粟科紫堇属	*Corydalis speciosa*

通过对喇叭沟门自然保护区和珍稀濒危植物园乡土植物的引种及其成活率的观察记录，得出结论：

（1）从喇叭沟门植物园引种的13种木本植物有7种生长适应性强，成活率54%，包括东北茶藨子、虎榛子、欧榛子、北京锦鸡儿、柽柳、无梗五加和软枣猕猴桃；其余均生长不良，甚至死亡。

（2）从植物园引种的20种宿根花卉生长适应性强，成活率100%。

（3）从喇叭沟门森林公园引种的50种植物，有23种生长适应性强，引种成活率49%。包括木本6种（东北茶藨子、软枣猕猴桃、裂叶榆、悬钩子、北五味子、穿山龙）和17种宿根花卉（北乌头、蚊子草、糙苏、歪头菜、曲枝天门冬、红旱莲、鸢尾、北黄花菜、岩青兰、黄花乌头、毛蕊老鹳草、红景天、马蹄叶橐吾、假报春、长瓣铁线莲、升麻）。

总之，野生乡土植物的引种需要经过逐步驯化的过程；可以就近进行迁地保护，然后再逐步引种到城市园林绿化中，以提高其引种成活率。引种适应性因植物材料和植物生长期而有差异。

2 乡土植物的引种适应性综合评价和筛选

对引种过渡成功的50种活体植株从生长情况、观赏性和抗性三方面进行综合评价，优选观赏性和抗性俱佳的乡土植物，为园林绿化提供新的素材。

2.1 评价指标的确定

长势：根据生长强弱进行评价。

观赏性：分观枝、观叶、观花、观果进行综合评价。

耐热性：根据夏季的植株表现进行评价。

抗旱性：根据生长对水分的需求进行评价。

喜光性：根据生长对强光的耐受性进行评价。

耐阴性：根据生长对弱光的耐受性进行评价。

评价标准：“五分制”。

2.2 综合评价打分

对引种成功的50种乡土植物根据长势、观赏性、耐热性、抗旱性、喜光性和耐阴性进行打分评价，根据得分由高到低的顺序，其中平均分值为4.5以上的为优选种类，共优选30种乡土植物。其中木本植物8种，包括华北香薷、小花溲疏、软枣猕猴桃、北京锦鸡儿、柽柳、虎榛子、欧榛子、短尾铁线莲；草本植物22种，包括大叶铁线莲、面团铁线莲、瞿麦、北黄花菜、黄芩、岩青兰、桔梗、白鲜、草芍药、华北蓝盆花、红旱莲、水杨梅、杏叶沙参、轮叶沙参、草本威灵仙、糙苏、金莲花、华北耧斗菜、千屈菜、紫斑风铃草、苦参、北乌头。

50种乡土植物的综合性评价　　表5

序号	种名	生长评价	观赏性	耐热性	抗旱性	喜光性	耐阴性	综合评价
1	短尾铁线莲	5	4.5	5	5	5	4	4.75
2	面团铁线莲	5	5	5	5	5	3	4.67
3	东北铁线莲	5	4.5	5	5	5	3	4.58
4	大叶铁线莲	5	5	5	5	5	4	4.83
5	华北耧斗菜	5	5	5	5	3	4	4.5

续表

序号	种名	生长评价	观赏性	耐热性	抗旱性	喜光性	耐阴性	综合评价
6	藿香	5	4.5	5	4	5	3	4.41
7	黄芩	5	5	5	5	5	3	4.67
8	岩青兰	5	5	5	5	5	3	4.67
9	地榆	5	3	5	5	4	4	4.33
10	瞿麦	5	4.5	5	5	5	4	4.75
11	白芷	5	3	5	5	5	3	4.33
12	水杨梅	5	4.5	5	4	4	5	4.58
13	丹参	5	4.5	4	4	4.5	4	4.33
14	桔梗	5	5	5	5	5	3	4.67
15	北黄花菜	5	4.5	5	5	5	4	4.75
16	千屈菜	5	5	5	4	5	3	4.5
17	金莲花	5	5	4	4	5	4	4.5
18	山丹	5	5	4	4	5	4	4.5
19	柳兰	2	5	3	4	5	4	3.83
20	茖葱	4	4	3	4	4	4	3.83
21	蹄叶橐吾	5	4	5	4.5	2	5	4.25
22	蓝盆花	5	5	5	4	5	4	4.67
23	杏叶沙参	5	4.5	5	5	5	3	4.58
24	轮叶沙参	5	4.5	5	5	5	3	4.58
25	草本威灵仙	5	4.5	5	5	5	3	4.58
26	白鲜	5	5	5	5	5	3	4.67
27	紫斑风铃草	4	5	4	5	5	4	4.5
28	野芍药	5	5	5	5	5	3	4.67
29	拳参	5	4	4.5	5	5	3	4.41
30	苦参	5	4.5	4.5	5	5	3	4.5
31	槭叶草	5	4	4.5	5	5	3	4.41
32	北乌头	5	5	5	4	5	3	4.5
33	大花剪秋罗	5	4.5	5	3	3	5	4.25
34	羊乳	5	4.5	5	3	3	5	4.25
35	蚊子草	5	4	5	3	3	5	4.16
36	女娄菜	5	3	5	5	5	3	4.33
37	糙苏	5	4.5	5	5	5	3	4.58
38	红旱莲	5	5	5	5	5	3	4.67
39	木本香薷	5	5	5	5	5	4	4.83
40	小花溲疏	5	5	5	5	5	4	4.83
41	虎榛	5	3	5	5	5	4	4.5
42	欧榛	5	3	5	5	5	4	4.5
43	无梗五加	5	4.5	5	5	5	3	4.58
44	稠李	3	4	3	3	5	4	3.67
45	柽柳	5	5	5	5	5	2	4.5
46	北京锦鸡儿	5	5	5	5	5	2	4.5
47	东北茶藨子	5	5	4.5	4	3	5	4.41
48	花楸	2	5	2	3	3	4	3.16
49	水榆花楸	2	5	2	4	5	4	3.67
50	软枣猕猴桃	5	4.5	5	5	5	3	4.58

2.3 几种重要的乡土植物推介

2.3.1 木本香薷（*Elsholtzia ciliate*）

唇形科香薷属。落叶亚灌木。株高 0.7 ~ 1m。顶生穗状花序，花冠淡红紫色，二唇状。花有紫色和白色，花量大，花期长，花期 8 ~ 10 月；喜光耐半阴；抗旱不耐涝；对土壤要求不严；北京地区晚夏和秋季观花很好的木本植物；用于花境和林缘，成片栽植效果好。

2.3.2 小花溲疏（*Deutzia parviflora*）

虎耳草科溲疏属观花灌木，花白色，花小而密，组成伞房花序，花期 5 ~ 6 月；喜光稍耐阴，抗旱、耐寒，对土壤要求不严；早夏观花灌木，可用作自然式花篱，也可丛植点缀于草坪、林缘，也可片植，还可用于点缀假山。

2.3.3 大叶铁线莲（*Clematis heracleifolia*）

毛茛科铁线莲属少有的直立型观花草本或半灌木。植物体被白毛，聚伞花序，两性花，蓝色，花有花萼无花瓣，花萼基部成管状，上部反卷，蓝紫色，果棕红;耐阴抗强光，抗旱耐水湿，对土壤要求不严；花蓝色，可用作阴湿地的观赏性地被植物或露天种植。

2.3.4 短尾铁线莲（*Clematis brevicaudata*）

毛茛科，铁线莲属木质藤本植物，圆锥状聚伞花序多花，萼片开展，白色，7 月至 9 月开花；喜光耐旱，但不耐夏季的暑热强光，喜深厚肥沃、排水良好的碱性壤土及轻沙质壤土，不耐积水；可栽培于绿廊支柱附近、稀疏的灌木篱笆中，还可布置于墙垣、棚架、阳台、门廊等处。

2.3.5 瞿麦（*Dianthus superbus*）

石竹科石竹属多年生草本。花单生，或数朵集成疏聚伞状。花瓣 5，淡红色，瓣片边缘细裂成流苏状，喉部有须毛，基部具长爪。花期 7 ~ 8 月；喜光稍耐阴，抗旱不耐涝，瞿麦对土壤要求不严，一般土地都可栽种，但以排水良好、肥沃的沙壤土为好；可布置花坛、花境或岩石园，也可盆栽或作切花。

2.3.6 北黄花菜（*Hemerocallis lilioasphodelus*）

百合科萱草属宿根花卉，花金黄色，花大，花量大，花期 6 ~ 9 月；喜光耐旱，对土壤要求不严；应用于露天地被或花境。

2.3.7 棉团铁线莲（*Clematis hexapetala*）

毛茛科铁线莲属直立草本。聚伞花序腋生或顶生，通常 3 片花瓣，萼片 6，白色，外面密生棉毛。花期 6 ~ 8 月；

喜光耐旱，喜深厚肥沃、排水良好的碱性壤土及轻沙质壤土，不耐积水；枝叶扶苏，花大色艳，很好的垂直绿化植物，也可配置于假山旁或岩石园中，彰显独特风格。

2.3.8 黄芩（*Scutellaria baicalensis*）

北京市二级保护植物。唇形科黄芩属多年生草本。叶披针形或条状披针形。花序顶生，总状，花冠蓝紫色，二唇状。花期 7 ~ 8 月；喜光耐旱，不耐涝；适宜壤土和沙质壤土，酸碱度以中性和微碱性为好；耐旱怕涝，适宜于岩石园种植。

2.3.9 岩青兰（*Dracocephalum rupestre*）

唇形科岩青兰属多年生草本。轮伞花序密集成头状生于枝顶；花冠紫蓝色，二唇形，上唇先端微裂。全体具香气味。花期 7 ~ 9 月；喜光稍耐阴，抗旱不耐涝，土壤以壤土和沙质壤土为好；耐旱怕涝，适宜于岩石园种植。

2.3.10 桔梗（*Platycodon grandiflorus*）

桔梗科桔梗属多年生草本。具白色乳汁。花 1 至数朵，生于茎和分枝顶端；花萼钟状，花冠蓝紫色，浅钟状，花期 7 ~ 9 月；喜光耐旱，对土壤要求不严，以沙质壤土为好；花大而美丽，可配置于花境。

2.3.11 草芍药（*Paeonia obovata*）

北京市二级保护植物。毛茛科芍药属多年生草本。株高 30 ~ 70cm，花单生，花大，白色、红色、紫红色，花期 5 ~ 6 月，花量大；喜光稍耐阴，要求土层深厚的壤土及沙质壤土，在湿润而排水好的土壤中生长最好；露地宿根花卉，园林中成片栽植较好。

2.3.12 白鲜（*Dictamnus dasycarpus*）

北京市二级保护植物。芸香科白鲜属多年生草本。总状花序顶生。花大，白色或粉红色或紫色，花瓣披针形，花期 5 ~ 6 月；喜光稍耐阴，稍耐旱怕涝，以富含腐殖质的中性或微酸性沙质壤土或壤土为宜；可配植花境或切花。

2.3.13 华北蓝盆花（*Scabiosa atropurea*）

川续断科蓝盆花属多年生草本，花序头状，花蓝紫色，花期 4 ~ 5 月；喜冷凉、通风的环境；喜光耐旱；要求土壤疏松、肥沃、排水良好，以沙壤土为好；可应用于盆栽观赏、园林绿化中布置花坛、花境，也可做切花。

2.3.14 红旱莲（*Hypericum ascyron*）

藤黄科金丝桃属多年生草本。花聚集成顶生的聚伞花序，有花 9 ~ 12 朵；花瓣 5，花黄色，倒披针形；花期 7 ~ 8 月。喜光稍耐阴，适生于肥沃排水良好的中性土壤，忌积水。优良的宿根花卉，植株较高，适作花境背景，宜植于疏林、草坪边缘，也可切花。

2.3.15 杏叶沙参（*Adenophora hunanensis*）

中国特有植物，桔梗科沙参属多年生草本。叶片卵圆形、卵形至卵状披针形。花序分枝长，常组成大而疏散的圆锥花序，花冠钟状，蓝色、紫色或蓝紫色，长 1.5 ~ 2cm。花期 7 ~ 9 月；喜光稍耐阴，抗旱不耐涝，以排水较好的壤土或沙质土为好；花型漂亮，花期长，优良的宿根花卉，可露天或林缘种植。

2.3.16 轮叶沙参（*Adenophora tetraphylla*）

桔梗科沙参属多年生草本植物，有白色乳汁。茎生叶互生，狭卵形或矩圆状狭卵形，花序狭长；花冠蓝紫色，宽钟形；花期 7 ~ 9 月。喜光稍耐阴，抗旱不耐涝，以排水较好的壤土或沙质土为好；花型漂亮，花期长，优良的宿根花卉；露天或林缘种植。

2.3.17 草本威灵仙（*Veronicastrum sibiricum*）

玄参科腹水草属多年生草本。叶 4 ~ 6 枚轮生；无柄；花顶生，长尾状，花梗短；花萼 5 深裂，裂片不等长，前面最长者约为花冠的一半，钻形；花紫色或淡紫色，花期 7 ~ 9 月；喜光稍耐阴，抗旱不耐涝，以排水较好的壤土或沙质土为好。用于花境或岩石园配置均可。

2.3.18 软枣猕猴桃（*Actinidia arguta*）

北京市二级保护植物。猕猴桃科猕猴桃属高大藤本。叶卵圆形、椭圆状卵形或长圆形；腋生聚伞花序，花 3 ~ 6 朵，花白色，直径 1.2 ~ 2cm；浆果，球形到长圆形；花期 5 ~ 6 月；果期 9 ~ 10 月；喜冷凉湿润的气候，喜光，喜土质疏松、有机质丰富的土壤；是很好的藤本观果植物。

2.3.19 金莲花（*Trollius chinensis*）

毛茛科金莲花属多年生宿根高山花卉。花通常单生，花径 3.8 ~ 5.5cm，金黄色，花期 6 ~ 7 月；喜冷凉湿润的气候，喜光稍耐阴，喜湿忌涝；喜微酸性或中性富含有机质的沙壤土。花大色艳，是很好的观赏植物；可在园林假山置石沟缝处种植；还可在公共绿地上作为花带、花坛、花境的地被植物。

2.3.20 华北耧斗菜（*Aquilegia yabeana*）

毛茛科耧斗菜属多年生草本。花序具少数花，下垂，花紫色，花瓣长 1.2cm，花期 5 ~ 6 月；喜光耐阴，喜冷凉气候，喜富含腐殖质、湿润而排水良好的沙质壤土。花大美丽，园林中很好的地被植物，可作为花境或林下地被。

2.3.21 紫斑风铃草（*Campanula punctata*）

桔梗科风铃草属多年生宿根花卉。花顶生于主茎及分枝顶端，下垂；花萼裂片长三角形；花冠白色，带紫斑，筒状钟形；花期 6 ~ 9 月。喜冷凉气候，喜光耐半阴，耐旱忌水湿，对土壤要求不严，以含丰富腐殖质、疏松透气的沙质土壤为好。pH 值以 5.5 ~ 6.2 为宜；花大，花量大，是很好的地被植物，可配置于林缘或花境。

2.3.22 苦参（*Sophora flavescens*）

豆科槐属亚灌木或多年生草本。枝绿色，密生黄色细毛。奇数羽状复叶。总状花序顶生，花黄白色，长 15 ~ 18mm。花期 6 ~ 7 月；喜光、耐旱，适于土壤深厚的沙质土壤。花型美丽，花量大，是很好的园林观赏植物，

可配置于花境或岩石园种植。

2.3.23 北京锦鸡儿（*Caragana pekinensis*）

豆科锦鸡儿属观赏灌木。花萼管状钟形，花冠金黄色，花期5月；喜光耐旱，沙质土壤；花金黄色，花型美丽，花量大，是很好的园林观赏植物，可露天栽植。

木本香薷

小花溲疏

大叶铁线莲

棉团铁线莲

瞿麦

大黄花菜

短尾铁线莲

黄芩

图1 优选的主要乡土植物种类

岩青兰

桔梗

草芍药

白鲜

华北蓝盆花

红旱莲

轮叶沙参

杏叶沙参

图 1　优选的主要乡土植物种类（续）

草本威灵仙 　　苦参

金莲花 　　华北耧斗菜

紫斑风铃草 　　北京锦鸡儿

图 1　优选的主要乡土植物种类（续）

3　乡土植物的应用展示

将优选的乡土植物选择在北京植物园和延庆妫河公园进行示范展示，为进一步的推广应用提供借鉴。

图 2　木本香薷在植物园的应用（全光）

图 3　木本香薷在植物园的应用（林下）

图 4　全莲花在植物园的应用（全光）

图 5　金莲花在植物园的应用（樱桃沟）

图 6　黄芩在全光下的应用效果

图 7　红旱莲在全光下的应用效果

图 8　瞿麦在全光下的应用效果

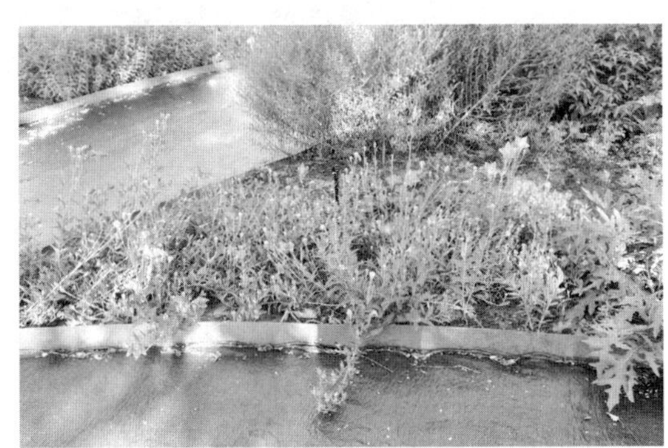

图 9　桔梗在全光下的应用效果

4　结论

喇叭沟门自然保护区野生乡土植物资源丰富，除了观赏之外，它们其中还具有药用价值和食用价值。例如：金莲花、岩青兰、桔梗、白鲜、草本威灵仙、轮叶沙参等均可药用；金莲花干制后还可作为茶饮；软枣猕猴桃可供食用。

加强对野生乡土植物的开发和利用，不仅可使野生植物资源得到充分利用，还会使园林景观更具有地方特色。

但是由野生变栽培，需要经过长期驯化的过程，需要摸索其生物学特性，研究其规模化的生产技术和应用技术。并要解决好开发与保护之间的矛盾，保证我们的乡土植物资源可持续发展。

参考文献

[1] 崔国发，李俊清，牛树奎，等．北京喇叭沟门自然保护区的建立与功能区划分．北京林业大学学报，2000，22（4）：40-45.

[2] 路端正，成克武，崔国发，等．北京喇叭沟门林区维管植物区系分析．北京林业大学学报，2000，22（4）：114-117.

[3] 李振蒙，李俊清．生态旅游对喇叭沟门自然保护区经济发展的作用．科学技术与工程，2007，7（4）：567-571.

[4] 王美仙．北京野生花卉的应用现状及引种试验 [J]. 江苏农业科学，2011，39（2）：282-284.

有髯鸢尾品种杂交亲和性初探

北京市植物园 / 朱　莹　邓　莲　宋　华　刘恒星　王雪芹

摘　要： 为筛选亲和性好的杂交组合并培育新品种，本试验用两年时间对108个品种的有髯鸢尾进行了293个杂交组合的杂交授粉工作，共有108个组合有结实，得到杂交果实443个，种子12879粒。试验表明：二次花有髯鸢尾品种间亲和性较好，结实率较高；二次花有髯鸢尾×一次花有髯鸢尾和一次花有髯鸢尾×二次花有髯鸢尾品种间有一定亲和性；一次花有髯鸢尾品种间亲和性较低，仅有小部分组合能够结实。

关键词： 有髯鸢尾；杂交；亲和性

有髯鸢尾是近代观赏花卉中发展迅速、花朵变化惊人、品种增加多的一类鸢尾 [1]。早在 19 世纪，国外已经开始有髯鸢尾新品种的培育工作 [2]，并取得了令人瞩目的成绩，目前已培育出新品种 4 万余个。国内在有髯鸢尾新品种培育方面起步较晚，主要从 20 世纪 90 年代开始 [3]。南京植物园黄苏珍等于 1999 年进行了有髯鸢尾的种内杂交试验，选育出 7 个新品种 [4]；随后又于 2015 年培育出‘幻舞’和‘黄金甲’两个新品种 [5, 6]。北京林业大学高亦珂等培育出 5 个有髯鸢尾新品种并进行了国际登录。北京植物园培育的‘White Crane’和‘Purple Mantle’具有二次开花特性，并于 2014 年进行了国际登录。目前我国发表的有髯鸢尾新品种仅有几十个，与国外几万个品种相差甚远，亟须加强相关研究。

北京植物园从 1990 年代开始引种有髯鸢尾，总计引进 800 余个品种，其中二次花鸢尾品种 70 余个。有髯鸢尾一般不能自然结实 [8]，需要人工授粉才能结实。在育种过程中，选择合适的亲本及组合是其中关键的一环。本试验旨在是利用北京植物园现有品种进行杂交试验，筛选出亲和性较好的杂交组合及亲本，为今后有髯鸢尾的杂交育种研究提供参考。

1　材料与方法

1.1　材料

材料均为有髯鸢尾，共计 108 个品种，其中一次花有髯鸢尾 80 个品种，二次花有髯鸢尾 28 个品种（表 1）。

杂交授粉亲本名单　　表 1

类型	序号	名称	类型	序号	名称	类型	序号	名称
一次花有髯鸢尾	1	‘Abelard’	一次花有髯鸢尾	4	‘Apache Warrior’	一次花有髯鸢尾	7	‘Bily Nezmar’
	2	‘Anagram’		5	‘Ava Nelle’		8	‘Black Talk’
	3	‘Andalusian Blue’		6	‘Az Ap’		9	‘Blue Asterisk’

续表

类型	序号	名称	类型	序号	名称	类型	序号	名称
一次花有髯鸢尾	10	'Blue Boy'	一次花有髯鸢尾	43	'Little Cottage'	一次花有髯鸢尾	76	'Susan Gillespie'
	11	'Bold Print'		44	'Mara'		77	'Tamino'
	12	'California Gold Rush'		45	'Marine Wave'		78	'Vamp'
	13	'Chartres'		46	'Maroon Caper'		79	'Whitchee'
	14	'Chiltern Gold'		47	'Maui Moonlight'		80	'Zua'
	15	'Clara Garland'		48	'Midnight Expres'	二次花有髯鸢尾	81	'Anne Lowe'
	16	'Clique'		49	'Missouri Autumn'		82	'Cornhusker'
	17	'Con Brio'		50	'Mrs. Alan Gray'		83	'Double Platinum'
	18	'Dorothea'		51	'Natascha'		84	'Dreaming In Color'
	19	'Dressden Candleglow'		52	'Nezmar'		85	'Fall Rerun'
	20	'Early Cheer'		53	'Nine Wells'		86	'I'm Back'
	21	'Early Edition'		54	'Ohio Der'		87	'Kaibab'
	22	'Erect'		55	'Olympiad'		88	'Lest We Forget'
	23	'Everithing Plus'		56	'Orange Petal'		89	'Lunar Whitewash'
	24	'Exotic Star'		57	'Oressian'		90	'Magical'
	25	'Fiedday'		58	'Oriental Baby'		91	'Ozark Rebounder'
	26	'Flourisa'		59	'Pacer'		92	'Pure as Gold'
	27	'Frosted Cream'		60	'Pink Elf'		93	'Red Hot Chili'
	28	'Gay Head'		61	'Piona'		94	'Repeat Performance'
	29	'Gentius'		62	'Posh'		95	'Winterberry'
	30	'Golden Bow'		63	'Prince of Burgundy'		96	'赫氏蓝'
	31	'Houpte'		64	'Raspberry Acres'		97	'记忆'
	32	'Ingeburg'		65	'Red Orchid'		98	'杰妮粉'
	33	'Jarda'		66	'Sangreal'		99	'兰舞'
	34	'Jewel Tone'		67	'Sapphire'		100	'罗莎丽蓝'
	35	'Jobs Pta'		68	'Scintilla'		101	'荞麦'
	36	'Jump Start'		69	'Sea Patrol'		102	'请柬'
	37	'Kantiky'		70	'Shooting Sparks'		103	'深浅蓝运'
	38	'Katie Koo'		71	'Silent Strings'		104	'甜蜜蓝'
	39	'Lady of Marieta'		72	'Snow Fleck'		105	'香槟黄'
	40	'Lang Port Phoenix'		73	'Snowmound'		106	'小酒馆'
	41	'Ledovel'		74	'Solo'		107	'英格兰魔力'
	42	'Light Cavalry'		75	'Sun Beam'		108	'珍宝粉'

1.2 方法

杂交授粉试验于 2016 年及 2017 年 4 ～ 5 月在北京植物园苗圃进行。首先确定目标亲本，待花朵开放，柱头开始向外打开，表面变黏时可进行授粉。授粉时采用新鲜的花粉，首先选择刚刚开放的花朵，用镊子将雄蕊取出，盛放在胶卷盒里，盖上盖子轻轻摇晃使其散粉，然后用毛笔轻轻涂抹在目标母本花朵的 3 个柱头上，然后挂上标签牌。

1.3 果实采收与统计

杂交授粉后定期观察，7 ～ 8 月种荚变黄褐将要裂开时，采收果实并记录，统计结实量和种子数，并计算结实率。

结实率% = 结实花朵数 / 授粉花朵数 × 100%

2 结果与分析

两年间共进行了 293 个组合的杂交授粉，共有 108 个组合有结实，得到杂交果实 443 个，种子 12879 粒。试验

中，由于很多品种植株数量较少，导致很多组合授粉时只有 1 ～ 2 朵花，因此杂交结实率不太具有代表性，在此只是对最终的结实情况作一个简单的介绍与分析。

2.1 一次花有髯鸢尾 × 一次花有髯鸢尾杂交授粉

由表 2 可以看出，一次花有髯鸢尾 × 一次花有髯鸢尾之间亲和性较低，不易结实。试验共进行了 120 个组合，授粉 311 朵，其中仅有 13 个组合有结实，占总组合数的 10.8%。13 个组合共获得果实 22 个，占总授粉数量的 7.1%。共有 62 个品种被选作母本，其中仅有 12 个结实，占母本总数的 19.4%，相对比较容易结实的母本是 'Susan Gillespie'、'Houpte'、'Everithing Plus'、'Nezmar' 和 'Vamp' 等 10 个品种。作父本的 53 个品种中有 7 个有结实，占父本总数的 13.2%，其中 'Sapphire' 能够与 4 个品种杂交结实，'Black Talk' 和 'Lady of Marieta' 分别可以和两个品种杂交结实。每个果荚内的种子数量平均为 22 粒，其中 'Bold Print' × 'Blue Boy' 最多，为 49 粒，其次为 'Everithing Plus' × 'Black Talk' 和 'Chartres' × 'Houpte'，分别为 44 粒和 39 粒，最少的是 'Maui Moonlight' × 'Sangreal'，只有 5 粒，其余的 10 ～ 30 粒。

一次花有髯鸢尾 × 一次花有髯鸢尾杂交授粉统计表　　表 2

序号	母　本	父　本	授粉数量（朵）	结实数量（朵）	结实率（%）	种子数量（个）
1	'Abelard'	'Frosted Cream'	5	1	20	11
2	'Abelard'	'Susan Gillespie'	1	0	0	—
3	'Anagram'	'Golden Bow'	1	0	0	—
4	'Anagram'	'Raspberry Acres'	3	0	0	—
5	'Anagram'	'Ohio Der'	3	0	0	—
6	'Andalusian Blue'	'Az Ap'	1	0	0	—
7	'Apache Warrior'	'Oriental Baby'	1	0	0	—
8	'Ava Nelle'	'Prince of Burgundy'	5	0	0	—
9	'Ava Nelle'	'Clara Garland'	11	0	0	—
10	'Az Ap'	'Blue Boy'	3	0	0	—
11	'Az Ap'	'Katie Koo'	1	0	0	—
12	'Az Ap'	'Snow Fleck'	1	0	0	—
13	'Bily Nezmar'	'Dressden Candleglow'	1	0	0	—
14	'Bily Nezmar'	'Ohio Der'	1	0	0	—
15	'Bily Nezmar'	'Clara Garland'	18	0	0	—
16	'Black Talk'	'Houpte'	5	1	20	12
17	'Blue Asterisk'	'Early Edition'	1	0	0	—
18	'Blue Boy'	'Az Ap'	3	0	0	—
19	'Blue Boy'	'Early Edition'	1	0	0	—
20	'Bold Print'	'Blue Boy'	1	1	100	49
21	'Bold Print'	'Con Brio'	2	0	0	—
22	'Chartres'	'Houpte'	5	2	40	78
23	'Chartres'	'Early Cheer'	2	0	0	—
24	'Chiltern Gold'	'Abelard'	1	0	0	—
25	'Chiltern Gold'	'Clara Garland'	1	0	0	—
26	'Chiltern Gold'	'Early Edition'	1	0	0	—
27	'Chiltern Gold'	'Exotic Star'	2	0	0	—
28	'Chiltern Gold'	'Ingeborg'	2	0	0	—
29	'Chiltern Gold'	'Jump Start'	2	0	0	—
30	'Chiltern Gold'	'Red Orchid'	2	0	0	—
31	'Clara Garland'	'Ava Nelle'	1	0	0	—
32	'Clara Garland'	'Ohio Der'	1	0	0	—
33	'Clique'	'Red Orchid'	1	0	0	—

续表

序号	母　本	父　本	授粉数量（朵）	结实数量（朵）	结实率（%）	种子数量（个）
34	‘Dorothea’	‘Ohio Der’	2	0	0	—
35	‘Dorothea’	‘Kantiky’	9	0	0	—
36	‘Everithing Plus’	‘Black Talk’	5	2	40	88
37	‘Exotic Star’	‘Clara Garland’	1	0	0	—
38	‘Flourisa’	‘Whitchee’	5	0	0	—
39	‘Frosted Cream’	‘Abelard’	5	0	0	—
40	‘Frosted Cream’	‘Scintilla’	2	0	0	—
41	‘Frosted Cream’	‘Sea Patrol’	1	0	0	—
42	‘Gay Head’	‘Olympiad’	2	0	0	—
43	‘Gay Head’	‘Midnight Expres’	5	0	0	—
44	‘Gentius’	‘Early Edition’	1	0	0	—
45	‘Helge’	‘Clara Garland’	2	0	0	—
46	‘Helge’	‘Ohio Der’	1	0	0	—
47	‘Houpte’	‘Black Talk’	3	3	100	42
48	‘Ingeburg’	‘Clara Garland’	1	0	0	—
49	‘ngeburg’	‘Nine Wells’	2	0	0	—
50	‘Jarda’	‘Susan Gillespie’	2	0	0	—
51	‘Jewel Tone’	‘Olympiad’	3	0	0	—
52	‘Jobs Pta’	‘Lady of Marieta’	1	1	100	12
53	‘Kantiky’	‘Lang Port Phoenix’	1	0	0	—
54	‘Kantiky’	‘Susan Gillespie’	1	0	0	—
55	‘Katie Koo’	‘Golden Bow’	1	0	0	—
56	‘Katie Koo’	‘Anagram’	3	0	0	—
57	‘Lady of Marieta’	‘Clara Garland’	5	0	0	—
58	‘Lang Port Phoenix’	‘Jarda’	2	0	0	—
59	‘Lang Port Phoenix’	‘Whitchee’	1	0	0	—
60	‘Ledova Socha’	‘Midnight Expres’	5	0	0	—
61	‘Ledova Socha’	‘Olympiad’	16	0	0	—
62	‘Light Cavalry’	‘Abelard’	4	0	0	—
63	‘Little Cottage’	‘Posh’	1	0	0	—
64	‘Mara’	‘Gentius’	1	0	0	—
65	‘Mara’	‘Pink Elf’	5	0	0	—
66	‘Marine Wave’	‘Nezmar’	5	0	0	—
67	‘Marine Wave’	‘Prine of Burgundy’	2	0	0	—
68	‘Maroon Caper’	‘Con Brio’	1	0	0	—
69	‘Maui Moonlight’	‘Sangreal’	1	1	100	5
70	‘Maui Moonlight’	‘Sapphire’	2	1	50	17
71	‘Maui Moonlight’	‘Clara Garland’	1	0	0	—
72	‘Mrs. Alan Gray’	‘Sapphire’	2	1	50	24
73	‘Mrs. Alan Gray’	‘Susan Gillespie’	2	0	0	—
74	‘Natascha’	‘Nezmar’	2	0	0	—
75	‘Natascha’	‘Piona’	1	0	0	—
76	‘Nezmar’	‘Sapphire’	2	2	100	54

续表

序号	母 本	父 本	授粉数量（朵）	结实数量（朵）	结实率（%）	种子数量（个）
77	'Nine Wells'	'Lang Port Phoenix'	2	0	0	—
78	'Ohio Der'	'Anagram'	3	0	0	—
79	'Oriental Baby'	'Apache Warrior'	1	0	0	—
80	'Oriental Baby'	'Light Cavalry'	1	0	0	—
81	'Oriental Baby'	'Orange Petal'	1	0	0	—
82	'Pacer'	'Lady of Marieta'	5	0	0	—
83	'Pacer'	'Lang Port Phoenix'	1	0	0	—
84	'Pacer'	'Midnight Expres'	1	0	0	—
85	'Piona'	'Early Cheer'	2	0	0	—
86	'Piona'	'Nezmar'	1	0	0	—
87	'Piona'	'Ohio Der'	1	0	0	—
88	'Piona'	'Sapphire'	2	0	0	—
89	'Piona'	'Shooting Sparks'	1	0	0	—
90	'Prince of Burgundy'	'Ava Nelle'	5	0	0	—
91	'Prince of Burgundy'	'Marine Wave'	2	0	0	—
92	'Prince of Burgundy'	'Kantiky'	10	0	0	—
93	'Raspberry Acres'	'Con Brio'	5	0	0	—
94	'Raspberry Acres'	'Maroon Caper'	1	0	0	—
95	'Raspberry Acres'	'Pink Elf'	2	0	0	—
96	'Raspberry Acres'	'Piona'	2	0	0	—
97	'Red Orchid'	'Susan Gillespie'	2	0	0	—
98	'Red Orchid'	'Tamino'	1	0	0	—
99	'Sangreal'	'Scintilla'	1	0	0	—
100	'Sapphire'	'Nezmar'	2	0	0	—
101	'Scintilla'	'Sangreal	2	0	0	—
102	'Shooting Sparks'	'Piona'	1	0	0	—
103	'Silent Strings'	'Flourisa'	1	0	0	—
104	'Silent Strings'	'Solo'	1	0	0	—
105	'Solo'	'Flourisa'	3	0	0	—
106	'Sun Beam'	'Abelard'	1	0	0	—
107	'Sun Beam'	'Red Orchid'	1	0	0	—
108	'Susan Gillespie'	'Lady of Marieta'	5	4	80	56
109	'Susan Gillespie'	'Abelard'	1	0	0	—
110	'Susan Gillespie'	'Frosted Cream'	1	0	0	—
111	'Susan Gillespie'	'Red Orchid'	5	0	0	—
112	'Tamino'	'Red Orchid'	1	0	0	—
113	'Vamp'	'Sapphire'	2	2	100	30
114	'Vamp'	'Snow Fleck'	1	0	0	—
115	'Whitchee'	'Flourisa'	5	0	0	—
116	'Whitchee'	'Princ of Burgundy'	2	0	0	—
117	'Zua'	'Gentius'	1	0	0	—
118	'Zua'	'Light Cavalry'	5	0	0	—
119	'Zua'	'Red Orchid'	1	0	0	—
120	'Zua'	'Katie Koo'	6	0	0	—

2.2 二次花有髯鸢尾 × 二次花有髯鸢尾杂交授粉

由表3可以看出，二次花有髯鸢尾 × 二次花有髯鸢尾之间亲和性较高，试验共进行143个组合，授粉1167朵，其中88个组合有结实，占总组合数的61.5%。88个组合共获得果实360个，占总授粉数量的30.8%。共有26个品种被选作母本，其中有25个有结实，仅有‘罗莎丽蓝’1个品种未结实。24个父本品种有18个结实，4个未结实，即‘Pure as Gold’、‘Red Hot Chili’、‘罗莎丽蓝’和‘英格兰魔力’，这可能是因为样本量太小的缘故。360个果实中，每个果荚内的种子数量相差非常大，平均为31个，其中‘香槟黄’ × ‘Magical’、‘Ozark Rebounder’ × ‘Repeat Performance’、‘Ozark Rebounder’ × ‘香槟黄’、‘记忆’ × ‘Magical’、Magical’ × ‘Repeat Performance’、‘荞麦’ × ‘Magical’等8个组合的每个果荚内种子数量均超过60粒。而‘杰尼粉’ × ‘甜蜜蓝’、‘Cornhusker’ × ‘I’ m Back’、‘Red Hot Chili’ × ‘Dreaming In Color’及‘Fall Rerun’ × ‘Ozark Rebounder’等10个组合的果实每个果荚内的种子数量在10个以下。

二次花有髯鸢尾 × 二次花有髯鸢尾杂交授粉统计表 **表3**

序号	母 本	父 本	授粉数量（朵）	结实数量（朵）	结实率（%）	种子数量（个）
1	‘Cornhusker’	‘Fall Rerun’	3	2	66.7	62
2	‘Cornhusker’	‘I’m Back’	1	1	100	9
3	‘Cornhusker’	‘Kaibab’	2	1	50	21
4	‘Cornhusker’	‘Lest We Forget’	11	4	36.4	140
5	‘Cornhusker’	‘Magical’	5	3	60	112
6	‘Cornhusker’	‘Ozark Rebounder’	6	3	50	111
7	‘Cornhusker’	‘Red Hot Chili’	5	0	0	—
8	‘Cornhusker’	‘Repeat Performance’	6	0	0	—
9	‘Cornhusker’	‘香槟黄’	5	5	100	157
10	‘Double Platinum’	‘Dreaming in Color’	9	1	11.1	11
11	‘Dreaming in Color’	‘Double Platinum’	7	3	42.9	102
12	‘Dreaming in Color’	‘Kaibab’	27	2	7.4	66
13	‘Dreaming in Color’	‘Magical’	1	0	0	—
14	‘Fall Rerun’	‘Kaibab’	1	0	0	—
15	‘Fall Rerun’	‘Ozark Rebounder’	2	1	50	4
16	‘Fall Rerun’	‘Repeat Performance’	3	3	100	94
17	‘I’m Back’	‘Cornhusker’	1	0	0	—
18	‘I’m Back’	‘Double Platinum’	1	0	0	—
19	‘I’m Back’	‘Dreaming in Color’	5	0	0	—
20	‘I’m Back’	‘Kaibab’	3	0	0	—
21	‘I’m Back’	‘Lest We Forget’	1	0	0	—
22	‘I’m Back’	‘Magical’	3	0	0	—
23	‘I’m Back’	‘Ozark Rebounder’	3	1	33.3	39
24	‘I’m Back’	‘Pure As Gold’	1	0	0	—
25	‘Kaibab’	‘Cornhusker’	2	2	100	101
26	‘Kaibab’	‘Double Platinum’	6	1	16.7	30
27	‘Kaibab’	‘Dreaming in Color’	9	0	0	—
28	‘Kaibab’	‘I’m Back’	1	0	0	—
29	‘Kaibab’	‘Lest We Forget’	2	2	100	97
30	‘Kaibab’	‘Magical’	16	7	43.8	224
31	‘Kaibab’	‘Ozark Rebounder’	5	5	100	256
32	‘Kaibab’	‘Red Hot Chili’	2	0	0	—
33	‘Kaibab’	‘Repeat Performance’	2	2	100	97

续表

序号	母　本	父　本	授粉数量（朵）	结实数量（朵）	结实率（%）	种子数量（个）
34	‘Lest We Forget’	‘Cornhusker’	6	2	33.3	116
35	‘Lest We Forget’	‘I’m Back’	1	0	0	—
36	‘Lest We Forget’	‘Kaibab’	2	2	100	45
37	‘Lest We Forget’	‘Magical’	2	0	0	—
38	‘Lest We Forget’	‘Ozark Rebounder’	3	3	100	59
39	‘Lest We Forget’	‘Repeat Performance’	1	1	100	32
40	‘Lest We Forget’	‘赫氏蓝’	2	0	0	—
41	‘Lest We Forget’	‘香槟黄’	1	0	0	—
42	‘Lunar Whitewash’	‘Cornhusker’	6	3	50	78
43	‘Lunar Whitewash’	‘Ozark Rebounder’	3	1	33.3	15
44	‘Lunar Whitewash’	‘Pure As Gold’	1	0	0	0
45	‘Lunar Whitewash’	‘Repeat Performance’	1	1	100	45
46	‘Lunar Whitewash’	‘香槟黄’	1	0	0	—
47	‘Magical’	‘Lest We Forget’	1	0	0	—
48	‘Magical’	‘Cornhusker’	1	1	100	57
49	‘Magical’	‘Dreaming in Color’	5	1	20	33
50	‘Magical’	‘Kaibab’	7	3	42.9	133
51	‘Magical’	‘Ozark Rebounder’	1	0	0	—
52	‘Magical’	‘Repeat Performance’	1	1	100	63
53	‘Ozark Rebounder’	‘Cornhusker’	9	8	88.9	343
54	‘Ozark Rebounder’	‘Dreaming in Color’	1	0	0	—
55	‘Ozark Rebounder’	‘I’m Back’	2	2	100	79
56	‘Ozark Rebounder’	‘Kaibab’	13	1	7.7	35
57	‘Ozark Rebounder’	‘Lest We Forget’	1	1	100	25
58	‘Ozark Rebounder’	‘Repeat Performance’	1	1	100	67
59	‘Ozark Rebounder’	‘赫氏蓝’	2	2	100	106
60	‘Ozark Rebounder’	‘香槟黄’	1	1	100	65
61	‘Pure As Gold’	‘Cornhusker’	1	1	100	17
62	‘Pure As Gold’	‘Lest We Forget’	1	1	100	32
63	‘Pure As Gold’	‘Repeat Performance’	1	1	100	54
64	‘Red Hot Chili’	‘Cornhusker’	14	9	64.3	181
65	‘Red Hot Chili’	‘Dreaming in Color’	9	1	11.1	4
66	‘Red Hot Chili’	‘Kaibab’	19	5	26.3	65
67	‘Red Hot Chili’	‘Lunar Whitewash’	10	8	80	146
68	‘Red Hot Chili’	‘Magical’	1	1	100	7
69	‘Red Hot Chili’	‘Ozark Rebounder’	1	1	100	6
70	‘Red Hot Chili’	‘香槟黄’	20	18	90	426
71	‘Repeat Performance’	‘Cornhusker’	8	1	12.5	29
72	‘Repeat Performance’	‘Kaibab’	1	0	0	—
73	‘Repeat Performance’	‘Pure As Gold’	1	0	0	—
74	‘Repeat Performance’	‘赫氏蓝’	2	0	0	—
75	‘Winterberry’	‘Lest We Forget’	2	1	50	20
76	‘Winterberry’	‘Lunar Whitewash’	2	0	0	—

续表

序号	母　本	父　本	授粉数量（朵）	结实数量（朵）	结实率（%）	种子数量（个）
77	‘Winterberry’	‘Magical’	2	2	100	40
78	‘Winterberry’	‘Ozark Rebounder’	5	1	20	18
79	‘Winterberry’	‘Repeat Performance’	2	1	50	25
80	‘赫氏蓝’	‘深浅蓝运’	3	2	66.7	132
81	‘记忆’	‘Cornhusker’	2	0	0	—
82	‘记忆’	‘Dreaming in Color’	10	2	20	39
83	‘记忆’	‘Kaibab’	5	0	0	—
84	‘记忆’	‘Magical’	10	7	70	449
85	‘记忆’	‘杰妮粉’	16	0	0	—
86	‘记忆’	‘蓝舞’	32	1	3.1	13
87	‘记忆’	‘请柬’	17	0	0	—
88	‘记忆’	‘香槟黄’	45	29	64.4	1325
89	‘杰妮粉’	‘Cornhusker’	10	3	30	13
90	‘杰妮粉’	‘Dreaming in Color’	8	3	37.5	17
91	‘杰妮粉’	‘Kaibab’	13	0	0	—
92	‘杰妮粉’	‘Ozark Rebounder’	4	0	0	—
93	‘杰妮粉’	‘蓝舞’	27	4	14.8	22
94	‘杰妮粉’	‘请柬’	20	0	0	—
95	‘杰妮粉’	‘甜蜜蓝’	10	8	80	77
96	‘杰妮粉’	‘香槟黄’	51	26	51	187
97	‘杰妮粉’	‘英格兰魔力’	1	0	0	—
98	‘蓝舞’	‘Double Platinum’	11	0	0	—
99	‘蓝舞’	‘Dreaming in Color’	15	2	13.3	35
100	‘蓝舞’	‘罗莎丽蓝’	6	0	0	—
101	‘蓝舞’	‘请柬’	7	0	0	—
102	‘罗莎丽蓝’	‘杰尼粉’	5	0	0	—
103	‘罗莎丽蓝’	‘Dreaming in Color’	5	0	0	—
104	‘罗莎丽蓝’	‘Ozark Rebounder’	4	0	0	—
105	‘罗莎丽蓝’	‘蓝舞’	8	0	0	—
106	‘罗莎丽蓝’	‘请柬’	1	0	0	—
107	‘罗莎丽蓝’	‘香槟黄’	6	0	0	—
108	‘荞麦’	‘蓝舞’	4	4	100	184
109	‘荞麦’	‘Cornhusker’	4	4	100	102
110	‘荞麦’	‘Dreaming in Color’	9	1	11.1	10
111	‘荞麦’	‘Kaibab’	9	7	77.8	177
112	‘荞麦’	‘Magical’	13	1	7.7	62
113	‘荞麦’	‘杰妮粉’	19	0	0	—
114	‘荞麦’	‘香槟黄’	17	15	88.2	776
115	‘请柬’	‘Dreaming in Color’	5	1	20	17
116	‘请柬’	‘Kaibab’	3	1	33.3	12
117	‘请柬’	‘杰妮粉’	1	0	0	—
118	‘请柬’	‘蓝舞’	45	12	26.7	195
119	‘请柬’	‘罗莎丽蓝’	5	0	0	—

续表

序号	母 本	父 本	授粉数量（朵）	结实数量（朵）	结实率（%）	种子数量（个）
120	‘请柬’	‘香槟黄’	10	5	50	107
121	‘深浅蓝运’	‘赫氏蓝’	2	2	100	120
122	‘甜蜜蓝’	‘Cornhusker’	1	0	0	—
123	‘甜蜜蓝’	‘Dreaming in Color’	13	1	7.7	4
124	‘甜蜜蓝’	‘Kaibab’	4	0	0	—
125	‘甜蜜蓝’	‘蓝舞’	6	1	16.7	10
126	‘香槟黄’	‘Cornhusker’	8	7	87.5	291
127	‘香槟黄’	‘Dreaming in Color’	11	10	90.9	432
128	‘香槟黄’	‘Kaibab’	5	0	0	—
129	‘香槟黄’	‘Magical’	10	1	10	69
130	‘香槟黄’	‘Ozark Rebounder’	12	3	25	145
131	‘香槟黄’	‘赫氏蓝’	36	27	75	1481
132	‘香槟黄’	‘杰妮粉’	58	1	1.7	46
133	‘香槟黄’	‘蓝舞’	39	0	0	—
134	‘香槟黄’	‘请柬’	10	6	60	229
135	‘香槟黄’	‘甜蜜蓝’	23	3	13	95
136	‘小酒馆’	‘赫氏蓝’	1	1	100	34
137	‘小酒馆’	‘杰尼粉’	5	0	0	—
138	‘小酒馆’	‘蓝舞’	4	0	0	—
139	‘英格兰魔力’	‘Dreaming in Color’	14	5	35.7	71
140	‘英格兰魔力’	‘Kaibab’	5	0	0	—
141	‘英格兰魔力’	‘杰妮粉’	20	0	0	—
142	‘英格兰魔力’	‘蓝舞’	37	10	27	128
143	‘英格兰魔力’	‘香槟黄’	12	8	66.7	355

2.3 一次花有髯鸢尾 × 二次花有髯鸢尾杂交授粉

一次花有髯鸢尾 × 二次花有髯鸢尾之间有一定亲和性（表 4），试验共进行 16 个组合，授粉 132 朵花，其中 4 个组合，‘Erect’ × ‘香槟黄’、‘Susan Gillespie’ × ‘香槟黄’、‘Lady of Marieta’ × ‘香槟黄’及‘Kantiky’ × ‘Lunar Whitewash’有结实，占总组合数的 23.5%，4 个组合结实率相对较高，均在 50% 以上，尤其是‘Erect’ × ‘香槟黄’，结实率能达到 100%。4 个组合共获得果实 53 个，占总授粉数量的 40.2%。一次花有髯鸢尾的果荚较小，4 个组合的果荚内种子数量平均仅为 9.8 个，最高的是‘Kantiky’ × ‘Lunar Whitewash’，果荚内种子为 15 个，最低的为‘Erect’ × ‘香槟黄’，仅有 7 个。

一次花有髯鸢尾 × 二次花有髯鸢尾杂交授粉统计表 表 4

序号	母 本	父 本	授粉数量（朵）	结实数量（朵）	结实率（%）	种子数量（个）
1	‘Carrie Kolb’	‘香槟黄’	4	0	0	—
2	‘Erect’	‘香槟黄’	27	26	96.3	187
3	‘Fantast’	‘香槟黄’	6	0	0	—
4	‘Fiedday’	‘香槟黄’	1	0	0	—
5	‘Gay Head’	‘杰妮粉’	1	0	0	—
6	‘Kantiky’	‘Lunar Whitewash’	8	5	62.5	75
7	‘Lady of Marieta’	‘香槟黄’	12	7	58.3	63
8	‘Ledova Socha’	‘香槟黄’	5	0	0	—
9	‘Ledovel’	‘Cornhusker’	10	0	0	—

续表

序号	母　本	父　本	授粉数量（朵）	结实数量（朵）	结实率（%）	种子数量（个）
10	‘Ledovel’	‘Magical’	1	0	0	—
11	‘Ledovel’	‘Ozark Rebounder’	10	0	0	—
12	‘Ledovel’	‘香槟黄’	17	0	0	—
13	‘Little Cottage’	‘香槟黄’	1	0	0	—
14	‘Oressian’	‘香槟黄’	8	0	0	—
15	‘Snowmound’	‘香槟黄’	1	0	0	—
16	‘Susan Gillespie’	‘香槟黄’	20	15	75	194

2.4 二次花有髯鸢尾 × 一次花有髯鸢尾杂交授粉

二次花有髯鸢尾 × 一次花有髯鸢尾之间有一定亲和性（表 5），试验共进行了 14 个组合、授粉 101 朵花，其中‘记忆’×‘Oressian’、‘请柬’×‘Olympiad’及‘Red Hot Chili’×‘Lang Port Phoenix’3 个组合有结实，占总组合数的 21.4%，3 个组合结实率均在 30% 以下。3 个组合共获得果实 8 个，占总授粉数量的 7.9%。

二次花有髯鸢尾 × 一次花有髯鸢尾杂交授粉统计表　　表 5

序号	母　本	父　本	授粉数量（朵）	结实数量（朵）	结实率（%）	种子数量（个）
1	‘Cornhusker’	‘Prince of Burgundy’	4	0	0	—
2	‘Red Hot Chili’	‘Lang Port Phoenix’	10	1	10	2
3	‘Winterberry’	‘Prince of Burgundy’	3	0	0	—
4	‘记忆’	‘Oressian’	29	5	17.2	201
5	‘记忆’	‘Jewel Tone’	2	0	0	—
6	‘杰妮粉’	‘Jewel Tone’	1	0	0	—
7	‘杰妮粉’	‘Midnight Expres’	1	0	0	—
8	‘杰妮粉’	‘Olympiad’	1	0	0	—
9	‘蓝舞’	‘Midnight Expres’	3	0	0	—
10	‘蓝舞’	‘Olympiad’	6	0	0	—
11	‘蓝舞’	‘Oressian’	22	0	0	—
12	‘请柬’	‘Olympiad’	7	2	28.6	19
13	‘香槟黄’	‘Midnight Expres’	11	0	0	—
14	‘小酒馆’	‘Midnight Expres’	1	0	0	—

3 小结与讨论

鸢尾属植物种内杂交比较容易[9]，本试验中，二次花有髯鸢尾品种间杂交亲和性较好，结实率较高，143 个组合中有 61.5% 的组合能结实，其中有 26.6% 组合结实率在 70% 以上。26 个作为母本的品种有 25 个都能结实。但是一次花有髯鸢尾品种间杂交授粉亲和性却不是很高，120 个组合中仅有 13 个组合有结实，占总组合数的 10.8%。这可能有两个方面的原因，一是亲本没有选择好，参与杂交的组合正好是没有亲和性的配对。另一个方面的原因可能是由于刚引种回来，很多品种植株数量不多，导致组合杂交授粉的花朵数量非常少，很多组合只有 1 朵花。但是二次花有髯鸢尾和一次花有髯鸢尾之间还是有一定亲和性的，在今后的育种工作中，对于具有优良性状的一次花有髯鸢尾，可以通过和二次花有髯鸢尾杂交的方式来提高结实率，获得具有理想性状的新品种。

二次花有髯鸢尾品种具有独特的重复开花的优良特性，培育出观赏性更强、适应性更好的二次花有髯鸢尾也是鸢尾杂交育种的一个新目标。本试验表明，二次花有髯鸢尾品种无论作为母本还是作为父本均具有较高的结实率，可在今后的育种工作中根据育种目标合理利用。一次花有髯鸢尾品种间亲和性较低，仅有少数品种在本次试验中有结实。本试验中适合于作为母本的品种有‘Susan Gillespie’、‘Houpte’、‘Everithing Plus’、‘Nezmar’和‘Vamp’等 10 个品种。适宜作父本的有‘Sapphire’、‘Black Talk’、‘Lady of Marieta’‘Houpte’、‘Blue Boy’等 7 个品种。

参考文献

[1] 郭翎 . 鸢尾 [M]. 上海：上海科学技术出版社，2001：15.

[2] 孙国峰，张金政 . 有髯鸢尾栽培品种的育种简史 [M]// 抓住 2008 年奥运机遇进一步提升北京城市园林绿化水平论文集：180-184.

[3] 郭冰冰，高亦珂 . 鸢尾属植物研究进展 [J]. 种质资源：94-99.

[4] 黄苏珍 . 鸢尾属植物的杂交育种 [J]. 植物资源与环境，1998，7（1）：35-39.

[5] 原海燕，黄苏珍，顾春笋，等 . 德国鸢尾新品种‘黄金甲’[J]. 园艺学报，2015，42（9）：1861-1862.

[6] 黄苏珍，顾春笋，原海燕，等 . 德国鸢尾新品种‘幻舞’[J]. 园艺学报，2015，42（11）：2327-2328.

[7] 郭彩霞，陈龙清，谭庆，等 . 几种鸢尾属植物在武汉地区的引种试验 [J]. 安徽农业科学，2011，39（2）：731-733.

[8] 赵毓棠．鸢尾欣赏与栽培利用 [M]. 北京：金盾出版社，2005.

[9] 许玉凤，王文元，孙晓梅，等 . 鸢尾属植物的研究概况 [J]. 安徽农业科学，2006，34（24）：6478-6479.

红果臭椿优株初选研究

北京市园林科学研究院 / 王永格　王茂良　任春生　邢　越　赵润邯

摘　要：通过对北京城市绿化臭椿和千头椿的调查，以果实颜色、株型、抗性、生长势、单位面积果序数、果序大小、果实大小、果序分支数和单果序果量等9个指标为评价体系，采用综合评分法，初步筛选出90分以上的优秀单株3株，85～89分的良好单株8株，80～84分单株9株，完成了红果臭椿的初选工作。

关键词：红果臭椿；果实颜色；优株初选

臭椿（*Ailanthus altissima*）为苦木科臭椿属落叶乔木，在印度、英国、法国、德国、意大利、美国等国家常作为行道树种植，因其树体高大，长势强健，抗逆性强，有"天堂树"之美誉。虽然有针对臭椿生理机理的研究[1, 2]，但臭椿新品种选育的研究极少。

臭椿在我国有着悠久的栽培历史，公元前 4 世纪就有应用记载[3]。我国先后从生物学特性与繁殖技术、病虫害防治、生理机理和新品种选育等方面开展了对臭椿的研究[4-24]。

《中国林业植物授权新品种》记载[25-27]，从 1999 年至今，我国选育出的臭椿属新品种有 2 个，分别为千红椿（20040009，3 ～ 5 月叶片紫红色，成熟叶片暗绿色，常称作红叶臭椿）和朝阳椿（20120028，新叶由橘红色过渡到杏色，成熟叶片黄绿色）；发表文献记载有 1 个，为红叶椿（红叶臭椿、千红椿）。这两个品种均是以叶色为选育目标，并且围绕红叶臭椿开展了繁殖、栽培和生理研究[28-35]。

红果臭椿表现为果实在成熟前为红褐色，旧版《园林树木学》[36]和《园林树木 1200 种》[37]中并未有该品种的记载，在《园林树木 1600 种》[38]中作为栽培品种有记载。王洪鸣等[39]研究了红果臭椿在宁夏地区的培育试验，但仅提到红果臭椿是臭椿的一个类型；沈效东[40]在《节水耐旱园林观赏植物研究与示范》中仅放置图片说明红果臭椿耐旱能力强，但两人均未说明红果臭椿的选育方法。《河南植物志》有记载红果臭椿为臭椿变种，其描述为子房、幼果鲜红色，翅果红褐色[41]。园林应用中也发现，红果臭椿并未像千头椿一样得到大力推广应用和园林行业认可，而且不同单株果实颜色变化不一，具有广阔的选育前景。

本研究以臭椿为研究对象，广泛调查北京绿化应用植株，以果实颜色、单位面积果序数、果序大小、果实大小、果序分支数和单果序果量为评价指标，采用综合评分法，以期筛选出果实红艳亮丽且综合性状优良的目标单株。

1　材料与方法

1.1　试验材料

供试材料为北京市内及郊区绿化和圃地种植的臭椿植株，调查并记录果实颜色为红色的单株，同时以园科院果

实为绿色单株作为对照。

1.2 研究方法

1.2.1 实地调查法

3～4月中旬，进行实地踏查，制定调查表格。4月下旬～5月，观测花期，同时关注果实生长动态。5～8月，详细记录果实颜色的变化，对于变色较好植株，画种植图标记，便于继续跟踪观测其目标性状的稳定性。

1.2.2 观测指标

观测指标包括株型，分好、一般、差3个等级；抗性，主要是抗病虫害能力，分强、一般、弱3个等级；生长势根据发枝力目测，并结合当年生枝的生长量来评价，分好、一般、弱3个等级；果实颜色细分为亮红、红色、暗红、浅红和浅粉，肉眼直接观察，并记录描述。每次调查至少3人同时目测，现场评价和记录。

1.2.3 测定指标

果实颜色对照英国皇家协会RHS植物比色卡，同时使用美国HunterLab公司生产的MiniscanEz色差仪测定果实颜色。测定方法为：随机选取有代表性的果实5个，用滤纸轻轻擦拭表面灰尘，然后用仪器测定果实的L^*、a^*和b^*值，其中L^*表示光泽明亮度，L^*值越大，亮度越高，其值范围从黑0到白100；a^*值表示红/绿，a^*为正值，表示为红色，正值越大，色泽越红，a^*值为负，色泽为绿色，负值越小，则绿色越深；b^*值表示黄/蓝。

现场调查时，高举1m×1m的方形框架，在树冠上随机放置，数出框内的果序数；从入选单株上随机剪除果序，测量果序的长度和宽度，求平均值作为果序大小，同时测量单个果实的大小、单果序的分支数和果实数量。每次取样重复3次，并求其平均值。

1.2.4 评价方法

采用百分制综合评分的方法进行优株筛选[42]，评价指标包括株型、抗性、生长势、果实颜色（RHS值、a^*值和直观评价）、单位面积果序数、果序大小、果实大小、果序分支数和单果序果量等9个，赋予不同指标一定分值（表1），根据观测测定结果量化各指标具体分值，然后计算不同单株综合分值。

株型、抗性和生长势各分3级，不同等级间相差3分。果实颜色作为重要评价指标，包括RHS值、a^*值和直观评价，以a^*值最高为满分，然后每区间设为5，相应扣2分，仅有RHS值的，其分值参考和其较近的a^*值的评分；直观评价以亮红最优，依次减少1分，对照为10分。单位面积果序量、果序大小、果序分支和单果序果量排名前6的满分，以6株为1档，每档相差1分。果实大小平均值以上满分，以下扣2分。

红果臭椿优株筛选综合评分表　　表1

评价指标	株型	抗性	生长势	果实颜色		单位面积果序量（个/m²）	果序大小（cm）	果实大小（cm）	果序分支数（支）	单果序果量（个）
				RHS、a^*	直观评价					
分值（分）	7	7	7	30	20	6	6	5	6	6

2 结果与分析

2.1 不同单株生长表现和果实颜色比较

对北京市内、郊区和外地绿化应用臭椿进行了广泛调查，调查地点有朝阳、东城、海淀、丰台、通州、门头沟，及宁夏平罗县，共普查3094株，其中入选果实为红色单株36株，以园科院绿色果实单株为对照，记录入选单株的生长状况、RHS值、叶色参数和观测颜色（表2）。从表2可以看出，36株红色果实单株中，有2/3植株株型圆满，85%以上植株抗病虫害能力强，生长健壮，从粗度看，果实变红与树龄和胸径无关。

从直观观测到的果实颜色来看，红果臭椿不同单株果实色彩不一，有比较亮丽醒目的亮红色，也有颜色显旧的暗红色，还有介于其间的红色，以及虽然明亮但色泽褪化的浅红和浅粉等色。从RHS值看，东亿国际1号、东三环潘家园4号、南湖公园北侧7号、广顺桥南2号、京源路1号、京源路6号、京源路7号和平罗普照寺5号等8个单株RHS值为RED GROUP（红色）系，颜色比较纯正，21个单株RHS值为GREYED-RED GROUP（灰红）系，6个单株RHS值为GREYED-ORANGE GROUP（灰桔）系，2个单株为YELLOW-GREEN GROUP（黄绿）系。从叶色参数a^*值来看，表示红色的a^*值前10排序为南湖公园北侧7号（36.67）＞广顺桥南2号（32.57）＞东三环潘家园4号（29.39）＞健翔桥13号（29.36）＞海淀大地科技大厦7号（28.82）＞东亿国际1号（27.80）＞健翔桥14号（26.35）＞健翔桥12号（25.41）＞南湖公园北侧20号（25.06）＞健翔桥11号（24.37）。

叶色参数L^*和a^*二者值比较高，或二者和比较高的单株，现场直观评价果色基本为亮红色或红色，L^*代表亮度，在a^*值稳定情况下，L^*适中，果色呈现亮红色，较具观赏价值；若a^*值较高，但L^*值偏低，则果实呈暗红色。由于臭椿树体高大，果实大多以顶部阳光充足处亮丽，因采样受限，导致部分单株RHS比色和色差仪测定的果色与直观评价有偏差。

不同单株生长表现和果实颜色 表 2

编号	地点	株型	胸径(cm)	抗性	生长势	果实颜色			
						RHS	L^*	a^*	直观评价
1	健翔桥 1 号	圆满	22.4	强	好	GREYED-RED GROUP 178B	38.35	19.60	暗红
2	健翔桥 2 号	一般	23.2	强	好	GREYED-RED GROUP 178A	39.88	19.28	暗红
3	健翔桥 3 号	圆满	17.2	强	好	GREYED-ORANGE GROUP 172B	43.57	14.45	亮红
4	健翔桥 4 号	一般	20.0	强	好	YELLOW-GREEN GROUP 151A	55.87	-5.16	暗红
5	健翔桥 5 号	差	14.9	一般	一般	GREYED-RED GROUP 180B	52.96	18.04	红色
6	健翔桥 6 号	圆满	21.6	强	好	GREYED-RED GROUP 181A	45.91	23.62	亮红
7	健翔桥 7 号	一般	21.4	强	好	GREYED-ORANGE GROUP 173D	54.97	2.63	暗红
8	健翔桥 8 号	一般	15.2	强	好	GREYED-RED GROUP 180C	52.25	18.00	亮红
9	健翔桥 9 号	圆满	22.0	强	好	GREYED-RED GROUP 180C	51.45	23.23	亮红
10	健翔桥 10 号	一般	23.8	强	好	GREYED-RED GROUP 180B	51.31	17.82	浅红
11	健翔桥 11 号	圆满	22.6	强	好	GREYED-RED GROUP 179A	30.52	24.37	暗红
12	健翔桥 12 号	圆满	18.7	强	好	GREYED-RED GROUP 180A	32.44	25.41	红色
13	健翔桥 13 号	一般	11.2	强	好	GREYED-RED GROUP 179A	35.14	29.36	红色
14	健翔桥 14 号	圆满	21.0	强	好	GREYED-RED GROUP 178B	34.10	26.35	暗红
15	健翔桥 15 号	圆满	28.5	强	好	GREYED-RED GROUP 179A	38.31	20.17	暗红
16	健翔桥 16 号	圆满	20.0	强	好	GREYED-RED GROUP 180A	37.18	23.98	暗红
17	健翔桥 17 号	圆满	24.4	强	好	GREYED-RED GROUP 180A	—	—	亮红
18	健翔桥 18 号	圆满	21.3	强	一般	GREYED-RED GROUP 180A	—	—	亮红
19	朝阳公园西区 1 号	圆满	23.9	强	好	GREYED-ORANGE GROUP 173B	55.28	14.03	浅红
20	京通高速收费站 1 号	圆满	14.8	强	好	GREYED-RED GROUP 180B	50.65	23.02	亮红
21	东亿国际 1 号	圆满	20.0	强	好	RED GROUP 42A	34.03	27.80	亮红
22	东方雨虹 2 号	圆满	49.5	一般	好	GREYED-ORANGE GROUP 173C	33.16	3.15	浅粉
23	东三环华威 3 号	一般	13.0	一般	一般	GREYED-ORANGE GROUP 172B	48.17	15.59	浅红
24	东三环潘家园 4 号	圆满	36.0	强	好	RED GROUP 43A	37.66	29.39	亮红
25	南湖公园南侧 15 号	一般	15.0	一般	好	GREYED-ORANGE GROUP N170B	69.20	9.96	浅粉
26	南湖公园北侧 7 号	圆满	19.4	强	好	RED GROUP 42A	51.69	36.67	亮红
27	南湖公园北侧 20 号	一般	24.5	差	一般	GREYED-RED GROUP 178C	59.32	25.06	浅红
28	宜家家居西北角 1 号	一般	10.0	强	好	GREYED-ORANGE GROUP N170B	71.33	19.88	浅粉
29	广顺桥南 2 号	一般	16.2	强	好	RED GROUP 45A	37.55	32.57	亮红
30	海淀大地科技大厦 7 号	圆满	25.5	强	好	GREYED-RED GROUP 181B	28.07	28.82	亮红
31	紫竹院南门 6 号	一般	30.0	一般	好	GREYED-RED GROUP 180A	37.75	21.16	红色
32	丽泽路 1 号	圆满	26.5	强	好	GREYED-RED GROUP 180A	—	—	亮红
33	京源路 1 号	一般	7.8	强	好	RED-GROUP 46A	—	—	暗红
34	京源路 6 号	圆满	10.0	强	好	RED GROUP 46A	—	—	亮红
35	京源路 7 号	圆满	11.2	强	好	RED-GROUP 46A	—	—	亮红
36	平罗普照寺 5 号	圆满	16.5	强	好	RED-GROUP 46A	—	—	亮红
37	园科院（CK）	圆满	29.2	强	好	YELLOW-GREEN GROUP N144A	36.76	-9.37	黄绿

注：由于色差仪出现故障，导致部分植株未测定叶色参数值。

2.2 不同单株果实性状及变异分析

不同单株单位面积果序量、果序大小、果实大小、果序分支数和单果序分支量存在差异（表 3、表 4）。单位面积果序量最大 6.3 个 /m^2，最小仅 2.7 个 /m^2，平均值为 4.8 个 /m^2；单个果序最大为 38.6cm，最小为 23.3cm，平均值为 31.0cm；果实最大为 4.6cm，最小为 3.3cm，平均值为 3.9cm；单果序的分支数最多为 7.0 个，最少为 1.5 个，平均为 4.9 个；单果序果实量最多为 1664 个，最少为 265 个，平均为 725.2 个。

红果臭椿不同单株结实情况 **表 3**

编号	地点	单位面积果序量（个/m^2）	果序大小（cm）	果实大小（cm）	果序分支数（支）	单果序果量（个）
1	健翔桥 1 号	5.0±0.0	32.3±4.8	3.8±0.2	6.3±1.5	626.7±308.0
2	健翔桥 2 号	2.7±1.5	29.3±5.7	3.9±0.3	7.0±1.7	531.0±169.1
3	健翔桥 3 号	4.0±1.0	33.0±14.4	3.6±0.1	5.3±2.1	469.7±226.4
4	健翔桥 4 号	2.7±0.6	27.8±6.4	3.4±0.4	5.0±0.0	359.7±126.8
5	健翔桥 5 号	6.0±1.0	31.8±3.7	3.7±0.2	6.0±1.0	972.3±519.9
6	健翔桥 6 号	5.0±1.0	35.9±8.0	3.5±0.3	5.7±1.5	1383.3±640.14
7	健翔桥 7 号	4.7±0.6	31.1±6.3	4.0±0.1	5.3±1.2	562.0±144.7
8	健翔桥 8 号	6.3±1.5	37.5±6.0	4.2±0.2	3.7±0.6	752.7±71.3
9	健翔桥 9 号	4.3±0.6	32.9±1.9	3.9±0.1	6.7±2.5	1363.3± 616.7
10	健翔桥 10 号	5.0±1.0	27.9±2.0	4.0±0.1	5.7±0.6	536.0±163.4
11	健翔桥 11 号	6.3±1.5	29.1±4.3	4.0±0.2	5.7±0.6	811.3±303.1
12	健翔桥 12 号	6.0±1.0	28.9±1.3	3.7±0.2	6.3±0.6	699.7±286.3
13	健翔桥 13 号	5.0±1.0	28.8±0.9	4.1±0.0	5.3±0.6	832.7±144.0
14	健翔桥 14 号	6.0±1.0	28.5±2.4	4.1±0.1	5.3±0.6	665.3±340.6
15	健翔桥 15 号	5.7±0.6	30.9±3.2	4.1±0.2	4.7±0.6	580.3±303.3
16	健翔桥 16 号	5.7±0.6	29.7±6.3	4.2±0.2	6.0±0.0	582.0±343.1
17	健翔桥 17 号	3.7±0.6	25.9±3.1	4.4±0.4	4.0±0.0	689.3±146.5
18	健翔桥 18 号	4.7 ±1.2	33.1±3.7	3.3±0.1	5.3±0.6	684.7±280.6
19	朝阳公园西区 1 号	4.7± 0.6	31.1±7.5	3.8±0.2	4.7±0.6	681.3±184.9
20	京通高速收费站 1 号	3.7±0.6	24.6±4.6	3.9±0.3	3.3±1.2	493.0±167.7
21	东亿国际 1 号	6.0 ±1.0	27.8 ±2.8	3.5±0.1	5.3±1.2	618.3±311.0
22	东方雨虹 2 号	6.0± 0.0	33.8 ±7.2	4.2±0.1	4.7±0.6	850.0±286.4
23	东三环华威 3 号	4.7± 0.6	35.2±7.5	3.4±0.2	4.0±1.0	1664.0±891.4
24	东三环潘家园 4 号	5.0±1.0	36.0±5.0	4.0±0.0	5.7± 0.6	989.7±253.0
25	南湖公园南侧 15 号	4.0±0.0	26.9±4.7	3.5±0.2	3.0±1.0	500.3±74.5
26	南湖公园北侧 7 号	3.7±0.6	38.6± 6.7	4.3±0.1	4.3± 0.6	599.7±182.9
27	南湖公园北侧 20 号	3.3±0.6	23.3±14.6	4.6±0.2	1.5±0.7	295.0±111.7
28	宜家家居西北角 1 号	4.0±1.0	34.5± 3.8	4.3±0.1	5.7±1.5	553.0±170.0
29	广顺桥南 2 号	4.7±0.6	30.1± 9.8	4.2±0.1	4.7±0.6	500.3±247.7
30	海淀大地科技大厦 7 号	4.3±0.6	30.8±17.8	4.0±0.3	3.3±0.6	919.0±564.5
31	紫竹院南门 6 号	3.7±0.6	33.9±1.4	3.5±0.0	4.3±0.6	1144.7±257.2
32	丽泽路 1 号	5.0±1.0	27.9±8.7	4.0±0.3	5.0±0.0	477.3± 94.5
33	京源路 1 号	4.0±0.0	27.7±16.0	4.4±0.2	3.3±1.5	265.0±160.1
34	京源路 6 号	5.7±0.6	32.9±19.0	3.6±0.3	3.0±1.0	468.0±135.0
35	京源路 7 号	5.3±0.6	35.2±1.5	4.3±0.1	4.3±0.6	937.5±473.7
36	平罗普照寺 5 号	5.3±0.6	36.1±5.8	3.9±0.2	6.3±2.1	1300.0±961.4
37	园科院（CK）	4.7±0.6	28.0±1.8	4.1±0.2	5.0±0.0	475.7±156.5

对红果臭椿果实性状和叶色参数进行变异分析发现(表4)，叶色参数 a^* 值变异系数为0.54，其次为单果序果量，变异系数为 0.44，说明不同单株的果实颜色和单果序果量变异系数大，变异范围广；其他如单位面积果量、果序大小、果序分支数、L^* 和 b^* 值，其变异系数均超过了 0.1 ；8 个分析指标中，仅果实大小变异系数为 0.08，说明单株之间果实大小比较固定，变化不大。从以上变异分析数据可以看出，红果臭椿果实颜色和性状存在较大变异，实施优株选择的潜力很大。

红果臭椿不同单株性状变异分析 表 4

性状	单位面积果序量（个 /m²）	果序大小（cm）	果实大小（cm）	果序分支数（支）	单果序果量（个）	L^*	a^*	b^*
最大值	6.3	38.6	4.6	7.0	1664.0	71.33	36.67	36.45
最小值	2.7	23.3	3.3	1.5	265.0	28.07	−9.37	13.90
平均值	4.8	31.0	3.9	4.9	725.2	45.11	19.30	22.86
标准差	0.98	3.67	0.32	1.19	317.76	11.28	10.47	6.45
变异系数	0.21	0.12	0.08	0.24	0.44	0.25	0.54	0.28

2.3 利用综合指标进行优良单株选择

根据观测结果及红果臭椿优良单株鉴定的评分标准，将各单株进行综合评价（表 5）。从表 5 可以看出，综合分值 90 分以上的单株共 3 株，85 ~ 89 分共 8 株，80 ~ 84 分共 9 株，70 ~ 79 分共 12 株，60 ~ 69 分共 3 株，60 分以下共 2 株。分值分布以中间居多，最优和最差所占比例最少。

综合分值 90 分以上的为东三环潘家园 4 号、京源路 7 号和平罗普照寺 5 号；85 ~ 89 分的有健翔桥 6 号、健翔桥 9 号、健翔桥 11 号、健翔桥 12 号、健翔桥 14 号、健翔桥 16 号、东亿国际 1 号和南湖公园北侧 7 号；80 ~ 84 分的有健翔桥 1 号、健翔桥 8 号、健翔桥 13 号、健翔桥 15 号、健翔桥 18 号、广顺桥南 2 号、海淀大地科技大厦 7 号、丽泽路 1 号和京源路 6 号。80 分以上的单株可作为复选植株继续观测和测定目标性状，入选率为 55.6%。

优株综合评分表 表 5

序号	地点	株型	抗性	生长势	果实颜色		单位面积果序量	果序大小	果实大小	果序分支数	单果序果量	综合分值（分）
					RHS、a^*	直观评价						
1	健翔桥 1 号	7	7	7	22	18	4	4	3	6	3	81
2	健翔桥 2 号	4	7	7	22	18	1	3	5	6	2	75
3	健翔桥 3 号	7	7	7	20	20	2	5	3	4	2	77
4	健翔桥 4 号	4	7	7	14	18	1	2	3	3	1	60
5	健翔桥 5 号	1	4	4	22	19	6	4	3	6	5	74
6	健翔桥 6 号	7	7	7	24	20	4	6	3	5	6	89
7	健翔桥 7 号	4	7	7	14	18	3	4	5	4	3	69
8	健翔桥 8 号	4	7	7	22	20	6	6	5	2	4	83
9	健翔桥 9 号	7	7	7	24	20	2	5	5	6	6	89
10	健翔桥 10 号	4	7	7	22	17	4	2	5	5	2	75
11	健翔桥 11 号	7	7	7	24	18	6	3	5	5	5	87
12	健翔桥 12 号	7	7	7	26	19	6	3	3	6	4	88
13	健翔桥 13 号	4	7	7	26	19	4	3	5	4	5	84
14	健翔桥 14 号	7	7	7	26	18	6	2	5	4	4	86
15	健翔桥 15 号	7	7	7	24	18	5	4	5	3	3	83
16	健翔桥 16 号	7	7	7	24	18	5	3	5	6	3	85
17	健翔桥 17 号	7	7	7	24	20	1	1	5	2	4	78
18	健翔桥 18 号	7	7	4	24	20	3	5	3	3	4	80
19	朝阳公园西区 1 号	7	7	7	20	17	3	4	3	3	4	75
20	京通高速收费站 1 号	7	7	7	24	20	1	1	5	1	2	75
21	东亿国际 1 号	7	7	7	26	20	6	2	3	4	3	85
22	东方雨虹 2 号	7	4	7	16	16	6	5	5	3	5	74
23	东三环华威 3 号	4	4	4	22	17	3	6	3	2	6	71
24	东三环潘家园 4 号	7	7	7	26	20	4	6	5	5	6	93
25	南湖公园南侧 15 号	4	4	7	18	16	2	1	3	1	2	58
26	南湖公园北侧 7 号	7	7	7	30	20	1	6	5	2	3	88

续表

序号	地点	株型	抗性	生长势	果实颜色		单位面积果序量	果序大小	果实大小	果序分支数	单果序果量	综合分值（分）
					RHS、a^*	直观评价						
27	南湖公园北侧 20 号	4	1	4	26	17	1	1	5	1	1	61
28	宜家家居西北角 1 号	4	7	7	22	16	2	5	5	5	2	75
29	广顺桥南 2 号	4	7	7	28	20	3	3	5	3	2	82
30	海淀大地科技大厦 7 号	7	7	7	26	20	2	4	5	1	5	84
31	紫竹院南门 6 号	4	4	7	24	19	1	5	3	2	6	75
32	丽泽路 1 号	7	7	7	24	20	4	2	5	3	1	80
33	京源路 1 号	7	7	7	26	18	2	1	5	1	1	75
34	京源路 6 号	7	7	7	26	20	5	5	3	1	1	82
35	京源路 7 号	7	7	7	26	20	5	6	5	2	5	90
36	平罗普照寺 5 号	7	7	7	26	20	5	6	5	6	6	95
37	园科院（CK）	7	7	7	14	10	3	2	5	3	1	59

3 结论与论

在果实颜色和果实性状的多个评价指标中，以代表果实颜色的 a^* 值变异系数最大，其他如单果序果量、单位面积果序量和果序分支数，变异系数均在 0.2 以上，说明不同单株之间果实颜色差异较大，果实其他性状也存在差异，开展以果实颜色为主要目标的优株筛选工作具有重要的选种意义。

通过对红果臭椿 9 项指标的综合评价，初步筛选出综合分值 90 分以上的优良单株 3 株，85 ～ 89 分的单株 8 株，80 ～ 84 分的单株 9 株，以上单株可作为复选植株继续进行跟踪观测和筛选。

观测发现，臭椿果实颜色与光照关系密切，以光照充足或树冠顶端采光处果色较好，树冠内侧遮荫处果实变浅或基本绿色，这一现象与金叶女贞、紫叶小檗等常色叶树种对光照需求规律一致，但有些臭椿植株即使生长在光照充足处，果实仍为绿色。因此，臭椿果实颜色变红除与光照有关外，内部遗传因素是决定果色的关键因子。本研究因初选工作量大，仅从 RHS、叶色参数和直接观测 3 方面对果实颜色给予了评价和赋值，今后的复选工作可细化果色的观测和测定指标，加入花青苷等适当指标的测试，保证筛选工作科学严谨。

品种选育是一个漫长的过程，有初选、复选和品系审定等步骤和程序。本研究仅开展了红果臭椿的初步筛选，还需进行优株复选、决选和子代性状观测，保证优选单株性状的稳定性和优良性。

参考文献

[1] Gravano E，Ferretti M，et al. Foliar symptoms and growth reduction of *Ailanthus altissima* Desf. In an area with high ozone and acidic deposition in Italy[J]. Water，Air，and Soil Pollution，1999，116（1-2）：267-272.

[2] Hamerlynck EP. Chlorophyll fluorescence and photosynthetic gas exchange responses to irradiance of tree of heaven（*Ailanthus altissima*）in contrasting urban environments[J]. Photosynthetica，2001，39（1）：79-86.

[3] 刘淑清，刘宝忠，张进献，等 . 林业生态工程建设的优良树种——樗树 [J]. 河北林业科技，2003（4）：53-54.

[4] 王永周，古松，任艳萍，等 . 臭椿花器官分化的初步研究 [J]. 云南植物研究，2007，29（6）：639-647.

[5] 王永周，古松，江莎 . 臭椿花粉生活力的测定方法及对比试验 [J]. 内蒙古农业大学学报，2008，29（1）：88-92.

[6] 宋丽华，王娅丽 . 几个臭椿种源种子的生物学特性变异研究 [J]. 农业科学研究，2005，26（1）：18-22.

[7] 宋丽华，李涛 . 宁夏地区几个臭椿种源种子的生物学特性研究 [J]. 种子，2007，26（5）：7-9.

[8] 胡丁猛，臧真荣，刘翠兰，等 . 山东几个种源臭椿种子的品种鉴定 [J]. 山东林业科技，2008，176（3）：28-30.

[9] 宋丽华，曹兵 . 温度对臭椿种子发芽的影响实验 [J]. 种子，2002（5）：62.

[10] 郑健，郭守华，宋瑜，等 . 臭椿种子萌发最适条件研究 [J]. 西北植物学报，2007，27（5）：1030-1034.

[11] 刘志强，方亮，董蓬帆，等 . 覆膜及贮藏时间对臭椿种子出苗和苗木生长的影响 [J]. 内蒙古农业大学学报，2012，33（3）：286-290.

[12] 宋丽华，周月君 . 盐胁迫对臭椿种子发芽的影响 [J]. 种子，2008，27（9）：22-25.

[13] 王燕军，张力欣，魏洪敏，等 . 河南省臭椿良种埋根育苗试验研究 [J]. 河南林业科技，2009，29（4）：21-23.

[14] 陈峰，汪贵斌，游庆方，等 . 培养基和调节剂对臭椿茎

段腋芽诱导的影响 [J]. 林业科技开发，2013，27（2）：54-58.

[15] 岳建芳 . 臭椿多倍体诱变的初步研究 [J]. 山西林业科技，2012，41（1）：37-39.

[16] 倪同良，李福双，李志勇，等 . 臭椿主要病虫害的危害及其综合治理对策 [J]. 林业科技，2004，29（6）：24-25.

[17] 张秀玲，朱培忠，王浩德，等 . 臭椿沟眶象的生物学特征及防治对策 [J]. 青海农林科技，2007（3）：27，33.

[18] 陈金发 . 臭椿的培育和综合利用 [J]. 中国林副特产，2011（3）：61-63.

[19] 白瑞霞 . 臭椿沟眶象和沟眶象的危害及防治对策 [J]. 河北农业科学，2012，16（1）：42-43，57.

[20] 廖行，李香云，王百田 . 臭椿苗木蒸腾速率及其对环境因子的响应 [J]. 中国水土保持科学，2008，6（3）：112-115.

[21] 宋庆安，董方平，易霭琴，等 . 臭椿光合生理生态特性日变化研究 [J]. 中国农学通报，2007，23（12）：148-153.

[22] 曹兵，宋丽华，唐春慧 . 臭椿幼苗对渗透胁迫的生理响应 [J]. 水土保持研究，2008，15（4）：168-170.

[23] 宋丽华 . 臭椿苗期抗旱生理特性研究 [D]. 南京林业大学硕士学位论文，2006.

[24] 曹兵，宋丽华，谢应吉 . 土壤干旱胁迫对臭椿苗木生理指标的影响 [J]. 东北林业大学学报，2008，36（9）：11-13.

[25] 国家林业局新品种保护办公室，中国林业科学研究院林业科技信息研究所 . 中国林业植物授权新品种 [M]. 北京：中国林业出版社，2010.

[26] 国家林业局新品种保护办公室，中国林业科学研究院林业科技信息研究所 . 中国林业植物授权新品种 [M]. 北京：中国林业出版社，2012.

[27] 国家林业局新品种保护办公室，中国林业科学研究院林业科技信息研究所 . 中国林业植物授权新品种 [M]. 北京：中国林业出版社，2013.

[28] 王勤华，曹春英，孙曰波，等 . 红叶椿的组织培养和快速繁殖 [J]. 植物生理学通讯，2004，40（1）：73.

[29] 陈彩霞，王春城，崔俊茹，等 . 红叶臭椿组培快繁育苗技术研究 [J]. 河北林果研究，2005，20（3）：210-213.

[30] 毕明，许以太 . 红叶臭椿离体快繁技术的研究 [J]. 山东林业科技，2012，（4）：48-50.

[31] 庞献伟，张虹，黄艳艳，等 . 红叶臭椿良种快繁技术 [J]. 林业实用技术，2003（2）：26.

[32] 张华，亢秀萍，辛海波 . 红叶椿的繁殖与栽培管理 [J]. 中国花卉园艺，2005（4）：38.

[33] 江华，包建英，杨永康 . 红叶椿的园林价值及育苗技术 [J]. 上海农业科技，2007（5）：107-108.

[34] 王卫娜，王真真，贺延生，等 . 红叶臭椿生产技术及园林应用 [J]. 农业科技与信息，2011（6）：13-14.

[35] 郝峰鸽，孙涌栋，李保印，等 . 红叶臭椿叶片中花色苷的稳定性研究 [J]. 西北林学院学报，2008，23（6）：151-154.

[36] 陈有民 . 园林树木学 [M]. 北京：中国林业出版社，1990.

[37] 张天麟 . 园林树木 1200 种 [M]. 北京：中国建筑工业出版社，2005.

[38] 张天麟 . 园林树木 1600 种 [M]. 北京：中国建筑工业出版社，2010.

[39] 王洪鸣，苏德喜，石菊香，等 . 红果臭椿培育试验 [J]. 宁夏农林科技，2009（2）：43.

[40] 沈效东 . 节水耐旱园林观赏植物研究与示范 [J]. 北京：中国林业出版社，2007.

[41] 丁宝章 . 河南植物志（1 ～ 4 卷合订）[M]. 河南人民出版社 1981-1989.

[42] 张宏梓 . 金柑优株初选研究 [J]. 林业科技开发，2005，19（6）：45-46.

北京园林绿地捕食性瓢虫发生规律及生态位的研究①

北京市园林科学研究院 / 李　广　车少臣　仇兰芬　邵金丽　仲　丽　王建红
北京市西山试验林场三家店分场 / 韩　名　赵　羽

摘　要：（目的）为有效保护和利用园林绿地中的捕食性瓢虫资源，研究了北京园林绿地中瓢虫的发生规律及生态位。（方法）采用定点定期黄板诱集法获得了园林绿地捕食性瓢虫资源，然后进行了瓢虫发生时序动态、生态位宽度及生态位重叠等分析。（结果）由生态位宽度将瓢虫分为种群竞争力强、中和弱3类，由Mcnaughton优势度指数也将瓢虫分为优势种、常见种和偶见种3类；而异色瓢虫、龟纹瓢虫、红点唇瓢虫和菱斑巧瓢虫既是种群竞争力强的瓢虫种类，也是园林绿地瓢虫的优势种，种群竞争力中的瓢虫种类多为瓢虫常见种，弱的种类多为瓢虫偶见种；园林绿地中优势捕食性瓢虫的发生时序动态既与园林植物上发生的蚜虫种类相关，又与园林植物种类相关；异色瓢虫与龟纹瓢虫，异色瓢虫与红点唇瓢虫，以及龟纹瓢虫与菱斑巧瓢虫全年的生态位重叠指数较高，均达0.8以上，而异色瓢虫与菱斑巧瓢虫，龟纹瓢虫与红点唇瓢虫，红点唇瓢虫与菱斑巧瓢虫全年的生态位重叠指数较小，均低于0.7。（结论）为有效保护园林绿地中的瓢虫资源提供了技术支撑。

关键词：时序动态；种群竞争力；优势种；生态位宽度；生态位重叠；黄板

园林生态系统是人为构建的生态系统，其植物群落结构的组成多种多样[1, 2]，而绿地植物的组成又极大地影响着绿地中天敌亚群落的结构和食物网的时序动态[3]。在一些植物配置丰富或具一定数量蜜源植物，且人为干扰较小的园林绿地中，天敌种类和数量也较为丰富[4-6]，多样性的园林植物群落结构和绿地中丰富的天敌资源共同作用可有效控制有害生物的为害[7]。但由于园林生态系统受人为因素干扰较大，特别是化学农药的不合理使用，严重削弱了天敌对害虫的控制能力，造成一些r对策类昆虫，如以蚜虫为代表的刺吸害虫经常爆发成灾。

瓢虫是控制园林绿地刺吸害虫发生的优势天敌，在园林绿地中具较多的种群数量；同时由于多数捕食性瓢虫食性较广，以蚜虫、介壳虫、木虱、粉虱、叶螨及其他节肢动物为食；食量大，对刺吸害虫控制效果能力较强等特点，是刺吸害虫的重要天敌资源[8, 9]，因而有效保护和利用园林绿地中的瓢虫资源，有利于控制园林刺吸害虫的发生，降低园林绿地中的化学农药用量。

由于植物群落结构对瓢虫物种组成和数量有着较大影响[10]，为此，本文研究了北京园林绿地中不同植物上捕食性瓢虫优势种的时序动态，以及园林绿地中捕食性瓢虫资源及其生态位宽度。

① 基金项目 Supported projects：北京市科委课题（Z131100005613013）；北京市公园管理中心课题（ZX2013030）；北京市重点实验室：园林绿地生态功能评价与调控技术。

1 材料与方法

1.1 试验地概况

样地位于北京市海淀区四季青镇北坞路与闵庄路交叉口西北侧（116°16′03″N，39°58′50″E），该 8 绿地乔木种类较丰富，灌木种类较少，地被草本植物由北京常见野生杂草组成，管理粗放，基本不施用化学农药。2014 年 9 月下旬和 2015 年 9 月中旬由于杂草疯长而进行了 1 次杂草修剪处理，2015 年 4 月 28 日施用高效氯氟氰菊酯防治刺吸害虫蚜虫 1 次。

1.2 研究方法

选取绿地中数量最多的 5 种植物：碧桃（*Amygdalus persica* var. *duplex*）、五角枫（*Acer mono*）、栾树（*Koelreuteria paniculata*）、油松（*Pinus tabuliformis*）和白皮松（*Pinus bungeana*）作为调查植物，采用“之”字形抽样的方法每种植物随机抽取 3 株，于其东南西北四个方向随机抽取一根枝条并编号，采用枝条下黄板诱捕瓢虫的方法调查绿地中瓢虫的种类和数量，黄板悬挂在树冠中部枝条下方（北京中捷四方生物科技有限公司生产，40cm × 25cm，两面着胶），每块黄板间的距离在 3m 与 5m 之间，14d 后观察并记录黄板上的天敌种类及其数量，调查后更换黄板直接调查结束，调查于 2015 年 3 月 28 日始，10 月 30 日止。黄板上的瓢虫种类先自行鉴别，不认识的物种先编号、收集、记录数据，然后请相关专家鉴别。

1.3 数据分析

1.3.1 生态位宽度

生态位宽度指数采用 Smith 指数[11]。

$$FT=\sum_{j=1}^{r}(P_{ij}, Q_{ij})=\sum_{j=1}^{r}\sqrt{P_{ij}\times Q_{ij}}$$

式中，P_{ij} 为瓢虫种 i 在第 j 种植物上的数量占该种所有数量的比例，Q_{ij} 为瓢虫种 i 可利用的资源状态占整个可利用资源的比例。

1.3.2 优势种的确定

优势度指数采用 Mcnaughton 指数[12]。将 Mcnaughton（Y）> 0.01 的瓢虫作为园林绿地瓢虫优势种。

$$Y=\frac{n_i}{N}\times f_i$$

式中：n_i 为第 i 种瓢虫的总数；N 为所有瓢虫的总数；f_i 为第 i 种瓢虫在调查时出现的频率。

1.3.3 优势种生态位重叠指数

生态位重叠指数采用 Pianka 指数[13]。

$$O_{ik}=\sum_{j=1}^{r}(P_{ij}\times P_{kj})\Big/\sqrt{\sum_{j=1}^{r}(P_{ij})^2\times\sum_{j=1}^{r}(P_{kj})^2}$$

式中：P_{ij} 的值同上，P_{kj} 为瓢虫种 k 在第 j 种植物上的数量占该种所有数量的比例。

2 结果与分析

2.1 园林绿地瓢虫种类及其生态位宽度

瓢虫种类鉴定结果表明，北京园林绿地至少有捕食性瓢虫种类 11 属 15 种（表 1）。根据瓢虫各月份的生态位宽度将北京园林绿地捕食性瓢虫分为 3 类。

第一类：包括异色瓢虫、龟纹瓢虫、红点唇瓢虫和菱斑巧瓢虫。除红点唇瓢虫和菱斑巧瓢虫 4 月未出现外，这 4 种瓢虫在整个植物生长季均出现，且生态位宽度指数（FT）也多明显高于其他种类瓢虫。这一类瓢虫可以利用多种多样的资源，对环境的适应能力大于其他瓢虫，具有强烈的种群竞争力。

第二类：包括七星瓢虫、多异瓢虫、梯斑巧瓢虫、红环瓢虫、深点食螨瓢虫、隐斑瓢虫和中国双七星瓢虫，这 7 种瓢虫在多个月份中出现，但其生态位宽度指数均较低。这一类瓢虫对环境的适应能力中等，种群竞争力中等。

第三类：包括黑缘红瓢虫、中华显盾瓢虫、二星瓢虫和暗红瓢虫。这 4 种瓢虫仅在 1 个月份出现，同时其生态位宽度指数也均较低。这一类瓢虫对资源的要求较高，对环境的适应能力较差，种群竞争力较弱。

北京园林绿地捕食性瓢虫各月份及全年 Smith 生态位宽度指数（*FT*） 表 1

编号	瓢虫种名及拉丁名	Smith 生态位宽度指数（*FT*）							
		4 月	5 月	6 月	7 月	8 月	9 月	10 月	全年
C1	异色瓢虫 *Harmonia axyridis*	0.624	0.898	0.909	0.925	0.972	0.874	0.794	0.962
C2	龟纹瓢虫 *Propylea japonica*	0.675	0.703	0.755	0.665	0.728	0.897	0.773	0.819
C3	菱斑巧瓢虫 *Oenopia conglobata*	—	0.577	0.847	0.652	0.441	0.571	0.316	0.907
C4	红点唇瓢虫 *Chilocorus kuwanae*	—	0.316	0.903	0.953	0.876	0.667	0.790	0.953
C5	七星瓢虫 *Coccinella septempunctata*	0.316	0.316	—	—	—	0.258	—	0.611

续表

编号	瓢虫种名及拉丁名	Smith 生态位宽度指数（*FT*）							
		4月	5月	6月	7月	8月	9月	10月	全年
C6	多异瓢虫 *Hippodamia variegata*	—	0.316	0.681	—	—	—	0.548	0.819
C7	梯斑巧瓢虫 *Oenopia scalaris*	—	—	0.316	0.424	0.316	0.502	—	0.630
C8	红环瓢虫 *Rodolia limbata*	0.447	—	0.665	0.316	0.316	0.258	0.447	0.883
C9	黑缘红瓢虫 *Chilocorus rubldus*	—	—	—	—	—	—	0.548	0.775
C10	深点食螨瓢虫 *Stethorus punctillum*	—	0.671	0.408	—	—	—	—	0.731
C11	隐斑瓢虫 *Harmonia obscurosignata*	0.316	—	—	0.447	—	0.258	—	0.763
C12	中华显盾瓢虫 *Hyperaspis sinensis*	0.316	—	—	—	—	—	—	0.447
C13	二星瓢虫 *Adalia bipunctata*	—	0.441	—	—	—	—	—	0.623
C14	中国双七星瓢虫 *Coccinula sinensis*	—	—	0.489	0.316	—	0.258	—	0.728
C15	暗红瓢虫 *Rodolia concolor*	—	—	—	0.447	—	—	—	0.632

2.2 园林绿地瓢虫优势度

根据15种瓢虫的Mcnaughton优势度指数，将北京园林绿地瓢虫分为3类：优势种，包括异色瓢虫、龟纹瓢虫、红点唇瓢虫和菱斑巧瓢虫（$Y > 0.01$），4种瓢虫占园林绿地捕食性瓢虫的90.5%，而异色瓢虫和龟纹瓢虫分别占绿地捕食性瓢虫的33.0%和30.7%；常见种，包括多异瓢虫、梯斑巧瓢虫、红环瓢虫和深点食螨瓢虫（$0.001 < Y < 0.01$）；偶见种，包括七星瓢虫、黑缘红瓢虫、中华显盾瓢虫、二星瓢虫、暗红瓢虫、隐斑瓢虫和中国双七星瓢虫（$Y < 0.001$）。

2.3 园林绿地瓢虫优势种发生时序动态

黄板诱捕的捕食性瓢虫数量的方差分析结果显示，植物种类、瓢虫种类和发生时间的效应均差异极显著（$P < 0.001$，$P < 0.001$，$P < 0.001$），方向效应无显著差异（P=0.413），同时植物种类和瓢虫种类的互作效应也差异极显著。

图1～图5为各植物上诱捕的优势捕食性瓢虫的发生时序动态，表2为植物与优势捕食性瓢虫组合的新复极差检验结果。由图1～图5结果可见，4种瓢虫在5种植物上的发生时序差异较大，6月龟纹瓢虫在油松和碧桃上形成1个明显发生高峰，6月异色瓢虫在碧桃、白皮松和五角枫上形成1个明显发生高峰，6月菱斑巧瓢虫在白皮松和五角枫上形成1个明显发生高峰，6月红点唇瓢虫在五角枫上形成1个明显发生高峰，而6～8月异色瓢虫和红点唇瓢虫在栾树上数量均较多。此时，5种植物上均有不同种类蚜虫处于发生高峰期。7月后，除栾树上有栾多态毛蚜越夏滞育型发生外，其他植物上的蚜虫种群均因夏季高温而崩溃，但7～8月异色瓢虫在油松、白皮松和五角枫上仍有一定的种群数量，龟纹瓢虫在油松上仍有一定的种群数量，红点唇瓢虫在五角枫上仍有一定的种群数量。因此，园林绿地中优势捕食性瓢虫的发生时序动态既与园林植物上发生的蚜虫种类相关，又与园林植物种类相关。

由表2可见，异色瓢虫在碧桃上发生最多，在油松发生最少；龟纹瓢虫在碧桃上发生最多，油松上次之，栾树最少；菱斑巧瓢虫在碧桃发生最多，栾树最少；红点唇瓢虫在五角枫和栾树上发生最多，油松最少。

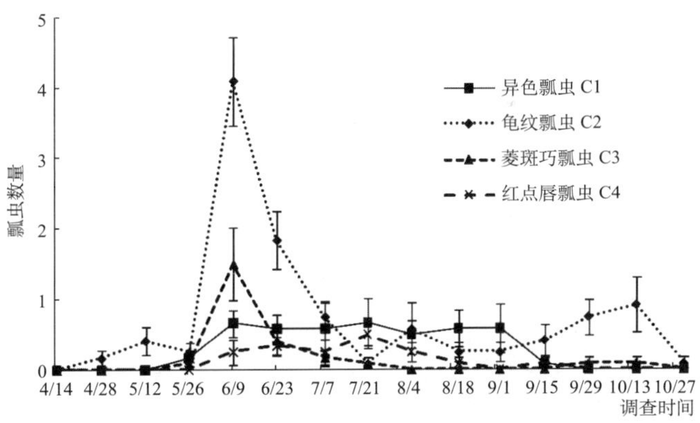

图1 油松上优势捕食性瓢虫发生时序动态

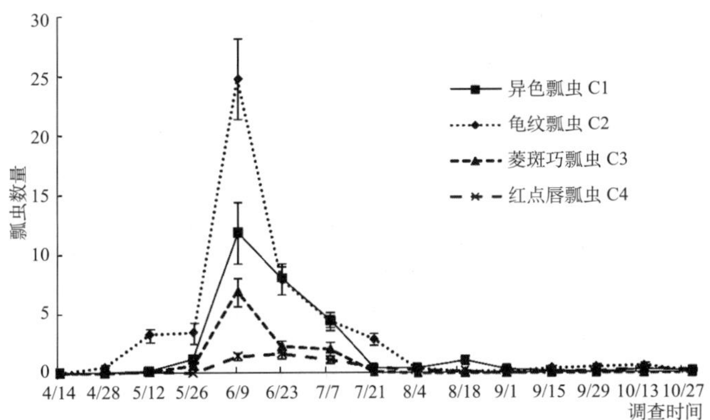

图2 碧桃上优势捕食性瓢虫发生时序动态

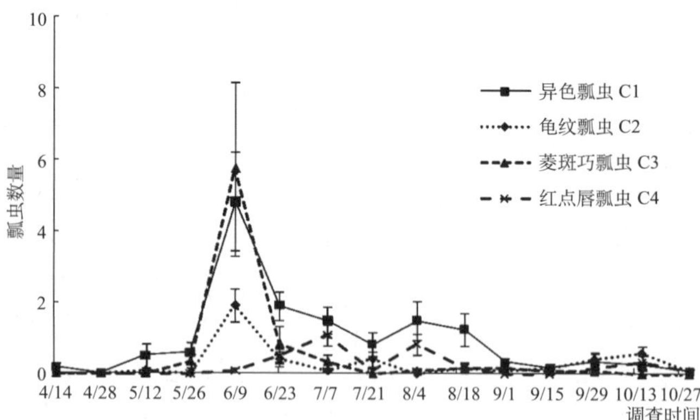

图 3　白皮松上优势捕食性瓢虫发生时序动态

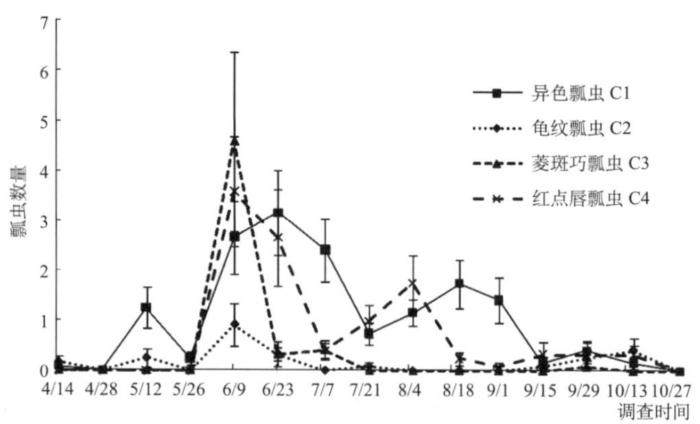

图 4　五角枫上优势捕食性瓢虫发生时序动态

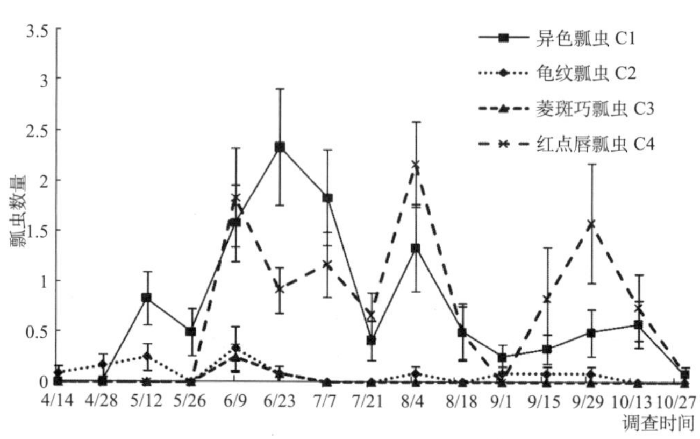

图 5　栾树上优势捕食性瓢虫发生时序动态

植物与优势捕食性瓢虫组合的新复极差检验表　表 2

瓢虫	植物	平均数	差异显著性	瓢虫	植物	平均数	差异显著性
异色瓢虫 C1	BT	1.91	a　A	菱斑巧瓢虫 C3	BT	0.79	a　A
	WJF	1.04	b　B		BPS	0.52	ab AB
	BPS	0.95	b　B		WJF	0.36	bc BC
	LS	0.74	b　B		YS	0.16	cd BC
	YS	0.29	c　C		LS	0.02	d　C
龟纹瓢虫 C2	BT	3.29	a　A	红点唇瓢虫 C4	WJF	0.72	a　A
	YS	0.72	b　B		LS	0.70	ab A
	BPS	0.29	c　C		BT	0.39	bc AB

续表

瓢虫	植物	平均数	差异显著性	瓢虫	植物	平均数	差异显著性
龟纹瓢虫 C2	WJF	0.17	c　C	红点唇瓢虫 C4	BPS	0.22	c　B
	LS	0.08	c　C		YS	0.12	c　B

注：BT——碧桃 *Amygdalus persica* var. *duplex*；WJF——五角枫 *Acer mono*；LS——栾树 *Koelreuteria paniculata*；YS——油松 *Pinus tabuliformis*；BPS——白皮松 *Pinus bungeana*。

2.4　园林绿地瓢虫优势种的生态位重叠

北京园林绿地捕食性瓢虫各月份及全年Pianka生态位重叠指数O_{ij}　表3

编号	时间	C1	C2	C3
C2	4 月	0.641		
	5 月	0.551		
	6 月	0.922		
	7 月	0.763		
	8 月	0.479		
	9 月	0.602		
	10 月	0.470		
	全年	0.825		
C3	4 月	—	—	
	5 月	0.494	0.917	
	6 月	0.715	0.798	
	7 月	0.745	0.979	
	8 月	0.061	0.168	
	9 月	0.245	0.547	
	10 月	0.118	0.677	
	全年	0.684	0.844	
C4	4 月	—	—	—
	5 月	0.504	0.987	0.909
	6 月	0.671	0.460	0.686
	7 月	0.944	0.552	0.659
	8 月	0.859	0.510	0.284
	9 月	0.675	0.554	0.139
	10 月	0.994	0.258	0.000
	全年	0.818	0.451	0.635

异色瓢虫与龟纹瓢虫，异色瓢虫与红点唇瓢虫，以及龟纹瓢虫与菱斑巧瓢虫全年的生态位重叠指数较高，均达0.8以上，特别是异色瓢虫与龟纹瓢虫在6月，异色瓢虫与红点唇瓢虫在7月和8月，龟纹瓢虫和与菱斑巧瓢虫在5月和7月的生态位重叠指数极高，达0.9以上，因而这几个种之间易产生较大的竞争。而异色瓢虫与菱斑巧瓢虫，龟纹瓢虫与红点唇瓢虫，红点唇瓢虫与菱斑巧瓢虫全年的生态位重叠指数较小，均低于0.7，但龟纹瓢虫与红点唇瓢虫，菱斑巧瓢虫与红点唇瓢虫仅在5月时生态位重叠指

数极高，达 0.9 以上，其他时间均低于 0.7，总的来说，这几种瓢虫之间有一定的种间竞争作用，但相对较小。

3 讨论

（1）捕食性瓢虫发生规律的研究多集中于果园和农田[14-18]，目前国内尚未见园林绿地和森林中瓢虫发生规律的研究报道。瓢虫的发生规律不仅与其寄主蚜虫种类的发生规律密切相关[10]，而且与其栖息的植物种类相关[19]，这与本研究结果相同。由于果园和农田的骨干植物较单一，目标植物上瓢虫的发生规律比较容易研究，而园林绿地植物种类众多，且不同植物上发生的蚜虫种类多不同，因而园林绿地瓢虫的发生规律较难研究。本文以园林绿地中骨干植物为代表研究了园林绿地中刺吸害虫天敌瓢虫的发生规律。

（2）园林绿地瓢虫发生高峰与农田瓢虫发生规律有所差异，由于园林植物上的蚜虫存在夏季种群崩溃现象，而农田蚜虫有苗蚜和伏蚜 2 个发生高峰[20]，因而园林绿地刺吸害虫瓢虫的发生规律与农田不同，只有 1 个发生高峰，而不是有多个发生高峰。同时园林绿地中瓢虫的优势种及优势度与果园有所差异，北京绿地中瓢虫优势种为异色瓢虫、龟纹瓢虫、红点唇瓢虫和菱斑巧瓢虫，四种瓢虫的数量比为 2.65 ： 2.47 ： 1 ： 1.16，前两种瓢虫分别占绿地捕食性瓢虫总数的 33.0% 和 30.7%，而在北京平谷桃园中瓢虫优势种为龟纹瓢虫、异色瓢虫和七星瓢虫，三种瓢虫的数量比为 3.17 ： 2.33 ： 1[21]。

（3）不同瓢虫种类对不同蚜虫的嗜食程度有所差异。本研究表明，在 6 月蚜虫发生高峰期龟纹瓢虫在油松和碧桃上形成 1 个明显发生高峰，异色瓢虫在碧桃、白皮松和五角枫上形成 1 个明显发生高峰，菱斑巧瓢虫在白皮松和五角枫上形成 1 个明显发生高峰，红点唇瓢虫在五角枫上形成 1 个明显发生高峰，而异色瓢虫和红点唇瓢虫在栾树上数量均较多。因而异色瓢虫食性相对较广，嗜食桃粉大尾蚜、白皮松长足大蚜、京枫多态毛蚜和栾多态毛蚜，龟纹瓢虫、菱斑巧瓢虫和红点唇瓢虫食性相对较窄，分别嗜食居松长足大蚜和桃粉大尾蚜、白皮松长足大蚜和京枫多态毛蚜以及京枫多态毛蚜和栾多态毛蚜。

参考文献

[1] 王鹏飞，栗燕，杨秋生 . 郑州市公园绿地木本植物物种多样性研究 [J]. 中国园林，2009，25（5）：84-87.

[2] 蒋雪丽，王小德，崔青云，等 . 杭州城市公园绿地植物多样性研究 [J]. 浙江农林大学学报，2011，28（3）：416-421.

[3] Burkman C E，Gardiner M M. Urban greenspace composition and landscape context influence natural enemy community composition and function[J]. *Biological Control*，2014，75：58–67.

[4] 丁瑞丰，王小丽，徐遥，等 . 套种蜜源植物对杏一麦间作果园节肢动物群落的影响 [J]. 新疆农业科学，2008，45（5）：960-963.

[5] 姜文虎，刘军侠，曹利华 . 城市绿地节肢动物群落组成及结构研究 [J]. 河北农业大学学报，2009，(2)：79-83.

[6] 王建红，陈京弘，车少臣，等 . 荆条节肢动物群落时序动态的研究 [J]. 环境昆虫学报，2009，31（2）：181-186.

[7] Martin E A，Reineking B，Seo B，*et al*. Pest control of aphids depends on landscape complexity and natural enemy interactions[J]. PeerJ 3：e1095；2015，DOI 10.7717/peerj.1095.

[8] 刘崇乐 . 中国经济昆虫志 [M]. 第 5 册，飘虫科（1）. 北京：科学出版社，1963，101.

[9] 庞雄飞，毛金龙 . 中国经济昆虫志 [M]·第 14 册·瓢虫科（2）. 北京：科学出版社，1979，170.

[10] 吴伟，刘德波，张培毅，等 . 高黎贡山百花岭瓢虫群落结构及物种多样性研究Ⅳ——农耕区不同植被类型瓢虫的物种多样性 [J]. 安徽农业科学，2014，41（8）：3451-3452，3605.

[11] Smith E P. Niche breadth，resource availability，and inference[J]. *Ecological Society of America*，1982，63（6）：1675-1681.

[12] Mcnaughton S J. Relationship among functional properities of California grassland[J]. *Nature*，1967，216：168-169.

[13] Pianka E R. The structure of lizard communities[J]. *Annual review of ecology and systematics*，1973，4：53-74.

[14] 李隆术，何洪俊，郭依泉 . 四川食螨瓢虫田间发生规律研究 [J]. 西南农业大学学报，1988，10（2）：199-204.

[15] 朱世华，李权生，范爱华，等 . 棉田瓢虫发生规律及与棉蚜的追随关系 [J]. 安徽农业科学，2000，5：621-622.

[16] 陈川 . 陕西苹果园天敌昆虫资源及主要种类发生规律研究 [D]. 陕西，杨凌：西北农林科技大学，2004.

[17] 李志朋，张顶武，董民，等 . 北京平谷地区有机桃园主要害虫和天敌发生规律研究 [J]. 中国农学通报，2005，21（5）：128-130.

[18] 王淑会，杨琼，张文慧，等 . 生草苹果园绣线菊蚜及其天敌发生规律研究 [J]. 安徽农业科学，2014，42（10）：2945-2948.

[19] 李凯 . 农林复合生态系统林带对捕食性节肢动物种群动态的影响 [D]. 北京：北京林业大学博士学位论文，2010.

[20] 雒珺瑜，王春义，崔金杰 . 不同种植模式对棉田主要害虫及其天敌种群消长动态的影响 [J]. 中国棉花，2013，40（8）：28-33.

[21] 李志朋 . 有机桃园主要害虫和天敌种群动态及其害虫防治的初步研究 [D]. 北京：北京农业大学博士学位论文，2005.

笔墨当随时代——浅论石涛《画语录》的美学思想与北海静心斋叠石技艺

北京市北海公园管理处 / 寿运增　聂　晶　刘　宁

摘　要：北海静心斋叠石建于清乾隆时期，此时皇家园林发展繁荣鼎盛，正值当时山水诗画的艺术发展成为重要媒介，"笔墨当随时代"使得掇山的技艺深受美学思想影响迎来一次重要发展。本文分析石涛理论作品《画语录》的美学思想，研究北海静心斋叠石技艺的表现手法，阐述山水画创作与自然的关系、笔墨运用的规律及山川林木等表现方法，强调叠石技艺要面向现实，投身到大自然中去，这些美学思想对后来的叠石艺术创造修复也产生了很大影响。

关键词：石涛《画语录》；美学思想；北海静心斋叠石技艺

1　概况

北海静心斋叠石清乾隆二十三年（1758 年）初建，光绪年间慈禧太后看中了静心斋这个园中之园，改名为"静心斋"。清代是中国皇家园苑建设和叠山艺术的高峰。尤其是乾隆时代，皇家园林叠山在工艺技术以及工匠专业制作和工程管理等方面都达到了前所未有的高度。全园根据慈禧太后的设计思路重建，再命如意馆的画师和样式房的烫样工细部绘图，由工匠按图建造。此时皇家园林发展繁荣鼎盛，正值当时山水诗画的艺术发展成为重要的媒介，"笔墨当随时代"使得掇山的技艺深受美学思想影响迎来一次重要发展。

纵观此时期叠石艺术在中国绘画中的表现，我们发现从形象特征、思想内涵到审美意趣、艺术格调，明末清初时期的石涛对传统中国哲学思想和文化观及自然审美思想发展都有一定的影响，都在"笔墨当随时代"的发展变化轨迹中。石涛（1642 ~ 1708 年），清初画家，明靖江王、南明元宗皇帝朱亨嘉之子，他是中国山水画的大家，在书画界德高望重。他既是绘画实践的探索者、革新者，又是艺术理论家。由于他自幼出家为僧，对佛学及禅学有极深的研究，并在文学、诗词等各方面也都有很高的造诣。

石涛的晚年理论作品《画语录》更是对前人的批判性总结和对后世中国画创作提供了另一种思维方式。《画语录》共十八章，阐述山水画创作与自然的关系、笔墨运用的规律及山川林木等表现方法，强调叠石技艺要面向现实，投身到大自然中去，"笔墨当随时代"的美学思想对后来的叠石艺术创造修复也产生了很大影响。

2 《画语录》介绍

2.1　一画章第一

《画语录·一画章》在这里石涛提出了立法的原则。"一画"指的不是一幅画，或是什么模式、形式、感受，按禅理来解释，应是明心见性。因为一切法不离心法，心能生万法。石涛提出"一画之法"中的一指的是心。叠石技艺

的创作来源于对大自然的师法，从本质上讲又不是再现模仿，更重视叠石的抒情与表现，是再现与表现的高度统一。

纵观赏石在中国绘画中的表现，我们发现赏石图从形象特征、思想内涵到审美意趣、艺术格调，始终受传统中国哲学思想和文化观及自然审美思想发展的影响，都在“天人合一”的发展变化轨迹中。人若达到见性，即可达到一，其万法就在其中。石涛所说的“一画之法”的这个“一”，是随心所欲的“一”，此时这个“法”，是大智慧的“法”，所以在石涛的文中才引出“一画者众有之本，万象之根”的结论。

2.2 了法章第二

《画语录·了法章》中“规矩者方圆之极则也，天地者规矩之运行也。”这里谈的是法，无规无矩不成方圆，是事物存在的道理。这个理同宇宙之理有着密切相关的联系，天地运行，是宇宙内在所具有的必然规律，这是宇宙的特性，也是宇宙的真理。世上万物的存在与变化，都离不开宇宙的真理，若违背其理，则走向反面。

静心斋叠石造型在力学结构和功能审美的结合也是适应自然规律的，在每次修复改造中与时俱进，运用科学技术不断改良。在受力结构上为确保山体稳固，在基础上挖沟槽砌护岸石，防止石地基歪斜改传统木桩为现代水泥桩基础。在北方假山冻胀问题上，改变传统的江南工艺，通过改变石头体量和受力结构，做出较大的空隙，留出足够的空间防止冻土膨胀崩裂假山。

2.3 变化章第三

《画语录·变化章》“古者识之具也，化者识其具而弗为也。具古以化未见夫人也。尝憾其泥古不化者，是识拘之也。”古人作画只懂按照物体的具体形象描绘，即谢赫六法中所说的：“一、气韵生动，二、骨法用笔，三、应物象形，四、随类赋彩，五、经营位置，六、传移模写。”此六法自古至今引人走入法障，使人长期以来执着于此，不知变化。然而有悟性的画家不但识其具（熟知传统的方法），而且不拘于此，力图求变。遗憾的是自古至今很少有人能做到，大多都为识其具所拘束。

在静心斋叠石修复中，对一些有史可查但无遗迹可寻的园林景观和重新规划的空间，根据史料传说记载，以写意手法，发挥工匠的主观性，根据场地、石性的条件，不拘泥于图纸地进行二次创作，以追求总体的园林艺术效果为目标，再现古园的神韵和风貌。

2.4 《尊受章第四》

“受与识，先受而后识也。识然后受，非受也。”此意出自《般若波罗蜜多心经》，“……照见五蕴皆空……受、想、行、识亦复如是……”之句。“受”是指接受、感受之意，“识”是指认识、理解之意。石涛出于对《心经》五蕴的理解，因此提出先受而后识的见解，这是根据宇宙自然法则的运动规律而提出的理。静心斋叠翠楼前的山径坡度约为20°，自然坡道平整宽阔，简单大气，与东侧假山连相呼应。根据自然法则的运动规律从地面上开始叠石造山，最重要的就是起脚入地有力，用条形曲状连脚法，而后渐向高处拼叠造型是符合“先受而后识”的见解。横向扭曲有左顾右盼之势，竖向扭曲有扶摇直上之势，旋转扭曲有龙腾浪卷之势。

“得其画而不化，自缚也。夫受，画者必尊而守之。”学会别人的画法，而一味临摹抄袭，不加变化，等于自缚手足，难以成器。叠翠楼山径作为护坡与蹬道，不是沿用堆山径的惯用手法顺山势三五成群置石，为了营造出叠翠楼高大宏伟的形象，选择大块石材掇成整组造型，起脚石要小于上部石材，营造险峻之势，峭壁峥嵘围绕，雄健跷拔，使假山与建筑之间相得益彰，使人产生望而生畏之感。

2.5 《笔墨章第五》

《画语录·笔墨章》论述，总结出古代画家笔墨运用方式，这并非因为山川造型的不同而有区别，重要的是因为画家的感知角度，认识高低与知识面的宽窄来决定的。我们所常说的“笔墨神韵”，就是指的用笔用墨的主观能动性，也就是墨分的五色皆是由用笔的功夫才能挥洒出灵气，而用笔运墨要讲内在与外在的神韵，只有这样才能表现出大自然生生不息的气象。

叠石造型在表现“笔墨神韵”对近山形的探索中重视山根麓坡，追求以部分还原大山一角，通过描写大山余脉的一角半边，引发观园者对自然山林环境的无限遐想。麓坡运用了“布脚”山石造型，主要表现在不受主山体叠压的低矮处，阻挡水土流失，辅助主山的后手造型技法，根据山势走向紧贴起脚石的部位再拼接出山脚，布脚处理得好，主山不孤，表现出山体如同土中生长出来一般，强调主山的气势。用敏锐的艺术眼光去观察大自然的“五色墨彩”正确表现内在关联才能将大自然内在的生生不息的生命与有胎骨、有开合、有体用、有形势、有奇峭、有险峻的外在风貌有机融合，巧妙表现，把大自然表现的生机蓬勃，神完气足的感染力。山川的远近、虚实、倚让、断连才能表现得有层次、有内涵，更符合艺术的审美提炼。

2.6 《运腕章第六》

《画语录·运腕章》中石涛指出，其运腕的目的还是在于对笔墨的把握上，也是对于尊受的现实应用，就运腕技巧，根据自己的经验与体会进行与笔墨相关联的表述。在中国古典园林中，叠石掇山也常常与理水的驳岸的强弱走势相结合，叠石驳岸的功能在于利用山石的自然形态，在水面与陆地之间形成自然的过渡，并与周围的景观元素相得益彰。

静心斋"闹中取静"的整体造园布局，北侧假山以攀爬游玩为主，讲运腕虚灵，线条多变灵活、清新朗俐。驳岸选用"环壁"和"幽谷"的组合，把山势叠得陡峭深壑、险象环生，整个驳岸都是悬崖轻挑、群山欲飞的感觉。手腕虚松，线条就会游刃有余，活泼畅快。有足够的竖向空间来满足腾峦叠嶂的造型要求，所以北侧的驳岸大量使用挑飘手法，如龟山蛇山，以"突"为险。

南侧建筑主要是为了安心学习，所以在修复此处驳岸时与北侧处理方式不同。讲究手腕实在，线条就会沉实厚重，力量感极强。考虑到南侧的水池大多在屋宇之中，为了营造出宁静致远的读书氛围，驳岸的叠石有一种与人亲近、凉爽清静的品性，因此将石堆叠成层层降低的阶梯状形式，自然拼接，不用挑飘法出险，而是以"退"为静。

两处驳岸，只一墙之隔，处理的手法不同，性情意境也就截然不同了。下笔任情恣性，线条便会揖让有情，手腕扭捏变化，就会出现陆离诡怪的用笔，使整幅画面破败不堪，唯有从于心，乃能出奇制胜，达到鬼斧神工的创作，才能使画面神韵悠远，回味深长。

2.7 《氤氲章第七》

《画语录 · 氤氲章》用极精彩的论述来阐释氤氲带给绘画创作的特殊效果，更直接地指出从于心的观点。"自有我在"，"盖以运夫墨，非墨运也；操夫笔，非笔操也；……化一而成氤氲，天下之能事毕矣。"

静心斋正门两侧房山石对置，互相顾盼，形成入口式的引导空间布置，对人有很强的心理暗示，会对下一层空间产生好奇心。石壁是以叠石为主的假山，修饰院墙边界，紧靠墙壁堆叠成壁状，会折损一部分园外的噪声，这种"穷崖绝壑"的气势造就了假山更加多样化的审美形态。

在石壁周围散点置石，再加上苍松翠柏，大大减弱噪声干扰，屏蔽外界的喧闹，更突出静心斋内"幽深静谧"的意境。强调运用笔墨的主观能动性，否则则为笔墨的奴隶，主张运用笔墨而达到内心对大自然观察的真实表现，又一次表现出画家要有自己的主观精神，所以他有"墨海中立定精神，笔锋下决出生活"的最强宣言。

2.8 《山川章第八》

得乾坤之理者山川之质也，得笔墨之法者山川之饰也。得到天地间自然规律即真理的人即得到了山川的内在本质，得到笔墨技法的人得到了表现山川的技巧与形式。知其饰而非理，其理危矣，知其质而非法，其法微矣。知道绘画的形式技巧而轻视排拆理论修养，其思想内涵浅陋。

在画峰室南侧山势余脉沿宫墙堆叠，充分利用披石散点的叠石手法隐于墙内，形成石脉穿墙，画外有画，山外有山，形成"大山一麓"的意境，引人入胜。这也是布脚"延伸法"的一种体现，石虽然分布在不同空间里，而延续连接之意不能断，都是作为主体山脉分布进行造型的，这就强调石质相同、皴法统一、风格一致，做到"景分而山连，石断而意连"。山川、天地之形势也，风雨晦明，山川之气象也，疏密深远，山川之约径也，纵横吞吐，山川之节奏也，阴阳浓淡，山川之凝神也，水云聚散，山川之联疏也，蹲跳向背，山川之行藏也。山川，表现了天地的神韵与动态，风雨晦明，是山川气象万千，疏密深远，是山川约定行径，纵横吞吐，是山川的声音节奏，阴阳浓淡，是山川注目凝神，水云聚散，是山川的联集疏散。蹲跳向背，是山川的行动与隐藏。

2.9 《皴法章第九》

笔之于皴也，开生面也，山之为形万状，则其开面非一端，笔作用于皴，是为表现出山生动的体面关系和肌理效果。山的形态状貌万千，如山川自具之皴则有峰名各异，体奇面生，具状不等，故皴法自别。如山川自具相吻合的皴，则有峰名各异的不同类型，他们体态奇异，造型生动，各有各的特性，没有雷同，故皴法分别有自己的名号。石涛列举的这些皴，是前人根据自然形态所创造出的各具特色各具表现力的皴，古人创作皴，必然是根据山峰体异特征，而使山峰与皴法形象生动，峰与皴十分吻合，皴好像自山峰生出一样。峰不能变皴之体用，皴却能资峰之形势，不得其峰何以变，不得其皴何以现？峰之变与不变，在于皴之现与不现。山峰不能当作皴来用，皴却能再现山的形貌结构，不得到相应的山形何以求其皴的变化。

画峰室前镜湖四周的湖石几年前坍塌，杂乱无章地堆叠起来，皴法混乱。在修复过程中顺着湖石的圆浑和弧形的环透之势进行拼接，将呈披麻皴法和荷叶皴法的竖纹石形翘下来，主要用卷云皴法，兼用折带皴法进行重新造型。卷云皴法的环透拼叠是最接近北太湖石的石性和纹理的，也是最古老的传统叠石技法，使叠石岩面呈透漏和涡状变化；折带皴法将纹理进行横行过渡，势如行云流水，潇潇洒洒，动势强劲。不得到相应的皴法何以表现其山峰。山峰的特征变化与不变，在于皴的效果能表现还是不能表现。

2.10 《境界章第十》

在山水画的构图上最常见的是"三叠"、两段式手法，一味地运用这些老套的程式似乎失去自然与新意，这就要求我们要经常变换思维与视角，利用反思维改变常规可能会得到意想不到的收获。将地、树、山三者表现的神合意连。则于局部细节有失误或不足，亦不碍大雅和整体气韵。

静心斋画峰室西院麓坡采用以石包土的做法，从天王殿东小门山脚起坡将大小石块埋入土中，散点置石绵延至画峰室西厢房形成麓坡。麓坡布脚上下错落叠加二三层，如高层向左为去势、呼势，则布脚就造成向右的接势、应势；上层顶端悬一石，则下层就出一石，有呼有应，开合变化。其间栽种自然地被植物，置石似断还连，与土混然一色，达到“未山先麓”的效果。两段者，景在下，山在上，通俗的手法将云画在中间，分明隔做两段。为此三者，先要贯通一气，不可拘泥，分疆三叠两段，偏要突手作用，才见笔力，即入千峰万壑，俱无俗迹。

2.11 《蹊径章第十一》

绘画有窍门捷径六则：(1) 对景不对山；(2) 对山不对景；(3) 倒景；(4) 借景；(5) 截断；(6) 险峻。此六则艺术手法，必须要辩明理解。石壁是以叠石为主的假山，修饰院墙边界，紧靠墙壁堆叠成壁状，会折损一部分园外的噪声，这种“穷崖绝壑”的气势造就了假山截断式构图的审美形态。空、静、动这些抽象的意境观念不借助于具体的物象是难以表达从而生发人的联想，引导观者达到绘画所营造的境界中去。

在古典园林自然假山叠石中有很多的竖向变化，需要解决竖向的交通联系，就要根据山势高低起伏、转折变化而灵活运用山石，逐层堆叠山径来完成。山径由山麓而起，随山势曲折向上，上石压下石，层递叠加，这是所谓险峻的艺术手法。仙人难能居住，不是世俗之人可以测度的，若以绘画表现这险峻的景界，只在于刻画山峰高耸、悬崖陡峭、栈道崎岖之险峻即可。

2.12 《林木章第十二》

古人写各种树木，或三株、五株、九株、十株，必令其所写树木反正阴阳，各株有各株的长势和独特面目，参差高下，生动有致。而我写松柏古槐古桧之法，如三五株组合的松树其势如英雄起舞，或俯仰或蹲立，蹁跹排宕，即石涛不仅重视描绘每一棵树的形态特点，更注重赋予所描绘之物以性格，借物以达人情。

树坛有高出地面和与地面几乎等高两种，叠翠楼石台上的白皮松树坛就是前者，高出地面 0.5 ~ 1.2m，用叠石抬高种植土壤，有利于排水，也可以将植物种植到合适的高度以免躬身观赏。这个树坛修复的形状是方圆形，如同篆刻印章的边缘，树坛的填土范围就如同边框与字体图案的留白范围，确定叠石的位置与白皮松的距离范围为 1.5m 左右，疏密有致。树坛占据石台广场的中部，向四周展开，白皮松和山石树坛的结合形成庭院主景，掩映在叠翠楼前更显浑厚沧劲，赫然矗立。即而其运笔极重处，却须飞提纸上，消去猛气。

2.13 《脱俗章第十六》

石涛认为愚与俗没有区别，愚即俗，俗即愚。不通一画之法的人，多以古人之法作画，故此可称之为不蒙昧，不下贱。虽然达不到超越前人，但也是画者才智的体现。虽然不离古人世俗之画法，但也可见其清秀。绘画发展到现今，不能再不明白单纯地摹仿与继承。

静心斋中建筑外墙角多与竹林池畔相连，抱角应考虑山石与墙体接触部位的吻合，石纹石色过渡自然，注意山石体量与建筑物墙体空间的协调，摆放的朝向应该以入院者视线与建筑死角的对角线为最佳观赏面。抱角的处理效果恰似建筑物坐落在自然山岩上，有一种“先有山石后有房”的错觉，从风水的角度来说这样的房屋有靠山会非常牢固，让住在里面的人能平心静气，修身养性，突出的这个“幽静”也是人工建筑与自然环境融和的最高境界。若能以禅之大智慧，观看所要描绘的景物，这时已经不再是未开悟之前所看到的样子及感受了，如此下笔作画一定会改变其画法，形成自己独特的风格。

2.14 《资任章第十八》

《画语录·资任章》是全书论述的最长的篇章，大概有综上所述的同理，对于前面自己的观点作总结性的表达，将“资”与“任”与前面的等等观点一一对应作解，既有佛家顺其自然的形成，又有道家的无为而一，更加注重表现内心的对于客观自然的属性和山川万物形貌特征，主张从万物与生活的无限关联中进行绘画等等的审美活动。

叠石造型是实用与审美双重属性的艺术作品，与所在的建筑庭院环境和自然山水两方面环境紧密相连。一切都是联系的观点，这正是唯物辩正思想的体现，所以讲《画语录》美学思想是一个综合体，是前后紧密相连的，只有全面理解，才能正确全面地运用到自己的绘画创作中去。叠石假山的布局结构常常与建筑的台基、踏步等元素结合，形成蹲配、踏步、抱脚、上台下洞等许多叠石和建筑的结合体，在自然山水环境中，麓坡、山径，驳岸有了叠石的配合和衬托，起到了护坡拦土、通道、过渡的作用，使其相互依存，相互升华。各种山石造型都是山体脉络的延伸，可以陆续分布到园子的各个空间、各个角落，用较少的石料创造出大山的环抱之势，使人进园如进山中，达到叠石造山“以少胜多”的造型技法。

3 结论

石涛所著的《画语录》是以禅学思想为主导，通篇贯穿了他对禅的理解与领悟，所以在他的文章中充满了禅的内涵与玄机。石涛独具的绘画个性与激扬的笔调，深刻地呼唤人的创造力，“笔墨当随时代”，他的“见用于神，藏用于人”的一画精神，通过收石、玩石感悟石之内在联系，从而塑造出感人肺腑的石之画形象，使画中之石在历史传承中更有别具意趣的艺术感染力。

参考文献

[1] 王宏印.《画语录》注译与石涛画论研究 [M]. 北京图书馆出版社，2007.

[2] 王劲韬. 中国皇家园林叠山研究 [D]. 北京：清华大学，2009：21-423.

[3] 王劲韬. 论明清园林叠山与绘画的关系 [J]. 华中建筑. 2008（02）.

[4] 寿运增；聂晶；刘宁. 北太湖石叠石技艺审美观赏指标体系及模糊综合评价——以北海静心斋北太湖石为例 [J]. 现代园艺. 2017（11）.

[5] 聂晶；寿运增. 外师造化中得心源——浅论北海静心斋叠石修复改造设计 [J]. 建筑与文学，2018（01）.

中国植物园的建设与发展

中国园林博物馆 / 陈进勇

摘　要：中国植物园经过近百年的发展，现有数量超过200座，在植物种质资源收集保育、科普教育、游览服务等方面发挥着重要的作用。由于植物对环境的特殊要求，大部分植物园都依山傍水选址，按照专类园进行规划布局，栽培展示各类植物，并建有温室、科普馆、游客服务中心等基础设施，满足展览和服务的需求。与发达国家相比，中国植物园仍存在发展不平衡、分布不均衡、管理体系复杂、植物物种收集不充分、景观特色不明显等问题，需要在今后发展过程中不断完善，促进整体水平的提升。

关键词：植物园；专类园；园林；建设；发展

1　植物园概念

中国对植物园最早定义为1935年陈植在《造园学概论》称“植物园乃胪列各种植物聚集一处，以供学术上之研究及考证者也。”《中国大百科全书》的建筑、园林、城市规划卷1988年版对植物园的解释是“从事植物物种资源的收集、比较、保存和育种等科学研究的园地。还作为传播植物学知识，并以种类丰富的植物构成美好的园景供观赏游憩之用”。根据2002年建设部颁布的中华人民共和国行业标准——《城市绿地分类标准》(CJJ/T 85—2002)，植物园是公园绿地的一个部分，是“具有特定内容或形式，有一定游憩设施”的专类公园，其内容为“进行植物科学研究和引种驯化，并供观赏、游憩及开展科普活动的绿地”。这一定义在社会上认知度较高。

事实上，植物园是外来语，英文为Botanical Garden或Botanic Garden，1954年国际植物园协会(IABG)成立时，对植物园的定义是“一个向公众开放的，其内的植物标有名牌的园地”即被称为植物园或树木园。2000年国际植物园保护联盟（BGCI）对植物园定义是“拥有活植物收集区，并对收集区内的植物进行记录管理，使之可用于科学研究、保护、展示和教育的机构”被称之为植物园。这一定义被世界各国植物园界专家普遍接受。

可见从植物园自身来看，与其他公园的显著区别在于引种驯化和保育等科学研究。从公众的角度看，主要是建立在研究基础上的观赏、游憩和科普等功能。因此，将研究成果以丰富的植物种类、多样的生态景观、特色的科普展示等形式展现给公众，是宣传植物园的最好方式。

2　中国植物园发展概况

科学意义上的植物园最早出现于文艺复兴时期的意大利，1543年意大利比萨（Pisa）大学设立药用植物园，随后，帕多瓦药用植物园（Padova，1545年）、佛罗伦萨药用植物园（Firenze，1545年）和博洛尼亚药用植物园（Bologna，1547年）相继建立，以收集和展示草药类植物。其中，帕多瓦植物园至今仍保存完好，被认为是世界上现存最早的植物园，于 1997 年入选世界文化遗产。

中国境内早期建立的植物园多为帝国主义入侵时建立的，1905 年日本人在台湾恒春建设了恒春热带植物园，1915 年，日本在辽宁建设熊岳树木园。

1915 年，陈嵘在南京创办了江苏省甲种农业学校树木园。1921 年，钟观光在杭州创办了服务于第三中山大学劳农学院的笕桥植物园，占地约 50 亩，收集植物 2000 余种。1929 年，刘慎愕于北平的诚隐亲王园邸（三贝子花园）中建设了一个小规模的植物园，收集植物 600 余种。傅焕光、陈嵘在南京总理陵园委员会的委托下，于 1929 年在明孝陵山麓建设中山陵园纪念植物园（现南京中山植物园）。1934 年，在胡先骕等人的努力下，庐山森林植物园在江西省庐山含鄱口建成，这是中国当时唯一的亚高山植物园。同期修建的还有浙江农业大学植物园（1927 年）、武汉大学植物园（1933 年）、上海市立植物园（1934 年）、中山大学农林研究所植物园（1936 年）和四川药用植物园（1947 年）。

中华人民共和国成立后，1956 年制定的全国自然科学规划推动了中国植物园的建设，中科院带头在全国开始建设沈阳树木园（1956 年）、武汉植物园（1956 年）、华南植物园（1956 年）、鼎湖山树木园（1956 年）、桂林植物园（1959 年）、西双版纳热带植物园（1959 年）、西安植物园（1959 年）、贵州植物园（1964 年）这 8 座植物园。北京植物园与昆明植物园（1955 年）等也在此期间完成了建设。同时，各地政府也相继建设植物园，杭州园林文物管理局 1953 年筹备建设杭州植物园，北京市园林局 1956 年开始北京植物园（北园）的建设，沈阳市植物园、福州植物园、重庆南山植物园等 1959 年开始建设，厦门植物园 1960 年开始创建，上海植物园建于 1974 年，1976 年青岛植物园、赣南树木园、新疆吐鲁番沙漠植物园等建立。

改革开放后，由于中国经济的快速发展，各地植物园建设蓬勃发展，1981 年建设济南植物园和西宁植物园，1983 年开始建设深圳仙湖植物园、昆明园林植物园、成都植物园，1984 年筹建乌鲁木齐市植物园，1985 年建设宝鸡植物园，1986 年建立华西亚高山植物园等等。

进入 21 世纪后，国家对生态文明建设和资源保护更为重视，住房和城乡建设部联合国家质量监督检验检疫总局发布的《城市园林绿化评价标准》（GB/T 50563—2010）中，明确指出城市应该至少具有一座面积大于 $40hm^2$ 的植物园。《国家园林城市标准》中要求近三年大城市新建综合性公园和植物园不少于 3 处，中小城市不少于 1 处。这进一步推进了植物园的建设速度和规模，如秦岭国家植物园、上海辰山植物园、香格里拉高山植物园、重庆花卉园等。据不完全统计，目前全国已有植物园超过 200 座。

植物园作为城市绿色基础设施和绿色基底的一部分，对城市的发展具有重要作用，是衡量城市生态和区域绿化水平的基石，是生物多样性和生态文明建设的重要体现。随着科学技术的发展，人类对生态环境保护以及恢复生态环境意识的提高，中国的植物园建设仍将处于上升趋势。

3 中国植物园类型

国际植物园联盟 BGCI 将植物园分为 12 类，即："经典的"多功能植物园、观赏植物园、历史植物园、保护性植物园、大学植物园、动植物园、经济植物及种质保存植物园、高山或山地植物园、自然或野生植物园、园艺植物园、主题植物园、社区植物园。

中国植物园历史较短，还没有历史植物园类型，保护性植物园和社区植物园等类型也缺乏，总体来说，类型相对简单，主要有：

（1）多功能植物园：开展植物科学研究、科普教育、公共游憩等多种活动，规模一般较大，并设有大型植物温室、标本馆、科普馆、游客服务中心等设施，植物收集丰富，游客量大，有充足的资金支持，具有较高的社会影响力。

（2）观赏型植物园：这一类植物园主要强调景观效果，园内设有丰富的植物收集展示区。在收集植物的选择上偏重景观效果优良的植物，重视植物配置的观赏效果。具备或尚未具备植物科学研究的功能。

（3）园艺型植物园：这一类植物园通常以花园替代植物园命名，园中以花卉为主，开展品种收集、植物繁育、园艺技术培训等活动，旨在园艺专业教育及园艺技术发展。

（4）大学植物园：这一类植物园以教学和研究为主要目的，一般都位于大学校园内或临近地区，多数也面对公众开放。

（5）动植物园：一般以展示动物及其栖息地为目的，对于珍稀动植物的保护以及公众生态知识科普与建立公众生态意识都具有重要作用。

（6）主题植物园：通常具有一个特定主题，以收集和展示具有相同特征的植物为主，用于科研实践、科普活动、物种保护等活动。主题的类型多样，可以是某一科或属的植物专类园、以生境为展示方式的植物园、以治疗为主题的植物花园等等。

以上按性质分类有时难以对号入座，按照其隶属关系分类，植物园大致可分为科研系统植物园、教育系统植物园、城建系统植物园、林业系统植物园、医学系统植物园、农业系统植物园等，承担研究、教学、游憩、科普、开发等功能，服务于各自行业，有的不面向公众开放。近些年，随着社会经济的发展，各类机构团体和公司开始兴办植物园，以休闲游憩为主要功能，吸引游客参观和消费，赢得经济效益。

4 中国植物园建设成果分析

现代意义上的植物园已经有五百余年的历史，而中国自己建设的植物园不到一百年的历史，大多为中华人民共和国成立后所建，只有几十年的历史，总体上看，与发达国家的植物园水平还有一定差距。但短时间内能取得如此成绩，仍然是世界所少有的。

从植物园的数量上看，根据国际植物园联盟数据统计，目前全球有大约3300多座植物园，我国植物园数量约200座，占比6%，虽然这一数据相对平均值来说并不低，但相比我国的大国地位来说仍然偏少。

我国植物园分布不平衡，东部经济发达地区，如江苏、浙江、山东、辽宁等省的植物园数量相对较多，超过10座；直辖市和西部经济欠发达地区植物园数量偏少，如天津、西藏、青海、新疆、宁夏、甘肃、重庆、四川等省市，这与西部地区的生态及物种重要性不相匹配，因此植物园的建设发展仍然任重道远。

植物种质资源的收藏量是植物园建设成果的最重要指标。不同植物园由于所处区域不同，设施和技术条件不同，保育的植物种类和类群也各异，中科院华南植物园收集展示了14000多种植物，中科院西双版纳热带植物园、中科院武汉植物园、北京植物园、上海辰山植物园等大型植物园的植物收集也基本达到万种以上。其他植物园平均收集植物种类基本在2000种左右。

据2014年出版的《中国迁地栽培植物志名录》记载，在我国的12个主要植物园中，已栽培保存了约18000种及其种下分类单元的植物（黄宏文，2014）。据许再富（2017）估计，在我国约200个植物园中，栽培保存了约30000种植物，其中属于我国区系成分的可能超过20000种，即约占我国植物区系成分的2/3，远高于世界2000多个植物园所栽培保存的全球已知植物种类1/3的比例（BGCI，2013）。可见我国在物种保育方面的成果显著。

按照洪德元院士的估计，我国植物区系中有10%～15%的物种受威胁（洪德元，2016），低于英国皇家植物园通过评估而得出的全世界已有约20%的植物受严重威胁而面临灭绝风险的比例（https：//stateoftheworldsplants.com/2016/report/sotwp_2016.pdf/）。稀有、濒危植物在植物园中的新增和死亡数大体相抵，其保存率徘徊在80%。

植物园区的建设规模和质量也是反映植物园建设成果的重要指标。我国不少植物园的面积都在100hm^{2}以上，以秦岭国家植物园面积最大，为63900hm^2，是全世界最大的植物园。面积超过1000hm^{2}的植物园有10座左右，如西双版纳热带植物园、福州植物园、香格里拉高山植物园、重庆市植物园等。100～1000hm^{2}的植物园有50余座，如北京植物园、石家庄植物园、青岛植物园、济南植物园、上海辰山植物园、庐山植物园、杭州植物园、南京中山植物园、丽江高山植物园、黑龙江森林植物园、吐鲁番沙漠植物园等。大面积广阔的空间为植物栽培展示和人们游览提供了广阔的空间。有些大学植物园如浙江大学植物园，科研院所植物园如中国医科院北京药用植物园，由于场地限制，面积较小。植物园内各专类园区和树木区的数量基本在20个以上，至少超过10个，用来展示不同季节、不同类型的植物多样性和景观丰富性。

植物园的科普功能也是其价值所在，大型的植物园均是全国科普教育基地，大多数植物园也是本地的科普教育基地，通过开展各种科普活动和科普宣传，在普及植物知识、提高环境保护意识、提升全民文化素质等方面发挥着重要作用。

植物园作为园林的一种类型，为公众开放，由于景色和环境优美，成为人们休闲娱乐的好去处。沈阳市植物园和中国科学院西双版纳热带植物园是国家5A级旅游景区，北京植物园、上海辰山植物园、中国科学院华南植物园、武汉植物园等不少植物园是4A级旅游景区，也有3A级旅游景区（如成都植物园），反映出植物园服务社会和服务人民的重要功能。

中国部分植物园建设成果基本情况　　表1

名称	位置	始建年代	面积（公顷）	收集物种数	专类园区数	科普教育基地	旅游景区
北京植物园	北京	1956	400	10000	20	全国	4A
上海辰山植物园	上海	2007	207	11598	26	全国	4A
中国科学院华南植物园	广东	1929	320	14000	38	全国	4A
中国科学院武汉植物园	湖北	1956	70	11726	16	全国	4A
中国科学院西双版纳热带植物园	云南	1958	1125	12000	38	全国	5A
南京中山植物园	江苏	1929	186	7000	19	全国	
江西省·中国科学院庐山植物园	江西	1934	333	5500	17	全国	
南山植物园	重庆	1954	551		16	重庆市	4A
成都市植物园	四川	1983	42	2000	约12	全国	3A
沈阳市植物园	辽宁	1959	211	2000	21	沈阳市	5A

5 中国植物园的园林特征

被誉为“中国植物园之父”的陈封怀教授总结国外著名植物园的建园理念，提出中国应以“科学的内容，美丽的外貌”作为植物园规划建设的中心理念。20 世纪末期，许再富提出应以“多样的植物种类并具科学的植物管理系统；丰富的科学内涵并具完备的知识传播设施；优美的园林景观并具特色的植物园专类园区；显著的地方特色并具传统的民族文化特征”这 4 条作为植物园的科学建园理念。分析中国植物园的共性，可以看出植物园的科学性、艺术性和文化性是其本质特征。与其他类型的园林相比，植物园有其独特的特征。

5.1 山水形胜

植物园由于要满足各种植物的生长，因此选址大多会依山傍水。庐山植物园、重庆南山植物园选址于山上，环境相对凉爽湿润，比较适合杜鹃花、山茶花等亚热带常绿植物生长。丽江高山植物园和香格里拉高山植物园则海拔更好，适合高山植物的引种、栽培展示和保育研究。此外鼎湖山树木园、华西亚高山植物园都是建在山上。上海辰山植物园则依托于丘陵小岗和鱼塘水网建园，挖湖堆山，创造形成近 30 个各具特色的专类园区。中科院武汉植物园位于东湖之滨，水源充足，水生植物是其一大展示特色。北京植物园虽然位于西山脚下，水源缺乏，却挖出 3 个人工湖，大大改善了景观面貌。可见，水对植物园的可持续发展至关重要，深圳仙湖植物园的最终选址就是由于此地山环水抱，非常适合植物的生长和人们的游览。

5.2 空间格局

植物园的空间布局一般是根据功能组团安排。有些植物园有着强大的研究功能，科研试验区要求相对封闭，不受游客影响，因而往往放在游览区外，自成一体。游览区则主要安排植物展示区和专类园区。专类园区，大多数是以植物分类系统（科、属）为框架，或按生态类型（旱生、水生、阴生、高山、岩生、沙生）、生长类型（乔木、灌木、地被、藤本等），或按地理分区（地中海、北美等地理区）、用途（观叶、观果、药用、香料、保健等）等配置植物。

以专类植物为主题内容的专类园最为常见，如蔷薇园、杜鹃园、山茶园、梅园、丁香园、海棠园、竹园、木兰园、牡丹园、兰园、鸢尾园、蕨类植物园等，将这些品种丰富的花卉集中配置，能形成具有震撼力的景观效果，给公众留下深刻的印象。

以展示植物生境为主题内容的专类园正逐渐受重视，如岩石园、水生植物园、阴生植物园、多肉植物园等。将不同植物种植在同一生境下，能让人感受到植物与环境的自然关系，是进行自然教育和体验的良好方式，也便于养护管理和可持续发展。

有些植物园为突出植物的观赏性、经济性等价值而建立专类园区，常见的有盆景园、芳香植物园、药用植物园、经济植物园等。还有的按照植物的季节性分为春花园、夏园、绚秋苑、冬园等。为更好地服务不同群体，有些植物园还建立了盲人植物园、儿童园、迷宫园等各种类型的专类园。

5.3 建筑

除了室外专类园区外，不少植物园建设了温室，以收集展示不同地域的植物种类，满足人们的游览需求。温室由于室内温湿度等环境条件可以调控，被称为“植物的诺亚方舟”，北京植物园、上海辰山植物园、南京中山植物园、中科院华南植物园都有面积超万平方米的温室群，对世界各地的植物进行引种研究和展示。当然温室的建造和运行成本较大，因此各植物园温室的规模大小、建筑形式等都要与当地的气候、经济、社会和文化需求相匹配。

科普教育是植物园的主要功能之一，不少植物园都建有科普中心或科普馆等设施，用来开展讲座、培训、制作等科普教育活动。

游客服务中心不仅是旅游景区的必要条件，植物园作为对游客提供服务的单位，也应在主要门区建立游客服务中心，提供咨询、讲解、处理游客诉求等服务。

5.4 植物

植物展示是植物园的核心，也是立园之本。植物园的总体规划主旨就是要考虑如何更好地展示丰富的植物及其景观，依托山水地形，根据植物特性规划空间布局，进行专类园区和设施（如温室、荫棚）的建设。植物既有当地的原生植物种类，又有现代的花卉品种，植物景观呈现四季更迭变化的节律，使植物园成为活植物展示的博物馆。

6 中国植物园的展望

中国植物园经过几十年的发展，取得了令人瞩目的成就。面对新时代人们对美好生活的向往以及国家生态文明建设的需求，仍需要解决发展中存在的不可忽视的问题，推进中国植物园的整体水平提升。

（1）植物园发展不平衡。目前中国的植物园数量虽然超过 200 座，但质量参差不一，有的从苗圃更名而来，在人员、技术、基础条件等方面还很欠缺。有的对植物园的认识不足，认为只是栽植植物的场地，结果造成有名无实。有的植物园片面追求经济效益，忽视公益科普和基础研究。迫切需要对全社会的宣传，提升对植物园的全面认识。中

科院正开展对植物园的认证工作，根据植物园的标准来评估各植物园的工作，有利于推进植物园科研、科普、保育、游览等职能的综合提升。

（2）植物园分布不均衡。中国大多数植物园分布在东部经济较为发达的区域，而西部物种和生物多样性比较丰富的地区反而植物园分布较少，很难适应西部开发和生态文明建设的需求。需要在今后优化植物园建设布局，解决植物园发展不平衡、不充分的问题。

（3）植物园管理体系复杂。由于中国各植物园的上级归属千差万别，管理体制和方式各异，会进行机构调整甚至管理权属变更，有些会给植物园的稳定发展带来不利的影响。植物园行业缺乏必要的标准，还没有在全社会达成共识。因此需要在管理层面出台植物园相关的法律法规和制度标准，保障植物园的健康、稳定、可持续发展。

（4）植物收集不充分。与国外发达的植物园相比，中国植物园收集的植物种类普遍不够多，能达到万种植物的植物园不足 10 家，且各植物园之间的植物收集相似，缺乏特色收集。尤其是野生植物和濒危植物种类的保育需要很高的技术、较多的人力和财力，普通的植物园由于技术人才缺乏，开展植物保育工作比较困难，主要收集展示市场上常见植物。因此提高植物收集的科学性势在必行。

（5）景观营造缺乏特色。中国植物园的建设历史相对较短，积累的经验不足，在景观营造方面多借鉴国外或国内仅有的植物园，往往缺乏自身特色。有的植物园以公园景观为模本进行建设，缺乏乡土树种及地域植物景观特色。今后还应在提高景观质量和特色上下功夫。

参考文献

[1] 贺善安，张佐双，顾姻 . 植物园学 [M]. 北京：中国农业出版社，2005.

[2] 胡文芳 . 中国植物园建设与发展 [D]. 北京林业大学硕士论文，2005.

[3] 胡永红 . 专类园在植物园中的地位和作用及对上海辰山植物园专类园设置的启示 [J]. 中国园林，2006：50-55.

[4] 洪德元 . “三个‘哪些’：植物园的使命”的补充发言 [J]. 生物多样性，2017，25（9）：917.

[5] 任海，段子渊 . 科学植物园建设的理论与实践（第二版）[M]. 北京：科学出版社，2017.

[6] 余树勋 . 植物园与规划设计 [M]. 天津：天津大学出版社，2000.

[7] 张云璐 . 当代植物园规划设计与发展趋势研究 [D]. 北京林业大学硕士论文，2015.

花绒寄甲规模化生产中相关技术的研究

北京市园林科学研究院 / 仇兰芬　仲　丽　车少臣
北京市园林学校 / 赖娜娜　王燕霞

摘　要：根据已发表的花绒寄甲适合生长发育的温湿度条件，结合室内研究及天敌生产，确定适合花绒寄甲规模化生产的温湿度条件：花绒寄甲成虫产卵条件22～25℃、*RH*=50%～60%、无光照条件下，每7d添加饲料、水分，收集卵块；花绒寄甲幼虫孵化、寄生、结茧、羽化条件为22～25℃、*RH*=50%～60%、无光照。花绒寄甲卵块保存条件：7±1℃的黑暗条件下，时间不要超过30d；花绒寄甲成虫保存条件：将新羽化、已经喂养10d的花绒寄甲成虫，置于8±1℃、*RH*=50%～60%、无光照的冷藏柜内进行低温保存，不超过180d。

人工繁育天敌昆虫一般有两种方法，一是用天敌的寄主或替代寄主作为食物饲养；另一种是用人工配制的饲料进行饲养。当某些天敌的寄主或替代寄主可以通过人工在室内大量繁殖或野外大量获得时可以选择第一种方法，反之则可以用人工饲料饲养。自发现花绒寄甲以来，国内就断断续续地开始了人工繁殖的研究工作，以用于防治天牛类害虫。我国最早的人工繁殖尝试始于 20 世纪 80 年代。此时期的方法主要是从野外采集天牛虫害木，然后室内接种花绒寄甲成虫，繁育花绒寄甲。20 世纪 90 年代初，宁夏森林保护研究中心与日本森林综合研究所先后对花绒寄甲成虫、幼虫的人工饲养进行了研究，并开发出了花绒寄甲的一些人工饲料，但繁育成功率较低，而且在日本所做的防治试验也并不很成功[1]。进入 21 世纪后，我国学者又对花绒寄甲幼虫、蛹的饲养以及成虫的产卵进行了进一步的研究，但效果也不甚理想。随后西北农林科技大学课题组对寄生于光肩星天牛的花绒寄甲的饲养做了很多研究，找到较好的饲料配方，但未找到有效替代寄主，大量繁殖仍受到限制。国内外在花绒寄甲幼虫人工饲养方面已有一些报道，但是方法还不成熟，表现在幼虫死亡率高、成虫羽化率低，且饲养过程复杂。花绒寄甲幼虫人工饲料的合理性及营养平衡等问题也有待于解决。花绒寄甲成虫人工饲料的配制较幼虫人工饲料容易，且已经有较为成熟的配方[2-4]。

近年来以中国林科院杨忠岐研究员为首的课题组找到了花绒寄甲人工繁殖的有效替代寄主，解决了花绒寄甲的人工大量繁殖技术难题，研究了温度对花绒寄甲发育和生殖的影响，并研究在营养欠缺条件下不同温度处理成虫死亡率达 50% 时的天数，以及饲料供给充足状态下成虫的产卵量。结果表明，花绒寄甲卵期发育与温度的关系符合幂指数模型发育起点温度和有效积温分别为 12.80℃和 126.09 日度；幼虫期和蛹期发育与温度的关系符合抛物线形，发育起点温度和有效积温分别为 11.7℃、139.0 日度和 13.9℃、265.24 日度。在 16 ～ 19℃、营养缺乏条件下，成虫死亡率达 50% 的时间为 62 ～ 63d，表明该天敌具有较强的耐饥力。在 22 ～ 25℃、食料供给充分条件下，成虫产卵量最大，人工大量繁殖和饲养花绒寄甲的最适温度 22℃。只要食料充分，花绒寄甲成虫在所有温度处理下的寿命均达 4 年以上[5, 6]。

本课题亦采用替代寄主繁育花绒寄甲幼虫、花绒寄甲

成虫采用人工饲料喂养的方式进行花绒寄甲的规模化生产，并针对其规模化生产技术进行相关研究。

1 材料与方法

1.1 供试昆虫

花绒寄甲种虫来源于北京市农业职业学院天敌繁育中心，在北京市园林科学研究院园林植物保护研究所天敌昆虫繁育室进行饲养。

1.1.1 花绒寄甲卵的收集

花绒寄甲成虫200头一组饲养于塑料盒内，内置防滑垫、人工饲料、保湿盒、诱导产卵木块，另将多张纸片绑于木块上，供其产卵。饲养盒置于25℃，*RH*=60%培养箱内，并提供8小时的光照。

花绒寄甲成虫一般会产卵于上述纸片上，卵的采集方式即为检查并收集带有卵块的纸片。试验用卵为每7d收集一次，收集后的卵块置于8℃的冷藏柜内保存备用。

1.1.2 替代寄主

试验中所用的替代寄主大麦虫（*Zophobas morio*）、黄粉虫（*Tenebrio molitor*）均从市场上购买，置于室内适合条件下，提供充足的食料，待替代寄主化蛹后，每天定时收集，记录化蛹时间，放于4℃的冷藏柜内保存备用。

1.2 花绒寄甲卵的孵化

将在室温条件下花绒寄甲24h内产的新鲜卵粒，分别置于16℃、20℃、24℃、28℃下，每天定时观察记录卵的孵化情况。试验设4个重复，每个重复卵粒30个以上。

1.3 花绒寄甲幼虫转移寄生行为研究

将不同发育阶段的花绒寄甲幼虫，分别提供替代寄主供其寄生，观察记录幼虫的寄生发育情况。试验分为5个处理，即花绒寄甲幼虫成功寄生替代寄主发育0d、1d、2d、3d、4d后，将其人为取下，为其提供其他适合的替代寄主，观察记录花绒寄甲幼虫的取食、发育情况，每个处理重复30次。以寄生成功且不人为让其转移的花绒寄甲幼虫作对照。

1.4 饲料种类对花绒寄甲产卵的影响

选取相同代数的花绒寄甲成虫4200头，分为7组，每组3个重复，每个重复放200头花绒寄甲成虫于20cm×10cm×8cm的透明塑料盒中饲养，每个盒中放置2个8.5cm×4.5cm×3.0cm刨光的柳树木块（中央凿4.0cm×5.0cm×1.0cm的槽）。在7组试验分别饲喂7种不同饲料，具体饲料配方见表1，每周取一次卵片，记录每组花绒寄甲产卵量，并统计花绒寄甲成虫死亡率。

花绒寄甲成虫饲料配方　　表1

成分	饲料标号（g）						
	1	2	3	4	5	6	7
替代寄主粉	230	200	100	100	100	150	150
蚕蛹粉			100				
干蟋蟀粉				100			
动物粮粉					100		
蛋黄粉						50	
干酵母粉							50
柳树枝粉		30	30	30	30	30	30

1.5 数据统计

数据采用Excel和Spss进行处理，并进行方差分析及LSD显著性检验。

2 结果与分析

2.1 不同接种方法对花绒寄甲繁殖效率的影响

为了提高工作效率，花绒寄甲生产中采用了3种不同的接种方法，其繁殖效果对比见表2。

不同花绒寄甲幼虫接种方法的成虫产出量和产出率　　表2

接种方法	替代寄主数（头）	感病率（%）	替代寄主羽化数（头）	成虫产出量（头）	产出率%
方法1	300	3.33±0.58 a	2.67±0.58 a	318±6.50 a	3.18±0.07 a
方法2	300	2.67±0.58 a	7.33±1.15 b	304±5.57 B	3.04±0.06 b
方法3	300	2.33±0.58 a	4.00±1.00 c	317.67+6.66 b	3.18±0.07 ab

注：表中数据是“平均值 ± 标准差”，标有小写字母的表示在 $P < 0.05$ 水平上差异显著，标有大写字母的表示差异极显著。

由表1可知，利用三种不同的方法给替代寄主接种花绒寄甲小幼虫，三种方法在替代寄主感病率方面没有显著差异，而在替代寄主的羽化数（被寄生率）上差异显著，方法1和方法2的花绒寄甲产出率差异显著，而二者与方法3的产卵率差异不显著，通过比较三种方法的产出量，可知方法1的产出量最大，与方法2和方法3差异显著。因此，方法1可以作为大规模生产的繁育手段，不仅繁殖量大，生产效率也高，同等条件下，繁殖效率是方法3的6倍。

2.2 花绒寄甲卵的孵化规律

由图 1 可知，花绒寄甲卵在不同温度下的孵化期（孵化始期、孵化终期、孵化期）不同。花绒寄甲卵在不同温度下的孵化情况如下：28℃下孵化始期为第 4d，孵化终期为第 16d，孵化期为 12d；24℃下孵化始期第 12d，孵化终期为第 28d，孵化期为 16d；20℃下孵化始期为第 21d，孵化终期为第 28d，孵化期为 7d；16℃下孵化始期为第 40d，孵化终期为第 52d，孵化期为 12d。

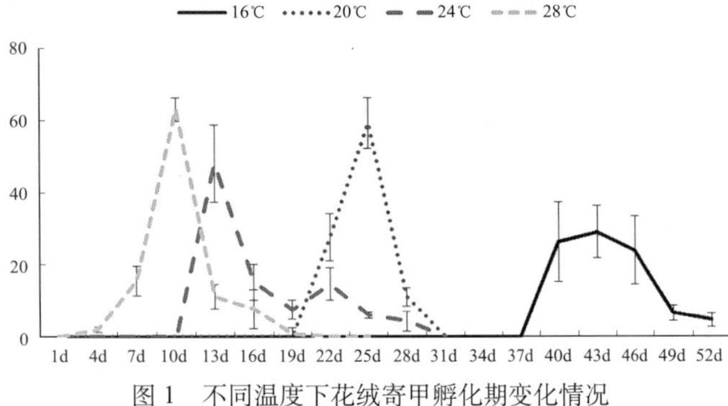

图 1　不同温度下花绒寄甲孵化期变化情况

2.3 不同龄期花绒寄甲幼虫的转移寄生特性

通过室内观察花绒寄甲初孵幼虫，按照其脱皮次数计算，其虫龄共有 6 龄，这与其他学者的研究结论一致。

将替代寄主处理后，接种初孵幼虫 3d 后，可以确定替代寄主是否被寄生成功。花绒寄甲幼虫期平均为 8d，根据幼虫的脱皮次数计算，1 龄幼虫是当前生产花绒寄甲所用的虫期，由于替代寄主出现病害、营养等方面的问题时，一些花绒寄甲幼虫会出现营养不良等问题，最终导致不能成功化蛹、羽化。

花绒寄甲幼虫 1 龄长约 0.9mm，2 龄长约 3.1mm，3 龄长约 5.0mm，4 龄长约 7.0mm，5 龄长约 8.7mm，6 龄长约 11.2mm。根据花绒寄甲幼虫的体长，可以判断其龄期，进行幼虫的转移寄生试验。通过预备试验，可知花绒寄甲的幼虫龄期越大，转移寄生率越低，因此，仅选择 1 龄、2 龄、3 龄幼虫进行试验。

不同龄期花绒寄甲幼虫转移寄生情况　　表 3

龄期	接种数（头）	寄生数（头）	寄生率
1 龄	30	6.33±1.53	0.63±0.15a
2 龄	30	3.00±1.00	0.30±0.10b
3 龄	30	2.00±1.00	0.20±0.10b

以上试验结果说明花绒寄甲幼虫的转移行为、转移关键期主要是在 3 龄以前，以 1 龄幼虫的寄生率最高，与 2 龄和 3 龄幼虫的寄生率差异显著。1 龄以后的各龄期寄生率均较低。因此，在生产中，主要是以 1 龄幼虫进行花绒寄甲规模化生产。

3 结果与分析

3.1 花绒寄甲规模化生产方式

在进行花绒寄甲生产时，采取文中所述的 3 种方法均可达到较好的繁育效果，可以根据人力、生产量及生产时间等综合考虑，在生产时间紧、任务重、人力有限的情况下，可以采取幼虫自主选择法或拍打法，以达到短时间内完成生产任务的目的。在花绒寄甲种虫较少或初孵小幼虫较少，生产任务不紧的情况下，可以采取人工接种法，从而达到花绒寄甲幼虫最高的寄生率和生产量。生产中一旦发现花绒寄甲幼虫寄生不成功时，要尽快采取补救措施，补充替代寄主，且龄期越小的幼虫越容易转主寄生成功，初孵化的 1 龄小幼虫寄生成功率最高，龄期越高，越难转主寄生成功。

3.2 花绒寄甲成虫产卵的适合条件

取 30cm×20cm×10cm 的透明带盖塑料盒用作花绒寄甲成虫产卵养虫盒，盒盖上有数个通气孔。将一定数量的花绒寄甲成虫置于产卵木段内，提供供其产卵的纸片，盒底铺有双层牛皮纸或平整纱网，以有利于花绒寄甲成虫在盒内活动。为满足花绒寄甲成虫补充营养及水分的需要，盒内还需提供饲料盒（成虫产卵饲料经过实验室筛选后自制）和饮水管。

将花绒寄甲产卵盒置于 22 ～ 25℃、*RH*=50% ～ 60%、无光照条件下饲养，每 7d 检查花绒寄甲成虫是否产卵，同时补充水分和饲料，并清理盒内的排泄物。

卵块收集储存技术：将每 7d 收集的花绒寄甲卵卡取下后，更换新的产卵纸片。若需要卵粒孵化，可以将卵卡置于 22 ～ 25℃、*RH*=50% ～ 60%、无光照条件下培养，每天定时观察卵粒孵化情况。若不需要卵粒孵化，可以将卵卡置于 7±1℃的黑暗条件下进行储存，储存时间最好不要超过 30d。

3.3 花绒寄甲生长发育的适合条件

将接种花绒寄甲初孵幼虫后的替代寄主，置于 22 ～ 25℃、*RH*=50% ～ 60%、无光照条件下的花绒寄甲繁育室或恒温恒湿培养箱或人工气候室均可正常发育。经过 7d 左右，花绒寄甲幼虫即可结茧。

3.4 花绒寄甲结茧羽化的适合条件

将化蛹结茧 35 ～ 40d 的花绒寄甲茧收集起来，放于养虫盒内。养虫盒底部放置双层牛皮纸，盒内一端放置花绒寄甲成虫引水管和饲料，置于在 22 ～ 25℃、*RH*=50% ～ 60%、无光照条件下的花绒寄甲繁育室内，每 7d 观察 1 次花绒寄甲的羽化情况，及时补充水分和饲料，待花绒寄甲成虫全部羽化后，取出茧壳，继续喂养 10d。

3.5 花绒寄甲新羽化成虫的储存

将新羽化、已经喂养10d的花绒寄甲成虫按照每盒2000头，置于8±1℃、*RH*=50%～60%、无光照的冷藏柜内进行保存，记录保存时间。将保存的花绒寄甲成虫每30d取出至室温下22～25℃下补充饲料和水分，饲喂5d后，取出饮水管和饲料盒，将花绒寄甲重新放入冷藏柜。花绒寄甲冷藏时间最好不超过180d。

3.6 不同种类饲料对花绒寄甲产卵量的影响

试验结果表明，不同种类饲料对花绒寄甲的产卵前期、产卵高峰和总产卵量均有影响。其中，饲料1、3、7的产卵前期最短为7d；饲料2、4、5的产卵前期最长为28d；饲料6的产卵前期为14d。除饲料1外，其余6种饲料均有2个产卵高峰，第1个产卵高峰多为6月19日和7月3日，第2个产卵高峰多为8月9日；各饲料的产卵总量为饲料5＞饲料1＞饲料2＞饲料3＞饲料7＞饲料6＞饲料4。由此可知，饲料4的产卵前期较长，第1个产卵高峰最早（6月19日），第2个产卵高峰出现最晚（8月19日），而总产卵量最低，与其他饲料差异显著。因此，饲料4相对于其他6种饲料，不适合花绒寄甲成虫产卵。

不同饲料对花绒寄甲产卵的影响　　表4

饲料种类	产卵前期	第1个产卵高峰	第2个产卵高峰	总产卵量（粒）
1	7d	6月19日	—	59304.33
2	28d	7月3日	8月9日	44312.00
3	7d	7月3日	8月9日	42570.67
4	28d	6月19日	8月19日	31644.00
5	28d	7月3日	8月9日	59547.00
6	14d	7月3日	8月9日	41020.67
7	7d	7月3日	8月9日	41245.67

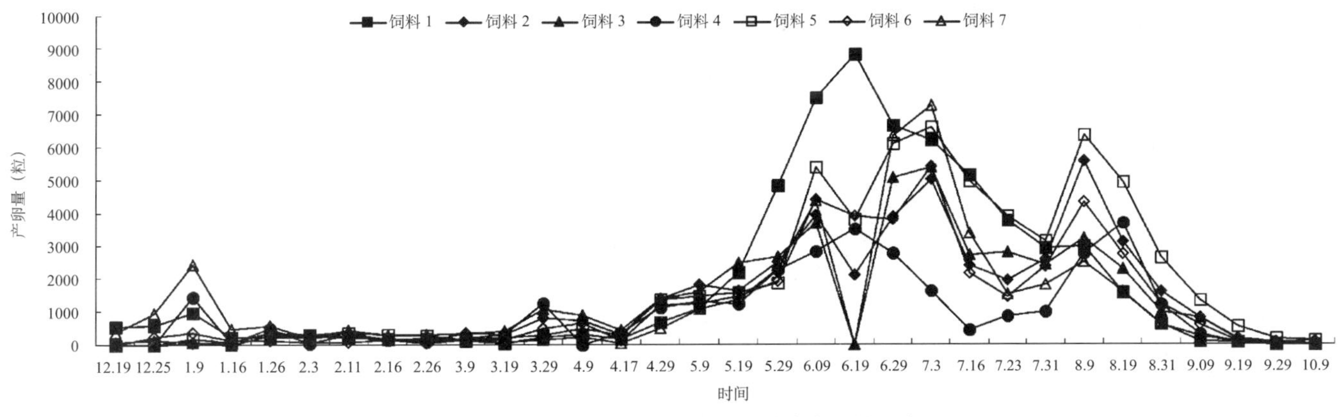

图2　7种不同饲料对花绒寄甲年总产卵量的影响

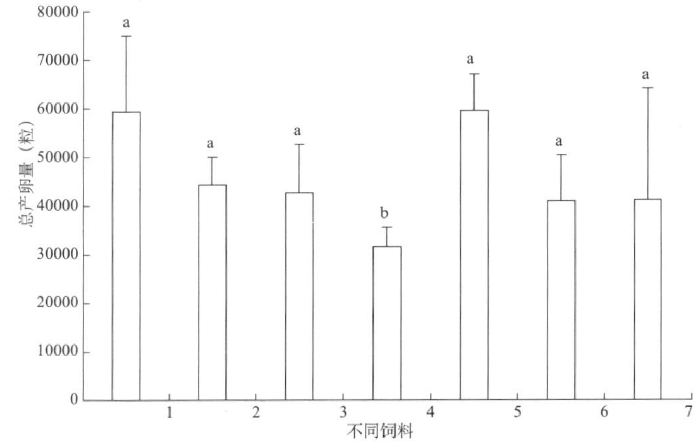

图3　不同饲料对花绒寄甲成虫总产卵量的差异显著性

4 讨论

影响花绒寄甲成虫产卵的因素较多，如成虫本身质量（虫体大小、活力、寿命等）、食物、环境条件、周期性节律等，针对花绒寄甲产卵影响因素的研究很少，仅见针对花绒寄甲密度、诱导木数量的报道[7]，而花绒寄甲成虫饲料对其产卵的影响未见报道。通过课题对花绒寄甲成虫7种不同种类饲料对其产卵前期、产卵高峰、产卵量影响的研究，结果表明，花绒寄甲成虫一年内有2个产卵高峰，集中在6～8月，受成虫饲料种类的影响不显著，这可能与试验进行的时间较短、处理和重复数较少有关。因此，需要对花绒寄甲产卵机制及影响因素进行系统深入的研究，以为今后花绒寄甲的饲养和冷藏提供依据。

参考文献

[1] 王卫东，赵军，小仓信夫．花绒穴甲幼虫人工饲料的开发研究．北京林业大学学报，1999，21（4）：48-51.

[2] 尚梅．花绒寄甲的人工饲养技术．西北林学院毕业论文，2008.

[3] 尚梅，苏宝锋，李孟楼．花绒寄甲幼虫人工饲料的研究．西北林学院学报，2009，24（1）：136-139.

[4] 王小东．花绒坚甲生物学特性、种群动态及其饲养方法研究．山东农业大学毕业论文，2004：76-79.

[5] 王健，杜文军，司徒春南，等．我国花绒寄甲研究进展．现代农业科技，2012（08）：209-210.

[6] 杨忠岐，李孟楼，雷琼，等．温度对花绒寄甲发育和生殖的影响．中国生物防治学报，2012，28（1）：9-14.

[7] 姜嫄，马玲，张翌楠，等．诱导木数量及空间大小对花绒寄甲产卵的影响．东北林业大学学报，2002，39（7）：83-85.

北京地区观赏竹生长规律初探

北京市紫竹院公园管理处 / 冯小虎　魏　娜

摘　要：北京市紫竹院公园具有丰富的竹类资源，斑竹是北京地区的主要竹种之一。文章从斑竹（*Phyllostachys bambusoides* f. *lacrimadeae*）的竹丛生长特性、生长扩张性和株行距的理论计算3个方面对竹林景观建设进行了研究。研究结果表明：在平地种植，采用2cm秆径母竹的条件下，新生竹株的秆径逐年增粗；随着种植地的坡度加大，竹株秆径、竹材生长量明显下降，且母竹死亡率迅速上升；就繁殖系数而言，1株/丛＞2株/丛＞3株/丛；若以生长效率为标准，母竹选择并非越大越好；如在平地环境下，选择秆径1.50～2.50cm的母竹，将行株距控制在1.20～1.50m即可在栽植第3年形成郁闭，初步形成景观效果。

关键词：北京；观赏竹；生长规律；竹丛

1　前言

1.1　调查对象

斑竹（*Phyllostachys bambusoides* f. *lacrimadeae*）

1.2　种苗来源

河南省博爱县。

1.3　调查方法

设置 2 块不同的样地。

样地 1：位于公园东门区，面积 300m²，2014 年 7 月 17 日种植。

在样地 1 内，随机选取 89 丛竹丛，以竹丛为调查单位，记录其中母竹与 2015 年、2016 年新生斑竹的竹株数量、竹株秆径以及新生竹株与母竹的距离；随机选取 90 株 2017 年新生斑竹，记录秆径；随机测量 45 组株（丛）行距的间距。

样地 2：位于公园青莲岛，面积 300m²，2015 年 3 月种植。

在样地 2 内，设平地（0°～5°）、中坡（15°～20°）、陡坡（30°～35°）3 种地形，每种地形内随机选取 20 丛竹丛，以竹丛为调查单位。记录其中母竹与 2016 年新生斑竹的竹株数量、竹株秆径以及新生竹株与母竹的距离。

1.4　名词解释

秆径：竹秆距离地面 20～30cm 处的竹秆直径。

竹丛：指成丛栽植的母竹及其历年生长的新竹，由若干竹株组成。

竹株：指历年生长的单株竹子。

栽植第 *x* 年：以母竹栽植时间为栽植第 1 年，此后类推。如：栽植第 2 年的竹株意为母竹栽植 1 年后新生的竹子。文中简称为第 *x* 年。

竹材生长量：以竹秆的横截面面积代表竹材生长量，单位 cm²。

竹丛扩张性：指 1 个竹丛内，母竹（2 株及以上时，取多株母竹的中心点）与该丛生长的最远竹株的距离，单位 cm。具体指标包括：

A 距：1 丛竹子内最远两株的间距。

B 距：1 丛竹子内与 A 距垂直的最远的两株的间距。

C 距：母竹（中心）距最远新竹的间距。

竹丛扩张性用来描述 1 个竹丛在经过若干年度的生长后，延伸出的生长距离（可计算得出占地的面积等），它不是竹鞭的生长距离，是母竹到最远新生竹株的距离，主要由 A 距、B 距、C 距描述。

2 竹丛的生长特性

2.1 竹丛总体生长情况

2.1.1 竹株生长数量及死亡率

竹株的死亡率逐年降低，至第 3 年，竹株死亡率的降低为 0。第 2 年、第 3 年的繁殖系数在 1.2 ~ 1.3，且前者略高于后者，见表 1。

历年竹株生长数量　　　　表 1

	2014 年母竹	2015 年竹株	2016 年竹株
竹株数（株）	155	194	162
死亡株数（株）	17	18	0
死亡率（%）	10.97	9.28	0.00
繁殖系数	1.00	1.28	1.17

2.1.2 竹株秆径

母竹栽植后，竹株秆径呈逐年增粗的趋势。第 2 年的竹株秆径只有母竹秆径的 41.9%，第 3 年达到母竹的 81.0%，至第 4 年，竹株的秆径已经略高于母竹，达到 2.23cm。从竹材生长量分析，虽然第 2 年、第 3 年的竹株数量不同（前者多于后者），但竹材生长量相当，为母竹的 23% ~ 25%（表 2、图 1）。

这可能从侧面说明，第 2 年，新生竹株数量较多，但秆径较小；第 3 年，竹株的竹秆径较粗，但数量较少。

历年竹株秆径　　　　表 2

秆径（cm）	2014 年母竹	2015 年竹株	2016 年竹株	2017 年竹株
最大值	3.31	2.11	3.36	3.56
最小值	1.10	0.31	0.48	0.94
平均值	2.14	0.91	1.62	2.23
中位数	2.10	0.88	1.70	2.22
竹材生长量（cm^2）	518.99	129.99	120.09	—

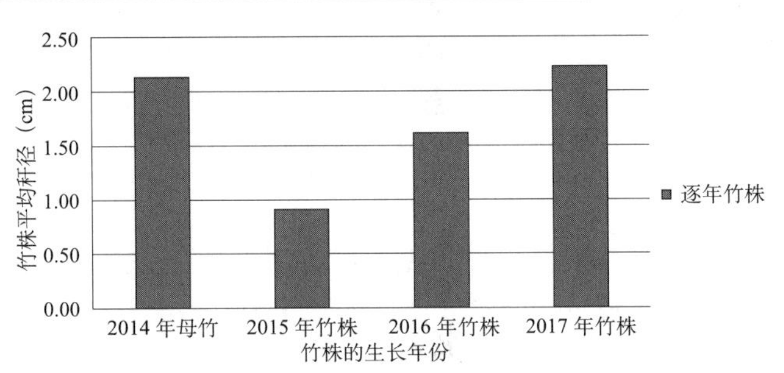

图 1　历年竹株秆径

从秆径的相对分布频度分析，同样证实秆径逐年增粗的趋势。第 2 年的竹株有近 90% 集中在 0.50 ~ 1.49cm 的秆径区间内。至第 4 年，有 65% 以上的竹株秆径接近或大于母竹的平均秆径，其中有近 15% 的竹株秆径大于 3.00cm。见表 3、图 2。

历年竹株秆径分布频度（%）　　　　表 3

年份 \ 秆径级别（cm）	≤ 0.49	0.50 ~ 0.99	1.00 ~ 1.49	1.50 ~ 1.99	2.00 ~ 2.49	2.50 ~ 2.99	≥ 3.00	合计	株数（株）
2015	7.22	59.28	29.90	3.09	0.52	0.00	0.00	100.00	194
2016	0.62	14.81	29.63	28.40	26.54	0.00	0.00	100.00	162
2017	0.00	2.22	11.11	22.22	31.11	18.89	14.44	100.00	90

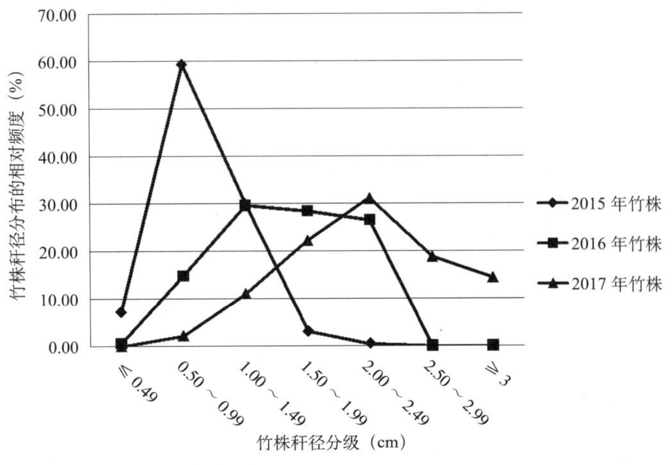

图 2　历年竹株秆径的相对分布频度

2.2 不同坡度下竹丛的生长

2.2.1 竹丛生长数量及死亡率

随坡度的升高，竹株的死亡率也升高。特别是母竹，在陡坡种植的死亡率达 25.0%，远高于平坡种植的母竹死亡率。但第 2 年，竹株死亡率、繁殖系数在不同坡度下相差不多，繁殖系数在 1.50 ~ 1.70，见表 4。

不同坡度下竹株生长数量及死亡率　　　　表 4

	2015 年母竹			2016 年竹株			繁殖系数
	竹株数（株）	死亡数（株）	死亡率（%）	竹株数（株）	死亡数（株）	死亡率（%）	
平地	46	3	6.5	70	6	8.6	1.52
中坡	46	8	17.4	80	7	8.8	1.74
陡坡	48	12	25.0	75	8	10.7	1.56

2.2.2 竹株的秆径生长

对第2年的竹株进行分析表明：首先，秆径随坡度的增高而显著减小，陡坡竹株的秆径只有平地的74.5%。其次，从秆径的相对分布频度看，0.50～0.99cm区间是拐点。随着坡度减缓，秆径大于0.99cm的新竹越来越多；相反，当坡度增大时，秆径小于0.50cm的竹株数量增加了。相应地，随坡度的增大，竹材生长量也逐渐下降，第2年，陡坡的竹材生长量只有母竹的36.7%。见表5、表6、图3。

坡度增大似乎不太影响第2年的竹株生长数量。但随着坡度增大，竹株秆径、竹材生长量明显下降，且母竹死亡率迅速上升，这可能是因为坡地养护条件不佳，水分容易亏缺引起的——长多长少看苗木，长好长差看养护。

不同坡度下竹株秆径　　表5

秆径(cm)	2015年母竹			2016年竹株		
	平地	中坡	陡坡	平地	中坡	陡坡
最大值	2.41	2.97	2.69	2.12	2.37	2.02
最小值	0.63	1.36	1.42	0.17	0.20	0.15
平均值	1.78	2.18	2.00	0.98	0.90	0.73
中位数	1.81	2.25	1.94	0.86	0.75	0.72

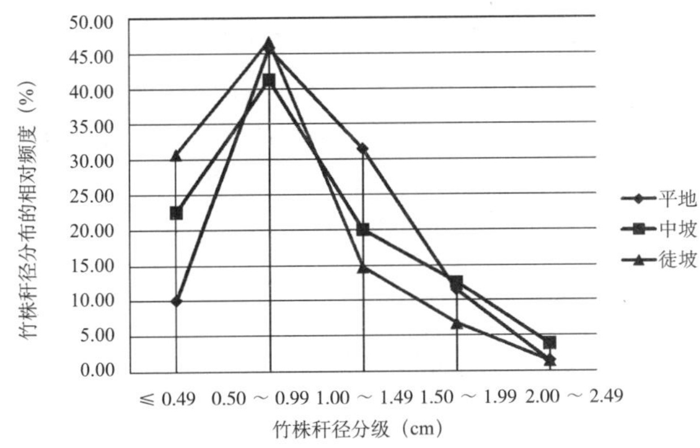

图3　不同坡度下竹秆秆径分布的相对频度

不同坡度下竹材生长量　　表6

	2015年母竹	2016年竹株	比率（%）
	竹材生长量（cm^2）	竹材生长量（cm^2）	
平地	114.09	61.14	53.6
中坡	145.96	65.76	45.1
陡坡	117.50	43.10	36.7

2.3 竹丛（不同株数）的生长分析

为讨论不同竹株数量的一丛母竹的生长情况，将竹丛分为1株/丛、2株/丛、3株/丛三个类别。

2.3.1 竹丛（不同株数）的生长数量

3个类别的繁殖系数是1株/丛最高，2株/丛居中，3株/丛最低。1株/丛的繁殖系数明显高于其他两类。这意味着在第2年、第3年，1株/丛都能够生长出更多的竹株，特别在第2年，繁殖系数达到1.95。3株/丛的繁殖系数最低，第3年降到0.73，见表7。

竹丛（不同株数）的生长数量　　表7

	1株/丛		2株/丛		3株/丛	
	株数（株）	繁殖系数	株数（株）	繁殖系数	株数（株）	繁殖系数
2014年母竹	38	1.00	76	1.00	33	1.00
2015年竹株	74	1.95	78	1.03	32	0.97
2016年竹株	60	1.58	71	0.93	24	0.73

2.3.2 竹丛（不同株数）的竹株秆径

从第2年竹株的秆径以及生长量分析，1株/丛与3株/丛相差不多，2株/丛表现最差。具体到历年竹株秆径的分布频度，与1株/丛和2株/丛相比，3株/丛生长出粗大竹株的相对比例更高。见表8、图4、图5。

这可能说明：在竹株的生长数量上，3株/丛小于1株/丛，但3株/丛生长的竹株更为粗大，两者的生长过程有差异。因此，以多出竹株为目标，宜选择1株/丛的母竹，以出粗大竹株为目标，宜选择3株/丛的母竹，在本研究中，2株/丛的母竹没有任何优势。

竹丛（不同株数）的竹株秆径及竹材生长量　　表8

	竹株平均秆径（cm）		
株/丛	1	2	3
2014年母竹	2.33	2.18	1.94
2015年竹株	0.91	0.87	0.98
2016年竹株	1.75	1.46	1.73
	竹材生长量（cm^2）		
2014年母竹	164.81	263.82	72.79
	(1.00)	(1.00)	(1.00)
2015年竹株	52.37	47.15	21.23
	(0.32)	(0.18)	(0.29)
2016年竹株	160.41	135.89	62.49
	(0.97)	(0.52)	(0.86)

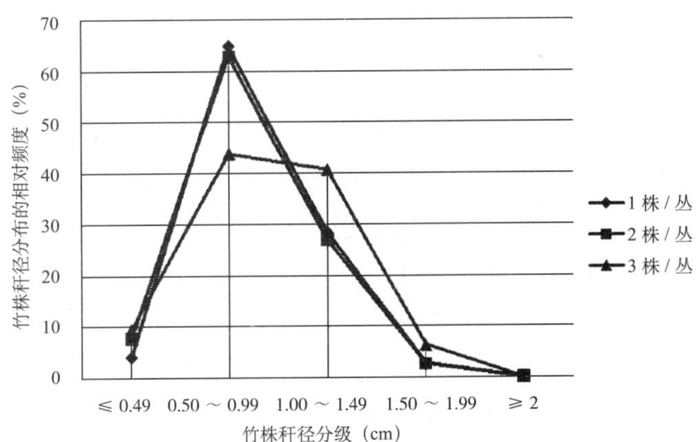

图4　竹丛（不同株数）第2年的竹株秆径相对分布频度

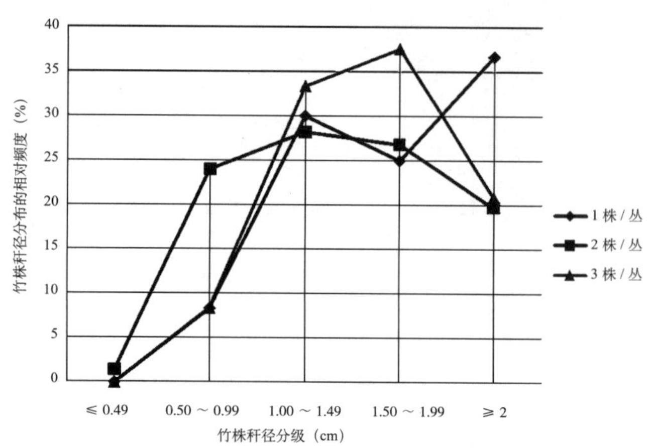

图5 竹丛（不同株数）第3年的竹株秆径相对分布频度

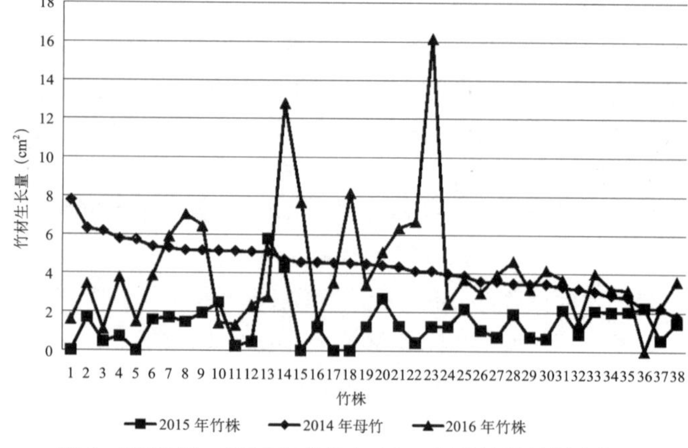

图6 2015年、2016年竹株与2014年竹株的竹材生长量

2.4 竹丛（不同秆径）的竹材生长量

以1株/丛的竹丛为研究对象，分析发现：不论母竹生长量的大小，第2年竹株的生长量相差不多，保持在 $1.5cm^2$ 至 $2cm^2$；第3年，竹株生长量出现分化，当母竹的竹材生长量处于中间水平时，相应的竹材生长量最大，在 $4cm^2$ 至 $8cm^2$；当母竹的生长量较大或较小，相应的竹材生长量都有所降低，在 $2cm^2$ 至 $4cm^2$。

具体分析，当母竹秆径处于2.23～2.56cm区间时，最有利于竹株的生长，母竹秆径大于2.56cm或小于2.23cm时，竹株的竹材生长量都有所降低，见图6。

母竹秆径影响新竹的生长效率。母竹秆径在2.23cm至2.56cm，生长效率最高；其次是秆径1.52～2.23cm的母竹；大于2.56cm时，其生长效率最低。生产实践上，母竹应优先选择2～2.5cm秆径，其次选择1.5～2cm秆径，大于2.5cm不宜选择。

3 竹丛生长扩张性

3.1 同一竹丛（不同株数）的生长扩张性

至第3年，3株/丛生长扩张性上最优，远高于1株/丛的母竹，A距高出1株/丛12.4cm，B距高出1株/丛9.1cm。竹丛的生长扩张基本呈椭圆型（长轴：短轴≈2：1），这可能与竹子依靠竹鞭扩张生长的特性相关。见表9、图7。

同一竹丛（不同株数）的生长扩张性　　表9

	母竹最大间距（cm）	A（cm）	比率（%）	B（cm）	比率（%）	C（cm）	比率（%）
1株/丛	—	26.4*	1.00	13.2	1.00	22.9	1.00
2株/丛	16.4	38.5	1.46	15.9	1.20	27.9	1.22
3株/丛	19.3	38.8	1.47	22.3	1.69	28.5	1.24

注：* 为第3年的数据。

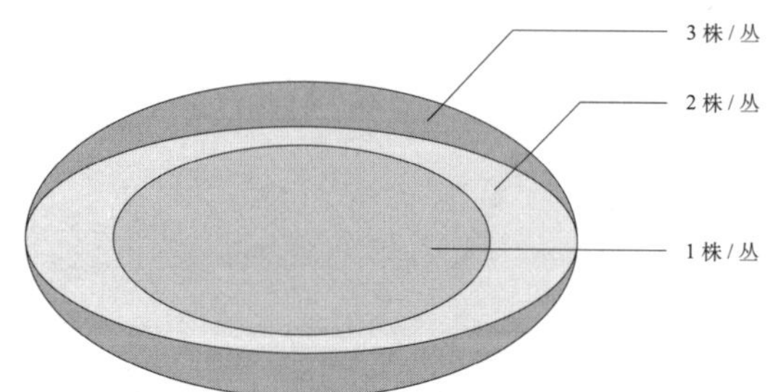

图7 同一竹丛（不同株数）的生长扩张性

3.2 不同坡度下，竹丛的生长扩张性

平坡的生长扩张性高于中坡与高坡，且主要体现在A距上，B距相差不大。从A距的分布频度看，平地环境下，A距主要位于20～45cm区间；中坡和陡坡环境下，A距主要位于10～35cm区间。说明在平地的种植环境下，竹丛的生长扩张性整体优于坡地。见表10、图8。

竹丛在不同坡度下的生长扩张性　　表10

	母竹最大间距（cm）	A（cm）	B（cm）	C（cm）
平地	14.2*	35.0	15.1	25.5
中坡	15.2	27.2	17.3	17.9
陡坡	15.4	29.6	14.3	19.6

注：* 为第3年的数据

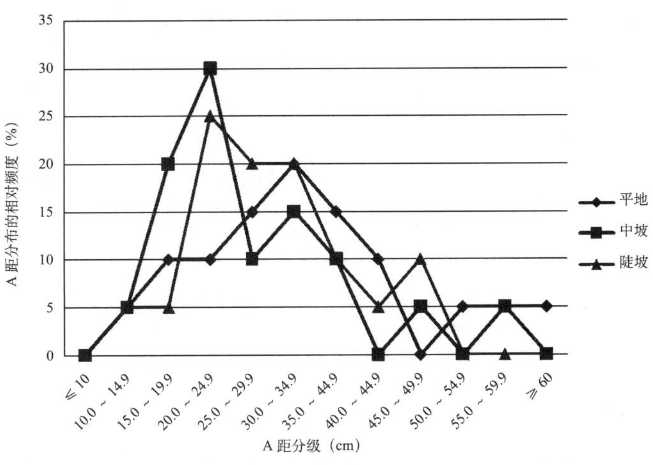

图 8　A 距在不同坡度下的生长变化

3.3　不同竹径竹株的生长扩张性

1 株 / 丛的竹丛，中等秆径的竹丛（秆径 2.36cm）扩张性最佳。对于 2 株 / 丛，最大秆径的竹丛（秆径 2.88cm）扩展性最好。对 1 株 / 丛 A、B 间距的深入分析表明：当秆径处在中间水平时（2.26 ~ 2.55cm），竹丛的生长扩张性最好，当秆径大于 2.55cm 时，竹丛的生长扩张性最差；当秆径在 1.52cm 与 2.23cm 之间时，扩张性一般。

说明对于竹丛的生长扩张性，并非母竹竹径越大越好，适当的母竹秆径可能最好，过大的母竹秆径并没有显示出生长扩张性的优势。见表 11、图 9。

不同秆径竹丛的生长扩张性　　表 11

		A 距（cm）		B 距（cm）		C 距（cm）	
		1 株 / 丛 (2.33) **	2 株 / 丛 (2.18)	1 株 / 丛 (2.33)	2 株 / 丛 (2.18)	1 株 / 丛 (2.33)	2 株 / 丛 (2.18)
秆径	最大的 5 株	17.7*	42.7	10.4	20.9	16.7	34.5
	中间的 5 株	30.4	35.8	15.3	19.4	29.8	20.7
	最小的 5 株	30.3	35	13.7	13	25.2	27.4

注：* 为栽植第 3 年的数据；** 括号内为竹丛的平均秆径（cm）。

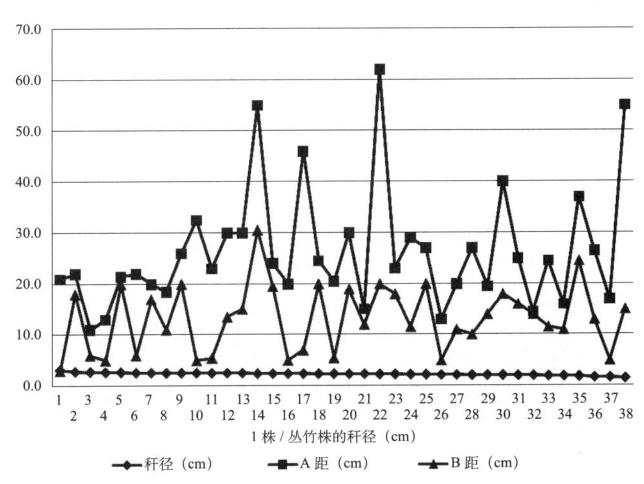

图 9　株 / 丛的 A、B 间距随竹秆秆径的变化

4　株行距的理论计算

设以景观为栽植目的、竹株冠幅为 1.0m，在栽植第 3 年郁闭度达到 100%（竹丛冠幅恰好相接）。经过计算，至第 3 年，竹丛的冠幅理论值为 113.2cm 至 138.8cm，其理论行株距也是 113.2cm 至 138.8cm。

实际工作中，如在平地环境下，选择秆径 1.50 ~ 2.50cm 的母竹，将行株距控制在 1.20 ~ 1.50m，即可在栽植第 3 年形成郁闭，初步形成景观效果。见表 12、图 10。

不同竹株数的竹丛的理论冠幅　　表 12

	理论冠幅 *（cm）
1 株 / 丛	126.4×113.2
2 株 / 丛	138.5×115.9
3 株 / 丛	138.8×122.3

注：* 为第 3 年的冠幅。

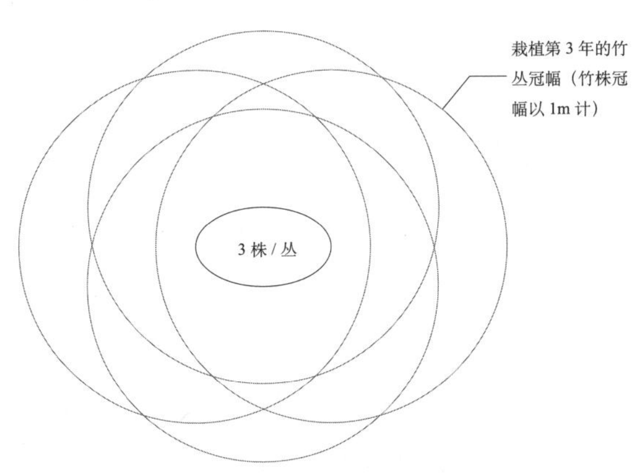

图 10　第 3 年竹丛冠幅示意图

5　结论与讨论

（1）在平地种植，采用 2 ~ 2.5cm 秆径母竹的条件下，新生竹株的秆径逐年增粗。第 3 年秆径可达到母竹的

81.0%，第 4 年，竹株秆径已经略高于母竹，开始形成稳定的竹林景观。

（2）随着种植地的坡度加大，竹株秆径、竹材生长量明显下降，且母竹死亡率迅速上升。本调查中，这可能与坡地养护条件不佳、水分亏缺相关。但结合公园其他实例，一些坡地上的早园竹长势良好。所以，坡地种植竹子应加强建植期的各项养护措施。

（3）就繁殖系数而言，1 株 / 丛最高，2 株 / 丛居中，3 株 / 丛最低，且 1 株 / 丛的繁殖系数明显高于其他两类。这意味着 1 株 / 丛都能够生长出更多的竹株。但是 1 株 / 丛和 3 株 / 丛竹材生长量相差不多，这可能说明虽然后者比前者生长的竹株少，但竹株更粗大，两者的生长过程略有差异。

因此，以多出竹株为目标，宜选择 1 株 / 丛的母竹，以出粗大竹株为目标，宜选择 3 株 / 丛的母竹，在本研究中，2 株 / 丛的母竹没有任何优势。如何选择与母竹类型相适应的栽培策略，以达到竹林的抚育目标，值得进一步研究。

（4）对 1 株 / 丛的母竹进行分析，结果表明：以生长效率为标准，母竹选择并非越大越好。秆径在 2.23cm 与 2.56cm 之间，生长效率最高（竹丛扩张性最强、竹株秆径最大）；其次是秆径 1.52 ~ 2.23cm 的母竹；大于 2.56cm 时，其生长效率最低。生产实践上，母竹应优先选择 2 ~ 2.5cm 秆径，其次选择 1.5 ~ 2cm 秆径，大于 2.5cm 不宜选择。

（5）实际工作中，如在平地环境下，选择秆径 1.50 ~ 2.50cm 的母竹，将行株距控制在 1.20 ~ 1.50m 即可在栽植第 3 年形成郁闭，初步形成景观效果。

参考文献

[1] 张济和 . 北京植物园竹亚科植物的引种栽培 [J]. 中国园林，1990，6（3）：44-49.

[2] Qiu Fugeng，Ma Naixun.Selection of Cold Resistant Economic Bamboo Species in China[J]. Bamboo Sciens and Culture，1992，9：6-18

[3] 赵康，冯小虎，欧小平，等 . 北京地区竹类引种试验初报 [J]. 世界竹藤通讯，2006（4）：15-19.

[4] 刘国华，栾以玲，张艳华 . 自然状态下竹子的抗寒性研究 . 竹子研究汇刊 [J]，2006，25（2）：10-14.

[5] 王金革，陈进勇 . 北京地区竹亚科植物耐寒性评价 . 第八届中国竹业学术大会论文集：103-106.

[6] 贺士元，邢其华，尹祖棠，等 . 北京植物志 [M]. 北京：北京出版社，1984.

[7] 北京市土肥工作站 . 北京市土壤养分分等定级标准 [S]. http：//www.dxplant.gov.cn/web/zzzx/daxingweb/new%20soil/trfl-yfpj-pjbz.html. [2017-06-15].

[8] 鲁叶江，王开运，杨万勤，等 . 缺苞箭竹群落密度对土壤养分库的影响 [J]. 应用生态学报，2005，16（6）：996-1001.

[9] 周本智，傅懋毅 . 竹林地下鞭根系统研究进展 [J]. 林业科学研究，2004，17（4）：533-540.

谈明代私家园林止园的造园意匠

中国园林博物馆 / 赵丹苹

摘　要：止园为明代晚期常州的私家园林，在中国园林史上具有承上启下的重要作用，具有江南私家园林的典型性，是中国古代造园转折时期的重要园林，反映了晚明时期造园的典型特点。止园在水体、山石、建筑和植物等各个方面充分体现了中国古代园林的精髓和造园意匠。

关键词：明代；止园；造园意匠

私家园林是中国古代园林的重要组成部分，历朝历代均有代表作品和人物出现，反映了不同时期园林发展的特点和方向。私家园林中的江南园林在明代中后期异军突起，成为地域园林中最为兴盛的一支，诸多江南名园、造园名家和理论著述都诞生于这一时期。止园正是在这一造园盛世中，出现在江南名城常州中一处极典型的私家园林，在中国园林史上具有承上启下的重要作用。同时，止园具备明代晚期江南园林的典型性，造园技艺较高，假山造型完整，外檐装修直观，园林景观层次突出，其造园意匠体现在水体、山石、建筑和植物等各个方面。

1　水体

水体在止园的四类要素里比重最大，占到全园面积的4/10。这与园主吴亮的偏好有关，即他在《止园记》中强调的："余性复好水，……故兹园独以水胜"。止园山水是对自然的概括、提炼和再现，展现了江南水乡辽阔跌宕、咫尺山林的优美画面，可从内部水系、各处水体和水上游览三个角度分析（图 1）。

1.1　止园内部构成一套连绵贯通的水系

止园的入水口位于西北角，吴亮《止园记》指出作为入水口的龙珠水系位于园西："三面距河，北带沟水若抱，形如珠在龙颔下"。此外，中、东两区之间的磬折沟应当也与北部河流相通，即《止园记》描述狮子坐时所称："一沟磬折环其北"，可知磬折沟一直通到狮子坐北侧，很可能是另一处入水口。这两处入水口为止园提供了充足的水源，园内水系也由此分为两支。第一支由西北入园后先汇入龙珠池，兼具蓄水和沉积泥沙的效果，继而向南、向东环绕着华滋馆庭院，宛转注入梨云楼南侧的矩池。穿过矩池后，从其东南角碧浪榜下部的暗渠，流入东区怀归别墅前的水池。第二支由狮子坐北入园后又分为东西两支，东支绕过水榭、柏屿和竹林书斋，向南汇入流怀归别墅前的水池；西支即为磬折沟，同样流至怀归别墅前的水池；沿途如梨云楼北的规池、狮子坐南的芙蓉溪都有水渠与磬折沟相通。几支水系在怀归别墅前汇聚，最终从东南角的五版桥下流出园外，是为止园的出水口。五版桥和园外东南角的两层门楼，都有"锁水"的风水象征意味。

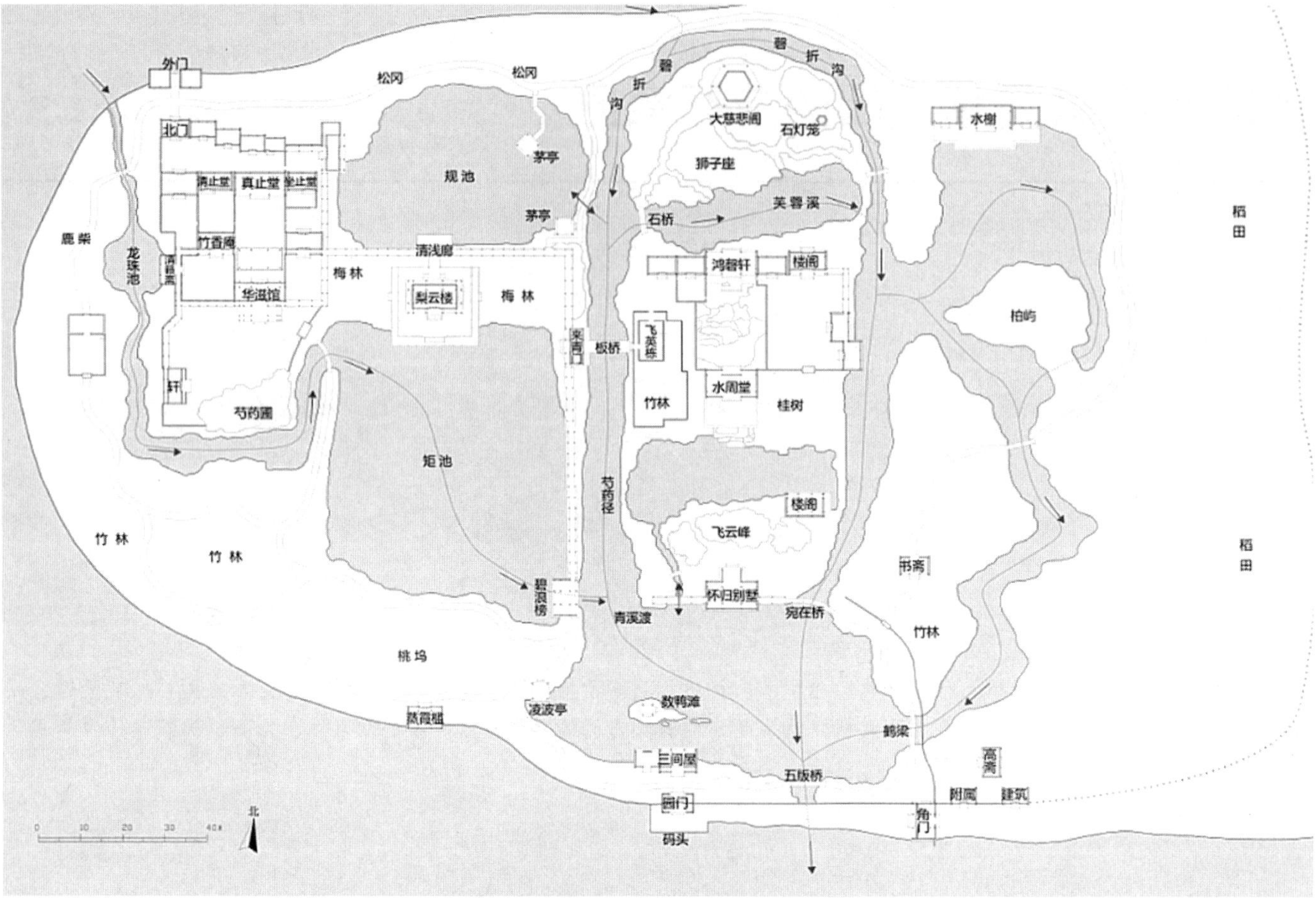

图 1　止园内部水系复原示意图（图片来源：黄晓、戈祎迎　绘）

1.2　止园的水体形态异常丰富

从园记诗文和图册可以看出，止园水体涵盖了诸如池、溪、沟、涧、滩、峡等多种形态。水池体现了开阔之美，如怀归别墅前的大池，进入园门即可见到，“忽作浩荡观，顿忘意局促”；又如中坻梨云楼南侧的矩池，水面浩渺，映衬着周边的高楼长廊、红桃白梅。与之相对，溪流则凸显了曲折的特点，如入园的龙珠池水系和磬折沟北部一段，狮子坐与鸿磬轩之间的芙蓉溪，吴亮诗中也多有描写，提到“松溪曲曲行”，“九曲清溪独木桥，苍梧翠竹雨潇潇”。除了池与溪的旷奥对比，止园东区还有怀归别墅南侧的数鸭滩，飞云峰东北的石峡，柏屿西侧的曲涧，使园中无处不水景。正如马之骐《止园记序》所称：“园胜以水，万顷沦漪，荡胸濯目，林木深翳，宛在濠濮间。”止园既有万顷之广，亦不乏深翳之趣，各类水体的对比，形成蔚为大观的水景园特色。

1.3　多样的水体提供了丰富的游览体验

张宏《止园图册》有九幅画到舟的形象。除了首尾几幅表示乘船到达或驶离外，其他的都在一定程度上反映了园内的舟游形式。第四幅“怀归别墅”描绘了其南的水池，别墅西侧为青溪渡，是一处泊船码头，池南数鸭滩上有座小亭，必须乘舟才能抵达。图中在滩旁绘有一艘小舟，展示了舟游之乐。第七幅“水周堂”描绘了堂前的水池，这里虽然是座较小的封闭性水池，但也可以泛舟。第十一幅“来青门—飞英栋”正有船只穿过来青门前的板桥；由此推测，东区“鹤梁”及其旁的水洞门、宛在桥和石拱桥等应该皆可通船，整个东区的水系基本可以乘舟进行贯通的游览。第十三、十五两幅图描绘了中坻矩池的舟游，在后者中，描绘了一艘船只正朝向矩池西北角拱桥驶去，似乎暗示了可乘舟上溯，进入龙珠池中。

2　山石

止园的土石占到 3/10，在四类要素里仅次于水体，代表和体现了止园的造园艺术和成就。山水景观营造的成功与否是古代造园成败的关键。尤其是山体，作为支撑园林空间的骨架，在园林中拥有很高的地位。止园设计也秉持着“以山为骨，以水为魂”的理念，利用叠石造山的技巧，模拟出真实的山林景观，与园中的溪池沟涧相映成趣，共

同营造出止园的骨与魂。园中体量较大的山石共有三处，分别为湖石堆叠的飞云峰、黄石堆筑的狮子坐和池土堆成的桃花坞，三者各具特色，体现了止园叠山的丰富性和多样性。

三座假山里最有特色的是湖石假山“飞云峰”，出自叠山名家周廷策之手，全部用太湖石垒叠而成，《止园记》称赞其“巧石崚嶒，势欲飞舞”。游人甫一入园，便能够隔着水池望见掩映在怀归别墅后面的假山，即《止园图册》第四幅“怀归别墅”中画出的隐约的轮廓，但一直要走到怀归别墅北侧才能见到真容。《止园图册》第五和第六幅，用两幅图画精心描绘了这座假山：从别墅北侧的敞轩出来，面前一座山峰拔地而起，如三面围拢自然形成的屏障，将游人与别处的园景遮挡开，仅能从湖石的孔洞间窥见山后葱茏的山林、秀丽的亭阁，激起游人穿山游览的愿望。由西北角的石门穿过假山绕到北侧，沿着水池东行，在假山东北角有拱洞可拾级而上，登到飞云峰顶。山上奇石林立，像伏狮，像树屏，最高的两峰则像两只高举的蟹螯，造型独特。耸立的石峰如入云端，石上密布的孔窍相互贯穿，玲珑通透，似乎能够生出烟雾，使人有置身仙境之感，恰好与吴亮止园诗描写的“疏风抗高云，云阴莽回互。徘徊抚孤松，恍惚生烟雾”意境相合。山上平坦处设有供人临池、赏石的圆凳。这座假山以石为主，本来不利于栽种植物，但却特意在山巅栽种了一株松树，明显是取陶渊明《归去来兮辞》中的“抚孤松而盘桓”之意，从而又赋予这座奇幻的假山文化的寓意（图2）。

第二座假山位于东区尽端，是用黄石堆成的狮子坐，无论位置还是用石都与飞云峰形成对比和呼应。狮子坐是大慈悲阁的台座，吴亮《止园记》称：“石台层累作岝崿形，曰狮子坐”，既形容出假山崚嶒的形态，也点明了狮子坐得名的缘由。据东汉《越绝书》记载：“岝碓山，故

图2　张宏《止园图册》描绘的飞云峰假山北侧

为鹤阜山。禹游天下，引湖中柯山置之鹤阜，更名岝碓”，岝碓山又名乍山、岞崿山、皇姝山。止园的狮子坐石台寓有佛教的含义，同时吴亮将其形容为“岝崿形”，则寄托了他的思古之情。古代园林假山用石以太湖石和黄石为主，这两类石材一般不混杂使用，因此呈现出的效果各有千秋。止园的湖石假山以飞云峰为首，黄石假山则要属狮子坐。狮子坐作为止园东区中轴线尽端的标志性景观，用材和造型都极为用心考究。由张宏《止园图册》第十幅“狮子坐—大慈悲阁”可以看到，狮子坐显示出黄石假山的主要特征，以横向肌理为主，石质粗犷，与飞云峰玲珑的湖石形成对比。狮子坐设有盘山蹬道，两侧叠置石块，曲折盘旋而上，高低错落，直达山顶。山体轮廓呈折线形，较飞云峰为平缓，山间栽种茂林修竹，山下芙蓉溪沿岸配置花木，通过植物的氛围烘托，最大程度地营造出海天佛国的意境（图3）。

图3　张宏《止园图册》描绘的狮子坐假山

第三座假山是位于中区南端的桃坞，用开挖水池的泥土堆成，土质肥沃，山间遍植桃树，是三座假山里植物最为丰茂的一座，也是体量最大的一座。吴亮《止园记》提到了堆土成山的过程：“池之土累而成冈，水之胜广，而冈之崇几与山埒”，可知这座土山是开挖水池时平衡土方的产物，不像飞云峰和狮子坐，都需要从外部运来石料，材料和施工都限制了山的大小，两座石山体现了传统叠山的高超技艺，这座土山则体现了传统造园的生态智慧。

除了上面提到的三座大型土石假山，止园还有多处精巧的置石。最精彩的是华滋馆庭院。吴亮《止园记》描写华滋馆芍药圃的景致称：“遍时芍药百本，春深着花，如锦帐平铺，绣茵横展，烂然盈目……其隙以紫茄、白芥、鸿荟、罂粟之属辅之”。这处芍药圃也是用太湖石堆叠，形态自然，湖石间种植芍药等多种花卉，构成一幅优美的图景。此外还有东区鸿磐轩的庭院叠石，水周堂前、规池西岸的砌石驳岸等，或用以烘托建筑形象，或借以营造狭窄或陡峭的效果；这些置石与三座假山共同构成止园丰富

多彩的山石景观。

3 建筑

止园中占比第三的要素是建筑，地位要次于水体和山石，这正是晚明园林的特点，更注重山、水等自然要素，不让人工的建筑喧宾夺主。比如与止园约略同时的无锡寄畅园，王　登在园记中称:“(寄畅园）其最在泉，其次石，次竹木花药果蔬，又次堂榭楼台池籞。”晚明造园的基本要素已经确定，一般分为山、水、植物、建筑四类，人们对园林的评价通常以此为准，并热衷于为这四种要素排列座次。当时的园林崇尚自然，王　登评价寄畅园水第一，山第二，植物第三，建筑第四，这样的园林通常被视为上乘之作。在当时人心中，“长廊曲池，假山复阁，不得志于山水者所作也，杖履弥勤，眼界则小矣。”[①]建筑只是在缺少佳山佳水时不得已的选择。这些已成为当时造园者的共识，因此水四之、山三之、屋舍二之的止园，正是当时人心目中的理想园林。

晚明园林中建筑的比重虽然略低，却是园主开展各类活动的重要场所，构成不同的功能分区，以满足园主多样的生活需求。园林中的建筑不仅展示出园主的生活乐趣和精神追求，也从侧面反映了园主的社会地位。建筑的风格与制式具有地域性和时代性。止园所在的常州位于江南北部，与北方的交流较多，因此园中建筑兼具南北方的特点。以单体而言，园中建筑采用硬山墙面较多，只有梨云楼和华滋馆前轩等几座为四面通透的四面厅。就群体而言，东中西三区的建筑布局都较为规整，东区和中区皆有严整的轴线控制，西路建筑群也是严谨布局的院落，与今日常见的江南园林大不相同。以上皆为北方的建筑特色，与此同时，造园家又借助丰富的水体和山石，贯通穿插其间，将井然有序的建筑空间转化为活泼生动的园林风景，表现出江南的情致风韵。

止园的一些单体建筑颇具特色，东中西三区皆有代表之作。东路是作为全园制高点的位于轴线尽端的大慈悲阁。吴亮《止园记》描述这座高阁：“三重六面，基崇丈有咫，阁三丈有奇；俯瞰城闉，万井在下，平芜远树，四望莽苍无际。阁虚其中，最上奉观音大士，曰大士慈悲，实太宜人所皈礼者也”。从张宏《止园图册》可以看到这是一座三层高阁，上覆六角攒尖屋顶，凛然耸立在高高的狮子坐上。游人沿着蹬道拾级而上，皈依佛门的心境油然而生。中路是主体建筑梨云楼，建在池土堆成的土岗上，下部又架设两层石基，使楼阁愈显高耸，四周广植梅树，为欣赏止园四时美景的最佳场所。西区的特色建筑是华滋馆，由主体建筑和前部抱厦组成，皆为两层，外观造型壮丽，内部空间繁复，有开敞有封闭，适合举行宴集赏曲等多种活动。

图 4　张宏《止园图册》描绘的清浅廊及其北规池的荷花

还有一类值得一提的是止园的游廊。游廊的体量并不大，但对园林的营造和构景却有重要作用，如计成《园冶》强调的，曲廊“随形而弯，依势而曲。或蟠山腰，或穷水际，通花渡壑，蜿蜒无尽”，是造园不可或缺的一重境界。张宏《止园图册》画有多处游廊，如梨云楼北岸东西向的清浅廊，多达 22 间；矩池东岸来青门至碧浪榜之间南北向的游廊，多达 20 间，吴亮将其比拟为“长虹垂带”。漫步在长廊里，可以感受清凉的微风；倚靠在朱栏间，则可眺望桃坞烂漫的桃花，欣赏楼边如雪的梅花，临观池中弥漫的荷花，为游园增添了许多乐趣（图 4）。

4 植物

吴亮《止园记》提到的最后一种要素是植物，所谓“竹树一之”，占全园的 1/10。吴亮是如何得出这一数据今天已不得而知，但从张宏《止园图册》和吴亮止园诗文来看，止园植物的比重远不止此，数量上多达 20 余种，竹林、桃树、梅树都是成片种植，面积很大，营造出优美的园林环境。从配置方式看，止园的植物涵盖了孤植、对植、丛植、列植和群植等各种形态。作为园林不可缺少的要素，植物随

① （明）刘侗，于奕正 . 帝京景物略 . 卷一 . 英国公新园 . 北京：北京古籍出版社，1983：31.

着四季更迭而变化，构成园中的动态景观，并具有丰富的精神内涵和文化象征。

第一类配置方式是孤植，即花木单独种植，注重表现单株花木的姿、态、色、香，常与石笋、石峰配合，成为庭院观赏的主题。止园的一些珍奇树种多采用这种形式，最典型的是竹香庵前的香橼，即《止园记》所称"（竹香庵）庭前香橼一株，秋实累累如缀金"。香橼喜温暖湿润的环境，是南方的独特树种，多栽种在福建、广东、广西、云南、湖南等地，北方很少见到。香橼会长出硕大的金黄色果实，果实飘香且具备食用和医疗功能，因而特地栽种在竹香庵前，营造出珍奇雅致的景观。除了审美价值，孤植还具有强烈的"比德"色彩，体现在古人对"孤松"的欣赏上。

第二类配置方式是对植，为偶数株花木相对而植，通常位于建筑前方，用于烘托庄重肃穆的气氛。止园主要有两处植物采用了对植的方式。一处是鸿磬轩前的两株橙柏，造型奇特，枝干虬曲，非常有气势。另一处是真止堂前的四株杨梅树，这是一种常绿乔木，分支点较低，通常四月开花，夏季果实成熟，郁郁葱葱的枝叶相对而立，突出了真止堂作为正堂的庄重感（图 5）。

图 5　张宏《止园图册》描绘的真止堂前的四株杨梅树

第三类是丛植，为多株花木自由布置，构成一组景致，与强调对称感的对植不同，不规则的丛植注重自然效果的营造，通常采用三株或五株。止园坐止堂前八株柏木正是采用丛植形式，一边有三株，一边有五株，呈现出参差之美。这种配置方式反映了"画意"的影响。古代画家画树多为三株或五株，如石涛（1642 ~ 1708 年）《苦瓜和尚画语录》提道："吾写松柏、古槐、古桧之法，如三、五株，其势似英雄起舞，俯仰蹲立，翩跹排宕。"三株、五株可以形成远近高下、聚散疏密的效果，显得生动有致。在长期实践的基础上，画家们总结出一整套表现手法，并影响到园林植物的配置。

第四类是列植，为花木成行成列栽植，在止园中主要体现为栽种在各处的柳树。柳树是造园的常用造景树木，以其柔美婀娜的造型和优美的树形广受好评，通常种在河边，不仅将河岸装饰得柔和婉转，而且倒影映在水中，形成摇曳多姿的景象。止园入口前的堤岸上有长长的柳荫道，柳树与道路结合，形成夹景的效果。除了界定道路，止园坡岸多为舒缓的土岸，为植被生长创造了良好的条件。《止园图册》中的曲径、柏屿和规池一带，沿岸多植竹、梅、梧、柏等，形成贴水种植、林木压水的效果，构成马之骐所称的"林木深翳"的意境。

最后一类是群植，为花木成群成片栽植，止园运用得最多，最有助于氛围的营造，主要有桃、竹和梅三种。例如桃树，为了种桃，吴亮开挖中区的水池，在池南堆筑起连绵的土山，山上遍植桃树。吴亮《桃坞》诗曰："咫尺桃源可问津，墙头红树拥残春"，可知他将这处桃坞视为陶渊明笔下的世外桃源，满目桃花既满足了他赏花的视觉需要，也寄托了他的隐居理想。其次是竹林，吴亮《止园记》多次写到竹林，予人以深刻印象。如前往大慈悲阁是"从竹中入"，阁"前后皆梧竹，有清越"，营造出一种竹林修密的佛国氛围，予人庄重肃穆之感；中路矩池西岸也有大片竹林，与南岸的桃坞相连，《止园记》称："自（凌波）亭左折而西，由竹径入古绥山路，令人有玉洞真人之思"。

5　结语

明代私家园林造园历史悠久，造园手法独具特色。从造园意匠方面来看，明代吴亮止园有着完整的造园体系，运用因地制宜的造园手法，符合常州的自然环境和文化风俗，具有典型的地域性和造园风格。另外，止园处在晚明的造园盛世中，既受到前期园林的影响，又发展出独特的风格，并影响到后世园林的营造，其造园艺术对自然趣味的追求和重视，都有助于理解中国造园史上的重要变革。

参考文献

[1] 高居翰，黄晓，刘珊珊 . 不朽的林泉——中国古代园林绘画 [M]. 北京：三联书店，2012.
[2] 顾凯 . 明代江南园林研究 . 南京：东南大学出版社，2010.
[3] 贾珺 . 北京私家园林志 . 北京：清华大学出版社，2009.
[4] 刘敦桢 . 苏州古典园林 . 北京：中国建筑工业出版社，2005.
[5] 园林名画特展图录 . 台北：故宫博物院，1987.
[6] 吴仁安 . 明清江南著姓望族史 . 上海：上海人民出版社，2009.
[7] 杨鸿勋 . 江南园林论 . 上海：上海人民出版社，1994.

品穴星坑小蠹的生物学特性及综合防治

北京市景山公园管理处 / 周明洁　刘仲赫　王久龙
北京市园林科学研究院 / 任桂芳

摘　要：品穴星坑小蠹是近几年在北京地区白皮松上发现的新害虫，大量发生可致白皮松死亡。本文通过对景山公园内危害白皮松的小蠹进行取样调查，明确种名为品穴星坑小蠹（*Pityogenes scitus*），纠正以前报道中的错误鉴定。通过生物学特性观察，发现该小蠹在北京地区一年发生2代，以成虫和幼虫越冬，越冬成虫和幼虫的比例为1：0.6。成虫年发生高峰有两次，分别在5月和7月。品穴星坑小蠹入侵后有一雄多雌现象，坑道蛀在韧皮部，稍嵌在边材上，多侵入生长状况弱的白皮松，从而加剧树势的衰弱。防治应以增强树势为主，其他措施为辅（如在成虫活动期进行药剂防治，杀死成虫或阻止成虫蛀入）。

关键词：白皮松；蛀干害虫；生活史；习性；综合防治

白皮松（*Pinus bungeana*）为松科松属常绿乔木，是中国特有树种之一，树形多姿，苍翠挺拔，别具特色，早已成为华北地区城市和庭园绿化的优良树种。小蠹是白皮松上的重要害虫，通常在树势衰弱时入侵树干或树冠。由于小蠹潜伏在树身，故为害时间长而且严重。近年来已有文献报道北京地区一些公园、绿地的白皮松遭受小蠹的危害，种类有中穴星坑小蠹（*Pityogenes chalcographus*）[1，2]和品穴星坑小蠹（*Pityogenes scitus* Blandford）[3]。

白皮松古树是珍贵的自然资源，具有极高的自然生态、社会文化及科学价值。自周明洁等（2012）报道从景山公园白皮松古树上发现中穴星坑小蠹为害以来，公园进行了一系列古树复壮工作。对2012年以来采集的小蠹进行种类鉴定，所有标本均为品穴星坑小蠹，目前尚未发现中穴星坑小蠹。周明洁等（2012）的中穴星坑小蠹（*P. chalcographus*）实际上为品穴星坑小蠹（*P. scitus*）。

品穴星坑小蠹已知的寄主有雪松（*Cedrus deodara*）、乔松（*Pinus griffithii*）、西藏白皮松（*Pinus gerardiana*）、西藏长叶松（*Pinus roxburghii*）和白皮松（*Pinus bungeana*）等[3，4]。关于品穴星坑小蠹生物学特性研究还比较少，本文对品穴星坑小蠹基本的生物学特性和发生规律进行了观察，为探讨小蠹成灾机理和防治提供基础资料。

1　材料与方法

1.1　调查时间和地点

调查于2013 ~ 2015年在北京市景山公园内进行，平均每月2 ~ 3次。主要以白皮松古树为重点调查对象，同时兼顾公园内其他白皮松。

1.2　为害状观察

每次调查白皮松树干距地面0 ~ 2m的部位，观察记录蛀孔数量。对钻蛀未成功的流胶现象也拍照记录。

1.3 小蠹虫态调查

结合为害症状观察进行小蠹虫态调查。由于古树的价值高，不能直接截取木段，调查过程中选择轻微损伤的方法，选择5个左右蛀孔扒开小面积的树皮，调查虫坑数量、虫坑长度、虫态和数量。在成虫期取小蠹成虫带回室内鉴定种类和雌雄。

2 结果与分析

2.1 品穴星坑小蠹的生活史

品穴星坑小蠹在北京地区一年发生2代（表1），以成虫和幼虫在坑道内越冬，越冬成虫幼虫比例为1 ∶ 0.6。翌年4月中越冬的幼虫化蛹，5月初成虫羽化飞出树外，越冬成虫则在4月底直接飞出原树干寻找新的部位或寄主入侵。5月上中旬为成虫活动盛期。雄成虫先入侵树干，吸引雌成虫进入交配，入侵树干后1～2d即可产卵，幼虫期20d左右，蛹期10d左右，6月份可见幼虫。7月中下旬至8月为第一代成虫初发期，第一代成虫蛀孔侵入，然后交配产卵。9月份第二代（越冬代）幼虫出现，并且大部分幼虫化蛹羽化为成虫，可继续入侵树干，10～12月以成虫和幼虫状态进入越冬期。由于该小蠹以成虫和幼虫越冬，整个生活史有虫态重叠现象，因此成虫侵入危害的时间也较长。在观测中发现，5月上中旬、7月中下旬至8月为成虫盛发期，但在4月中下旬及9月上中旬也发现有成虫蛀入现象。

品穴星坑小蠹在北京地区白皮松上的年生活史　　表1

世代＼月份/旬	1～3	4	5	6	7	8	9	10～12
	上中下	上中下	上中下	上中下	上中下	上中下	上中下	上～下
越冬代	（−−−）							
		△△△						
	（+++）	（+）++	+++	+				
第一代		·	· · ·					
			−−	−−−				
				△△△				
				++	+++	+++		
第二代（越冬代）					· · ·	·		
						−−	−−−	（−−−）
						△	△△	
							+++	（+++）

注：各虫态的表示方法用符号。卵用符号“·”来表示；幼虫用符号“−”表示；蛹用符号“△”表示；成虫用符号“+”表示；越冬虫态用括号“()”把代表符号括起来。

从新增蛀孔数量可以看出小蠹发生有两次数量高峰，分别在5月初和7月底（图1）。比较这两个月份的新增蛀孔可以推断7月份是小蠹大量侵入树干的时间。

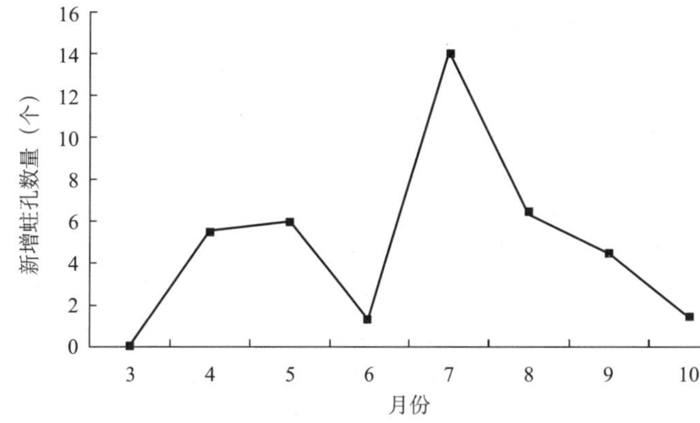

图1　全年观测白皮松上新增蛀孔数量（2015年）

2.2 品穴星坑小蠹的习性和为害

雄虫先入侵，挖交配室吸引多头雌虫来交配，雌雄交配后雌虫即产卵到母坑道的两侧，通常两侧的坑道较密集，推测产卵量达10～30粒。坑道蛀在韧皮部，稍嵌在边材上，母坑道数量约5～7条。母坑道长度平均9.7cm。通常母坑道比较粗，两侧子坑道较密集，较细。老熟幼虫会在子坑道末端筑一个蛹室。

品穴星坑小蠹更易侵入生长状况弱的白皮松，生长较为健壮的白皮松会分泌大量松脂，粘住小蠹导致其死亡。在一年的不同时间，同一棵白皮松上小蠹侵入也有难度的差异。5月份白皮松上可以见到少量小蠹，但多数被松脂粘住，此时树体已经受害，即使分泌树胶自我保护，先期的侵入仍然会加剧树势的衰弱，为后续的小蠹侵入提供条件。7月份则有较多小蠹蛀孔，被粘住的小蠹明显少。可能原因是7月份的虫口数量远高于5月份。所以在大量入侵白皮松时，仍然能成功侵入。在观察中还发现，树势较弱的白皮松被入侵时，即使部分小蠹被树胶粘住，但仍有活动能力，仍可缓慢向内侵入，但是否能侵入完成其整体生活周期不得而知。

3 小结与讨论

品穴星坑小蠹在北京地区一年发生2代，以成虫和幼虫越冬。该小蠹对寄主白皮松有一定的选择性，主要侵害生长衰弱或已有同类侵入的白皮松。有一雄多雌现象，雄虫入侵后，挖交配室吸引多头雌虫来交配，受精后的雌虫从交配室呈辐射方式向四周挖母坑道，并将卵产于母坑道两侧[3]。因此防治时可以重点对成虫活动期进行防治，杀死成虫或阻止成虫蛀入。

由于品穴星坑小蠹为次期性害虫，防治应以增强树势为主，防治措施为辅，具体措施包括：

3.1 植物检疫

预防体现在植物检疫上，这种小蠹在我国西藏和北京有分布，其他地区未见报道，这种地理跨度大的分布极有可能是人为携带，如树木调运等。因此在调运白皮松时要加强该种小蠹的检疫。

3.2 加强养护

品穴星坑小蠹喜危害长势衰弱的白皮松，因此应加强养护管理，增强树势，创造白皮松适宜生长的环境。

3.2.1 水肥管理

白皮松喜光略耐半荫，不耐水渍，应避免多浇水或积水。做好春水、冻水、旱季补水等工作，利用水分测量仪器监测土壤含水量，将含水量控制在15%左右。

3.2.2 增加土壤透气性

对景山公园长势不同的白皮松进行调查发现，长势正常的白皮松土壤容重不大于0.69g/cm^3。因此，根据白皮松立地条件的不同，应采取不同的措施增加土壤透气性，降低土壤容重。如对周围存在硬质铺装的白皮松，应进行铺装改造、挖复壮沟，减少周围硬质铺装面积，复壮沟内填充陶粒、草炭土等透气透水性物质；对坡地生长的白皮松，通过土壤打孔、去除由于水土流失埋干的土壤、去除杂灌木等措施；对于游客量大，踩踏严重的区域，应设置围栏等进行保护。

3.3 化学防治

5月份和7月份是品穴星坑小蠹的成虫发生期。由于小蠹类害虫生活隐蔽，防治难度大。化学防治是见效快的方法，防治适期是成虫羽化期，还未蛀树干侵入时，防治方法可以进行树干和树冠喷药，可选内吸性药剂如绿色威雷（8%氯氰菊酯微胶囊剂）500倍液。

3.4 物理防治

及时处理受害树：对于已受害的白皮松，应及时伐除受害虫枝，熏蒸或烧毁处理。伐除时应注意剪口位置，在分枝处略高于皮脊1～2cm处锯除，有助于伤口处形成愈伤组织将残留小枝周围包裹，使锯口硬化，稳定树势。过高会导致分枝继续衰弱，易于吸引小蠹危害，而过低锯口处无法形成愈伤组织，不利于伤口恢复。锯除后伤口涂抹愈伤剂，并根据天气，雨后及时补涂。

3.5 生物防治

小蠹的天敌有郭公虫、蒲螨、寄生蜂等，目前品穴星坑小蠹的天敌方面尚缺乏基础研究。在调查取样时发现一种郭公虫成虫在小蠹坑道内，是否能利用郭公虫进行生物防治有待进一步研究。

参考文献

[1] 尹淑春．紫竹院公园中穴星坑小蠹的危害与防治[J]. 北京园林，2012，28（101）：56-58.

[2] 周明洁，任桂芳，王志良．警惕危害白皮松的新害虫——中穴星坑小蠹[J]．中国森林病虫，2012，31（6）：46，31.

[3] 虞国跃，王合，冯术快，等．白皮松新害虫——品穴星坑小蠹及其防治策略[J]．昆虫学报，2015，58（1）：99-102.

[4] Wood SL，Bright DE，1992． A Catalog of Scolytidae and Platypodidae（ Coleoptera），Part 2．Taxonomic Index Volume A．Great Basin Naturalist Memoirs，13A．1- 833.

北京地区主要观果植物资源调查及应用①

北京市植物园，北京市花卉园艺工程技术研究中心 / 陈　燕　吴超然
北京市园林科学研究院 / 赵世伟
中国园林博物馆 / 陈进勇

摘　要：本文对北京地区主要观果植物资源进行了调查，并根据观赏特性进行了分类及应用方式评价。结果表明：北京地区观果植物种类多达120余种，隶属44科80属，按观赏特性分为色彩果类、巨型果类和奇特果类，最后针对树种应用单一、配置缺乏科学性等存在的问题，提出了发展方向和对策。

关键词：观果植物；资源调查；分类；应用；北京

观果植物是指以果实为观赏对象的园林植物，具有色彩艳丽、果形奇特、着果丰硕、芳香宜人、吸引鸟类、观赏期能弥补花叶类观赏植物空白等优点，常用来营造独特的造景效果和园林意境。而一些观果植物还具食用、药用价值，能够满足城市居民对景观环境求新求异的需求，值得发展推广[1]。

在植物学中，果实按果皮类型分为肉果和干果类，肉果又分为浆果、核果和梨果，此类果实观赏价值较高，在园林中应用较多，干果又分为裂果和闭果，裂果包括荚果、蓇葖果、蒴果和角果，闭果包括瘦果、颖果、翅果、坚果、双悬果和胞果。从果实形状上，以奇、巨、丰为准，奇是指形状奇特，巨是指果形硕大，丰是指数量丰盛。而在园林应用中，果实颜色丰富多彩，具有很强的观赏性，主要分为红、橙（黄）、紫、白、黑、褐、粉色等[1]。果实颜色由果皮颜色决定，若果皮为透明色，果实颜色主要由果肉颜色决定。果皮的颜色与叶绿素、类胡萝卜素、花青素等色素有关。不同色素受光照、温度等环境的影响，随着果实发育的成熟，细胞色素由叶绿体向有色体转变，各类色素种类和含量发生变化，果实颜色随着变化，其最终表现为各种色素综合作用的结果[2, 3]。

北京地区观果植物资源丰富，值得保护、开发和利用。本文在调查统计该地区观果植物资源的基础上，探讨了其在园林绿化中的应用前景，为观果植物在首都园林中的应用提供参考。

1　材料与方法

1.1　调查地点概况

北京市位于北纬 39.56°，东经 116.20°，属暖温带大陆性季风气候，四季分明，降水集中，年平均降雨量 620mm。年平均气温 13℃，1 月份平均气温为 −3.7℃，7 月份平均气温为 25.2℃。秋季温差较大，光照充足，干燥度高，适合果实丰富色彩的呈现。

①　基金项目：北京市公园管理中心“几种特色观果植物的应用研究”课题。

1.2 调查方法

采取查阅文献资料和外业样地调查相结合的方法。查阅《北京植物志》、收集北京周边自然保护区、森林公园和城市公园绿地的植物名录，掌握观果植物资源分布的基础资料；然后进行实地外业调查，掌握其生境、观赏特征和物候发育规律，并对其应用情况进行总结。

2 结果与分析

2.1 北京地区主要观果植物资源与分类

北京地区的观果植物种类比较丰富，多达120余种，隶属44科80属，主要集中在忍冬科（Caprifoliaceae）、蔷薇科（Rosaceae）、小檗科（Berberidaceae）、马鞭草科（Verbenaceae）和芸香科（Rutaceae）等，大多数观果植物最佳观赏季在秋季，也有少数在夏冬，根据其观赏特性分为色彩果类、巨型果类和奇特果类，色彩果类又分为红、橙黄、蓝紫、黑、白、粉红色果类。主要观果植物分类、观果期及观赏应用特性见附表1。

2.2 观果植物园林应用

2.2.1 盆景、盆栽组合

观果植物盆景是把观果植物植于盆中，进行艺术造型后形成的盆景，早在初唐时期绘画中就有“侍女手持绿叶红果的盆景”，随着现代农业的发展，观果植物盆景已由传统的石榴、柑橘、佛手等向朱砂根、山楂、欧李、蒲棒等具有观赏经济价值的盆景、组合盆栽形式转变，并通过栽培技术措施延长果期。

2.2.2 孤植

为突出观果植物个体美，孤植的观果植物常具有姿、叶、花、果、干等多种观赏性能，如银杏、山楂、海棠、玉兰、柿子，孤植于草坪、转角、建筑前、庭院中，成为构图中心。

2.2.3 丛（混）植

可作为主景或建筑、山体、大乔木的配景，也可结合地形和周边环境布置。三五成丛地和其他常绿、落叶树种，花卉和草坪地被等植物组合起来，注重统一与变化、色彩与季相、对比与衬托、节奏与韵律、层次与背景等艺术表达。如北京植物园海棠栒子园中在海棠树背景下种植有郁李、平枝栒子、毛叶水栒子等观果植物，并搭配金叶连翘、小叶黄杨及各类时令花卉，形成稳定而富有季相变化的植物景观[4]。

2.2.4 群植

因品种单一、规模宏大常具有蔚为壮观的观赏效果，常作配景或背景。如为屏蔽视线或掩盖建筑而群植金银木、天目琼花、水栒子、胡颓子等观果灌木类[4]。

2.2.5 对列植

在建筑物前、入口处或道路两侧，可种植2株或成排列植多株观果树种[4]。如北海公园禅福寺内两株山茱萸对植于入口处，秋季红果累累，为寺内同期举办的菊展增色不少。列植可作为行道树或树阵广场种植，要求树干挺拔，分枝点高，树冠较大，不易落花、果，适应性强，如栾树、银杏。

2.2.6 垂直绿化

许多观果植物具有攀缘或吸附功能，可以软化建筑墙面、山石、廊架、桥体立面等，是垂直绿化的优良材料。如猕猴桃、南蛇藤、牛迭肚、山葡萄及穿龙薯蓣等。

2.2.7 果篱及基础栽植

各类小檗、卫矛、贴梗海棠、平枝栒子等观果植物因株形低矮、耐修剪，是良好的果篱和基础栽植材料。如北京中科院植物园草药园内将枸橘作为绿篱栽植，满足功能的同时，丰富了园林植物种类及应用形式。

2.2.8 花坛、花境及水景种植

一些株丛低矮的观果植物常和宿根花卉及一二年生草花组合搭配在一起，如新疆忍冬、‘欧洲红’接骨木、小檗、平枝栒子种植于花境中，丰富、稳定花境景观；国庆花坛中，石榴、金橘、苹果等观果植物成为花坛中的亮点。红瑞木、构树、栒子类、忍冬等观果植物种植于水边与香蒲等水生植物组合在一起，为丰富景观和生物多样性提供良好的材料和场地。

2.2.9 地被

利用观果植物覆盖裸露地面，为小动物提供食物和栖息地。平枝栒子、蛇莓、铃兰、麦冬等，具有生长期长、耐阴性强、覆盖率高等特点，是优良的地被植物。

3 存在问题

3.1 树种单一，应用形式千篇一律

在观果植物应用种类上，仅限于传统几个品种，缺乏对观果植物进行资源调查、收集、新品种繁育推广等工作。设计师对观果植物了解少，种植设计未能抓住观果植物的特性，应用形式单一。

3.2 植物配置缺乏科学性，养护管理粗放

温度、光照、水分是植物生长最重要的环境因子，观果植物的配置除了考虑到观赏效果外，更重要的是要创造出适合其生长发育的空间环境，以便维持最佳观赏效果。在管理过程中，经常由于缺乏突出观赏性的养护技术措施，使得一些优良的观果植物达不到预期景观效果，甚至无法存活。

3.3 采伐破坏严重

观果植物多能吸引游人，一些又具有食用药用价值，

故易遭人为破坏。如北京植物园樱桃沟内的毛樱桃未到成熟果期就被采摘破坏，无法展示其果实的观赏特性。

3.4 缺乏观果植物经济、生态、文化价值等深度研究

随着现代园林的发展，观果植物的地位一度降低，其丰富的植物资源、深厚的文化内涵、良好的生态及经济效益值得被挖掘和开发，以满足我国城市化建设对新型绿化树种的需求。

4 建议和展望

4.1 筛选、培育出一批优良的观果植物

通过观果植物资源的调查及物候观察，可以筛选出一批新奇、色素含量多、观赏期长、抗性强、具有乡土地域特色的优良观果植物，值得研究推广。

4.2 探索观果植物适合的配置模式及新奇特的栽培园艺技术

配置时避免肉质类果实落果污染地面、伤及游人，最好不作为行道树种植，可在绿地、河道两侧、防护林中种植。行道树可选择色彩鲜艳、形状奇特的荚果、翅果和蓇葖果的植物，选择无毒或不易引起过敏的植物。通过藤架等园艺方式，一些瓜果菜园的新形式可以在园林中运用，让城市回归田园[5]。

4.3 解决观果植物不结实、大小年、挂果时间短、果色着色不佳等现象

增加传粉媒介，适当疏花疏果，增加叶果比，稳定树势，适当减少氮量，进行环状剥皮，防治病虫，避免早期落叶，保持适宜株行距，疏去过密枝条，改变果实方向，摘除果实附近过多叶片等措施，可以适当增加果实纳受光量，促进果实着色，减少大小年、不结实等现象的发生。

4.4 开展观果植物生态、经济价值研究

观果植物在城市园林中的配置与城市鸟类多样性保护关系密切，合理配置冬季挂果植物，特别是一些浆果类观果植物可以吸引更多的鸟类、为留鸟提供食物，鸟类传播种子，消灭害虫，对于维持城市生物多样性有重要意义[6]。观果植物其他一些应用方式也值得大力开发，如农业观光旅游、果实创意展、种子画、果实饰品、食用、药用、香料等。

参考文献

[1] 刘立辉等．观果植物的分类及其在园林中的应用 [J]. 中国园艺文摘，2011，27（5）：68-69.

[2] 孟凡娟等．彩色番茄果实质体超微结构的观察 [J]. 电子显微学报，2005，25（5）：494-496.

[3] 唐丽等．南天竹果实变色机理研究 [J]. 湖南农业科技，2007，34（4）：20-21.

[4] 郑宝强等．北京观果植物及其在园林造景中的应用 [J]. 园林，2011，(11)：30-35

[5] 赵岩等．观赏果树在农业观光园中的应用研究—以南京杏花·春创意农业园为例 [J]. 森林工程，2012，28（6）：103-104.

[6] 毛志滨等．观果树种配植与城市鸟类生物多样性保护 [J]. 江苏林业科技，2005，32（1）：11-13

北京地区主要观果植物资源　　附表 1

类型	科	名称	学名	观果期	观赏特性及园林应用
色彩果类：红色果类	红豆杉科	矮紫杉	*Taxus cuspidata* ‘Nana’	8 ~ 10 月	常绿灌木
	三尖杉科	粗榧	*Cephalotaxus sinensis*	8 ~ 10 月	常绿灌木
	百合科	石刁柏	*Asparagus officinalis*	8 ~ 9 月	花境、花坛
	茶藨子科	东北茶藨子	*Ribes mandshuricum*	10 ~ 11 月	丛植
		华茶藨	*Ribes fasciculatum*	9 ~ 10 月	丛植
	大戟科	蓖麻	*Ricinus communis*	8 ~ 9 月	果实大，花境、花坛
	椴树科	扁担木	*Grewia biloba* ‘Parviflora’	9 ~ 11 月	抗性强，果型奇特
	胡颓子科	胡颓子	*Elaeagnus umbellata*	9 ~ 11 月	果红色被银白色鳞片
	木兰科	玉兰属	*Magnolia*	8 月下~ 10 月中下	庭院种植
	漆树科	黄连木	*Pistacia chinensis*	9 ~ 11 月	庭荫或风景林
		火炬树	*Rhus typhina*	9 ~ 11 月	果序红似火炬，宿存
	蔷薇科	扁核木	*Prinsepia sinensis*	8 ~ 9 月	庭院种植
		海棠属	*Malus*	6 月中~ 11 月上	印第安夏天系列为红色果
		黄刺玫	*Rosa xanthina*	6 ~ 7 月	灌木或刺篱

续表

类型	科	名称	学名	观果期	观赏特性及园林应用
色彩果类：红色果类	蔷薇科	蔷薇类	*Rosa*	9～11月	观赏灌木
色彩果类：红色果类	蔷薇科	山楂	*Crataegus pinnatifida*	8月底～11月	庭院观赏
色彩果类：红色果类	蔷薇科	蛇莓	*Duchesnea indica*	6～10月	耐旱地被
色彩果类：红色果类	蔷薇科	唐棣	*Amelanchier sinica*	6～9月	庭院种植
色彩果类：红色果类	蔷薇科	毛叶水栒子	*Cotoneaster submultifolius*	9～10月	多丛植
色彩果类：红色果类	蔷薇科	平枝栒子	*Cotoneaster horizontalis*	8月下～11月底	岩石园及基础、驳岸绿化
色彩果类：红色果类	蔷薇科	水栒子	*Cotoneaster multiflorus*	8～10月	多丛植
色彩果类：红色果类	蔷薇科	硬枝栒子	*Cotoneaster sternian*	10～11月	基础绿化
色彩果类：红色果类	蔷薇科	郁李	*Prunus japonica*	7～8月	庭院观赏
色彩果类：红色果类	蔷薇科	紫叶稠李	*Prunus virginiana*	6～8月	多群植
色彩果类：红色果类	蔷薇科	毛樱桃	*Prunus tomentosa*	7～8月	多群植或庭院观赏
色彩果类：红色果类	茄科	白英	*Solanum lyratum*	10月	攀缘植物
色彩果类：红色果类	茄科	枸杞	*Lycium chinense*	7月下～10月底	盆景或庭院观赏
色彩果类：红色果类	忍冬科	绵毛荚迷	*Viburnum lantana*	8～10月	红果簇生，后变黑色
色彩果类：红色果类	忍冬科	红蕾荚迷	*Viburnum carlesii*	7月下～11月初	庭院观赏
色彩果类：红色果类	忍冬科	皱叶荚迷	*Viburnum rhytidophyllum*	7月下～10月底	半常绿阔叶灌木
色彩果类：红色果类	忍冬科	欧洲荚蒾	*Viburnum opulus*	8～9月初	庭院观赏
色彩果类：红色果类	忍冬科	天目琼花	*Viburnum sargentii*	8～11月初	庭院观赏
色彩果类：红色果类	忍冬科	接骨木	*Sambucus williamsii*	6～8月	庭院、花境或基础绿化
色彩果类：红色果类	忍冬科	‘红果’圆叶雪果	*Symphoricarpos orbiculatus* ‘Red Snowberry’	9～11月	基础绿化或花境种植
色彩果类：红色果类	忍冬科	葱皮忍冬	*Lonicera ferdinandii*	9～10月	庭院种植
色彩果类：红色果类	忍冬科	新疆忍冬	*Lonicera tatarica*	5～7月	庭院或花境种植
色彩果类：红色果类	忍冬科	金银木	*Lonicera maackii*	8月下～	耐阴，红果经冬宿存
色彩果类：红色果类	忍冬科	蓝叶忍冬	*Lonicera korolkowi*	5～7月	丛植
色彩果类：红色果类	桑科	柘树	*Maclura tricuspidata*	9～11月	刺篱
色彩果类：红色果类	山茱萸科	山茱萸	*Cornus officinalis*	9～11月下	庭院
色彩果类：红色果类	山茱萸科	四照花	*Cornus kousa subsp. chinensis*	8月	庭院观赏
色彩果类：红色果类	鼠李科	枣	*Ziziphus jujuba*	8～9月	园林结合生产
色彩果类：红色果类	卫矛科	大叶黄杨	*Euonymus japonicus*	10月中～11月底	常绿阔叶灌木，绿篱或基础种植
色彩果类：红色果类	卫矛科	扶芳藤	*Euonymus fortunei*	11～12月	多以掩盖墙垣、山石
色彩果类：红色果类	卫矛科	胶东卫矛	*Euonymus kiautschovicus*	11～12月	多植于老树、岩石边或墙垣
色彩果类：红色果类	小檗科	南天竹	*Nandina domestica*	9～11月	小气候下庭院种植或盆栽观赏
色彩果类：红色果类	小檗科	小檗属	*Berberis*	9月初～11月	基础种植
色彩果类：红色果类	芸香科	花椒	*Zanthoxylum bungeanum*	7～9月	刺篱结合生产
色彩果类：红色果类	芸香科	吴茱萸	*Evodia rutaecarpa*	6～9月	园林观赏树种
色彩果类：红色果类	豆科	巨紫荆	*Cercis gigantea*	5月中～6月	荚果红色，后变褐
色彩果类：橙黄、褐色果类	大风子科	毛叶山桐子	*Idesia polycarpa* ‘Vestita’	9月中～11月底	庭荫树及观赏树
色彩果类：橙黄、褐色果类	苦木科	臭椿	*Ailanthus altissima*	9～10月	翅果橙红色簇生
色彩果类：橙黄、褐色果类	蔷薇科	海棠属	*Malus*	6月中～11月上	金色收获、罗宾逊等系列
色彩果类：橙黄、褐色果类		火棘	*Pyracantha fortuneana*	9月～	果多宿存
色彩果类：橙黄、褐色果类		大山樱	*Prunus sargentii*	9～10月	群植或庭院观赏
色彩果类：橙黄、褐色果类		彩叶梨	*Pyrus*	10～11月	庭院观赏
色彩果类：橙黄、褐色果类		樱花	*Prunus serrulata*	5～6月	群植或庭院观赏

续表

类型	科	名称	学名	观果期	观赏特性及园林应用
色彩果类：橙黄、褐色果类		杏	*Prunus vulgaris*	6 ~ 7 月	庭院或成林片植
		蔷薇类	*Rosa*	8 月下 ~ 11 月	丛植
		卡里雷山楂	*Crataegus lavallei* 'Carrierei'	10 ~ 11 月	庭院观赏
	柿树科	君迁子	*Diospyros lotus*	9 月下 ~ 10 月下	四旁绿化
		柿树	*Diospyros kaki*	10 ~ 11 月	园林结合生产
	银杏科	银杏	*Ginkgo biloba*	9 ~ 11 月	庭荫树或行道树
	芸香科	枸桔	*Poncirus trifoliata*	9 月中 ~ 11 月	可作刺、花篱及果篱
	豆科	皂荚	*Gleditsia sinensis*	10 ~ 11 月	荚果新月状，红褐色
色彩果类：蓝紫色果类	马鞭草科	海州常山	*Clerodendrum trichotomum*	10 ~ 11 月初	果紫色苞片红色
		白棠子树	*Callicarpa dichotoma*	9 月初 ~ 10 月下	观赏灌木
		'格雷帝'紫珠	*Callicarpa bodinieri* 'Giraldii'	9 月初 ~ 10 月下	庭院观赏
		紫珠	*Callicarpa japonica*	9 ~ 10 月下	庭院观赏
	木犀科	流苏	*Chionanthus retusus*	10 ~ 11 月	宜群植
	葡萄科	爬山虎	*Parthenocissus tricuspidata*	9 ~ 11 月	垂直绿化材料
		葡萄类	*Vitis*	9 ~ 10 月	攀爬于山石、廊架等
	蔷薇科	紫果腺肋花楸	*Aronia × prunifolia*	8 ~ 10 月	庭院观赏灌木
	忍冬科	树状荚蒾	*Viburnum lentago*	9 ~ 11 月上	庭院观赏
	山茱萸科	红瑞木	*Cornus alba*	8 ~ 9 月	多丛植于水边、林缘
	桑科	桑树	*Morus alba*	6 月	四旁绿化及经济树种
	商陆科	商陆	*Phytolacca acinosa*	10 月	花境或药草园
	小檗科	十大功劳	*Mahonia fortunei*	11 月	盆栽或小气候下庭院丛植
	榆科	小叶朴	*Celtis bungeana*	9 ~ 10 月	庭荫树及四旁绿化树种
色彩果类：黑色果类	八角枫科	瓜木	*Alangium platanifolium*	8 ~ 11 月	多庭园栽植
	百合科	麦冬	*Ophiopogon japonicus*	10 ~ 12 月	耐阴常绿地被
	木犀科	黄素馨	*Jasminum floridum*	11 月	小气候下庭院观赏
		女贞	*Ligustrum lucidum*	10 月 ~	绿篱或庭院观赏
		水蜡	*Ligustrum obtusifolium*	10 ~ 11 月	绿篱
		黑果腺肋花楸	*Aronia melanocenpa*	8 ~ 10 月	庭院观赏灌木
		鸡麻	*Rhodotypos scandens*	10 ~ 11 月	多庭院观赏
		金银花	*Lonicera japonica*	10 月	垂直绿化
	山茱萸科	毛梾	*Cornus walteri*	9 ~ 10 月	速生绿化树种
	鼠李科	鼠李	*Rhamnus davurica*	10 月	庭院观赏
	五加科	楤木	*Aralia chinensis*	8 月	庭院观赏及药用
	芸香科	黄檗	*Phellodendron amurense*	10 ~ 11 月	庭荫树
	樟科	狭叶山胡椒	*Lindera angustifolia*	9 ~ 11 月	药用及庭院观赏
		山胡椒	*Lindera glauca*	9 ~ 11 月	药用及庭院观赏
色彩果类：白色果类	大戟科	雀儿舌头	*Leptopus chinensis*	10 ~ 11 月	果皮绿色，开裂后果肉白色
	胡颓子科	桂香柳	*Elaeagnus angustifolia*	9 ~ 11 月	庭院孤植
		翅果油树	*Elaeagnus mollis*	6 ~ 9 月	果白色，密被鳞片状绒毛
	楝科	楝树	*Melia azedarach*	10 月中 ~	果色由黄变白，宿存
	马鞭草科	白果紫珠	*Callicarpa japonica* 'Leucocarpa'	9 月初 ~ 11 月	果白色，簇生
	忍冬科	白雪果	*Symphoricarpos albus*	9 ~ 11 月	果白色，宿存
	山茱萸科	红瑞木	*Cornus alba*	9 月	果部分白色

续表

类型	科	名称	学名	观果期	观赏特性及园林应用
色彩果类：粉色果类	槭树科	茶条槭	*Acer ginnala*	7～9月	庭院观赏
		鸡爪槭	*Acer palmatum*	7～10月	庭院观赏
		鞑靼槭	*Acer tataricum*	6～9月	庭院观赏
	蔷薇科	风箱果	*Physocarpus amurensis*	9月～	果实及宿存萼片渐变为粉红色
	卫矛科	欧洲卫矛	*Euonymus europaeus*	7～10月下	庭院观赏
		丝棉木	*Euonymus bungeanus*	9～10月	置于湖岸、水边
		栓翅卫矛	*Euonymus phellomanes*	8～10月中下	庭院观赏
		卫矛	*Euonymus alatus*	8～10月中下	庭院观赏
	无患子科	栾树	*Koelreuteria paniculata*	8～11月	蒴果三角形，似灯笼，桔红色
巨型果类	胡桃科	核桃	*Juglans regia*	8～9月	庭荫树、经济林
		胡桃楸	*Juglans mandshurica*	8～9月	庭荫树、经济林
	猕猴桃科	猕猴桃	*Actinidia chinensis*	8～10月	藤架绿化
	蔷薇科	木瓜	*Chaenomeles sinensis*	8月	庭院观赏
	桑科	无花果	*Ficus carica*	6～10月	小气候下庭院观赏
	石榴科	石榴	*Punica granatum*	9～10月	庭院种植或盆栽
	无患子科	文冠果	*Xanthoceras sorbifolia*	7～8月	观赏兼油料
奇特果类	豆科	野皂荚	*Gleditsia heterophylla*	8～10月	孤植或绿篱
		鱼鳔槐	*Colutea arborescens*	6～8月	果型鱼鳔
	胡桃科	枫杨	*Pterocarya stenoptera*	5～11月	果序下垂
	金缕梅科	山白树	*Sinowilsonia henryi*	6～9月	小气候下庭院种植
	蓼科	虎杖	*Reynoutria japonica*	10月	药用或作绿篱
	领春木科	领春木	*Euptelea pleiospermum*	10月	翅果簇生
	木犀科	白蜡	*Fraxinus*	6～10月	庭荫树、行道树或堤岸树
	槭树科	花叶复叶槭	*Acer negundo* ‘Variegatum’	6～10月	翅果花斑驳状
		元宝枫	*Acer truncatum*	7～9月	翅果似元宝
	省沽油科	省沽油	*Staphylea bumalda*	6～11月上	果为膨大膜质蒴果，膀胱状
	梧桐科	梧桐	*Firmiana simplex*	8～9月	蓇葖果膜质，成熟前开裂成叶状
	芸香科	榆橘	*Ptelea trifoliata*	6月	果型似铜钱

播种时间对 5 种苔草发芽和生长的影响

绿化植物育种北京市重点实验室，北京市园林科学研究院 / 梁 芳 董爱香 李子敬 秦贺兰 郑云峰

摘 要： 苔草的穴盘育苗是苔草高效繁育体系的核心技术。本文以青绿苔草、涝峪苔草、披针苔草、矮丛苔草、脚苔草为试材，通过测定开始发芽时间、持续发芽时间、发芽率和幼苗的株高、叶数、单株鲜重等生长指标研究不同播种时间对各种苔草生长的影响。结果表明，5种苔草4月份播种开始发芽晚、持续时间长、幼苗生长缓慢，其中青绿苔草、披针苔草的发芽率各月份之间无显著变化，7月份播种的5种苔草其穴盘幼苗的根系生长均较其他月份播种幼苗的根系发达；青绿苔草、涝峪苔草5月、6月、7月、8月播种、生长均较好，均可进行生产；披针苔草在5月、6月、7月进行生产较好，脚苔草、矮丛苔草于5月、6月进行生产较为适宜，且200孔穴盘播种出苗后生长50～60天即可出圃。

关键词： 苔草；穴盘；播种时间；发芽；生长

苔草种质资源丰富，遗传多样性高，广泛用于林下、建筑物遮荫处及复层绿化带下等特殊生境绿化和草坪美化，在国内外绿化产业中需求量日益增长。

近几年，北京市园林科研院对北京及周边地区的野生苔草资源进行了调查、收集和评价，发现低矮、丛生、叶片细腻的青绿苔草（*Carex breviculmis*）、矮丛苔草（*C. humilis* var. *nan*）、脚苔草（*C. pediformis*）等苔草抗性好，景观良好，解决了林下、建筑物等背阴处植物难以生长的问题，有很好的推广应用价值，其中涝峪苔草（*C. giraldiana*）和青绿苔草在我国北方地区推广应用较多。因此，大量、快速地繁殖种苗，以满足市场日益增长的需求是当前苔草属植物种苗生产者和绿化公司的共同愿望。而目前各种苔草的繁殖及推广应用形式多以地栽苗进行分株定植，存在适宜的定植时间、定植数量、成活率、景观效果等问题；苔草属植物的花果期约在 4 ～ 6 月，其种子产量客观，李青丰（1996）研究认为砾苔草潜在的产量可达 262kg/hm^2，青绿苔草、涝峪苔草等苔草产种量较多，播种繁殖应该成为其主要繁殖方式，为苔草属植物规模化生产及用于草坪提供了可能。穴盘播种育苗是规模化生产的一种方式，对各种苔草穴盘播种育苗技术的研究势在必行。而各种苔草由于种子的大小不同、生长速度不同、其应用时间也不同，因此不同的播种时间，各种苔草发芽、生长到最后出圃的时间可能不同，但最终的差异有多大，在现有查阅的文献中均未见到报道，因此，针对这个问题进行了 3 年的温室穴盘育苗试验，就此本文对不同播种时间对 5 种苔草穴盘播种的发芽、幼苗生长的影响进行研究，为实际生产提供数据。

1 材料与方法

1.1 试验区

试验于 2015 年 4 月至 9 月在北京市园林科学研究院院

内温室中进行。不同月份的温度参考院内室外温度，温度由院内生态研究室的小型气象站提供，具体的温度及播种时间见表1。

2014年4～9月份的气温及播种时间表　　表1

项目		4月	5月	6月	7月	8月	9月
气温（℃）	日最低温	4.41	4.93	14.45	20.76	16.77	11.08
	日最高温	30.54	40.28	36.33	37.39	35.68	33.96
	月平均气温	17.45	21.82	24.9	28.41	26.25	21.02
≤15℃的天数（d）		5	3	0	0	0	1
15～25℃的天数（d）		25	19	15	2	7	27
≥25℃的天数（d）		0	9	15	29	24	2
播种时间		4月16日	5月28日	6月26日	7月22日	8月11日	无

1.2　材料

贮藏1年的青绿苔草、涝峪苔草、披针苔草、矮丛苔草、脚苔草种子，其中涝峪苔草种子经浓硫酸处理20min（韩振芹，2008）；穴盘是长方形硬质塑料穴盘，长度545mm，宽度280mm，高度40mm，购于北京荣立华塑料厂；泥炭、珍珠岩、蛭石购于浙江国美园艺有限公司。

1.3　方法

1.3.1　播种

试验于温室内进行，具体播种时间见表1，播种于200孔穴盘中，每种苔草每个处理重复3次（盘），播种基质为：东北草炭：珍珠岩：蛭石=3：1：1，多菌灵（250g/m^3）和复合肥（3kg/m^3），拌匀后盖上薄膜，15天后使用。

育苗基质在播前一天装盘，浇透水，抹平表面，每穴播种子1粒，播种深度为0.5～1cm，再轻浇水，盖塑料薄膜，出苗后揭去塑料薄膜。注意出苗期间若出现缺水干盘现象，及时补水即可。

1.3.2　观测指标及方法

观测出苗率（在播后每天观测出苗率），统计开始发芽时间、持续发芽时间、发芽率；于萌发后50天，测定不同播种时期、不同穴盘规格苔草幼苗的生长情况（指标包括：株高、叶数、叶长、根长、根系数量、单株鲜重）。生长量的测定方法：取整株幼苗，洗净，量取其株高（植株最高点垂直于地面的距离）、叶数（功能叶片的数量）、叶长（功能叶中最长叶片的长度）、根长（主根中最长根系的长度）、根系数量（主根的数量）、单株鲜重（洗净，用滤纸吸取植株表面的水分，称取整株的重量），每个处理随机取样5株，重复3次。

1.4　数据分析与处理

数据用excel软件进行汇总、整理和图表绘制，用spss17.0的统计分析工具进行单因素方差分析，差异显著性分析采用t检验（$P < 0.05$）。

2　结果与分析

2.1　播种时间对穴盘育苗发芽的影响

2.1.1　播种时间对5种苔草开始发芽时间的影响

图1可知，5种苔草4月份开始发芽时间均显著长于其他月份，其中青绿苔草、涝峪苔草、披针苔草均于第17～18天开始发芽；矮丛苔草、脚苔草分别于第25天、32天开始发芽；青绿苔草、涝峪苔草、矮丛苔草5月、7月播种开始发芽时间显著短于其他月份，青绿苔草、涝峪苔草均于第9～10天开始发芽，矮丛苔草于第11～12天开始发芽；披针苔草5月～8月份播种开始发芽时间各月份之间无显著性差异，于9～11天开始发芽；脚苔草5月、8月份播种开始发芽时间显著短于4月、6月份开始发芽时间，于第15～16天开始发芽。

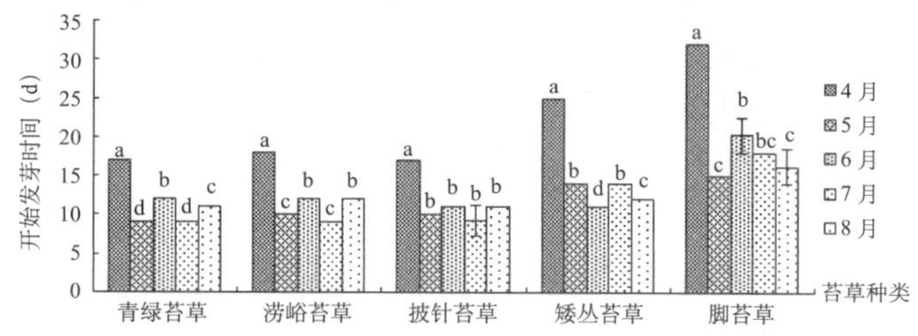

图1　播种时间对5种苔草开始发芽时间的影响

2.1.2　播种时间对5种苔草持续发芽时间的影响

图2表明，青绿苔草、涝峪苔草4月播种发芽持续时间最长，分别为37天、18天，且分别与其他各月份播种差异显著；青绿苔草6月、7月播种持续发芽时间为12～15天，显著短于4月、5月、8月的持续发芽37天、26天、19天。涝峪苔草持续发芽时间呈逐渐缩短的趋势，8月份播种持续发芽时间最短，约9天，与其他月份差异显著。

披针苔草7月播种发芽持续时间最长，为30天，与其他月份持续发芽时间有显著性差异；6月播种持续发芽时间最短，为23天，仅与8月份持续发芽时间无显著性差异。

矮丛苔草、脚苔草各月份播种的持续发芽时间变化大，相互之间均有显著性差异。矮丛苔草、脚苔草各月的持续发芽时间按着由长到短的顺序排列分别如下：矮丛苔草是

7月—6月—4月—8月—5月，脚苔草是6月—4月—7月—5月—8月。

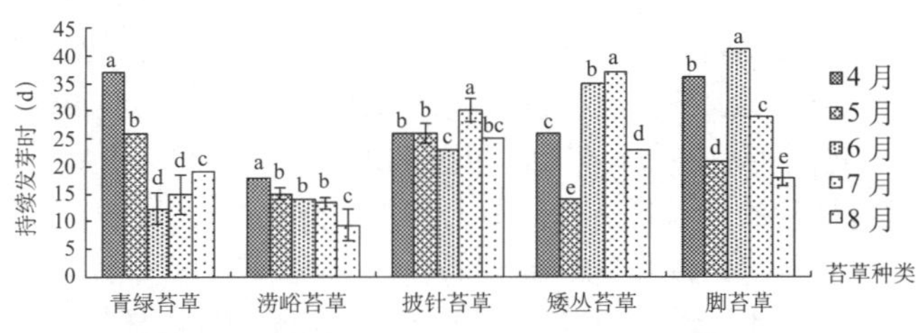

图2　播种时间对5种苔草持续发芽时间的影响

2.1.3　播种时间对5种苔草发芽率的影响

不同播种时间对5种苔草发芽率的影响如图3所示，青绿苔草4月播种发芽率最低，为85.2%，且与5月、7月播种发芽率（均为90.5%）无显著性差异，而与6月、8月份播种发芽率（约93.8%）分别差异显著。

涝峪苔草4月播种发芽率最高，为77.3%，显著高于其他各月份；5月份发芽率显著高于6月、7月、8月播种的发芽率，其中6月、7月、8月播种的发芽率相互之间无显著性差异，均在50% ~ 60%。

披针苔草8月份播种发芽率最高，为92%，仅与5月份(播种发芽率最低,为85.2%)有显著性差异,分别与4月、6月、7月播种芽率之间均无显著差异。

矮丛苔草5月份播种发芽率最高，为69.8%，分别与4月、7月份播种发芽率有显著性差异；4月份播种发芽率最低，为57%，仅与7月份播种发芽率无显著性差异。

脚苔草5月份播种发芽率最高，为66.7%，与其他各月均有显著性差异，而4月、6月、7月、8月各月之间发芽率均无显著性差异。

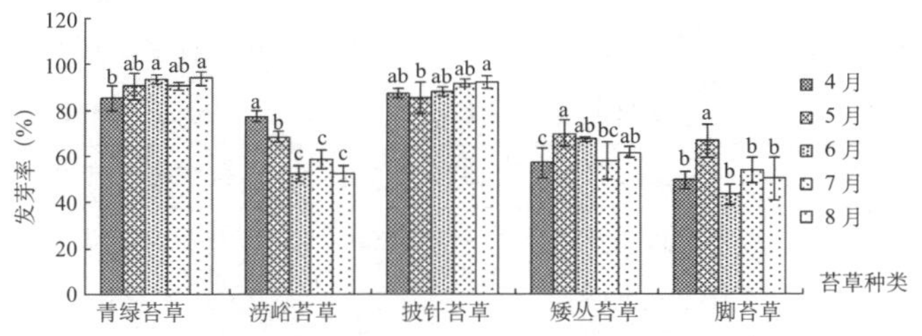

图3　播种时间对5种苔草发芽率的影响

2.2　播种时间对穴盘育苗的幼苗生长影响

2.2.1　播种时间对青绿苔草穴盘苗生长的影响

由表2可知，青绿苔草在不同时间进行200目穴盘播种，其生长速度有变化，具体分析如下：5月份播种出苗后生长50天的幼苗在株高、叶长、根系数量、单株鲜重上均不同程度地高于其他月份播种的幼苗，且株高、叶长与其他各月份播种幼苗之间均有显著性差异，其中6月份幼苗株高仅次于5月份株高，与其他各月份播种幼苗株高有显著性差异；而根系数量上，仅与7月份播种幼苗差异显著，其他各月份之间无显著性差异；单株鲜重上，与4月、8月份播种幼苗有显著性差异，其中4月份播种幼苗单株鲜重最低，为0.0335g，与其他各月份播种幼苗之间均差异显著。叶数上8月份播种的幼苗最多，与4月、5月、6月播种幼苗分别差异显著性，4月份播种幼苗叶数最少，与其他各月份之间差异均显著；根系长度上，4月份播种幼苗最短，为8.09cm，与其他各月份之间差异均显著，而其他月份播种幼苗相互之间无显著性差异。因此，综合各生长指标来看，4月份播种的青绿苔草生长50天后明显小于其他月份播种幼苗，5月份播种幼苗生长最快，6月份其次，8月份播种幼苗生长开始减慢。

2.2.2　播种时间对涝峪苔草穴盘苗生长的影响

不同时间播种处理对涝峪苔草穴盘苗生长的影响分析结果见表2,具体分析如下:4月份播种的幼苗的株高、叶数、叶长、根长、根数、单株鲜重均比其他月份播种幼苗低，且仅在株高、叶数、根长上与8月份播种幼苗无显著性差异，其他各生长指标各月份之间差异显著，说明：4月份播种涝峪苔草生长最为缓慢，幼苗较小。由表2可知，6月份播种幼苗大于其他月份播种幼苗，而6月份播种幼苗与5月份播种幼苗相比，6月份幼苗除株高、叶长显著高于5月份幼苗外，其他各生长指标两者之间无显著性差异；5月份播种幼苗与7月份播种幼苗相比，5月份幼苗除叶数显著高于7月份幼苗外，其他各生长指标两者之间无显著性差异。因此，涝峪苔草4月份播种幼苗生长缓慢，幼苗小，5月、6月、7月播种幼苗生长较快，8月播种幼苗生长又开始减慢。

2.2.3　播种时间对披针苔草穴盘苗生长的影响

由表2可知，披针苔草200目穴盘5月份播种幼苗各生长指标不同程度优于其他月份的幼苗，其次6月、7月生长也较好。5月份播种幼苗株高（为8.7cm）、叶长（为11.18cm），显著高于其他各月份幼苗的株高、叶长，8月份播种幼苗株高（为1.71cm）、叶长（为4.82cm），显著矮于其他各月份幼苗的株高；叶片数量上，5月份播种最多，但仅与8月份播种幼苗有显著差异；根长上，7月份播种幼苗最长，为17.21cm，仅与4月份播种幼苗有显著差异，5月份播种幼苗根系长度仅次于7月份，为16.15cm，但与其他各播种月份之间均无显著性差异；根系数量上，不同播种时间处理之间没有影响，均无显著差异；5月份播种幼苗单株鲜重最大，为0.1512g，仅与7月份播种幼苗之间没有显著性差异,4月份播种幼苗单株鲜重最低,为0.0468g,除与8月份播种幼苗之间无显著差异，与其他月份播种幼苗差异显著。因此，综合各生长指标在不同时间播种处理下的表现认为,4月份播种幼苗生长较慢,较小,5月、6月、7月播种生长较好,8月份播种幼苗生长又开始减慢、变小。

2.2.4　播种时间对矮丛苔草穴盘苗生长的影响

由表 2 可知，播种时间对矮丛苔草植株生长的影响各指标变化没有明显的规律，从株高上看，5 月份播种幼苗株高显著高于其他各月份，6 月份播种幼苗株高次之；4 月份播种幼苗的叶片数量最多，显著高于其他月份，其他各月份之间无显著性差异；4 月、5 月、6 月播种叶长均显著高于 7 月、8 月播种的幼苗叶长；6 月、7 月播种幼苗根系长度均显著高于其他月份播种幼苗根系长度；各月份播种对矮丛苔草根系数量无显著影响，均在 5 条左右；6 月种幼苗单株鲜重显著大于其他种的幼苗单株鲜重，7 月、8 月播种幼苗单株鲜重逐渐降低。

2.2.5　播种时间对脚苔草穴盘苗生长的影响

由表 2 可知，脚苔草 6 月份播种幼苗各项生长指标均不同程度的高于其他月份，尤其在叶片数量、单株鲜重上与其他月份穴盘幼苗有显著性差异。4 月、8 月播种的穴盘幼苗的叶片数量、根系长度、单株鲜重均显著低于其他月份播种幼苗，因此对于脚苔草来说，5 月份播种的穴盘幼苗相对地上部分生长相对较快，地下部分生长相对较慢；6 月份播种的穴盘幼苗地上部分和地下部分生长均良好；7 月份播种的穴盘幼苗相对地上部分生长相对缓慢，地下部分生长较好，从单株鲜重上看，7 月份播种的穴盘幼苗比 5 月份播种的穴盘幼苗生物量大，而实际 5 月份播种的穴盘幼苗比 7 月份播种的穴盘幼苗大，这说明 7 月份播种的穴盘苗地下部分在单株鲜重中的影响比地上部分大，其根系生长得更好。

不同播种时间对 5 种苔草幼苗生长的影响　　表 2

种类	处理	株高（cm）	叶数（片）	叶长（cm）	根长（cm）	根系数量（个）	单株鲜重（g）
青绿苔草 *C. breviculmis*	4 月	4.10±0.6548 bc	4.60±0.3464 c	6.22±0.8793 cd	8.09±0.4460 b	5.33±0.4163 ab	0.0335±0.0080 c
	5 月	7.43±0.3765 a	5.2±0.2000 b	10.58±0.3292 a	12.44±1.0806 a	5.80±0.2000 a	0.1014±0.0113 a
	6 月	6.16±0.4574 b	5.27±0.3055 b	9.52±0.3704 b	12.87±0.4406 a	5.40±0.2000 ab	0.0828±0.0096 ab
	7 月	4.53±0.6661 c	5.47±0.3055 ab	7.14±0.6248 c	14.03±1.7038 a	5 .00±0.2000 b	0.0933±0.0191 a
	8 月	3.85±0.1724 c	5.87±0.1155 a	5.23±0.2572 d	12.86±1.8193 a	5.20±0.6000 ab	0.0632±0.0048 b
涝峪苔草 *C. giraldiana*	4 月	4.30±0.2928 c	3.80±0.5292 c	6.27±0.2802 d	8.19±0.7201 c	4.87±0.4619 c	0.0735±0.0096 d
	5 月	6.40±0.1000 b	5.50±0.4163 a	8.48±0.3105 b	14.01±1.0553 a	7.13±0.4163 a	0.1739±0.0151 a
	6 月	7.20±0.3754 a	5.20±0.2000 a	9.66±0.4386 a	11.92±0.1249 ab	6.87±0.5033 ab	0.1715±0.0096 a
	7 月	6.00±0.6021 b	4.47±0.2309 b	8.68±0.8052 b	13.09±0.0945 a	6.60±0.3464 ab	0.1605±0.0103 a
	8 月	4.46±0.2433 c	4.07±0.1155 bc	7.51±0.3408 c	9.63±0.4007 bc	6.30±0.2309 b	0.1211±0.0035 c
披针苔草 *C. humilis var nana*	4 月	3.47±0.0808 c	6.2±0.5292 ab	6.54±0.1562 b	11.05±1.2344 b	5.53±0.5033 a	0.0468±0.0034 c
	5 月	8.71±1.4247 a	6.8±0.6928 a	11.18±1.9749 a	16.15±1.0169 ab	4.87±0.6110 a	0.1511±0.0443 a
	6 月	5.85±0.0231 b	6.67±0.3055 ab	7.96±0.0346 b	13.48±0.9615 ab	4.8±0.3464 a	0.1111±0.0056 b
	7 月	3.36±0.0529 c	6.53±0.1155 ab	8.08±0.3219 b	17.21±0.8041 a	4.87±0.4163 a	0.1263±0.0074 ab
	8 月	1.71±0.3029 d	5.87±0.1462 b	4.82±0.5568 c	11.85±1.2257 ab	4.87±0.4163 a	0.0654±0.0123 c
矮丛苔草 *C. lanceolata*	4 月	4.32±0.6083 c	7.13±0.1155 a	8.43±0.7490 a	8.93±1.0601 c	5.47±0.8083 a	0.0899±0.0025 b
	5 月	6.6±0.3775 a	5.93±0.4163 b	9.35±0.5742 a	12.03±1.4093 b	5.27±0.2309 a	0.0935±0.0156 b
	6 月	5.43±0.7184 b	6.47±0.2309 b	9.39±1.1552 a	14.48±1.5716 a	5.47±0.1155 a	0.1150±0.0120 a
	7 月	2.77±0.3312 d	6.33±0.4163 b	5.84±0.3124 b	15.13±1.0849 a	5.27±0.8083 a	0.0788±0.0135 bc
	8 月	1.68±0.1587 e	6.00±0.2000 b	4.20±0.3418 c	9.46±1.4047 c	4.80±0.3464 a	0.0683±0.0036 c
脚苔草 *C. pediformis*	4	2.67±0.3743 ab	5.00±0.0000 b	4.20±0.2433 ab	7.41±0.3233 b	5.47±0.4163 a	0.0161±0.0031 c
	5	2.90±0.4133 a	5.07±0.2309 b	4.48±0.2946 ab	9.98±1.6974 a	4.60±0.5292 ab	0.0274±0.0039 b
	6	2.66±0.5765 ab	6.33±0.7572 a	4.85±0.5558 a	9.74±1.2124 a	4.73±0.3055 ab	0.0474±0.0050 a
	7	2.05±0.1793 bc	5.33±0.4619 b	3.91±0.4822 bc	10.00±1.0220 a	5.00±0.3464 a	0.0353±0.0065 b
	8	1.55±0.0757 c	4.60±0.2000 b	3.30±0.3124 c	7.41±1.4700 b	4.07±0.7024 b	0.0189±0.0032 c

注：同列不同小写字母表示苔草各生长指标不同播种时间 0.05 水平上差异显著。

3 结论与讨论

从生产角度来说，开始发芽天数短，持续发芽时间短，发芽率高是育出生长整齐、高质量幼苗的基础。本文以200目穴盘播种为例，研究不同月份播种对各苔草发芽、生长的影响，旨在明确不同苔草的最佳生产时期，为苔草育苗提供技术支持。

青绿苔草、涝峪苔草 4 月份播种均出苗晚，持续时间长，其中青绿苔草发芽率低于其他月份播种，而涝峪苔草发芽率却明显高于其他月份。两种苔草 4 月份播种的幼苗生长均较为缓慢，同样生长 50 天的植株明显小于其他月份播种幼苗，随着气温上升，5 月、6 月、7 月、8 月播种的青绿苔草、涝峪苔草出苗早，持续时间短，幼苗生长较快。因此，青绿苔草、涝峪苔草 5 月、6 月、7 月、8 月均适宜播种生产，生长 50 ～ 60 天即可出圃。

披针苔草 4 月份播种开始发芽时间明显长于其他月份，但 7 月份播种发芽持续时间显著长于其他月份，6 月播种持续发芽时间最短，显著少于 4 月、5 月、7 月，整体发芽率均较高，不同月份播种对其发芽率的影响不大。不同月份播种对披针苔草生长的影响主要体现在 4 月、8 月生长较缓慢，5 月、6 月、7 月播种生长较快，同样生长 50 天的幼苗要比 4 月、8 月的大 1 ～ 2 倍。因此，披针苔草 5 月、6 月、7 月播种生产较好，生长 50 ～ 60 天即可出圃。

矮丛苔草、脚苔草均 4 月份播种发芽最晚，且各月份之间播种的持续发芽时间均有明显差异，发芽率均是 5 月份明显高于其他月份。其中矮丛苔草 6 月份播种开始发芽时间显著短于其他月份，7 月份播种持续发芽时间最长；脚苔草 5 月、8 月播种开始发芽时间显著短于其他月份，脚苔草 6 月份播种持续发芽时间最长，8 月份播种持续发芽时间最短。5 月、6 月播种的矮丛苔草、脚苔草幼苗生长较快，与地下根系的生长较为均衡；因此，矮丛苔草、脚苔草穴盘生产以 5 月、6 月播种为宜。

综上所知，5 种苔草之间较为适宜的播种、生长时间均稍有差异，本试验不同月份播种的基质、水肥、穴盘规格等因素均是一致的，这或许与不同苔草自身适宜的发芽温度有关系，对各种苔草穴盘播种发芽、生长的影响主要体现在 4 ～ 9 月份的温度有差异（表 1）。温度是植物生长的一个关键因素，罗弦（2009 年）研究表明：变温利于苔草种子萌发，矮苔草、披针苔草、青绿苔草种子萌发最适温度为 15 / 25℃（表示白天 25℃，夜晚 15℃变温）。

5 种苔草在不同月份播种中均表现出：4 月份播种的穴盘幼苗根系长度均短于其他月份播种的穴盘幼苗，5 月份播种的穴盘幼苗地上部分、地下部分生长指标均较高，说明 5 月份气候比较适宜植物的生长；而 7 月份播种穴盘幼苗的根系长度相对最长，地上幼苗生长却相对缓慢；8 月份播种的穴盘幼苗根系长度又开始有缩短的趋势。分析可知 7 月份播种穴盘幼苗生长在 8 月份，其温度高（参考同期室外温度，由表 1 可知，温度超过 25℃的天数为 24 天），蒸发快，根系相对向下生长，因此根系长度普遍较长；而 8 月份播种的穴盘幼苗生长经历 9 月份，其高温天数缩短，温度较为适宜（参考同期室外温度，表 1 显示，温度在 15℃至 25℃之间的天数为 27 天，超过 25℃的天数为 2 天），因此根系的长度比 7 月份播种要短。

此外，在试验过程中发现，随着播种月份的推后，气温的增高，青绿苔草、披针苔草从 4 月到 8 月发芽率呈现不同程度的升高，这属于正常现象；而同一批次经过浓硫酸处理的涝峪苔草种子的不同穴盘规格发芽率随着播种月份的增长而整体明显降低，罗弦（2009 年）研究表明：涝峪苔草种子萌发最适宜温度为 20 / 30℃，因此随着温度的增加发芽率应该呈现上升的趋势而不是降低的趋势，因此，这一现象不正常，这种不正常是不是因浓硫酸处理后影响了其种子寿命引起的呢？有待进一步研究考证。

参考文献

[1] 林存杰，赵玲．常见草花育苗技术要点 [J]. 吉林农业，2004，(2)：18-19.

[2] 金炳胜，王丽勉，李克朗，等．工厂化穴盘育苗主要技术及标准 [J]. 华中农业大学学报，2004，35（增刊）：250-255.

[3] 梁芳，董爱香，马燕．北京野生苔草属植物资源调查及观赏性状评价 [J]. 草业科学，2012，29（5）：710-716.

[4] 李青丰．砾苔草生长发育及种子生产特性的研究 [J]. 草业科学，1996，13 (3)：20-22.

[5] 韩振芹．涝峪苔草种子快速催芽方法的研究 [J]. 华北农学报，2008，23（增刊）：66-70.

[6] 房丽宁，李青丰．打破苔草种子休眠方法的研究 [J]. 草业科学，1998，15（5）：39-43.

[7] 罗弦．4 种苔草种子休眠及萌发生理研究 [D]. 四川农业大学硕士毕业论文，2009.

公园体验型科普项目调查研究

香山公园 / 刘　莹　周肖红　葛雨萱

摘　要： 体验型科普项目是指公众能从听觉、视觉、触觉等多方面感官接触参与和动手操作类的科普教育项目；体验型的科普宣传教育模式，作为科普活动方式的重要改变和提升，侧重于更好地发挥参与者的主观能动性，加强了科普教育活动的趣味性、实践性。本文为适应公众和社会对体验型科普教育活动的广泛需求，使体验型科普教育形式能够更紧密地结合公园特点，针对公园自身优势，更加充分地利用好公园的教育服务资源，对国内外多个体验型科普项目进行了广泛调研和分析，总结了8种类型的适用于公园实施推广的体验型科普项目，将科普工作规范化、系统化、数字化，并为今后公园科普工作能够可持续发展提供科学理论依据。

关键词： 公园；科普；体验；调查

公园作为科普宣传活动的前沿阵地，在园林绿化科普工作中发挥着极其重要的作用。体验型科普模式作为科普宣传活动的一个重要方式，虽然已经越来越广泛地被应用于科普实践工作中，但在国内目前还处于起步阶段，相关研究主要集中在对科普理念及体验式科普相关概念的讨论方面[1]，项目调查及实践相关内容十分有限。

本研究通过对不同人群开展多种形式的体验型科普活动进行调研，收集整理资料，为今后公园科普工作能够可持续发展提供科学理论依据。

1　研究内容和方法

1.1　研究对象

公园内开展的体验型科普活动。

1.2　研究方法

1.2.1　考察调研

考察调研公园开展的体验型科普项目活动形式、活动场地、辅助设施、人员设置等现状内容，了解和掌握最新的信息资讯，通过实地考察，充分收集各项相关资料，为课题研究提供基础数据。

1.2.2　资料整理

对考察调研中收集到的基础资料进行整理分析，筛选出有用数据。应用文字、图像详细记录公园开展的体验型科普项目内容，包括考察时间、活动场地现状、活动形式、人员设置、活动设施等。

1.2.3　分析与总结

通过收集整理相关资料，深入分析调研考察过的公园科普体验型项目，包括公园概况、体验型科普项目类型、活动目标、活动内容、对象人群、场地设施等各项相关内容并进行评价，总结筛选出适合在公园开展的科普型体验项目。

2 结果和分析

2.1 体验型科普项目调研考察

为满足课题研究需要，课题组对国内外多家开展体验式科普项目的公园进行了考察调研，并进行总结分析，将主要考察内容概括为“活动概要一览表”。

以下为部分案例详细说明：

2.1.1 新加坡动物园

新加坡动物园（Singapore Zoo）位于新加坡北部的万里湖路，占地 28.3hm^2，采用全开放式的模式，是世界十大动物园之一。园内以天然屏障代替栅栏，为各种动物创造天然的生活环境，有 300 多个品种约 3050 只动物在没有人为屏障的舒适环境下过着自由自在的生活，与游客和平共处。

在新加坡动物园游览，游客不再是单纯地欣赏动物，而是通过更多的互动类项目学习到动物的知识和加强野生动物的保护意识。互动方式设计的教育内容，已成为所有展区的一大特色。这些内容，能够更加有效地传达有关动物的资讯和野生生物保护的讯息。

考察项目：

（1）互动设施（互动式说明牌）

通过提问的方式，让游客以参与互动的方式了解相关动物知识，增加了游览的趣味性，有助于加强记忆（图 1）。

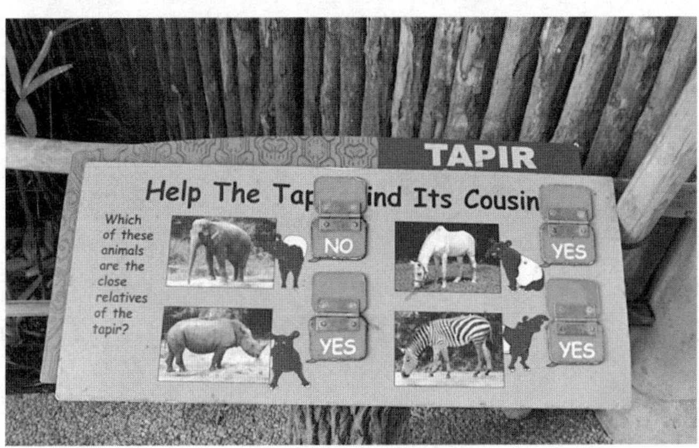

图 1　互动式说明牌

（2）实物教学

在互动游戏站由专业人员应用动物骨骼、皮毛及化石等道具，以组织游客参与游戏的形式开展实物教学，通过游戏的方式，使游客获得野生动物的知识，加强野生动物的保护意识（图 2）。

图 2　互动游戏

（3）环境体验

新加坡动物园通过环境模拟，让游客亲身体验动物的原生态生活环境，直观地了解动物的生活习性（图 3、图 4）。

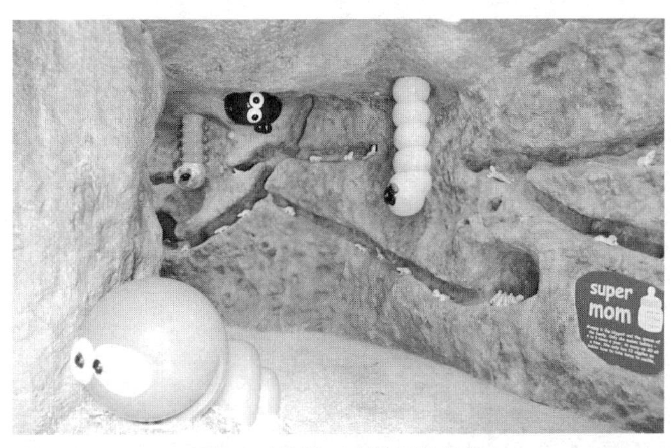

图 3　动物地下生活环境体验

图 4　家畜生活环境体验

表 1

活动概要一览表

序号	项目名称	活动内容	活动目标	类型							参与者人数（个）			目标群体								需要辅助材料	活动时间	场地要求	引导员要求	感染力			受众参与度		
				活泼型	安静型	探究型	创造型	感受型	知识型	操作型	最少	最佳	最多	幼儿园	1～3年级	4～6年级	初中	高中	成人	团体	家庭					高	较高	一般	高	较高	一般
1	嘉道理农场暨植物园导赏团	自然导赏	欣赏大自然					✓	✓		1	15	30			✓	✓	✓	✓	✓	✓	✓	全天	嘉道理农场暨植物园	具备相关专业知识	✓			✓		
2	动物全接触	观赏接触动物	野生动物保护					✓	✓		1	15	30		✓	✓	✓	✓	✓	✓	✓		半天	嘉道理农场暨植物园	具备相关专业知识	✓			✓		
3	实物教学	动物骨骼、皮毛及化石等道具	野生动物保护	✓					✓		1	5	10	✓	✓	✓	✓	✓	✓	✓	✓	✓	5～20分钟	室内	具备相关专业知识		✓		✓		
4	环境体验	环境模拟	保护生态环境			✓		✓			1	10	15	✓	✓	✓	✓	✓	✓	✓	✓	✓	5～30分钟	模拟环境设施	具备相关专业知识	✓			✓		
5	互动游戏站	游戏	学习知识	✓					✓	✓	1				✓	✓	✓	✓	✓	✓	✓	✓	5～20分钟	互动游戏设施	无	✓				✓	
6	鲨鱼百科	参观学习	保护生态环境			✓			✓		1	15	25	✓	✓	✓						✓	1小时	海洋馆	具备相关专业知识	✓			✓		
7	海底之旅	参观学习	保护海洋环境					✓	✓		1	15	25		✓	✓	✓	✓	✓	✓	✓	✓	1小时	海洋馆	具备相关专业知识	✓			✓		
8	水中探秘	检验评估水质参数	保护海洋环境			✓			✓		1	15	25			✓	✓	✓	✓	✓	✓	✓	1小时	海洋馆	具备相关专业知识	✓			✓		

续表

序号	项目名称	活动内容	活动目标	类型							参与者人数（个）			目标群体								需要辅助材料	活动时间	场地要求	引导员要求	感染力			受众参与度		
				活泼型	安静型	探究型	创造型	感受型	知识型	操作型	最少	最佳	最多	幼儿园	1～3年级	4～6年级	初中	高中	成人	团体	家庭					高	较高	一般	高	较高	一般
9	胆识剖析	解剖	保护海洋环境			✓			✓	✓	1	15	25			✓	✓	✓	✓	✓	✓	✓	2小时	海洋馆	具备相关专业知识	✓			✓		
10	海洋探索	生命探索	海洋生物多样性			✓			✓		1	15	25		✓	✓	✓	✓	✓	✓	✓	✓	1小时	海洋馆	具备相关专业知识	✓				✓	
11	奇花异果太空种子	栽培太空种子	了解航天育种知识	✓		✓			✓	✓	1	10	20	✓	✓	✓	✓	✓	✓	✓	✓	✓	1小时	无	具备一定相关专业知识	✓				✓	
12	“博士”带你识花草	辨识植物	自然保护						✓		1	15	25	✓	✓	✓	✓	✓	✓	✓	✓		30分钟	北京植物园	具备相关专业知识	✓				✓	
13	树叶对对碰	游戏	了解植物的叶子形状差别	✓					✓		2	10	20		✓	✓	✓	✓	✓	✓	✓	✓	10～20分钟	无	具备一定相关专业知识	✓			✓		
14	富士山小问答	自学相关知识	了解富士山		✓				✓		1				✓	✓	✓	✓	✓	✓	✓	✓	5～10分钟	室内	无		✓		✓		
15	鼹鼠的家	自学相关知识	动物保护		✓				✓		1			✓	✓	✓	✓	✓	✓	✓	✓	✓	5分钟	室内	无		✓		✓		
16	秋天的虫鸣	自学相关知识	动物保护		✓				✓		1			✓	✓	✓	✓	✓	✓	✓	✓	✓	5～10分钟	室内	具备一定相关专业知识	✓			✓		

续表

序号	项目名称	活动内容	活动目标	类型							参与者人数（个）			目标群体								需要辅助材料	活动时间	场地要求	引导员要求	感染力			受众参与度		
				活泼型	安静型	探究型	创造型	感受型	知识型	操作型	最少	最佳	最多	幼儿园	1～3年级	4～6年级	初中	高中	成人	团体	家庭					高	较高	一般	高	较高	一般
17	自然观察情报栏	自学相关知识	四季动植物变化		✓				✓		1			✓	✓	✓	✓	✓	✓	✓	✓	✓	5分钟	室内	无		✓			✓	
18	森林的碎片	记录动态自然	四季动植物变化		✓				✓		1			✓	✓	✓	✓	✓	✓	✓	✓	✓	5分钟	室内	无		✓			✓	
19	弹球请找工作人员取	游戏	与工作人员交流		✓					✓	1				✓	✓	✓	✓	✓	✓	✓	✓	5分钟	室内	具备一定相关专业知识		✓			✓	
20	植树造林活动	植树	保护生态环境							✓	1					✓	✓	✓	✓	✓	✓	✓	1小时	室外	具备一定相关专业知识	✓			✓		
21	群落生境体验活动	自然体验	保护生态环境			✓		✓			1				✓	✓	✓	✓	✓	✓	✓		1小时	稻田	具备一定相关专业知识	✓			✓		
22	保护古道活动	维护古道	保护生态环境	✓						✓	5	15	30			✓	✓	✓	✓	✓	✓	✓	2小时	林中古道	具备一定相关专业知识	✓			✓		
23	村落、深谷、动植物的共生活动	自然体验	保护生态环境		✓			✓	✓		1	10	20		✓	✓	✓	✓	✓	✓	✓		1小时	室外	具备一定相关专业知识		✓			✓	
24	自然观察径	自然观察	保护生态环境	✓		✓		✓			1				✓	✓	✓	✓	✓	✓	✓		1小时	自然观察径设施	无	✓			✓		

2.1.2 新加坡 S.E.A 海洋馆

S.E.A. 海洋馆是全球最大的海洋馆，馆内育有 800 多种珍惜海洋生物，分十大区域，49 个不同生物栖息地向游客介绍奇妙的海洋世界。海洋馆将参观路线设计为一次富有启发性的旅程，游客可以沿着航海家在过去一千年所经历的航线，一窥香料与丝绸是如何从东南亚一路航运至非洲大陆或更遥远的目的地。整个航程途经的海洋生物温床，以及各种各样的物种，一一详尽展示说明，其精细度超越一般的水族馆。除了让游客们沉醉于奇妙的海底世界之外，海洋馆还鼓励人们身体力行，为保育地球天然宝藏出一份力，推出一系列充满趣味的教育活动，加深游客对海洋及其生态系统的了解，并展开海洋保育计划，为新加坡与东南亚地区的物种保育与科研提供帮助。

通过对绚丽多姿的水生生物的展示和创新的保育、教育和科研项目，S.E.A. 海洋馆还鼓励游客参与多加保护蓝色星球的活动。为了让大家进一步了解海洋生态，海洋馆打造了一个前所未有的海洋课堂，针对不同年龄层制定特别教学项目，以便传达科学知识，并侧重于进行亲身实践，由经验丰富的专人带领，让游客在寓教于乐的环境中了解海洋生物及它们的栖息地。

考察项目：互动游戏站：

S.E.A. 海洋馆内设置了多处互动游戏站，游客可以通过参与互动游戏的方式获得科普知识（图 5、图 6）。

图 5　互动游戏站

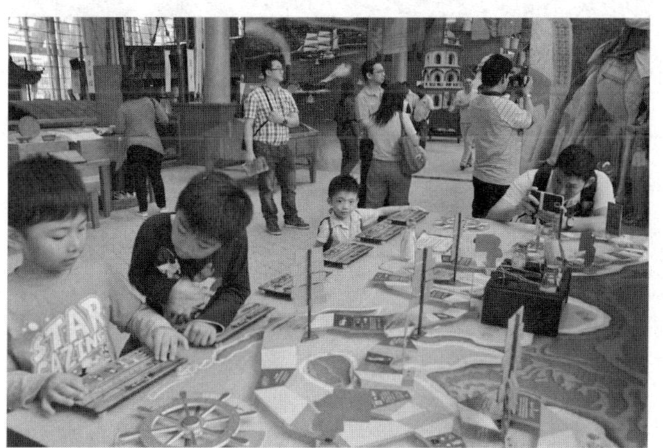

图 6　互动游戏站

2.1.3 北京植物园

北京植物园占地面积 400hm^2，其中户外展览展示面积占地 200hm^2，未开发山地及自然山林区域占地 200hm^2。植物园自然资源得天独厚，占地面积广阔，植物种类丰富，是自然的环境教育课堂。植物园具有科普馆，专门以环保、生物多样性等知识为主题，开展科普教育活动。园内还具有热带植物展览温室，物种丰富多样，在北方城市里更是一个资源优势突出的课堂。作为科研科普、植物种质资源收集及保护一体的专业单位，植物园注重环保宣传、生物多样性保护等工作，对于环境保护知识面向大众的普及具有良好的基础。植物园以青少年为中心，定期开展科普夏令营、植物多样性保护及生态环保等专题活动，同时针对校园团体提供免费的植物和环境科普知识讲座项目。植物园注重环境教育科研课题的开发，通过科研项目，深入探讨植物园特色环境教育模式。

图 7 “自然享乐”探索活动

考察项目：

(1) 自然享乐”探索活动——奇花异果太空种子（图 7）

活动目标：让儿童、青少年能够身临其境了解航天育种知识，体验航天科技成果，同时感触大自然的伟大神韵，同时学习家庭盆栽知识。

活动对象：儿童、青少年。

活动内容：讲解什么是“太空种子”以及太空种子是如何形成的，引出航天育种知识。其后做盆栽知识讲解及现场演示，演示过后指导活动参与者自己动手栽植“太空种子”。

(2)“博士”带你识花草（图 8）

图 8 “博士”带你识花草

活动目标：通过参与活动，让活动参与者接触自然、了解自然，扩充参与者对自然万物及其规律的认知，唤起自然使用者的认知、洞察和热忱，并提示自然保护的必要性。

活动对象：所有游客。

活动内容：由植物园内的植物学博士带领活动参与者辨识植物园内的植物。通过身临其境的现场讲解以及生动活泼的“植物传说”，能够帮助参与者更好地认知、感受和理解自然。在丰富和愉快的活动经历中引导参与者采取更加适当的行为，促进自然的有效保护。

(3) 树叶对对碰

活动目标：了解植物的叶子形状差别，通过游戏引出植物在改善空气、调节小气候、水土保持等方面的意义。

活动对象：中小学生。

活动内容：将学生们带到落叶较多的地方，要求每位同学捡拾 10 片树叶，偷偷藏好，不要让其他人看到。所有人围成一圈，每两位同学一组，背靠背站立。工作人员介绍游戏规则：请每位同学拿出自己捡拾到的最小的叶子，背靠背的同学中，叶子最小的算赢，输的同学要把自己那枚叶子送给赢的同学。工作人员可以不停地变换条件，例如：选出最长的叶子或最大的叶子等，直到分出胜负。

2.1.4　日本田贯湖自然塾

日本田贯湖自然塾坐落在富士山下的根伊豆国家公园内，是第一所由日本政府建立的“自然学校”，2000 年对公众开放，并委托 Whole Earth（WENS）运营管理。自然塾有一所两层木楼的展示空间，以及 2 个足球场大的户外活动场所，功能类似我们称的“访客中心”，访客通过与自然接触的体验获得乐趣，关心环境问题并付诸行动。

自然塾的运营理念是“作为自然体验活动入口，尽可能针对广泛的人群，并吸引他们再次造访”。

考察项目——手工制作：

田贯湖自然塾就像一个精美的手工坊，几乎所有展品都由员工自行制作，“富士山小问答”（图 9）、“昆虫脸谱”、“鼹鼠的家”以及其他小玩具等。同时还提供材料，鼓励访客自行动手制作（图 10）。

图 9　富士山小问答

图 10　手工制作

2.1.5　日本丰田白川乡自然学校

日本丰田白川乡自然学校位于日本岐阜县大野郡，学校设立在景色秀美的白山山麓、世界文化遗产的白川乡地区。学校的理念是一年四季在这辽阔的大自然中，无论是天真活泼的少儿还是白发苍苍的老人，都能享受到自然风光，感受到自然的力量，同时加深对自然环境的理解与关

爱。这里安排了各种各样内容丰富有趣的社会实践活动，男女老幼都能从自然中感受季节的变化，发现自然的力量。

学校占地面积广阔，设施完善，一年四季都安排了丰富有趣的自然体验活动。

考察项目：

（1）户外互动活动设施（图 11、图 12）

图 11　户外互动设施 1

图 12　户外互动设施 2

（2）室内互动活动设施（图 13 ～图 16）

游客服务中心出售自然纪念品，本身是一个很好的学习场所。

（3）自然体验活动

学校一年四季提供不同的自然体验课程供选择预约，并配备丰富的师资：

植树造林活动。

群落生境体验活动：全年休耕冬季灌水的稻田，是最好的生活小区。群落活动有助于保护当地的独特景观。

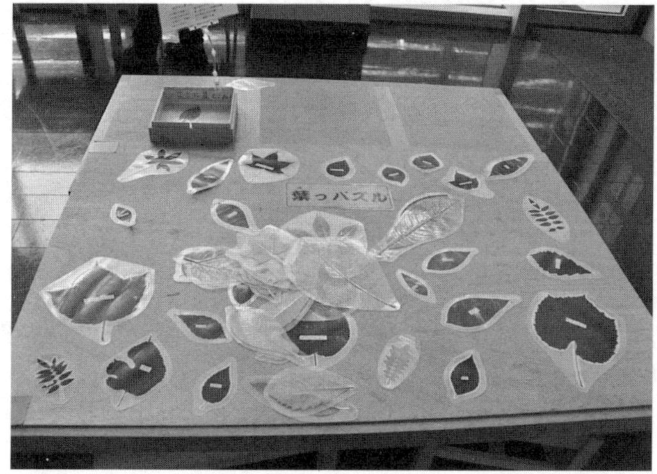

图 13　室内互动设施 1

图 14　室内互动设施 2

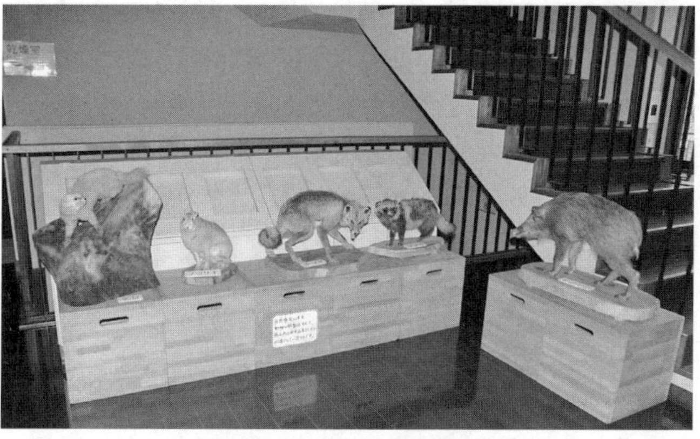

图 15　室内互动设施 3

保护古道活动：对遗落在灌木丛中的古道进行维护，再现古栈道的姿态。

村落、深谷、动植物的共生活动：通过山村、深谷、动植物的共生活动来建设一个人与自然共生的园地。

手工艺传承：编筐、编草鞋、制作筷子等。

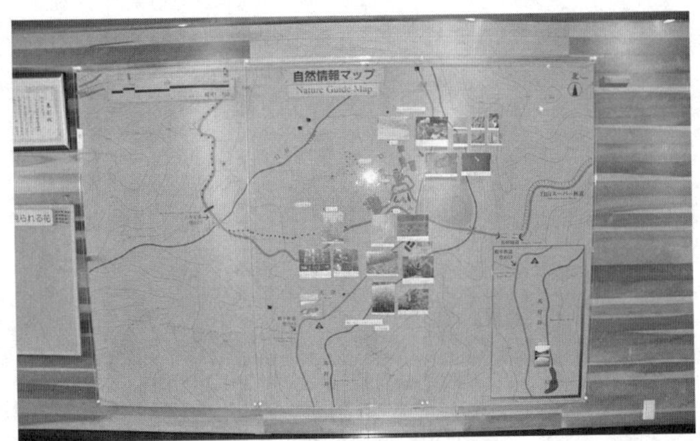
图 16　室内互动设施 4

认识野草、烹调野菜等。

2.1.6　西山国家森林公园

北京西山国家森林公园位于北京西郊小西山，植被为温带夏绿阔叶林，现有植物共计 517 种，分属 90 科。小西山纷繁的树种和不同的混交林形成四季分明、风景秀丽的森林景观。公园以风景资源为依托，以森林文化、植物文化、山水文化、生态文化为核心，不断完善基础设施和景观环境，努力创造怡人的游园环境，满足游客日益增长的旅游、休闲、娱乐、健身等各项需求。

公园于 2013 ～ 2014 年建设了西山森林文化示范区，公众可以在此体验丰富多样的森林文化：在森林里接受有趣的环境教育、增长知识，在绿意盎然的林荫中休闲游憩。示范区分为一心三区，分别是森林体验中心、自然观察区、游乐体验区及健康休闲区。更有自然观察径、森林教室、橡果屋等一系列有趣的互动设施。

考察项目：自然观察径：

自然观察径是北京市第一条以自然观察、体验、教育为主要目的，结合一定设施、课程，供体验者学习和了解自然知识的路径，是西山森林文化示范区的一个重要组成部分。西山“自然观察径”全长 800m，修建在一片 50 年生的油松林里，由 3 段路组成，路上共设有多种类型的 17 个自然体验设施，包括“给访客们的信”、“寻找树家族”、“野花大搜索”等。通过展示牌示、互动模型等设施，讲述西山森林成长过程，将森林群落、森林经营、乡土树种、生物防治等林业知识以生动有趣的形式展示出来。每一处设施都是“量体裁衣”依据观察径的现场情况单独设计，同时工作人员配合观察径专门设计了《西山自然观察径观察手记》。观察径分为导览和自导两种方式，通过自然观察手册和自然解说员的解说，引导参与者近距离观察森林，了解森林，参与森林的生产生活过程，拉近人与自然的感情；参与者也可以通过自导地图自行开展各类观察教育活动，从而提高公众走进森林的主动性与积极性，让公众更好地参与体验活动（图 17 ～图 21）。

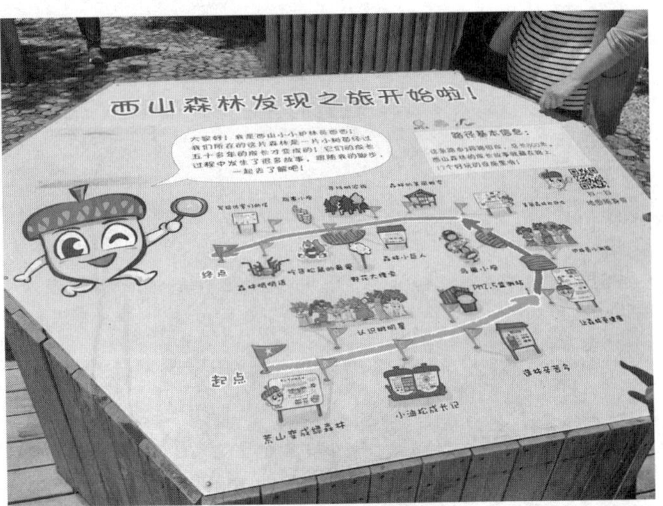

图 17　自然观察径设施 1

图 18　自然观察径设施 2

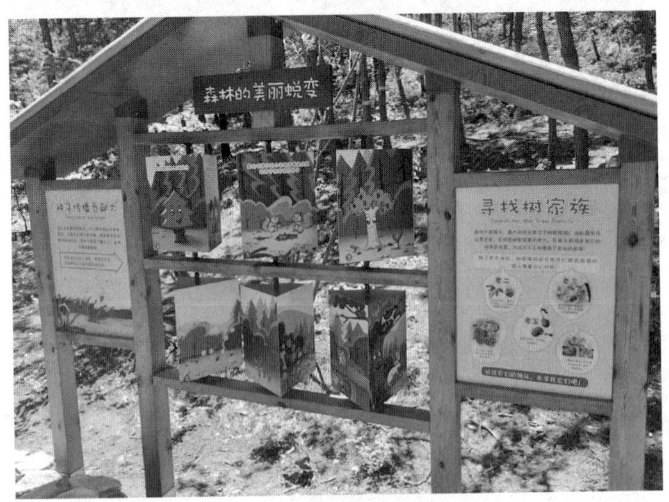

图 19　自然观察径设施 3

2.2　小结

通过对国内外多家开展体验式科普项目的公园进行考察调研，总结出 8 种适合公园开展的体验式科普活动类型，包

图 20　自然观察径设施 4

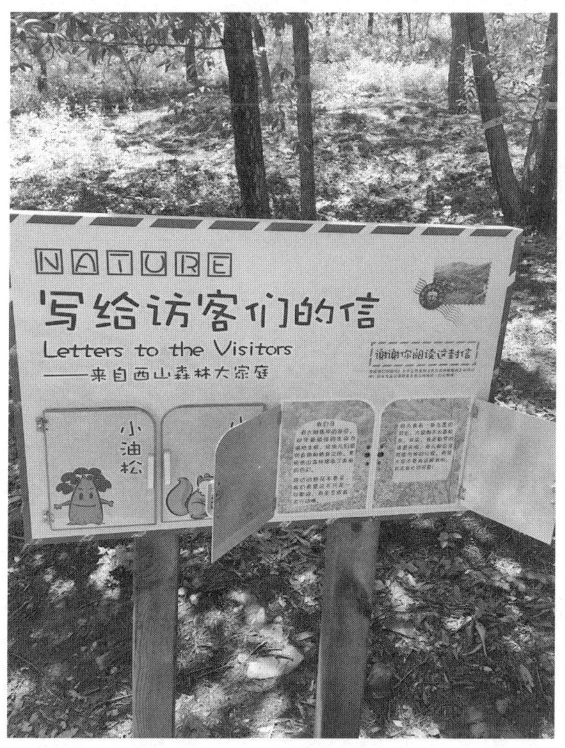

图 21　自然观察径设施 5

括手工制作类、环境体验类、实物教学类、技术操作体验类、自然体验类、自然观察类、自然游戏类及互动游戏站类。

2.2.1　手工制作类

该类型活动的性质属于观察与动手紧密结合的体验型科普活动，同时具备一定的创造性。活动的目标是让参与者们应用自然材料，并共同加工它，欣赏大自然的美。公园内植物种类数量繁多，具备丰富的自然资源，为开展此类活动提供了适宜的活动场地及丰富的制作材料。例如日本田贯湖自然塾开展的自然手工制作等。

2.2.2　环境体验类

该类活动让活动参与者通过“身临其境”感受所处的环境，可以帮助加深感官印象，非常适合在公园内让参与者体验自然环境。例如新加坡动物园的“动物地下生活环境体验”、“家畜生活环境体验”等。

2.2.3　实物教学类

该类活动通过借助实物或道具与活动参与者进行互动，从而达到传达科普知识的目的。公园自然资源丰富，为实物教学提供了有利条件。例如新加坡动物园的“野生动物知识实物教学”。

2.2.4　技术操作体验类

该类活动通过引导参与者学习体验某种技术操作，达到学习科普知识，提高动手能力，启发创造性，同时锻炼团队协作能力。例如北京植物园的“奇花异果太空种子”、日本丰田白川乡自然学校的“手工艺传承”等。

2.2.5　自然体验类

该类活动通过引导参与者亲身体验大自然，感受大自然，从而达到让参与者了解自然、热爱自然的目的。例如新加坡 S.E.A 海洋馆的“海底之旅”、西山国家森林公园的“自然观察径”等。

2.2.6　自然观察类

该类活动通过引导参与者通过宏观或微观的方式观察自然环境，从而达到使参与者了解自然、热爱自然、学习自然科普知识的目的。例如香港嘉道理农场暨植物园的“导赏团”、新加坡 S.E.A 海洋馆的“胆识剖析”等。

2.2.7　自然游戏类

通过在大自然中或利用自然物品开展游戏的方式，达到使参与者了解自然、热爱自然、学习自然科普知识的目的。例如北京植物园的“树叶对对碰”等。

2.2.8　互动游戏站

该类项目利用固定的互动游戏设施，引导参与者通过操作互动设施自行学习科普知识。该类项目节约了人力资源，作为体验式科普项目的辅助设施，起到了良好效果。例如新加坡 S.E.A 海洋馆的“互动游戏站”等。

3　结论

通过调研考察多项体验式科普项目，对适合公园的体验式科普项目进行筛选和实践；总结了多种适合公园开展的体验式科普类型和项目。

在我们总结的 8 类体验型项目中，从现场的组织以及后期评价分析来看，对于公园绿地这一类型的公众教育资源，开展体验型科普活动，自然体验类、自然观察类是比较合适的，有利于尽可能地利用公园绿地的自然环境资源，并且对相当多的公园来说，可以利用自身资源特色形成课程特色，为活动可持续的举办打下基础。技术操作类和手工制作类也是适合公园举办的项目，在项目实践过程中，这一类项目效果也较好，但相比自然体验和自然观察类项目，制作操作类项目对场地和器械要求较高，随之而来的安全管理和师资人员、成本也提高很多，从而限制了项目的受众人数和举办场次。自然游戏和互动游戏站目前科普对象主要集中在年龄段较小的群体，如果在今后的游戏设计中逐步加入一些特色内容，进一步和当地的特色风土人情结合，将会叫好又叫座；同时游戏类项目也是对经费要求较少的项目，但需要更多志愿者参加，而且需要培训。

参考文献

[1]（德）巴伐利亚州食品、农业和林业部．森林教育指南．中国林业出版社，2013.

北京地区康复花园植物筛选与应用研究①

北京市植物园/李　燕　赵世伟　许　兴　刘东燕　袁　媛　张　蕾　张　震

摘　要：经过3年的康复花园植物筛选与应用研究，筛选出适于室内外园艺疗法福祉活动的植物并对其进行了应用研究。植物筛选从园艺疗法的五感进行筛选，涉及植物81种（含品种）。园艺疗法的推广实施能有效预防人们生活中的不良习惯、防止或推迟痴呆的发生，防止问题孩子出现，还可以为更多人服务，包括亚健康群体的减压，使抑郁症减轻等。本课题在推广时涉及网站建设、网络使用、志愿者团体使用，具体推广包括学校、社区、花坊、医院、养老房地产、企业、特殊教育学校等。本课题的研究成果为老龄化社会、弱势群体走向社会、亚健康人群减压、学生树立正确的人生观等开辟了新方法。

关键字：园艺疗法；康复花园；植物筛选；应用研究；园艺福祉

高速发展的经济，给中国社会带来了繁荣，同时也产生了众多的社会问题。社会老龄化、孩子们自然缺失症、青壮年亚健康、失独老人等等成为了当今的社会问题。还有众多先天残障、后天伤残人士，他们除了需要社会的帮扶和关爱，更需要心灵的慰藉来帮助他们重拾自信，自立自强。

1　国内外研究进展

园艺疗法（Horticulture Therapy），美国园艺疗法协会对其的定义是：对有必要在其身体以及精神方面进行改善的人们，利用植物栽培与园艺操作活动从其社会、教育、心理以及身体诸方面进行调整更新的一种有效方法（广义上）。

其作用效果主要表现在以下四个方面：精神方面（消除不安心理与急躁情绪、增加活力、张扬气氛、培养创作激情、抑制冲动、培养忍耐力与注意力、增强行动的计划性、增强责任感、树立自信心）、社会方面（提高社交能力、增强公共道德观念）、身体方面（刺激感官、强化运动机能）、技能方面（职业培训、社会贡献）。

园艺疗法一直被视为一种技术，而作为学科专业却是近世纪的事[1]。从远古时代至今主要经历了创始期、变革期、成长期[2]。随着园艺疗法的不断推广和应用，欧美及日本等国大学开设园艺疗法培训课，使园艺疗法的研究和应用进入一个新时期[3]。我国对于园艺疗法的研究起步较晚，由李树华于2000年首次介绍了园艺疗法的相关概念、历史、现状、功效等，其他相关研究还有待进一步开展[4]。

2　应用研究

康复花园的植物选材丰富、应用形式多样。我园的课

①　本课题由北京市公园管理中心支持、北京市植物园（100093）完成。

题研究，从室外与室内两部分进行调查研究分析。室外应用场景有：北京市植物园园艺疗法福祉园、学校及养老房地产；室内应用场景有：社区、养老房地产、学校、花坊、医院、企业等设施。

2.1 应用推广体系建立

依托园艺疗法福祉园，成立了园艺福祉工作室进行康复花园的植物筛选与应用研究。应用地点分为园艺疗法福祉园（北京植物园内）和市内各设施机构。该应用推广是在康复花园建设、志愿者体系、网络推广体系的基础上进行的。

康复花园（植物园内园艺福祉园）具有植物筛选、志愿者募集与培训、开展园艺疗法福祉活动的作用。

应用研究及推广的人员组成及分工见图 1。人员组成分为课题组成员和志愿者两部分，课题组成员主要负责课题的技术研究、方案设定、康复花园的植物筛选与应用以及志愿者培训；志愿者主要负责线下北京地区的各项相关活动、京外志愿者主要负责线上相关活动。

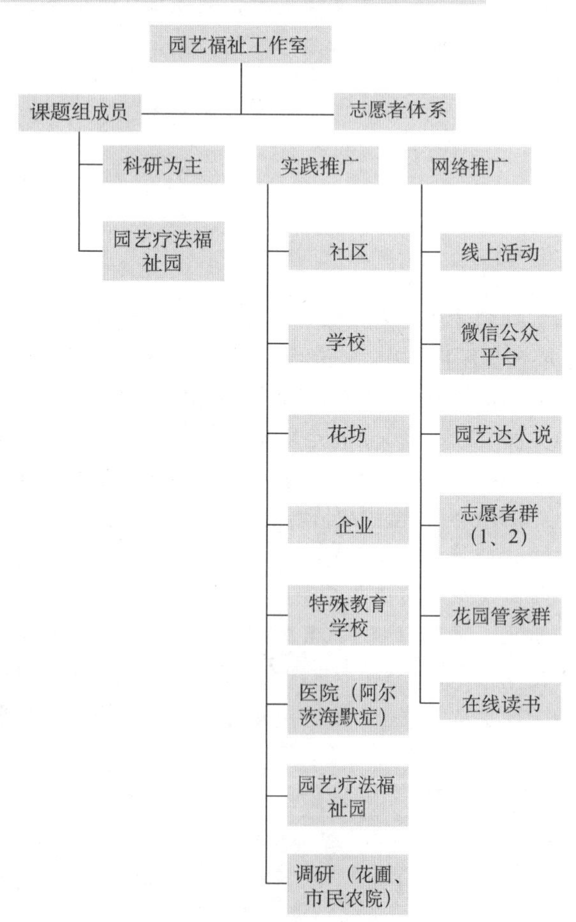

图 1 课题开展体系构架

2.1.1 北京植物园园艺疗法福祉园的建立与使用

园艺疗法福祉园是筛选康复花园植物的基地，也是应用与推广的大本营，共栽植植物品种百余种。每月一次的园艺疗法福祉活动为园艺疗法的推广、实践与志愿者培养创造了条件。3 年中园艺疗法福祉园共组织活动 20 余场，体验者近 800 人，完成民主党派等社会调研 5 次（图 2）。体验者大多来自京津冀地区，从学龄前儿童到高龄者。活动涉及植物的播种、移栽（图 3）、扦插、浇水、收获及种子画（图 4）等。为体验者创造了良好的疗愈环境。康复花园的植物筛选以园艺花草类、可食蔬果类为主。

图 2 民主党派调研

图 3 植物移栽

图 4 种子画

北京植物园内建立了全国第一个园艺疗法福祉园，是室外植物筛选的场地，也是植物展示、志愿者培养、利用者体验、对外宣传的窗口。植物园内开展园艺疗法活动的主要目标是，向健康人和障碍者普及植物知识、传授简单易行的园艺操作方法。全园分为静冥园、五感园和体验园三部分，集植物引种、园艺体验、植物展示为一体。

（1）静冥园

静冥园（图 5）植物配植以绿色和偏冷色调植物为主，为游人提供安静、私密、利于沉思的空间。园区东部步入式草坪为活动开展提供空间。结合原有植物，在不同季节利用不同花器、花材进行植物的播种、移栽、除草等园艺活动。

（2）体验园

体验园在福祉园中占地面积较大，也是开展活动最多的场地，播种、移栽、扦插、浇水、施肥、收获及种子画制作、精油配制、园艺与美学等活动均在此开展。是体验者触摸、操作植物最多的区域（图 6）。

图 5　静冥园

图 6　体验园

（3）五感园

作为康复花园植物材料展示的区域——五感园（图 7），这里根据季节不同展示北京地区室外生长的五感代表植物，也是在园艺疗法福祉活动中植物取材的“基地”。

图 7　五感园

（4）室内操作区域

在园艺疗法实施前，我们通常会进行一些室内操作（图 8），以便在天气突变的日子里顺利开展活动。室内操作还可以在严冬、酷夏进行。植物移栽、组合盆栽等都是很好的室内操作。

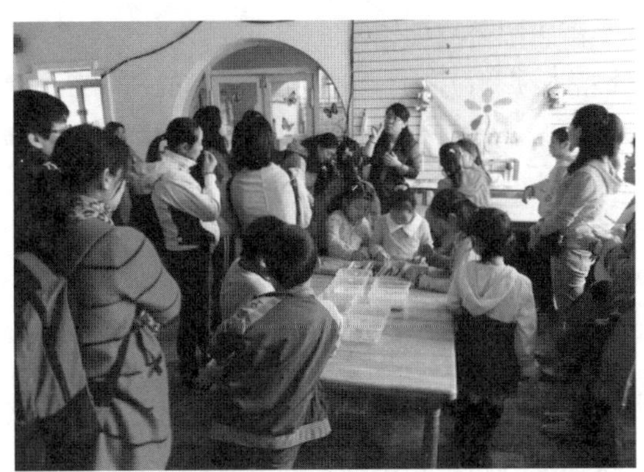

图 8　室内操作

2.1.2　北京市某校

九年一贯制学校 5、6、7 年级学生开展园艺疗法福祉活动一半年，体验者 300 人次，学生们在亲近自然、缓解学习压力的同时，增加了学习兴趣，拓宽了学生视野，促进了人生观的树立，强健了身体，建立了良好的师生友谊……经过一年半的时间，该学校将此课程从课外活动发展为校内选修课（图 9）。使用植物为可食蔬果类及教材中提到的植物。

图 9　普校园艺疗法福祉活动

2.1.3　某养老房地产项目

完成某养老房地产项目一期的园艺疗法福祉园设计，面积约 16000m²（疗愈花园 500 m²）。园艺疗法福祉园位于整个养老社区的东南角，其北部紧邻民政部养老基地，西侧是已经建成的滨水绿地景观。植物材料以薄荷、迷迭香、绵毛水苏、天竺葵等五感代表性植物与可观食的蔬果植物为主。

园艺疗法在养老房地产中引入，可以为社区老人提供很好的生活、游憩、交流空间。他们利用余暇时间从事园艺活动，感受季节变化，保持身心机能。在分组参与园艺疗法活动中，通过人、花、土的接触发掘快乐，在相互间的交流中提高了社会参与度，增加了日后的沟通与联络。

2.1.4 某酒店阳台福祉菜园设计

某酒店（烟台）阳台福祉菜园选择的植物品种有芳香植物薰衣草、迷迭香、碰碰香等；触觉植物绵毛水苏、蓖麻、茴香味天竺葵等；味觉植物辣椒、番茄、芫荽、生菜等；听觉植物竹、芭蕉等；视觉植物细叶美女樱、银叶菊等。

2.2 室内应用

2.2.1 社区

社区活动分布在市区的东部、西部、中部、南部及北部近郊。社区在活动方案制定时分为市内社区与城乡接合部社区，开展园艺疗法福祉活动近20次，体验者近700人。

结合城乡接合部与市内社区人群工作性质、环境条件不同，配以不同的活动方式，提高生活品质，与植物建立良好关系，改善邻里关系等。

2.2.2 花坊

花坊活动主要集中在市区的中部、东部和南部。花坊的体验者多为白领、专职太太、亲子及少量弱势群体（认知障碍者）家庭。他们利用周末时间参与花坊开设的园艺疗法福祉活动，多为室内活动，参与人次约500多人。活动大多以大家喜爱的园艺操作为主，寓教于乐。

幼年时期有过栽培体验的孩子长大后的社会性，即社会技能较高。亲子活动在这里出现，满足了远离自然的人们渴望回归自然的心理，特别对于自然缺失症的孩子们，这里提供了接触土壤、植物的机会。花坊开展的园艺疗法福祉活动为白领人群压力释放提供了渠道。为专职太太增加社会性活动，调解家庭矛盾发挥了作用。亲子及弱势群体在该活动中也取得了预期效果，加深了家长与孩子的交流沟通，为弱势群体提供了认识社会、融入社会的机会。

2.2.3 企业

针对企业职工、高管进行室内园艺疗法的减压活动，约150人次。有效地缓解了该人群的压力，增进了同事间的沟通、合作。

紧张高强度的工作使同事间的沟通也因工作的繁忙变得越来越少，经过2小时的园艺疗法福祉活动，同事间的笑容多了，话语多了，问候也多了。经过短时间的园艺操作换取长时间的心情愉悦。

2.2.4 某医院（阿尔茨海默症）

园艺疗法福祉活动对阿尔茨海默症患者的干预治疗是工作室与某医院神经内科合作，针对100人次的患者进行的有益尝试（图10）。旨在延缓阿尔茨海默症病情的发展（前期介入阶段）。阿尔茨海默症的患者大多是高龄者，但近几年也有年轻化的趋势。对于这一群体，植物选材、活动方案及操作流程尤为重要。活动期间，部分病友通过植物的生命感染力唤起了对生活的信心、往事的回忆以及对生命的渴望。

图10 阿尔茨海默症的园艺疗法活动

2.2.5 养老房地产项目（室内）

在某养老房地产宣传体验中开展园艺疗法福祉活动，主要针对退休老年人，结合室外康复花园园艺疗法福祉活动介绍，进行室内的园艺疗法活动体验，使体验者更有感触。体验者需求与社区体验者类似。3场120人次。

2.3 园艺疗法福祉园植物应用效果

（1）学生尚处在未成年发育期，培养其控制情绪的能力是非常有必要的。

（2）园艺疗法福祉活动对学生在情绪稳定、精力不足、放松自在等方面有良好效果。

（3）园艺疗法福祉活动对学生和成人的快适度、觉醒度、安定度及活性度均有良好作用。

（4）园艺疗法福祉活动可以提高高龄者各项机能。

（5）园艺疗法课程对特教学生的干预具有独特性和唯一性。

2.4 案例分析——园艺疗法在特殊教育学校的应用

家人的解压、当事人的能力提高和为就业、为回归社会创造机会，这是园艺疗法在特教学校展开的三点意义之所在。特殊群体是否可以回归社会取决于他们的能力（身体能力、沟通能力、情绪控制能力和基本生活能力），能力“达到了”也就可以回归“社会”，这也是我们对于特殊教育孩子要提高和加强的部分。

北京市某特殊教育学校7年级学生8人参加（图11）。学生年龄在14±1岁，男生4名、女生4名。8名同学分别为：自闭症3名、唐氏儿2名、智力障碍3名。

历时一年的园艺疗法福祉活动的开展，完成了此次特教学校的园艺疗法课程试验的目的：通过园艺疗法，使学员喜欢植物及园艺活动；使孩子们能从15分钟的注意力延长到45分钟，并不出现大的明显的情绪波动；通过园艺活动，使学员能够自主地进行简单交流，对问题能有明确的答复。

本次活动具有以下作用：

（1）园艺疗法课程引起了特教学生喜爱和关注。

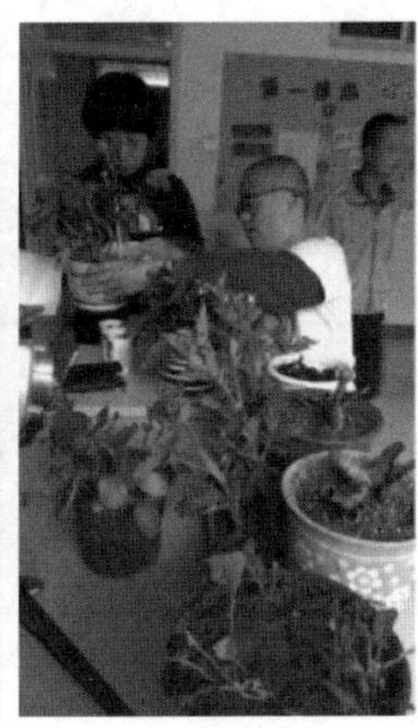

图 11　特教学生

(2) 通过园艺活动，学员能够自主地进行简单交流，对问题能有明确的答复。

(3) 园艺疗法课程对特教学生智能发展领域、社会适应领域及生活实践领域的提高有积极作用。

(4) 8 名学生在 3 个领域（智能发展领域、社会适应领域及生活实践领域）方面的数值均有明显变化。

(5) 园艺疗法课程活动对学生们的到校出勤率、活动参与度及学习效率的提高。

(6) 园艺疗法课程对学生的情绪正干扰。

园艺疗法课程以来，老师积极配合下，学生出现情绪问题明显减少。厌学、放学不愿回家（家长沟通增多）减少。孩子们可以积极主动照顾植物、沟通、有所作为，有效地验证了园艺疗法课程的合理摄入，可以有效提高特教学生的各项能力。

但值得一提的是，特教学生整体发展不是很稳定，需要有更多的时间和耐心对其进行适度适量的园艺疗法课程活动干预。合理的方案设计与实施，是园艺疗法课程活动的关键。经过一年的研究实验，将园艺疗法课程应用于特教学校的课程体系中，是有益于学生养成教育最佳的心理基础和良好的途径，是为特教学生将来回归社会做好准备的途径之一。

参考文献

[1] Claudia Kalb，Vanessa Juarez Into the wild：a Scientific approach[J]. Newsweek，2005，146（25）：60.

[2] 林冬青，金荷仙 . 园艺疗法研究现状及展望 [J]. 中国农学通报，2009，25（21）220-225.

[3] Susanne E，Freidberg Culture，conventions and colonial constructs of rurality in south-north horticultural trades[J]. Journal of Rural Studies，2003，19（1）：97-109.

[4] HTTP：//BLOG.SINA.COM.CN/S/BLOG_59B83DF80101750P.HTML.

鸳鸯人工孵育技术研究

北京动物园，圈养野生动物技术北京市重点实验室
由玉岩　张金国　王泽重　刘　斌　刘学锋　崔多英　杜　洋　曹娅妮

摘　要：2013年至2015年，在北京动物园的自然生境中悬挂人工巢箱招引鸳鸯，并开展鸳鸯巢址选择研究。2013年环志放归园区内的雄性与雌性鸳鸯的性别比率为0.79：1，经过实地调查，2014年园区内雄性与雌性的性别比率达到1.54：1。性比已经严重偏离鸳鸯一夫一妻制个的雌雄性别比1：1。环志个体中，46.94%的环志雌性和58.97%的环志雄性流失到园区外。而剩余环志个体中，43.75%的雄性找到了配偶，70.59%的雌性找到了配偶。人工鸳鸯卵的受精率年均94.69%，孵化率为年均70%，3月龄雏鸟的存活率为年均40%。人工孵化过程中，卵失重率是直接影响孵化成功的重要因素之一，因此，湿度控制在鸳鸯卵的孵化过程中起到了重要。本文对鸳鸯人工饲养过程中的饲料、育幼方式进行了探讨。鸳鸯生长发育情况中，体重增加、跗趾生长在初期速度较快，这一结果表明其生长情况与鸳鸯的早成雏特点相符。在开展鸳鸯课题研究的同时向公众进行科普宣传。

关键词：鸳鸯；城市公园；人工巢箱；巢址；繁育

鸳鸯（*Aix galericulata*）属雁形目（Anseriformes）、鸭科（*Anatidae*）、鸳鸯属（*Aix*）。分布于中国大部分地区以及亚洲东北部[1]。野外鸳鸯多栖息于山地河谷、溪流，常见于阔叶林和针阔混交林的沼泽、芦苇塘及湖泊等地[2]。杂食性，繁殖季节以蛙、鱼、昆虫等动物性食物为食，春秋迁徙时以草籽、玉米、稻谷及河中的青苔等植物为食[2]。4月上旬进入繁殖季节；5月中旬在树洞中营巢[2]。年产1窝，窝卵数7～12枚，孵化期28～29d[2]。

鸳鸯作为次级洞巢鸟，其繁殖需要天然树洞，随着人类生产活动，林业资源逐步减少，尤其是老龄树木的减少，进而造成鸳鸯繁殖生境的丧失，这是造成鸳鸯至危的重要因素之一。目前，鸳鸯已被《中国物种红色名录》列为近危（NT）物种[1]。近些年，野外鸳鸯的种群数量因栖息地和可利用洞巢的减少逐步下降。因此，本研究拟通过在城市公园悬挂人工巢箱招引野生鸳鸯，摸索人工繁育技术，并以人工繁育后放归野外的方式，逐步增加北京市区鸳鸯的种群数量，为鸳鸯的保护和种群的可持续发展奠定基础。

1　研究区域自然概况

北京动物园位于北京市市中心地带，在北纬39°，东经116°的区域范围内。全区占地面积约96hm^2；水面8.6 hm^2；绿地面积约为40hm^2，占园区总面积的48%。

2　研究方法

2.1　人工巢箱的制作

2013～2015年的3～7月，在北京动物园悬挂人工巢箱招引鸳鸯。根据鸳鸯的体型大小及筑巢习性，制作壁

厚 1.5cm、外径 40cm × 30cm × 30cm、洞口大小为 10cm 的人工巢箱。

2.2　鸳鸯的巢址选择与悬挂

北京动物园园区内以 50m 为间距，等距网格状悬挂人工巢箱，悬挂人工巢箱时随机选择悬挂树种和方向。尽量避免人为选择悬挂地点对鸳鸯巢址选择的间接影响。

人工巢箱的悬挂以升降梯和吊车为辅助工具，根据预设距离和分布随机悬挂人工巢箱。

3　数据收集与分析

3.1　鸳鸯的繁殖生物学研究

3.1.1　繁殖参数的采集及数据分析

繁殖季节，每 3 天检查一次巢箱内鸳鸯产卵情况，确定巢箱被利用后（其标准是是否有巢材），当巢材近于完整时，每天观测一次并对以下数据进行采集：

使用人工巢箱数、窝卵数、卵重、卵长径、卵短径、受精率、出雏率、出飞率等。卵重量采用电子天平（型号 A100，精度 0.01g）进行测量，卵长径和卵短径采用游标卡尺（型号 530，精度 0.01g）进行测量。

卵重、卵长径、卵短径、窝卵数和出雏量等 5 个参数的综合信息反映鸳鸯的繁殖成功情况。

3.1.2　野生鸳鸯卵的人工孵化

本研究针对人工巢箱内鸳鸯所产的卵进行了人工孵化，孵化过程采用孵化器：无锡市万利畜牧机械有限公司生产的稚鸡类卵孵化机（型号：9WF1500）。

3.1.3　鸳鸯卵保存时间与孵化及繁殖成活率关系

2014 年，通过对鸳鸯卵采取不同的低温（4℃）保存时间，随后进行鸳鸯卵常规条件孵化，计算鸳鸯孵化率、出雏率、成活率，并与正常孵化组进行比较。选取 5 窝卵，剔除可能的白蛋与破损卵后，将每窝卵分为 4 组，每组 20 枚，分别在 4℃下保存不同的时间（保存 0 天、7 天及 15 天）后进行孵化，并设定常温保存卵 7 天，并对孵化率、出雏率、成活率进行单因素方差分析。

3.1.4　鸳鸯卵失重与孵化率分析

2013 ～ 2014 年，鸳鸯卵孵化过程，在晾卵过程中，对每枚卵的重量进行测量，计算鸳鸯卵孵化过程中的失重情况。并将卵的失重速率（日均失重量）、幼雏破壳前一日卵重与孵化成功的关系进行分析。

3.1.5　鸳鸯的生长发育及数据分析

测量雏鸟各日龄的体重、翼展、跗趾和尾长的生长发育参数。雏鸟发育的研究则选取各项生长发育参数进行分析，对雏鸟的生长发育情况运用统计软件进行制图并拟和，以日龄为因变量，对鸳鸯雏鸟各项生长发育参数进行分析，分别对雏鸟的生长曲线进行拟合。

3.2　鸳鸯的性比研究

3.2.1　试验设备

低温高速离心机：Eppendorf Centrifuge 5810R；α - 凝胶成像仪：AlphaImagerTM2200，Alpha Innotech Corporation；电泳成套设备：BIO-RAD POWER/PAC 1000 电泳仪，BIORAD 公司；高压蒸汽灭菌锅：HIRAYAMA；PCR 仪（ABI）。

3.2.2　样本采集

涉及鸳鸯性别鉴定中的所用样本均采自羽毛样本，部分样本采自于人工巢箱中，部分样本采自人工繁育个体。样本均放于 −80℃超低温冰箱中保存。

3.2.3　全基因组提取

使用 DNeasy Blood & Tissue（Qiagen，Valencia，California USA）试剂盒，提取鸳鸯羽毛髓鞘组织 DNA。

3.2.4　目的片段获得及结果检测

采用目的片段为鸳鸯性别决定基因 ZW 基因序列进行 PCR 检测，进行鸳鸯幼鸟的性别鉴定，对性别比例进行监测。

4　结果

4.1　繁殖参数

在对工巢箱监测的过程中发现（表 1），鸳鸯年平均入住率为 43.65 %。鸳鸯平均卵重 45.65 ± 0.29g（N=534），平均卵长径 5.31 ± 0.02cm（N=534），平均卵短径 4.78 ± 0.46cm（N=534），平均窝卵数为 12.73 ± 10.47 枚（N=534），平均卵受精率为 94.69%（N=534）。占用人工巢箱的鸳鸯最早产卵日期为 4 月 8 日，结束时间为 6 月 16 日。2013 ～ 2015 年，人工鸳鸯卵的受精率年均 94.69%，孵化率为年均 70%，3 月龄雏鸟的存活率为年均 40%。当去除白蛋，破损及卵早期不发育不良，孵化率可达年均 85%。

鸳鸯年间繁殖情况统计　　表 1

参数	2013 年	2014 年	2015 年
巢箱数	18	28	24
窝数	22（2 批）	32（3 批）	10（1 批）
卵数	225	303	106
受精率	98%	93.07%	93%
雏成活数	126	82	24
3 月龄雏鸟存活率	56%	29.08%	22.64%
放飞数量	126	82	24

4.2 鸳鸯的性别扫胶结果

通过对鸳鸯性别鉴定方法的摸索，确定了适合鸳鸯性别鉴定的F-Z, R-W引物。鸳鸯ZW目的片段为450 ~ 500bp片段长度，雌性2条带，雄性1条带。鉴定结果如图1所示。

2013年，环志放归园区内的雄性与雌性鸳鸯的性别比率为0.79 ： 1，表明雌性数量远远高于雄性。经过实地调查，2014年园区内雄性数量反而超过雌性数量，雄性与雌性的性别比率达到1.54 ： 1。性比已经严重偏离鸳鸯一夫一妻制个的雌雄性别比1 ： 1的比例。环志个体中，46.94%的环志雌性和58.97%的环志雄性流失到园区外。而剩余环志个体中，43.75%的雄性找到了配偶，70.59%的雌性找到了配偶。

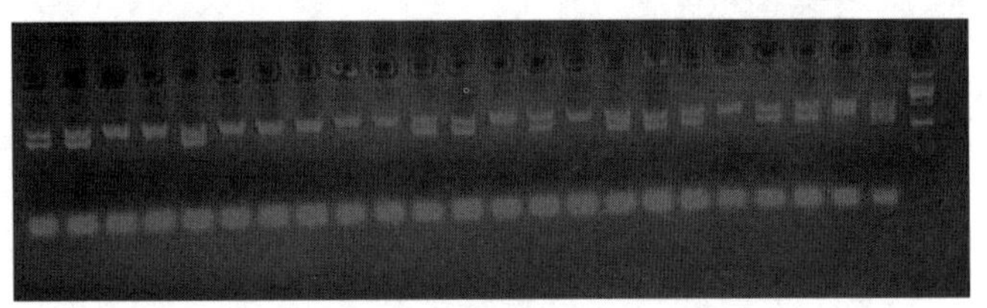

图1　鸳鸯性别鉴定PCR琼脂糖凝胶检测结果

4.3 鸳鸯的人工孵化条件

通过对人工巢箱内野生鸳鸯所产卵（图2）进行人工孵化的实验摸索，最终获得最佳的鸳鸯孵化条件及过程，具体如下：

温度控制：孵化前期（1 ~ 15d），孵化机内温度控制在38 ~ 38.5 ℃，中期（16 ~ 20天）控制在37.5 ~ 38℃，后期及出雏期（21 ~ 30d）控制在37.5 ℃。

湿度控制：孵化前期为60%，中期为50%，后期和出雏时为60%~ 70%。

翻卵：次数要多，每隔2.5小时翻蛋1次，翻蛋角度180°，每天人工翻蛋2-3次。

晾卵：孵化前期可以不凉蛋，但中期每天凉蛋2次（分别在10：00和15：00各10min），后期每天凉蛋3 ~ 4次（分别在7：00、11：00和16：00各10min）。

通气：孵化机应有通风孔和电风扇，使机内温度均匀，空气流通，孵化中后期更为重要，必要时可稍打开机门。

图2　鸳鸯的人工孵化晾卵及数据采集

助产：经过28 ~ 32天，鸳鸯雏鸟破壳而出，对出壳困难的应进行人工剥壳。

4.4 鸳鸯卵保存时间对孵化及繁殖成活率的影响

通过排除白蛋、破损卵后，对低温保存0天、7天、15天及常温保存的卵进行孵化后，其出雏率为70%，不同保存时间及保存方式下出雏率不存在显著差异（P=0.06）。因此，可以对鸳鸯卵进行低温及短时间常温保存和运输。

4.5 鸳鸯卵失重与孵化率的关系

通过对孵化过程中鸳鸯卵的失重情况进行分析（图3），结果表明，初始卵重在孵化成功与失败个体间不存在显著差异（P=0.05，表2），孵化成功与失败的卵重量及变化范围相似，但孵化成功的鸳鸯卵初始重量的平均值高于孵化失败卵的平均值，卵失重速率方面也存在显著差异（P=0.04）。

通过使用SPSS软件对卵失重与雏鸟出雏进行相关性分析，卵初始重量、孵化终止卵重量与出雏不存在相关性（R^2=0.034，P=0.886；R^2=−0.286，P=0.106）。卵失重与出雏存在显著相关性（R^2=−0.929，P=0.05）。近于出雏时期的卵，往往失重速度较快的死亡率也较高。通过对成功及失败孵化的卵长径及卵短径进行独立样本t检验（图4），成功及失败孵化的卵长径、卵短径间差异不显著（P=0.63，P=0.29）。

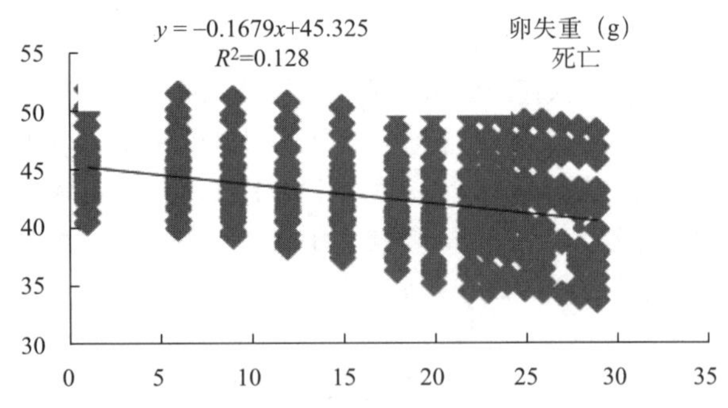

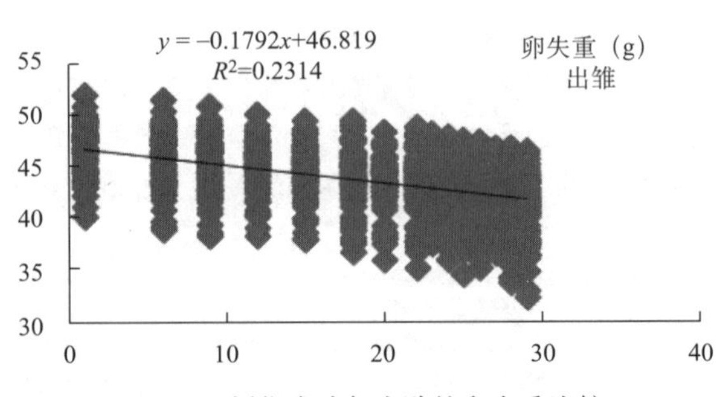

图3　孵化成功与失败的卵失重比较

孵化成功及失败卵的初始卵重及终止卵重比较　　表 2

	卵初重		卵终重		卵平均失重速率	
	死亡	出雏	死亡	出雏	死亡（g/ 天）	出雏（g/ 天）
最大值（g）	51.9	51.8	48.2	46.3	0.18	0.15
最小值（g）	40.4	40	33.7	32.1		
平　均（g）	45.5	46.4	40.6	41.3	0.16	

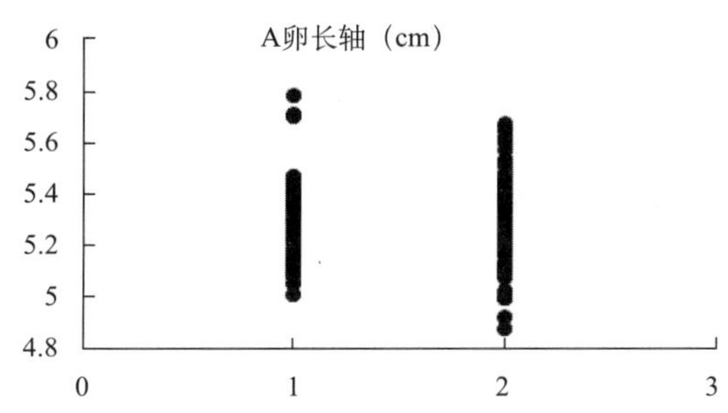

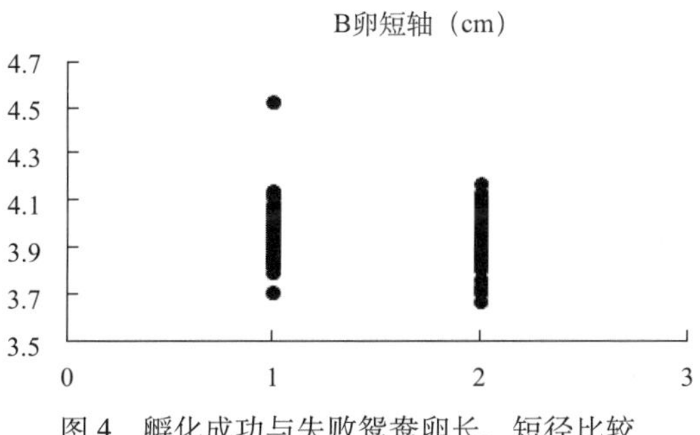

图 4　孵化成功与失败鸳鸯卵长、短径比较

5　讨论

5.1　鸳鸯的繁殖

北方野外鸳鸯多在 4 月上旬进入繁殖季节，5 月中旬在树洞中营巢 [2]。相比较北方而言，北京气候更加温暖，冬季较短。因此，鸳鸯进入繁殖季节更早，结束也较早。北京动物园内，占用人工巢箱的鸳鸯最早产卵日期为 4 月 8 日，结束时间为 6 月 16 日。通常，野外鸳鸯年产 1 窝，窝卵数 7 ～ 12 枚，孵化期 28 ～ 29d[2]。而鸳鸯的种内巢寄生行为（intraspecific nest pamsitism，INP）导致的超常窝卵数，即“堆巢”（dump nesting）现象 [3-4]。本研究也发现了鸳鸯的超常窝卵数，窝卵数在 1 ～ 40 枚不等。北京动物园园区内这一现象的原因更可能是具有亲缘关系的雌鸟选择同一巢址产卵，这可能也是具有亲缘关系个体对巢址选择的“可遗传性记忆”，使得具有亲缘关系的个体更趋向于选择曾出生的巢或亲鸟用过的巢。

卵期，亲鸟自身质量对产卵的影响居多 [5]。然而，在进化过程中，雌鸟在不同的环境条件、生殖状况及配偶质量的情况下，通过改善繁殖成功机制的方式来改变卵的重量及窝卵数 [3]。

5.2　鸳鸯的性别比率

通过对环志鸳鸯情况的调查，2014 年仍有 37.5% 的上一年鸳鸯留在园区内。2013 年，环志放归园区内的雄性与雌性鸳鸯的性别比率为 0.79 ： 1，表明雌性数量远远高于雄性。经过实地调查，2014 年园区内雄性数量反而超过雌性数量，雄性与雌性的性别比率达到 1.54 ： 1。性别比已经严重偏离鸳鸯一夫一妻制个的雌雄性别比 1 ： 1 的比例。环志个体中，46.94% 的环志雌性和 58.97% 的环志雄性流失到园区外。而剩余环志个体中，43.75% 的雄性找到了配偶，70.59% 的雌性找到了配偶。人工繁育个体中，雌性更容易找到野外的配偶，人工繁育雄性在繁殖过程中，竞争优势较野外个体差，主要表现在人工圈养雄性个体身体条件，如体态、羽毛、体长等方面较野外个体而言处于劣势。因此，在鸳鸯卵的人工孵化及幼雏哺育过程中，增进鸳鸯幼鸟的体质及雄性繁殖竞争力将更为重要。此外，合理补充园区内雌性的数量，将大大缓解园区内雄性孤群无“妻”可找的问题。

5.3　鸳鸯的人工孵化及育幼建议

5.3.1　鸳鸯卵的人工孵化建议

受 2014 年和 2015 年鸳鸯园区内放归的影响，巢箱单箱产卵数量过高，部分已经达到每巢箱 40 余枚，这是导致鸳鸯卵人工孵化率直接下降的原因之一。此外，也不能排除鸳鸯间的巢寄生情况的存在。因此，必要的取卵以进行人工孵化对提高卵的损失率有着很重要的作用。而短期的低温和常温保存不会影响孵化率的结果，表明短期运输鸳鸯卵是可行的。而在卵的孵化过程中，卵失重过快将直接导致出雏率的降低，因此孵化过程中的湿度的控制十分重要。

5.3.2　幼雏饲养管理

幼雏孵出 24 小时内尽快饮水和采食。饮水一般以 20 ～ 25℃为宜，饮水中添加多维葡萄糖及抗生素类药物以防治细菌性疾病。连用 3 天。供水 1 ～ 2h 后喂食。将饲料均匀撒在料盘上，要少喂多次，自由采食，足量供应。尽量达成保温。

5.3.3　一月龄以后的幼年鸳鸯的饲养管理

鸳鸯生长速度加快，尤其 2 ～ 4 月龄生长速度最快。需要全价颗粒料供给，以保证其快速生长的需要。由雌雄个体争食能力不同，因此，尽可能足量供应。由于雏鸟 4 ～ 5 周龄时尾部和背长羽毛，6 ～ 7 周龄时生长翼羽，此阶段易出现啄羽现象。因此，在 20 日龄时开始增加含硫氨酸和治疗啄羽方面的添加剂。并应注意饲养密度和环境卫生，限制光照强度等，以防止和减轻啄羽的发生。

经实践观察，鸳鸯的营养要求不高，成品饲料能满足其生长需要，且生长发育优良，因此可省去配合专用饲料带来的麻烦，并易于推广。

由于雏鸳鸯有集群睡觉的天性。每隔 1h 用手轻轻赶散 1 次，防止集群数量过大，而出现压死或闷死的个体。1 周后调整密度。同时，光照时间和强度要随其生长而逐渐缩短、减弱。

致谢

本项目的开展得到了北京市公园管理中心的项目经费资助。本研究得到北京动物园领导和相关技术人员的大力支持和帮助。感谢北京动物园主管园艺工作副园长杨华在人员和高空作业车上的大力支持；感谢园艺队珊珊、牛蕾对园区植被资料的提供；感谢饲养队周安阳、金庭、白春亭、穆春阳等同事协助安装维护人工巢箱；感谢孵化室李静、邢海健、王琨在鸳鸯人工孵化、育幼和放飞监测中的辛苦劳动。

参考文献

[1] 汪松，解焱 . 中国物种红色名录，第二卷　脊椎动物 . 北京：高教出版社，2009.

[2] 高玮 . 中国东北地区鸟类及其生态学研究 [M]. 北京 ：科学出版社，2006.

[3] Davies AK，Baggott GK. Egg-laying，incubation and intraspecific nest parasitism by the Mandarin Duck Aix galericulata [J]. Bird Study，1989，36（2）：115-122.

[4] shunleff LL，Savage C. The wood duck and the mandarin[M]. Oakland ：University of Califomia Press，1996.

[5] Cody ML. Habitat selection in birds[M]. America ：Academic Press，San Diego，1985.

根吸性新型药剂应用技术研究

北京市园林科学研究院 / 邵金丽　夏　菲　张国锋

摘　要： 本课题研究选取2%吡虫啉颗粒剂、5%二嗪磷、0.5%阿维菌素、0.4%氯虫苯甲酰胺、4.5%丁硫克百威、1%联苯·噻虫胺5种颗粒剂农药进行刺吸害虫、地下害虫防治效果试验：（1）以3%呋喃丹为对照，通过盆栽月季蚜虫防治试验，1%联苯·噻虫胺、4.5%丁硫克百威、2%吡虫啉对月季蚜虫安全高效，可作为3%呋喃丹的良好替代药剂。0.5%阿维菌素对月季具有明显药害表现。（2）通过室内、室外模拟草坪向土壤内投放具有完全生命活性蛴螬，向土壤表面撒施颗粒剂的方法，4.5%丁硫克百威、1%联苯·噻虫胺对蛴螬防治高效，可作为3%呋喃丹防治地下害虫的良好替代药剂。

关键词： 颗粒剂；蚜虫；蛴螬

颗粒剂（Granule，GR）简称粒剂，1960 年代后期由于环保科学的发展颗粒剂在全世界得到普遍的推广应用。颗粒剂具有其他剂型无与伦比的特点：施药时具有方向性，使撒布药剂能充分到达靶标生物而对天敌等有益生物安全；药粒不附着于植物的茎叶上，避免直接接触产生药害；施药时无粉尘飞扬，不污染环境；施药过程中可减少操作人员身体附着或吸入药量，避免中毒事故；使高毒农药低毒化，避免人畜中毒；可控制粒剂中有效成分的释放速度，延长持效期；使用方便，效率高[1-3]。呋喃丹、铁灭克等颗粒剂在原来害虫防治中曾被长期广泛应用，2011 年农业部联合化工部、环保部等五部委发布 1586 号公告，停止此两种高毒农药的生产登记和田间药效试验，继续寻找到低毒、高效的替代药剂来满足生产需要。

1　根施药剂对刺吸害虫防治技术研究

1.1　颗粒剂防治月季蚜虫试验

1.1.1　试验材料

月季长管蚜，盆栽月季（粉和平），花盆底部直径 30cm，上口直径 40cm，高约 50cm。

2% 吡虫啉颗粒剂（郑州万安特生物发展有限公司）、5% 二嗪磷（浙江禾本科技有限公司）、0.5% 阿维菌素（泰山现代农业科技有限公司）、0.4% 氯虫苯甲酰胺［兴农药业（中国）有限公司］、4.5% 丁硫克百威（江苏佳隆化工有限公司）、1% 联苯 · 噻虫胺（江门市新会区农得丰有限公司）、3% 呋喃丹（河北邢台市农药有限公司）。

电子天平（ATAY DA-3000）。

1.1.2　试验方法

将月季盆栽苗置于封闭塑料棚内，按沿盆土四周开沟施药，施药后盖土、浇水。施药量分别为：4.5% 丁硫克百威 4.5g、9g、18g，1% 联苯 · 噻虫胺 4.0g、8.0g、16g，

2% 吡虫啉 2g、4g、6g，3% 呋喃丹 3g、6g、9g，以 3% 呋喃丹为对照，不施药处理的为空白对照，每个处理设 4 个重复。分别于施药当天、施药后 5d、15d、30d、45d、60d 调查试验株上蚜虫数量，每株从东南西北四个方位各选取一个枝条，调查自梢部起 5cm 长枝条上蚜虫数，并观察植株生长状况。试验于 2013 年、2014 年、2015 年进行。

计算公式如下：

$$虫口减退率（\%）=\frac{施药前虫数-施药后虫数}{施药前虫数}\times 100$$

$$校正死亡率（\%）=\frac{PT-CK}{100-CK}\times 100$$

PT：药剂处理区虫口减退率；*CK*：空白对照区虫口减退率。

1.1.3　结果与分析

2013 年月季苗上盆时颗粒剂直接放入盆土底部土壤中，4.5% 丁硫克百威、0.5% 阿维菌素、5% 二嗪磷及 0.4% 氯虫苯甲酰胺出现不同程度焦叶及落叶现象，初步分析原因可能为施药层过浅，触及植物毛细根所致，亦或药剂剂量过大或药剂本身对植物易产生伤害，还有可能是由于月季上盆缓苗不良造成，具体原因需要以后试验中进一步验证。2014 年试验中 0.5% 阿维菌素处理株药害明显，表现出小叶皱缩、碎花、花朵褪色、不开花等。

2015 年在 2013 年、2014 年试验基础上筛选出表现相对较好的 4.5% 丁硫克百威、1% 联苯 · 噻虫胺、2% 吡虫啉进行月季蚜虫防治试验，并对调查结果进行整理分析，结果见表 1 ～表 6。

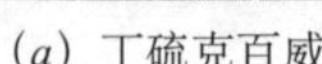

（*a*）丁硫克百威

（*b*）阿维菌素

（*c*）二嗪磷

（*d*）氯虫苯甲酰胺

图 1　几种颗粒剂引起月季药害表现

图 2　阿维菌素药害

不同颗粒剂月季蚜虫死亡率　　**表 1**

药剂	剂量（g）	0d	5d		15d		30d		45d		60d	
		平均虫口数	平均虫口数	平均虫口减退率（%）	平均虫口数	平均虫口减退率（%）	平均虫口数	平均虫口减退率（%）	平均虫口数	平均虫口减退率（%）	平均虫口数	平均虫口减退率（%）
5% 丁硫克百威	4.5	291	1328	-573.91	844	-251.76	725	-235.56	1236	-520.17	1021	-202.72
	9.0	135	954	-550.1	1110	-820.36	1000	-579.61	1480	-1188.96	1063	-413.91
	18.0	720	561	-60.26	428	-41.3	185	37.29	378	-34.4	409	-70.69
1% 联苯 · 噻虫胺	4.0	278	896	-234.58	840	-260.75	248	-14.22	182	1.98	17	91.94
	8.0	508	1252	-139.37	1004	-103.95	141	75.47	0	100	1	99.84
	12.0	683	783	-15.71	794	-17.63	6	99.33	1	99.91	0	100

续表

药剂	剂量（g）	0d	5d		15d		30d		45d		60d	
		平均虫口数	平均虫口数	平均虫口减退率（%）	平均虫口数	平均虫口减退率（%）	平均虫口数	平均虫口减退率（%）	平均虫口数	平均虫口减退率（%）	平均虫口数	平均虫口减退率（%）
2%吡虫啉	2.0	916	820	10.29	1196	-27.07	528	45.69	1	99.95	1	99.85
	4.0	787	1230	-69.87	1688	-114.48	643	18.78	70	90.08	1	99.92
	6.0	512	2079	-328.92	1285	-155.26	122	76.23	63	90.25	3	99.39
3%呋喃丹	3.0	393	698	-78.12	427	-12.26	75	80.16	923	-135.31	387	-0.51
	6.0	542	1540	-169.04	226	58.7	162	71.42	542	-3.07	214	63.31
	9.0	420	1232	-264.15	293	-7.67	17	97.1	635	-96.65	600	-70.78
CK	0	390	2056	-556.62	2431	-661.28	1973	-576.19	995	-194.4	898	-173.85

不同颗粒剂对蚜虫校正防效　　表2

药剂	剂量（g）	5d		15d		30d		45d		60d	
		虫口减退率（%）	校正防效（%）	虫口减退率（%）	校正防效（%）	虫口减退率（%）	校正防效(%)	虫口减退率（%）	校正防效(%)	虫口减退率（%）	校正防效（%）
5%丁硫克百威	4.5	-573.91	-2.633	-251.76	53.79	-235.56	50.37	-520.17	-110.66	-202.72	-10.54
	9.0	-550.1	0.99	-820.36	-20.90	-579.61	-0.51	-1188.96	-337.83	-413.91	-87.66
	18.0	-60.26	75.59	-41.3	81.44	37.29	90.73	-34.4	54.35	-70.69	37.67
1%联苯·噻虫胺	4.0	-234.58	49.05	-260.75	52.61	-14.22	83.11	1.98	66.71	91.94	97.06
	8.0	-139.37	63.55	-103.95	73.21	75.47	96.37	100	100.00	99.84	99.94
	12.0	-15.71	82.38	-17.63	84.55	99.33	99.90	99.91	99.97	100	100.00
2%吡虫啉	2.0	10.29	86.34	-27.07	83.31	45.69	91.97	99.95	99.98	99.85	99.95
	4.0	-69.87	74.13	-114.48	71.83	18.78	87.98	90.08	96.63	99.92	99.97
	6.0	-328.92	34.68	-155.26	66.47	76.23	96.48	90.25	96.69	99.39	99.78
3%呋喃丹	3.0	-78.12	72.87	-12.26	85.25	80.16	97.04	-135.31	30.40	-0.51	63.30
	6.0	-169.04	59.03	58.7	94.57	71.42	95.77	-3.07	64.99	63.31	86.60
	9.0	-264.15	44.54	-7.67	85.86	97.1	99.57	-96.65	33.20	-70.78	37.64
CK	0	-556.62		-661.28	53.79	-576.19		-194.4		-173.85	

颗粒剂防治蚜虫死亡率方差分析结果　　表3

变异来源	自由度	平方和	均方	F	P
药剂	3	1425621.003	475207.001	14.34	＜.0001**
剂量	2	227420.586	113710.293	3.43	0.0402*
时间	4	346806.569	86701.642	2.62	0.0461*
误差	50	1657349.348	33146.987		
总变异	59	3657197.506			

蚜虫防治试验虫口减退率多重比较

表 4

药剂	剂量（g）	5d	15d	30d	45d	60d
		虫口减退率（%）	虫口减退率（%）	虫口减退率（%）	虫口减退率（%）	虫口减退率（%）
5% 丁硫克百威	4.5	-573.91 B	-251.76 A	-235.56 AB	-520.17 B	-202.72 C
	9.0	-550.1 B	-820.36 B	-579.61 B	-1188.96 C	-413.91 D
	18.0	-60.26 A	-41.30 A	37.29 A	-34.40A	-70.69 BC
1% 联苯 · 噻虫胺	4.0	-234.58 AB	-260.75 A	-14.22 A	1.98A	91.94AB
	8.0	-139.37 A	-103.95 A	75.47 A	100.00A	99.84A
	12.0	-15.71 A	-17.63 A	99.33 A	99.91A	100.00A
2% 吡虫啉	2.0	10.29 A	-27.07 A	45.69 A	99.95A	99.85A
	4.0	-69.87 A	-114.48 A	18.78 A	90.08A	99.92A
	6.0	-328.92 AB	-155.26 A	76.23 A	90.25A	99.39A
3% 呋喃丹	3.0	-78.12 A	-12.26 A	80.16 A	-135.31A	-0.51AB
	6.0	-169.04 A	58.70 A	71.42 A	-3.07A	63.31AB
	9.0	-264.15 AB	-7.67 A	97.10 A	-96.65A	-70.78 BC
CK	0	-556.62 B	-661.28 B	-576.19 B	-194.4 AB	-173.85 C

由表 1、表 2、表 3 可以看出，药剂对蚜虫死亡率具有极显著影响，使用 4 种颗粒剂处理后月季蚜虫虫口减退率极显著高于未施药的空白对照。除 4.5% 丁硫克百威外，其他 3 种药剂不同剂量间同一调查时间无显著差异。1% 联苯 · 噻虫胺、2% 吡虫啉全部处理调查时间内死亡率明显高于空白对照，30d 以后两种药剂处理都达到较高死亡率，1% 联苯 · 噻虫胺、4.5% 丁硫克百威处理死亡率在一定时间内高于空白对照，低于 3% 呋喃丹对照。

蚜虫防治试验校正防效多重比较

表 5

药剂	剂量（g）	5d AB	15d AB	30d A	45d B	60d AB
		校正死亡率（%）	校正死亡率（%）	校正死亡率（%）	校正死亡率（%）	校正死亡率（%）
5% 丁硫克 百威 B	4.5A	9.79	58.97	50.65	17.08	-6.16
	9.0A	4.51	23.54	11.97	10.19	0.25
	18.0A	74.41	90.01	94.91	79.67	73.60
1% 联苯 · 噻虫胺 A	4.0A	36.29	52.02	80.55	74.31	97.15
	8.0A	46.86	66.54	94.12	100.00	99.90
	12.0A	82.47	85.72	99.87	99.96	100.00
2% 吡虫啉 A	2.0A	88.61	80.17	88.58	99.96	99.90
	4.0A	82.47	65.94	83.82	96.36	99.94
	6.0A	73.79	60.15	95.08	95.25	99.73
3% 呋喃丹 A	3.0A	65.07	81.83	97.19	8.32	70.27
	6.0A	43.84	90.65	93.90	89.72	70.34
	9.0A	41.64	88.92	99.72	40.68	64.61

蚜虫校正死亡率方差分析　　表 6

变异来源	自由度	平方和	均方差	F	P
药剂	3	89370.21626	29790.07209	10.07	＜ .0001**
剂量	2	11670.83878	5835.41939	1.97	0.1497
时间	4	22016.15259	5504.03815	1.86	0.1319
误差	50	147851.7003	2957.0340		
总变异	59	270908.9080			

从表 5 可以看出施药后 5d 三种药剂对月季蚜虫最高防治率均高于对照 3% 呋喃丹，其中 1% 联苯 · 噻虫胺 12g 处理防治率可高达 88.61%；施药后 15d，三种试验药剂最高防治率均达 80% 以上；30d 除 4.5% 丁硫克百威 4.5g、9g 处理外，其他各处理均达到较高防治率；45d 后 4.5% 丁硫克百威、3% 呋喃丹防治率有所下降，1.2% 联苯 · 噻虫胺、2% 吡虫啉则继续升高，其中 1% 联苯噻虫胺 8.0g 处理最高达到 100%。药剂对蚜虫防治效果影响极显著，剂量对防治效果影响不显著，不同调查时间防治结果差异不显著。

3 种试验药剂对月季均无药害出现，4.5% 丁硫克百威、1% 联苯 · 噻虫胺、2% 吡虫啉对月季蚜虫均有较高防效，可作为 3% 呋喃丹替代药剂，但 4.5% 丁硫克百威两个低剂量处理均低于 3% 呋喃丹，与 2013 年、2014 年试验结果不一致，可能由试验误差造成。

2　根施药剂对地下害虫防治技术研究

2.1　颗粒剂对蛴螬的防治效果室内试验

2.1.1　试验材料

2 ~ 3 龄蛴螬（白星花金龟）。

2% 吡虫啉颗粒剂（郑州万安特生物发展有限公司）、5% 二嗪磷（浙江禾本科技有限公司）、0.5% 阿维菌素（泰山现代农业科技有限公司）、0.4% 氯虫苯甲酰胺 [兴农药业（中国）有限公司）、5% 丁硫克百威（江苏佳隆化工有限公司）、1% 联苯·噻虫胺（江门市新会区农得丰有限公司）、3% 呋喃丹（河北邢台市农药有限公司）。

电子天平（ATAY DA-3000），塑料盒 30cm × 20mm × 10cm，高温高压消毒细土。

2.1.2　试验方法

参照并改进宋化稳[4]等方法，在塑料盒内装入 1L 细土，每盒投入蛴螬 20 头，让其自行入土，不能自行入土者进行更换，直至能自行入土。为避免土壤白僵菌、绿僵菌侵染造成蛴螬死亡，使用高压灭菌土。

每种药剂设 3 个施药量，每个处理设 4 个重复，以 3% 呋喃丹为对照，以不施药为空白对照。

将药剂撒施到土层表明，并覆一层薄土，以药剂不外露为宜。将试虫投入盒内，全部入土后喷水淋湿，并薄施麦麸饲喂，放置于室温条件下（15 ~ 25℃），施药后 7d、14d、21d、28d、35d 后调查蛴螬死亡数，统计死亡率，以触动虫体后不动为死亡。

2.1.3　结果与分析

施药后观察各处理蛴螬反应。施药后 2h，1% 联苯 · 噻虫胺开始有蛴螬表现狂躁，爬出土壤表面；24h 观察 1% 联苯 · 噻虫胺各处理爬到表面蛴螬数量最多，其次为 5% 丁硫克百威，然后为 3% 呋喃丹、0.5% 二嗪磷、2% 阿维菌素，0.4% 氯虫苯甲酰胺和空白对照均无蛴螬爬出。

分别调查施药后 7d、14d、21d、28d、35d 蛴螬死亡数量，计算施药后的死亡率，调查结果如表 7 所示，计算蛴螬平均死亡率和校正死亡率，结果如表 8 所示。对表 7 中各处理死亡率与对照死亡率进行多重比较，分析结果如表 9 所示。对不同处理校正死亡率进行方差分析，结果如表 10 所示。

计算公式如下：

$$死亡率（\%）=\frac{死亡虫口数}{处理前虫口基数}\times 100$$

$$校正死亡率（\%）=\frac{PT-CK}{100-CK}\times 100$$

PT：药剂处理区虫口减退率；CK：空白对照区虫口减退率。

颗粒剂防治蛴螬室内试验　　表 7

药剂	剂量（g）	7d		14d		21d		28d	
		死亡数	死亡率（%）	死亡数	死亡率（%）	死亡数	死亡率（%）	死亡数	死亡率（%）
2%吡虫啉	1.8	3	15	7	35	7	35	8	40
		2	10	4	20	5	25	5	25
		3	15	4	20	4	20	5	25
		7	35	8	40	8	40	9	45
	3.6	2	10	4	20	4	20	5	25
		1	5	2	10	2	10	3	15
		3	15	5	25	6	30	8	40
		2	10	4	20	4	20	5	25
	5.4	5	25	8	40	9	45	10	50
		3	15	5	25	7	35	8	40
		5	25	6	30	6	30	8	40
		2	10	7	35	8	40	8	40
5%丁硫克百威	3	13	65	14	70	15	80	16	80
		14	70	14	70	18	90	20	100
		16	80	17	85	18	90	19	95
		13	65	20	100	20	100	20	100
	6	14	70	15	80	16	90	16	80
		13	65	16	90	17	85	17	85
		10	50	13	65	16	80	17	85
		14	70	19	95	19	95	19	95
	9	13	65	16	80	17	85	17	85
		13	65	16	80	17	85	17	85
		11	55	17	85	18	90	19	95
		13	65	16	80	17	85	19	95
0.4%氯虫苯甲酰胺	1.4	1	5	3	15	4	20	6	30
		1	5	7	35	9	45	11	55
		0	0	1	5	5	25	5	25
		0	0	5	25	9	45	10	50
	2.8	0	0	1	5	5	25	7	35
		0	0	3	15	9	45	10	50
		0	0	3	15	6	30	8	40
		1	1	4	20	7	35	8	40
	4.2	3	3	6	30	9	45	11	55
		0	0	0	0	0	0	4	20
		0	0	3	15	6	30	9	45
		2	10	10	50	12	60	14	70

续表

药剂	剂量（g）	7d		14d		21d		28d	
		死亡数	死亡率（%）	死亡数	死亡率（%）	死亡数	死亡率（%）	死亡数	死亡率（%）
5%二嗪磷	1	0	0	14	70	17	85	20	100
		4	20	11	55	13	65	16	80
		1	5	11	55	14	70	17	85
		1	5	11	55	13	65	20	100
	2	0	0	13	65	18	90	18	90
		0	0	13	65	14	70	20	100
		3	15	16	80	18	90	19	95
		0	0	12	60	15	75	17	85
	3	1	5	17	85	18	90	20	100
		2	10	14	70	17	85	18	90
		3	15	11	55	17	85	17	85
		3	15	14	70	18	90	20	100
0.5%阿维菌素	3	1	5	2	10	3	15	5	25
		2	10	4	20	5	25	5	25
		2	10	4	20	6	30	7	35
		4	20	7	35	9	45	10	50
	6	1	5	6	30	9	45	10	50
		4	20	11	55	13	65	14	70
		2	10	4	20	5	25	7	35
		7	35	11	55	13	65	14	70
	9	4	20	12	60	14	70	14	70
		7	35	8	40	14	70	14	70
		2	10	10	50	14	70	17	75
		3	15	5	25	7	35	7	35
1%联苯·噻虫胺	3	3	15	7	35	16	80	17	85
		0	0	3	15	9	45	14	70
		2	10	6	30	8	40	15	75
		0	0	3	15	4	20	8	40
	6	2	10	9	45	12	60	15	75
		4	20	10	50	15	75	18	90
		0	0	2	10	7	35	12	60
		1	5	4	20	7	35	18	90
	9	2	10	6	30	10	50	15	75
		2	10	5	15	10	50	18	90
		1	5	5	25	8	40	20	100
		1	5	3	15	10	50	19	95

续表

药剂	剂量（g）	7d		14d		21d		28d	
		死亡数	死亡率（%）	死亡数	死亡率（%）	死亡数	死亡率（%）	死亡数	死亡率（%）
3%呋喃丹	2	7	35	12	60	14	70	17	85
		5	25	11	55	12	60	13	65
		10	50	13	65	15	75	16	80
		11	55	17	85	19	95	19	95
	4	13	65	16	80	16	80	17	85
		10	50	15	80	15	75	15	75
		10	50	13	65	15	75	19	95
		5	25	10	50	11	55	13	65
	6	14	70	15	75	15	75	16	80
		6	30	11	55	14	70	16	80
		12	60	14	70	16	80	16	80
		9	45	14	70	15	75	17	85
CK		0	0	1	5	0	0	1	5
		0	0	0	0	2	10	4	20
		0	0	1	5	2	10	3	15
		0	0	1	5	2	10	3	15

不同药剂处理对蛴螬室内防治校正死亡率　　表 8

药剂	剂量（g）	7d		14d		21d		28d	
		平均死亡率（%）	校正死亡率（%）	平均死亡率（%）	校正死亡率（%）	平均死亡率（%）	校正死亡率（%）	平均死亡率（%）	校正死亡率（%）
2%吡虫啉	1.8	18.75	18.75	28.75	25.97	30.00	24.32	33.75	23.19
	3.6	10.00	10.00	17.75	14.55	20.00	13.51	26.25	14.49
	5.4	18.75	18.75	32.5	29.87	37.50	32.43	42.50	33.33
5%丁硫克百威	3.0	70.00	70.00	81.25	80.52	90.00	89.19	93.75	92.75
	6.0	63.75	63.75	82.50	81.82	87.5	86.49	86.25	84.06
	9.0	62.50	62.50	81.25	80.52	86.25	78.75	90.00	88.41
0.4%氯虫苯甲酰胺	1.4	2.50	2.50	20	16.88	33.75	27.27	40.00	30.43
	2.8	0.25	0.25	13.75	10.39	33.75	27.27	41.25	31.88
	4.2	3.25	3.25	23.75	20.78	33.75	27.27	47.50	39.13
5%二嗪磷	1.0	7.50	7.50	58.75	57.14	71.25	68.92	91.25	89.86
	2.0	7.50	7.50	67.5	66.23	81.25	79.73	92.50	91.30
	3.0	11.25	11.25	70.00	68.83	87.50	86.49	93.75	92.75
0.5%阿维菌素	3.0	11.25	11.25	21.25	18.18	28.75	22.97	33.75	23.19
	6.0	17.50	17.50	40.00	37.66	50.00	13.51	56.25	49.28
	9.0	20.00	20.00	43.75	41.56	61.25	58.11	62.50	56.52

续表

药剂	剂量（g）	7d		14d		21d		28d	
		平均死亡率（%）	校正死亡率（%）	平均死亡率（%）	校正死亡率（%）	平均死亡率（%）	校正死亡率（%）	平均死亡率（%）	校正死亡率（%）
1%联苯·噻虫胺胺	3.0	6.25	6.25	23.75	20.78	46.25	41.89	67.50	62.32
	6.0	8.75	8.75	31.25	28.57	51.25	47.30	78.75	75.36
	9.0	7.50	7.50	21.25	18.18	47.50	43.24	90.00	88.41
3%呋喃丹	2.0	41.25	41.25	66.25	64.94	75.00	72.97	81.25	78.26
	4.0	47.50	47.50	68.75	67.53	71.25	68.92	80.00	76.81
	6.0	51.25	51.25	67.50	66.23	75.00	72.97	81.25	78.26
CK		0		3.75		7.50		13.75	

不同处理蛴螬死亡率多重比较结果 表9

药剂	剂量（g）	7d		14d		21d		28d	
		平均死亡率（%）		平均死亡率（%）		平均死亡率（%）		平均死亡率（%）	
2%吡虫啉	1.8	18.75	DE	28.7	DEFG	30.00	FGH	33.75	GH
	3.6	10.00	DEF	17.7	FGH	20.00	HI	26.25	HI
	5.4	18.75	DE	32.5	DEF	37.50	EFGH	42.50	FGH
5%丁硫克百威	3.0	70.00	A	81.25	A	90.00	A	93.75	A
	6.0	63.75	AB	82.50	A	87.50	AB	86.25	A
	9.0	62.50	AB	81.25	A	86.25	AB	90.00	A
0.4%氯虫苯甲酰胺	1.4	2.50	F	20	FGH	33.75	EFGH	40.00	FGH
	2.8	0.25	F	13.75	GH	33.75	EFGH	41.25	FGH
	4.2	3.25	F	23.75	EFG	33.75	EFGH	47.50	EFG
5%二嗪磷	1.0	7.50	DEF	58.75	BC	71.25	BC	91.25	A
	2.0	7.50	F	67.5	AB	81.25	AB	92.50	A
	3.0	11.25	DEF	70.00	AB	87.50	AB	93.75	A
0.5%阿维菌素	3.0	11.25	DEF	21.25	FG	28.75	GH	33.75	GH
	6.0	17.50	DE	40.00	DE	50.00	DE	56.25	DEF
	9.0	20.00	D	43.75	CD	61.25	CD	62.50	CDE
1%联苯·噻虫胺	3.0	6.25	EF	23.75	EFG	46.25	DEFG	67.50	BCD
	6.0	8.75	DEF	31.25	DEF	51.25	DE	78.75	ABC
	9.0	7.50	DEF	21.25	FG	47.50	DEF	90.00	A
3%呋喃丹	2.0	41.25	C	66.25	AB	75.00	ABC	81.25	AB
	4.0	47.50	C	68.75	AB	71.25	BC	80.00	AB
	6.0	51.25	BC	67.50	AB	75.00	ABC	81.25	AB
CK		0	F	3.75	H	7.50	I	13.75	I

蛴螬平均死亡率方差分析结果　　表 10

	自由度	平方和	均方	F	P
药剂间	6	34351.39435	5725.23239	45.81	＜.0001**
剂量间	2	579.81696	289.90848	2.32	0.1056
时间	3	22436.65774	7478.88591	59.84	＜.0001**
误差	72	8998.88988	124.98458		
总误差	83	66366.75893			

不同处理校正死亡率方差分析结果　　表 11

变异来源	自由度	平方和	均方差	F	P
药剂间	6	39942.94480	6657.15747	43.02	＜.0001**
剂量间	2	713.94224	356.97112	2.31	0.1069
时间	3	16928.66318	5642.88773	36.46	＜.0001**
误差	72	11142.06979	154.75097		
总误差	83	68727.62000			

由以上分析结果看出，药剂对蛴螬死亡率和校正死亡率有极显著影响，7 种药剂在 7d 死亡率均显著高于空白对照，14d 除 2% 吡虫啉 3.6g、0.4% 氯虫苯甲酰胺 1.4g、2.8g，21d 除 2% 吡虫啉 3.6g 其他各处理均显著高于空白对照。根据以上调查分析结果对蛴螬防治效果表现最好的为 4.5% 丁硫克百威，其次为 5% 二嗪磷、1% 联苯 · 噻虫胺，以上 4 中药剂最高死亡率和防效均超过 3% 呋喃丹，表现较差的为 2% 吡虫啉、0.4% 氯虫苯甲酰胺、0.5% 阿维菌素，显著低于对照 3% 呋喃丹。

施药剂量对死亡率和校正死亡率无显著影响，不同调查时间内同一药剂不同剂量间死亡率和校正死亡率无显著差异。也未表现出剂量越高死亡率和校正死亡率越高的规律。

从本试验调查分析结果可以看出，4.5% 丁硫克百威、1% 联苯 · 噻虫胺防治蛴螬 28d 后的校正死亡率与 3% 呋喃丹处理间校正死亡率无明显差异，但 4.5% 丁硫克百威 3 个剂量施药后 7d 死亡率明显高于 3% 呋喃丹，1% 联苯·噻虫胺施药后 2h 蛴螬出现明显中毒反应，说明其速效性明显好于 3% 呋喃丹，可作为 3% 呋喃丹防治地下害虫蛴螬的良好替代药剂。4.5% 二嗪磷施药后蛴螬死亡率较高，但 5% 二嗪磷原药属中毒药剂，且有报道其土壤残留量较高，对水体污染较重等，所以不推荐作为 3% 呋喃丹等药剂的替代药剂。0.4% 氯虫苯甲酰胺、2% 吡虫啉防治蛴螬死亡率和校正死亡率与不施药空白对照表现出一定防治效果，但绝对死亡率较低，显著低于 3% 呋喃丹，不宜作为地下害虫防治药剂使用。

(a) 联苯 - 氯虫

(b) 联苯 -CK

图 3　施药后 24 小时蛴螬爬出土表情况

2.2　不同颗粒剂农药对室外模拟草坪蛴螬的防治效果试验

2.2.1　试验材料

2 ~ 3 龄蛴螬（白星花金龟）。

2% 吡虫啉颗粒剂（郑州万安特生物发展有限公司）、

4.5% 丁硫克百威（江苏佳隆化工有限公司）、1% 联苯·噻虫胺（江门市新会区农得丰有限公司）、3% 呋喃丹（河北邢台市农药有限公司）。

电子天平（ATAY DA-3000），塑料筐 45cm × 35cm × 15cm。

草地早熟禾。

2.2.2　试验方法

根据室内试验结果选取防治效果较好的 4.5% 丁硫克百威、1% 联苯·噻虫胺两种药剂，以 3% 呋喃丹为对照，不施药处理作为空白对照。每种药剂设 3 个剂量处理，每个处理设 4 个重复。每塑料筐施药剂量分别是 1% 联苯·噻虫胺颗粒剂 9g、18g、27g，4.5% 丁硫克 8.1g、16.2g、24.3g，3% 呋喃丹颗粒剂（药剂对照）6g、12g、18g。

施药前将塑料筐内装土，草坪草平铺在表面，每筐投入蛴螬 30 头，让其自行入土，不能入土的进行更换，直至 30 头全部能自行入土。将称量好的药剂均匀撒施在草坪表面，浇水淋湿，表面加盖防虫网防止蛴螬被鸟吃掉。2014 年 8 月 21 日施药，施药后 19d（9 月 10 日）、31d（9 月 22 日）、38d（9 月 28 日）调查各处理蛴螬死亡数。

3　结果与分析

对调查结果进行虫口减退率和校正死亡率计算，并用 sas 软件进行方差分析，结果见表 12、表 13。

不同颗粒剂农药对模拟草坪蛴螬的防治死亡率　表 12

药剂	剂量(g)	19d		31d		38d	
		死亡数	死亡率(%)	死亡数	死亡率(%)	死亡数	死亡率(%)
2% 吡虫啉	6	9	30.00	12	40.00	21	70.00
		9	30.00	13	43.33	15	50.00
		13	43.33	14	46.67	18	60.00
		4	13.33	7	23.33	11	36.67
	12	8	26.67	13	43.33	18	60.00
		5	16.67	12	40.00	19	63.33
		9	30.00	12	40.00	26	86.67
		2	6.67	4	13.33	21	70.00
	18	7	23.33	12	40.00	16	53.33
		5	16.67	7	23.33	18	60.00
		7	23.33	12	40.00	22	73.33
		19	63.33	26	86.67	20	66.67

续表

药剂	剂量(g)	19d		31d		38d	
		死亡数	死亡率(%)	死亡数	死亡率(%)	死亡数	死亡率(%)
1% 联苯·噻虫胺	9	7	23.33	20	66.67	27	90.00
		11	36.67	23	76.67	27	90.00
		9	30.00	26	86.67	27	90.00
		14	46.67	24	80.00	26	86.67
	18	15	50.00	25	83.33	28	93.33
		5	16.67	27	90.00	28	93.33
		12	40.00	27	90.00	27	90.00
		11	36.67	26	86.67	30	100.00
	27	11	36.67	30	100.00	30	100.00
		10	33.33	27	90.00	28	93.33
		24	80.00	22	73.33	29	96.67
		17	56.67	30	100.00	30	100.00
4.5% 丁硫克百威	16	17	56.67	21	70.00	25	83.33
		15	50.00	21	70.00	23	76.67
		20	66.67	23	76.67	23	76.67
		22	73.33	24	80.00	28	93.33
	24	20	66.67	23	76.67	27	90.00
		24	80.00	26	86.67	26	86.67
		22	73.33	26	86.67	26	86.67
		18	60.00	25	83.33	28	93.33
3% 呋喃丹	6	16	53.33	21	70.00	24	80.00
		21	70.00	27	90.00	27	90.00
		12	40.00	28	93.33	29	96.67
		17	56.67	22	73.33	24	80.00
	12	15	50.00	23	76.67	26	86.67
		19	63.33	27	90.00	28	93.33
		16	53.33	26	86.67	27	90.00
		16	53.33	21	70.00	25	83.33
	18	20	66.67	23	76.67	26	86.67
		18	60.00	21	70.00	25	83.33
		25	83.33	28	93.33	28	93.33
		21	70.00	26	86.67	26	86.67
		23	76.67	26	86.67	26	86.67
		22	73.33	24	80.00	28	93.33
		24	80.00	26	86.67	27	90.00
		12	40.00	23	76.67	25	83.33
CK	0	1	3.33	10	33.33	14	46.67
		0	0.00	6	20.00	6	20.00
		0	0.00	10	33.33	12	40.00
		0	0.00	8	26.67	12	40.00

不同颗粒剂农药对模拟草坪蛴螬的防治死亡率多重比较　　表 13

药剂名称	剂量（g）	19d		31d		38d	
		虫口减退率（%）		虫口减退率（%）		虫口减退率（%）	
2% 吡虫啉	6	29.17	C	38.33	CD	54.17	D
	12	20.00	C	34.17	CD	70.00	C
	18	31.67	C	47.50	C	63.33	CD
1% 联苯 · 噻虫胺	9	34.17	BC	77.50	AB	89.17	AB
	18	35.83	BC	87.50	AB	94.17	A
	27	87.50	AB	97.50	A	97.50	A
10% 丁硫克百威	8.1	61.67	A	82.50	B	82.50	AB
	16.2	70.00	A	89.17	AB	89.17	AB
	24.3	55.00	A	86.67	AB	86.67	AB
3% 呋喃丹	6	55.00	A	88.33	AB	88.33	AB
	12	70.00	A	87.50	AB	87.50	AB
	18	67.50	A	88.33	AB	88.33	AB
CK		0.83	D	28.33	D	36.67	E

不同颗粒剂农药对模拟草坪蛴螬的防治死亡率方差分析　　表 14

变异来源	自由度	平方和	均方差	*F*	*P*
药剂间	3	8559.477831	2853.159277	27.61	< .0001**
剂量间	2	568.026239	284.013119	2.75	0.0813
时间	2	6372.063739	3186.031869	30.83	< .0001**
误差	28	2893.24289	103.33010		
总误差	35	18392.81070			

由表 12 ～表 14 分析结果可以看出，药剂对蛴螬死亡率影响极显著，4 种药处理蛴螬死亡率均极显著高于未施药的空白对照，2% 吡虫啉处理蛴螬死亡率极显著低于 1% 联苯噻虫胺和 4.5% 丁硫克百威两种药剂和对照 3% 呋喃丹，1% 联苯噻虫胺和 4.5% 丁硫克百威两种试验药剂与对照 3% 呋喃丹之间无明显差异，1% 联苯噻虫胺 31d、38d 处理最高死亡率均高于 3% 呋喃丹。剂量对蛴螬死亡率无显著影响，同一药剂不同剂量间统一调查时间蛴螬死亡率均无明显差异。时间对死亡率影响极显著，随时间增加，累积死亡率极显著升高。

计算施药后不同调查时间蛴螬校正死亡率，并进行方差分析，结果见表 15、表 16。

不同颗粒剂农药对模拟草坪蛴螬的防治校正死亡率　　表 15

药剂名称	剂量（g）	19d	31d	38d
		校正防效（%）	校正防效（%）	校正防效（%）
2% 吡虫啉颗粒剂	6	28.57	13.95	27.63
	12	19.33	8.14	52.63
	18	31.09	26.74	42.11
1% 联苯噻虫胺颗粒剂	9	33.61	68.60	82.89
	18	35.29	82.56	90.79
	27	87.39	96.51	96.05

续表

药剂名称	剂量（g）	19d	31d	38d
		校正防效（%）	校正防效（%）	校正防效（%）
10% 丁硫克百威颗粒剂	8.1	61.34	75.58	72.37
	16.2	69.75	84.88	82.89
	24.3	54.62	81.40	78.95
3% 呋喃丹颗粒剂（药剂对照）	6	54.62	83.72	81.58
	12	69.75	82.56	80.26
	18	67.23	83.72	81.58

不同颗粒剂农药对模拟草坪蛴螬的防治校正死亡率方差分析 **表 16**

变异来源	自由度	平方和	均方差	*F*	*P*
药剂间	3	14962.38949	4987.46316	33.56	< .0001**
剂量间	2	851.67654	425.83827	2.87	0.0738
时间	2	2878.80971	1439.40485	9.68	0.0006**
误差	28	4161.65836	148.63066		
总误差	35	22854.53409			

方差分析结果表明 2% 吡虫啉对蛴螬防治效果极显著低于其他三种药剂，1% 联苯 · 噻虫胺、4.5% 丁硫克百威、3% 呋喃丹三种药剂对蛴螬防治效果差异不显著，38d 校正死亡基本都超过 80%，其中 1% 联苯 · 噻虫胺最高可达到 96.05%，19d 与 31d、38d 差异显著，31d、38d 差异不显著。同一药剂不同剂量间差异不显著。1% 联苯 · 噻虫胺、4.5% 丁硫克百威可作为高毒农药 3% 呋喃丹防治蛴螬的良好替代药剂。

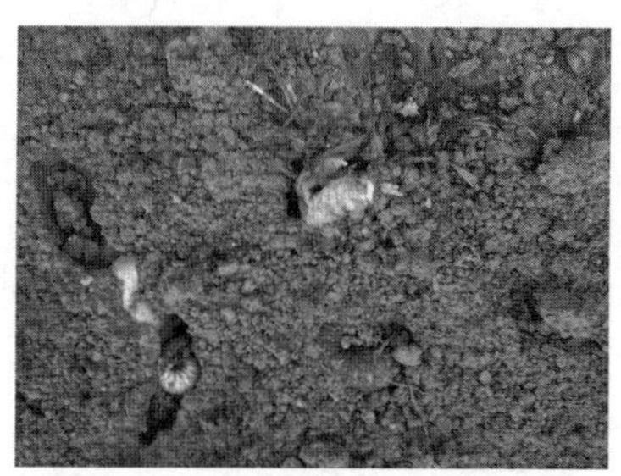

(a) 1% 联苯 · 噻虫胺

(b) CK

图 4 不同处理 31d 死亡情况

4 结论与讨论

4.1 颗粒剂农药防治刺吸害虫

综合防治效果与对植物安全性，4.5% 丁硫克百威、1% 联苯噻虫胺、2% 吡虫啉可作为 3% 呋喃丹防治月季蚜虫的良好替代药剂。

施药方式可在移栽时拌入盆栽土施用，但使用时要注意药剂最好不要直接接触植物根系，以免造成烧苗，且施药后要及时灌溉浇水，也可在根外开环状沟埋施，施用时要撒施均匀，且施药后要及时浇水保持土壤湿润。

同一药剂不同剂量间差异不显著，从经济和环保角度考虑推荐低试验剂量防治月季蚜虫，盆栽月季推荐用量：4.5% 丁硫克百威施 4 ～ 5g/ 株，2% 吡虫啉 1 ～ 2g/ 株，1% 联苯 · 噻虫胺 3.5 ～ 4g/ 株。

由于蚜虫发生量受季节及风雨等自然条件影响较大，试验调查数据受到一定影响，在生产中的实际防效有待进一步验证。

4.2 颗粒剂防治地下害虫

不同药剂间防治效果差异极显著，2% 吡虫啉、0.4% 氯虫苯甲酰胺、0.5% 阿维菌素种药剂防治效果则明显低于 3% 呋喃丹，不适合作为其防治蛴螬的替代药剂。4.5% 丁硫克百威、1% 联苯 · 噻虫胺对蛴螬室内最高防效可分别达 80% 以上，且 1% 联苯·噻虫胺速效性明显好于 3% 呋喃丹，可作为 3% 呋喃丹防治地下害虫的理想替代药剂。同一药剂不同剂量间防治效果差异不显著。

同一药剂不同剂量间差异不显著，生产中可参照试验选用较低剂量。1% 联苯 · 噻虫胺试验参考剂量为 20 ～ 25g/m^2、4.5% 丁硫克百威参考剂量为 20g/m^2，施药方式为撒施，施药后及时浇水，保持土壤湿润。施药时间可在草坪建植前随撒施到土壤中，也可在建好草坪表面撒施，以蛴螬 1 ～ 2 龄防治效果为好，不同种发育时间不同，结合预测预报把握有力防治时期。

以上试验所用试验材料均为白星花金龟，为农业主要危害种，实际调查中发现危害蛴螬主要种为丽金龟、鳃金龟（罗晨，2008）[5]，不同种间抗药性可能会有所不同。

参考文献

[1] 刘雪红，姜衍云，颜磊，等 . 农化新世纪 .2007，12 ：13-14.

[2] 刘步林 . 农药剂型加工技术 [M] . 第 2 版 . 北京 ：化学工业出版社，1998 ：232-235.

[3] 程云鹏 . 粒剂(农药加工丛书) [M]. 北京：化学工业出版社，1984 ：1-10.

[4] 宋化稳，陈泽龙，杨来景 . 13 种杀虫剂对暗黑蛴螬的毒力研究 . 农药科学与管理，2002，23（2）：23-24.

[5] 罗晨，郭晓军，张芝利 . 京郊草坪蛴螬的种类和为害特点 . 昆虫学报，2008，：51（1）：108-112.

运用 Logistic 方程确定几种云杉属植物的耐热性

北京市植物园 / 许　兴　陈　燕　王广勇　刘东焕　赵世伟

摘　要：为筛选出适合北京夏季生长的云杉属常绿植物，增加北方地区植物种类，丰富该地区植物景观，以15种云杉的叶片为试验材料，分别测定其在不同梯度温度处理条件下叶片相对电导率，结合Logistic方程计算其半致死温度（LT_{50}）。结果表明：随着温度的升高，15种云杉叶片的相对电导率增长速度均呈现“慢，快，慢”的趋势，即处理温度与相对电导率率之间呈“S”形曲线；15种云杉的耐热能力由弱到强依次为：西藏云杉（59.11℃）<欧洲云杉（59.43℃）<沙地云杉（60.61℃）<粗枝云杉（60.73℃）<丽江云杉（61.03℃）<紫果云杉（61.39℃）<青杆（63.22℃）<黄果云杉（63.25℃）<鳞皮云杉（63.81℃）<蓝云杉（64.26℃）<川西云杉（65.08℃）白杆（66℃）<白云杉（67.68℃）<青海云杉（68.04℃）<红皮云杉（70.89℃）；白云杉、青海云杉、红皮云杉作为耐热性较强的种类可以在北京地区推广应用。

关键词：云杉属；耐热性；半致死温度；相对电导率

云杉属（*Picea*）植物全球约 40 种，分布于北半球，在寒温带北方针叶林区分布最广。我国有 16 种 9 变种，产于东北、华北、西北、西南及台湾等地区的高山地带。该属树种高大挺拔、四季常青、耐寒性强，国内外作了大量的引种栽培工作，将其作为主要的造林树种和优良的观赏树种，北京植物园于 2014 年从甘肃小陇山引种了 15 种云杉属观赏树种，希望从中选育出观赏价值高、抗性强等植物种类，以此增加北京地区的园林树种，丰富植物色彩，特别是改善北方冬季景观色彩单调的缺憾。

云杉属植物适宜生长的年均温为 -8 ～ -2℃，云杉林分布较广，但却是生态幅度比较狭窄的植被类型，较耐阴耐寒。而从西北地区引种至北京，夏季高温高湿成为云杉属引种的制约因素之一，因此筛选出耐热性较强的云杉种类是引种成败的关键。

本文以云杉属离体叶片为试验材料，研究梯度高温胁迫下相对电导率（细胞伤害率）的变化规律，通过电导率法配合 Logistic 方程，求出不同种云杉的高温半致死温度，筛选出适合北京夏季高温的耐热型云杉种类，是一种灵敏且快速评估植物耐热性的方法。

1　材料与方法

1.1　试验材料

试材为 2014 年 4 月从甘肃小陇山引种、苗龄均为 8 年生的 15 种云杉属植物，均定植于北京植物园树木区内，15 种云杉的属性见表 1。

15 种云杉的基本属性　表 1

编号	中文名	学名	科属	观赏特性
1	欧洲云杉	*Picea abies*（L.）Karst	松科云杉属	树形姿态优美，大枝斜展，小枝下垂
2	红皮云杉	*P.koraiensis Nakai*	松科云杉属	树形姿态优美，树冠尖塔形，大枝斜伸或平展
3	西藏云杉	*P.spinulosa*（Griff.）Henry	松科云杉属	树形优美，姿态飘逸婀娜，枝条细长柔软并且下垂，针叶黄绿色
4	青海云杉	*P.crassifolia*	松科云杉属	树形紧凑，枝条密集，一年生枝条淡黄色，二年生枝条粉红色，通常有明显或微明显的白粉
5	川西云杉	*P.likiangensis* (Franch) Pritz var. *balfouriana* (Rehd · et Wils) Hillier ex Slavin	松科云杉属	树形挺拔，杉枝条较粗，具密毛；叶下有气孔线；球果较小
6	粗枝云杉	*P.asperata* Mast	松科云杉属	树形饱满，枝条粗壮并且开展。花较大，有一定观赏性
7	蓝云杉	*P.pungens*	松科云杉属	树形挺拔，姿态秀丽，枝条粗壮开展，叶蓝色被白粉
8	丽江云杉	*P.likiangensis*	松科云杉属	树冠塔形，枝条平展，一年生枝淡黄色或淡褐黄色
9	鳞皮云杉	*P.retroflexa* Mast.	松科云杉属	树皮灰色，裂成脱落前四边挠离不规则的块状薄片，一年生枝稀微有白粉金黄色或淡褐黄色
10	青杄	*P.wilsonii* Mast	松科云杉属	树冠圆锥形，树冠茂密翠绿。一年生小枝淡黄绿色
11	白云杉	*P.glauca*	松科云杉属	树冠圆锥形。枝光滑，1 年生枝白色微带褐色，2 年生枝灰色，枝形美观
12	白杄	*P.meyeri Rehd.*et Wils	松科云杉属	树形优美挺拔，树冠塔形大枝近平展，主枝之叶常辐射伸展
13	紫果云杉	*P.purpurea*	松科云杉属	树形紧凑，树冠塔形，大枝平展，叶螺旋状排列，辐射状斜展
14	黄果云杉	*P.likiangensis* (Franch.) Pritz.var *hirtella* Cheng ex Chen	松科云杉属	树形挺拔，枝条平展，树冠塔形，杉枝条较粗。一年生枝淡黄色或淡褐黄色
15	沙地云杉	*P.mongolica*	松科云杉属	树形饱满，枝条密集。树皮鳞片状，叶螺旋状排列。球果成熟前紫色，成熟后褐色

1.2　试验地概况

15 种云杉均定植于北京植物园树木园银杏松柏区内，该区地势平坦、开阔，排水良好。试验地位于北纬 39.56°、东经 116.20°，属暖温带大陆性季风气候，四季分明，夏季炎热多雨，7 月平均气温 26.8℃，极端最高温度 37.7℃，高温主要集中在 7 月中旬～ 8 月中旬，最高温持续到 8 月底，高温持续期长。

1.3　试验方法

试验于 2015 年 7 月进行，选取生长一致的健康植株，分别采集上述植物相同叶位的健康、无病虫害叶片，去离子水清洗净后，用滤纸吸干叶表水分，剪成长度 2 ～ 3mm 的小长块若干，避开叶尖和叶基部，每次称取 1g 叶片装入盛有 15mL 去离子水的试管中，真空抽气直至叶片沉入水底后，分别在 40、45、50、55、60、65 和 70℃的水浴中放置 15min，取出静置冷却 2 h 并震荡；再用 EPH-119 型电导率仪测定电导率（R），后全部放入 100℃沸水浴中煮沸 15min，杀死植物组织，取出冷却至室温后分别测定终电导率（R_o）。重复 3 次，取平均值，以室温下叶片的电导率作为对照（R_{ck}）。计算其相对电导率，即细胞伤害率，如下式。

细胞伤害率 $REC=[(R-R_{ck})/(R_o-R_{ck})]\times 100\%$

1.4　数据分析

利用 Excel2003 和 SPSS17.0 软件进行数据分析处理。

2　结果与分析

2.1　梯度高温处理与相对电导率之间的关系

通过计算，相对电导率与梯度温度处理存在一定的相关性（表 2）。不同种类的云杉，其相对电导率均随着处理温度的上升而上升，且呈明显的“S”形曲线，多数植物在 40 ～ 45℃温度范围内，相对电导率呈平缓上升趋势，而且各植物种间变异幅度不大；在 50 ～ 65℃温度范围内，相对电导率急剧上升，同时各种间的变异幅度增大；65 ～ 70℃温度范围内，相对电导率又趋于平缓，不同种植物之间变异幅度也有所减缓。各类植物相对电导率随温度升高均呈先缓慢增加，再迅速上升，最后又缓慢上升的“S”形变化趋势，其中欧洲云杉和西藏云杉的相对电导率增加最快，红皮云杉、青海云杉和白云杉的相对电导率上

升幅度相对较低（图 1）。

不同温度处理下叶片相对电导率（%） 表 2

温度（℃）	40	45	50	55	60	65	70
欧洲云杉	0.04	0.10	0.28	0.46	0.60	0.67	0.75
红皮云杉	0.00	0.01	0.03	0.21	0.34	0.43	0.52
西藏云杉	0.03	0.09	0.28	0.49	0.61	0.68	0.75
青海云杉	0.00	0.02	0.07	0.20	0.36	0.50	0.61
川西云杉	0.00	0.00	0.07	0.23	0.40	0.50	0.60
粗枝云杉	0.01	0.05	0.18	0.34	0.53	0.65	0.78
蓝云杉	0.01	0.01	0.09	0.21	0.41	0.54	0.65
丽江云杉	0.03	0.07	0.21	0.37	0.51	0.64	0.74
鳞皮云杉	0.02	0.03	0.11	0.26	0.43	0.53	0.65
青杆	0.00	0.01	0.05	0.22	0.45	0.64	0.71
白云杉	0.01	0.01	0.04	0.15	0.33	0.40	0.48
白杆	0.00	0.00	0.04	0.20	0.36	0.46	0.59
紫果云杉	0.01	0.02	0.11	0.35	0.56	0.68	0.75
黄果云杉	0.02	0.05	0.14	0.33	0.45	0.56	0.65
沙地云杉	0.04	0.07	0.18	0.34	0.52	0.65	0.79

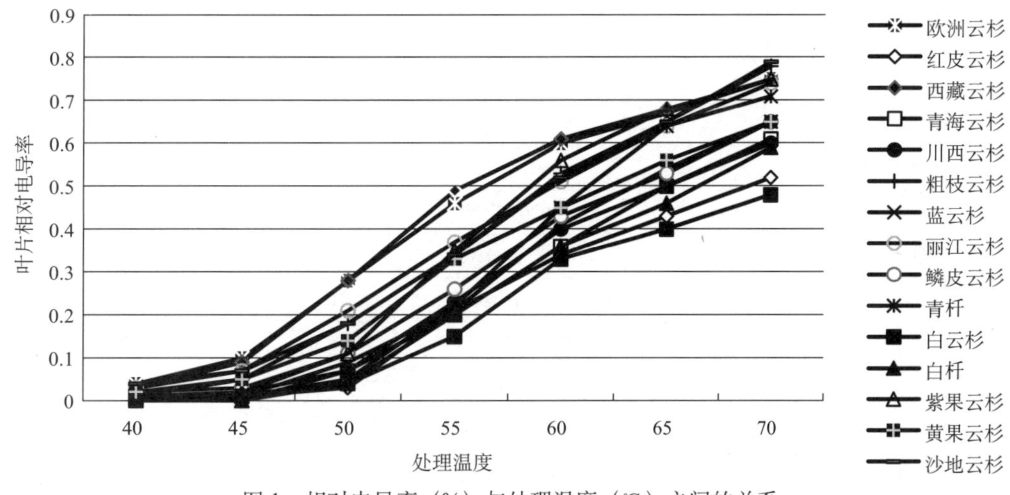

图 1　相对电导率（%）与处理温度（℃）之间的关系

2.2　Logistic 方程的参数及高温半致死温度的确定

Logistic 方程 $y=k/(1+ae^{-bt})$，用来拟合梯度温度与相对电导率之间的关系，其中 y 是相对电导率；t 为处理温度；k 为细胞伤害饱和容量，消除本底干扰，设为 100%；a、b 为方程参数。为确定 a、b 的值，需将方程进行线性化处理，$\ln[(k-y)/y]=\ln a-bt$，令 $Y=\ln[(k-y)/y]$，得 $Y=\ln a-bt$ 的线性方程，由 k、y 得到 Y，即转化细胞伤害率。

不同温度处理下转化细胞伤害率 表 3

温度（℃）	40	45	50	55	60	65	70
欧洲云杉	3.30	2.19	0.95	0.15	−0.42	−0.73	−1.08
红皮云杉	—	4.73	3.39	1.33	0.67	0.28	−0.09
西藏云杉	3.63	2.26	0.97	0.03	−0.46	−0.76	−1.10

续表

温度（℃）	40	45	50	55	60	65	70
青海云杉	—	3.76	2.61	1.36	0.56	0.00	-0.46
川西云杉	—	—	2.61	1.22	0.42	0.00	-0.42
粗枝云杉	4.37	2.90	1.50	0.67	-0.13	-0.62	-1.27
蓝云杉	4.28	4.28	2.36	1.30	0.38	-0.14	-0.60
丽江云杉	3.38	2.65	1.35	0.53	-0.05	-0.56	-1.02
鳞皮云杉	3.85	3.43	2.04	1.04	0.29	-0.13	-0.60
青杆	—	4.53	2.93	1.24	0.21	-0.58	-0.91
白云杉	4.37	4.37	3.24	1.72	0.71	0.39	0.08
白杆	—	—	3.24	1.38	0.56	0.15	-0.35
紫果云杉	4.88	4.17	2.14	0.64	-0.23	-0.77	-1.11
黄果云杉	3.71	3.05	1.79	0.73	0.19	-0.23	-0.63
沙地云杉	3.13	2.58	1.50	0.67	-0.09	-0.61	-1.32

利用 SPSS 软件对 t、Y 进行线性回归分析，得到 a、b 值及相关系数 r，通过显著性测定，均达到极显著水平，表明转化细胞伤害率（Y）与处理温度（t）之间存在显著的直线相关关系。求 Logistic 方程的二阶导数，并令其等于零，则可获得曲线的拐点 $t=\ln a/b$，该 t 值即为半致死温度（LT_{50}）。根据公式得出 15 种云杉的高温半致死温度。

方程参数及低温半致死温度 **表 4**

编号	供试植物	方程参数			相关系数（r）	LT_{50}（℃）
		e^a	a	b		
3	西藏云杉	9.162	9528.094223	0.155	0.958**	59.10967742
1	欧洲云杉	8.618	5530.314696	0.145	0.968**	59.43448276
15	沙地云杉	9.213	10026.63168	0.152	0.996**	60.61184211
6	粗枝云杉	11.113	67037.00102	0.183	0.980**	60.72677596
8	丽江云杉	9.155	9461.630458	0.15	0.985**	61.03333333
13	紫果云杉	13.261	574353.3051	0.216	0.971**	61.39351852
10	青杆	13.972	1169398.416	0.221	0.973**	63.22171946
14	黄果云杉	9.551	14058.74639	0.151	0.979**	63.25165563
9	鳞皮云杉	10.146	25488.94225	0.159	0.983**	63.81132075
7	蓝云杉	11.696	120090.3914	0.182	0.976**	64.26373626
5	川西云杉	9.502	13386.47302	0.146	0.963**	65.08219178
12	白杆	11.088	65381.85157	0.168	0.946**	66
11	白云杉	11.303	81064.46651	0.167	0.971**	67.68263473
4	青海云杉	6.124	456.6877971	0.09	0.643	68.04444444
2	红皮云杉	6.735	841.3434841	0.095	0.561	70.89473684

注：** 代表极显著相关（P=0.01）。

以半致死温度高低作为耐热性强弱的指标，半致死温度越高，植物耐高温能力越强，反之则耐高温的能力就越弱。15 种云杉的耐热能力由弱到强依次为西藏云杉（59.11℃）＜欧洲云杉（59.43℃）＜沙地云杉（60.61℃）＜粗枝云杉（60.73℃）＜丽江云杉（61.03℃）＜紫果云杉（61.39℃）＜青杆（63.22℃）＜黄果云杉（63.25℃）＜鳞

皮云杉（63.81℃）<蓝云杉（64.26℃）<川西云杉（65.08℃）<白杄（66℃）<白云杉（67.68℃）<青海云杉（68.04℃）<红皮云杉（70.89℃）。

3 结论与讨论

关于植物抗热性鉴定有多种方法，用梯度温度处理植物离体叶片，通过电导率法测定植物的细胞伤害率，利用 Logistic 方程拟合处理温度与细胞伤害率，通过求“S”形曲线拐点温度确定植物高温半致死温度是较灵敏、快捷的方法之一。结果表明，15 种云杉中白云杉、青海云杉、红皮云杉作为耐热性较强的种类可以在北京地区推广应用。

15 种云杉原产地各异。不同地区生态条件不同，在长期进化过程中适应不同的地理类型，对外界不良环境也形成了不同的抵御能力。西藏云杉产于西藏南部海拔 2900 ～ 3600m 的混交林下，种源地海拔较高，夏季短促而温度较低，其耐热性最弱；红皮云杉原产于我国吉林山区的中下部及谷地，分布普遍，适应能力较强，故其耐热性最强。本研究表明耐热性是对原产地温度环境长期适应的结果，其与地理种源是否存在相关性是值得探究的内容。

对于耐热性不强但观赏性较强的种类，若希望在北京地区引种成功，可以采取喷施赤霉素等生长激素代替低温、平衡施肥、合理灌深水、适当密植、选择北坡或林荫地进行栽植等栽培技术措施来提高云杉属植物的耐热能力。

木瓜属观赏海棠种质资源调查及引种试验

北京市陶然亭公园管理处 / 张　青　张兰春　马媛媛

摘　要：木瓜属观赏海棠是指蔷薇科木瓜属（*Chaenomeles*）内观花、观果或二者俱佳的品种和类型的统称。本课题在品种调查基础上，综合考虑其观赏价值、生长势、抗性等因素，确定了15个评价指标，建立了木瓜属观赏海棠层次分析评价模型，并应用这一模型对16个木瓜属观赏海棠品种的园林应用综合价值进行了评价。课题还选择观赏性较强的5个木瓜属观赏海棠进行引种栽植，对其进行生物学观测及抗寒性试验，初步筛选出适合北京地区园林应用的观赏木瓜品种。

关键词：木瓜属；引种；抗寒性；AHP；园林应用

木瓜属（*Chaenomeles*）属于蔷薇科（*Rosaceae*），是一个东亚分布属，共有5种，皱皮木瓜（*C.speciosa*）、毛叶木瓜（*C.cathayensis*）、木瓜（*C.sinensis*）、西藏木瓜（*C.tibetica*）和日本木瓜（*C.japonica*）。我国是该属植物的起源和分布中心，除日本木瓜产于日本外，其余4种均产自我国。该属植物分布广泛，东至辽东、浙江，西至新疆、西藏，南至云贵、广西，北至陕甘、河北均有野生分布或栽培。

木瓜属观赏海棠是指蔷薇科木瓜属内观花、观果或二者俱佳的品种和类型的统称。木瓜属观赏海棠是由沂蒙山区原有皱皮木瓜资源中选育的、以观赏为主的优良品种的统称，我国是木瓜属植物的起源和分布中心，木瓜属植物栽培历史悠久，栽培广泛。在长期的演化过程中，在自然选择和人工选择的双重作用下，通过遗传变异和与种间杂交，木瓜属植物形成了丰富的观赏类型。山东作为木瓜属植物的主要栽培地区，近年来培育了大量的木瓜属观赏海棠品种。其中又以临沂和泰安为主要栽植区，形成了木瓜属观赏海棠的品种资源中心。

1　品种调查

1.1　调查方法

2014 ～ 2016年，对山东省泰安市山东农业大学木瓜属种质资源圃、山东省临沂市沂州海棠花卉研究所、新泻区日本木瓜公园、北京植物园、中科院植物园，共计5处以观赏海棠为特色植物的公园、苗圃、种植中心为调查地点，对其生态学性状进行观测、拍照，填写“木瓜属观赏海棠品种调查表”（附表1）。

对木瓜属品种调查观测采用以下方法：对整个植株的观测在冬季修剪之前休眠季进行，对生长健壮的植株进行观测；对幼枝（一年生枝条）的观测在夏季植株中上部健壮无病虫害的幼枝上进行；对叶的观测应该在夏季叶完全成熟时进行，选取植株中部健壮枝条上正常生长的叶片进行观测；对花的观测应该在盛花期进行，选取植株中上部可充分见光且生长正常的花作为观测对象；对果实的观测在果实成熟期进行，选择植株中上部生长正常的果实进行观测；对颜色的观测使用英国皇家园艺学会比色卡（RHS

Color Chart），并记录其数字编码；对所有性状的观测在保证立地条件相同的基础上每个品种观测 3 ~ 5 个生长势相同、健壮且无病虫害的植株，其中对数值的测定采用测量 10 次重复取平均值的方法进行，对其他性状采用观测 10 次重复的方法进行。

1.2 调查结果

本课题于北京、山东两地共调查公园及苗圃绿地 5 处，完成品种调查表 43 份。通过查阅文献资料，完成品种校对及鉴定后，对同名异物和同物异名的品种进行了考证，将'长寿冠'归入'红宝石'，将'银长寿'归入'绿宝石'，将'世界一'归入'大富贵'，将'复色海棠'、'复色贴梗海棠归入'多彩'，将'东洋锦'归入'猩红与金黄'。

通过课题调查最终收集有效品种调查表 16 份，详细记录了 16 个品种的形态特征，即：'红宝石'（'Hong Baoshi'）、'绿宝石'（'lü Baoshi'）、'矮红'（'Pygmaeus'）、'长俊'（'Changjun'）、'红霞'（'Hongxia'）、'红艳'（'Hongyan'）、'红星'（'Hongxing'）、'长寿乐'（'Changshoule'）、'多彩'（'Toyo Nishiki'）、'猩红与金黄'（'Crimson and Gold'）、'大富贵'（'Da Fugui'）、'豆青'（'Douqing'）、'单白'（'Chojubai White'）、'日落'（'Riluo'）、'皇族'（'Huangzu'）、'四季红'（'Siji Hong'）。

2 景观价值评价

层次分析法（Analytic Hierarchy Process，简称 AHP）是美国匹兹堡大学运筹学家 Saaty T.L. 提出的一种定量与定性相结合、对人们的主观判断作量化客观描述的方法。层次分析法在客观上提高了评价结果的有效性、可靠性和可行性。

本课题共收集木瓜属观赏海棠品种 16 个，采用 AHP 法开展景观价值综合评价，旨在量化评价其观赏性与适应性的综合价值，能全面深入揭示其品种特性及园林应用潜力，便于从中筛选具有园林应用前景的优良品种，为进一步开发利用提供科学依据。

2.1 层次分析法评价系统的机理

首先根据总目标的性质把问题层次化，建立系统的递阶层次结构模型；其次通过同一层次的各因素与上一层次的对应因素的重要性进行两两比较，构造两两判断矩阵，由判断矩阵计算出下一层各因素对于上一层各因素的相对权重，然后依次由下而上计算出最低层因素相对于最高层因素的相对权重，并进行一致性检验；最后根据各具体指标的评分及各因素的权重值计算出各个种的综合评价值。

2.2 综合评价指标体系的建立

参考相关的观赏植物评价文献资料，根据园林植物引种需要考虑的目标和木瓜属海棠的特点，建立层次结构评价模型（表 1）。设定本课题研究的目标为 A 层；约束层（B）由典型观赏价值（B_1）、特殊观赏价值（B_2）、适应性（B_3）3 个一级指标构成；标准层（C）分为：典型观赏价值（C_1），下分花色、花量、花期、花径、重瓣性 5 个二级指标，特殊观赏价值（C_2），下分结实、叶形、叶色、枝条、株型、株高、6 个二级指标，适应性（C_3），下分越冬性、生长势、抗病虫害能力、养护难易程度等 4 个二级指标，二级指标共 15 个具体评价因子；最底层（D）为计划评价的 16 种木瓜属海棠。

木瓜属海棠品种综合评价体系　　表 1

目标层 A	木瓜属海棠品种观赏性和适应性综合评价														
约束层 B	典型观赏价值 B_1					特殊观赏价值 B_2						适应性 B_3			
标准层 C	花色 C_1	花量 C_2	花期 C_3	花径 C_4	重瓣性 C_5	结实 C_6	叶色 C_7	叶形 C_8	枝条 C_9	株型 C_{10}	株高 C_{11}	越冬性 C_{12}	生长势 C_{13}	抗病虫害能力 C_{14}	养护难易程度 C_{15}
最底层 D	待评价的种类														

2.3 计算方法及过程

2.3.1 判断矩阵的一致性检验

判断矩阵的构造与层次单排序计算表的标度，是在根据总目标的要求参考专家意见及广泛征求多数人意见的基础上，用 1 ~ 9 比率标度（表 2）使之定量化而做出的两两比较判断，构造出：A—B，即第二层因素相对于第一层的重要性比较判断；B—C，即第三层因素相对于第二层的重要性比较判断，共 4 个判断矩阵（图 1）。通过计算判断矩阵的最大特征根（λ_{max}）及对应的特征向量（$\boldsymbol{W}$），计算出各评价指标权重。为保证结论的可靠性、合理性，对判断矩阵进行一致性检验，即判断矩阵 $\boldsymbol{A}$ 有如下关系：$a_{ij}=a_{ik}/a_{jk}$（$k=1, 2, 3, \cdots, n$）。若判断矩阵具完全的一致性，则 $\lambda_{max}=n$，其余特征根均为零，但实际上不可能达到完全一致，而只要满足 λ_{max} 稍大于 n，其余特征根趋近于零，即认为达到满意的一致性。

1～9 标度方法及含义　　　表 2

标度	含义
1	表示两因素相比，具同等重要性
3	表示两因素相比，一因素比另一因素稍微重要，两者差异轻微
5	表示两因素相比，一因素比另一因素明显重要，两者差异明显
7	表示两因素相比，一因素比另一因素强烈重要，两者差异强烈
9	表示两因素相比，一因素比另一因素极端重要，差异达到可能范围内的最大限度
2、4、6、8	上述两相邻判断的中值

A—B

A	B_1	B_2	B_3	*W*
B_1	1	3	2	0.540
B_2	1/3	1	1/2	0.163
B_3	1/2	2	1	0.297

λ_{max}=3.009　*CI*=0.005　*CR*=0.009

B_1—C_i

B_1	C_1	C_2	C_3	C_4	C_5	*W*
C_1	1	1/3	1	1/2	1/3	0.1
C_2	3	1	2	2	1	0.294
C_3	1	1/3	1	1/2	1/3	0.109
C_4	2	1/2	2	1	1/2	0.179
C_5	3	1	3	2	1	0.319

λ_{max}=5.042　*CI*=0.011　*CR*=0.010

B_2—C_i

B_2	C_6	C_7	C_8	C_9	C_{10}	C_{11}	*W*
C_6	1	2	2	2	1/2	1	0.188
C_7	1/2	1	1	1	1/3	1/2	0.099
C_8	1/2	1	1	1	1/3	1/2	0.099
C_9	1/2	1	1	1	1/3	1/2	0.099
C_{10}	2	3	3	3	1	2	0.326
C_{11}	1	2	2	2	1/2	1	0.188

λ_{max}=6.014　*CI*=0.003　*CR*=0.002

B_3—C_i

B_3	C_{12}	C_{13}	C_{14}	C_{15}	*W*
C_{12}	1	1/2	2	2	0.263
C_{13}	2	1	3	3	0.455
C_{14}	1/2	1/3	1	1	0.141
C_{15}	1/2	1/3	1	1	0.141

λ_{max}=4.010　*CI*=0.003　*CR*=0.003

图 1　判断矩阵及一致性检验

在 AHP 法中，以 *CI* 作为度量判断矩阵偏离一致性指标，$CI=(\lambda_{max}-n)/(n-1)$。*CI* 与判断矩阵的平均随机一致性指标 *RI*（*RI* 值见表 3）之比值 *CR*，为判断矩阵一致性指标，*CR=CI/RI*。若 *CR* < 0.1，则认为该矩阵具有满意一致性。

平均随机一致性指标 *RI*　　　表 3

阶数	1	2	3	4	5	6	7	8	9	10
RI 值	0.00	0.00	0.58	0.90	1.12	1.24	1.32	1.41	1.45	1.49

将上述矩阵输入层次分析软件进行运算，各约束层和标准层所占权重及一致性值见图 1，*CR* < 0.1，可以认为判断矩阵具有满意的一致性。

2.3.2　层次总排序权值的求算

同一层次所有因素对于最高层次的相对重要性权值的排序数值叫层次总排序。在计算出 C 层各个评价指标相对于所属 B 层的加权值后，再与该 B 层的权值进行加权综合，即可得 C 层相对于目标层 A 层的总排序权值，从表 4 可以看出，观赏性（B_1）比适应性（B_3）更重要。在观赏性中，花量（C_2）和重瓣性（C_5）权重值最大，这是最重要的因素；花期（C_3）、花径（C_4）是两个次重要的因素；花色（C_1）、生长势（C_{13}）、越冬性（C_{12}）比其他因素略微重要。

标准层（C）对于目标层（A）的总排序值　　　表 4

层次 B	B_1					B_2						B_3			
	0.54					0.163						0.297			
层次 C	C_1	C_2	C_3	C_4	C_5	C_6	C_7	C_8	C_9	C_{10}	C_{11}	C_{12}	C_{13}	C_{14}	C_{15}
	0.100	0.29	011	0.18	0.32	0.19	0.1	0.1	0.1	0.33	0.19	0.26	0.46	0.14	0.14
总排序值	0.05	0.16	0.06	0.1	0.17	0.03	0.02	0.02	0.02	0.05	0.03	0.08	0.14	0.04	0.04

2.3.3 评分标准

采用绝对评定选择的方法，即将标准层各项指标均划分为若干数量等级，以1～3个标度来标值各个指标的相对重要性评分标准（表5），各具体指标的评分标准是在对木瓜属海棠的观赏特性及适应性充分观察的基础上制定的。对待评的16种木瓜属海棠就每项指标确定出相应的分值，再用各评价指标本身的权值加权综合，即得出最终的综合评价值，以此确定它们的评价等级。

C层因素的评分标准　　表5

评价指标	评价分值		
	3	2	1
花色	红色、复色	橙色、绿色	白色
花量	开花盛期花枝量占全株枝条量＞70%	开花盛期花枝量占全株枝条量40%～70%	开花盛期花枝量占全株枝条量＜40%
花期	＞35天	30天	＜30天
花径	单花花径＞5cm	4～5cm	＜4cm
重瓣性	单花花瓣数20～35瓣	单花花瓣数10～20瓣	单花花瓣数＜10瓣
结实	结实果大	结实果小	极少结实
叶色	彩叶、秋色叶或亮绿色	普通绿色	暗绿
叶形	阔卵圆形	卵圆形	短匀形或披针形
枝条	干皮光滑、枝刺细长	干皮较光滑、有皮孔具短刺	成枝无刺、皮孔明显
株型	枝条充实，分枝条有规则，轮廓自然优美	前3项占2项	前3项占1项
株高	植株高50～90cm	植株高90～200cm	植株高度大于200cm或小于50cm
越冬性	植株完好，或仅少量叶片出现冻斑	植株50%叶片受害或脱落，10%新梢受害	植株90%叶片受害或脱落，50%新梢
生长势	生长速度快，长势好	生长速度一般，长势中等	生长速度缓慢，长势弱，不能正常生长
抗病虫害能力	没有或偶尔发生病虫害，抗病虫性强	生长一般，有1～2种病虫害轻微危害	生长差，有危害程度中等以上的病虫害
养护难易程度	养护管理粗放	较易于管理	养护管理精细

2.4 评价结果

通过对16种木瓜属海棠的观赏性、适应性进行观察与记录，依据表2的标准进行评分。然后根据所建模型和计算方法，对每种木瓜属海棠进行综合评分计算。求得各自的综合评价值，并根据综合评价值的分布情况和直观经验，将16种植物观赏价值分为3个等级(表6)：Ⅰ级(≥2)，有‘大富贵’、‘红宝石’、‘绿宝石’、‘长寿乐’、‘猩红与金黄’、‘多彩’、‘皇族’共7种观赏绿化价值极高的种类；Ⅱ级(2.0～1.8)，有‘日落’、‘四季红’、‘单白’、‘矮红’、‘红艳’共5种观赏绿化价值较高的种类；Ⅲ级(≤1.8)，有‘长俊’、‘豆青’、‘红霞’、‘红星’共4种观赏绿化价值相对较差的种类。

16种木瓜属海棠综合评价及等级　　表6

排序	种类	综合评价值	评价等级	排序	种类	综合评价值	评价等级
1	大富贵	2.750	Ⅰ级	9	四季红	1.968	Ⅱ级
2	红宝石	2.497	Ⅰ级	10	单白	1.861	Ⅱ级
3	绿宝石	2.474	Ⅰ级	11	矮红	1.808	Ⅱ级
4	长寿乐	2.368	Ⅰ级	12	红艳	1.802	Ⅱ级
5	猩红与金黄	2.154	Ⅰ级	13	长俊	1.730	Ⅲ级
6	多彩	2.095	Ⅰ级	14	豆青	1.619	Ⅲ级
7	皇族	2.072	Ⅰ级	15	红霞	1.582	Ⅲ级
8	日落	1.974	Ⅱ级	16	红星	1.578	Ⅲ级

总体分析结果与在实际观测中16种木瓜属海棠的生长状况基本一致。在以观赏性和适应性为目标的总体评价目标下，排序1到12的木瓜属海棠因其花器官的观赏性及整株的适应性都明显优于其他种类，因而综合评价分值较高；而排序13到16的木瓜属海棠则只具有单方面优点，或其花或果有一定的观赏性，但在引种驯化过程中其生长势较前12种弱，或其观赏性一般但适应性较强。

排列Ⅰ、Ⅱ级别的共计12种木瓜属海棠综合描述如下：'大富贵'植株株型紧凑美观，是花色娇艳、花形奇特的大花品种，适应性强，抗性突出，作为优良的观赏品种，适宜园林美化用。'红宝石'株型矮化，自然成型，枝多花繁，花色艳丽，大花重瓣，花期长，颜色持久不变，管理粗放，适合制作盆景观赏。'绿宝石'株型紧凑，适应性强，枝叶繁茂，花为复瓣，花期如雪压树，庄严素雅，可应用于革命纪念地的绿化。'长寿乐'植株枝姿平展，花冠红色，重瓣，开花时花朵密集，是优良的观赏品种，适宜制做大中型盆景，易于成型。'猩红与金黄'植株相对高大，刺较粗短，萌芽早，落叶晚，花色艳丽，晚秋时节果实金黄，芳香袭人，适宜制做大中型盆景，易于成型。'多彩'植株生长势较强，具有独特的花色和果实。花冠复色，大红、粉红与白色（带红晕）相嵌合，实扁圆形，黄绿色，向阳面红色，果表细滑，适合家庭盆栽养护，点缀居室。'皇族'植株主枝明显直立性好，花色鲜艳，花瓣重瓣，雄蕊瓣化，生长势强。'日落'为日本木瓜品种，植株矮小，枝条开散，花米黄色带红晕，颜色俏丽，常见庭园栽培，可供观赏用。'四季红'植株矮小，花色鲜艳，花朵稍小，生长势较强。'单白'株型较分散，匍匐状灌木，花小繁密，为优良的灌木植物。'矮红'植株矮小，枝条平展，花色鲜艳，适应性较好，是优良的灌木及盆花植物。'红艳'植株矮小，小灌木，花朵鲜润丰腴，花色鲜艳，幼叶红褐色，是制作传统式盆景的上好材料，也是理想的花果树桩盆景材料。

3 引种试验

3.1 材料与方法

3.1.1 材料来源与引种方式

供试材料为2013年11月从山东省临沂市引入，分别为'红宝石'、'多彩'、'大富贵'、'绿宝石'、'长寿乐'3年生沂州海棠嫁接苗，每个品种引种数量为30株，裸根苗，共计150株。分别按0.5m×0.5m的株行距定植，植苗后的3年中，生长季及时除草、追肥、浇水等，正常养护。各年生长季观察物候期、植株生长发育表现、抗逆性。

3.1.2 试验地概括

试验地设在陶然亭公园胜春山房景区西南侧绿地，公园位于北京市西城区，现状面积56.56hm^2。试验地面积500m^2。所在地属于温暖半湿润带半湿润半干旱季风气候。年平均气温11 ~ 13 ℃；年降水量为400 ~ 500 mm；夏季降水量占年降水量的74 %；年无霜冻期190 ~ 200天；积温在4200℃左右。

3.1.3 日常观测方法

自2014年3月1日至2016年10月1日，课题组对引种的海棠每品种随机选取10株进行每周一次的物候观测，待发现芽膨大后开始陆续记录其展叶、始花等一系列发育期特征并适时拍照留资料，观测期间准确记录植株的物候表现、生长状况及越冬情况。待海棠进入生长旺季4月时，观测频率也相应增加到每天一次。

3.1.4 抗寒试验

（1）试验材料

选取引种的5个品种海棠以及在陶然亭公园生长良好的木瓜属皱皮木瓜为试验材料。每个品种选取生长健壮、长势均一的苗木，以树干为中心选取树冠外围发育正常、长势良好、木质化程度一致的当年生休眠枝条15条，除去叶片，剪成30cm左右的小段，用湿纱布包好，带回实验室。将枝条分成3份，用自来水冲洗干净，然后用去离子水冲洗两遍，用吸水纸吸干水分，备用。

（2）低温胁迫处理

将处理好的枝条放入保鲜袋中，置于高低温湿热试验箱内，进行梯度降温冷冻处理。降温梯度分别设在-5℃、-10℃、-15℃、-20℃共4个处理，0℃对照温度。降温速度为4℃ /h，降到所需温度后维持处理24h。然后取出一份枝条恢复到0℃，其余枝条仍继续进行降温处理，将处理好的枝条剪切成0.1 ~ 0.2cm的小段，称取0.5g用于各项生理指标的测定。试验设3次重复。每次重复平行测定3次。

（3）指标测定

分别测定试验材料的相对电导率、脯氨酸、丙二醛的含量。相对电导率（REC）的测定采用电导率仪。脯氨酸（Proline）的测定采用磺基水杨酸提取，茚三酮比色法。丙二醛（MDA）含量的测定采用硫代巴比妥酸法。

3.2 结果与分析

3.2.1 观赏生物学性状表现

（1）'红宝石'

红色复瓣品种。直立小灌木，株型小，株高80 cm。株型丰满；茎干生长期为灰褐色；叶互生，长椭圆形，长5 ~ 11 cm，有肾形小托叶；花3 ~ 7朵簇生，重瓣11枚以上，花冠红色，直径5 ~ 7 cm；花期4月份，花期长，约20天，颜色持久不变，未结果。

（2）'多彩'

'多彩'为单瓣品种，花冠复色。粉红和白色花簇生，

观赏价值高。生长势较强。树皮灰色，枝干黄褐色，具枝刺，幼叶黄绿色，多少带紫红色，无毛。花3～5朵簇生，花梗近无；花瓣圆勺形，基部有短爪；花冠2.5～3.5cm。结果，较少。果实小，黄绿色，果表细滑。

（3）‘大富贵’

复瓣品种。直立小灌本，株型较大。树皮灰色，皮孔明显，主技无枝刺，生长季枝条黄褐色；幼叶黄绿色，边缘红褐色；花3～7朵簇生于短枝，花梗长，绿色；花瓣28～30枚，花冠浅橙红色；花萼5，萼片绿色，宿存或脱落，萼筒钟形。花色艳丽。

（4）‘绿宝石’

绿白色复瓣品种。小灌木，株型中等，树皮灰色，幼叶黄绿色，边缘红褐色，成叶叶片互生，叶色深绿，椭圆形至椭圆状披针形，基部楔形，时缘重生钝锯尺，先端锐尖；托叶肾形，基部偏斜，先端尖；花3～5朵簇生，先叶开放花瓣17～25枚，圆勺形，具短爪，初花淡绿色，盛花绿白色（略带黄），花蕊鲜黄，花丝淡绿；花萼5，萼片绿色，宿存或脱落，萼筒狭倒圆锥形，绿色。花色由绿黄变绿白。未结实。

（5）‘长寿乐’

橙红色双层复瓣品种，其花期长，具皱褶，观赏价值高。小灌木，嫩叶亮绿色。成叶叶片黄绿色，椭圆至卵圆形；托叶肾形。花3～5朵簇生，先叶开放，花梗短。花瓣5～15枚，3～5轮，花瓣圆勺形，向上卷曲，具瓣爪；花冠红色，略带橙。花萼5，萼片半圆形，有的中间有缺口，宿存或脱落。

通过三年引种观测，五个品种海棠能够安全越冬，春季栽植的品种除个别植株生长势较弱外，成活率均为100%，生长表现正常，观赏性状优良，能够适应试验地的环境条件。北京引种最适宜时间为春季，秋季引种成活率低。

木瓜属海棠不同品种生物学性状对比　　表7

品种	株高（cm）	花型	瓣数（枚）	花径（cm）	花色	花期（d）	花蕾	果实
‘红宝石’	85	复瓣	20	3	红色	26	红色	无
‘多彩’	80	单瓣	5	3.5	双色粉白	21	浅绿	极少
‘大富贵’	80	复瓣	20	5.5	橙红色	22	红色（尖）	无
‘绿宝石’	80	复瓣	15	3	绿转白色	18	绿色	无
‘长寿乐’	90	复瓣	20	4	橙红色	25	浅粉（尖）	无

3.2.2　物候表现

通过物候期观测，3月初各品种芽陆续膨大，3月底至4月中旬始花，花期最早的为‘红宝石’，花期约25天，最佳观赏期约两周。‘多彩’和‘绿宝石’始花期为4月上旬，花期约20天。‘大富贵’和‘长寿乐’于4月中旬始花，花期较长约35天。

木瓜海棠不同品种的物候期表现　　表8

品种	芽膨大期	展叶始期	始花期	盛花期	末花期
‘红宝石’	3月3日	3月17日	3月27日	4月7日	4月21日
‘多彩’	3月3日	3月17日	4月17日	4月13日	4月27日
‘大富贵’	3月5日	3月26日	4月18日	4月23日	5月29日
‘绿宝石’	3月3日	3月17日	4月10日	4月13日	4月27日
‘长寿乐’	3月6日	3月23日	4月18日	4月21日	5月22日

木瓜海棠不同品种的花期表现　　表9

日期品种	3月			4月			5月		
	上旬	中旬	下旬	上旬	中旬	下旬	上旬	中旬	下旬
‘红宝石’									
‘多彩’									
‘大富贵’									
‘绿宝石’									
‘长寿乐’									

注：———芽膨大期开放期；———展叶期；- - - - -花期。

3.2.3　抗寒检测

（1）不同低温处理对海棠细胞膜透性的变化

植物细胞质膜是细胞与外界环境的一道分界面，对维持细胞的微环境和正常的代谢起着重要作用。但植物常受到外界不良因子的影响，而不同植物种类其抗逆性则不同。用电导仪率法测定植物质膜透性的变化，可作为植物抗逆性的生理指标之一。在0℃处理时，‘长寿乐’的细胞膜透性显著高于其他品种，而其他品种间无显著性差异。在-5～-20℃处理时，所有品种总体表现为：随着处理温度的降低，细胞膜透性增强。在-5℃处理时，‘红宝石’的细胞膜透性显著低于其他品种（‘多彩’除外）；在-10℃处理时，‘红宝石’的细胞膜透性显著低于‘大富贵’、‘绿宝石’和‘长寿乐’。在-15℃处理时，‘绿宝石’的细胞膜透性显著低于其他品种，而‘多彩’、皱皮木瓜的细胞膜透性最高。在-20℃处理时，‘绿宝石’的细胞膜透性显著低于‘长寿乐’和皱皮木瓜，而皱皮木瓜的细胞膜透性是最高的。综合所有温度处理，从枝条内细胞膜透性指标来看，‘红宝石’耐寒性最强，其次为‘大富贵’和‘绿宝石’，再次为‘多彩’、皱皮木瓜，‘长寿乐’的耐寒性最差。

不同处理的海棠枝条相对电导率（单位：%）　　表10

	0℃	-5℃	-10℃	-15℃	-20℃
‘红宝石’	40.44b	26.34d	32.70d	40.23cd	44.41bc
‘多彩’	33.70b	23.20d	35.57cd	44.03ab	43.40bc
‘大富贵’	41.35b	33.69c	36.90bc	38.39d	47.34bc
‘绿宝石’	36.65b	33.45c	43.85a	35.21e	42.67c
‘长寿乐’	53.22a	54.36a	39.48b	41.57bc	48.26ab
‘贴梗海棠’	37.89b	45.40b	35.03cd	44.83a	53.06a

注：同一列不同字母表示品种间差异达到5%显著水平，下同。

（2）不同低温处理对海棠枝条脯氨酸的变化

逆境条件下，植物体内脯氨酸（Proline，Pro）的含量显著增加。植物体内脯氨酸含量在一定程度上反映了植物的抗逆性。抗寒性强的品种往往积累较多的脯氨酸。在整个试验中，‘红宝石’枝条内的脯氨酸含量随温度降低变化幅度增大，而其余品种枝条内脯氨酸含量的变化比较平缓（长寿乐的-10℃处理除外）。在-15℃处理除外的所有温度处理中，均是‘红宝石’枝条内的脯氨酸含量最高，显著高于其他品种；而在-15℃处理时，‘绿宝石’枝条内的脯氨酸含量最高，显著高于其他品种，其次是‘红宝石’枝条内的脯氨酸含量较高，显著高于‘多彩’，但与其他品种间无显著性差异。从枝条内脯氨酸含量可以看出，‘红宝石’耐寒性最强，‘绿宝石’的耐寒性较强，其次为‘大富贵’和‘长寿乐’，再其次为‘多彩’和皱皮木瓜。

不同处理的海棠枝条脯氨酸含量（单位：μg/g）　　表11

	0℃	-5℃	-10℃	-15℃	-20℃
‘红宝石’	105.15a	139.99a	292.50a	72.53b	162.16a
‘多彩’	74.58b	24.30c	56.21de	37.45c	62.94b
‘大富贵’	85.83ab	47.11c	109.58c	65.87bc	29.29b
‘绿宝石’	68.72b	79.73b	88.84cd	107.05a	81.31b
‘长寿乐’	34.60c	35.71c	199.93b	59.94bc	39.19b
‘贴梗海棠’	31.19c	22.72c	37.21e	65.24bc	42.36b

（3）不同低温处理对海棠枝条丙二醛的变化

丙二醛（MDA）是由于植物器官衰老或在逆境条件下受伤害，其组织或器官膜脂质发生过氧化反应而产生的。它的含量与植物衰老及逆境伤害有密切关系。MDA的积累可能对膜和细胞造成一定的伤害。在-10℃处理时，‘大富贵’枝条内丙二醛含量最高，显著高于其他品种；而在-15℃和-20℃处理时，‘长寿乐’和‘绿宝石’枝条内的丙二醛含量高，显著高于其他品种。从枝条内丙二醛含量可以看出，-20℃时，皱皮木瓜、‘大富贵’的耐寒性最强；‘红宝石’和‘多彩’耐寒性次之；‘绿宝石’和‘长寿乐’的耐寒性较差。温度高于-10℃时，‘绿宝石’和‘长寿乐’的耐寒性高于‘大富贵’。

不同处理的海棠枝条丙二醛含量（μmol/g） 表 12

	0℃	-5℃	-10℃	-15℃	-20℃
‘红宝石’	35.65c	34.42cd	35.33bc	16.82d	30.89bc
‘多彩’	58.99b	33.75cd	37.75b	16.91d	30.11bc
‘大富贵’	66.19a	44.54a	46.09a	18.02d	29.16c
‘绿宝石’	26.83d	41.06ab	37.41b	46.44b	38.24a
‘长寿乐’	23.48d	38.58bc	33.22c	50.33a	35.87ab
‘贴梗海棠’	22.48d	31.78d	29.14d	37.31c	27.65c

3.3 结论

综合以上 3 项指标：‘红宝石’耐寒性最强，其次为‘绿宝石’，再次为‘多彩’和皱皮木瓜，‘大富贵’和‘长寿乐’的耐寒性最差。

同时结合主要观赏特性花色、花量、花期等指标，筛选出适宜北京地区栽植的木瓜属海棠品种为‘红宝石’、‘绿宝石’、‘多彩’、‘大富贵’。

4 小结

影响木瓜属观赏海棠园林应用的因素多种多样，不同品种在观赏价值、生长势、抗性等方面存在较大差异。本课题基于层次分析法建立的综合评价体系，依据综合设置的不同影响因子权重、数量化的评价标准及分类设置的评价因子，以客观计算排序代替主观描述，对 16 种木瓜属观赏海棠的观赏性及适应性做了量化评价，建立了木瓜属观赏海棠景观应用价值评价系统，为今后开展海棠引种及景观应用提供了科学参考。

应用此评价系统，对 16 种木瓜属观赏海棠观赏价值评价排序为：‘大富贵’、‘红宝石’、‘绿宝石’、‘长寿乐’、‘猩红与金黄’、‘多彩’、‘皇族’、‘日落’、‘四季红’、‘单白’、‘矮红’、‘红艳’、‘长俊’、‘豆青’、‘红霞’、‘红星’。

通过 3 年的引种栽培试验，对从山东省临沂市引入的 5 个沂州海棠品种，开展系统观察及抗寒性试验，研究结果显示‘红宝石’、‘多彩’、‘大富贵’、‘绿宝石’、‘长寿乐’5 个品种均可在北京地区正常生长。其中‘红宝石’耐寒性最强，其次为‘绿宝石’，再次为‘多彩’，‘大富贵’和‘长寿乐’的耐寒性最差。同时结合主要观赏特性花色、花量、花期等指标，筛选出适宜北京地区栽植的木瓜属海棠品种为‘红宝石’、‘绿宝石’、‘多彩’、‘大富贵’。

参考文献

[1] 陈红，王关祥，郑林，等．木瓜属（贴梗海棠）品种分类的研究历史与现状 [J]. 山东林业科技，2006（5）：70-78.
[2] 臧德奎，王关祥，郑林，等．我国木瓜属观赏品种的调查与分类 [J]. 林业科学，2007，43（6）：72-73.
[3] 郭帅．观赏木瓜种质资源的调查、收集、分类及评价 [D]. 山东农业大学，2003.
[4] 管恩桦．沂州木瓜优良品种及栽培技术 [J]. 北京农业，2004，(11)：20-21.
[5] 王嘉祥．二元分类法在皱皮木瓜品种分类中的应用 [J]. 山东农业大学，2004，21（4）：31.
[6] 王嘉祥．观赏木瓜优良品种及其应用研究 [J]. 江苏林业科技开发，2004，31（4）：32.
[7] 王嘉祥．观赏木瓜优良品种简介 [J]. 中国种业，2004，(10)．
[8] 王嘉祥．木瓜品种调查与分类初探 [J]. 北京林业大学学报，1998，20（2）：123-125.
[9] 王嘉祥．山东观赏木瓜种质资源调查及分类 [J]. 林业科技开发，2005，19（5）：43-35.

北京动物园“百木园”建设及科普功能探讨

北京动物园，圈养野生动物技术北京市重点实验室 / 赵　靖　张珊珊　佟　岫

摘　要：北京动物园是野生动物保护教育的场所，是公众生态保护教育的示范基地。在自然界，动物和植物是有着密切的关系，是生态系统的重要组成。在动物园中开展植物科普教育，是北京动物园开展生物多样性科普教育的全新的探索。本课题通过“百木园”科普教育环境建设、特色植物科普活动的组织策划、科普牌示设施的设计、特色科普产品的开发等系列研究工作，逐步打造出“百木园”品牌植物科普教育的运行模式。

本课题组自2014年1月至2016年11月，开展北京动物园百木园科普环境完善以及科普教育实践开展，其主要结果如下：

（1）课题组于2014～2016年，在百木园内完成引进北京地区乡土植物及北京地区国家重点保护野生植物27种，其中引种成功24种。

（2）完成特色植物科普设施、牌示、宣传材料设计与开发。其中植物科普展板60余块、科普宣传展品40余件、科普牌示200余块、科普折页6种3500余份、科普随身侧3种1500余本等。

（3）打造“百木园”品牌植物科普教育基地的运行模式，2014～2016年总计开展百木园科普教育实践活动71次，受众达3500余人。

（4）完成百木园科普活动手册1本。

关键词：动物园；百木园；科普

1　课题背景

1.1　研究目的及意义

百木园的建成是北京动物园在野生动物保护和教育以外的又一积极的科普工作探索。本课题旨在以植物为切入点，通过特色植物科普设施、科普牌示的设计、开发，打造出“百木园”品牌植物科普教育基地的运行模式，使“百木园”成为北京动物园科普教育一项新的内容，与原有科普教育活动成为一个体系，增强游客的游览体验。同时在建设过程中取得的成果也可以在今后北京动物园的绿化景观建设中推广、应用。

1.2　主要研究内容

（1）本地植物引种，丰富百木园植物种类，完善科普教学环境。

（2）打造绿色、无公害多样性保护教育基地。

（3）研究科宣传方式的互动性和趣味性。

（4）组织开展多种形式科普教学实践活动。

1.3 课题任务指标

该课题的主要任务是引进北京地区乡土植物及北京地区国家重点保护野生植物 20 ~ 25 种，提升百木园物种丰富度。同时结合使用低毒、无毒药剂及物理防治等无公害防治工作，将百木园建成为绿色、生态的多样性保护教育基地。

本课题的核心任务是总结国内外优秀动植物园、博物馆开展植物科普方活动的创新成果，探索多种形式植物科普的运行模式，开发百木园科普宣传品、宣传展板、植物说明牌、科普宣传折页；开展科普需求调查与分析、科普实践活动。

2 百木园植物科普环境建设

2.1 百木园植物基本情况

百木园位于北京动物园狮虎山东北部，占地 18300m^2，从 2010 年起建设至 2012 年完工，是以北京地区乡土植物展示为主的植物展区。其中包括乔木、灌木、草本植物、水生植物品种百余种。

植物是百木园的核心元素，百木园里大部分植物是北京地区的乡土植物，还有能够吸引害虫天敌的蜜源植物，如刺槐、荆条等；以及鸟类喜欢的食源植物，如山楂、桑树、石榴、杏树、海棠类植物等。

2.1.1 百木园植物多样性调查

通过调查统计得出（附表 1），2014 年百木园的植物种类约有 36 科、68 属、86 种，根据园林植物的生活习性将其分为落叶乔木和常绿乔木，落叶灌木和常绿灌木，藤本植物和草本植物（含水生植物）这 6 类。其中落叶乔木有 24 种，常绿乔木 5 种；落叶灌木 32 种，常绿灌木 5 种；落叶藤本 1 种；草本 19 种。详见表 1。

百木园乔灌木组成（2014 年） 表 1

植物构成	常绿植物（株）	落叶植物（株）	总计（株）	乔灌比
乔木	5	24	29	1 ∶ 1.31
灌木（含藤本）	5	33	38	
总计	10	57	67	

2.1.2 百木园植物多样性分析

由数据可知，2014 年，百木园在物种多样性方面，灌木（37 种）> 乔木（29 种）> 草本（19 种）> 藤本（1 种）。由丰富度指数比较可得，植物群落物种丰富度整体表现为灌木层 > 乔木层 > 地被层。

通过植物种类统计分析，从植物各科的分布来看，蔷薇科、忍冬科、木犀科、八仙花科、卫矛科、唇形科、柏科这 7 科的植物种类占北京动物园全部植物种类的 50.0%，共 43 种，隶属于 7 科 26 属。由此可知，蔷薇科等 7 科植物构成了百木园植物种类的优势科。详见表 2。

表 2 百木园植物优势科（2014 年） 表 2

科名	拉丁学名	属数	百分比	种数	百分比
蔷薇科	Rosaceae	9	13.2%	15	17.4%
木犀科	Oleaceae	5	7.4%	8	9.3%
忍冬科	Caprifoliaceae	5	7.4%	6	7.0%
八仙花科	Hydrangeaceae	3	4.4%	4	4.7%
卫矛科	Celastraceae	1	1.5%	4	4.7%
唇形科	Lemiaceae	3	4.4%	3	3.5%
柏科	Cupressaceae	1	1.5%	3	3.5%
以上 7 科总计		26	38.2%	43	50.0%
其他科		42	61.8%	43	50.0%
总计		68	100%	86	100%

2.2 百木园植物科普环境建设内容

（1）园林植物引种是丰富绿化植物多样性和提高城市绿化水平的重要途径。引种工作以百木园现状植物群落环境、百木园植物优势科等数据分析为基础，结合北京城区气候条件、百木园立地条件等各方面因素，根据《北京乡土植物》及《北京重点保护野生植物》，选择适当植物进行引种作业。

（2）百木园无公害防治示范区建设。百木园作为北京动物园无公害防治示范区，无公害防治措施包括释放周氏啮小蜂防治美国白蛾，释放花绒寄甲防治光肩星天牛，释放瓢虫防治蚜虫；安装太阳能诱虫灯 1 台；使用诱捕器：美国白蛾性诱捕器，国槐小卷蛾诱捕器；黄板诱杀法。通过使用无公害防治和植物害虫天敌防治代替或减少传统的化学农药防治，取得了良好的效果。

2.3 百木园植物科普环境建设成果

以 2014 年百木园植物环境情况以及百木园优势植物科种为数据基础，2014 ~ 2016 年，通过园内调整、苗圃移植、野外采集等途径，总计引种植物 27 种，其中引种成功 24 种 106 株。（附表 1）。

根据百木园植物优势科表 2，2014 ~ 2016 年引种植物以蔷薇科、木犀科、忍冬科植物为主要引种对象。截至 2016 年 10 月，通过引种工作，百木园内引种植物包含 18 科、23 属、24 种，相比 2014 年新增 17 属、24 种，详见表 3。

其中落叶乔木10种、落叶灌木14种，完成植物引种任务，确保百木园内物种丰富度得到提升。

百木园引种植物构成（截至2016年10月）　　表3

序号	科名	原有属（个）	新增属（个）	新增种(品种)(个)
1	蔷薇科	9	0	3
2	木犀科	4	2	2
3	忍冬科	5	0	2
4	蝶形花科	3	2	2
5	八仙花科	3	0	1
6	山茱萸科	1	1	1
7	菊科	1	1	1
8	无患子科	1	1	1
9	紫葳科	0	1	2
10	桦木科	0	1	1
11	苏木科	0	1	1
12	壳斗科	0	1	1
13	胡颓子科	0	1	1
14	蜡梅科	0	1	1
15	大戟科	0	1	1
16	柿树科	0	1	1
17	茶藨子科	0	1	1
18	鼠李科	0	1	1
19	总计		17	24

至2016年，百木园的植物种类约有45科、86属、110种。其中落叶乔木有34种，常绿乔木5种；落叶灌木46种，常绿灌木5种；落叶藤本1种；草本19种。详见表4。

百木园乔灌木组成（2016年）　　表4

植物构成	常绿植物（株）	落叶植物（株）	总计（株）	乔灌比
乔木	5	34	39	1 ∶ 1.33
灌木（含藤本）	5	47	52	
总计	10	81	91	

由数据可知，在物种多样性方面，灌木（52种）＞乔木（39种）＞草本（19种）＞藤本（1种）。

百木园植物以灌木为主要组成部分，乔木、灌木、草本、藤本等植物元素丰富了群落结构，提高了物种多样性，为昆虫和其他动物提供了生活栖息的基本环境，也为百木园开展科普实践活动创造了良好环境。

植物养护与观察。每年着重对引种植物进行观察和养护，记录引种植物的生长量，确保引种植物正常生长（表5～表7）。

2014年百木园引种植物生长记录表　　表5

序号	名称	数量	单位	胸径（m）	株高（m）	冠幅（m）
1	蚂蚱腿子	10	株		0.8	0.8
2	胡颓子	5	株		2.5	4
3	‘狗牙’蜡梅	4	株		1.2	0.9
4	木瓜海棠	5	株		1.2	0.6
5	梓树	5	株	0.6	2.5	1.5
6	槲树	1	株	0.8	7	1.2

2015年百木园引种植物生长记录表　　表6

序号	名称	数量	单位	胸径（m）	株高（m）	冠幅（m）
1	雀儿舌头	8	株		0.9	1.4
2	文冠果	3	株	0.15	2.2	0.6
3	楸树	2	株	0.03	1.9	0.6
4	君迁子	1	株	0.03	3	2
5	雪柳	1	株		3.5	2
6	鼠李	2	株	0.28	1.6	1.3
7	垂丝海棠	3	株	0.5	1.4	0.7
8	香茶藨子	3	株		1.1	0.55

2016年百木园引种植物生长记录表　　表7

序号	名称	数量	单位	胸径（m）	株高（m）	冠幅（m）
1	流苏	3	株	0.08	3.5	2
2	毛樱桃	5	株		1.9	2.2
3	六道木	3	株		2	1

据数据统计，北京动物园园林植物昆虫隶属于13目103科274种，其中鞘翅目为优势目，物种数占35.77%；半翅目次之，占15.69%；同翅目占11.31%。其中天敌种类有41种，个体数1716头；害虫种类有207种，个体数5403头；中性昆虫种类有26种，个体数1642头。其中17号地块代表百木园区域，以半翅目、鳞翅目、鞘翅目等为主。

据观察及专业数据提供，百木园区域主要鸟类包括灰椋鸟（*Sturnus cineraceus*）、喜鹊（*Pica pica*）、灰喜鹊（*Cyanopica cyana*）、大嘴乌鸦（*Corvus macrorhynchos*）、(树)麻雀（*Passer montanus*）等。

相比建设初期以草坪及大乔木为主要构成的简单植物群落环境，如今的百木园环境日益丰富，使得更多的昆虫、鸟类落户于此，更加丰富了百木园的生态环境。

3　百木园科普功能开发

3.1　国内科普园区特点

第一类：植物专类园：北京植物园、上海辰山植物园。两家植物园均为国内知名的综合性植物园，科普教育工作

开展相对成熟完善，已经形成植物科普教育活动模式体系、组织结构、运作方式，科普工作形式多样，公众参与度高，社会效应好。

第二类：动物专类园：上海动物园、广州动物园。各地动物园中，主要以动物展示、科普为主，植物科普工作有一定基础，有植物说明牌，会定期在官网上发布一些植物观赏的消息。但均没有专门进行植物科普宣传教育的活动。

第三类：生态教育基地——定向预约制。北京教学植物园、北京门头沟灵溪生态教育基地、八达岭森林博物馆。是首都绿化委员会颁发的“首都生态文明教育示范基地”。

调研比较 表 8

科普园区	科普教学实践	受众群体
植物专类园	科普手册 + 科普活动	社会公众、特定群体
动物专类园	以动物科普为主，植物科普有一定基础	社会公众
预约制生态教育示范基地	课程 + 自然体验	特定群体、内部交流

3.2 科普宣传及科普实践活动开展

3.2.1 科普内容的选择

（1）百木园特色植物的识别与了解

根据植物分类与观赏特性，从观叶植物、观花植物、观果植物进行识别与了解；根据苗木产地分类，从北京乡土植物、国家重点保护植物、引种植物进行识别与了解等。

（2）植物知识了解。展示植物根、叶、花、生长过程、形态特征；根据植物季相变化、植物色彩变化、人文文化与植物等方面内容。

（3）百木园昆虫的识别与了解。百木园主要活动昆虫包括蝽类、蜂类、蚜类、木虱类、蜘蛛类（表 9），从昆虫形态特征、生长发育、天敌害虫、防治方法等方面，开展昆虫的识别与了解。

北京动物园各分区昆虫情况 表 9

编号	植被类型	主要植物种类	主要活动昆虫
17	落叶、常绿乔木 + 花灌木 + 混合地被	垂柳、国槐、雪松、碧桃、锦带、黄刺玫、连翘、榆叶梅、小紫珠、八仙花、天目琼花、早熟禾、野花	蝽类、蜂类、蚜类、木虱类、蜘蛛类

（4）百木园无公害示范区展示。施放天敌昆虫以及采用生物防治措施内容，向公众展示无公害示范内容。

（5）木化石展示了解。百木园内设置来自辽西和新疆的树化石，通过这些上亿年的珍贵的树化石展示，感受植物的生命力和大自然的神奇。

（6）百木园自然生态展示。随着植物群落丰富度提升，化学药剂的使用逐渐降低，百木园生态效益也在不断提高，昆虫、鸟类也随之增多，物种的丰富使得百木园逐渐形成稳定的生态自循环。体感式动态体验区让体验者亲身体验到大自然的生态循环模式。

3.2.2 科普教育内容表现形式的设计

（1）科普宣传设施

科普宣传展板。以百木园植物、昆虫、硅化木、鸮头贝等科普元素为素材，通过设计制作小蝌蚪成长记、“最美植物”、百木园“昆虫居民”、春夏秋冬、植树节、木化石等为内容的宣传展板及易拉宝，共计 60 余块。

科普宣传设施。建设 70m^2 科普小屋，屋内设置透明展窗，展示植物标本、植物果实、各类植物种子、叶片拼画等植物展示品 40 余件。

科普牌示。百木园植物种类 109 种，对每种植物制作百木园特有植物说明牌，牌示内容包括植物图片、科名、属名、花期或观赏期等内容，更换以及安装共计 200 余块。

（2）科普宣传材料

科普折页。四季折页，按照每个季节不同的物候特点，结合中国节气日历与相应的植物特点，设计制作成科普折页。特殊节日折页，配合定期、不定期开展的科普活动，设计制作科普宣传折页，如昆虫放飞、植树节等。

科普活动手册。根据百木园植物特色、生态展示、昆虫知识等方面，自主开发设计制作《百木园科普活动手册》。包括春天花会开、美丽的叶子、探索花与叶的奥秘、我是一棵小草、秋季的果实、冬天的衣裳、趣味古诗词、昆虫天敌连连看、认识瓢虫的成长历程、我心中的百木园 10 项主题科普内容。此外，还包含标本制作、拓印等动手项目，以及百木园明信片、百木园小贴纸等实用小工具。

特色科普宣传品。科普随身册、“最美植物”随身册、“昆虫居民”随身册、科普台历、科普环保袋、以植树节为主题的专用科普宣传品等。

（3）科普教学内容的使用

日常游览期间：百木园面向广大游客开放（周一闭园），在日常开放中，以植物、科普牌示、科普宣传展板、科普宣传设施为主要展示途径。

特定活动期间：以科普活动手册、特色科普宣传品、科普宣传折页为主要宣传展示途径，同时配备专题讲解。

（4）科普教学实践活动，见表10。

百木园科普教学实践活动一览表（2014 ~ 2016年） 表10

年份	活动（次）	受众人数（人次）
2014	11	1500
2015	30	877
2016	30	1130
总计	71	3507

1）定向科普教学实践活动开展

北京动物园最具品牌的科普活动是暑期的夏令营。本课题研究形成一些植物讲解知识点、植物科普活动模式后，百木园植物科普就成为夏令营活动的一项新的内容。2015年、2016年连续两年的夏令营都在百木园开展了活动50余次。

2）不定向科普教学实践活动开展

有益昆虫放飞活动，夏秋季节（7 ~ 9月）每周六开展昆虫放飞活动，2015 ~ 2016年共开展昆虫放飞活动10余次，受众人群1200余人次。从参与活动报名的数量和现场的活动效果可以看出，昆虫放飞是游客最喜欢的科普活动。

小小讲解员活动。活动开展2次，受众50人次。

植树节活动。2015 ~ 2016年，开展植树节宣传活动，通过花籽、环保袋、植树节宣传手册发放、义务植树等方式，总计开展活动2次，受众达330人次。

3）志愿者辅助教学实践活动开展

课题组对志愿者进行了上岗前的教育培训，培训内容以百木园特色植物、自然生态、标本介绍、无公害防治等内容，辅助课题人员在百木园开展教学实践活动，2015 ~ 2016年百木园总计开展科普教学实践活动70余次，其中志愿者参与辅助教学实践活动9次。

4 成果

4.1 成果

百木园历经多年改造，充分利用水系资源，通过地形整理、科普小屋建设、植物引种、硅化木的展示等手段，逐步形成以植物为主体，集景观与科普于一体的科普展区，在环境与社会效益方面，取得了显著成果。

4.1.1 环境效益

通过植物栽植引种、无公害防治等工作的开展，百木园由封闭单调的草坪区，变成为溪水潺潺、色彩丰富的景观展区。乔木、灌木、地被及水生植物构成的稳定、丰富的植物群落，以及逐渐增多的昆虫、鸟类，也使百木园成为体现着生物多样性的绿地景观。

4.1.2 社会效益

百木园开展以保护动植物为主线的科普宣传实践活动，通过开展各种文化互动活动形式，得到了广大游客和社会的认可，取得了良好的社会效益。

获得中国生物多样性保护国家委员会秘书处与环境保护部生物多样性保护办公室颁发“生物多样性保护基地”称号。

获得首都绿化委员会颁发“首都生态文明宣传教育示范基地”称号。

成为北京市朝阳区安慧北里小学“植物多样性科普教育基地”。

成为中国农业大学昆虫学系“教学实习基地”。

成为北京林业大学园林学院“教学实习基地”。

4.2 发展趋势

百木园是开放式的自然展区，资源众多，可以开发出更多方面、更加面向大众、体感式更强的科普教学实践活动。以植物为特色科普元素融入北京动物园科普体系之中，开设自然体验夏令营、植物探索类科普活动等，增加公众对于百木园科普活动的参与度；加强与科研机构、院校等社会联系，深入挖掘百木园自有资源，如百木园的鸟类、地被植物等资源；加强志愿者体系的构建，吸纳更多动植物爱好者，提高百木园的科普辐射度，将百木园打造成为科普资源共享平台。

百木园引种植物名录 附表1

序号	种名	科	属	拉丁学名	植物类型
1	文冠果	无患子科	文冠果属	*Xanthoceras sorbifolia*	落叶乔木
2	白桦	桦木科	桦木属	*Betula platyphylla*	落叶乔木
3	皂荚	苏木科	皂荚属	*Gleditsia sinensis*	落叶乔木

续表

序号	种名	科	属	拉丁学名	植物类型
4	槲树	壳斗科	栎属	*Quercus dentate*	落叶乔木
5	山茱萸	山茱萸科	山茱萸属	*Macrocarpium officinale*	落叶乔木
6	梓树	紫葳科	梓树属	*Catalpa ovata*	落叶乔木
7	楸树	紫葳科	楸树属	*Catalpa bungei*	落叶乔木
8	君迁子	柿树科	柿树属	*Diospyros lotus*	落叶乔木
9	流苏树	木犀科	流苏树属	*Chionanthus retusus*	落叶乔木
10	鼠李	鼠李科	鼠李属	*Rhamnus davurica*	落叶乔木
11	锦鸡儿	蝶形花科	锦鸡儿属	*Caragana sinica*	落叶灌木
12	胡枝子	蝶形花科	胡枝子属	*Lespedeza bicolor*	落叶灌木
13	蓝叶忍冬	忍冬科	忍冬属	*Lonicera korolkowii*	落叶灌木
14	六道木	忍冬科	六道木属	*Abelia biflora*	落叶灌木
15	蚂蚱腿子	菊科	蚂蚱腿子属	*Myripnois dioica*	落叶灌木
16	胡颓子	胡颓子科	胡颓子属	*Elaeagnus pungens*	落叶灌木
17	‘狗牙’蜡梅	蜡梅科	蜡梅属	*Chinmonanthus intermedium*	落叶灌木
18	木瓜海棠	蔷薇科	木瓜属	*Chaenomeles cathayensis*	落叶灌木
19	毛樱桃	蔷薇科	李属	*Prunus tomentosa*	落叶灌木
20	垂丝海棠	蔷薇科	苹果属	*Malus halliana*	落叶灌木
21	雀儿舌头	大戟科	黑钩叶属	*Leptopus chinensis*	落叶灌木
22	雪柳	木犀科	雪柳属	*Fontanesia fortune*	落叶灌木
23	香茶藨子	茶藨子科	茶藨子属	*Ribes odoratum*	落叶灌木
24	小花溲疏	八仙花科	溲疏属	*Deutzia parviflora*	落叶灌木

紫竹院公园四季动植物欣赏图鉴

北京市紫竹院公园管理处 / 范卓敏　郭亚清

摘　要：该课题以紫竹院公园物种多样性为依托，通过调查整理上百种植物、动物，以图文并茂形式编写了《紫竹院公园常见植物》和《紫竹院公园常见鸟类及昆虫》两册原创科普读物，向读者全方位展示了公园里的自然生态景观，成为紫竹院公园向公众传播科学知识的载体。

关键词：生物多样性 ；公园；科普读物

紫竹院公园始建于1953年，因园内西北部有明清时期庙宇“福荫紫竹院”而得名，自1953年规划建设之初即提出以中国传统山水园为借鉴，以山林野趣为主要特点的建园方针，1974年制定近期规划方案时，更明确地提出“要以葱郁的树木，自然的水景和简朴轻巧的园林建筑为其特点，形成一处自然山水园”。全园占地45.73hm^2，其中水面约占1/3。南长河、双紫渠穿园而过，形成三湖两岛一堤的基本格局。经过多年景区建设功能分区明确，其中：湖水构成公园风景主体，以两岛把水面分成三湖，西部湖面宽阔，东部两个湖面较小，满植荷花；东区以形态多姿、色彩丰富的树林围合大草坪空间，西岸沿围墙堆山植树，北部保留“长河观柳”的古韵遗风，长河以北是独具江南园林特色的“筠石苑”。依据规划公园以植物造景为主，尤以竹类植物为特色，公园植物达300余种，其中竹子百余种，还有丰富的野生地被植物，形成乔、灌、草结合的多层次绿化，绿化覆盖率达到98.3%。各种园林景观有序排列，营造出人工河、湖、山坡阔叶林、油松林、竹林、灌丛、草地等多种生境，为鸟类和昆中提供了生存栖息之地。生物的多样性让来到这里的人们充满了惊奇和欢乐，也因此连续多年被命名为北京市科普教育基地，是市属公园展示生物多样性的窗口之一。

紫竹院公园作为公园类科普教育基地，肩负着向大众普及植物科普知识，宣传生物多样性的责任，园内丰富的动、植物种类无疑是宝贵的资源。课题组对公园上百种植物进行了调查，采集数据、拍摄图片、查阅资料、分类统计。优美的生态环境为鸟类和昆虫的生存、繁衍创造了条件，自2003年，在首都师范大学生命科学院的大力支持与帮助下，经过公园专业人员十多年的共同努力，对鸟类在公园的生活状况及栖息特点进行了观察记录，为科普书的编写奠定了基础。

1　以图文并茂形式展现公园的生物资源

1.1　编辑出版《紫竹院公园常见植物》图书

图书为32开本，共208页，内容包括前言、目录、植物分布图、正文、参考文献、中文名索引、拉丁名索引、插页。该书收录了紫竹院公园主要植物（或特有植物）183种，包括：木本类植物104种；草本类植物48种；竹类植物31种。每一类植物按照拉丁文字母顺序排列。内

含植物彩图782幅，所有图片均为紫竹院公园内实地取景拍摄。对植物的描述参考了《北京植物志》等书籍，在内容上，分别对每种植物的植株、根、茎、叶、花、果实等的形态特征做了简要介绍。对竹种的植物学和生物学性状描述参考了《中国竹类图志》，更为突出的是以在紫竹院公园实地生长发育规律为依据，总结了引种竹子在园内的生长特性。

1.2 编辑出版《紫竹院公园常见鸟类及昆虫》图书

该书为32开本，共124页。内容包括前言、目录、鸟类位置图、正文、参考文献、中文名索引、拉丁名索引、插页。书中收录了公园常见鸟类56种，昆虫48种；内含鸟类图片94幅，昆虫图片140幅；对鸟的主要特征和习性进行了描述，介绍了常见鸟的活动范围或地点。绘制了鸟类分布图，标注了56种鸟在公园出现的位置。鸟类排序按照郑光美的《中国鸟类分类与分布名录》编排。书中对公园常见昆虫的形态特征进行了描述，昆虫排序按照徐公天的《中国园林害虫》编排。

2 制定项目实施计划为科普书的出版提供了保证

2.1 制定年度工作计划

本项目历时三年，制定各年度的任务分步进行（表1）。

2014 ~ 2016 年度工作计划 表1

年份	工作安排
2014年	(1) 选取生长势良好，对公园生态环境发挥重要作用的植物种类做为调查对象，包括乔木、灌木、水生植物、野生地被及竹子等，以一年为周期，观察记录植物发芽、长叶、开花、结果、落叶的状况，获得数据、图片资料。参考相关专业书籍整理文字资料。 (2) 调查园内鸟类、昆虫种类，观察记录其活动区域、习性特点，获得数据、图片资料。参考相关专业书籍整理文字资料
2015年	分类整理资料，进行统计、校对、补充、完善。完整地记录植物生长过程，展示不同时期的形态特征。整理不同季节在公园活动的鸟类和昆虫数据及图片资料
2016年	编辑出版具有实用价值的图书两本

2.2 根据项目内容明确分工

紫竹院公园常见植物和常见昆虫资料由公园园林科技科课题组实地观察拍照并进行资料整理，其中草本植物由自然之友舒志钢老师协助整理。常见鸟类由首都师范大学生命科学院陈卫老师负责观察拍照并进行资料整理。

3 以科学的态度脚踏实地捕捉第一手资料

3.1 《紫竹院公园常见植物》图书的编写

对于生活在城市里的人们，公园、植物园一类的地方是认识植物最好的场所。对于户外识别，人们需要一本可以随身携带的地方植物志或者植物图鉴。通常当人们在公园接触到很多植物时，专业的工具书存在携带不方便、不易查阅的问题，成百上千种植物使人从分类检索表里无从入手，更难从专业的植物学描述里判断出结果。而公园植物志会帮助初学者，成为最适合的入门级科普读物。《紫竹院公园常见植物》是由公园专业技术人员所编制的植物图鉴，是针对公园这个特定范围的植物志，精选了北方具有代表性的植物，相比于大而全的工具书识别率更高，普适性更强。为了给读者提供包含图片、文字、地图等多重信息，帮助读者准确识别，最终本书定位以图片信息为主，本着科学严谨性，提供植物拉丁学名、科和属，附简要的文字说明；结合每种植物在公园的分布位置图，立体展示了公园里的自然生态景观。课题组按照图片摄影和文字编撰进行了分工。

3.1.1 图片摄影

通过拍照记录植物的特征，清晰全面地展示辨识要点，课题组选择以季节轮回为周期进行物候记录，持续跟踪、观察植物发芽、展叶、开花、结果、落叶的自然变化，完整地记录植物生命周期每一阶段所呈现的自然形态特征。拍摄的步骤：(1) 首先拍摄植物整体照片，也就是环境照，来反映植物的整体形态特征，读者可以从环境照里初步判断其是乔木还是灌木，是水生植物还是旱生植物等。(2) 其次拍摄植物特写。被子植物的六大器官，除根外，茎、叶、花、果实、种子的特征，这些信息是必不可少的鉴别依据。而具体到每一个器官，还会细微到不同部位、不同角度，如叶分为叶柄、托叶、叶面、叶背，花分为花瓣、花萼、花托、雄蕊、雌蕊。想要用照片完整地记录一株植物的形态，需要捕捉足够多的植物细节，建立完整的图像库，通常每种植物要拍摄10张以上的照片，经统计总计拍摄了2428张照片，其中木本类植物1570张，草本类植物524张，竹类植物334张。根据图书排版的需要，最终取其精华，选取关键特征，平均每种植物配图3至5张，提供包含茎、叶、花、果实、植株等信息内容。(3) 竹子为紫竹院公园的特色植物，选取了散生竹类、混生竹类、丛生竹类的代表竹种，展示其所具有的观秆、观叶、观姿态的观赏特性。整册图书共精选782张实物彩图呈现给读者。

3.1.2 文字整理

专业的文字描述是植物鉴别的科学、准确的依据，是对图片信息不完整时的补充，也是对图片因拍摄角度、参照物以及色差等原因可能影响判断的矫正。书中每种植物的文字信息包含了中文名、拉丁名、科属名、植物基本形态等，参考了《北京植物志》、《园林树木1600种》、《中国竹类图志》等专业书籍对植物性状进行了描述，特别对于图像所无法表现的特征，如气味、叶片的质感等辅以文字描述，做到精确而完整的概括，使读者能够通过特征描述分辨物种。竹类植物单独分类编写，由公园竹类植物专家对几十年来的引种情况进行了梳理，介绍观赏特点，明确引种年限；同时结合公园开展的多项竹类植物研究课题，对竹类植物在公园的适应性特性进行了阐述，该图书共整理文字20万余字。

3.2 《紫竹院公园常见鸟类及昆虫》图书的编写

自2003年，在首都师范大学生命科学院陈卫教授的带领下，师生共同组成观鸟活动组，对紫竹院公园的鸟类进行了观测记录，为本书的编写奠定了基础。

3.2.1 图片整理

2014年课题立项后，在原有基础上继续观测公园内各种鸟的活动行踪，对鸟类在公园的生活状况及栖息特点进行了观察记录，共整理鸟类照片百余张。昆虫部分主要是结合工作实际拍照整理，一部分照片为多年拍照积累的资料。

3.2.2 文字整理

根据多年鸟类的观测记录数据，对公园出现的各种鸟逐一进行文字整理，重点介绍了其外观特征、叫声、生活习性，特别是介绍了一些鸟在公园的活动地点。昆虫的文字整理主要参考徐公天主编的《中国园林害虫》，结合实际特点，主要介绍特征明显的成虫和幼虫及部分卵的特点。该图书共整理文字12万余字。

4 项目完成的主要成果及推广实用价值

（1）编辑出版《紫竹院公园常见植物》32开本图书，全书包括前言、目录、植物分布图、正文、参考文献、中文名索引、拉丁名索引、插页，共208页。该书收录植物183种，内含植物图片782幅。

（2）编辑出版《紫竹院公园常见鸟类及昆虫》32开本图书，全书包括前言、目录、正文、参考文献、中文名索引、拉丁名索引、插页，共124页。该书收录鸟类56种、昆虫48种；内含鸟类图片94幅，昆虫图片140幅。

（3）编写《紫竹院公园常见植物》的过程中，完成了紫竹院公园近200种常见植物的图像采集，完整地记录了每一种植物的鉴别特征，初步建立了紫竹院公园植物图像信息库，为今后公园植物信息数字化平台的建立打下基础，为未来公园各种生态科技创新构想提供支持。

（4）首次以图鉴的形式编写了紫竹院公园自己的微型植物志——《紫竹院公园常见植物》，类似小范围工具书的编写，避免了植物志大而全、图少字多、不易分辨的缺点，对于普通读者或者初学者来说上手方便，可以成为植物爱好者的入门级科普读物。

（5）《紫竹院公园常见植物》一书收录了北方园林可应用的竹类植物31种，包含散生竹类、混生竹类、丛生竹类的代表竹种，展示了紫竹院公园做为北方重要竹种展示园的独特景观，对扩大北方地区竹子的园林应用有着显著的推动作用和实用价值。

（6）鸟类和昆虫是生态园林的重要组成部分，《紫竹院公园常见鸟类及昆虫》一书是紫竹院公园首次以图鉴的形式记录园林中生存的各种鸟类和昆虫的形态特征，成为具有实用价值的观鸟手册和昆虫识别手册，是对园林中除植物以外的生物的一次探究。

（7）《紫竹院公园常见植物》和《紫竹院公园常见鸟类及昆虫》两本图书的正式出版，标志着以图文并茂的形式完成了紫竹院公园的全册生物志，是在市属公园范围内的一次创新尝试，是对“一园一品”建园理念多元化形式的一次创新实践。

（8）在2014～2016年课题实施过程中，结合课题内容，分别以昆虫、鸟类、野生地被植物及竹子为依托开展了具有知识性、趣味性和互动性的主题活动15场（见附表），为公园科普宣传增加新内容。做为公园自主开发的科普产品未来也将应用于各种展览和宣传活动中。

（9）《紫竹院公园常见植物》和《紫竹院公园常见鸟类及昆虫》两本书的内容浓缩了紫竹院公园优美的生态环境和生物多样性的精华，是对紫竹院公园生物资源利用和开发的原创性科普读物，融合了公园的科技与文化内涵，具有科学性、可操作性、观赏性，成为紫竹院公园向公众传播科学知识和扩大公园知名度和宣传力的载体。

《紫竹院公园常见植物》和《紫竹院公园常见鸟类及昆虫》两册科普读物，是紫竹院公园自建园以来以图鉴形式编写的首部公园植物志和首部公园动物志，内容翔实，图文并茂，为读者的学习探究提供了帮助，为保护生物多样性提供了技术支持，为公众打开了又一扇了解公园的窗口。

附表

主题科普活动 附表 1

序号	时间	地点	主题
1	2014 年 3 月 25 日	定慧里小学	竹知识讲座
2	2014 年 4 月 19 日	紫竹院公园	生物多样性宣传活动：(1)“我与鸟儿有个约会”，(2)“小小园艺家”，(3)“走进大自然 - 昆虫记”
3	2014 年 4 月 21 日	万寿寺小学	竹知识讲座
4	2014 年 5 月 17 日	动物园	科技周宣传：(1) 公园野生地被展示，(2) 竹子展示及互动
5	2014 年 5 月 26 日	魏公村小学	竹知识讲座
6	2014 年 10 月 25 日	紫竹院公园	“今日我和鸟儿相约”观鸟活动
7	2015 年 4 月 25 日	紫竹院公园	“生态园林鸟类寻踪”观鸟活动
8	2015 年 5 月 23 日	颐和园	科普游园会：(1) 公园野生地被展示，(2) 竹子展示及互动
9	2015 年 6 月 1 日	紫竹院公园	“走进大自然 - 昆虫记”
10	2015 年 7 月 18 日	紫竹院公园	“竹韵梵音、妙曼荷影”主题活动
11	2016 年 5 月 21 日、22 日	颐和园	科普游园会：竹子展示及互动
12	2016 年 5 月 28 日	紫竹院公园	“绿野识英”活动
13	2016 年 8 月 8 日	紫竹院公园	“荷风雅韵竹影清新”主题活动
14	2016 年 8 月 10 日、11 日	魏南社区、军乐团社区	暑期走进社区——紫竹院公园鸟类知识讲座
15	2016 年 9 月 17 日	紫竹院公园	“紫竹院公园寻鸟体验”观鸟活动

“园博馆公众教育活动互动系统”的建设与探索

中国园林博物馆 / 杨秀娟　王歆音　殷伟超

摘　要：博物馆公众教育日趋受到社会广泛关注，在“互联网+”的时代背景下，中国园林博物馆借助信息通信技术及互联网平台，探索建设公众教育活动（在线）互动系统。一方面打破时间和空间的限制，为观众营建一个专有信息获取渠道和在线服务平台，拉近参与者和组织者的距离形成线上互动；另一方面为管理者和工作人员增加了教育事件的全过程监管控制，提升服务质量。同时，凭借信息化数据反馈，促进对博物馆观众的综合研究，为教育活动的组织管理提供决策参考，推动博物馆园林公众教育工作的良性发展。

关键词：互联网+；博物馆教育；观众研究；教育活动；在线互动；信息化

“互联网 +”作为新时代的产物，深刻地影响着各行各业和社会大众。当前人们已经习惯使用多种数字产品尤其手机终端，通过网络获取信息、知识及各种服务。作为具有教育职能的博物馆，利用信息通信技术以及互联网平台，与传统的展览教育模式进行深度融合，创造新的发展生态与传播知识的方式，则是目前亟待探索和研究的课题。

园博馆于 2013 年 5 月正式落成开放，作为一座年轻的博物馆，开馆以来在公众教育、文化活动、展览展陈等领域不断做出多种尝试。我们对近两年开展的系列公众教育活动情况进行分析、总结，结合受众群体的需求和参与感受，考虑到园博馆开馆时间较短、场地资源有限及地理位置偏远等不利因素，探索建立起一套基于“互联网 +”思维的公众教育活动（在线）互动系统（以下简称“互动系统”），借助于网络方式和信息化手段，让更多人了解园林、关注园林、走进园林、参与园林。

1　中国园林博物馆公众教育活动概况与互动系统的建设缘起

开馆以来，园博馆不断在汲取其他博物馆优秀经验的基础上，努力整合园林行业广博的资源，积极探索，逐步构建起以“园林”为核心主题的公众教育体系，持续深化打造独具特色的公众教育活动并逐渐树立品牌。平均每年举办各类教育活动 540 余场次，通过现场、网络“双教学”的方式，展示和传播博大精深的中国园林艺术、弘扬优秀的民族传统文化，受到广大观众的欢迎与社会各界的认可。

现园博馆已形成传统文化、自然科学、讲座、角色体验、网络教育共五大类品牌教学体系。传统文化类中形成了“琴、棋、书、画、诗、香、茶、花”八项基础课程，定期组织各类文化雅集，将传统园居生活转化成便于来访者体验与参与的活动教学方式；自然科学类中的“小小园艺师”、“秘密花园探索”、“京西稻种植”则成为北京市中小学生实践规划设计、造园建设、自然观察研究的良好平台；讲座类以“园林文化大讲堂”为龙头，每年面向公众

进行多层次的文化与科普讲座50余场次；角色体验类的“园林探索之旅”特色主题参观、“园林小讲师”等活动将无形的园林文化转化成让中小学生可鉴赏、可诉说、可演绎的教学方式。通过打造优质的系列活动，目前园博馆已基本形成一系列与园林紧密相关的公众教育品牌，开创了多元化媒体宣传模式，深受各界的欢迎与好评。

随着园博馆各项公众教育主题日趋丰富，开展场次和频次逐渐递增，活动受到越来越多观众的喜爱和追捧。伴随而来的是现有工作团队的工作量大幅增加，博物馆活动管理工作更需要精细化和人性化，加之园博馆地理位置较为偏远等因素，园博馆公众教育活动的管理模式及与观众互动的方式亟待改进。

因此，2016年园博馆在总结前期公众教育活动经验的基础上，园博馆开始尝试建立公众教育活动（在线）互动系统，以新的应用技术，一方面拓宽受众面，打破时间和空间的限制，力争为观众营建一个专有信息获取渠道和在线服务平台，拉近参与者和组织者的距离形成线上互动，并将线上互动拓展为现场活动内容之有机组成部分，为博物馆教育工作创造更大的机遇与平台；另一方面尝试为管理者和工作人员提供对教育事件全过程监管控制的信息化工具，提高工作效率，提升服务质量，同时，凭借信息化数据反馈，促进对博物馆观众的综合研究，为教育活动的组织管理提供决策参考，推动博物馆园林公众教育工作的良性发展，为博物馆教育工作创造更大的机遇与平台。

2　互动系统的具体实践

以“游客的实地参与”为分水岭，可将园博馆公众教育活动划分为活动开展前（准备阶段）、进行中（进行阶段）、结束后（回顾阶段）三个阶段。借助于“互联网+”技术，可将教育活动中的观众与管理者的部分交互需求由线下转为线上，将交互关系贯穿于活动开展前、进行中、结束后全过程（图1），并拓展出更多的交互内容。

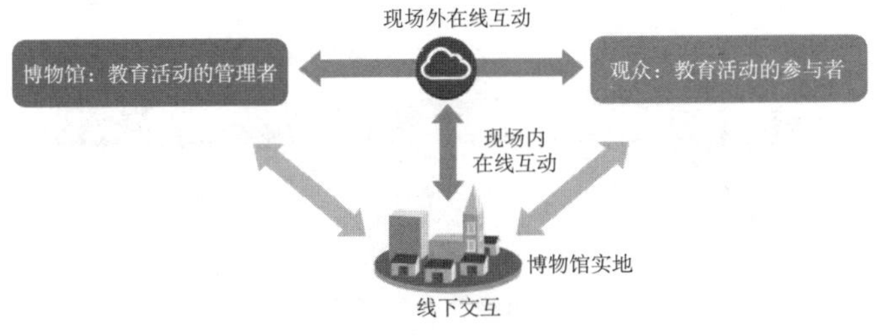

图1　“互联网+”下的管理者与观众

2.1　互动系统架构概况

园博馆公众教育活动互动系统（图2），以教育活动的参与与管理为主要管理对象，在管理者与观众之间构建起专有信息沟通渠道，为观众通过手机终端提前获取教育活动信息和享受在线服务提供便捷途径，为管理者开展教育活动提供在线互动管理工具、过程监管控制工具。

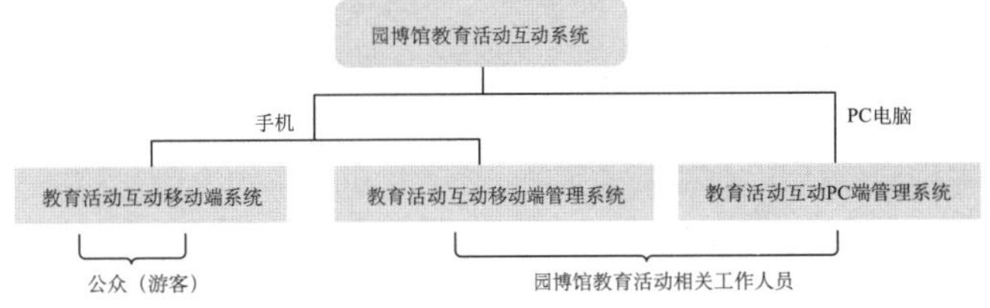

图2　园博馆公众教育活动互动系统构成图

2.1.1　为观众提供获取教育活动信息和享受在线服务的便捷途径

观众以手机微信公众号为入口使用互动移动端系统（图3、图4），了解园博馆公众教育活动相关信息，在线预约报名，接收报名审核结果通知，现场扫描二维码进行签到；活动进行过程中，根据工作人员提示，参与在线互动（答题、投票、抽奖等）；活动结束后观众离开活动现场可继续参与成果分享，对活动进行评价和意见反馈等；还可查看历史活动情况、积分排行榜等。

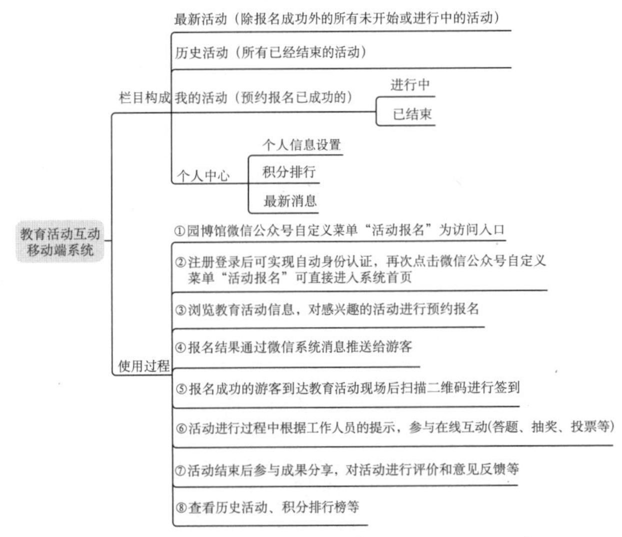

图3　观众信息获取流程

图4　观众访问入口及界面

2.1.2　为管理者提供多渠道管理后台

如图 1 所示，在线互动包括现场内在线互动和现场外在线互动两类。为有效满足管理者对两类互动的管理需求，互动系统提供 PC 端管理系统、移动端管理系统两类。

PC 端管理系统（图 5）是整个互动系统的管理后台。其功能涵盖移动端管理系统所有功能。管理者通过该系统，进行活动信息的创建与发布、活动互动环节的设置与控制、查看活动结果信息，进行会员管理等。主要在办公区域 PC 电脑上使用。

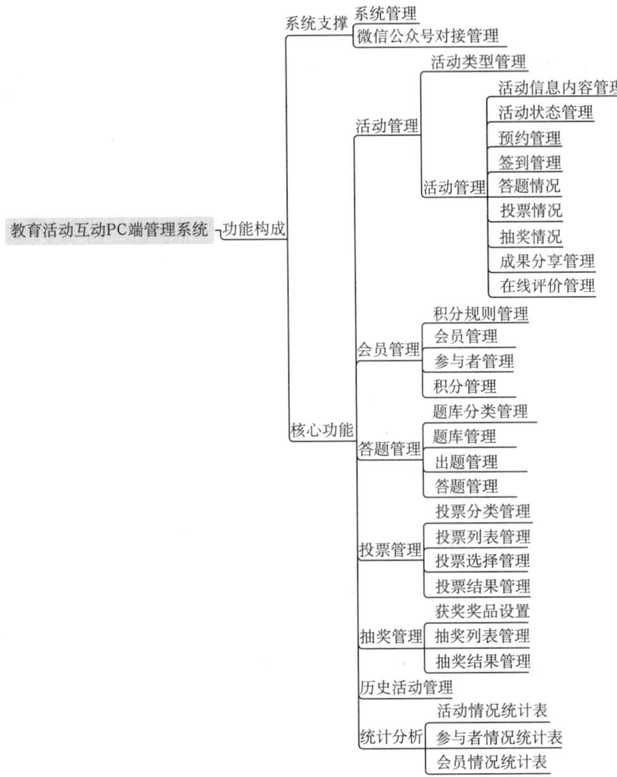

图 5　管理者 PC 端功能构成

移动端管理系统(图 6、图 7)以手机微信公众号为入口，是管理者在教育活动现场，根据活动方案及现场实际情况，对当前活动实时进行活动状态切换及在线活动管理，以实现现场控制与管理。

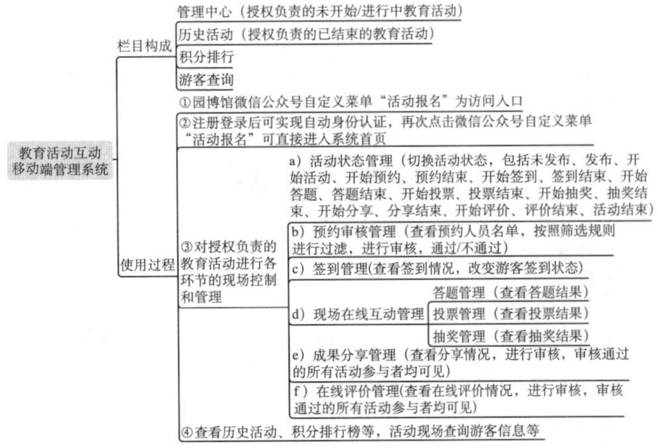

图 6　管理者手机端操作流程

2.2　互动系统的功能特点及优势

互动系统以园博馆公众教育活动为管理对象，以在线交互式管理与服务为核心，以数据积累和研究为长期目标，其主要功能特点与优势如下：

2.2.1　建立起“会员账户 + 参与者”的用户体系，便于收集使用者数据

身份认证是确定试图访问系统的用户的合法性和认证用户身份的过程。在使用有效的访问控制时，用户认证方法越唯一，就越能确保用户身份的正确，系统就越安全。因此，本系统采用“微信用户身份认证 + 用户实名 + 手机号”，确认观众身份的真实性。

本系统采用“会员账户 + 参与者”的用户体系，即注册成为会员后，可添加不限个数的参与者（真实姓名 + 身份证号）。在进行活动预约报名时，从参与者列表中选择计划参加该活动的参与者，系统会自动根据身份证信息验证所选择参与者是否符合活动要求。并完整记录该用户身份信息、活动报名、预约审核、现场签到及参与情况、意见建议、成果反馈等相关资料，实现对教育活动各环节相关信息和数据的自然持续积累，从而为后续开展观众兴趣点分析、行为分析等数据挖掘利用奠定基础。

2.2.2　“宽进严出”的预约审核体系，确保更多观众参与活动

为避免原有“先到先得”报名方式的弊端，系统采用“宽进严出”的预约审核机制，只要符合报名条件均可提交报名信息。工作人员通过管理系统后台可随时查看活动的预约报名人员信息及报名情况，既可以按照线下审核规则（可根据实际情况进行灵活变化）进行人工审核，也可以使用系统中提供的过滤功能，设置过滤条件后，再结合人工审核，可减少诸多环节上的线下工作量。“宽进严出”的预约审核体系，使更多社会受众有机会加入园博馆的教育活动，确保更多观众参与其中，将有限的教育活动参与机会尽量给予更多的观众。

图 7　管理者手机端访问入口及界面

2.2.3 延伸教学服务体系，实现更精准的科普

在线预约报名作为公众教育活动准备阶段的重要内容，博物馆业内早有各种实现方式，但对于公众教育活动进行阶段、回顾阶段的在线互动却涉猎相对较少。

借助于本系统，可在活动进行阶段，引入答题、抽奖、投票等在线互动环节，在回顾阶段引入成果分享、在线评价和意见反馈等环节。在活动现场，工作人员通过手机可随时现场启用在线互动环节，引导观众通过自己的手机微信参与在线互动，参与分享过程，同时实现对观众兴趣点等信息的收集，实现更精准的科普教育定位。

2.2.4 便于流程管理，明确工作人员职责

互动系统中活动信息的创建与发布、活动预约审核管理、活动现场签到管理、活动现场在线互动环节的控制与管理等，均以公众教育活动的组织与管理过程为主线。借助于互动系统，反向促进线下工作流程的规范化管理和执行，并将工作人员线下工作与线上工作进行充分融合，形成线上线下一体化管理机制。互动系统具有严格的后台用户账户及权限管理体系，支持对不同工作职责的工作人员分配不同的系统操作内容和操作权限。同时，便于系统对工作流程环节进行痕迹记录，既实现了对标准化操作的监督、管理及安全防护，也在一定程度上防止了责任分散。

3 开展基于系统数据的用户分析

3.1 系统注册用户情况分析

园博馆教育活动互动系统自 2017 年 4 月进入试运行阶段以来，通过系统发布了 75 个活动，累计注册会员账户 1725 个，登记参与者为 2340 人。登记的参与者平均年龄为 25 岁，最小观众 1 岁，最大 82 岁。人员分布以北京市区人口为主，辐射京津冀，其他省市占 32.8%（图 8）。

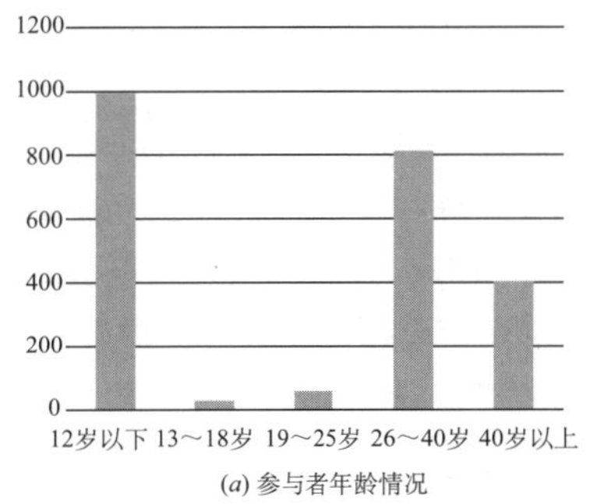

(a) 参与者年龄情况

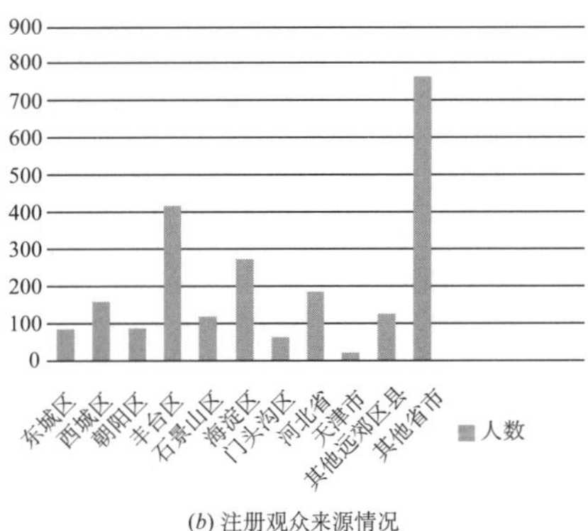

(b) 注册观众来源情况

图 8 观众构成分析

3.2 注册用户的活动参与情况分析

75 个活动的额定参与人数为 3100 人，通过系统报名参与的为 1360 人，实际报名 3769 人次（报名人数约为活动参与人数的 3 倍）。其中，有 57 名观众报名次数在 10 次以上，200 名观众报名次数在 5 次以上（甚至有 1 名 9 岁小学生报名活动达 37 次）。实际现场签到 1217 人次，有 143 人次失约。借助于系统所积累数据，亦可通过横向比较法对活动策划工作进行决策分析，比如发现园博馆现有中华节庆节俗园林文化活动、自然教育科普活动以及暑期夏令营活动等类别受到观众的格外热衷，同时也存在一些活动在观众中"遇冷"（图 9）。

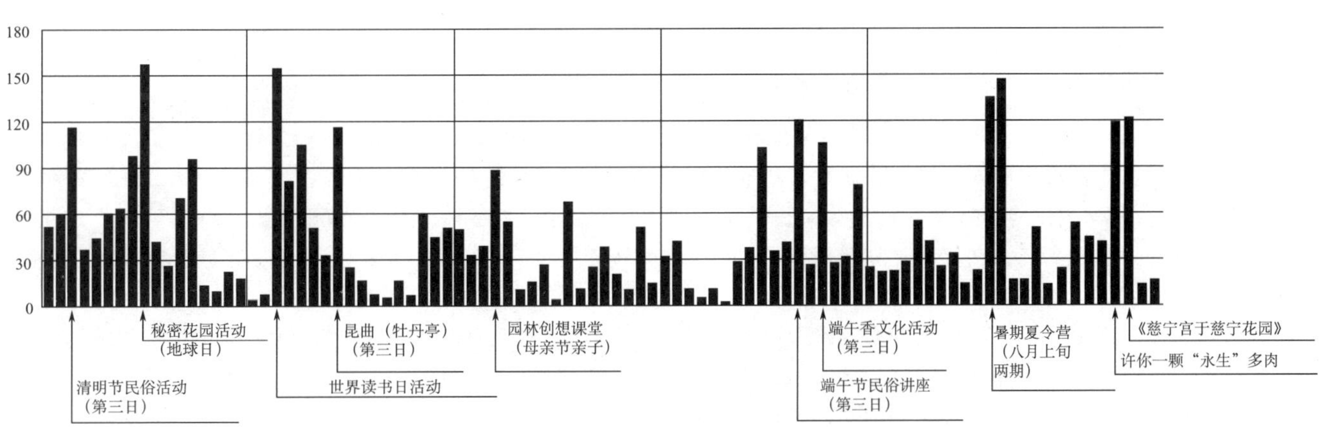

图 9 活动信息发布及报名数量统计柱状图

4 实践过程中的问题及未来对策

园博馆公众教育活动互动系统的建立，是基于如何更好地服务于公众教育而起步的，但毕竟园博馆公众教育活动自身尚在起步阶段，该系统的使用与实践时间也尚短，更深层的经验尚待随着活动的持续开展以及互动系统的持续应用而获取。在互动管理与服务现有经验的基础上，结合园博馆宣传教育实际工作需求及特点，互动系统仍有巨大的拓展空间。

4.1 从仅支持单场活动，逐步拓展为支持更多形式活动

目前，互动系统的设计是针对单场次活动进行通用式、全过程管理。随着园博馆教育活动模式的不断创新和稳定化，互动系统也将在现有通用化的基础上，逐渐摸索建立起某些固定模式教育课程的个性化管理体系，以减少相应的工作量，提高工作效率。比如，园博馆目前有多类活动是成系列的多场次，这种成系列的课程的管理方式、互动需求与单场活动有着必然的差别。

4.2 对公众教育活动的规划、实施与管理提出了更高的要求

互动系统的应用，贯穿于公众教育活动的准备阶段、进行阶段、回顾阶段。这就反向要求加强对教育活动三个阶段的一体化规划、实施与管理，对活动方案规划和组织管理模式提出了更高的要求。现场答题、抽奖、投票互动等互动环节的设置，往往需要预先做大量前置工作，比如答题活动，需要预先准备题目，并录入到题库中、抽取形成问卷、将问卷绑定到活动上等。而对公众教育活动的实施和管理，对活动现场负责人员的现场的控场能力提出了更高要求，须能够有效引导观众在适当的时机参与到在线互动中，并在活动结束前后引导观众参与到回顾阶段的在线互动中。

4.3 系统推广应用需要过程，观众接受同样需要过程

从实际活动参与情况来看，园博馆公众教育活动对象的主体为小学生，属于未成年人。如果活动为家长陪同类，即由家长帮助使用手机参与在线互动是完全可行的；如果活动为非家长陪同类，那么家长是否愿意孩子在参与教育活动的过程中使用手机？活动结束后的回顾阶段里，家长是否支持孩子继续使用在线互动功能以延续馆内的学习？对于讲座类和一些体验式的传统文化类活动，观众的年龄往往跨度较大。对于智能手机使用较少的中老年人来讲，在线报名相对困难，依旧是以电话或现场报名为主，后期的互动参与度则相对较弱。这些都需要在实践过程中，需逐步摸索出可行之路在何方。

4.4 加强对“回顾阶段”的互动功能支持

回顾阶段，是在公众教育活动结束后，继续面向参与活动的观众提供教育产品和确保教育效果，是教育活动的重要延伸和拓展部分，是提高用户黏性、用户满意度的重要途径，基于在线服务系统可延伸出无限的可拓展空间。

互动系统当前的设计主要强调了对准备阶段的交互管理、对进行阶段的现场管理，借助于灵活性的活动状态管理体系能够一定程度上满足回顾阶段的部分互动需求，但是仍难以支撑回顾阶段面向观众提供丰富的延伸和拓展服务的需求。随着园博馆对教育活动的前、中、后一体化规划、实施和管理工作的深入，对回顾阶段互动功能的需求必然会逐步上升，有待开发更多的互动功能，以及支持并行的互动服务。

4.5 继续完善用户管理体系、奖惩体系

目前在系统内建立了用户积分制的原则，对于积极参与活动以及参与信誉度好的用户，有相应的积分奖励机制，并逐渐会形成一定的确立会员等级差距，未来将逐步规范用户等级管理、后续兑换及奖励以及特色活动的相应规则，以确保教育活动的公益性达到良好的保证，社会效益达到良好的效果。

随着互动系统的持续推广应用，系统中将积累越来越多的用户信息、活动参与信息等。一手数据是开展深度用户兴趣度、行为分析等的基础。在数据收集的基础上，开展更加深度的用户兴趣度、行为分析等，为教育活动的组织管理提供决策参考。

参考文献

[1] 郑奕 . 科学的博物馆教育活动组织管理模式 [J]. 中国博物馆，2013（03）.

[2] 王芳 . 博物馆与网络“在线学习”[J]. 中国博物馆，2012.

[3] 李冰 . 关于博物馆现代信息化传播教育探讨 [J]. 新丝路（下旬），2016（04）.

[4] 刘菁，黄艳军 . 利用移动互联网实现博物馆教育案例的共享 . 北京数字科普协会会议论文集，2015.

[5] 李震宇 . 浅析“互联网 +”博物馆公共服务的普及应用及发展方向 [J]. 传承，2015（12）.

[6] 边静 . 移动互联网对博物馆公共教育的影响刍议 [J]. 中国博物馆，2016（04）.

[7] 张维，郑霞，叶洋滨 . 移动互联网时代博物馆服务方式的新探索 [J]. 科技通报，2016（07）.

[8] 孙其媛 . 移动互联网推动智慧博物馆建设的分析 [J]. 中国

传媒科技，2016（06）.

[9] 张殊."互联网 +"博物馆公共服务的普及应用及发展方向研究 [J]. 科技展望，2017（26）.

[10] 苏蓉欣."互联网 +"时代自然博物馆科普教育活动初探. 吉林省博物馆协会会议论文集，2016.

[11] 俄军."互联网 + 与智慧博物馆"重构公共文化服务体系. 中国文物报，2017，6（20）.

中国元代桃花园林应用与文学意象研究

北京市植物园，北京市花卉园艺工程技术研究中心，城乡生态环境北京实验室 / 卢鸿燕　付俊秋　赵世伟

摘　要：元代桃花的园林观赏应用进一步成熟和普遍，桃依然是园林造景的重要花卉，广泛栽植于御苑名园、道院庙宇及民宅庭院中以供观赏。桃花题材文学作品较之唐宋数量下降，文学内蕴承袭前代亦有延展，主要表现出春色春景的代表、仙桃文化意蕴、桃花的情色内涵三方面意象意蕴。

关键词：桃花；园林应用；文学意象

桃（*Prunus persica*）"其花可观，其实可食，而其树且易成也"，它以多样的应用而与元代社会、时人生活密切相关。桃花作为一种传统的观赏植物，因较高的观赏性和深厚的文化内蕴而备受华夏民族钟爱，在元代的园林中依然被广泛应用。元代文人雅士喜爱桃花，且吟咏、赞美桃花，创作出较多文学作品，蕴含了丰富的情感与思想意蕴。

1　桃花的园林应用

桃花最早应用于园林始于汉代，历经唐宋桃花发展的集大成时期，至元代桃花的园艺学成就在繁殖技术、栽培管理、虫害防治、品种培育等方面得以继承和发展，这促进了桃花园林观赏应用的进一步成熟和普遍，使之依旧成为园林造景中的重要花卉，广泛栽植于御苑名园、道院庙宇及民宅庭院中以供观赏，这在文学作品中有集中体现。

1.1　御苑名园

元代文人萧德祥《小孙屠 · 第三出》描述了春季的桃花绽放在名园中："柳绿花红，名园甲风景多。杏开如锦绣，夭桃如喷火。王孙仕女，笑嬉嬉同宴乐。"春季植物缤纷的色彩绘就了风景如画的园林，名园中盛开的桃花灿若火焰、如霞似锦，一派壮美的盎然春色。王孙仕女们寻芳拾翠，沉醉在桃花绚烂的园林景致中。无名氏《字字锦》："群芳绽锦鲜，香逐东风软。莺簧转巧声，题起伤春怨。睹名园，杏障桃屏，桃屏上映着柳眉翠钿。夭夭，桃花窨约，恰似去年。"文学作品描述了园林中大面积林植或片植的桃花盛开时如同粉色屏障，给人以强烈的视觉冲击力，形成了如火如荼、云蒸霞蔚的壮美景观。周文质《咏桃》："群芳争艳斗开时。公子王孙至。邀我名园赏春思。探花枝。任君各自簪红紫。诸公肯许。老夫头上。插朵粉团儿。""粉团儿"即桃花，王孙公子与士大夫于或御园或私园的名园中游春赏景，即兴簪花，园中栽植的桃花受到作者偏爱，也给游春带来了无穷逸趣。据史料可知，辽金时期在元大都城南就有多座宫廷苑囿，如金中都的莲花池、琼林苑、葆台、熙春园等。进入元代以后御苑鼎盛，私家园林众多，当时著名的皇家园林和私家园林达几十座之多，有大内御苑、临锦堂、万柳堂、匏瓜亭、玩芳亭、遂初堂、野亭、万春园、望湖亭、丽春楼、柏溪亭、姚氏园，以及当时最著名的右丞相廉希宪的私园廉园，园中种有名贵花木几万株之多，号称京城第一。上述名园与桃花多次在文学中出

现，可见桃花是当时广泛栽植于园林中的重要植物。

1.2 道院庙宇

桃花与道教渊源深厚，唐宋时道士僧人便广栽桃树，盛开的桃花成为道院寺庙的典型景观。元代是道教鼎盛时期，更是沿袭了这一种植应用传统。张可久《道院即事》："炉中真汞长黄芽，亭上仙桃绽碧花，吟边苦茗延清话。"作者酷爱仙道，经常出入道观宫门，其作品多次提到丹房道院，借道观中的亭台花草寄予内心情感。根据作者生平隐居经历，曲题中"道院"应指曾位于今浙江杭州的开玄道院，虽然今已无存，但仿佛依稀可见"亭上桃花"绽放的清雅脱俗。王举之《天净沙·过长春宫》中描述："壶中霞养丹砂，窗前云覆桃花，尘外谁分岁华？"作者是元末文人，是活动于杭州一带的作家。据史料记载曾北上大都（今北京），欲成就一番事业。曲题中长春宫应指今北京白云观的前身，由此可知桃花当时在全国道院中应用很普遍。

1.3 民宅庭院

桃花受到了民间百姓的无比喜爱，庭院中最不可少的就是桃花。无名氏《十二月过尧民歌》："香拂拂几株梅树傍疏篱，红灼灼数枝桃杏出柴扉"；卢挚《海棠》："恰西园锦树花开，便是春满东风，燕子楼台。几处门墙，谁家桃李，自芬尘埃"。无论是"出柴扉"的桃花，还是"自芬尘埃"的桃花，都是民间宅院中那一抹最动人的春色。石君宝《李亚仙花酒曲江池》："家家无火桃喷火，处处无烟柳吐烟。金勒马嘶芳草地，玉楼人醉杏花天"，描述了元代曲江池（今陕西境内）一带春光明媚、桃花盛开的灿烂景致，也反映出民间偏爱桃花、广植庭院的真情实景。

1.4 园林种植形式

元代古人在园林及私家庭院中将桃花孤植、群植、片植、林植，采用多样的种植形式体现桃花的个体美和群体美，还特别注重与其他植物、水体、山石、亭台楼阁等园林要素进行配置，体现桃花的景观美和意境美。元代文人贯云石《春》中写道："春风花草满园香，马系在垂杨。桃红柳绿映池塘，堪游赏，沙暖睡鸳鸯"，反映出当时此处园林采用桃柳组合的传统栽植方式，配置在园林中的水域池边。桃热烈明艳、花团锦簇；柳树纤柔曼妙、婀娜多姿，从植物本身的色彩和姿态对比反衬，营造出桃红柳绿的春色景观。而唐代刘禹锡《桃花》"桃红李白皆夸好，须得垂杨相发挥"的诗句早已总结了桃柳组合的相得益彰。桃花与园池水体配置，烂漫妩媚的姿色倒映在池水中，更加营造了色彩绚丽的春色景观，别具一番意境之美。张可久《重过西湖》："一枕清风扁舟快，碧桃香两岸花开"，岸边散植几株桃花，疏影横斜，韵味十足；大规模列植于河道两侧，扁舟行在春水中，两岸的碧桃灿烂鲜妍，营造出"春水桃花"的醉人景观。汤舜民《桧轩为越中沙子正赋》："十万户会稽，八百里鉴水，纵有些亭台则是栽桃李"，数株桃花植于亭台山石之处，使桃花的艳冶与建筑物的生硬得以平衡，与刚劲古朴的山石配置，更凸显了桃花的娇柔，达到良好的景观效果。

2 桃花题材文学与意象意蕴

王国维指出："凡一代有一代之文学。楚之骚，汉之赋，六代之骈语，唐之诗，宋之词，元之曲，皆所谓一代之文学，而后世莫能继焉者也。"元代文学的代表是曲，且"诗歌、散文、小说、戏曲四种主要文体初次齐聚文坛"。笔者对桃花题材曲诗词赋文学作品进行研究，以反映元代桃花题材文学意蕴和文化内涵。

2.1 作品数量

笔者对元代各类文学作品题目中包含"桃"的作品数量进行了统计：徐征等主编《全元曲》（河北教育出版社1998年版），杂剧作品数量为9篇；隋树森编《全元散曲》（中华书局1964年版）包含咏桃散曲3篇；清代顾嗣立等编《元诗选》（癸集）（中华书局2001年版）包含咏桃诗歌7首；孙云谷编《历代名家咏花词全集》（博文书社1990年版）共收专咏桃花词11篇；康金声主编《历代辞赋总汇》（金元卷）（湖南文艺出版社2014年版）收赋1篇。五类作品数量总和为31篇（首）（表1）。

元代桃、桃花题材文学作品数量统计　　表1

序号	题目	作者	文学形式	出处
1	《刘阮误入桃源洞》	马致远	残剧	《全元曲》第三卷
2	《桃花女破法嫁周公》	王晔	杂剧	《全元曲》第七卷
3	《宴瑶池王母蟠桃会》	钟嗣成	佚目	《全元曲》第七卷
4	《刘晨阮肇桃源洞》	汪元亨	佚目	《全元曲》第七卷
5	《晋刘阮误入桃源》	陈伯将	佚目	《全元曲》第八卷
6	《刘晨阮肇误入桃源》	王子一	杂剧	《全元曲》第八卷
7	《吕洞宾桃柳升仙梦》	贾仲明	杂剧	《全元曲》第八卷
8	《丘长三度碧桃花》	贾仲明	佚目	《全元曲》第八卷
9	《萨真人夜断碧桃花》	无名氏	杂剧	《全元曲》第九卷
10	《咏桃》	周文质	散曲	《全元散曲》（上）
11	《碧桃》	李致远	散曲	《全元散曲》（下）
12	《题元章折枝桃花》	汤式	散曲	《全元散曲》（下）
13	《碧桃岩》	陈岩	诗歌	《元诗选》（癸集上）

续表

序号	题目	作者	文学形式	出处
14	《桃源洞》	雷机	诗歌	《元诗选》(癸集上)
15	《东园有桃李》	吴嵩	诗歌	《元诗选》(癸集上)
16	《桃源采药寓留居意》	元文本	诗歌	《元诗选》(癸集上)
17	《桃花渡》	万石	诗歌	《元诗选》(癸集下)
18	《题章复画碧桃》	席应珍	诗歌	《元诗选》(癸集下)
19	《桃源图》	祖钦	诗歌	《元诗选》(癸集下)
20	《春雨后小桃》	王恽	词	《历代名家咏花词全集》
21	《碧桃》	邵亨贞	词	《历代名家咏花词全集》
22	《邻墙桃花，殆欲零落》	邵亨贞	词	《历代名家咏花词全集》
23	《初见桃花》	刘诜	词	《历代名家咏花词全集》
24	《桃花》	刘秉忠	词	《历代名家咏花词全集》
25	《蝶恋花》	凌云翰	词	《历代名家咏花词全集》
26	《避乱还家，见桃花盛开》	梁寅	词	《历代名家咏花词全集》
27	《桃源》	梁寅	词	《历代名家咏花词全集》
28	《赋碧桃》	陶宗仪	词	《历代名家咏花词全集》
29	《桃花折枝》	张翥	词	《历代名家咏花词全集》
30	《冬日桃花》	刘敏中	词	《历代名家咏花词全集》
31	《碧桃花赋》	戴表元	赋	《历代辞赋总汇》(金元卷)

2.2 文学中的桃花意象意蕴

2.2.1 春色春景的代表

桃花柔美娇艳、占春先放，以独特而优越的物候期成为春天的象征。[1]元杨果《套数·赏花时》："丽人春风三月天，准备西园赏禁烟。院宇立秋千，桃花喷火，杨柳绿如烟。"阳春三月，和风煦暖，明丽绚烂的桃花如火焰肆意地绽放，仿佛在宣告着春天的到来。贯云石［小令］《小梁州·春》："春风花草满园香，马系在垂杨。桃红柳绿映池塘，堪游赏，沙暖睡鸳鸯。"[2]满园春色中，最夺目的便是那柳绿桃红，与池水相映成趣，渲染出如诗如画的醉人春景。赵善庆［小令］《折桂令·西湖》："十里暗湖，二月韶华。浓淡峰峦，高低杨柳，远近桃花"。西湖的春天犹如一幅层次分明的水墨画，画中的主景便是杨柳桃花……。卢挚《双调·沉醉东风》："白雪絮飞，红雨桃花坠，杜鹃声又是春归。"清风拂过，红色的桃花花瓣如红雨般片片飘落，伴随着清脆的杜鹃啼叫声，谁又能怀疑不是春归！汤式［双调］《沉醉东风·题元章折枝桃花》："素质全胜艳姿。好春不在繁枝。疏花个个真。巧笔星星是。似瑶池折来无二。"诗中的桃花并非是满树的桃花，而是从树上折下来的枝条上稀疏的几朵桃花，正是这样几朵更显清新夺目。在元代文人的眼中，桃花是春天的象征性物象，是春景的重要代表。

2.2.2 仙桃内涵意蕴

汉魏时期原始道教的兴起和神仙灵异小说的盛行确立了仙桃文化内涵，时至元代桃实、桃花、桃源亦都与"仙"密切相关。元贾仲明杂剧《铁拐李度金童玉女》描述了王母宴请众仙的仙境："趁着这千树桃花云锦开，向流水天台；真仙聚会瑶池上，仙乐和鸣鸾凤降，鸾凤双飞下紫霄，仙鹤共舞仙童唱。仙童唱歌歌太平，尝得蟠桃寿万龄；玉殿金阶列众仙，蟠桃高捧献华筵。仙酒仙花映仙果，长生不老亿千年。"[3]文学中瑶池仙境遍开桃花，蟠桃是王母和众仙食用的仙品，运用鸾凤、仙鹤等意象和众仙、紫霄、玉殿的细致描写，直接勾画出一幅天宫瑶池的仙境画面。文学也反映出桃的仙化内涵在元代无可动摇、根植民心。民间生活中，桃为仙品食之可长生不老更是人们的美好信仰，人们常将仙桃文化应用于祝寿。王恽［小令］《平湖乐·寿李夫人六首》之一："小园不惜买花钱，妆点蟠桃宴"，在祝寿仪式中"蟠桃"是必不可少的祝福之物，借以表达吉祥长寿之意。不仅是桃果，桃花更具有了"仙化"意蕴。元张养浩《中吕·喜春来》："兴来时斟罚，看天上碧桃花"；张可久［小令］《水仙子·道院即事》："炉中真汞长黄芽，亭上仙桃绽碧花"。文人直接表达碧桃花盛开在瑶池仙境，为天上仙界所有，非凡间之花。席应珍诗句《题章复画碧桃》："忆昔瑶池侍宴时，碧桃花下酒盈卮。"[4]画中碧桃花开之境，是诗人留恋向往的超脱仙境。"昔瑶池侍宴"、"酒盈卮"是在朝为官与在位者觥筹交杯的景象，而今隐居不问世事，避乱于道观之中潜心习道。张可久［双调］《清江引·开玄堂上》："桃源洞中春几许，此夜德星聚。天香玉蕊烟，仙酒琼花露，凤笙一声鹤对舞"，身处清虚的道观，犹如无忧无虑、出尘脱俗桃源仙境，一片和谐安宁，早已忘记春过几许。桃源主题则反映出浓厚的仙境仙道意蕴。［越调］《寨儿令·桃源亭上》："倒玉莲，散金钱，先生醉骑鹤上天。月影蝉娟，霞袂翩翩。即我是神仙。入蓬莱行见桑田，看梅花误入桃源"。曲中运用了玉莲、仙鹤、蓬莱等意象描述了清虚飘逸的仙境桃源，直接道出自己就是神仙，反映了内心对神仙仙境的崇尚和向往。［中吕］《朝天子·开玄道院赏芙蓉》："锦宫，半空，身世游仙梦。绣屏香冷玉芙蓉，露湿霓裳重。采药仙童，穿花丹凤，上金

鳌十二峰。醉翁，驭风，同入桃源洞”。作者在道院中观赏花木，不由得又激发他那种神仙思想，似乎真的想和醉仙一同驭风进入桃源仙境。元代文人笔下常借“桃花”、“桃源”等物象表达内心的仙道情怀，同时它们也被赋予了“仙花仙道”内涵意蕴。

2.2.3 桃花意象的情色内涵

自《诗经·桃夭》篇章建立了桃花与女子的密切关系之后，中国古代文学作品中的桃花所指代的女性身份逐渐泛化，有佳人、妻、侍儿、娼女、歌妓等。[5]元时文人眼中的桃花美艳妖娆如绝色风尘女子，遍开桃花的桃源又象征了情爱的风月场所。李致远《小桃红·碧桃》：“秾华不喜污天真。玉瘦东风困。汉阙佳人足风韵。唾成痕。翠裙剪剪琼肌嫩。高情厌春。玉容含恨。不赚武陵人。”繁盛娇艳的桃花纯净高洁，内心浓烈的爱恋却保持着纯真的本性。诗人以美人喻桃花，写桃花风韵，情调顿出。桃花枯萎后亦如汉宫美人赵飞燕的千般风韵、玉容琼肌，诗句暗含了情爱意义，也是真挚情感和美好情怀的表达。周文质《小桃红·咏桃》：“东风有恨致玄都。吹破枝头玉。夜月梨花也相妒。不寻俗。娇鸾彩凤风流处。刘郎去也。武陵溪上。仙子淡妆梳。”东风吹得桃花绽蕾开放，夜月中洁白的梨花也会妒忌。娇艳繁茂的桃花盛开的地方正是风采摇曳，风流浪漫之地，仙子满含柔情蜜意企盼心上人早日归来。元代诗人萨都拉诗作《蕊珠宫》中桃花意象的情色内涵更加直白，“天宫仙女淡淡妆，桃花洞口逢刘郎。巫山神女弄云雨，楚台人去空断肠。”作者人生经历坎坷曲折，虽然积极入仕却也归隐赋闲。诗人笔下刘阮天台山遇仙的桃花开处则演变成充满着粉红情欲的风月景观，诗作亦体现出作者怀才不遇、漂泊江湖的心情以及对社会和官场一定的讽刺意味。此外，马致远《刘阮误入桃源洞》、汪元亨《刘晨阮肇桃源洞》、陈伯将《晋刘阮误入桃源》、王子一《刘晨阮肇误入桃源》等剧作都是以桃源为题材，作品充满了仙界瑰丽色彩和桃源世界仙凡爱情的美好情感。

3 结语

桃花娇美妍丽，是美好、清雅、脱俗的象征，元代的园林中它依旧作为重要的观赏植物，被广泛栽植于皇家园林、寺庙园林及民宅庭院中，形成了多处桃花“胜景”，反映出时人对它的欣赏和偏爱之情甚为浓厚甚至不逊于前朝时代。元代文人喜爱桃花，所创作桃花题材文学作品意象意蕴承袭前代亦有延展，在文人笔下，桃花是春天的象征性物象，是春日春景的重要代表；桃实、桃花、桃源都与“仙”密切相关，借“桃花”、“桃源”等物象表达内心的仙道情怀；此外，文人笔下桃花、桃源又如风尘女子和风月场所，诠释出桃源世界仙凡爱情的美好情感。

参考文献

[1] 胡东燕，张佐双．观赏桃 [M]. 北京：中国林业出版社，2010.

[2] 隋树森．全元散曲 [M]. 北京：中华书局，2000.

[3] 徐征等．全元曲 [M]. 石家庄：河北教育出版社，1998.

[4]（清）顾嗣立，席世臣，吴申扬点校．元诗选（癸集）[M]. 北京：中华书局，2001.

[5] 渠红岩．中国古代文学桃花题材与意向研究 [M]. 北京：中国社会科学出版社，2009.

抱茎苦荬菜的开花习性及传粉生物学的初步研究

北京市天坛公园管理处 / 李红云　牛建忠　李　高　金　衡　段　超　王　安

摘　要：本文利用定位观测、显微观察等方法，探讨抱茎苦荬菜的开花动态、花朵数量性状特征、开花结实进程和传粉特性、访花动物的种类、访花行为频率等，为抱茎苦荬菜野生种质资源保护、种子生产提供科学理论基础。

关键词：抱茎苦荬菜；开花动态；传粉；访花动物

抱茎苦荬菜属多年生草本、分布广泛于我国东北、华北、华东和华南等地区[1]。它花量多、花冠大、花色艳，观赏性较强，在抗旱节水、生态建设等方面具有巨大的开发利用潜力。抱茎苦荬菜属轴根型植物，在群落中相互间以及与其他植物间具有很好的生长融合性，是营造野生地被群落的理想选择。在天坛公园的实践表明，经适当的人工干预，抱茎苦荬菜可以在群落中聚集成片，花开时节犹如黄色的地毯，提升了野生地被的景观效果。抱茎苦荬菜花黄色，也契合古人"天青地黄"的宇宙观，与天坛郊祭风貌相适宜[2]。

抱茎苦荬菜种子成熟期不一致，且种子有冠毛易迁飞、落粒，不易批量收获种子用于扩繁。目前，对抱茎苦荬菜的研究据此，课题研究了抱茎苦荬菜的生殖发育，对花的结构及传粉活动、花果期发育规律进行了调查、统计，为种群的延续和种子生产提供理论基础。

1　材料与方法

1.1　研究地点

研究地点位于天坛公园西北外坛。

1.2　研究材料与方法

研究材料：抱茎苦荬菜盆栽植株和种子生产观测圃内的单株。

1.2.1　花器构造

用体式镜观测抱茎苦荬菜的花朵结构，弄清其发育进程。

1.2.2　开花结果习性观测

选取盆栽、地栽抱茎苦荬菜植株各 20 株，自开花起，每日进行单株开花动态及花朵数量性状的统计，直至种子成熟。

1.2.3　罩网实验

在观测圃选择有代表性的植株，摘除已开放的花朵，用直径 2mm 的细眼纱网罩住整个植株并喷洒杀虫剂以确保网内没有活的昆虫等小动物存留，定期检查纱网的完好情况，并统计网内抱茎苦荬菜植株的结籽情况。

1.2.4　访花动物的观测

在抱茎苦荬菜盛花期，进行抱茎苦荬菜访花动物的调查。于 2016 年 4 月 29 日～ 5 月 10 日，选择抱茎苦荬菜相隔一定距离的花序，观察访花者的种类、数量进行记录。对出现频率高及出现数量占优势的访花昆虫种类，进行照相、捕捉等方式进行鉴定，并对其访花活动规律进行记录。

1.3 数据与分析

用 EXECL 对数据进行汇总分析。

2 结果与分析

2.1 抱茎苦荬菜开花动态和开花结实进程

抱茎苦荬菜为头状花序组成伞房状圆锥花序，在解剖镜下观测可以看出，单朵花直径约 1.0 ～ 1.3cm，组成抱茎苦荬菜头状花序的小花都是舌状花，花黄色，舌片顶端 5 齿裂，花药黄色；种子为瘦果，具细纵棱，顶生 1 层白色冠毛，长约 3mm，刚毛状。

单朵花的生长发育可分为现蕾期→单花期→花闭合→绿萼→白色绒球→单果期→果托丁 [3]（图 1 ～图 6）。在天坛公园的统计记录显示：顶生花序从现蕾到第一朵花开放约为 15 ～ 20 天；单花开放时间通常为 1 ～ 2 天，稀 3 ～ 4 天；6 月后天气炎热，花朵多上午开放，午后即闭合。花闭合后，通常 1 天顶端黄色花蕊脱落变成绿萼状。从绿萼到白色绒球约为 10 ～ 15 天。单果期通常约 1 ～ 3 天，稀 5 ～ 7 天。

图 1　盛开的花

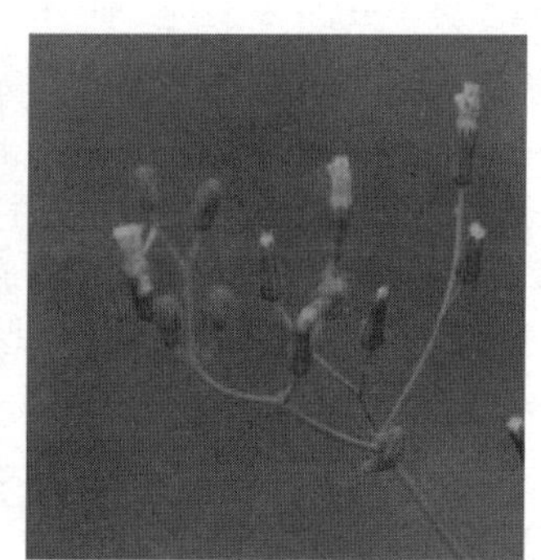

图 2　花闭合

图 3　绿萼期 - 白色绒球

图 4　单果期

图 5　种子飘落

图 6　种子成熟——果托丁

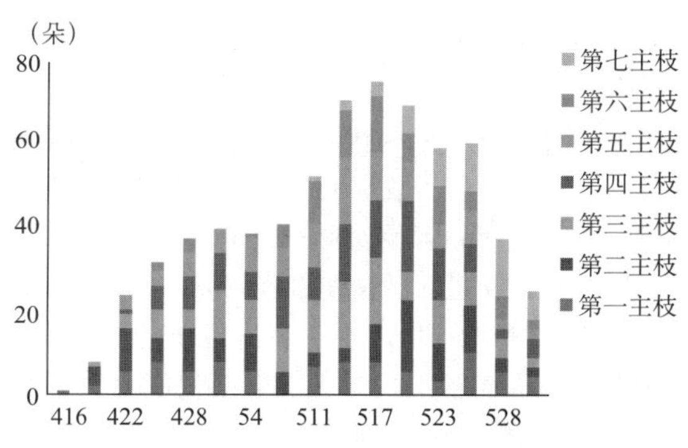

图 7　抱茎苦荬菜地栽各分枝花量统计

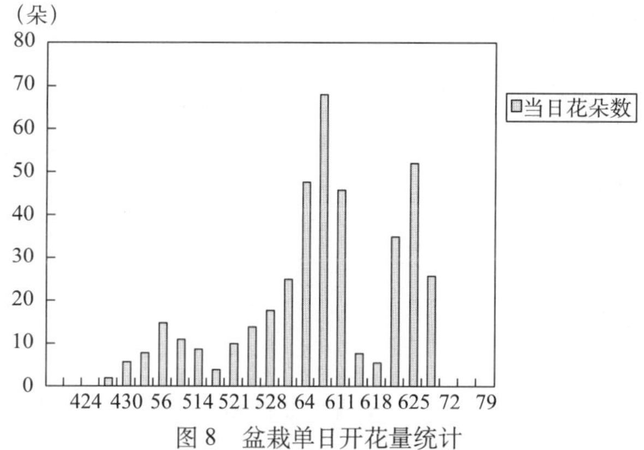

图 8　盆栽单日开花量统计

单朵花的种子数通常为 13 ～ 22 个，种子有冠毛，通常在花序上停留 1 ～ 2 天后随气流飘散，种子落地后冠毛脱落。

2.2 开花结实数量特性

抱茎苦荬菜的单朵花为头状花序，在茎枝顶端排成伞房花序或伞房圆锥花序 [4]，通常有每一分枝都是一个伞房圆锥花序。主枝（顶枝）花序开花最早，中央顶花开后，两侧两个分枝上花朵陆续开放，分枝上又会产生新的分枝，枝梢的花朵也依次开放。可以说，分枝数的多少在很大程度上决定了抱茎苦荬菜的开花结实量。盆栽植株通常有 6 ～ 8 个分枝，地栽植株由于营养条件比较好，分枝常 8 ～ 10 个，少数植株多达 12 ～ 15 个。

对盆栽和地栽抱茎苦荬菜的花朵数量进行统计，结果如图 7、图 8。

可以看出，抱茎苦荬菜开花期出现两个高峰期：分别在 5 月下旬和 6 月下旬。植株 3 月底初花，5 月下旬到达花果高峰，6 月初末花，花期约 45 ～ 60 天，高峰期单株花朵数 23 ～ 56 朵。第一个高峰期过后整个植株的开花数逐渐减少，到 6 月末时达到第二个高峰期，但是第二个高峰期时开花时，植株已进入枯黄期，开花数明显比第一个高峰期时开花数少很多，并且开花部位处于枝条下部，开花景观不如第一高峰期好。

2.3 授粉结实习性

花朵在发育过程中常因营养、干旱、病虫害等各种原因造成败育，成熟的种子数从 13 ～ 26 到 3 ～ 7 个不等。

为进一步探明授粉习性对种子数量的影响，我们设置了罩网试验。在植株进入孕蕾期设置罩网，分别于 5 月 22 日、6 月 1 日、6 月 15 日、7 月 1 日进行开花结实量统计，发现被罩网的植株能够正常开花，进入花闭合、绿萼等发育阶段，但花严重不育，仅有 1 ～ 2 朵花内有 1 ～ 2 粒黑色种子出现，说明，抱茎苦荬菜不是风媒花，没有自发的自花传粉现象，它需要传粉者活动才能坐果。

2.4 访花动物的种类、行为和访花频率

在抱茎苦荬菜花序上记录到的访花动物共有 10 余种，不同地段抱茎苦荬菜上的访花动物种类有所不同，但均以双翅目和鞘翅目昆虫为主，主要有蜜蜂、食蚜蝇、丽蝇、家蝇、瓢虫、金龟子、天牛、叶甲等 [5]（具体鉴定结果见表 1）。

抱茎苦荬菜访花昆虫的种类　　　表 1

目	科	种
鳞翅目	粉蝶科	暗脉菜粉蝶 *Pieris napi* 东方菜粉蝶 *Pieris canidia*
	灰蝶科	蓝灰蝶 *Everesargiades pallas*
膜翅目	蜜蜂科	东方蜜蜂 *Apis cerana*
	胡蜂科	胡蜂亚科 1 种
	隧蜂科	隧蜂（种待定）
双翅目	食蚜蝇科	黑带食蚜蝇 *Episyrphus balteatus* 短翅细腹食蚜蝇 *Sphaerophoria scripta.* 灰带管蚜蝇 *Eristalis tenax* 野食蚜蝇 *Syrphus torvus* 长小食蚜蝇 *Sphaerophoria cylindrica* 斜斑鼓额食蚜蝇 *Scaeva pyrastri*
	丽蝇科	丝光丽蝇 *Lucilia sericata*
	蝇科	家蝇 *Musca domestica*
鞘翅目	瓢虫科	异色瓢虫 *Harmonia axyridis* 七星瓢虫 *Coccinellas eptempunctata* 红环瓢虫 *Rodolia limbata*
	叶甲科	跳甲亚科 1 种
	丽金龟科	铜绿丽金龟 *Anomala corpulenta*
半翅目	蝽科	小花蝽 *Orius similis* Zheng

膜翅目昆虫和双翅目昆虫一般都具有飞行速度快、访花速率高、携粉量大的特点，是植物主要的传粉昆虫。鞘翅目的瓢虫、金龟子、天牛、叶甲虽然访花速率低，在花朵之间迁移相对较少，但在其取食过程中，其体表、双足可附着大量花粉，所以也起到一定的传粉作用，但同时对花朵也有一定的伤害。鳞翅目的蝶类成虫羽化后，在花丛中边吸食花蜜边迁飞、追逐，以晴暖的中午活动最盛。它们在花朵中的活动也起到了一定的传粉作用 [6]。

对主要访花动物——膜翅目 *Hymenoptera* 的蜜蜂科、双翅目的食蚜蝇科 *Syrphidae*、蝇 *Muscidae* 等活动规律进行观测。蜜蜂喜欢访问盛花期的花，常探入花冠内取食花蜜，能一朵花接一朵花地慢慢访问，每只蜂在一个花序上停留的时间可长达 1 分钟，其毛绒绒的腹部和发达的后足易于在不同花序上先后接触到花药或柱头，从而有助于抱茎苦荬菜授粉。食蚜蝇和蝇类成虫访问花朵时主要取食花粉，访花时间相对较短，在花序上停留时间常为 6 ～ 15 秒。它们虽无专门携花粉的器官，但胸部或背部触及花药时，可携带花粉，靠体毛的黏附进行传粉，具有辅助传粉的作用。

日活动规律观察显示，从上午 8 ：00 ～ 11 ：00，下午 1 ：00 ～ 5 ：00 是昆虫活动的高峰期。在试验地，以单株平均每分钟访花者数量计数，较多的有：观测到蜜蜂 3 只，食蚜蝇 5 只。此外，访花者的访花频率因天气状况的不同（有无大风、有无阴雨等）以及植物群落结构的不同而有明显差异。一般在无大风、晴到少云的情况下，7 ：30 ～ 8 ：00 之后有蜂、蝇等昆虫开始访花，17 ：30 ～ 18 ：00 之后访花者停止活动。而在阴天下雨或大风降温时，访花昆虫明显减少，几乎看不到访花昆虫活动。

3 结论与讨论

3.1 抱茎苦荬菜开花结实数量

抱茎苦荬菜从 4 月中旬始花，第一高峰期可以持续到 6 月中旬，花期约 45 ～ 60 天，高峰期单株花朵数 23 ～ 56 朵。在栽培条件较好的情况下，单株每日花朵数可以有 100 朵之多，试验地株距 15cm，行距 30cm 来计算，每平米花量可达 300 ～ 1000 之多，远望去，一片金灿灿的，可形成花海景观，具有良好的开发应用前景。

抱茎苦荬菜的单朵花种子数通常为 13 ～ 22 个，理论统计单株种子产量为 0.1 ～ 0.3g。

3.2 抱茎苦荬菜开花授粉习性

抱茎苦荬菜单花开放时间通常为 1 ～ 2 天，稀 3 ～ 4 天；6 月份天气炎热，花朵多上午开放，午后即闭合。所以，抱茎苦荬菜的适宜授粉期较短。

罩网试验表明，抱茎苦荬菜不能进行自花传粉。从生物学特性来看，抱茎苦荬菜花量大、花色鲜艳、有蜜腺等

特征，适应虫媒传粉，必需依赖传粉动物的帮助才能完成传粉过程。

可以说，开花期，传粉动物的数量和活动频度是影响抱茎苦荬菜结实的主要因素。

3.3 影响抱茎苦荬菜结实率的主要因素分析

经过长期的协同进化，传粉动物与显花植物之间形成了一种互利互惠的关系，植物开花结实能产生大量的花粉花蜜，为昆虫提供食物，比如，食蚜蝇成虫羽化后必须取食花粉，否则卵巢不能发育。同时，动物在采食花粉和花蜜的同时，为植物起了传粉受精的重要作用[7]。

由于抱茎苦荬菜的单朵花花期较短，访花者必须在开花当天至第二天访问花朵，否则，抱茎苦荬菜将不能坐果。

许多因素如光照、风力、温度、阴雨天气、人为干扰等都可以影响访花者的数量、行为和频率并进而影响植物的传粉和坐果，其中影响最大的就是天气状况，如果开花时遇到大风、下雨等天气，没有传粉昆虫适时访问，传粉即不能成功，这些花朵将无法坐果。

同时，抱茎苦荬菜花期相遇的植物有许多，像中华小苦荬菜、二月蓝、夏至草、斑种草、苜蓿、附地菜、泥胡菜、臭草、异穗苔草、牡丹、芍药、榆叶梅、碧桃、玉兰、刺槐等等，在不同地点和抱茎苦荬菜的不同植株周围花期相遇的植物无论是在种类还是在数量上都有所差别，同花期植物的种类和数量对抱茎苦荬菜访花动物的种类、数量和行为有什么具体影响，抱茎苦荬菜种群大小、密度和开花数量等如何影响访花动物的访花频率和行为等等，这些问题都有待进一步研究[8]。

总之，抱茎苦荬菜的种子是虫媒传粉的产物，访花动物的高频率访问为花的传粉成功提供了可能，如果没有传粉昆虫，其花朵不孕率大大提高，这在人工栽培尤其是人工采种繁种时是值得注意的问题。同时，花朵在发育过程中常因干旱、病虫害等各种原因造成败育，不育种子数是造成减产的主要原因。进一步研究抱茎苦荬菜的开花特性、研究昆虫访花行为及其与开花植物的相互作用，可以为深入开展植物多样性和植物生殖生态功能等方面的研究提供理论依据，对于传粉昆虫资源的保护和植物资源的开发利用都具有重要的实践意义。

参考文献

[1] 贺士元，邢其华，尹祖堂 . 北京植物志（下）[M]. 1992：1130-1131.

[2] 北京市地方志编纂委员会编著 . 北京志 . 世界文化遗产志 . 天坛志 [M] 北京出版社，2004.

[3] 李建栋 . 抱茎苦荬菜野生驯化生物学基础研究 [D]. 吉林农业大学，2008.

[4] 石铸 . 中国植物志 [M]，1997，第 744 卷，第 80 卷 .

[5] 韩永植 . 昆虫识别图鉴 [M]. 2017.

[6] 龚燕兵，黄双全 . 传粉昆虫行为的研究方法探讨 [J]. 生物多样性，2007，15（5）：576-583.

[7] 钦俊德 . 昆虫与植物的关系 [M]. 北京科学出版社，1987.

[8] 黄双全，郭友好 . 传粉生物学的研究进展 [J]. 科学通报，2000，3.

北海及团城不可移动文物日常保养维护的探索

北京市北海公园管理处 / 钱　勃　祝　玮　刘　军

摘　要：本文以北海不可移动文物为例，以公园范围内不可移动文物为研究对象，在完整普查北海及团城范围内不可移动文物的基础上，梳理影响其健康状态的因子，结合不可移动文物的外部环境及自身特点，对其日常保养与维护管理、日常巡视检查制度及日常保养与维护规程进行梳理，并在此基础上形成有针对性的以不可移动文物日常保养与维护为核心的框架体系。

关键词：不可移动文物；日常；保养；维护

北海公园是在文物古迹的基础上形成的人民公园，其文物主体——北海及团城有着800多年的历史，是我国延续时间最长、保存最完整的古代皇家园林，于1961年颁布为第一批全国重点文物保护单位。

北海于1925年正式改变为人民公园，至今已有将近百年的历史，在其发展过程中北海不断的适应社会的需要而完善着北海的“公园”的功能，景观得到大幅提升，现代化基础设施的引入也带给市民极大的便利，但与此同时因文物意识逐渐淡薄导致的各种不当干预，比如对地形地貌、山形水系的扰动以及对历史环境的扰动等时有发生，另外没有形成完善的保护管理制度和良好的人才队伍建设，使不可移动文物走上了“小病成灾”的循环。

党的“十八大”以来，“保护好文物古迹，传承优秀传统文化”成为新时代文化建设的要求。为了加强对北海及团城内不可移动文物的保护，完善北海公园文物日常保护机制，规范北海公园不可移动文物日常保养与维护的管理措施，有效实施日常保养与维护工作、控制养护费用，确保养护质量，形成了本课题的研究需求。

1　研究方法和内容

本文以北海公园为例，探讨这类以“公园”为使用性质的管理体制和模式下，通过对北海及团城的不可移动文物的保存状态进行调研和病害调查，聚焦文物保存现状中突出的普遍性问题，形成以文物日常保养与维护为核心的初步对策。

课题对北海及团城的“不可移动文物”的现状进行详细登记普查，包括拍照、测绘、记录文字等方式，尽可能全面体现文物的现状情况。本次采取分级调查的方式，对重点区域、重点对象和重点部位以及重点材料进行详细勘察，统一填写和记录，便于后期分析、对比。

本次调查将北海划分为团城、琼岛、北岸、东岸与西岸共4个区域，按照文物本体价值、所在位置、开放程度等进一步选出漪澜堂、永安寺、濠濮涧、西所、快雪堂、琼华古洞等作为重点调查建筑群。共调查不可移动文物137座。

在记录不可移动文物的形式、年代、构造做法、材料、工艺、使用功能、开放情况、地理位置、周边环境和修缮

历史等基本信息的同时，调查文物各部位、各构件的保存状况，以及周边环境和保护措施的现状情况。并对造成残损的病害原因、病害发展情况进行初步分析和判断。

2 普查结果分析

经过对北海及团城137座不可移动文物进行普查后，发现石刻、露天陈设、叠石等文物的本体情况较好，只是其周边环境问题较多；而古建筑类文物本体及周边环境均存在较多问题，具有一定代表性，下面以古建筑类文物的普查结果为例，试述普查结果分析。

经过调查，北海及团城古建筑类文物共计有70余项保存现状问题和病害，对现状问题和病害出现频率进行排列后，最终选定了较有普遍性意义的20余项问题进行了归纳整理（图1）。并对主要发生问题进行了分析，结论如下：

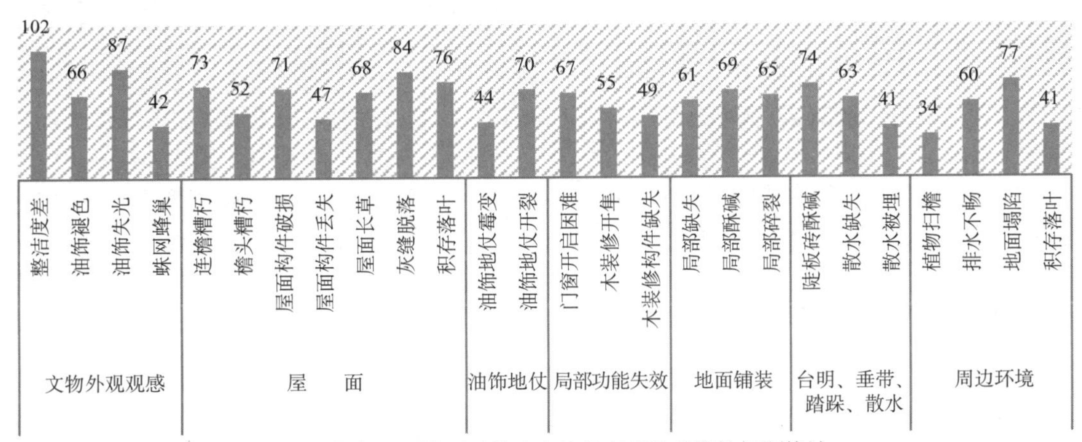

图1 北京及团城不可移动文物保存现状普遍性问题统计

（1）通过对137座古建筑类文物普查发现，问题和病害多集中于文物外观观感、屋面、地面铺装、台明及周边环境上，而出现频率最高的是文物外观整洁度相关项。

（2）文物外观观感：是一项针对文物外在“精神面貌”优劣程度的考核指标，与文物的新旧程度关系不大，是文物外观观感传达到观者内心构成主观印象后形成的客观评价。其中较大的影响因素为文物外观整洁度，包括文物表面脏污、尘土积落、油饰霉变等。

（3）屋面作为古建筑类文物最重要的部位，保存现状问题比较多，尤其屋面杂草、屋面构件破损丢失、灰缝脱落等现象对于进一步破坏、灰背损坏、檐头糟朽，甚至造成屋面防水性能失效的影响极大。

（4）油饰地仗：由于室内环境相对稳定，残损速度较为缓慢，仅在有雨水渗漏情况下才会加剧破坏速度。但外檐油饰，尤其以易遭受雨水影响的构件，由于内部木构件糟朽，导致油饰地仗起鼓、剥离速度加快。此外，近几年，由于油漆彩画所用材料的性能降低，导致油饰褪色速度加快，油饰起甲情况更加普遍。

（5）局部功能失效：此类问题大多因木构件的油饰地仗保护功能失效，导致木构件含水率变化干缩湿胀，造成门窗开启困难。另外，木装修加工精细，尺寸较小，易出现破损、缺失的情况，而人为不当干预也是主要因素。

（6）地面铺装：地面沉降源于地基沉降以及使用者长期磨损；地面铺装的破损是受外力破坏；酥碱情况是受地下水和潮气的渗入，冻胀循环造成酥碱。缺失和不当修改都是人为干预造成。

（7）台明、垂带、踏跺、散水：因阶条石和台帮组成台明，往往受地基沉降影响，出现台帮鼓闪开裂，阶条石沉降变形。陡板砖酥碱源于地下水渗入，一个冻胀周期就能造成砖墙明显的酥碱，历经3～5年，酥碱情况愈加严重。陡板砖的歪闪、开裂主要由于地基不均匀沉降造成，由于古建筑营建年代久远，地基通常比较稳定，但一些建设在水边或非稳定地基上的建筑，往往由于地基的变化造成墙体的变形开裂。

（8）周边环境：北海存在环境与历史不符，与皇家园林氛围不符的情况，往往由于没有及时纠正人为干预而造成。

3 普查结论

（1）通过对北海及团城大量不可移动文物现状调查中汇总的普遍性问题和病害结果的总结，“小病”是困扰北海公园不可移动文物的症结所在。其主要原因是北海作为皇家御苑，与宫城内的古建筑比较，具有临水、地形复杂、分布分散、更接近植物环境、遭受过更多人为破坏等特点，这些特点加剧了自然和人为因素对于不可移动文物的破坏。

（2）北海在1925年成为人民公园后，由于当时文物意识较为薄弱，没有正确处理好“文物”与“景观”之间的关系而导致过度绿化。文物需要与植物保持一定的"距离"，即便是更加结实耐用的现代建筑与植物的安全距离也是有规范可循的，而北海在公园化进程中，植物的栽植和养护却都没有充分考虑安全距离，从而造成了很多古建筑与植物之间的尴尬情况，比如紧挨着文物种植的植物根系毁坏建筑基础及墙体，枝干扫打屋面，导致檐头、屋脊瓦件破损和丢失的现象频繁发生。而绿化喷灌也有很多由于设置不当，在浇到植物的同时也淋湿了文物，导致墙体和油饰大面积残损，文物周边环境情况堪扰。

（3）水、暖、电、气、热等基础设施不规范的引入，地下管沟在开挖和回填时，不仅没有充分考虑避让文物，还对文物周边环境、历史地形地貌均形成较大破坏。另外，固定在不可移动文物本体上的各类强弱电电线，也形成较大的安全隐患。

（4）人才缺失和管理不足也是较为突出问题，在基层文物保护单位中，尤其是像北海公园这类以“公园”为使用性质的管理体制和模式下，由于文物保护专业性人才不足，普遍存在对“不可移动文物”范畴认识模糊，文物意识较为薄弱的现实情况，而“不可移动文物”管理工作的权责交叉、混乱，导致不可移动文物日常养护工作不足。

总之，北海公园不可移动文物保存现状中突出的普遍性问题仅靠阶段性的修缮工程是无法彻底解决的，而完善北海公园文物日常保护机制，规范北海公园不可移动文物日常保养与维护的管理措施，有效实施日常保养与维护工作，才是加强对北海及团城内不可移动文物保护的必要手段。

4 日常保养与维护框架体系

不可移动文物在保存过程中会遭受到由自然和人为因素造成的影响，持续地开展不可移动文物的日常保养与维护工作符合不可移动文物的保护规律，通过实施恰当的日常保养与维护，不仅能够预防危险，消除隐患，延缓不可移动文物的衰败过程，从而有效避免日后更多、更严重的干预，还能以较好状态展示不可移动文物。

通过不可移动文物日常保养维护与巡视检查的轮动，可以为更好地保护不可移动文物并提供真实、有效的信息积累，且在此过程中还能为文物保护单位培养一批具有专业素质的不可移动文物管理人员和技术工人，使我国传统修缮技艺得到较好的延续，也有助于培养正确的文物古迹保护意识。

通过对北海及团城不可移动文物保存状态的持续观察，在分析总结病害的形成规律与发展特点的基础上，根据北海及团城保护区域内不可移动文物所处的环境以及自身的形制、工艺、材料等特点，形成包含日常保养与维护管理、日常巡视检查制度、日常保养与维护操作规程等内容的框架体系。

4.1 组织架构

作为全国重点文物保护单位应高度重视不可移动文物的保护与管理工作，形成一套切实可行的不可移动文物保护与管理工作模式，成立公园文物工作领导小组，由公园主要领导作为组长形成一套领导班子及顾问团队，负责公园不可移动文物保护与发展方面的规划与决策。

作为不可移动文物保护工作中最基础也是最重要的组成部分，文物的巡视检查和日常保养与维护也属于公园文物工作领导小组督导范围，长期持续的巡视检查记录及结论是公园文物工作领导小组决策保护方式（如大修、小修、日常保养与维护）的重要依据。

4.2 工作程序

为了做好层层落实，保证不可移动文物日常保养与维护工作有序进行，并能够高质高效地完成任务，完善的工作程序十分必要。根据不可移动文物的特点，结合文物保护相关法律法规，为了避免与政策冲突，消除过度干预的可能性，不可移动文物日常保养与维护工作范畴需要严格限定，最终形成经常性保养与维护、简易维修①与应急措施三条主线的工作范畴，其中经常性保养与维护是常态化工作，仅须按照已经核准的《年度经常性保养与维护工作计划》实施。而简易维修与应急措施作为临时性工作，是在形成维修或应急需求后，直接对不可移动文物实施的干预行为，因此需要明确工作程序并严格控制干预程度。

4.3 巡视检查

巡视检查是一项长期的、持续的基本文物保护工作制度，为全面的文物保护工作提供有效的信息收集和积累，是对文物古迹日常保养与维护工作的有力补充，是衡量日常保养与维护工作优劣、总结完善日常保养与维护工作体系的重要手段。

北海公园的不可移动文物具有品类多样、地理环境复杂、分布分散的特点，这种文物保护单位的文物保护工作仅依赖文物监测设施设备提供的数据是远远不够的，人为的巡视检查仍是当前最有效的手段。

由于事业单位编制的问题，北海公园设置一个相对专

① 简易维修需求应根据不可移动文物巡视检查结果及园内各部门的报修情况形成。

业化的团队组织，并带动各个基层队中兼职的文物巡视员进行有计划的巡视检查是一个较为可行的方案，另外，为了解决巡视检查人员少的问题，还应充分利用保洁、保安长期在园内进行巡视的工作特点，稍加培训，使不可移动文物巡视检查制度延伸到公园日常工作的方方面面。

针对北海公园不可移动文物的特点，巡视检查应科学合理地设置巡视检查分区，比如北海公园是由多个不可移动文物组群组成的文物保护单位，通过合理地设置文物分区可以达到使巡视检查员能够更加专一的地某一分区进行持续监控的目的，这样随着巡视检查员越来越深入地了解分区内不可移动文物的背景资料，工作也就开展得更为有利。

5 工作要点

通过上述调查和分析可知，现有北海不可移动文物出现的病害源于外界自然和人为因素，也有自身材料和工艺的影响，但大量不可移动文物的残损病害往往要经历比较长的周期，才会发展成为必须进行整修加固的严重病害。在出现问题的初期，人为适当干预，如日常保养和维护将有效减缓和阻止病害的迅速发展和蔓延。

5.1 建立有效的巡视检查制度

巡视检查应包括日常巡视检查和专项巡视检查两部分。日常巡视检查是指按照《不可移动文物巡视检查计划》开展的经常性巡视检查。专项巡视检查是指针对突发的、会明显影响不可移动文物安全的自然灾害或人为破坏而开展的巡视检查，其目的是及时发现、记录灾害对不可移动文物产生的不利影响。如人为破坏包括恶意刻画、污染、拆卸、偷盗、不当施工等。

《不可移动文物巡视检查计划》应包括全部日常巡视检查内容。在固定的易发生危险的时期，应适当增加有针对性地检查内容。如汛期应根据雨情适当进行临时性巡视检查，察看不可移动文物的防水及排水情况，并相应增加对院落外围进行巡视的相关内容。

《不可移动文物巡视检查计划》应规划好巡视检查片区及巡视检查路线，并且根据不可移动文物风险等级安排好有针对性的巡视检查周期。

巡视检查应科学合理地安排各片区的巡视检查线路，在保证巡视人员和文物自身安全的前提下，巡视检查尽量做到“立体”，不漏检任何不可移动文物及其周边环境的易损部位。

在巡视检查的规范制定上，本文特引入风险等级的概念。风险等级分级按不可移动文物的重要程度、材料的不可逆程度以及修复的难易度等指标对不可移动文物进行分级。比如重要程度最高的白塔，修复难度较大的九龙壁，修复难度较高的石刻构件如西天梵境山门的丹陛石、大慈真如宝殿的石栏板等，均应受到文物巡视部门的高度重视，增加巡视的频率次数，尤其在发生极端天气的时密切关注。

5.2 明确日常保养与维护对象

通过在课题完成过程中的问卷调查，发现有一半以上的职工和游人对于不可移动文物认知非常模糊，大多数人没有分辨不可移动文物的能力，这对于正确地开展文物保护工作十分不利，一份清晰明确的不可移动文物清单能使巡视检查员和实施日常保养维护的相关人员尽快地了解情况，准确地锁定保护对象，是清单的作用和重要性。

不可移动文物清单是根据北海及团城的核心价值、文物特点、水文地形特点等因素编制而成，具有明显的北海特色，它是对于《中华人民共和国文物保护法》定义的不可移动文物范畴，结合北海特点进行的一次扩容和细化，强化了北海在以其总体核心价值下作为一个文物综合体全面保护的工作原则。

日常保养与维护适用对象为，北海及团城文物保护区域内在历史上形成或遗留的具有价值的且不可移动的实物遗存。包括：北海及团城文物保护区域内所有古代建筑物、构筑物①、露天陈设、石刻、山形②、水系③、叠石等。还包括文物所处环境，针对不可移动文物本体安全所搭设或者安装的装置、设施，如支撑、护栏、保护罩等。

5.3 不可移动文物周边环境明确列入日常保养与维护对象

在课题开展的普查工作中发现不可移动文物周边环境的总体情况不好，也就是说重视文物本体的保护，而忽视了周边环境的保护，而北海与故宫这种纯宫殿式文物组群最大的区别就是北海是由不可移动文物与山形水系、植物群落形成的有机共同体，必须要全面保护，而不能区别对待，分开保护。所以在今后北海的文物保护工作中，尤其在不可移动文物日常保养与维护工作中应该重视北海文物本体、周边环境与园林景观要素的统一保护。

5.4 明确日常保养与维护工作内容

根据现状调查，确定北海不可移动文物需要的日常保

① 古代构筑物包括历史上形成的影壁、界墙、园墙、院墙、宇墙、牌楼、桥梁、石栏板、山路、高台、水池、道路等。

② 山形指历史上为配合北海营建意匠而形成的山体、地形与地势、护坡及挡土墙等。

③ 水系指自然和历史形成的水体系统的平面投影的形状、水闸、驳岸、入水口、出水口、码头及水本身。

养与维护涉及的内容、范围、技术要求与管理要求。

通过对北海及团城范围内的不可移动文物的全面普查，制定了北海的不可移动文物清单。此清单的形成，对于大多数非专业的职工而言，明确的保护对象为具体工作打下坚实的基础。

为了便于管理和识别，文物清单按文物分布情况建立文物分区，并赋予每一个文物单独的识别编号，还设置了文物属性。清单的具体内容包括了序号、文物编号、文物分区、文物名称、所属类型、所占面积及其他几个部分。在所属类型中，涵盖了古代建筑物、构筑物、遗址、露天陈设、石刻、叠石、古树及其他等内容。

工作内容通过清单的形式体现，以便于操作人员使用。其目的是限制日常保养与维护工作对文物的过度干预。

5.5 对于不可移动文物日常保养与维护干预程度的控制

目前，北海公园保护不可移动文物主要分为大修、局部小修及日常保养维护。大修或者局部小修，均对文物有一定的干预，而日常保养与维护则应尽量做到“零干预”。

本课题成果将不可移动文物日常保养与维护工作分为三类具体内容，包括经常性保养维护、简易维修、应急措施。并针对每一项具体内容规定了具体的工艺流程和解决措施。其部分内容如下：

5.5.1 经常性保养与维护

经常性保养与维护系指针对不可移动文物受自然和人为因素影响而造成的脏乱以及轻微损害所进行的日常性、季节性的养护。

（1）除尘保洁

1）保持不可移动文物本体及周边环境整洁卫生，物品摆放有序。

2）清除屋面土垢、树叶、苔藓等杂物。

3）清除庭院杂物。

4）清洁室内外构件等。

5）庭院内不得存放易燃易爆物品。

6）及时对影响不可移动文物安全的植物采取有效措施。

（2）表面养护

增强下架油饰及砖石地面的抗老化、抗（耐）磨损能力，如油饰表面上蜡抛光、室内金砖及石材地面上蜡抛光等。

5.5.2 简易维修

简易维修指针对不可移动文物的局部功能失效以及构件损伤所进行的日常性维修。

（1）防渗排水

1）保持屋面排水畅通，如针对屋面的清垄、除草、勾缝补漏、捉节挟垄疏通天沟等，杜绝瓦顶渗水现象；发现屋面局部渗漏应及时勾抹，如渗漏水面积较大应做标记，进行详细检查，确定具体渗漏位置、范围并及时上报。

2）保持地面及散水、院落等排水畅通，应及时清除泄水口周边杂物垃圾，疏通院落及周边明暗排水沟，查补地面铺装和散水，更换破损构件。当发生大面积积水时，应查找原因及时排除。

（2）修整补配

及时检查屋面情况，发现屋面局部渗漏应及时勾抹。检查地面及散水、院落等情况，查补地面铺装和散水，更换破损构件。

（3）应急措施

应急措施系指针对不可移动文物的突发性损伤所做的紧急处理措施，如不可移动文物突然出现安全性问题时实施简易的支顶加固以及防护措施等。

6 结语

不可移动文物是我国的物质文化遗产，同时也是我国人民智慧的结晶，保护不可移动文物不仅是保护我国的历史文化传统，也是对我国精神文明的传承。北海是目前保存下来历史最悠久的皇家园林，历经金元明清，留下大量的可移动及不可移动文物。在文物保护单位赋予公园职能的现实要求下，为融合保护与游览的实际需要，本文结合北海公园不可移动文物特点，研究并建立了文物日常养护维修的标准化方式，以更加科学合理的方式保护北海公园不可移动文物。

参考文献

[1]《中华人民共和国文物保护法》(2013 年修订版）.

[2]《中华人民共和国文物保护法实施条例》(2013 年修订版）.

[3]《文物保护工程管理办法》(2003 年版）.

[4]《中国文物古迹保护准则》(2015 年版）.

[5]《古建筑木结构维护与加固技术规范》GB 50165—1992.

[6]《古建筑保养维护操作规程》(国家文物局 2015 年 3 月）.

[7] DB11/T 889. 1—2012. 北京市文物保护工程操作规程 [S]. 北京：北京市质量技术监督局，2012.

[8] 马炳坚 . 中国古建筑木作营造技术 [M]. 北京：科学出版社，2003.

[9] 杜仙洲 . 中国古建筑修缮技术 [M]. 北京：北京建筑工业出版社，2014.

[10] 刘大可 . 中国古建筑瓦石营法 [M]. 北京：中国建筑工业出版社，1997.

[11] 钱勃等 . 北海团城古建大修实录 [M]. 天津：天津大学出版社，2015.

5 种铁线莲种子萌发特性的研究

北京市植物园，北京市花卉园艺工程技术研究中心，
城乡生态环境北京实验室 / 温韦华　陈　燕　刘涬洋　施文斌　孙　猛

摘　要：铁线莲是一种优良的藤本花卉，园林应用潜力较大。本文对5种铁线莲种子的外观形态进行了观察，测量了种子的千粒重、相对含水量和吸水率，并就光照和温度对铁线莲种子萌发的影响进行了研究。5种铁线莲种子的萌发试验表明：光暗交替条件下，大叶铁线莲和东方铁线莲种子萌发较易，三个温度梯度均适合其种子萌发。光照促进了铁线莲品种‘蓝丝带’的种子萌发，其种子萌发适宜温度为20/10℃变温和25/15℃变温。铁线莲品种‘蒙古钟声’和黄花铁线莲种子的最适发芽条件是光暗交替条件下的25/15℃变温。

关键词：铁线莲；千粒重；种子特性；萌发率

毛茛科铁线莲属植物为多年生草本或灌木，大多具有枝蔓多姿，花色丰富，花型多变等特质，具有较高的观赏价值，适合栽植于棚架、围栏、门廊等处，是优良的园林垂直绿化材料[1]。铁线莲作为一种成熟的园林材料在国外广泛应用，由于我国大部分地区夏季高温高湿的气候，其在我国应用尚处于起步阶段。园艺品种在引种过程中常表现出花色变浅、花径减小、枯萎病常发等问题，使铁线莲在园林中的应用困难重重[2, 3]。我国铁线莲野生种质资源丰富，拥有 155 种，占世界该属种类的 1/3 以上[4]。开发野生铁线莲资源为铁线莲在我国的应用提供了新思路。

我国对铁线莲属的研究工作常局限于分类学研究、药用开发和资源调查等方面，对铁线莲进行深入的引种、育种、生理生化研究较少[5, 6]。为了使野生铁线莲顺利引种、繁殖以及进行园艺品种与野生种类的杂交育种研究，本文对 5 种铁线莲种子的生物学特性、萌发特性进行了研究，旨在为铁线莲的引种、繁殖及育种工作提供技术支持。

1　材料和方法

1.1　试验材料

本试验采用的试验材料为大叶铁线莲（*Clematis heracleifolia*）、东方铁线莲（*Clematis orientalis*）、铁线莲品种‘蓝丝带’（*Clematis integrifolia* 'Blue Ribbons'）、铁线莲品种‘蒙古钟声’（*Clematis integrifolia* 'Mongolian Bells'）、黄花铁线莲（*Clematis intricata*）。其中，大叶铁线莲、东方铁线莲种子于 2015 年 10 月采自于北京植物园苗圃；黄花铁线莲种子于 2015 年 10 月采自于北京延庆野外；铁线莲品种‘蓝丝带’、铁线莲品种‘蒙古钟声’种子于 2015 年 12 月购自 Jelitto 种子公司。试验所用的种子在阴凉通风处晾干，剔除杂物后放在 4℃冰箱中保存备用。

1.2　试验方法

1.2.1　种子的物理指标

（1）种子形态观察

参照《中国植物志》[7] 和《中国植物种子形态学研究

方法和术语》[8] 中有关种子形态的描述方法，用目测的方法观察铁线莲种子的形状、颜色、表面性状。随机选取100粒无病害、饱满的种子，进行拍照。

随机选取20粒种子，用游标卡尺测量种子的长度、宽度、厚度，并重复3次。

（2）种子千粒重、相对含水量和吸水率的测定

每种种子随机取1000粒，用电子天平称重（精确至0.0001g），重复3次，然后计算平均值，由此得出每种种子的千粒重。

每种种子随机取100粒，用105℃烘箱烘至恒重。重复3次，用下列公式计算种子的相对含水量：

种子的相对含水量（%）=（100粒种子原重－干重）/100粒种子原重 ×100

每种种子随机取100粒，浸泡于水中，直至重量不再增加，称取重量。重复3次，用下列公式计算种子的吸水率：

种子的吸水率（%）=（100粒种子吸水后重量 -100粒种子原重）/100粒种子原重 ×100

1.2.2　种子萌发特性的测定

（1）发芽方法

2016年5～6月，采用纸培法，在恒温培养箱内进行发芽试验。每种种子选取40粒，重复三次，室温下浸泡于去离子水中24小时后，置于垫有两层滤纸的培养皿中，在设定的环境条件下的恒温培养箱内进行培养。以胚根突破种皮作为种子始发标志，培养后每天记录发芽数，直至连续5天不再发芽为止。发芽试验结束后，按照以下公式计算发芽率。采用SPSS17.0软件进行数据统计分析。

发芽率（%）= 发芽种子数 / 供试种子数 ×100

（2）种子的萌发条件

选取相同型号的三台培养箱（HPG-280BX），分别设置如下条件（表1）。取置有大叶铁线莲、东方铁线莲、铁线莲品种‘蓝丝带’、铁线莲品种‘蒙古钟声’、黄花铁线莲种子的培养皿于设置不同温度和光照条件下的恒温培养箱内进行培养。其中，大叶铁线莲、东方铁线莲、铁线莲品种‘蓝丝带’的种子设两份，其中一份用三层黑色塑料薄膜遮光后培养。三台培养箱设置的昼夜交替时间相同。

5种铁线莲种子的培养条件　　表1

序号	温度和光照条件	培养条件编号
1	昼温20℃有光照；夜温10℃无光照。昼夜12小时交替	X
2	昼温25℃有光照；夜温15℃无光照。昼夜12小时交替	Y
3	昼温30℃有光照；夜温20℃无光照。昼夜12小时交替	Z
4	昼温20℃无光照；夜温10℃无光照。昼夜12小时交替	X′
5	昼温25℃无光照；夜温15℃无光照。昼夜12小时交替	Y′
6	昼温30℃无光照；夜温20℃无光照。昼夜12小时交替	Z′

2　结果与分析

2.1　种子的物理指标

2.1.1　种子的外观形态观察

如表2所示，5种铁线莲种子的大小、形状各不相同。铁线莲品种‘蓝丝带’的种子最大，长轴、短轴、厚度均显著大于其他种子。其次是铁线莲品种‘蒙古钟声’，其长轴、短轴均显著大于除铁线莲品种‘蓝丝带’之外的其他种子，但其厚度较小，呈扁平、边缘增厚形。大叶铁线莲种子厚度与铁线莲品种‘蒙古钟声’无显著差异，但长轴、短轴显著低于铁线莲品种‘蒙古钟声’。东方铁线莲种子较小。

5种铁线莲种子的外观形态　　表2

序号	种子类别	长轴（mm）	短轴（mm）	厚度（mm）	种子形态
1	大叶铁线莲	3.19±0.08d	1.84±0.06c	0.97±0.01b	瘦果卵圆形，两面凸起，红棕色，被短柔毛，宿存丝状花柱被白色长柔毛
2	东方铁线莲	2.82±0.04e	1.41±0.03d	0.74±0.01c	瘦果卵形、椭圆状卵形至倒卵形，宿存花柱被长柔毛
3	铁线莲品种‘蓝丝带’	5.90±0.09a	3.55±0.07a	1.21±0.02a	瘦果圆状菱形，扁，边缘增厚，宿存花柱
4	铁线莲品种‘蒙古钟声’	5.40±0.12b	3.10±0.06b	0.96±0.02b	瘦果卵形，扁，边缘增厚，宿存花柱
5	黄花铁线莲	4.15±0.13c	1.92±0.04c	0.74±0.01c	瘦果卵形至椭圆状卵形，扁，边缘增厚，宿存花柱被长柔毛

2.1.2　种子的千粒重、相对含水量和吸水能力

千粒重是体现种子大小、饱满程度、种子质量的一项重要指标，千粒重大的种子通常具有较充实的贮藏物质。从表 3 中数据可以看出，东方铁线莲种子的千粒重不足 1g。大叶铁线莲、黄花铁线莲的种子均超过 1g，铁线莲品种‘蓝丝带’、铁线莲品种‘蒙古钟声’种子较大，分别为 7.312g 和 4.939 g。

水分是种子萌发的重要条件。种子的相对含水量、吸水能力与种子的种类、形态结构和化学成分等相关。黄花铁线莲的相对含水量为 9.45%，除黄花铁线莲外，其他铁线莲种子的相对含数水均超过了 10%。黄花铁线莲种子的吸水率最高，为自重的 172.27%；其次是铁线莲品种‘蒙古钟声’和铁线莲品种‘蓝丝带’，吸水率分别是自重的 165.43% 和 145.61%；东方铁线莲和大叶铁线莲种子的吸水率相对较低，分别为 128.90%/115.53 和 107.76%。5 种铁线莲种子的吸水量均超过了自重。

5 种铁线莲种子的千粒重和含水量　　表 3

序号	种子类别	千粒重（g）	相对含水量（%）	吸水率（%）
1	大叶铁线莲	1.70	14.09	107.76
2	东方铁线莲	0.86	13.56	115.53
3	铁线莲品种‘蓝丝带’	7.31	13.08	145.61
4	铁线莲品种‘蒙古钟声’	4.94	16.03	165.43
5	黄花铁线莲	1.43	9.45	172.27

2.2　不同培养条件下铁线莲种子的萌发特性

2.2.1　大叶铁线莲

大叶铁线莲种子按照表 1 进行培养至第 10 天，各培养条件下陆续开始有种子萌发（图 1）。其中，Y、X′、Y′培养条件下的种子萌发较快，在第 14 天发芽率均超过 60%，分别于 21、17、22 天时达到最大。随着培养时间的延长，X、Z 培养条件下种子的萌发率迅速增长，而 Z′培养条件下种子的萌发速度较其他组稍慢，萌发率较其他组一直处于较低的状态。

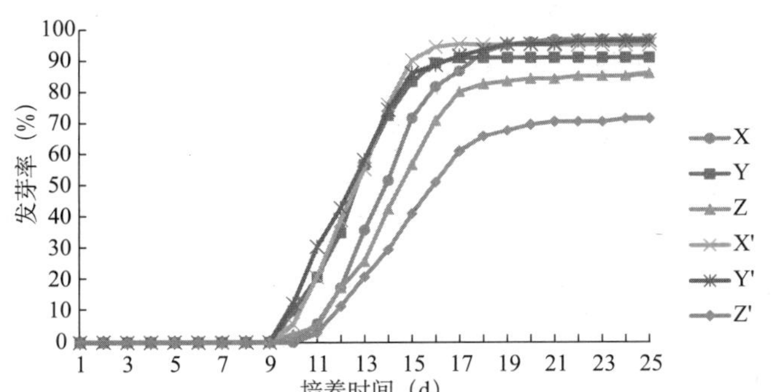

图 1　不同培养条件下大叶铁线莲种子的萌发进程

对不同处理的种子最大发芽率进行差异显著性分析，结果表明（表 4），X、Y、Z、X′、Y′培养条件下的种子最终萌发率无显著差异。Z′培养条件下种子的最终萌发率只有 71.43%，显著低于其他培养条件。

不同处理对大叶铁线莲种子发芽率的影响（%）　表 4

	20/10℃变温	25/15℃变温	30/20℃变温
光暗交替	96.67±1.67a	90.83±3.33a	85.83±5.83a
全暗	95.24±3.43a	96.19±1.90a	71.43±7.56b

注：不同小写字母表示差异显著（P=0.05）。

大叶铁线莲种子萌发速度较快、较易，6 个培养条件下的种子萌发率均在 21 天内超过 70%，25 天时达到萌发最大值，除 Z′外，其他处理的最大萌发率均高于 85%。

光暗交替培养时，随着培养温度的降低，萌发率增加，但是各处理间差异不显著；全暗培养时，30/20℃变温培养条件下种子萌发率显著低于其他温度梯度处理。30/20℃变温培养条件下，光暗交替培养的种子萌发率显著高于全暗培养条件下的。

2.2.2　东方铁线莲

东方铁线莲种子按照表 1 进行培养。如图 2 所示，从第 8 天开始陆续有种子开始萌发。其中，Y′培养条件下的种子萌发速度最快，在第 11 天发芽率达 74%，在第 18 天发芽率达到最大值。X、Y、Z、X′培养条件下的种子萌发速度次之，分别于 20、21、24、20 天时达到最大值。Z′培养条件下种子的萌发速度较其他组稍慢，萌发率较其他组较低。

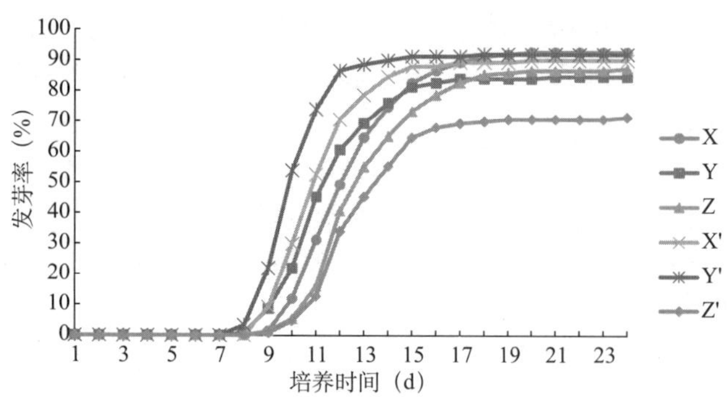

图 2　不同培养条件下东方铁线莲种子的萌发进程

对不同处理的种子最大发芽率进行差异显著性分析，结果表明（表 5），X、Y、Z、X′、Y′培养条件下的种子最终萌发率间无显著差异。Z′培养条件下种子的最终萌发率只有 71.33%，显著低于其他培养条件。

不同处理对东方铁线莲种子发芽率的影响（%）　表 5

	20/10℃变温	25/15℃变温	30/20℃变温
光暗交替	92.67±2.40a	84.67±4.06a	87.33±4.67a
全暗	90.00±2a	92.00±1.15a	71.33±7.51b

东方铁线莲种子萌发速度较快、较易，6 个培养条件下的种子萌发率均在 15 天即达到 60%，24 天时达到萌发最大值，除 Z′外，其他处理的最大萌发率均高于 80.00%。

2.2.3　铁线莲品种‘蓝丝带’

如图 3，‘蓝丝带’种子培养后 20 天开始萌发。X、Y 培养条件下的发芽速度较快，发芽率于培养 36 天后超过 60%，分别于培养 49 天、45 天后达到最大值 80.95% 和 81.90%。Z 萌发速度次之，发芽率于培养 44 天后超过 60%，于培养 49 天后达到最大值 68.57%。X′、Y′、Z′培养条件下的发芽速度较慢，发芽率均未达到 60%。

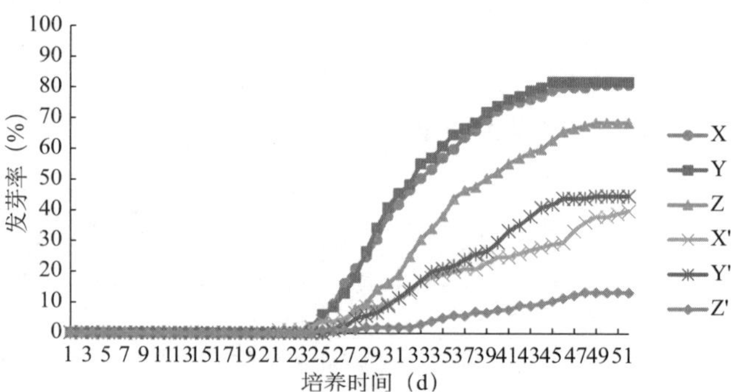

图 3　不同处理条件下铁线莲品种‘蓝丝带’种子的萌发进程

光照有助于‘蓝丝带’种子萌发，全暗条件下‘蓝丝带’种子萌发较缓慢。无论是光暗交替还是全暗培养条件下，‘蓝丝带’种子萌发率均表现出由 25/15℃、20/10℃至 30/20℃依次降低的趋势。

对不同处理的种子最大发芽率进行显著性差异分析，结果表明，光照、温度均对铁线莲品种‘蓝丝带’的种子萌发产生显著性影响（表 6）。光照对铁线莲品种‘蓝丝带’种子萌发产生显著性影响，三个温度梯度下的光暗交替培养条件下的种子萌发率均显著性高于全暗培养条件下的种子萌发率，可见，光暗交替有利于种子的萌发，黑暗条件抑制了种子的萌发。温度对铁线莲品种‘蓝丝带’种子萌发产生显著性影响，光暗交替培养条件下，25/15℃变温和 20/10℃变温显著优于 30/20℃变温；全暗培养条件下，25/15℃变温和 20/10℃变温显著优于 30/20℃变温。

不同处理对铁线莲品种‘蓝丝带’种子发芽率的影响（%）　表 6

	20/10℃变温	25/15℃变温	30/20℃变温
光暗交替	80.95 ±2.52a	81.90±2.52a	68.57±1.65b
全暗	40.00±5.95c	43.81±0.95c	13.33±1.90d

2.2.4　铁线莲品种‘蒙古钟声’

铁线莲品种‘蒙古钟声’在培养 19 ~ 21 天开始萌发（图 4）。达到 60% 的萌发率，X、Y 需要 38 天。培养至 49 天时，X、Y 培养条件下的种子萌发率达到最大值，分别为 75.83% 和 86.67%。Z 的最大发芽率为 57.5，始终未超过 60%。

对不同处理的种子最大发芽率进行差异显著性分析，结果表明，温度对铁线莲品种‘蒙古钟声’的种子萌发产生显著性影响，25/15℃变温显著优于 30/20℃，20/10℃培养条件下的种子萌发率同其他两组无显著差异（表 7）。可见，高温对铁线莲品种‘蒙古钟声’种子萌发不利。

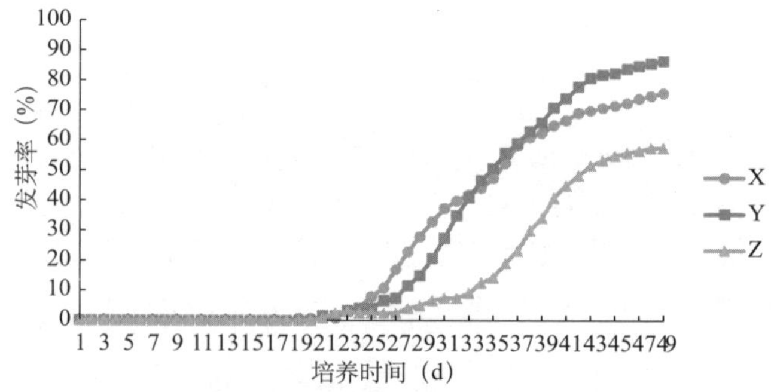

图 4　不同处理条件下铁线莲品种‘蒙古钟声’种子的萌发进程

不同处理对铁线莲品种‘蒙古钟声’种子发芽率的影响（%） 表 7

	20/10℃变温	25/15℃变温	30/20℃变温
光暗交替	75.83±6.01ab	86.67±0.83a	57.50±7.64b

2.2.5 黄花铁线莲

黄花铁线莲种子在培养 10 至 11 天开始萌发(图 5)，X、Y、Z 培养条件下的种子均萌发迅速，萌发率分别在培养第 20、30、25 天达到最大值 58.89%、75.56% 和 71.11%。Y 在第 18 天种子发芽率超过 60%，Z 在第 23 天种子发芽率超过 60%。

三个温度梯度下，黄花铁线莲种子萌发迅速，发芽过程在 30 天内完成。

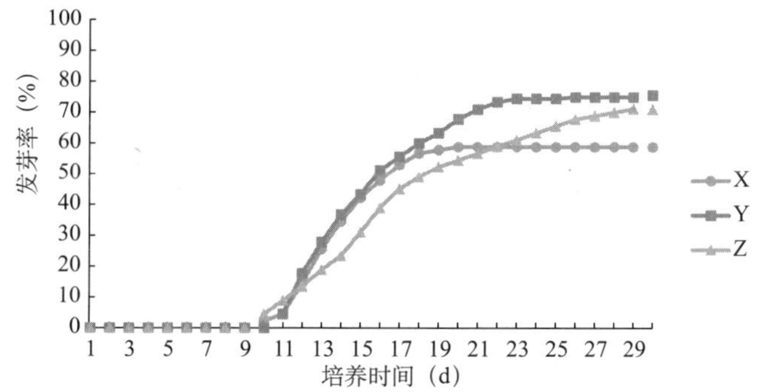

图 5 不同处理条件下黄花铁线莲种子的萌发进程

对不同处理的种子最大发芽率进行差异显著性分析(表 8)，结果表明，温度对黄花铁线莲的种子萌发产生显著性影响，25/15℃变温显著优于 20/10℃变温，30/20℃变温与其他两个变温条件无显著性差异。可见，低温不利于黄花铁线莲种子萌发。

不同处理对铁线莲黄花铁线莲种子发芽率的影响（%） 表 8

	20/10℃变温	25/15℃变温	30/20℃变温
光暗交替	58.89±1.11b	75.56±4.01a	71.11±5.88ab

3 讨论

本试验探索了 5 种铁线莲种子萌发的适合条件，其中既有原生种也有园艺品种，为铁线莲的繁殖和推广应用提供了理论指导。

铁线莲种子的萌发速度快慢不一。大叶铁线莲、东方铁线莲、黄花铁线莲萌发速度较快，培养至 8 ~ 11 天开始发芽，培养至 20 天左右时萌发率可达到最大值。铁线莲品种‘蓝丝带’、铁线莲品种‘蒙古钟声’种子萌发速度较慢，培养后 20 天左右才开始萌发，培养至 50 天左右时萌发率可达到最大值。铁线莲品种‘蓝丝带’和铁线莲品种‘蒙古钟声’种子的萌发速度较慢，可能与其种子的物理特性有关，这两种铁线莲种子较其他 4 种的体积较大、千粒重较高、种皮较致密。

种子的萌发与自身物理特性相关的同时，还与培养的环境条件密切相关[9, 10]，光照是其中的一个重要因子。本试验设置的光暗交替的培养条件对不同种铁线莲种子萌发的影响各不相同。对于大叶铁线莲、东方铁线莲来说，在 30/20℃变温条件下，两种铁线莲种子全暗处理的萌发率显著低于光暗交替；而在 20/10℃变温、25/15℃变温条件下，光暗交替培养与全暗培养对两种铁线莲种子萌发率的影响均无显著性差异。对于铁线莲品种‘蓝丝带’来说，3 个温度梯度下的光暗交替培养条件下的种子萌发率均显著高于全暗培养条件下的种子萌发率，可见，光暗交替有利于铁线莲品种‘蓝丝带’的种子萌发，黑暗条件抑制了其种子萌发。

温度是影响种子萌发的另一重要环境因子。随着温度的升高，种子萌发过程中的代谢反应会愈加活跃，但是超过了一定的温度范围，代谢活动就会减慢。不同铁线莲的种子萌发对温度的要求亦有差别。

在铁线莲的实际生产中，要根据具体种类具体分析，营造适合铁线莲种子萌发的环境条件以提高生产效率。对于大叶铁线莲和东方铁线莲来说，种子萌发的适宜温度范围较宽，从 20/10℃变温到 30/20℃变温，无论有无光照条件种子萌发率均可高于 70%；铁线莲品种‘蓝丝带’的种子萌发适宜条件为光暗交替条件下的 25/15℃变温和 20/10℃变温。光暗交替条件下，对于铁线莲品种‘蒙古钟声’和黄花铁线莲来说，从发芽速度和发芽后期苗的健康情况综合考虑，25/15℃变温是最佳选择。

参考文献

[1] 章银柯，江燕 . 我国铁线莲属植物研究现状及其园林应用 [J]. 北方园艺，2007（3）：122-124.

[2] 龙雅宜 . 攀缘植物皇后的“苦闷”[J]. 中国花卉盆景，2002（10）：25.

[3] 雄梁，吴璐璐，季梦成 . 中国铁线莲属植物研究现状及展望 [J]. 江西科学，2008（5）：832-838.

[4] 张燕，黎斌，李思锋 . 铁线莲属植物分类学及园艺学研究进展 [J]. 中国野生植物资源，2010（5）：6-10.

[5] 张鸽香，武珊珊 . 我国铁线莲属植物的研究现状及园林应用方式 [J]. 安徽农业科学，2010，38（22）：12076-12078.

[6] 管开云，李志坚，李景秀 . 铁线莲属植物的引种栽培研究初报 [J]. 云南植物研究，2002，24（3）：392-396.

[7] 中国科学院中国植物志编辑委员会 . 中国植物志 [M]. 1980，28（4）：148-150.

[8] 刘长江 . 中国植物种子形态学研究方法和术语 [J]. 西北植物学报，2004，24（1）：178-188.

[9] 温韦华，陈进勇 .5 种乡土地被植物种子萌发特性的研究 [J]. 种子，2016（6）：27-31.

[10] 李世峰，蔡艳飞，李树发，等 . 不同因子对钝萼铁线莲种子萌发的影响 [J]. 北方园艺，2011（3）.

储存温度对 3 种百合花粉萌发力影响的研究

北京植物园 / 董知洋　温韦华　池　淼　魏　钰

摘　要：本研究以秀丽百合、岷江百合和有斑百合3种野生百合为材料，研究了储存温度对百合花粉萌发力的影响。结果表明，秀丽百合花粉最优培养液配方为蔗糖50g/L+硼酸0.05g/L+氯化钙0.04g/L，岷江百合花粉最优培养液配方为蔗糖50g/L+硼酸0.05g/L+氯化钙0.03g/L，有斑百合最优培养液配方为蔗糖50g/L+硼酸0.05g/L+氯化钙0.05g/L。为保持后续试验的一致性和可操作性，故选择4号培养液作为后续花粉储存实验的培养液。在120d的试验时间内，3种百合花粉在25℃条件下储存萌发率降低最多，该温度不适宜百合花粉的储存；4℃条件下储存花粉可以减缓花粉萌发力的损失，适宜花粉短期储存；使用液氮超低温-196℃储存的花粉萌发力损失最少，甚至与新鲜花粉萌发率没有显著差异，是适合百合花粉长期储存的温度。

关键词：超低温储存；野生百合；百合花粉；离体萌发

百合为百合科（*Liliaceae*）百合属（*Lilium*）植物的总称，素有“球根花卉之王”的美誉，是世界人民喜欢的花卉。我国约有 55 种，既是百合属植物的主要原产地，又有着悠久的百合种植历史，但在百合属植物的应用上存在品种单一的问题，栽培种类大多依靠进口[1]。野生百合则多用于食药材，众多资源的园林应用价值尚待开发。自然环境中野生百合种类丰富，但种群竞争力弱，植株分布分散，人为破坏严重。

在百合育种方面，意、美、日、荷等国选育出的品种较多[2]，其中荷兰年生产百合种球约为 21 亿个，70% 出口国外[3]。我国的杂交育种工作起步晚，拥有自主产权的品种较少，还有待进一步发展。

在百合杂交育种工作中，由于花期不遇等原因，花粉的储存是一项重要环节。研究百合花粉储存方法时，需要对储存前后的花粉萌发能力进行对比，来筛选适宜的储存方法。花粉萌发率是评价花粉细胞活性的一个重要依据，使用培养液对百合花粉进行离体萌发更为合适[4]，这种方法不仅简便可靠，还可以准确观察计算花粉的萌发率，以此为依据来反映储存过程中花粉活力的变化[5]，并直观观测花粉管的生长发育情况[6]。百合花粉培养液中蔗糖、硼和钙对百合花粉萌发影响较大[7]，而不同百合种类间最适培养配方也不完全相同[8]。

研究花粉储存的过程中要尽量保持相对较低的温湿度，不同百合种类的最适储存温度、湿度、萌发率下降速度等变化存在差异[9]。尽管随着时间推移花粉生活力会随之下降[10]，但在液氮 -196℃超低温条件下，花粉处于“生命暂停”状态，新陈代谢和营养物质消耗减少，可以为花粉创造长期保存的条件[11]。

Knowlton 在 1922 年第一次报道了贮存于 -180℃的金鱼草（*Antirrhinum majus*）花粉仍具有生活力[12]。之后有人对苹果（*Malus pumila*）、桃（*Prunus perisica*）、梨（*Pyrus bretschneideri*）、樱桃（*P. pseudocerasus*）[13]、芍药（*Paeonia lactiflora*）[14]、蜡梅属[15]、山茶花（*Camellia japonica*）[11]、玉兰（*Yulania denudata*）[16]、桂花（*Osmanthus fragrans*）[17]和番茄（*Lycopersicon esculentum*）[18]等植物的花粉进行超低温储存研究，并实现了花粉的成功保存。

百合属植物存在种间花期不遇的现象，会给杂交育种工作带来阻碍。为此，本研究将引种的野生百合花粉储存于不同温度条件下，探索延长其储存时间，降低花粉在储存过程中萌发力的损耗，以期为百合杂交育种工作提供更有活力的花粉材料。

1 材料与方法

1.1 试验材料选择与收集

选择植株健壮、无病虫害、花粉量大的秀丽百合（*Lilium amabile*）、岷江百合（*L.regale*）和有斑百合（*L.concolor var.pulchellum*）花粉作为试验材料。

花粉采集于北京市植物园草花基地的百合种质资源圃。对引种野生百合进行物候观察，选择在每种百合的盛花期进行花粉采集。花粉采集时，使用镊子将当天开放的但未完全散粉的百合花药取下[19, 10]，放入离心管中带回实验室。在实验室中将花药取出放置于干燥阴凉处4h待其散粉后，再使用解剖针和解剖刀将花药上和散落的花粉收集起来，并使用离心管盛放。为保证试验数据可靠，震荡离心管中的花粉，使其充分混合。

1.2 百合花粉萌发液的筛选

对当天采集的花粉进行花粉离体萌发培养，采用3因素3水平正交试验，根据统计分析结果筛选出3种野生百合花粉的最优萌发培养液配方，同时选择1种作为后续试验中野生百合花粉的统一培养液。

蔗糖设置3个浓度，分别为50g/L、75g/L、100g/L；硼酸设置3个浓度，分别为0.05g/L、0.10g/L、0.15g/L；氯化钙设置3个浓度，分别为0.03g/L、0.04g/L、0.05g/L，按照L_9（3^4）正交表的排列，产生9个培养液配方，见表1。使用这9种培养液对秀丽百合、岷江百合和有斑百合花粉进行离体培养。

百合花粉培养液配方表　　表1

序号	蔗糖浓度（g/L）	硼酸浓度（g/L）	氯化钙浓度（g/L）
1	50	0.05	0.03
2	50	0.10	0.04
3	50	0.15	0.05
4	75	0.05	0.04
5	75	0.10	0.05
6	75	0.15	0.03
7	100	0.05	0.05
8	100	0.10	0.03
9	100	0.15	0.04

使用悬滴法对野生百合花粉进行离体培养，将制好的载玻片放入保湿的培养皿中，盖上培养皿盖，放入25℃光照恒温箱中，4级光照，培养6h。经过培养的花粉使用10× 显微镜进行观察，以花粉管长度超过花粉直径记为花粉萌发。每种培养液设置3个重复，每个重复随机选取3个视野进行观察计数，共计9个视野，记录3种百合花粉萌发率，并使用SPSS 19.0进行统计学分析。

萌发率 =（萌发花粉数量 / 花粉粒总数）×100%

1.3 不同储存温度对3种百合花粉萌发率的影响

将充分混合好的花粉分装至冻存管中。花粉置于冻存管底部，塞入1～1.5cm棉花，棉花底部与花粉不接触，再放入硅胶干燥剂，拧紧管盖。分别放入4℃冰箱、25℃恒温箱和−196℃液氮中。其中放入液氮中的冻存管分别装入带有扎口绳的尼龙网兜中，再放入液氮罐提斗中投入液氮。储存时间为30d、60d、90d、120d。

−196℃液氮中储存的花粉在进行花粉离体培养前需要进行化冻处理。从液氮罐中取出冻存管连同尼龙网一起放入塑料容器内，使用自来水进行冲洗，冲洗时间5min。

每隔30d使用4号培养液对储存的3种百合花粉进行萌发力测试。花粉离体培养6h后，在显微镜下观察并记录花粉萌发数量，以花粉管超过花粉粒直径记为萌发。使用SPSS 19.0统计软件对3种百合花粉萌发率变化进行显著性分析，同时利用EXCEL绘制萌发率散点图，得到趋势线方程对萌发率下降速度进行分析。经过分析筛选出3种花粉最适宜的储存温度。

2 结果与分析

2.1 3种百合花粉最优培养液筛选

9种不同培养液对3种百合花粉的萌发效果不同，萌发率统计结果见表2。

不同培养液条件下花粉萌发率均值及标准差分析结果　表2

培养液配方	秀丽百合	岷江百合	有斑百合
1	66.01±3.21ab	87.29±4.05a	72.66±8.02a
2	64.00±6.29ab	73.34±10.54ab	63.87±4.57ab

续表

培养液配方	秀丽百合	岷江百合	有斑百合
3	31.56±2.54c	76.00±8.08ab	60.52±6.00ab
4	77.08±4.55a	81.89±6.47ab	78.57±10.59a
5	51.98±9.18b	72.82±2.95ab	51.76±33.78ab
6	24.35±16.01c	72.62±4.45ab	34.00±1.41b
7	54.38±11.01ab	70.49±9.56ab	64.12±14.39ab
8	25.91±1.76c	68.76±2.75b	65.85±4.23ab
9	58.89±15.40ab	63.89±5.87b	44.64±11.01ab

注：数据代表三个重复的均值 ± 标准误。同列数据小写字母表示 $p < 0.05$ 显著水平，相同字母之间表示差异不显著，不同字母之间表示差异显著。

秀丽百合花粉在 4 号培养液中萌发率为 77.08%，是 9 种培养液中萌发率最高的，1、2、8 和 9 号培养液中花粉萌发率分别为 66.01%、64.00%、54.38% 和 58.89%，与 4 号培养液中花粉萌发率没有显著差异；6 号培养液中花粉萌发率最低，仅为 24.35%，与 3 号（31.56%）、6 号（24.35%）、7 号（25.91%）的花粉萌发率之间无显著差异。4 号和 6 号培养液中的花粉萌发率间存在显著差异。

岷江百合花粉在 1 号培养液中萌发率最高，为 87.29%。2、3、4、5 和 6 号培养液中花粉萌发率分别为 73.34%、76.00%、81.89%、72.82% 和 72.62%，与 1 号培养液中花粉萌发率无显著差异。9 号培养液中花粉萌发率为 63.89%，是 9 种培养液中花粉萌发率的最低值，其与 1 号培养液中花粉萌发率具有显著差异。

有斑百合花粉在 4 号培养液中萌发率最高，为 78.57%，与 1 号（72.66%）、2 号（63.87%）、3 号（60.52%）、5 号（51.76%）、7 号（64.72%）和 8 号（65.85%）培养液中的花粉萌发率没有显著差异；在 6 号培养液中萌发率最低，只有 34.00%，与 4 号培养液中花粉萌发率间存在显著差异。

对萌发率进行了单变量多因素方差分析，比较培养液中各营养成份对 3 种野生百合花粉萌发率的影响程度，结果见表 3。

单变量方差分析主体间效应的检验　　表 3

百合种类	营养成份	Ⅲ型平方和	*df*	*F*	*Sig.*
秀丽百合	蔗糖	724.078	2.00	4.477	0.025
	硼酸	4600.808	2.00	28.445	0.000
	氯化钙	4723.581	2.00	29.204	0.000
岷江百合	蔗糖	586.076	2.00	6.908	0.005
	硼酸	442.042	2.00	5.210	0.015
	氯化钙	60.347	2.00	0.711	0.503
有斑百合	蔗糖	565.029	2.00	1.266	0.304
	硼酸	3710.690	2.00	8.313	0.002
	氯化钙	84.587	2.00	0.189	0.829

根据表 4 可以看出，蔗糖、硼酸和氯化钙的浓度对秀丽百合花粉萌发率影响具有极显著差异（$p < 0.01$）；氯化钙的浓度对岷江百合花粉萌发率的影响具有显著差异（$p < 0.05$），蔗糖和硼酸则达到极显著差异（$p < 0.01$）；蔗糖和氯化钙对有斑百合花粉萌发率的影响具有显著差异（$p < 0.05$），硼酸则具有极显著差异（$p < 0.01$）。

进一步对培养液营养组分浓度进行方差多重比较分析，结果见表 4。

单变量方差多重比较分析　　表 4

营养组分	浓度（g/L）	秀丽百合花粉萌发率（%）	岷江百合花粉萌发率（%）	有斑百合花粉萌发率（%）
蔗糖	50	53.86±17.16a	78.87±9.45a	65.69±7.73a
	75	51.14±24.74a	75.78±6.22a	54.78±26.30a
	100	46.39±18.17a	67.71±6.49b	55.27±16.58a
硼酸	0.05	65.83±11.61a	79.89±9.62a	71.78±11.64a
	0.10	47.29±17.78b	71.64±6.05b	60.49±18.40a
	0.15	38.27±19.34b	70.84±7.69b	43.46±13.41b
氯化钙	0.03	38.76±22.04b	76.22±9.09a	57.50±18.45a
	0.04	62.99±12.71a	72.99±8.94a	57.52±22.47a
	0.05	42.97±14.40b	73.24±8.47a	62.32±10.06a

注：同列数据小写字母表示 $p < 0.05$ 显著水平，相同字母之间表示差异不显著，不同字母之间表示差异显著。

从表 4 中可以看出，秀丽百合花粉在蔗糖浓度为 50g/L、硼酸浓度为 0.05g/L、氯化钙浓度为 0.04g/L 时相应的花粉萌发率最高，因此秀丽百合花粉萌发的培养液最优组合为蔗糖 50g/L+ 硼酸 0.05g/L+ 氯化钙 0.04g/L。

岷江百合花粉在蔗糖浓度为 50g/L、硼酸浓度为 0.05g/L、氯化钙浓度为 0.03g/L 时花粉萌发率最高，因此岷江百合花粉萌发的培养液最优组合为蔗糖 50g/L+ 硼酸 0.05g/L+ 氯化钙 0.03g/L。

有斑百合花粉在蔗糖浓度为 50 g/L、硼酸浓度为 0.05g/L、氯化钙浓度为 0.05g/L 时花粉萌发率最高，因此有斑百合花粉萌发的培养液最优组合为蔗糖 50 g/L+ 硼酸 0.05g/L+ 氯化钙 0.05 g/L。

岷江百合花粉最优培养液为 1 号，秀丽百合和有斑百合花粉萌发液最优组合在本次试验的 9 组培养液中未出现。在 9 组培养液中，岷江百合花粉 1 号和 4 号培养液培养萌发率没有显著差异，并且秀丽百合和有斑百合花粉在 4 号培养液中萌发率最高，为保持后续试验的一致性和可操作性，故选择 4 号培养液作为后续花粉储存试验的培养液。

2.2 不同储存温度对 3 种百合花粉萌发力的影响

在不同温度条件下储存 3 种野生百合花粉，间隔 30d 进行离体萌发，计算相应萌发率，其结果及方差分析见表 5。

不同储存温度条件下的花粉萌发率均值及标准差分析结果　　表 5

百合种类	储存温度	0d	30d	60d	90d	120d
秀丽百合	4℃	77.08±4.55a	68.41±9.41a	55.00±6.02a	22.62±2.67b	12.36±0.88b
	−196℃	77.08±4.55a	67.32±9.39a	60.76±9.39a	53.79±14.68a	46.54±10.87a
	25℃	77.08±4.55a	7.81±1.56b	0.00±0.00b	0.00±0.00c	0.00±0.00c
岷江百合	4℃	81.89±6.47a	81.83±4.64a	75.39±1.94a	71.79±8.17a	62.89±7.87a
	−196℃	81.89±6.47a	80.54±7.26a	75.51±8.22a	77.82±2.82a	74.19±6.47a
	25℃	81.89±6.47a	20.96±2.18b	0.00±0.00b	0.00±0.00b	0.00±0.00b
有斑百合	4℃	78.57±10.59a	58.04±20.44a	48.35±3.18a	42.57±2.62b	11.8±4.45b
	−196℃	78.57±10.59a	69.63±11.56a	59.38±14.94a	57.26±0.21a	54.65±2.59a
	25℃	78.57±10.59a	17.8±4.01b	3.84±2.28b	0.00±0.00c	0.00±0.00c

注：同列数据小写字母表示 $p < 0.05$ 显著水平，相同字母之间表示差异不显著，不同字母之间表示差异显著。

对比不同储存温度条件下的花粉萌发率。储存 30d 时，秀丽百合、岷江百合和有斑百合花粉 25℃储存条件下的花粉萌发率都显著低于 4℃和 −196℃液氮储存条件下的花粉萌发率，而 3 种百合花粉 4℃储存和 −196℃液氮储存条件下的花粉萌发率不存在显著差异。

储存至 60d 时，3 种百合 25℃储存条件下的花粉萌发率全部低于 4℃和 −196℃液氮储存条件下的花粉萌发率，且存在显著差异，其中秀丽百合和岷江百合 25℃储存的花粉萌发率降为零，而在 4℃和 −196℃液氮储存条件下的 3 种百合花粉萌发率不存在显著差异。

储存至 90d 时，25℃储存的 3 种百合花粉萌发率均为零，并且与各自 4℃和 −196℃储存的花粉萌发率有显著差异。秀丽百合花粉 4℃与 −196℃液氮中储存的花粉萌发率差异显著。岷江百合 4℃和 −196℃储存的花粉萌发率接近，分别为 71.79±8.17% 和 77.82±2.82%，仍未出现明显差异。有斑百合花粉 4℃储存的花粉萌发率为 42.57±2.62%，显著低于 −196℃液氮中储存的花粉萌发率。

储存至 120d 时，25℃储存的 3 种百合花粉均无花粉萌发。秀丽百合和有斑百合 −196℃储存的花粉萌发率分别为 46.54±10.87% 和 54.65±2.59%，显著高于各自 4℃和 25℃储存的花粉萌发率。岷江百合 −196℃储存的花粉萌发率为 74.19±6.47%，高于 4℃储存的花粉萌发率 62.89±7.87%，但两者差异不显著。

综合上述结果，从花粉储存 30d 开始，4℃和 −196℃液氮储存的 3 种百合花粉萌发率要都高于 25℃储存的萌发率；从 60d 开始，−196℃液氮储存的花粉萌发率要高于其他储存温度的花粉萌发率。可以看出与 4℃和 25℃相比，−196℃液氮超低温储存可以保持更高的花粉萌发力。

为了更加清楚地反映储存温度对百合花粉萌发率变化的影响，特对相同储存温度不同储存时间萌发率变化进行了分析，见表 6。

不同储存时间萌发率均值及标准差分析结果　　表 6

百合种类	储存时间	4℃	−196℃	25℃
秀丽百合	0d	77.08±4.55a	77.08±4.55a	77.08±4.55a
	30d	68.41±9.41a	67.32±9.39ab	7.81±1.56b
	60d	55.00±6.02b	60.76±9.39ab	0.00±0.00c
	90d	22.62±2.67c	53.79±14.68ab	0.00±0.00c
	120d	12.36±0.88d	46.54±10.87b	0.00±0.00c
岷江百合	0d	81.89±6.47a	81.89±6.47a	81.89±6.47a
	30d	81.83±4.64a	80.54±7.26a	20.96±2.18b
	60d	75.39±1.94ab	75.51±8.22a	0.00±0.00c
	90d	71.79±8.17ab	77.82±2.82a	0.00±0.00c
	120d	62.89±7.87b	74.19±6.47a	0.00±0.00c

续表

百合种类	储存时间	4℃	-196℃	25℃
有斑百合	0d	78.57±10.59a	78.57±10.59a	78.57±10.59a
	30d	58.04±20.44b	69.63±11.56a	17.8±4.01b
	60d	48.35±3.18b	59.38±14.94a	3.84±2.28c
	90d	42.57±2.62b	57.26±0.21a	0.00±0.00c
	120d	11.80±4.45c	54.65±2.59a	0.00±0.00c

注：同列数据小写字母表示 $p < 0.05$ 显著水平，相同字母之间表示差异不显著，不同字母之间表示差异显著。

在4℃储存条件下，秀丽百合花粉在储存至30d时萌发率为68.41%，与初始萌发率77.08%未出现显著差异，储存60d、90d和120d时的花粉萌发率为55.00%、22.62%和12.36%，都显著低于初始花粉萌发率，且随着时间推移花粉萌发率连续显著下降，120d的储存过程中花粉萌发率共下降64.72%。岷江百合花粉储存30d、60d和90d的花粉萌发率都未与其初始花粉萌发率81.89%出现显著差异，储存至120d时花粉萌发率为62.89%，与初始花粉萌发率出现显著差异，120d的储存过程中花粉萌发率共下降19.00%；有斑百合花粉储存30d、60d和90d时花粉萌发率分别为58.04%、48.35%和42.57%，相互间及与初始萌花粉萌发率间无显著性变化，至120d时其萌发率为62.89%，显著低于其他储存时间的花粉萌发率，储存过程花粉萌发率下降66.77%。

在液氮-196℃的储存条件下，秀丽百合储存至90d时其花粉萌发率为53.79%，与30d、60d及其初始萌发率之间均为出现显著差异，直至储存至120d花粉萌发率为46.54%时才出现显著下降，储存过程花粉萌发率下降30.54%；岷江百合和有斑百合花粉在此储存条件下，120d的储存过程中花粉萌发率与初始萌发率未出现显著下降，储存过程花粉萌发率分别下降7.7%和23.92%。

在25℃储存条件下，秀丽百合和岷江百合花粉储存至30d时花粉萌发率分别为7.81%和20.96%，与初始萌发率出现显著下降，至60d时两种百合花粉即没有花粉萌发，储存过程花粉萌发率分别下降77.08%和91.89%；有斑百合储存至30d的花粉萌发率为17.8%，显著低于其初始花粉萌发率，至60d时仅为3.84%，与30d的花粉萌发率相比又出现了显著降低，90d时则无花粉萌发，储存过程花粉萌发率下降78.57%。

随着储存时间延长，3种百合花粉的萌发率都出现了不同程度下降。对比每种百合在相同温度不同储存时间下花粉的萌发率，可以看出，在120d的储存过程中，储存于-196℃液氮中的3种百合花粉萌发率比各自4℃和25℃储存的花粉萌发率下降的少，在该温度条件下储存百合花粉可以有效减少花粉萌发力的损失，延长花粉的储存时间。

由于3种野生百合花粉初始萌发率不同，为了更加深入了解不同储存温度对花粉萌发力的影响和变化规律，以储存天数为横坐标，萌发率为纵坐标，利用EXCEL绘制散点图和趋势线，见图1～图3。趋势线斜率可以反映花粉萌发率的变化速度，利用其进一步分析储存温度对百合花粉萌发率下降速度的影响。

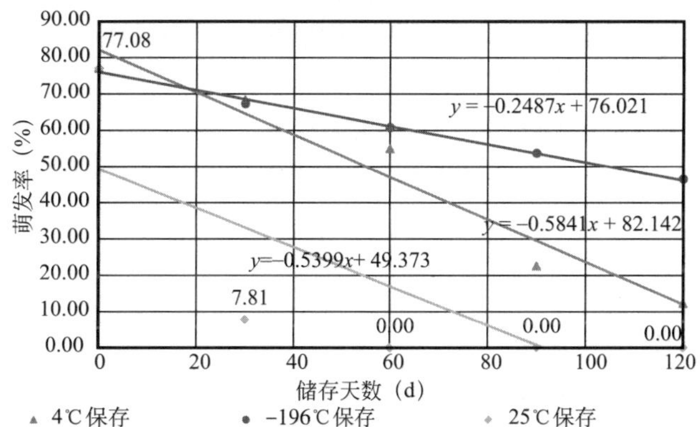

图1　秀丽百合花粉萌发趋势图

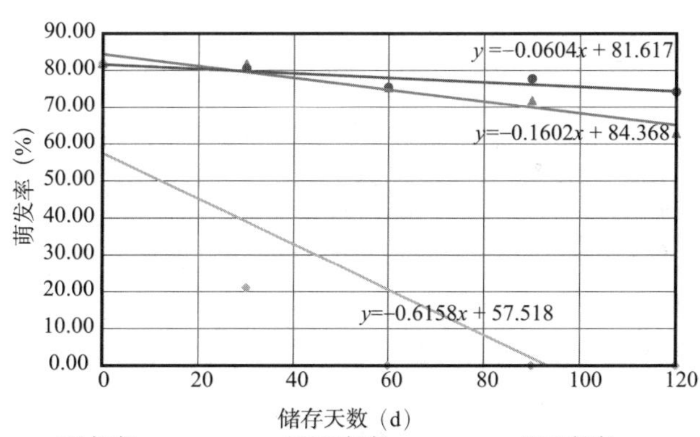

图2　岷江百合花粉萌发趋势图

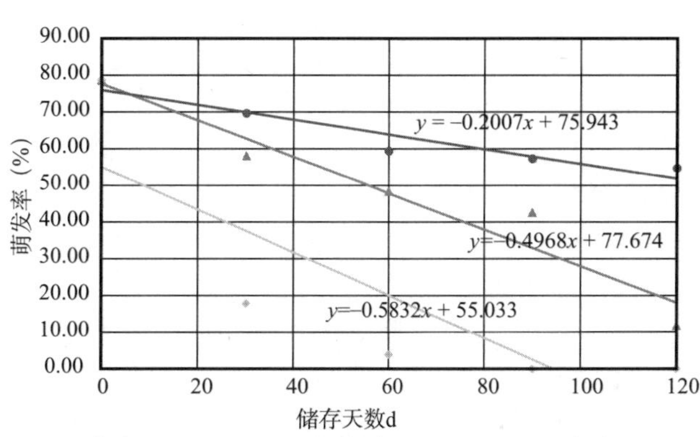

图3　有斑百合花粉萌发趋势图

从萌发率趋势图 1 ～图 3 中可以看出，使用 -196℃液氮超低温储存的花粉萌发率趋势线最为平缓，萌发率下降速度最慢。25℃储存的花粉萌发率趋势线斜率最大，花粉萌发率降低速度最快。4℃储存的花粉萌发率下降速度介于 -196℃储存和 25℃储存萌发率趋势线中间。岷江百合 -196℃储存花粉萌发率趋势线斜率最接近于零，是 3 种百合不同储存温度中萌发率降低速度最慢的，其 25℃萌发率降低速度又是 3 种百合中最快的，这种大幅度差异表明在试验的 3 种野生百合中岷江百合花粉对储存温度最为敏感，受温度影响最大。综合 3 种野生百合萌发率趋势线情况，可以看出随着储存温度的降低，花粉活力的降低速度也随之减缓。

3 结论与讨论

本试验筛选出 3 种百合花粉培养液的最优配方，并结合试验需要选择了同时适合培养这 3 种百合花粉的培养液，之后在不同储存温度条件下对 3 种百合花粉进行储存，通过分析储存前和储存后花粉萌发率变化，发现储存温度对 3 种野生百合花粉的萌发力有很大影响，说明储存温度是影响花粉萌发力重要因素[20]，这与前人研究结果基本一致。

3 种百合花粉在 25℃条件下储存萌发率降低最快，也最易失去萌发力，不适合在此温度下储存百合花粉；4℃冰箱储存则可以 30d 短期储存花粉，使萌发率不出现明显降低；花粉置于 -196℃液氮中超低温储存，可以长期保持花粉萌发率，有效减缓萌发率降低的速度，降低储存过程中的花粉萌发力损失，为杂交育种储存高质量的花粉材料，是本次研究中 3 种野生百合花粉储存的最适温度。

试验结果显示，储存在液氮中的岷江百合花粉 90d 的萌发率略高于 60d 的萌发率，推测可能一方面与百合的种类有关，另一方面可能是百合花粉在超低温储存环境中部分花粉完成了后熟，提高了花粉整体的萌发率，出现了类似于前人在进行牡丹和芍药的花粉超低温储存研究过程中提到的经过超低温储存的花粉萌发率会略高于新鲜花粉的“冷刺激”现象[14, 20]，对于此现象的产生原因和机理还有待进一步研究和探索。

参考文献

[1] 夏宜平，高晓辰 . 试论百合等球根花卉的商品种球国产化问题 [M]. 北京，2001：216-223.

[2] 赵祥云，赵五一 . 浅谈我国百合产业发展前景和发展策略 [M]，2001：4.

[3] 夏宜平，黄春辉，郑慧俊，等 . 百合鳞茎形成与发育生理研究进展 [J]. 园艺学报，2005（05）：182-188.

[4] 年玉欣，罗凤霞，张颖，等 . 测定百合花粉生命力的液体培养基研究 [J]. 园艺学报，2005（05）：157-160.

[5] 赵统利，周翔，朱朋波，等 . 百合花粉生活力测定方法的比较研究 [J]. 江苏农业科学，2006（05）：88-144.

[6] 赵兴华，张道旭，印东生，等 . 百合花粉生活力测定和贮藏方法研究 [J]. 北方园艺，2009（02）：172-175.

[7] 李晶，刘冬云，张灿 . 液体培养基对有斑百合花粉管生长的影响 [J]. 河北农业大学学报，2011（06）：50-54.

[8] 郭思佳，王倩，梁隐泉，等 . 几种百合花粉生活力测定及贮藏条件研究 [J]. 江苏农业科学，2015（9）：205-207，208.

[9] 张艺萍，吴丽芳，王祥宁等 . 百合 32 个基因型的花粉生活力及其贮藏条件的研究 [J]. 华北农学报，2013（z1）：167-171.

[10] 王钦丽，卢龙斗，吴小琴，等 . 花粉的保存及其生活力测定 [J]. 植物学通报，2002（03）：365-373.

[11] 李广清 . 山茶花粉超低温保存研究 [D]. 北京林业大学，2005.

[12] 赵树仁，武丽英，姚民昌，等 . 番茄花粉超低温保存的研究 [J]. 园艺学报，1993（01）：66-70.

[13] 陈霜莹，常永健，赵艳华，等 . 果树花粉的超低温保存 [J]. 华北农学报，1993（S1）：60-64.

[14] 尚晓倩 . 芍药花粉超低温保存研究 [D]. 北京林业大学，2005.

[15] 陈珊 . 蜡梅属植物花粉低温及超低温保存研究 [D]. 华中农业大学，2005.

[16] 徐瑾 . 玉兰花粉超低温保存机制研究 [D]. 北京林业大学，2014.

[17] 李稚，陈洁，张洪伟，等 . 桂花花粉超低温保存和花粉管萌发研究 [J]. 甘肃农业大学学报，2014（01）：99-104.

[18] 王梓然，莫云容，鲍继艳，等 . 低温和超低温保存花粉对番茄坐果率和种子量的影响 [J]. 云南农业大学学报（自然科学），2016（02）：263-267.

[19] 刘武林 . 花粉的采集、贮藏和生活力的测定 [J]. 植物学通报，1985（03）：8-12.

[20] 张铭芳，吴磊磊，贾桂霞 . 百合不同杂交系品种花粉贮藏特性分析 [J]. 西北植物学报，2013（07）：1465-1472.

[21] 李秉玲，王荷，刘燕 . 日本牡丹品种花粉超低温保存 [J]. 北京林业大学学报，2010（4）：297-300.

[22] Flora Of China 编委会 . Flora of China[M]：Science Press，2000（24）：135–149

三北地区蕨类濒危机制及保育研究

北京市植物园，北京市花卉园艺工程技术研究中心，城乡生态环境北京实验室 /
吴　菲　丛燕颖　赵　萌　崔晶晶　陈　旭

摘　要：经查阅相关志书及文献，并结合课题组成员的实地考察及标本查阅工作，三北地区共有蕨类植物38科、76属、340种（含22变种、4变型）。通过查阅国家及省市各级重点保护野生植物名录，可知三北地区共有18种被保护的珍稀濒危蕨类植物，分属于12科，13属。其中较多的科为蹄盖蕨科、铁角蕨科、卷柏科、紫萁科，分别为3种、3种、2种、2种。三北地区蕨类植物受到以下一些威胁：（1）生境丧失、（2）人为采挖、（3）环境污染、（4）人类活动的威胁。根据目前的濒危现状提出了三北地区珍稀濒危蕨类植物的保育措施。

关键词：三北地区；蕨类植物；濒危机制；保育研究

1　三北地区蕨类资源现状

经查阅相关志书及文献，并结合课题组成员的实地考察及标本查阅工作，三北地区共有蕨类植物 38 科、76 属、340 种（含 22 变种、4 变型）[1-12]。三北地区蕨类植物分别占中国蕨类植物科、属的 60.32% 和 33.04%，约占总种数的 13.42%。西北地区的蕨类植物种类最多，其次为华北地区，东北地区最少。其中又以甘肃省的蕨类植物种类最多，有 197 种，最少的为天津地区，仅 35 种。蕨类植物种类超过 100 种的地区有：甘肃、陕西、辽宁；少于 50 种的地区有：青海、宁夏、天津。三北地区各省（区、市）的蕨类植物种类多少排序为：甘肃 > 陕西 > 辽宁 > 河北 > 山西 > 黑龙江 > 北京 > 吉林 > 内蒙古 > 新疆 > 青海 > 宁夏 > 天津（表 1）。

三北地区不同区系蕨类植物科、属、种分布情况　　表 1

全国分区	地区名	科	属	种	变种	变型	总数
华北	北京	20	30	73	4	0	77
	天津	18	20	33	2	0	35
	河北	23	37	93	5	1	99
	山西	21	35	87	3	0	90
	内蒙古	17	27	60	6	1	67
总数	**华北地区**	**24**	**44**	**135**	**9**	**2**	**146**
东北	黑龙江	24	39	79	0	0	79
	吉林	15	34	69	0	0	69
	辽宁	24	40	94	10	0	104

续表

全国分区	地区名	科	属	种	变种	变型	总数
西北	新疆	16	23	55	1	0	56
	陕西	28	55	142	0	0	142
	宁夏	13	19	36	1	0	37
	青海	14	19	41	0	0	41
	甘肃	33	66	197	0	0	197
总数	**三北地区**	**38**	**76**	**314**	**22**	**4**	**340**

三北地区蕨类植物的优势科是鳞毛蕨科、蹄盖蕨科、水龙骨科、铁角蕨科和中国蕨科，这 5 科蕨类种数分别为：53 种、47 种、34 种、29 种和 21 种，这五个科共 184 种，占整个三北地区蕨类植物总数的 54.12%，种数超过 10 种的科还有木贼科、岩蕨科、卷柏科、裸子蕨科、铁线蕨科、石松科。种数超过 10 种的蕨类植物共 11 科，共含有蕨类植物 263 种，占整个三北地区蕨类植物总数的 77.35%（表 2）。

三北地区蕨类植物区系组成 **表 2**

含种数	科名	属数	种数	含种数	科名	属数	种数
含种数	鳞毛蕨科 Dryopteridaceae	3	53	2～4	凤尾蕨科 Pteridaceae	1	4
	蹄盖蕨科 Athyriaceae	9	47		槲蕨科 Drynariaceae	1	3
≥ 20	水龙骨科 Polypodiaceae	9	34		石杉科 Huperziacea	1	3
	铁角蕨科 Aspleniaceae	3	29		肿足蕨科 Hypodematiaceae	1	3
	中国蕨科 Sinopteridaceae	6	21		剑蕨科 Loxogrammaceae	1	3
	岩蕨科 Woodsiaceae	2	16		苹科 Marsileaceae	1	2
	卷柏科 Selaginellaceae	1	16		骨碎补科 Davalliaceae	2	2
	木贼科 Equisetaceae	1	14		满江红科 Azollaceae	1	2
10～19	裸子蕨科 Hemionitidaceae	2	12		书带蕨科 Vittariaceae	1	1
	铁线蕨科 Adiantaceae	2	11		球盖蕨科 Peranemaceae	1	1
	石松科 Lycopodiaceae	2	10		槐叶苹科 Salviniaceae	1	1
	膜蕨科 Hymenophyllaceae	4	9		瘤足蕨科 Plagiogyriaceae	1	1
5～9	金星蕨科 Thelypteridaceae	5	9		蕨科 Pteridiaceae	1	1
	阴地蕨科 Botrychiaceae	1	8	1	睫毛蕨科 Pleurosoriopsidaceae	1	1
	球子蕨科 Onocleaceae	2	4		舌蕨科 Elaphoglossaceae	1	1
	瓶尔小草科 Ophioglossaceae	1	4		乌毛蕨科 Blechnaceae	1	1
2～4	紫萁科 Osmundaceae	1	4		海金沙科 Lygodiaceae	1	1
	里白科 Gleicheniaceae	1	4		陵齿蕨科 Lindsaeaceae	1	1
	姬（碗）蕨科 Dennstaedtiaceae	1	2		肾蕨科 Nephrolepidaceae	1	1

三北地区蕨类植物的优势属是鳞毛蕨属、铁角蕨属、耳蕨属、卷柏属、蹄盖蕨属、瓦韦属、岩蕨属和木贼属，这 8 属蕨类种数分别为:28 种、27 种、20 种、16 种、16 种、15 种、15 种、14 种，这 8 个属共 151 种，占整个三北地区蕨类植物总数的 44.41%，种数超过 10 种的属还有粉背蕨属和铁线蕨属。以上 10 属有蕨类植物 172 种，占整个三北地区蕨类植物总数的 50.59%。

2 三北地区蕨类植物面临的威胁

2.1 生境丧失

森林是野生植物赖以生存的重要载体。长期以来在追

求经济效益的过程中破坏了森林环境，忽视了森林对野生植物的保护作用，影响了珍稀野生植物赖以生存的环境，导致了珍稀野生植物的分布范围缩小、数量减少。

2.2 人为采挖

三北地区的许多蕨类植物具有药用、食用价值，被人为采挖严重。另外，荚果蕨、粗茎鳞毛蕨、华北鳞毛蕨、蕨、猴腿蹄盖蕨等具有较佳观赏价值的中大型蕨类，也经常被采挖用于城市园林绿化，使得这些蕨类植物的数量较少。

2.3 环境污染

环境的严重污染是造成野生植物种类减少的另一个因素。环境的污染主要表现在工业水、农药和大气粉尘污染三个方面。在大气粉尘污染严重的情况下，蕨类植物资源受到很大的破坏，一些地区开挖煤矿破坏了其生存环境，自然植株日益减少。

2.4 人类活动威胁到野生植物的生存

以吉林省为例，该省地处中国东北地区中部，欧亚大陆东端，境内地形地势复杂，生态环境多样。野生植物种类繁多。据调查，吉林省境内自然分布的野生植物共计3900余种，其中蕨类植物110余种。长期以来，在自然及人类活动的干扰下，吉林省全境的生态环境在不断持续恶化。尤其是人类活动的强烈干扰，已造成大量野生植物处于濒危甚至灭绝的边缘，对吉林省的生态建设和持续发展的负面影响已经凸显。

近年来，随着旅游活动的开展，原生植被遭到破坏，导致某些蕨类植物急剧减少。例如溪洞碗蕨仅在百花山的某条山沟里发现，由于近年来游客的持续增加，导致溪洞碗蕨在该地区已很难见到。

3 三北地区珍稀濒危蕨类植物种类

3.1 各种保护名录中的三北地区蕨类植物

1996年9月30日，国务院令第204号发布了《中华人民共和国野生植物保护条例》，自1997年1月1日起施行。这是我国第一部专门保护野生植物的行政法规。该条例所保护的野生植物是指原生地天然生长的珍贵植物和原生地天然生长并具有科学研究、文化价值的濒危稀有植物。国务院于1999年8月4日批准了《国家重点保护野生植物名录（第一批）》，于发布之日起施行（1999.9.9）——国家林业局农业部令（第4号），这是条例的配套法规。是我国迄今为止最权威的一个保护植物名录，所列植物分为I、II两个保护级别。

三北地区受保护的蕨类植物　　表3

名称	拉丁名	科属	保护级别	保护级别	保护级别	保护级别	资料来源	发布时间	分布
			I	II	III	省级			
对开蕨	*Phyllitis japonica*	铁角蕨科 对开蕨属		✓			《国家重点保护野生植物名录》（第一批）	1999.9.9	吉林
				✓			《吉林省省级重点保护野生植物名录》（第一批）	2009.12.9	
扇羽阴地蕨	*Botrychium lunaria*	阴地蕨科 阴地蕨属	✓				《北京市重点保护野生植物名录》	2008.3.10	河北、山西、东北、陕西
				✓			《吉林省省级重点保护野生植物名录》（第一批）	2009.12.9	
			✓				《新疆维吾尔自治区重点保护野生植物名录》（第一批）	2007.8.27	
小叶中国蕨	*Sinopteris albofusca*	中国蕨科 中国蕨属		✓			《北京市重点保护野生植物名录》	2008.3.10	北京、河北、甘肃
反曲贯众	*Cyrtomium recurvum*	鳞毛蕨科 贯众属				✓	《山西省重点保护野生植物名录》（第一批）	2004.11.28	山西
小卷柏	*Selaginella helvetica*	卷柏科 卷柏属		✓			《吉林省省级重点保护野生植物名录》（第一批）	2009.12.9	北京、河北、内蒙古、黑龙江、吉林、辽宁、陕西、青海、甘肃
卷柏	*Selaginella tamariscina*	卷柏科 卷柏属				✓	《河北省重点保护野生植物名录》（第一批）	2010.8.13	北京、河北、内蒙古、吉林、辽宁、陕西、青海

续表

名称	拉丁名	科属	保护级别	保护级别	保护级别	保护级别	资料来源	发布时间	分布
			Ⅰ	Ⅱ	Ⅲ	省级			
狭叶瓶尔小草	*Ophiogloum thermale*	瓶尔小草科 瓶尔小草属		✓			《吉林省省级重点保护野生植物名录》（第一批）	2009.12.9	东北、河北、陕西
						渐危	《陕西省地方重点保护植物名录（第一批修订）》	2009.12.21	
						✓	《河北省重点保护野生植物名录》（第一批）	2010.8.13	
分株紫萁	*Osmnda cinnamomea* var.*asiatica*	紫萁科 紫萁属			✓		《吉林省省级重点保护野生植物名录》（第一批）	2009.12.9	吉林、黑龙江
紫萁	*Osmnda japonica*	紫萁科 紫萁属				✓	《山西省重点保护野生植物名录》（第一批）	2004.11.28	山西、甘肃
蕨	*Pteridium aquilinum* var. *latiuculum*	蕨科 蕨属			✓		《吉林省省级重点保护野生植物名录》（第一批）	2009.12.21	产三北各地
						✓	《河北省重点保护野生植物名录》（第一批）	2010.8.13	
						✓	《内蒙古重点保护草原野生植物名录》	2009.12.9	
						✓	《青海省重点保护野生植物名录 》（第二批）	2015.5.21	
河北蛾眉蕨	*Lunathyrium vegetius*	蹄盖蕨科 峨眉蕨属				✓	《河北省重点保护野生植物名录》（第一批）	2010.8.13	北京、河北、山西、陕西、甘肃
河北蹄盖蕨	*Athyrium hebeiense*	蹄盖蕨科 蹄盖蕨属				✓	《河北省重点保护野生植物名录》（第一批）	2010.8.13	北京、河北、山西、内蒙古、黑龙江、吉林、辽宁
雾灵蹄盖蕨	*Athyrium acutidentatum*	蹄盖蕨科 蹄盖蕨属				✓	《河北省重点保护野生植物名录》（第一批）	2010.8.13	河北
东陵铁角蕨	*Asplenium pseudovarians*	铁角科 铁角蕨属				✓	《河北省重点保护野生植物名录》（第一批）	2010.8.13	河北
河北铁角蕨	*Asplenium hebeiense*	铁角科 铁角蕨属				✓	《河北省重点保护野生植物名录》（第一批）	2010.8.13	特产河北小五台山
疏羽肿足蕨	*Hypodematium laxum*	肿足蕨科 肿足蕨属				✓	《河北省重点保护野生植物名录》（第一批）	2010.8.13	河北
荚果蕨	*Matteuccia struthiopteris*	球子蕨科 荚果蕨属			✓		《吉林省省级重点保护野生植物名录》（第一批）	2009.12.9	北京、河北、山西、内蒙古、黑龙江、吉林、辽宁、陕西、甘肃、新疆
欧亚水龙骨	*Polypodium vulgare*	水龙骨科 多足蕨属	✓				《新疆维吾尔自治区重点保护野生植物名录》（第一批）	2007.8.27	新疆

通过查阅国家及省市各级重点保护野生植物名录，可知三北地区共有18种被保护的珍稀濒危蕨类植物，分属于12科，13属。其中较多的科为蹄盖蕨科、铁角蕨科、卷柏科、紫萁科，分别为3种、3种、2种、2种；阴地蕨科、中国蕨科、鳞毛蕨科、瓶尔小草科、蕨科、肿足蕨科、球子蕨科、水龙骨科各1种。分布较多的属为铁角蕨属、卷柏属、紫萁属、蹄盖蕨属，分别为2种、2种、2种、2种，对开蕨属、阴地蕨属、中国蕨属、贯众属、瓶尔小草属、蕨属、峨眉蕨属、肿足蕨属、荚果蕨属、多足蕨属各1种。由于各省（区、市）的生境及气候、海拔等的差异，不同蕨类植物在不同地区的珍稀濒危程度有所不同，例如荚果蕨在《吉林省省级重点保护野生植物名录》（第一批）

中被列为重点保护植物，由于其在三北地区的其他地区分布较多，所以不被其他地区列为保护植物。对开蕨仅在吉林地区有分布，在《国家重点保护野生植物名录》（第一批）中被列为二级野生保护植物，同时也被收录在《吉林省省级重点保护野生植物名录》（第一批）中。

3.2 三北地区亟待拯救的蕨类植物

除了上述各种保护名录中的蕨类植物，三北地区亟待拯救的蕨类植物还有以下一些：

石杉（Huperzia selago）：又名小杉兰、小杉叶石松。产我国东北、西北。生于海拔 1900 ～ 5000m 的高山草甸上、石缝中、林下、沟旁。

蛇足石杉（Huperzia serrata）：全国除西北地区部分省区、华北地区外均有分布。生于海拔 300 ～ 2700m 的林下、灌丛下、路旁。

东北石杉（Huperzia miyoshiana）：产我国东北。生于海拔 1000 ～ 2200m 的林下湿地或苔藓上。

粗茎鳞毛蕨（Dryopteris crassirhizoma）：又名绵马贯众，由于其干燥根茎可入药而被大量采集。被列为山西省珍稀濒危蕨类植物 [13]。

4 三北地区珍稀濒危蕨类植物保护对策

4.1 迁地保护和人工繁育

对于某些极危种或数量偏少、在自然状态下种群数量难以恢复或仍在下降的种类，要立即采取迁地保护的办法进行繁育与研究。通过人工栽培繁育扩大种群数量，然后在原产地栽植返回大自然。

2014 年，北京市开展了极小种群野生植物资源调查，对于已知的 10 多种数量极其稀少、严重受威胁的野生植物，实施了就地保护或迁地保护。

4.2 扩大珍稀濒危物种的保护种类

我国珍贵植物的种类较为丰富，有许多特有种，现存的数量并不太多。凡属三北地区特产物种和濒于灭绝物种、具有特殊用途的物种、资源少并且分布范围狭窄的物种、在科学研究上有重要价值的物种等均应列入保护对象。目前，随着国家、省市等不同级别的重点野生保护植物名录的颁布及不断的修订，越来越多的蕨类植物被列为了保护类别。

4.3 建立自然保护区，保护珍稀物种

建立自然保护区是保护野生动植物资源和自然环境的一项重要手段，特别对保存某些濒于灭绝或濒危状态的野生动植物物种，是一项极其有效的措施。在珍稀物种的主要原始分布地或集中成片的地区，建议尽快划定自然保护区。只有保护好珍稀濒危物种的自然生态环境，及其组成的森林植物群落，才能更好地和有效地保护好珍稀濒危物种。

建立自然保护区是对植物进行就地保护的重要举措，将濒危植物所在的区域划为保护区，可对其所生长的自然环境进行整体保护。

4.4 建立珍稀濒危物种资源管理档案

（1）各市应对本地区的珍稀物种的种类、数量和分布进行资源清查，建立完整的珍稀物种资源管理档案。辽宁省于 1989 年 7 月 24 日发布了《辽宁省野生珍稀植物保护暂行规定》，将重点保护的野生珍稀植物物种分为三级：一级，中国特有并具有极为重要的科研、经济或文化价值的濒临灭绝状态的植物物种；二级，分布范围逐渐缩小，种群处于衰竭状态，成熟植株明显减少，具有重要的科研或经济价值的植物物种；三级，分布范围狭小，生存环境特殊，具有科研或经济价值的稀有植物物种。

（2）建立珍稀物种的种源区或基因库，使这些物种的原生种优良性状能够得以保存，并大力发展和繁殖珍稀物种。建立以驯化培育珍稀物种为主的林场，摸索珍稀物种的习性，收集、繁殖和培育营造珍稀物种优良种源区或基因库，为发展及合理利用珍稀物种提供物质基础和科学依据。

4.5 设保护点和保护标志

对自然保护区外分布的珍稀濒危物种，在种群分布地设保护点和保护标志，并配专人管护。对于一些“极小种群野生植物资源”需要专门设立保护点和保护标志。

所谓“极小种群野生植物资源”，从植物学来讲，就是野外种群数量极少、极度濒危、随时有灭绝危险的野生植物。在此前开展的北京野生植物调查中，林业工作者已经发现了 10 多种这样的极度濒危植物。

4.6 加强立法和宣传教育

建议国家和各级地方政府尽快立法，颁布植物资源保护法，对破坏植物资源和植物生存环境的单位或个人，依法制裁。同时，加大对珍稀濒危植物保护的宣传教育力度，把保护珍稀濒危植物变为全民的自觉行动，使保护植物资源光荣、破坏植物资源可耻，成为全社会的共识。

4.7 开展攻关研究

开展科学研究工作是做好珍稀物种保护、发展与合理利用的理论基础。这方面是一个非常薄弱的环节，过去仅对珍稀物种资源做过调查，而对珍稀物种的生态学、生理

学、生物遗传学及林学特性、驯化繁殖、发生历史和今后发展的研究工作做得不够。今后应发展一定数量的珍稀物种的造林，进行科学实验工作。

建议在国家、省、市等科技部门设立基金，组织多部门、多学科的专家对珍稀濒危植物中经济价值和科学价值较大的种类进行攻关性综合研究，并培养一批具有较高素质的管理和保护人员。这些问题不解决，保护就会成为一纸空文。

4.8 保护的同时合理利用

大部分珍稀濒危植物是可直接利用的经济植物，其用途包括食用、医药、观赏、环保、工业、育种等。应根据其特点，扩大资源量，发挥珍稀濒危植物的特殊功能，增加经济效益。

参考文献

[1] 贺士元，邢其华，尹祖棠，等 . 北京植物志（1984 年修订版）[M]. 北京 ：北京出版社，1984 ：1-47.

[2] 刘家宜 . 天津植物志 [M]. 天津 ：天津科学技术出版社，2004.

[3] 河北植物志编辑委员会 . 河北植物志（第一卷）[M]. 石家庄 ：河北科学技术出版社，1986 ：100-167.

[4] 刘天慰，凌元洁，李本良，等 . 山西植物志（第一卷）[M]. 北京 ：中国科学技术出版社，1992 ：13-142.

[5] 马毓泉，富象乾，陈山，等 . 内蒙古植物志 [M]. 呼和浩特 ：内蒙古人民出版社，1998 ：178-248.

[6] 周以良，董世林，等 . 黑龙江省植物志 [M]. 哈尔滨 ：东北林业大学出版社，1998.

[7] 周繇 . 中国长白山植物资源志 [M]. 北京：中国林业出版社，2010.

[8] 李书心 . 辽宁植物志（上册）[M]. 沈阳 ：辽宁科学技术出版社，1988.

[9] 杨昌友 . 新疆植物志（第一卷）[M]. 乌鲁木齐 ：新疆科技卫生出版社，1993.

[10] 马德滋，刘惠兰 . 宁夏植物志（第一卷）[M]. 银川 ：宁夏人民出版社，1986.

[11] 刘尚武 . 青海植物志（第 1 卷）[M]. 青海人民族出版社，1997.

[12] 安定国 . 甘肃省小陇山高等植物志 [M]. 甘肃民族出版社，2002.

[13] 王银娥，张军，杨风英，等 . 山西省珍稀濒危野生植物保护对策 [J]. 山西林业科技，2006，(3)：4-6.

中国月季栽培史浅析

北京市植物园 / 陈红岩　赵世伟　王　康

摘　要：通过文献研究，根据月季育种、栽培及文化发展水平，将中国月季栽培历史划分为五个时期。（1）先秦两汉，蔷薇属植物栽培文字记载出现；（2）隋唐五代，一年开花一次的蔷薇广泛栽培；（3）宋辽金元，一年多次开花的月季出现，第一部月季专著《月季新谱》问世；（4）明清，月季育种及栽培进入繁盛时期；（5）当代，中国月季栽培与世界接轨，进入快速发展阶段。本文从历史、文化、栽培多维度综合分析中国月季栽培史，为中国月季栽培史研究提供了基本的年代框架，并初步总结出每个时期最具代表的发展成果。

关键词：中国月季；栽培史划分；文化研究

月季、蔷薇、玫瑰，同为蔷薇属（*Rosa*）植物，均为重要的观赏花卉。其中，月季是人类文化与生活中最重要的花卉之一。全世界共有蔷薇属植物 200 余种，原产我国的有 82 种[1]；近 200 年来，国际月季育种中最重要的 15 个蔷薇属原种植物，10 种原产于我国。1789 年，我国特有的香水月季、玫瑰、光叶蔷薇、'月月红'、'月月粉'、'彩晕香水月季'、'黄色香水月季' 等进入欧洲，于 1837 年培育出杂种长春月季，尔后再将其与中国香水月季杂交，于 1867 年获得第一个杂种香水月季 '法兰西'，由此标志着世界月季产业进入现代月季品种时代。

1　月季起源

据考证，蔷薇科植物起源于第三纪，始新世后期到中新世后期[2]。我国拥有古老而珍贵的蔷薇科植物化石遗存，无可争议地表明，华夏大地是月季的起源中心之一。山东省临朐县"山旺古植物区"拥有世界罕见的中新世生物化石群，其中发现的两种蔷薇叶化石，被著名植物学家胡先骕先生命名为山旺蔷薇（*Rosa Shanwangensis*），距今有 2000 万年的历史。辽宁抚顺出土的始新纪蔷薇叶化石，距今已有 4000 万年之久，与北美发现的五小叶羽蔷薇化石齐名[2]。我国栽培蔷薇属观赏植物的历史，可以追溯到距今两千多年前的西汉至晚唐，当时已培育出花朵重瓣、花香浓郁的直立型蔷薇，成为华夏园林中一道独特的风景。1057 年，北宋文学家宋祁编写的《益部方物略记》中，首次记载了四季开花、花色正红的月季，同时代编著《月季新谱》中，已记载蓝田碧、银红牡丹、猩红海棠等月季名品 17 个；清代，平花馆主编著《月季花谱》中记载：上品 10 种，白色 38 种，黄色 11 种，紫黑色 11 种，红色 57 种，复色 4 种，共计 131 个品种[3]。近两千年来，中国始终代表着世界月季栽培育种的最高水平，以至 1976 年英国出版的《月季种植大全》(*Rose Growing Complete*) 中写道："中国的园丁以无懈可击的技艺和细心所培育出来的植株，使得欧洲的育种学家能在很高的水平上开始工作"。

通过文献[1-2, 4-8]研究，尚未发现有野生月季的记载；目前也未有公开发表文献记录野外发现原生种月季的痕迹。通过利用当代细胞学研究及植物考古学技术推断：中国古人在栽培蔷薇的过程中，部分植株经突变而出现长期开花、重瓣、常不结实的变异，这种变异并不利于物种的繁殖，却极大地提高了蔷薇的观赏价值[4]。于是，人们通过人工选择，利用扦插、嫁接等技术将一些变异品种保存下来，并且通过摘除幼果等措施，使长期开花的性状得到强化，最终创造出月季这一具有高度观赏价值的物种。现代生物学研究表明，当今月季与蔷薇，其细胞染色体基数X均等于7，植株同为二倍体，且种间杂交容易成功[9-10]，说明二者间亲缘性十分相近。

2 先秦两汉魏晋月季栽培的滥觞时期

中国人自古便有莳养花草的习俗。三千年前殷商时期的甲骨文中，已出现“园”、“圃”、“囿”等字样，“园”为栽植果树和观赏植物，“圃”为种植蔬菜瓜类，“囿”则为早期之园林。相传西汉时期（前202年～9年），宫廷花园中已经引种野生蔷薇，《贾氏说林》记载：“武帝与丽娟看花时，蔷薇始开，态若含笑，帝曰，此花绝胜佳人笑也。丽娟戏曰，笑可买乎。帝曰，可。丽娟遂取黄金百斤，作买笑钱奉帝，为一日之欢。蔷薇名买笑，自丽娟始”[5]。《西京杂记》中亦有“乐游苑中有自生的玫瑰树”的记载。

魏晋南北朝时期，蔷薇已成为宫廷园林中重要的观赏植物，由于其植株多为蔓生藤本，常作为绿篱棚架使用。《寰宇记》记载，南朝“梁元帝竹林堂中多种蔷薇，康家四出蔷薇，白马寺黑蔷薇，长沙千叶蔷薇，并以长格校其上，花叶相连其下，有十间花屋，枝叶交映，芬芳袭人”。梁元帝的哥哥、梁朝第二任皇帝简文帝萧纲曾写下《看摘蔷薇》一诗，形象地描绘了当时蔷薇花开满宫墙、宫女竞相采摘的情景。同时代的文学家柳恽、刘缓、鲍泉等人也都有专咏蔷薇花的诗词，其中“不摇香已乱，无风花自飞”（柳恽《咏蔷薇》），“鲜红同映水，轻香共逐吹”（刘缓《看美人摘蔷薇》）等诗句表明，当时已引种花香馥郁、花色胭红的蔷薇品种，并初步形成蔷薇花“枝条轻软”、“花香清逸”、“花势繁盛”的三大观赏特征。

3 隋唐五代月季栽培的发展时期

隋唐是我国封建社会的兴盛时期，宫廷及民间种植蔷薇之风盛行。中唐时期宰相李德裕（787～850年）在私家园林中引种了70余种奇花异木，他在《平泉草木记》明确记载“己未岁得会稽之百叶蔷薇，又得稽山之重台蔷薇”。唐文宗时期（809～840年），宰相裴度花费巨资建造兴化寺亭园，诗人贾岛作《题兴化寺园亭》讽刺曰“破却千家作一池，不栽桃李种蔷薇。蔷薇花落秋风起，荆棘满亭君自知”，以蔷薇花代指观赏园林，足见其在当时的重要性。分析这一时期的数十首咏蔷薇诗词，可以发现，蔷薇已从宫廷园林走入千家万户，成为当时种植最广的庭院花卉，大诗人陆龟蒙《蔷薇》一诗，生动地描绘了当时种植蔷薇的情景“外布芳菲虽笑日，中含芒刺欲伤人，清香往往生遥吹，狂蔓看看及四邻，……”大诗人白居易一生写下多篇专咏蔷薇的诗词，其中《戏题新栽蔷薇》曰“移根易地莫憔悴，野外庭前一种春，少府无妻春寂寞，花开将尔当夫人”，将窈窕柔美的蔷薇比作美丽的女子，将中国人欣赏蔷薇的意境提升到新的水平。此外，杜牧、刘禹锡、皮日休、诸光羲、孟郊、韩偓等著名诗人均有吟咏蔷薇的诗篇存世。

图1 出于敦煌、现存于大英博物馆中的晚唐绢画《引路菩萨图》中，绘有一朵蔷薇花，花朵硕大、花型高芯翘角，与现代月季相似度极高

更大范围的种植规模，也带来了更丰富的品种变异。这一时期，蔷薇花型从单瓣变为重瓣，株型由攀援渐成为直立，花色有粉、白、红等，更加接近于月季的特征。

4 宋代月季栽培的成熟期

北宋文学家宋祁（998～1061年）在《益部方物略记》中，首次明确记载了一年中可多次开花的月季：“花亘四时，月一披秀，寒暑不改，似故常守。右月季花，此花即

东方所谓四季花者。翠蔓红花。蜀少霜雪，此花得终岁”。四季开花品种的出现，掀开了我国古代月季栽培的新篇章，从此每年只能开花一次的蔷薇逐渐隐退，“一年长占四时春”的月季成为园林栽培育种的主角。

北宋《洛阳花木记》中，“刺花”一条记有密枝月季、千叶月桂、黄月季、川四季、深红月季、长春花、日月季、四季长春、宝相等，均可认定是月季的品种。其中“千叶月桂”即重瓣月季，“黄月季”则为当时刚刚出现的黄色花新种，“宝相”至今在南方民间仍有种植[11]。宋代司马温编著的《月季新谱》，是我国第一部月季花栽培专著。其中除了记载一批月季名品外，还详细论述了月季栽培中“培壅”、“浇灌”、“养胎”、“修剪”、“避寒”、“扦插”、“下子”、“去虫”等七大环节，《月季新谱》也由此成为我国传统名花中最早的栽培专谱之一。北宋《画继》中，记载了宋徽宗与月季的一段故事，极为形象地记录了当时人们对月季四季开花特性的细致观察：“徽宗建龙德宫成，命待诏图画宫中屏壁，皆极一时之选。上来幸，一无所称，独顾壶中殿前柱廊栱眼斜枝月季花。问画者为谁，实少年新进，上喜赐绯，褒锡甚宠。皆莫测其故，近侍尝请于上，上曰：‘月季鲜有能画者，盖四时、朝暮、花、蕊、叶皆不同。此作春时日中者，无毫发差，故厚赏之。’”由此可以推断，北宋宫廷已广泛种植月季，且人们已经注意到月季花朵随开放季节、时间不同，而有细微的差异。

两宋时期，人们对四季开花月季品种的选育，也体现在众多专咏月季的诗词中，如以下三首同样题为《月季》的诗词，重点都放在月季的四时常开。“花落花开无间断，春来春去不相关。牡丹最贵惟春晚，芍药虽繁只夏初。唯有此花开不厌，一年长占四时春”（苏轼）。

图 2 《白蔷薇》南宋著名画家马远画作

值得一提的是，中国月季本时期已传入日本，取名“庚申月季”，意即隔月开花的月季。此外，成书于镰仓时代、用中文写成的《明月记》中，也提到了“长春花”和“蔷薇”。从日本古代绘画《春日权现绘卷》中植物的形态特征判断，“庚申月季”与“长春花”均为中国月季花[2]。

5 明清时代月季栽培的繁盛时期

明清时期，月季栽培蔚然成风，中国古老月季品种群基本成型。明代月季栽培的发展，主要有两大趋势，一是由于长期人工扦插及选择的结果，许多月季品种变为重瓣，花后不易结实。李时珍在《本草纲目》中记载：月季“处处人家多栽扦之，亦蔷薇类也，青茎长蔓硬刺，叶小于蔷薇而花深红，千叶厚瓣，逐月开放，不结子也”。二是人们已经能将蔷薇属中几种代表性观赏花卉区分开来，王象晋的《群芳谱》中，把蔷薇属植物分成蔷薇、玫瑰、刺蘼、木香、月季等几类。朱橚《救荒本草》中，将蔷薇属金樱子分成舒州、宜州和泉州三大种源，堪称园艺植物分类学中的重大进步。由于杂交育种方法的发展，清代月季花色出现了爆发式的增长。清代《月季花谱》中写道：“近得变种之法，愈变愈多，愈出愈奇，始于清淮，延及大江南北，高人雅士为之品题。花则尽态，名亦日新。而吴下月季之盛，始超越古今矣。种类之多，几与菊花方驾，而今之好月季者，更甚于菊”。所谓“变种之法”，就是现在的杂交育种技术，此时中国月季的花型花色之多，已经可与菊花媲美，足见其品种之丰富。据统计，《月季花谱》中记载上品月季 10 种，白色 38 种，黄色 11 种，紫黑色 11 种，红色 57 种，复色 4 种，共计 131 种。清代戏曲作家谢堃也在《春草堂集》中记载，月季“花有紫色、红色、淡红色、白而红边者、白而有绛色点者、白而带黄者、白而带浅绿者，然入药当以鲜红者为佳。赏玩当以纯黄、纯白者为上，又有水红色者，花如碗大，名曰宝相，最上品”。说明此时普通人种植的月季已有紫、红、黄、白、浅绿等花色，并出现了可贵的复色品种。

这一时期，月季的各项栽培技术也基本成熟。无性繁殖方面，清初陈淏子编著的《花镜》中描述了月季分株繁殖和嫁接繁殖的步骤，明确用野蔷薇作砧木，嫁接 50 ～ 60 天后即可成活。明代《群芳谱》详细记录了月季插穗的长度与剪取部位，对扦插深度、插后保湿方法等均有论述。书中提到，春季扦插大多先发芽后生根、秋季扦插大多先生根后发芽，扦插时保留一定数量的叶片，更有利于生根[12]。《群芳谱》中特别提到，插穗末端要用指甲刮去青皮这一操作细节。品种培育方面，清代《月季花谱》详细讲解了种子育苗选种的方法：选择花大、健壮的植株作母本，花开结实后采集种子，播种于浅土层中。一旦冒出健壮小苗，即带土植入盆内以供选择新的变异品种[13]。此法已十分接近现代月季选种方法。日常修剪方面，古人已发现月季徒长枝较多，需要经常更新枝条方可促成开花。《群芳谱》中记载，月季“其枝或向下垂，或向里长，或两枝交互并生，或老梗枯朽”，均应剪去。修剪的原则是根据枝条的方位和疏密程度，并要求“花谢结子即摘去”，方能“花恒不绝”。

图 3 《月季》清代著名花鸟画家居廉画作

6 近现代月季栽培

1840 年鸦片战争以后，月季栽培也逐渐走向衰落，各地种植面积日益减少，古老月季品种逐渐流失。民国时期，居住在北京、上海、天津等大城市的商人及知识分子，陆续引入了少量欧美月季新品种，通过园丁接芽与扦插缓慢繁殖。中华人民共和国成立后，月季栽培得到迅速发展，可归纳为起步、快速发展、产业化升级三个阶段。从 1949 ～ 1966 年，是我国现代月季栽培的起步阶段。许多公园布置了月季花坛和月季专类园，并从国外引进大量优秀品种。北京、上海、杭州是当时我国三大月季品种基地。据记载，中国科学院北京植物园 1966 年就拥有月季品种 474 种。1959 ～ 1963 年，在蒋恩钿女士协助下，天坛月季公园建立，成为我国最早，也是规模最大的月季专类园。到 1966 年前，天坛月季园面积达 1.3hm^2，拥有 3000 多个品种，共 7000 多株月季。从 1977 年起，我国月季栽培进入快速发展阶段。国内各单位陆续从国外引进‘白杰作’、‘光辉’、‘红双喜’等月季新品种，得到了广大爱好者的喜爱和专业工作者的重视，在全国掀起一股股“月季热潮”，先后有 50 多个城市把月季和玫瑰选为“市花”，使月季发展达到一个新的高峰。从 1980 年开始，我国陆续培育出许多优秀的现代月季品种，如‘怡红院’、‘上海之春’等[14]。当时的育种主力是个人，如李鸿权、宗国荣、周进发等，育成的品种多为盆栽或庭园栽培的杂种香水月季。育种的途径多是杂交育种，只有少量的芽变和辐射育种。1998 年至今，随着《植物新品种保护法》的实施，我国月季栽培进入了产业化发展阶段。目前阶段，授权品种共 190 个，其中国内申请的有 57 个，占 30%[15]。

近 15 年来，我国涌现出一批专业从事月季苗木和盆花生产的企业，月季苗木、盆花生产已初具规模。苗木生产愈加规范、分级标准更加明确，营养钵、容器育苗技术已经达到很高水准，树状月季、古桩月季的嫁接也具备了有效的技术手段。在长期的生产实践过程中，企业形成了具有特色的月季产品，南阳月季基地的树状月季、北京卉隆月季基地的实生砧嫁接绿化苗木已经声名远播，远销海内外。2004 年，江苏沭阳的 16 万株月季顺利进入德国市场，标志着沭阳花卉苗木向国际市场迈出了关键的一步。

参考文献

[1] 中国科学院中国植物志编辑委员会 . 中国植物志第三十七卷 [M]. 北京：科学出版社，1985：360-455 .

[2] 王国良 . 中国古老月季演化历程 [J]. 中国花卉园艺，2008（15）.

[3] 赵世伟，等 . 中国古老月季的价值 [J]. 园林，2008（12）.

[4] 舒迎澜 . 月季的起源与栽培史 [J]. 中国农史，1998（2）.

[5] 张佐双，等 . 中国月季 [M]. 北京：中国林业出版社，2006.

[6] 贾元义 . 月季品种资源的收集、分类和评价 [D].2005.

[7] 蹇洪英，等 . 中国古老月季品种的核型研究 [J]. 园艺学报，2010（1）.

[8] Thomas Caims. Modern roses XI：The world encyclopedia of roses. shreveport：American Rose Society，2000.

[9] 马雪 . 部分蔷薇属植物核型分析及 2n 配子研究 [D].2013.

[10] 李亚齐等 . 野生蔷薇和月季的杂交亲和性评价 [J]. 江苏农业科学，2013（6）.

[11] 李琳 . 北宋时期洛阳花卉研究 [D].2009.

[12]（明）王象晋 . 群芳谱（元 · 亨二部）[M].2011.

[13]（清）平花馆主 . 月季花谱 [M].

[14] 连莉娟，等 . 中国现代月季品种的引进、培育及生产 [C].2011.

[15] 黄平 . 月季品种分子鉴定与遗传关系分析 [D].2012.

抗菌肽对圈养珍禽禽流感疫苗免疫效果影响的研究

北京动物园 / 李　莹　吴秀山　张成林　夏茂华　刘金鹏

摘　要： 本次试验选择5种圈养珍禽，通过添加抗菌肽的手段，对比抗菌肽试验组与对照组疫苗免疫抗体水平。在试验中发现，5种圈养珍禽抗菌肽试验组禽流感抗体水平均高于对照组，其中红腹锦鸡试验组与对照组结果差异性极显著（$p<0.01$），蓝孔雀、绿头鸭两组差异性显著（$p<0.05$），白冠长尾雉、蓝鹇两组差异性不显著（$p>0.05$）。以上结果表明：添加抗菌肽可提高5种圈养珍禽禽流感疫苗的免疫抗体水平。抗菌肽对圈养珍禽免疫抗体水平的提高存在种间差异，与圈养珍禽自身对禽流感疫苗免疫应答强度具有一定相关性。抗菌肽的添加对5种圈养珍禽是安全的。

关键词： 圈养珍禽；禽流感疫苗；抗菌肽；免疫效果

1　材料与方法

1.1　材料

1.1.1　试验动物

圈养珍禽 5 种：红腹锦鸡 12 只、白冠长尾雉 12 只、蓝鹇 12 只、蓝孔雀 12 只、绿头鸭 12 只，均选自北京动物园圈养种群。

1.1.2　疫苗

禽流感 H5N1 亚型油乳剂灭活疫苗，哈维科生物技术开发公司提供。

1.1.3　天蚕素抗菌肽

北京中农颖泰生物技术有限公司生产。

1.1.4　检测试剂

禽流感病毒抗体（AIV Ab）酶联免疫分析（ELISA）试剂盒（定量），上海将来实业股份有限公司提供。

1.2　方法

1.2.1　禽流感疫苗免疫

将各试验组 12 只圈养珍禽随机分为两组，试验组 6 只，对照组 6 只。试验组与对照组珍禽分开饲养，饲养环境及条件相同。试验组疫苗接种前 30d 开始，于日粮中添加天蚕素抗菌肽 1g/kg，对照组日粮不添加抗菌肽。试验组、对照组同期进行禽流感疫苗的免疫，禽流感疫苗按 0.3mL/羽接种，经肌肉注射。于试验期间，试验组日粮均按 1g/kg 添加天蚕素抗菌肽，连续投喂。

1.2.2　采血

分别于免疫禽流感疫苗的首免日、免疫后 14d、免疫后 30d、免疫后 45d、免疫后 60d、及免疫后 90d 采集血液样品，试验组和对照组每次各采 6 份。血液样品静置 30min 后，经 1500r/min 离心，分离血清样品，并于 −20℃保存待用。

1.2.3 抗体水平的测定

依照试剂盒的使用说明进行操作，应用双抗原夹心原理测定血清样品中禽流感病毒抗体水平。450nm 波长下测定吸光度（OD 值），通过标准曲线计算样品中禽流感抗体浓度。

2 结果

2.1 红腹锦鸡试验结果

试验组和对照组红腹锦鸡禽流感免疫抗体检测结果见表 1，抗体水平变化如图 1 所示。

红腹锦鸡禽流感免疫抗体检测结果　　表 1

取样时间	禽流感抗体浓度（ng/L）	
	试验组	对照组
首免日	0	0
免后 14d	83.35	76.01
免后 30d	109.08	92.93
免后 45d	103.25	89.32
免后 60d	89.61	80.21
免后 90d	78.93	73.96

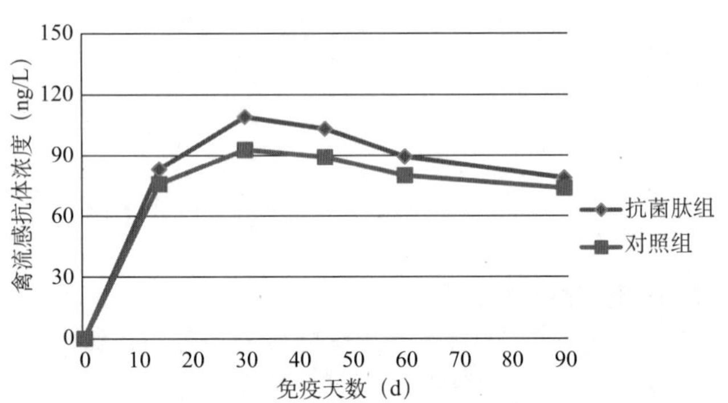

图 1　红腹锦鸡禽流感抗体水平变化图（天蚕素抗菌肽）

由图 1 可以看出，红腹锦鸡免疫前血清样品中未检测到禽流感抗体，免疫后抗体水平迅速上升。红腹锦鸡免疫后 0d 到 14d 时，AIV 抗体增长速度最快。免疫后 14d 到 30d 时抗体水平增长速度下降，抗体峰值出现在免疫后 30d 附近。免疫后 30d 至 60d 时，抗体水平降低幅度较大，免疫后 60d 至 90d 抗体水平趋于平稳。红腹锦鸡天蚕素抗菌肽试验组与对照组抗体水平变化规律基本一致，从免疫后 14d 开始，试验组平均抗体水平高于对照组，在免疫后 30d 时两组差别最大试验组禽流感抗体浓度为 109.08ng/L，对照组禽流感抗体浓度为 92.93 ng/L。将试验组与对照组抗体水平结果进行 T 检验，检验其差异显著性，结果为 p=0.007，差异极显著（$p < 0.01$）。

2.2 白冠长尾雉结果

试验组和对照组白冠长尾雉禽流感免疫抗体检测结果见表 2，抗体水平变化如图 2 所示。

白冠长尾雉禽流感抗体检测结果（天蚕素抗菌肽）　表 2

取样时间	禽流感抗体浓度（ng/L）	
	试验组	对照组
首免日	0	0
免后 14d	49.63	46.21
免后 30d	71.3	62.91
免后 45d	59.49	56.32
免后 60d	47.97	44.36
免后 90d	41.32	32.65

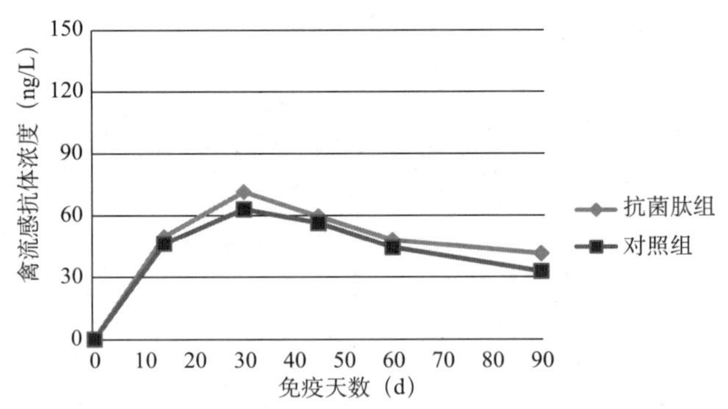

图 2　白冠长尾雉禽流感抗体水平变化图（天蚕素抗菌肽）

由图 2 可见，免疫后白冠长尾雉禽流感抗体水平迅速上升。白冠长尾雉免疫后 0d 到 14d 时，为禽流感免疫抗体的快速增长期。免疫后 14d 到 30d 时抗体水平持续上升，并于免疫后 30d 左右达到抗体水平的峰值。免疫后 30d 至 90d 时，抗体水平逐渐回落。白冠长尾雉试验组与对照组抗体水平变化规律一致，各时间点试验组平均抗体浓度略高于对照组，在免疫后 30d 时两组差别最大，试验组禽流感抗体浓度为 71.3ng/L，对照组禽流感抗体浓度为 62.91ng/L。将试验组与对照组抗体水平结果进行 T 检验，检验其差异显著性，结果为 p=0.24，两组差异性不显著（$p > 0.05$）。

2.3 蓝鹇结果

试验组和对照组蓝鹇禽流感免疫抗体检测结果见表 3，抗体水平变化如图 3 所示。

蓝鹇禽流感抗体检测结果（天蚕素抗菌肽）　表 3

取样时间	禽流感抗体浓度 ng/L	
	试验组	对照组
首免日	0	0
免后 14d	57.37	46.95
免后 30d	77.74	69.95
免后 45d	55.49	53.91
免后 60d	49.02	46.84
免后 90d	35.56	31.98

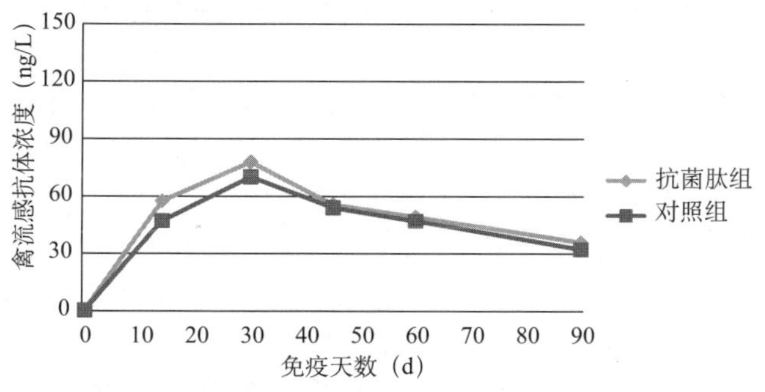

图 3　蓝鹇禽流感抗体水平变化图（天蚕素抗菌肽）

由图 3 可以看出，蓝鹇免疫禽流感疫苗后抗体水平迅速上升，免疫后 0d 到 14d 时，禽流感抗体增长速度最快，并于免疫后 30d 左右达到高峰。免疫后 30d 至 90d 时，抗体水平逐渐回落。红腹锦鸡试验组与对照组抗体水平变化规律一致，从免疫后 14d 开始，试验组平均抗体水平略高于对照组，在免疫后 14d 时两组差别最大，试验组禽流感抗体浓度为 57.37 ng/L，对照组禽流感抗体浓度为 46.95 ng/L。将试验组与对照组抗体水平结果进行 T 检验，检验其差异显著性，结果为 p=0.29，两组差异性不显著（$p > 0.05$）。

2.4　蓝孔雀结果

试验组和对照组蓝孔雀禽流感免疫抗体检测结果见表 4，抗体水平变化如图 4 所示。

蓝孔雀禽流感抗体检测结果（天蚕素抗菌肽）　表 4

取样时间	禽流感抗体浓度（ng/L）	
	试验组	对照组
首免日	0	0
免后 14d	92.15	81.3
免后 30d	137.58	115.94
免后 45d	120.78	103.93
免后 60d	114.84	95.13
免后 90d	109.55	84.32

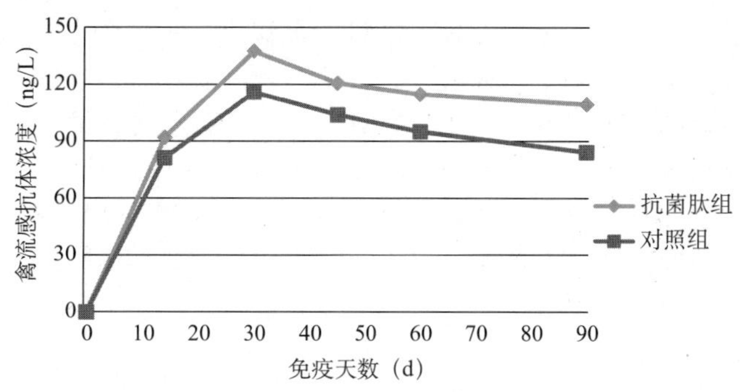

图 4　蓝孔雀禽流感抗体水平变化图（天蚕素抗菌肽）

由图 4 可见，蓝孔雀接种禽流感疫苗后禽流感抗体水平快速增长，免后 0d 到 14d 为禽流感抗体的快速增长期，免后 30d 左右禽流感抗体水平达到峰值，试验组禽流感抗体浓度 137.58ng/L，对照组禽流感抗体浓度 115.94ng/L，随后进入抗体消减期。蓝孔雀试验组与对照组禽流感抗体水平变化规律一致，试验组抗体水平高于对照组，将试验组与对照组抗体水平结果进行 T 检验，检验其差异显著性，结果为 p=0.04，两组差异性显著（$p < 0.05$）。

2.5　绿头鸭结果

试验组和对照组蓝孔雀禽流感免疫抗体检测结果见表 5，抗体水平变化如图 5 所示。

绿头鸭禽流感抗体检测结果（天蚕素抗菌肽）　表 5

取样时间	禽流感抗体浓度 ng/L	
	试验组	对照组
首免日	0	0
免后 14d	91.61	88.94
免后 30d	135.96	124.83
免后 45d	121.74	109.08
免后 60d	105.12	96.48
免后 90d	97.7	89.38

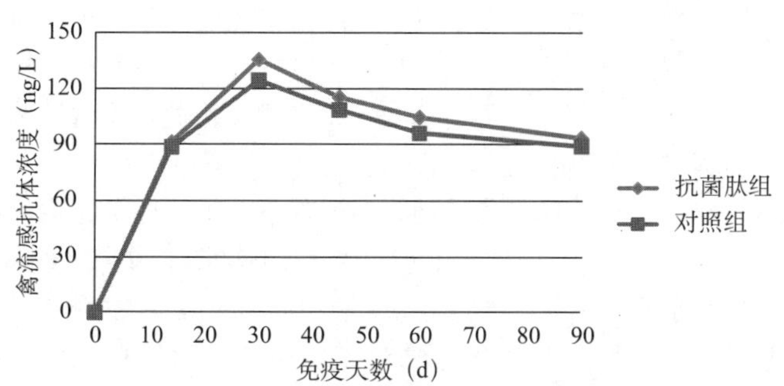

图 5　绿头鸭禽流感抗体水平变化图（天蚕素抗菌肽）

由图 5 可以看出，绿头鸭免疫禽流感疫苗后禽流感抗体水平上升，免疫后0d到14d为禽流感抗体水平的快速增长期。在免疫后30d左右时，绿头鸭禽流感抗体水平达到峰值，免后30d开始禽流感抗体水平呈缓慢地持续性下降趋势。绿头鸭试验组与对照组禽流感抗体变化规律一致，试验组禽流感抗体浓度高于对照组。将两组试验结果进行T检验，检验其差异显著性，结果为p=0.01，两组差异性显著（$p < 0.05$）。

3 讨论

天蚕素抗菌肽是动植物体经诱导产生的具有抗菌活性的一类小分子多肽,可以用生物提取法获得。早在1972年，瑞典科学家Boman等[1]首次在大肠杆菌诱导惜古比天蚕（*Hyatophora cecropia*），从其血淋巴中分离得到天蚕素抗菌肽。天蚕素抗菌肽是目前研究最清楚、效果最明显的抗菌肽。研究发现，抗菌肽具有快速杀菌和广谱抗菌活性，包括抗革兰氏阳性菌、革兰氏阴性菌、多重耐药细菌、真菌、寄生虫、包膜病毒和肿瘤细胞[2]，并且能通过趋化树突状细胞、单核细胞和记忆T细胞，在先天性免疫和获得性免疫反应之间起到桥梁作用，并通过启动获得性免疫系统提高机体抵抗微生物感染的能力[3]。王阿荣等[4]在仔猪日粮中添加天蚕素抗菌肽，研究发现天蚕素抗菌肽能增加血清免疫球蛋白的含量，提高机体的免疫功能。李波等[5]在断奶仔猪日粮中添加抗菌肽，结果显示，抗菌肽组猪瘟抗体水平显著高于对照组($p < 0.05$)。蒋桂韬[6]试验结果显示，添加天蚕素抗菌肽的试验组猪瘟抗体阳性率和合格率均由对照组16.67%上升到83.33%，阻断率也由28.86%提高到43.08%，这说明在仔猪日粮中添加天蚕素抗菌肽替代抗生素能在一定程度上提高仔猪的猪瘟抗体水平。李丽[7]试验表明，日粮中添加抗菌肽能使肉鸡外周血T淋巴细胞转化率升高11.11%表明有促进体细胞免疫和增强特异性免疫应答的功能。吕尊周[8]研究抗菌肽对蛋鸡血清免疫指标及脾脏白细胞介素2mRNA表达量的影响，结果表明：饲粮中添加不同水平抗菌肽可不同程度地提高脾脏系数。与对照组相比，添加抗菌肽的试验组血清免疫球蛋白A、血清免疫球蛋白G含量均有不同程度的提高，抗菌肽组的脾脏IL-2 mRNA的表达量显著高于对照组。由此可见，抗菌肽能够提高蛋鸡的免疫功能。

本次试验选择了北京动物园圈养条件下的五种野生珍禽作为试验对象，在抗菌肽试验组珍禽的日粮中按1g/kg添加天蚕素抗菌肽。试验组与对照组同期免疫禽流感疫苗，并进行抗体水平的监测。通过试验组与对照组禽流感抗体浓度的比较发现，五种圈养珍禽抗菌肽试验组的禽流感抗体水平均高于对照组，其中红腹锦鸡两组差异性极显著（p=0.07），蓝孔雀（p=0.04）、绿头鸭（p=0.01）两组差异性显著，蓝鹇、（p=0.29）、白冠长尾雉（p=0.24）两组差异性不显著。结果表明，在添加了天蚕素抗菌肽后，五种圈养珍禽对禽流感疫苗的特异性免疫应答均有不同程度的增强，禽流感疫苗的免疫抗体水平在添加了天蚕素抗菌肽后有所提高。结合几年前北京动物园对圈养珍禽禽流感疫苗免疫应答的研究结果，不同种圈养珍禽对禽流感疫苗所产生的免疫应答有很大区别，疫苗的免疫应答强度存在明显的种间差异。鸡形目几种珍禽中，孔雀、红腹锦鸡对禽流感疫苗的免疫应答较好，蓝鹇、白冠长尾雉对疫苗的免疫应答较差。从本次试验的禽流感抗体浓度结果也可看出，在免后30d时红腹锦鸡、蓝孔雀、绿头鸭禽流感抗体浓度均大于100ng/L；白冠长尾雉、蓝鹇禽流感抗体浓度均小于80ng/L。结果表明，红腹锦鸡、蓝孔雀、绿头鸭对禽流感疫苗的免疫应答强度高于白冠长尾雉、蓝鹇，这一结果与之前笔者的研究结果[9]相吻合。从5种圈养珍禽抗菌肽试验组与对照组抗体水平的差异性比较结果来看，对禽流感疫苗免疫应答强度较高的红腹锦鸡、蓝孔雀、绿头鸭，在添加了天蚕素抗菌肽后试验组与对照组抗体浓度结果差异性显著，试验组禽流感免疫抗体水平有了明显提高；对禽流感疫苗免疫应答较差的白冠长尾雉和蓝鹇，虽然试验组禽流感抗体水平略高于对照组，但两组差异性不显著。由此推测，天蚕素抗菌肽可以调节5种圈养珍禽机体的免疫功能，并在一定程度上提高5种圈养珍禽的禽流感抗体水平。同时，抗菌肽的免疫调节作用强度与动物机体自身的免疫功能也有一定的相关性。对禽流感疫苗免疫应答较强的圈养珍禽，添加抗菌肽后免疫抗体水平提高更明显；反之，对禽流感疫苗免疫应答较差的圈养珍禽，其免疫抗体水平在添加抗菌肽后升高并不明显。

在试验期间，抗菌肽试验组5种72只圈养珍禽未出现因注射或日粮添加抗菌肽所引发机体的不良影响，此次试验结果表明，抗菌肽的添加对5种圈养珍禽是安全的。

现阶段，禽流感疫苗的免疫仍然是圈养野生禽类的禽流感防控工作中一个重要的部分，按照国家动物疫病防治规范的要求[10]，每年都要对圈养野生禽类进行禽流感疫苗的强制免疫。就目前已知的研究结果表明，部分圈养野生禽类对禽流感疫苗的免疫应答较差，仅靠单一的疫苗免疫并不能有效地防范禽流感病毒的侵害。通过本次试验结果可以看出，抗菌肽具备调节圈养野生珍禽机体免疫功能的作用，可有效提高禽流感免疫抗体水平，且对野生珍禽机体健康并无不良影响。实际生产生活中，圈养野生珍禽与周围环境中大量的病原菌接触，随时都有被感染发病的机会，单靠病原特异性免疫应答是不够的，而具有广谱抗菌活性的抗菌肽在野生珍禽体内表达量是有限的，通过外源性添加对于提高圈养珍禽抵御功能，增强自身免疫力和抗病能力具有可行性，可作为免疫增强剂应用于圈养野生禽

类禽流感疫苗免疫工作中。

参考文献

[1] BOMAN H G，NILssON I，RASMUSON B. InduC. ible antibacterial defence System in drosophila[J]. Nature，1972，237（5352）：232-235.

[2] Hancock R E W，Scott M G. The role of antimicrobial peptides in animal defenses[J]. Proc Natl Acad Sci USA，2000a，97：8856-8861.

[3] Oyston P C，Fox M A，Richards S J，et al. Novel peptide therapeutics for treatment of infections[J]. J Med Microbiol，2009，58：977-987.

[4] 王阿荣，敖长金，宋青龙，等，日粮中添加天蚕素抗菌肽对断奶仔猪生产性能和血液生化指标的影响 [J]. 饲料工业，2011，32（10）：21-24.

[5] 李波，韩文瑜 . 日粮中添加天蚕素抗菌肽对断奶仔猪生产性能、免疫性能及血清生化指标的影响 [J]. 中国畜牧兽医，2014，41（7）：99-103.

[6] 蒋桂韬，杨俊，邱美珍，等 . 天蚕素抗菌肽对断奶仔猪生长性能和猪瘟及伪狂犬抗体水平的影响 [J]. 家畜生态学报，2013，3：31-35.

[7] 李丽 . 抗菌肽 Abaecin 制备及其对肉鸡生长及免疫影响的研究 [D]. 呼和浩特：内蒙古农业大学，2010.

[8] 吕尊周，袁肖笑，蔡兆伟 . 抗菌肽对蛋鸡血清免疫指标及脾脏白细胞介素 2 mRNA 表达量的影响 [J]. 动物营养学报，2011，12：147 -153.

[9] 李莹，吴秀山，张成林，等 . 几种圈养珍稀雉鸡 H5N1 禽流感疫苗免疫后抗体水平研究 [J]. 野生动物，2011，32（1）：22-25，33.

[10] 国家中长期动物疫病防治规划（2012 ~ 2020 年）. 2012.

高通量测序分析北京动物园大熊猫肠道菌群多样性

北京动物园，圈养野生动物技术北京市重点实验室 / 刘　燕　张成林　夏茂华　刘学锋　王　曦

摘　要：通过MiSeq测序平台测定北京动物园圈养3只大熊猫从14月龄到36月龄共54份粪便中细菌菌群。分析圈养亚成体大熊猫向成体转变过程中，细菌菌群组成和变化规律。结果表明：（1）门水平，菌群主要属于变形菌门和厚壁菌门；属水平，菌群主要属于大肠志贺氏杆菌属、狭义梭菌属和链球菌属。（2）同一月龄，3只大熊猫之间肠道菌群均不存在差异；不同月龄之间，3只大熊猫肠道菌群差异显著。（3）从14月龄到36月龄，厚壁菌门比例存在逐步上升的趋势，变形菌门存在逐渐下降趋势，蓝菌门也逐渐上升，但保持在一定比例内；大肠志贺氏杆菌属比例存在逐步下降的趋势，狭义梭菌存在逐步上升的趋势，链球菌属存在逐步上升的趋势。

关键词：大熊猫；肠道菌群；多样性分析；北京动物园

大熊猫（*Ailuropoda melanoleuca*）是我国特有的濒危珍稀物种。根据全国第 4 次大熊猫调查的结果，野生大熊猫分布在秦岭、岷山、邛崃山、大相岭、小相岭、凉山六大山系，共有 1862 只。圈养大熊猫种群数量达到 375 只。北京动物园作为国内少数饲养有大熊猫的动物园之一，对大熊猫的饲养非常重视。

肠道菌群对大熊猫机体健康有重要影响[1-2]，其菌群多样性也受到饮食结构和生活地域的影响[3]。3 只大熊猫 F、D 和 E 出生后（其中熊猫 D 和熊猫 E 是一对双胞胎），一直饲养于成都，于 2014 年 10 月回到北京动物园饲养。3 只大熊猫刚回到北京动物园饲养后，即 14 月龄时，采集新鲜粪便，并分别 6 次采集新鲜粪便，采用高通量测序技术对粪便内细菌多样性进行分析。

1　试验方法

1.1　样品采集

采集北京动物园 3 只亚成体圈养大熊猫“福禄”和“萌大”、“萌二”（编号分别为 F、D 和 E）新鲜粪便共 54 份。粪便采集时，戴无菌一次性手套用无菌棉签，从新鲜粪便内部采集 10g 左右，用液氮保存后到回实验室，放入 -80℃冰箱保存待检。

1.2　测序准备

1.2.1　基因组 DNA 抽提

用 E.Z.N.A.®Stool DNA Kit 试剂盒提取大熊猫粪便中的基因组 DNA。具体操作步骤按照说明书进行。然后利用 1% 琼脂糖凝胶电泳检测抽提的基因组 DNA。合格后放于 -20℃冰箱保存备用。

1.2.2　16S rRNA 基因扩增及测序

以大熊猫基因组 DNA 为模板，利用正向引物

338F（ACTCCTACGGGAGGCAGCA），反向引物806R（GGACTACHVGGGTWTCTAAT），扩增16S rRNA基因的V3+V4区域。

PCR扩增反应体系：5×FastPfu Buffer 4μL，2.5 mM dNTPs 2μL，上游引物（5μM）0.8μL，下游引物（5μM）0.8μL，FastPfu聚合酶（5U/μL）0.4μL，模板DNA 10ng，然后补ddH_2O至20μL。PCR仪为ABI GeneAmp® 9700型。PCR反应参数为：95℃ 3分钟、95℃ 30秒、55℃ 30秒、72℃ 45秒，共27个循环，72℃ 10分钟，最后保持在10℃。每个样本3个重复，将同一样本的PCR产物混合后用2%琼脂糖凝胶电泳检测PCR产物，扩增产物3μL上样电泳检测。

1.2.3 扩增产物的纯化和回收

合格样本，使用AxyPrepDNA凝胶回收试剂盒（AXYGEN公司）切胶回收纯化PCR产物。

2 高通量测序

2.1 测序

扩增产物送上海美吉生物医药科技有限公司，利用Illumina MiSeq测序平台进行高通量商业化测序。

2.2 数据分析

2.2.1 测序结果分析

经MiSeq测序得到的PE reads，根据overlap关系进行拼接，然后对序列质量进行过滤和质控。

2.2.2 物种组成分析

应用软件Usearch（version 7.0）在相似性为97%的条件下，对OUT的代表序列进行聚类分析和物种分类学分析。

2.2.3 Alpha多样性分析

应用Mothur软件（version v.1.30.1）进行chao、coverage、shannon、simpson 4种常用指数的测定。基于OUT聚类分析的结果，再进行多样性指数分析和测序深度检测；

2.2.4 Beta多样性分析

应用QIIME软件（version 1.9.1）进行分析。根据各个样品OUT的种类及丰度，根据bray_curtis距离进行作图，R值越接近1表示组间差异越大于组内差异，R值越小则表示组间和组内没有明显差异。基于物种分类学分析的结果，在各个分类水平上，进行菌群结构的分析；在上述分析的基础上，对多样本的群落组成和系统发育信息进行多元分析和差异显著性检验等一系列深入的统计学以及可视化分析。

3 结果与讨论

3.1 样本数据统计

54份样品共获得2077061条有效序列，平均每个样品含有（38464）条序列，每条序列的平均长度是441bp。这些序列共分属于1个界、16个门、29纲、63目、123科、238属、353种、467OTU。

3.2 Alpha多样性分析

3只大熊猫的54份样品的ace、chao、coverage、shannon、simpson、sobs六种常用指数的测定。覆盖率（coverage）均达到99.9%以上。根据反应菌群多样性的指数Simpson和Shannon，样品E36_2、E31_3多样性最高，样品的D16_2多样性最低，根据菌群丰度指数Chao和Ace可以看出，样品F21_1丰度较高，D14_3丰度较低数。

3.3 菌群组成分析

根据分类学分析结果，可以得知不同分组在各分类水平（如域、界、门、纲、目、科、属、种、OTU等）上的群落结构组成情况。根据群落柱形图，直观呈现两方面信息，各样本在某一分类学水平上含有何种微生物和样本中各微生物的相对丰度。根据图1和图2，发现3只熊猫在各个月龄时，肠道细菌门水平上主要属于厚壁菌门、变形菌门和蓝菌门，属水平上主要属于大肠志贺氏杆菌属、狭义梭菌属、链球菌属、未分类的蓝细菌等。

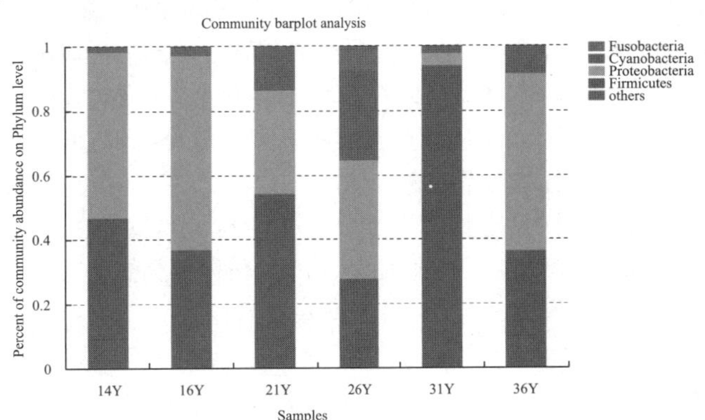

图1 门水平14、16、21、26、31、36月龄平均菌群组成分析

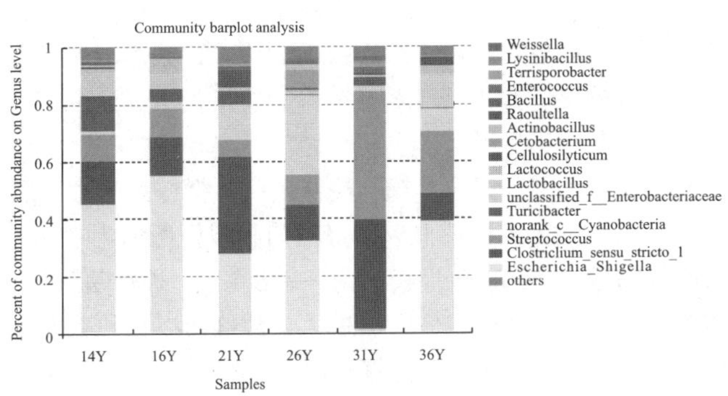

图2 属水平14、16、21、26、31、36月龄平均菌群组成分析

3.4 菌群组间差异分析

6次采样过程中，厚壁菌门在31月龄和14月龄、31月龄和16月龄、31月龄和21月龄、31月龄和26月龄、31月龄和36月龄之间存在极显著差异，21月龄和26月龄之间存在显著差异。变形菌门在31月龄和14月龄、31月龄和16月龄、31月龄和36月龄之间存在极显著差异，31月龄和26月龄之间存在显著差异。蓝菌门在26月龄和14月龄、31月龄和26月龄、16月龄和26月龄之间存在较显著差异，36月龄和26月龄之间存在显著差异。

大肠志贺氏杆菌属在31月龄和14月龄、31月龄和16月龄存在极显著差异，是在31月龄和36月龄之间存在较显著差异，31月龄和26月之间存在显著差异。狭义梭菌属在36月龄和31月龄之间存在显著差异；链球菌属在31月龄和21月龄、31月龄和14月龄之间存在较显著差异，在31月龄和16月龄、31月龄和26月龄之间存在显著差异；未分类的蓝细菌属在14月龄和26月龄、31月龄和26月龄、16月龄和26月龄之间存在较显著差异，在36月龄和26月龄之间存在显著差异；除此之外，还有Turicibacter属细菌在14月龄和其他月龄之间存在显著差异；乳酸杆菌属在14月龄、16月龄和其他月龄之间存在较显著差异；cellulosilyticum属在21月龄和其他月龄之间存在显著差异；芽孢杆菌属在21月龄和36月龄之间存在差异；弯曲菌属在14月龄和36月龄之间存在较显著差异。3只熊猫个体之间，除了Turicibacter属在熊猫F和熊猫D、E之间存在差异以外，其他均不存在差异。

同时，样品进行了聚类分析并绘制了PCoA聚类图。可以看出，不同月份之间比较，31月份样品整体与其他月份有差异，熊猫F、D和E之间差异不显著。

4 讨论

高通量测序技术，是近几年来才建立的一种研究菌群组成的全新技术[4-9]，与以往的研究方法相比较，能够比较全面地反映出样品中微生物的种类[10-11]。很多珍稀濒危动物都通过该方法进行了肠道菌群分析。已有的研究表明人的优势菌门为厚壁菌门、拟杆菌门、变形菌门[12-13]；老虎肠道优势细菌为厚壁菌门、梭杆菌门、拟杆菌门[14]；健康成年川金丝猴粪样菌群以厚壁菌门和拟杆菌门为主[15]；大熊猫肠道优势细菌为厚壁菌门、变形菌门、梭杆菌门[16]。本研究发现，3只亚成体大熊猫优势菌群与以往研究基本相似，主要是变形菌门和厚壁菌门。

4.1 21月龄大熊猫粪便样品中的菌群丰度高，多样性高

根据多样性指数进行分析发现，在六个月龄当中，从丰度看，21月和26月龄丰度高于其他月龄；从多样性看，21月龄最高，31月龄最低，其他月龄差不多。21月龄大熊猫粪便样品中的菌群丰度高，多样性高，菌群结构最好，这与大熊猫的饮食结构可能有关系。在14和16月龄时，大熊猫的饮食结构是以奶粉为主，配以竹笋，但在21月龄时，食物包括窝头、笋、苹果、西瓜、胡萝卜、奶粉、鸡蛋，种类丰富，但也没有完全去掉奶粉。饲料品种丰富，可能是多样性高的原因之一。

4.2 3只大熊猫之间肠道菌群基本不存在差异

生活经历、生活环境、年龄、食物等因素的高度一致性可能是导致3只大熊猫菌群没有显著差异的原因。唯一例外是Turicibacter属，在熊猫F肠道中所含比例低于熊猫D和E。熊猫D和E作为双胞胎，菌群相似性更高也是可以理解的。*Turicibacter*属属于变形菌门的Erysipelotrichiales目Erysipelotrichaceae科。是革兰氏阳性不形成芽孢的不规则杆菌。是重要的肠道菌，常被从几种动物肠道内分离出来，包括人类肠道，可以引起仔猪症状不太明显的感染[17]。但该属细菌的系统进化、生态作用、致病潜力等目前都没有研究定论[18]。

4.3 不同月龄之间，熊猫菌群差异较大

不同月龄之间存在差异的菌群在门水平是厚壁菌门、变形菌门、蓝菌门，在属水平是大肠志贺氏杆菌属、狭义梭菌属、链球菌属、未分类的蓝细菌属、*Turicibacter*属、乳酸杆菌属、*Cellulosilyticum*属、芽孢杆菌属、弯曲菌属。从14月龄到36月龄，厚壁菌门比例存在逐步上升的趋势，变形菌门存在逐渐下降趋势，蓝菌门也逐渐上升，但保持在一定比例内。梭杆菌属（*Fusobacteria*）细菌只存在于26月龄时，其他月龄基本没有检测到。从14月龄到36月龄，大肠志贺氏杆菌属比例存在逐步下降的趋势，狭义梭菌存在逐步上升的趋势，链球菌属存在逐步上升的趋势，未分类的蓝细菌属存在逐步上升的趋势，*Turicibacter*属存在逐步下降的趋势。从整体上来说当大熊猫从亚成体向成年过渡期间，菌群变化比较大。

4.4 31月龄大熊猫肠道菌群与其他月龄显著差异较大

31月龄样品与其他月龄样品差异明显的原因，值得探讨。可能原因之一是采集时间特殊性。31月龄样品采集时间是2016年4月下旬，6次采样过程中，只有21月龄采

样季节与31月龄较近，但实际上21月龄是在5月底采集，从季节温度变化上看，还是差别较大。饮食结构也有可能是造成这种情况出现的原因之一，和其他月龄饲料相比较，31月龄样品采集的那段时间，3只熊猫都饲用了一定量的西瓜，而没有进食胡萝卜。

参考文献

[1] 鲍楠，刘成君，张和民，等．大熊猫肠道微生态的研究进展[J]. 畜牧与兽医，2005，37（4）：57-59.

[2] 邹兴淮，曾鲁军，孙中武，等．大熊猫疾病死亡因素分析及其保护对策[J]. 东北林业大学学报，1998，26（1）：53-56.

[3] Moore W. E. C.，Holdeman L. V. Discussion of current bacteriological investigations of the relationships between intestinal flora，diet，and colon cancer[J]. Cancer Research，1995（35）：3418 -3420.

[4] 王立志，徐谊英，蔡永华，等．高通量测序分析人工养殖成年林麝粪便古菌菌群多样性[J]. 动物营养学报，2016，(2)：477-484.

[5] 黄志涛，宋协法，李勋，等．基于高通量测序的石斑鱼循环水养殖生物滤池微生物群落分析[J]. 农业工程学报，2016，(21)：242-247.

[6] 曹荣，刘淇，赵玲，等．基于高通量测序的牡蛎冷藏过程中微生物群落分析[J]. 农业工程学报，2016，32（20）：275-280.

[7] 宋云龙，张金松，朱佳，等．基于高通量测序的微生物强化污泥减量工艺中微生物群落解析[J]. 中国环境科学，2016，36（7）：2099-2107.

[8] 蔡言安，李冬，毕学军，等．基于不同测序技术的生物群落结构及功能菌分析[J]. 中国环境科学，2016，36（6）：1830-1834.

[9] 滑留帅，王璟，徐照学，等．16S rRNA基因高通量测序分析牛粪发酵细菌多样性[J]. 农业工程学报，2016，32(z2)：311-315.

[10] SOGIN M L，MORRISON H G，HUBER J A，et al. Microbial diversity in the deep sea and the underexplored "rare biosphere" [J]. Proceedings of the National Academy of Sciences of the United States of America，2006，103（32）：12115-12120.

[11] CAPORASO J G，LAUBER C L，WALTERS W A，et al. Global patterns of 16S rRNA diversity at a depth of millions of sequences per sample [J]. Proceedings of the National Academy of Sciences of the United States of America，2011，108（Suppl. 1）：4516-4522.

[12] Wang T，Cai G，Qiu Y，et al. Structural segregation of gut microbiota between colorectal Cancer patients and healthy volunteers [J]. ISME Journal，2012，6（2）：320-329.

[13] 陈群，鲍大鹏．人及动物胃肠道正常微生物群的研究[J]. 安徽农业技术师范学院学报，1999（4）：39-42.

[14] 田银平．人工饲养条件下虎肠道菌群结构研究[D]. 哈尔滨：东北林业大学，2013.

[15] 王剑，王强，曾东，等．健康和腹泻川金丝猴粪样菌群比较分析[J]. 中国兽医学报，2015，35（8）：889-892.

[16] Zhu L，Wu Q，Dai J，et aL. Evidence of cellulose memabolism by the giant panda gut. Microbiome [J]. Proceedings of the National Academy of Sciences U S A，2011，108（43）：17714-17719.

[17] Cuív PÓ，Klaassens ES，Durkin AS，Harkins DM，et al. Draft genome sequence of Turicibacter sanguinis PC909，isolated from human feces. [J]. Journal of Bacteriology，2011 193（5）：1288-1289.

[18] Auchtung TA，Holder ME，et al. Complete Genome Sequence of Turicibacter sp. Strain H121，Isolated from the Feces of a Contaminated Germ-Free Mouse[J]. Genome Announc，2016，4（2）. 00114-00116.

自育草花良种及乡土花卉组合种子繁育与制种基地建设

北京市园林科学研究院，绿化植物育种北京市重点实验室 / 张华丽　秦贺兰　王　涛　辛海波　董爱香

摘　要：在辽宁凌源和内蒙古赤峰建立了草花制种基地，首次在凌源制种；对万寿菊、三色堇等审定良种的亲本进行了扩繁，优选，掌握了制种技术，生产自育良种种子共计28.873kg，年产9.62kg；选育了波斯菊、硫华菊、蛇目菊等优良亲本，掌握了乡土花卉制种技术，生产种子280kg，年约产种子93.3kg；所产种子发芽率85%以上，含水量≤10%，均达到国家Ⅱ级及以上标准；审定万寿菊'美誉'、'橙玉'、'金玉'3个良种；用生产出的种子对良种进行了展示、推广，取得了较好的社会和经济效益。

关键词：草花；乡土花卉；制种；杂交；推广

草本花卉是重大节假日景观布置和临时性活动造景中的重要材料[1]，在城乡园林绿化中占有重要地位。国外园艺发达国家草花育种工作已有一百多年的历史，育出的新品种种类丰富、性状优良，主流品种在世界花卉领域中占主导地位。我国由于起步晚以及受多种主客观原因的影响，草花育种工作远远落后于发达国家，目前还没有成规模、成体系的自育草花品种，且大部分种子质量还无法与国外种子竞争，依赖进口花卉种子的局面仍然没被打破。

北京市园林科学研究院自1995年以后，在充分调研、分析国内主流花坛花卉现状的基础上，启动了多项课题的研究，从种质资源收集和评价到育种基础研究、育种技术研究以及种子加工技术、栽培技术规程、推广与应用策略等进行了系统研究，夯实了北京草花育种产业的种质资源基础，培育出系列具有自主知识产权的花卉品种。2007年至今，园科院先后审定了12个草花品种，获得良种证书，自育良种大部分为杂交一代品种，具有优良的观赏性、适应性和抗逆性，观赏性状可以与国外品种相媲美。让良种进入市场，为北京市及全国园林绿化服务，美化我们的生活环境，制种工作和种子基地设施是品种审定之后面临的首要问题。

野花组合又称景观花卉组合，自20世纪70年代就已在欧美园林造景中开始流行[2]，常用于高速公路护坡、分车带景观布置及缀花草坪[3]，目前被广泛应用于郊野公园、城市道路、高尔夫球场及小区绿化中。野花组合可以营造出自然、美丽的景观效果，而且具有管理粗放、种类丰富、野趣盎然、建植成本低廉、省工省时、观赏期长、景观效果好等优点[3]，需水量比草坪草少，管理又比盆花省事，是草坪草、盆花很好的替代品[2]，种子需求量极大，具有广阔的应用前景。

面对城市绿化对景观花卉种子的巨大需求，国内相继出现了一些景观花卉种子公司。但由于企业关注的角度不同（盈利为主），一味追求"量"，忽略了对优良品种种性的保持及后续种子加工的技术要求，致使种子质量难以保证，通常表现为掺杂杂质太多、种子发芽率低、品种纯度不够等问题，严重影响了组合景观的表达。如何从源头上

提供优质景观花卉组合种子，是景观花卉组合在城市绿化中进一步发展的瓶颈。

国内花卉生产业的蓬勃发展，对草花种子的需求量巨大，国内高质量的种子多为进口且价格昂贵[4]。为了发展民族花卉种业[5]，迎合当前国内花卉产业对优良品种种子来源的迫切需求，开展了该课题的研究。

1 亲本的扩繁及优选

为了获得足够的亲本数量，对亲本材料进行了扩繁，为后期制种工作准备足够的亲本繁殖材料。

1.1 万寿菊亲本扩繁

万寿菊母本 S-121 和性状整齐的 4 个自交系 I-156（美誉父本）、I-506（金玉父本）、I-138（橙玉父本）、I-354，各亲本性状信息见表 1，收获种子信息见表 2。

万寿菊亲本性状表　　表 1

编号	株高（cm）	冠幅（cm）	花色（RHS 比色）	花径（cm）	花型	始花期（d）
母本 121	50	50	淡黄（4A）	7	蜂窝	80
父本 138	35	40	桔红(23A)	6	重瓣	100
父本 156	35	35	黄（7A）	7	单瓣	80
父本 506	35	40	桔黄(17A)	6	单瓣	80
父本 354	35	40	金黄（9A）	6	单瓣	85

1.2 三色堇亲本扩繁及优选

2014 度收获三色堇亲本种子数量：‘斑蝶’父本（A）107g、母本（B）120g;‘春晓’父本（C）194g、母本（D）200g，具体见表 2。

2015 度收获三色堇亲本种子数量：‘斑蝶’父本（A）123g、母本（B）28g；‘春晓’父本（C）25g、母本（D）44g，具体见表 2。

对 4 个亲本材料进行单株优选，获得 18 个单株，将进一步自交提纯，保持其优良性状，包括‘斑蝶’父本（A）单株 4 个、母本（B）单株 2 个、‘春晓’父本（C）单株 4 个、母本（D）单株 8 个。

1.3 乡土花卉单株选择

采取大田播种、田间单株选拔的方式，对收集到的硫华菊、蛇目菊等几种以乡土花卉进行常规选种，选出波斯菊重瓣单株 10 个，硫华菊单株 2 个，矮生蛇目菊单株 2 个，百日草矮生紧凑单株 1 个，天人菊单株 1 个。

草花良种及亲本种子产量及质量表　　表 2

编号	种子重量（g）	发芽率（%）	含水量（%）
万寿菊母本 S-121	743	86	7.4
三色堇亲本 A(2014+2015)	240	82	8.8
三色堇亲本 B(2014+2015)	148	84	8.9
三色堇亲本 C(2014+2015)	219	83	6.2
三色堇亲本 D(2014+2015)	244	87	6.5
万寿菊父本 I-138	1200	91	7.84
万寿菊父本 I-156	173	89	7.62
万寿菊父本 I-506	50	91	7.32
万寿菊父本 I-354	160	92	7.02
万寿菊‘美誉’F_1 121×156	4400	94	5.88
万寿菊‘橙玉’F_1 121×138	3000	94	6.02
三色堇‘斑蝶’(2014)	1060	81	8.5
三色堇‘春晓’(2014)	1300	82	8.6
三色堇‘斑蝶’(2015)	455	85	5.3
三色堇‘春晓’(2015)	1146	88	5.2
矮牵牛‘红星闪闪’	240	84	7.96
一串红‘奥运圣火’(2014)	8175	88	8.4
一串红‘奥运圣火’(2015)	4140	89	8.9
一串红‘奥运圣火’(2016)	800	85	9.1
孔雀草‘锦绣’	2152	92	7.84
孔雀草 K30	1305	92	7.02

2 花卉制种技术

2.1 制种基地的选择

综合考虑气候条件、制种地条件和制种技术、交通便利考虑，本研究在赤峰、凌源开展制种工作。

2.2 草花良种制种技术

赤峰制种农户基地规模：塑料大棚 7 个，占地 3.5 亩，其中 4 个面积较大，0.7 亩 / 个；3 个面积较小，0.3 亩 1 个，0.2 亩 2 个。露地制种田 4 亩。具有良好的灌溉条件，多年从事草花制种工作，制种种类达 10 种以上。

制种技术包括播种、定植、父母本比例、株行距、隔离、除杂去劣、采粉、授粉、采种、种子采收与清选、种子检验等多个关键步骤。每一个环节严格把控，均生产出高质量的种子。

杂交制种（F_1）的种类包括：万寿菊‘美誉’（图 1）、‘金玉’、‘橙玉’，三色堇‘斑蝶’、‘春晓’，矮牵牛‘红星闪闪’。

自交制种的种类包括：一串红‘奥运圣火’（图 2），孔雀草‘锦绣’、‘K30’。

生产草花种子共计 28.873kg，年产 9.62kg；种子发芽率 85% 以上，含水量≤ 10%，具体见表 2。

2.3 乡土花卉制种技术

波斯菊、硫华菊、蛇目菊等是目前国内广泛栽培的景观花卉之一，对优良种子的需求量呈现逐年大幅增加趋势。但不同播期、不同来源的种子，产生的景观效果不同。购买国外进口种子，价格昂贵，不能满足园林绿化中撒播对种子的需求；国产种子，往往存在杂质多、芽率较低或发芽势不整齐等问题，影响其在园林中的应用。本研究以波斯菊为例，研究了不同播期对种实质量的影响，并以前期筛选的几个优秀的北京地区乡土花卉种类为研究对象，进行乡土花卉试制种技术研究。

凌源基地面积 2.1 亩，试验地是黄土，前茬植物是玉米，土壤肥力中等。

2.3.1 不同播期对波斯菊种实质量的影响

辽宁地区波斯菊露地直播制种，以 5 月 25 日播种的波斯菊，千粒重最高，为 6.7g；单株产量 1.33g；发芽率和 3 天发芽势均以 5 月 25 日最高，分别为 91.3% 和 73.3%。以 40cm × 50cm 的株行距定植，3000 株 / 亩，平均亩产 39.9kg。

2.3.2 几种乡土花卉试制种

在两地采用不同的育苗模式，其中赤峰基地是温室育苗 + 移栽定植，在辽宁是露地直播，田间管理都包括浇水、施肥、病虫害防治、除杂、种子采收、种子检验与贮存。经过各基地的悉心管理，各种花卉长势良好，共采得波斯菊、硫华菊、蛇目菊、百日草等景观花卉种子约 280kg。入库前，测定种子发芽率、含水量、净度、纯度，并做好种子标签。本次所产的种子含水量在 8% ～ 10%，发芽率 85% ～ 90%。

2014 年赤峰和凌源两个产地的乡土花卉种子产量对比　表 3

基地	种类名称	面积（亩）	产量（kg）	亩产量（kg/ 亩）
赤峰	硫华菊	2	50.9	25.45
	波斯菊	2	35.85	17.93
	蛇目菊	2.2	32.35	14.7
凌源	硫华菊	0.6	10.65	17.75
	波斯菊	1	40.4	40.4
	蛇目菊	0.5	9.05	18.1
		8.3	179.2	21.59

表 3 对比了 2014 年赤峰和凌源两个产地的硫华菊、波斯菊和蛇目菊的产量。其中在赤峰产地，硫华菊亩产量 25.45kg/ 亩，辽宁凌源硫华菊亩产量 17.75kg/ 亩；赤峰波斯菊的亩产量为 17.93kg kg/ 亩，而凌源为 40.4 kg/ 亩（图 3），相差较大；赤峰蛇目菊产量为 14.7 kg/ 亩，凌源为 18.1 kg/ 亩。对比以上数据，波斯菊和蛇目菊以辽宁凌源的亩产量较高，而硫华菊以赤峰产地的产量较高，产量的差异可能是由于栽培过程的差异造成。

图 1　万寿菊‘美誉’杂交制种

图 2　一串红‘奥运圣火’制种

图 3　波斯菊制种（凌源）

3 草花新品种选育

完成了三个万寿菊新品种的对比和区域试验，审定良种 3 个，品种性状如下：

‘美誉’（京 S-SV-TE-034-2015）：中高型黄色杂交一代新品种。株高 45 ～ 50cm，冠幅 45cm，花径 8 ～ 9cm，花型蜂窝状，黄色；从播种到开花 85 天。下胚轴红紫色。抗性强。地栽单株呈球形，花朵覆盖在植株表面，群体整齐一致（图 4）。

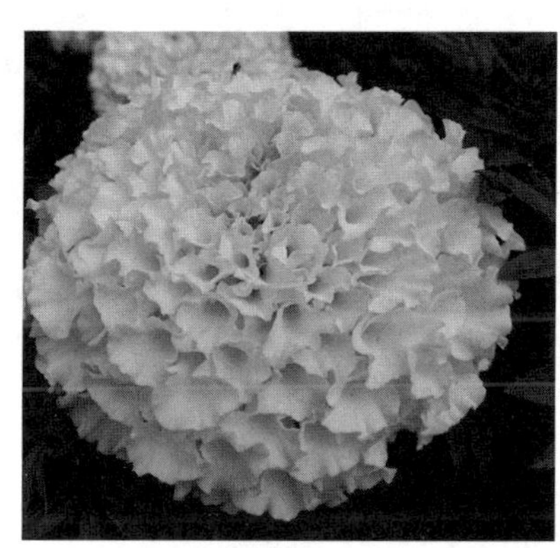

图 4 万寿菊‘美誉’

‘橙玉’（京 S-SV-TE-043-2016）：中高型桔红色杂交一代新品种。平均株高 54cm，平均冠幅 53cm；花桔红色，平均花径 9.2cm，花型蜂窝状，单株花量大；地栽单株呈球形，花朵覆盖在植株表面，群体整齐一致，无异型株；病虫害少（图 5）。

‘金玉’（京 S-SV-TE-044-2016）：中高型杂交一代新品种：平均株高 46cm，平均冠幅 52cm；花金黄色，平均花径 9.6cm，花型蜂窝状；地栽单株呈球形，花朵覆盖在植株表面，群体整齐一致，异型株较少；病虫害少（图 6）。

这 3 个良种性状相似，花色不同，具有优良观赏特性和抗逆性，育苗和栽培技术成熟，可以作为一个系列搭配应用，适于北京地区‘五一’和‘十一’地栽用草花进行应用。

图 5 万寿菊‘橙玉’

图 6 万寿菊‘金玉’

4 品种展示与推广

4.1 推广

主要用种子、种苗的方式在本单位的营销平台推广销售，课题进行三年来推广种子共计 59.805kg，推广种苗 168 万株。受到用户的广泛好评。

4.2 展示

在北京植物园、中直机关苗圃、北京国际鲜花港、园科院共计展示各类花卉品种 6990 株。应用形式多样，展示效果良好（图 7 ～图 9），为城市节日装点不可或缺的花卉种类。

图 7 矮生蛇目菊展示

图 8 野花组合展示

图 9　万寿菊展示

使本单位和购买种苗的单位均获得较好的经济收益。

5　社会效益和经济效益

本课题的实施，取得了良好的社会效益和经济效益。本课题生产出的种子发芽率、净度均能达到国家标准[6] Ⅰ级或Ⅱ级标准，属于优质种子，国内市场对花卉种子的需求巨大，国产优良品种可在一定程度上缓解优质种子短缺的问题，由于质优价低，在推广销售中占据较大优势。

本课题的自育品种大部分为杂交一代品种，某些品种的观赏性状可以与国外品种相媲美，比如一串红‘奥运圣火’，在抗热性方面远强于‘展望’和‘猩红王后’；万寿菊‘美誉’，在耐雨打方面表现出色，也强于国外品种‘安提瓜’。这些品种在传统‘五一’和‘十一’的城市绿化美化中被广泛应用，受到众多花卉生产者的认可和欢迎。

乡土花卉组合最适宜建植大面积花海应用，这是近年流行的花卉应用模式，本课题生产出的种子无混杂，发芽率高，种子质量远高于国内同类公司的产品。

推广种苗 168 万株，推广种子 59.8kg，自育花卉种子使本单位和购买种苗的单位均获得较好的经济收益。

6　结语

本课题主要以万寿菊、一串红、三色堇、孔雀草、矮牵牛的审定品种和乡土花卉中的波斯菊、硫华菊、蛇目菊等为研究对象，建立良种繁育基地，掌握了制种技术，年约产草花种子 102.49kg，发芽率≥ 85%，含水量≤ 10%，净度≥ 95%；审定草花良种 3 个，在北京植物园、世界花卉大观园、中直机关苗圃、北京国际鲜花港、北京市园林科学研究院花卉展示区进行了展示，取得了良好的社会效益和生态效益，形成“产学研有机结合”、“制种体系、生产与示范结合”、“优质种子规模化生产和全程配套技术结合”三结合模式，构建了完善的草花良种繁育及推广体系。

本课题的实施，为自育良种、国产优质种子进一步走向市场，为服务北京及其他城市园林绿化提供了优良、可靠的种子来源。

参考文献

[1] 覃云梅．草花在园林绿化中的应用研究．绿色科技，2015，3：96-98.

[2] 赵红波．节约型园林建设中野花组合在东北地区的应用．现代园林，2011，5：58-59.

[3] 于晓森．许超．野花组合在北京居住区园林中应用调查及前景分析．黑龙江农业科学，2014（12）：116-119.

[4] 何经海．花卉制种基地管理．中国花卉园艺，2008（18）：15-16.

[5] 孙莉．中国花卉种业的现状分析．北京农业，2005，7：10-11.

[6] GB/T 18247.4—2000 主要花卉产品等级　第 4 部分：花卉种子．

中国园林博物馆内环境监测及室内植物景观应用

中国园林博物馆 / 陈进勇　邬洪涛　黄亦工

摘　要：对中国园林博物馆室内展园和公共空间的14个点位的温度、湿度及光照条件进行测定，分析不同点位的环境条件差异及其对植物生长发育的影响，结果表明，现有环境条件存在昼夜温差小、冬春季空气相对湿度低、室内光照不足等影响植物正常生长的因素。在3处低光照公共空间，选择20种耐阴室内植物进行配置应用，观测评价表明，有效观赏期超过3个月，提升了展览和科普效果。

关键词：中国园林博物馆；环境；室内植物；景观

中国园林博物馆是一座以园林为主题的博物馆，总建筑面积49950m^2，包括10个展厅和3座室内展园，被誉为"有生命"的博物馆，展示着各种地栽及盆栽园林植物，传承着中国传统园林艺术。由于余荫山房、畅园和主体建筑公共空间的温度、湿度和光照等环境条件不一，各种园林植物对温湿度和光照需求也不一样，造成有些植物生长不适。有必要对室内展园和公共空间的环境条件进行全面监测，同时研究不同室内植物对环境条件的需求。根据室内环境条件选择应用适当的植物材料，丰富植物景观和展览质量，打造有生命的园林专业博物馆，为游人提供舒适的参观环境。

1　中国园林博物馆内环境

中国园林博物馆主体建筑分为上下两层，内部空间结构比较复杂，既有玻璃屋顶，也有人工光照之地，甚至有不见光区域，环境条件多样。2016年利用Hobo温湿度光照仪、TR-74ui照度UV记录仪等仪器分月连续测定室内展园和公共空间有代表性的14个点的温度、湿度和光照条件。用Excel对数据进行统计、汇总和绘图，分析不同空间的环境条件差异，并与中国天气网1971 ～ 2000年广州、南京、北京气象资料相比较[1]。

1.1　温度

总体上看，中国园林博物馆14个点位1 ～ 4月日均温最低值为12℃，最高为26℃；5 ～ 8月日均温最低值为21℃，最高为37℃；9 ～ 12月日均温最低值为15℃，最高为26℃，其趋势为夏季温度较高，其他季节较低，博物馆室内日温差较室外明显要小（图1）。

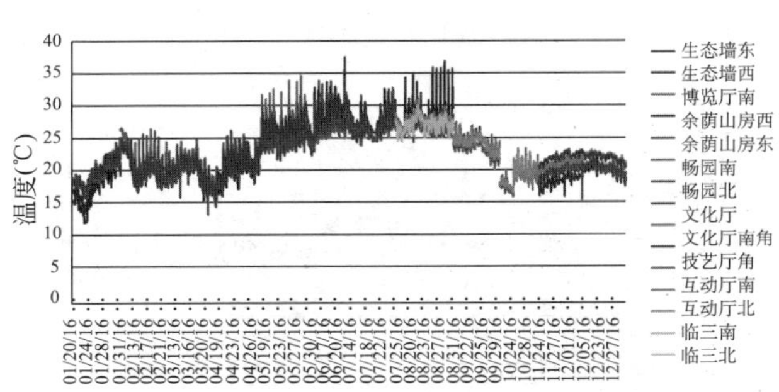

图1　中国园林博物馆不同点位的全年（月 / 日 / 年）温度变化

以 2 月为例（图 2），畅园北侧（畅园北）白天能接受阳光照射，最高温达 26℃，日温差达到 6℃，南侧（畅园南）受墙挡无日光照射，日温差只有 2℃左右；博览厅角落（博览厅南）等其他室内地点日温差多在 2℃以内，但博览厅温度总体较生态墙（生态墙西）和余荫山房（余荫山房东）温度高 2℃左右。

5 月畅园北侧受太阳照射，最高温度可达 34℃，最低 22℃，日温差达 10℃；二层文化厅外墙在 22 ~ 30℃，日温差 3℃左右；畅园南侧最高温 28℃，日温差也在 3℃左右；博览厅温度最低，在 22 ~ 24℃，温差也最小（图 3）。

8 月畅园北侧由于树木的遮荫作用，日温差在 2 ~ 3℃，总体在 24 ~ 30℃；二层技艺厅角落类似，温度略高；博览厅角落温度最低（25 ~ 27℃），温差也最小（1℃左右）；余荫山房西侧（余荫山房西）由于受太阳西晒，有 6 ~ 10℃的温差，日最高温达短时 37℃（图 4）。

11 月底至 12 月初，一直是二层技艺厅角落（技艺厅角）的温度最高，在 20 ~ 23℃，日温差在 1℃左右；其次为博览厅角落，较前者低 1℃左右；畅园南侧和北侧虽然温度与博览厅近似，但日温差基本大于 1℃；余荫山房西侧温度最低，16 ~ 20℃，除两个极值外，日温差在 1 ~ 2℃（图 5）。

可见馆内不同点位的温度首先受太阳辐射的影响，阳光照射之处温度显著上升，如畅园太阳照射与不照射之处（之时），温度差异非常明显；其次受高度的影响，由于二层（技艺厅角落）受热空气上升的影响，温度较一层（博览厅角落）要高；此外还受散热的影响，余荫山房西侧为玻璃，冬季容易散热，导致温度偏低。但总体上看，由于受空调设置的影响，日温差明显偏小，尤其是不受太阳照射之处（如博览厅角落），基本是趋向恒定的。

以园博馆博览厅为例，与 1971 ~ 2000 年广州（广东）、南京（江苏）、北京月均温比较（图 6），室内温度总体上与广州更接近，冬季 12 月至次年 2 月较广州高 5℃，其他月份持平或偏低；11 月至次年 3 月高出南京 10 ~ 18℃，其他月份相差在 5℃内；与北京室外相比，11 月至次年 3 月高出 14 ~ 22℃，其他月份相差在 5℃内。

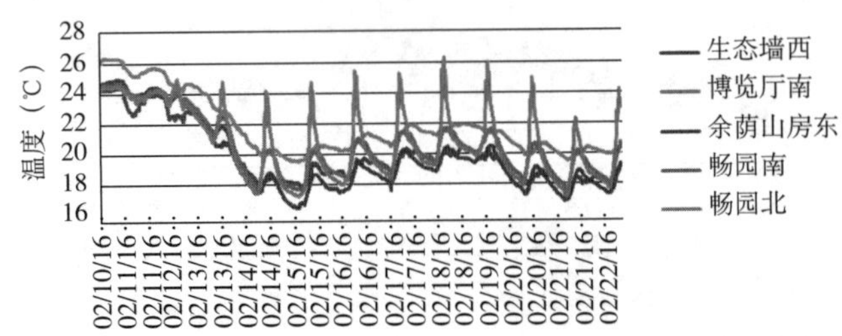

图 2　园林博物馆不同点位 2 月（月 / 日 / 年）的气温

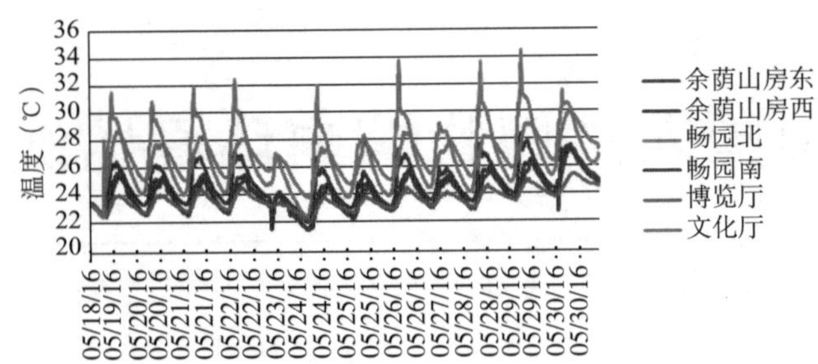

图 3　园林博物馆不同点位 5 月（月 / 日 / 年）的气温

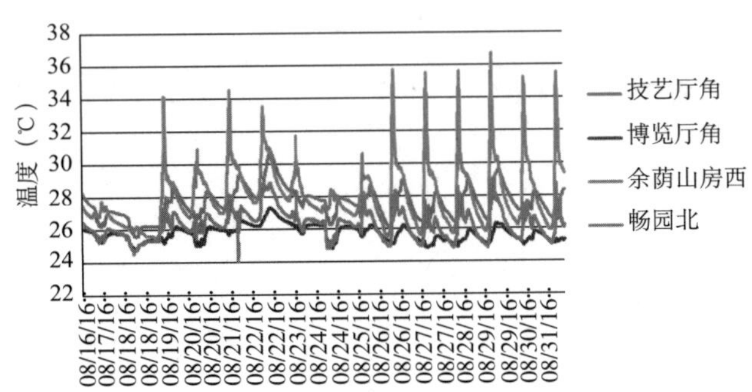

图 4　园林博物馆不同点位 8 月（月 / 日 / 年）的气温

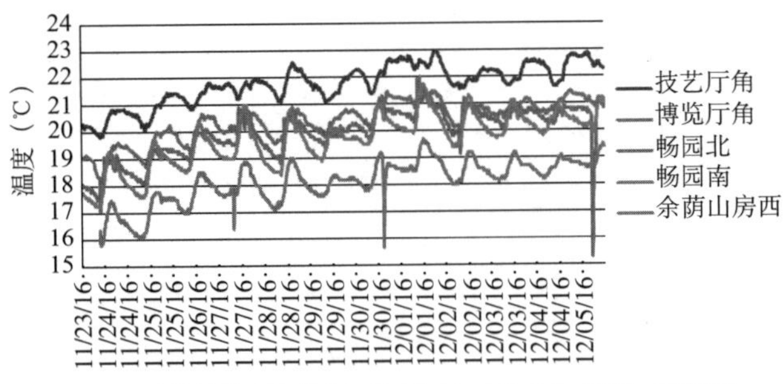

图 5　园林博物馆不同点位 11 月（月 / 日 / 年）的气温

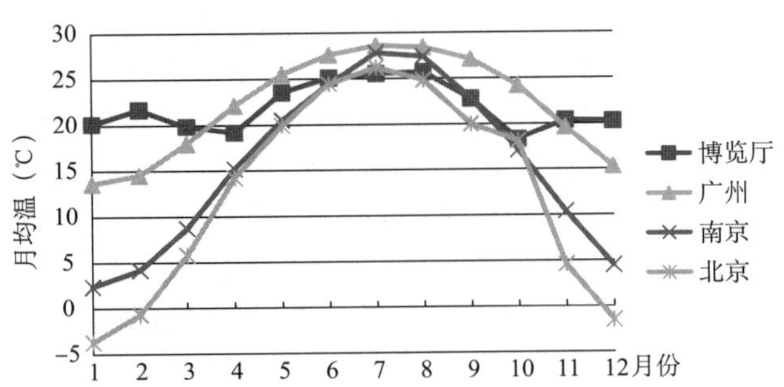

图 6　园林博物馆博览厅与广州、南京、北京的月气温比较

1.2　空气相对湿度

室内展园和公共空间的空气湿度与大气湿度相关，排除极值（结露或浇水水滴影响），14 个点位 1 ~ 3 月空气湿度在 10% ~ 40%，4 ~ 6 月逐步升高，在 20% ~ 70%，7 月下旬至 8 月上旬雨季盛期达到全年最大值，60% ~ 90%，随后逐渐下降，30% ~ 80%，11 月至 12 月降至 10% ~ 40%（图 7）。

以2月为例，不同点位的空气相对湿度相近，日较差在10%～20%，总体最低为15%，最高达45%（图8）。

5月不同点位的空气相对湿度以文化厅（二层）较低，其他点位高出5%左右，日较差5%～15%，总体最低值30%，最大值65%（图9）。

8月阴雨天空气湿度大，在50%～80%，晴天在30%～60%，不同点位，以余荫山房西侧的湿度日较差最大（达30%），其次为畅园北（10%左右），一层博览厅角落和二层技艺厅角落日较差都在10%以内，博览厅湿度较技艺厅略大5%左右（图10）。

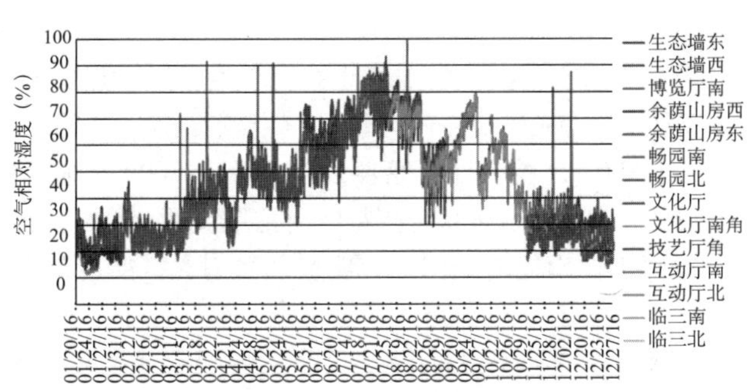

图7　园林博物馆不同点位的全年空气相对湿度变化

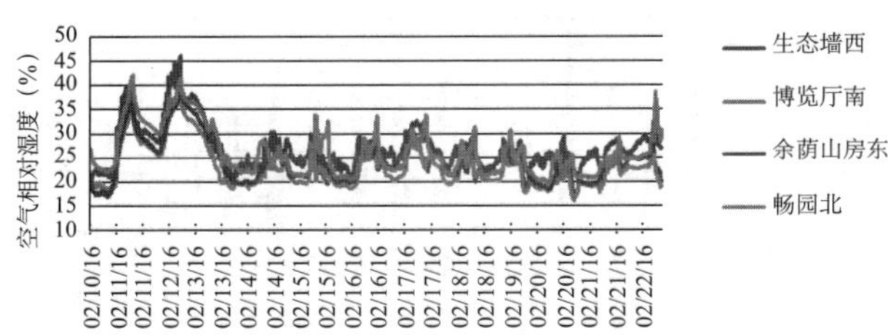

图8　园林博物馆不同点位2月（月/日/年）的空气相对湿度

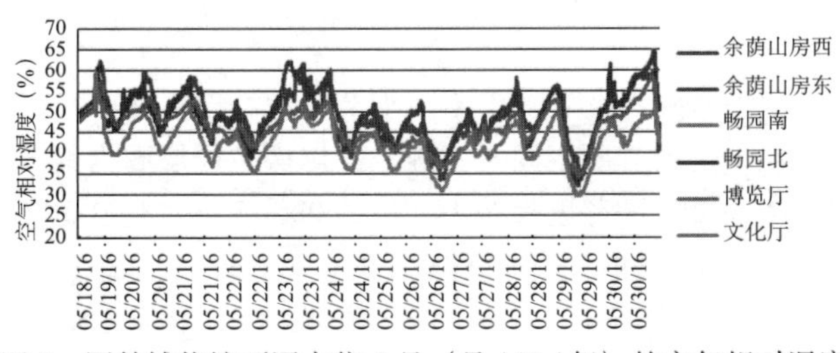

图9　园林博物馆不同点位5月（月/日/年）的空气相对湿度

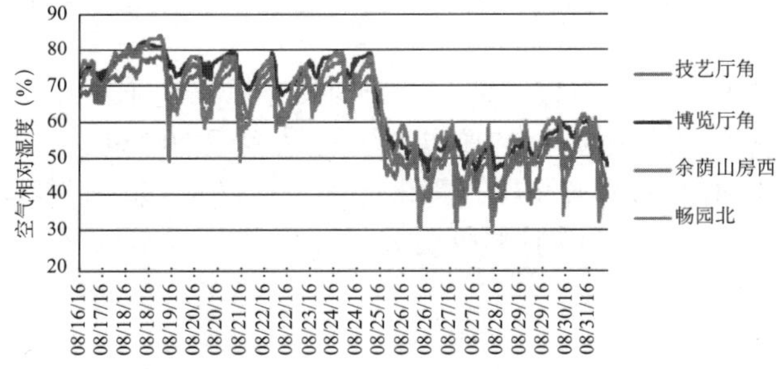

图10　园林博物馆不同点位8月（月/日/年）的空气相对湿度

11月不同位点的空气相对湿度在15%～45%，其中生态墙面湿度较高（25%～45%），日较差小于10%；其他点位日较差大，达25%（图11）。

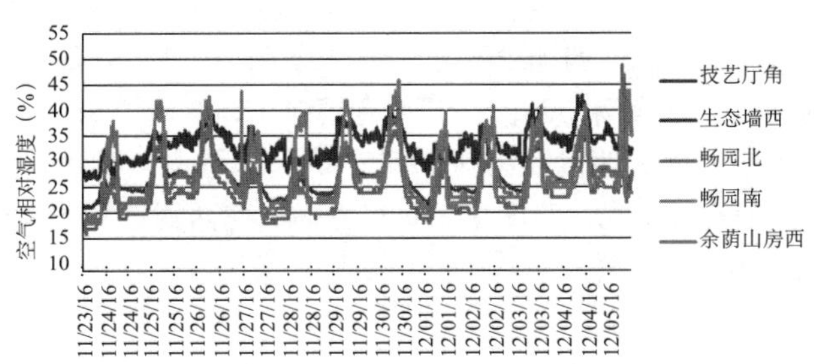

图11　园林博物馆不同点位11月（月/日/年）的空气相对湿度

可见，中国园林博物馆全年的空气相对湿度变化，主要与外界环境的空气湿度相关。不同点位的相对湿度差异不大明显，只是太阳辐射越强，温度越高，湿度越小；二层（技艺厅）的相对湿度也较一层（博览厅）的湿度低；生态墙面的相对湿度稍高。这与温度的变化趋势相反。

同样以园博馆博览厅为例，与北京（室外）、上海、广州的月平均空气湿度相比较（数据引自文献[2]），11月至次年2月较北京室外偏低值达20%～30%，这与空调加温不加湿，室内外温差大有关，其他月份接近；与上海和广州相比，除了7月份较接近，其他月份均明显偏低，差值在15%～57%，以11月至次年3月差值较大（图12）。

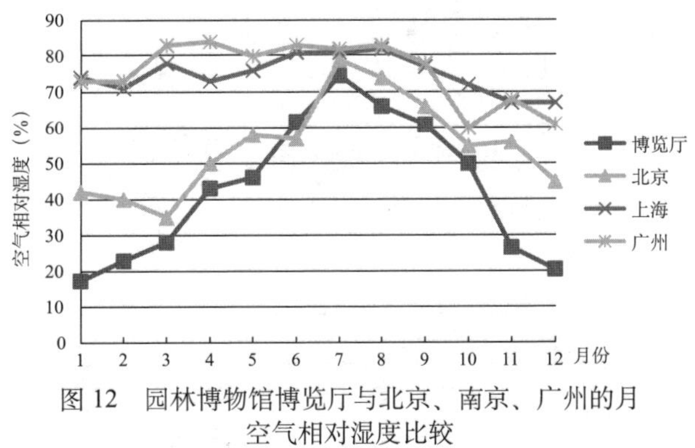

图12　园林博物馆博览厅与北京、南京、广州的月空气相对湿度比较

1.3　光照

室内展园和公共空间的光照情况比较复杂，室内展园畅园和余荫山房在晴天太阳照射之时，照度基本在30000lx以上，夏季最高能达到60000lx，冬季在10000～20000lx；而夏季太阳光直射的片石山房照度达到110000lx以上，2个室内展园的照度相应在50000lx左右，不到全光照的50%（图13）；室内展园无太阳直接照射之处，散射光照度在3000～15000lx，差异更大。以畅园南、北侧2月份晴天的峰值照度为例，分别为800lx和32000lx（图14），

差别达 40 倍，且畅园北侧在阴天和多云的天气峰值只有 2600 ～ 10000lx，与晴天相差 3 ～ 12 倍。畅园南侧由于墙面遮挡见不到直射光，北侧太阳光可从屋顶玻璃照射而入，可见太阳照射与不照射、晴天与阴天的光照巨大差别。同样余荫山房东、西侧由于光线照射的原因照度也有很大差别，以 4 月为例，西侧在晴天有短时 15000 ～ 30000lx 的强光照，阴天照度仅 1500 ～ 2500lx；东侧由于受建筑物遮挡只有漫射光，照度在 2500lx 左右，与西侧直射光照相差 10 倍（图 15）。

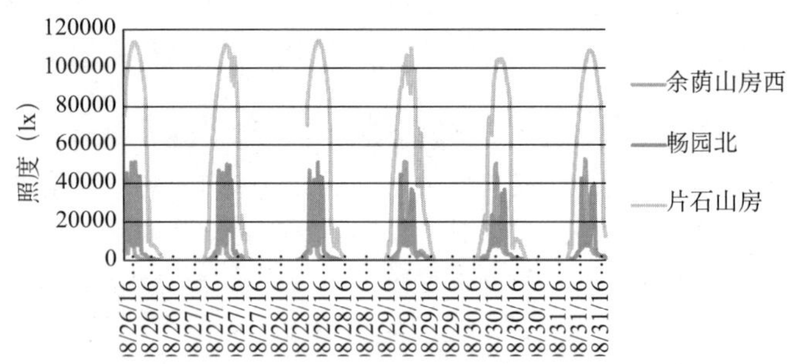

图 13　园林博物馆不同展园 8 月（月 / 日 / 年）的照度

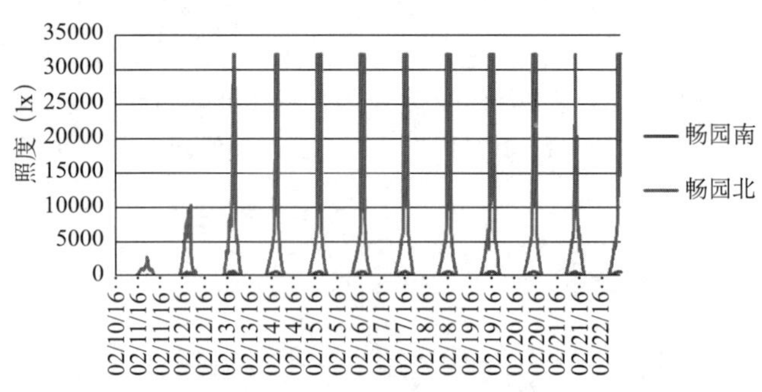

图 14　畅园南、北侧 2 月（月 / 日 / 年）的照度

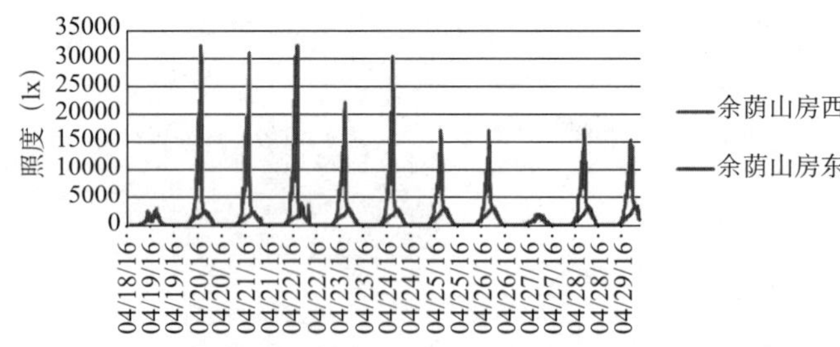

图 15　余荫山房东、西侧 4 月（月 / 日 / 年）的照度

位于北侧的植物生态墙面虽然接受不到阳光直射，但会接收北面屋顶反射的光照，因此出现照度的差异。以 2 月份为例，白天的照度约为 500lx，但会有 1000 ～ 5000lx 的瞬间照度（图 16），其中西侧（生态墙西）照度高达 2000 ～ 5000lx，东侧（生态墙东）为 1000 ～ 1800lx，二者相差 2 倍以上，主要是从大厅北侧玻璃反射到墙面的，是通常情况下的 2-10 倍。

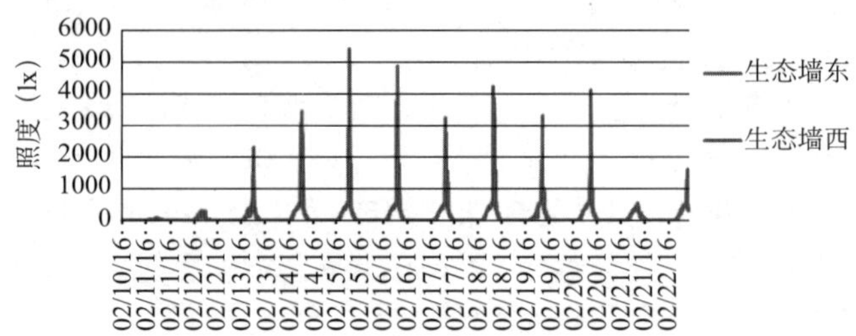

图 16　植物生态墙面东西侧 2 月（月 / 日 / 年）的照度

公共空间不同点位的照度也会有差别，以 8 月份为例（图 17），晴天时互动厅门口墙面（互动厅南）的照度达 1400 ～ 1800lx，技艺厅角落照度达 400 ～ 800lx，临三展厅南侧照度略大于 200lx，博览厅角落照度约 200lx。互动厅门口由于靠南侧玻璃门，有明亮的散射光，照度最大；博览厅角落位于一层，光照最弱；临三展厅位于北侧，光照也较差；技艺厅位于南侧二层，从畅园屋顶有散射光，照度居中。

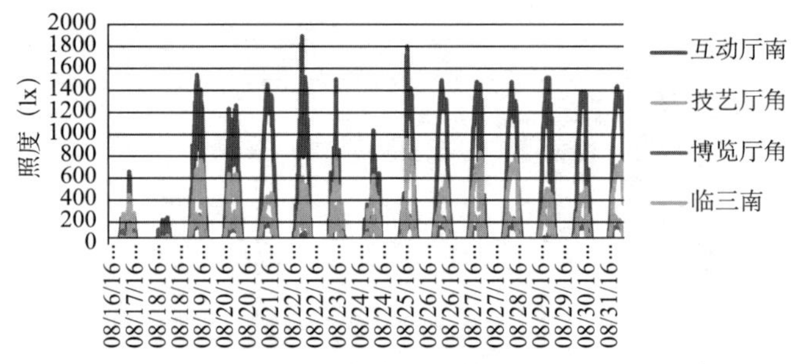

图 17　公共空间不同点位 8 月（月 / 日 / 年）的照度

此外，同一点位随着不同季节太阳高度角和照射强度的变化，也会有所不同。室内空间以博览厅墙面为例（图 18），1 ～ 2 月的照度仅有 100 ～ 200lx，3 ～ 4 月近 300lx，5 ～ 6 月近 700lx，7 ～ 9 月 200 ～ 300lx，10 ～ 11 月约 100lx，12 月仅 50lx，全年基本呈单峰曲线，大部分时间照度在 100 ～ 200lx，夏季太阳从二楼照射下来的散射光能提高区域的照度。一般来说，同一点位，夏季的照度较冬季要强。

可见，园林博物馆室内空间的光照差异非常大，室内展园（如畅园）的照度最大能达到近 60000lx，而太阳照射不到的博览厅和文化厅等角落仅有 100 ～ 200lx，生态墙面除了瞬时的折射光外，大部分时间照度低于 500lx。

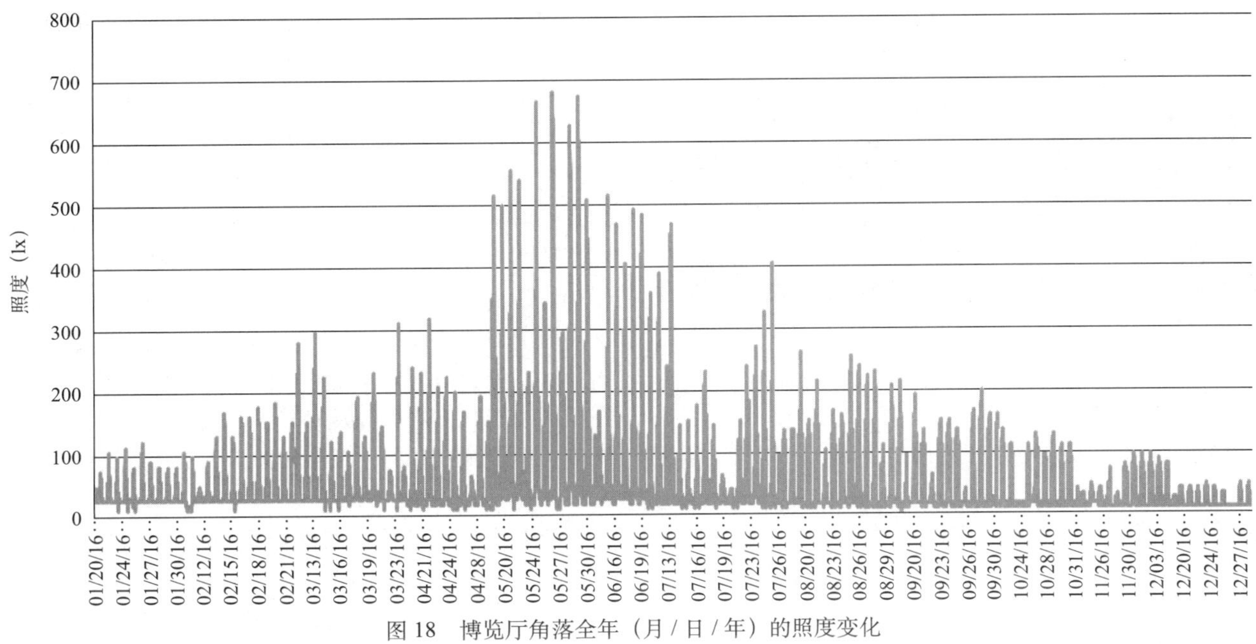

图 18　博览厅角落全年（月 / 日 / 年）的照度变化

2　低光照条件下室内植物的应用

2.1　室内植物配置应用

通过对园博馆室内公共空间的光照和温湿度环境进行监测，以及不同光照处理对植物种类的影响试验，2016 年 11 月 16 日选择园博馆博览厅角落、互动厅角落南、北两侧 3 个照度较低的室内空间，并选择耐阴性相对较强的室内植物，进行配置应用，以提升展览和科普效果，为游客提供更为舒适的环境及室内植物应用方面的知识。

博览厅角落以“淌·绿”为主题，用植物、山石和小型叠水相组合搭配，形成翠绿层叠、碧水轻淌的景观。植物种类以圆叶福禄桐（*Polyscias guifoylei*）、马拉巴栗（*Pachira glabra*）、幸福树（*Radermachera sinica*）、琴叶榕（*Ficus pandurata*）为基本骨架，结合孔雀木（*Dizygotheca elegantissima*）、南天竹（*Nandina domestica*）等细叶植物，虚实结合。地被植物用红掌、黄掌、紫叶秋海棠、金心吊兰等提亮色彩，间以波士顿蕨、铜钱草做底色，色彩产生变化。由于水景、卵石等元素的加入，景观更加灵动而丰富（图 19）。

图 19　博览厅角落室内植物配置前后对比景观

植物造景中大型植株采用了盆栽，为避免花盆露出，对地形做了处理进行遮挡，后面高大的植株作为背景，草本植物在前面便于观赏，陶粒覆盖表面，并点缀假石水景，达到了中国园林虽由人作，但显得非常自然的特点。背景采用苇帘主要是产生围合感，同时方便工作人员进入后墙设备操作间。

技艺厅角落南侧以“绿·窗”为主题，用花格窗、竹子元素，体现窗前映翠竹的意境。为避免地形平淡，做成梯田的形式，结合山石，使得立面有所变化。植物配置选择福禄桐、鹅掌柴、八角金盘、南天竹、棕竹、绿巨人、竹芋、波士顿蕨、紫叶鸭跖草等，有高低起伏变化。整个场地以植物造景为主，体现绿色景观（图 20）。

图 20　技艺厅角落南侧室内植物配置前后对比景观

技艺厅角落北侧以“绿·岛”为主题，用白色卵石铺就的蜿蜒的路以及荷叶状汀步营造出水的意向，水中围出绿色岛屿，借助容器栽培，用散尾葵、棕竹、琴叶榕、鹤望兰、八角金盘、变叶木、金钱树（Zamioculcas zamiifolia）等植物，营造出岛上绿林，形成碧荷带涟漪、绿岛挺青林的景观（图 21）。

由于场地比较狭小，且中间为消防门，需要让出，因此采用卵石加汀步处理，工作人员可以进入，两边用组合盆栽植物造景，形成绿岛景观。

图 21　技艺厅角落北侧室内植物配置前后对比景观

2.2　室内植物景观效果评价

博览厅角落有安装在屋顶的射灯照明，植物层的照度为 160 ～ 320lx，光量子为 3 ～ 5μmol/（$m^2 \cdot s$）。应用的近 20 种植物，维持了 3 个月以上的观赏期（表 1）。不同植物种类表现略有不同，琴叶榕、马拉巴栗、幸福树、鹅掌柴、八角金盘、福禄桐等观叶木本植物表现较好，除了生长缓慢外，观赏性状并未出现下降；南天竹出现徒长现象。草本植物中，春羽、花叶常春藤、开粉花和黄花的红掌品种均表现较好，金心吊兰和波士顿蕨出现叶片焦边，铜钱草则出现了植株死亡的情况，与光照和湿度不足有关。可见，从选择的植物种类看，大部分能适应室内空间环境条件，植物的选择不仅要考虑光照条件，还要考虑温度和湿度，任何因素的限制都会影响植物的生长发育。

技艺厅角落南侧植物层的照度为 160 ～ 270lx，光量子为 3 ～ 4μmol/（$m^2 \cdot s$）。栽植应用的 20 余种植物大都表现较好（表 1），只有竹子出现叶片焦落现象，但又长出新叶；蕨类与博览厅角落类似，出现焦叶现象；长寿花在花后由于缺乏修剪等及时养护，效果变差。棕竹、八角金盘、金钱树、春羽、绿巨人、芸香木、豆瓣绿等表现非常好。

技艺厅角落北侧布置的近 20 种盆栽植物中（表 1），蕨类、长寿花仍表现不理想；还有花叶竹芋，叶片变焦。散尾葵、变叶木、八角金盘、鹅掌柴、琴叶榕、花叶芋、豆瓣绿等植物表现较好，形成较好的景观。

园林博物馆不同位置应用的植物观赏效果评价（5 分法）　　　　**表 1**

位置	植物名称	2016 年 12 月 19 日	2017 年 1 月 17 日	2017 年 2 月 13 日
博览厅	鹅掌柴	5	5	5
	琴叶榕	5	5	5
	八角金盘	5	5	5
	春羽	5	4.5	5
	圆叶福禄桐	5	5	5
	秋海棠	4.5	4.5	4.5
	南天竹	4.5	4.5	4.5
	马拉巴栗	5	5	x
	幸福树	5	5	5
	红掌	5	5	4.5
	黄掌	5	5	5
	金心吊兰	4.5	4	3.5
	波斯顿蕨	4.5	4	3.5
	铜钱草	4	3	3
	网纹草	4	3.5	3
	花叶常春藤	5	5	5
	孔雀木	5	5	5
技艺厅南	南天竹	4.5	4.5	4.5
	豆瓣绿	5	5	5
	春羽	5	5	5
	花叶芋	5	5	
	金钱树	5	4.5	4.5

续表

位置	植物名称	2016 年 12 月 19 日	2017 年 1 月 17 日	2017 年 2 月 13 日
技艺厅南	孔雀木	4.5	4.5	4.5
	棕竹	5	5	5
	鹅掌柴	5	5	5
	苹果竹芋	5	4.5	4.5
	花叶竹芋	5		4.5
	波斯顿蕨	5	4.5	4
	芸香木	5	5	5
	绿巨人	5	5	5
	红掌	5	4	4
	花叶万年青	5	5	4.5
	竹芋	5	4.5	4.5
	竹	4	4	4
	鹤望兰	4.5	4.5	4
	八角金盘	5	5	5
	鸭跖草	4.5	4.5	4.5
	福禄桐	5	4.5	4.5
	花叶吊兰	4.5	4.5	4.5
	绿萝	4.5	4.5	4.5
	长寿花	4.5	4.5	4
技艺厅北	鹤望兰	4	4.5	4.5
	棕竹	5	4.5	3
	孔雀竹芋	5	5	4.5
	吊兰	4	4.5	4.5
	苹果竹芋	4.5	4.5	4.5
	鹅掌柴	5	5	5
	变叶木	5	5	5
	金钱树	5	5	5
	散尾葵	5	5	5
	琴叶榕	5	5	5
	常春藤	5	4.5	x
	花叶竹芋	5	4.5	3.5
	长寿花	5	4	3
	波斯顿蕨	4.5	4	3
	豆瓣绿	5	5	5
	花叶芋	5	5	5
	绿萝	5	5	4.5
	八角金盘	5	5	5

3 小结与讨论

中国园林博物馆室内温度由于受空调设置的影响，全年的温度值与广州更接近（相比南京和北京），主要是温度设定考虑了人和展品的需求。11 月至次年 3 月温度基本维持在 20℃左右，高出南京 10 ～ 18℃，这对于江南一带的有些植物并不合适 [3]，一是冬季温度偏高，二是昼夜温差小，导致畅园内鸡爪槭等落叶植物冬季不落叶或落叶晚，秋季叶片变色不明显。一般来说，植物在低于 5℃才开始休眠，对长江流域的一些落叶植物需要创造冷凉的环境才能让其正常生长发育。20 ～ 25℃对南亚热带或热带的常绿植物，如鹅掌柴、马拉巴栗等则较为合适 [4]。

测定的 14 个不同点位的温度之间存在一定差异，原因首先是受太阳辐射的影响，阳光照射之处温度显著上升；其次受高度的影响，二层热空气上升，温度较一层要高；还受散热的影响，靠近玻璃之处，冬季容易散热，温度偏低。

由于没有加湿，园林博物馆室内空气相对湿度除 7 月外，其他月份均较上海、广州等地要低。冬季相对湿度更是低至 20%，这对喜欢空气湿度大（大于 60%）的南方植物（余荫山房和公共空间绿植）非常不利 [5]，导致蕨类等有些植物出现焦边等现象。因此要让南方植物生长良好，需要在 10 月至次年 5 月采取局部加湿的措施，使空气相对温度达到 60% 以上。馆内不同点位的空气相对湿度差异不大明显，只是植物密集的生态墙空气相对湿度稍高，太阳辐射之处湿度稍低。

光照是室内空间环境差异的主要因素，一些地方无太阳光照射，导致植株长势不良，出现徒长、黄叶甚至死亡情况。畅园和余荫山房西侧夏季的短时强光照和西晒，容易造成植株叶片灼伤。喜阴植物的光补偿点较低，通常在 5μmol/（$m^2 \cdot s$）左右，相当于 300lx。根据对园林博物馆不同位点的光照测定结果看，博览厅和文化厅角落照度基本低于 300lx，不适合布置植物，或者要进行补光等处理；植物生态墙照度略高于 300lx，要选择耐阴性强的植物 [6]；畅园和余荫山房的照度均高于该值，要根据不同地点太阳照射状况，选择喜阳和耐阴植物。

在中国园林博物馆博览厅角落、互动厅角落南、北两侧共 3 个室内空间，选择耐阴性相对较强的室内植物约 20 种，进行配置应用。通过为期 3 个月的观测评价，大部分植物保持了较好的观赏性，提升了展览和科普效果。3 处植物景观布置效果较之前的简单盆栽组合效果更好，不仅增加了植物种类和数量，而且营造出了不同的景观，体现出了园林博物馆的特点。当然现有的灯光照度还不够，今后可进行补光研究，将灯光从屋顶沿墙面往下移至 2.5m 左右的地方，应用可旋转冷光源或 LED 灯，使光照能覆盖整个植物布置区，照度达到 300lx 以上，保证植株的健康生长，改善室内公共空间的景观环境。

参考文献

[1] 中国天气网 www.weather.com.cn.

[2] 王倩 . 房间空调器除湿特性与应用基础研究 [D]. 华南理工大学博士学位论文，2015.

[3] 王杰青，许燕燕，朱军贞 . 苏州市室内植物装饰现状 [J] . 安徽农业科学，2010，38（32）：18424-18425，18429.

[4] 余倩霞，莫楚欣，徐志强，等 . 广州市室内植物种类及应用状况调查 [J] . 广东农业科学，2013，40（7）：41-44.

[5] 丁久玲，郑凯，俞禄生 . 浅析光、温、水对室内植物生长发育的影响 [J] . 浙江农业科学，2012（10）：1458-1461.

[6] 贾雪晴，符秀玉，王小如，等 . 室内植物幕墙植物材料的选择 [J]. 江苏农业科学，2012，40（6）：182-184.

基于游戏化体验的园林科普展示交互设计研究

中国园林博物馆/张宝鑫　李跃超　庞森尔　王　涛　吕　洁

摘　要：园林是中国传统文化的重要组成部分，承载了人们诗意栖居的生活理想。基于文献分析综述了当前科普游戏的研究进展，从园林的时空体验属性和文化特性等角度探讨了适合对其进行游戏化科普的途径，在此基础上分析并筛选了适合传统园林文化知识普及和传播的游戏化形式，研发出古典皇家园林、园林建筑、害虫与天敌等多款园林文化知识科普游戏，并应用到相关的科普活动实践中，能够更好地普及传统园林相关知识，并为其他领域科普游戏的研究提供了可借鉴的研究思路。

关键词：科普；园林文化；游戏化

中国园林源远流长，博大精深，是人们所不断追求的“理想家园”，是可游可赏可居、体现人格追求和精神世界的场所。传统园林作为极具生命力的文化形态、文化形式，其知识体系中既有文学艺术、书法绘画等传统文化方面的知识，也有生态学和植物生理学等科技方面的知识，这些庞杂的知识体系在传播文化和普及知识过程中需要进行细致梳理，探索适合科普的方式，以更好地促进相关知识的普及和园林文化传播。

在当前现代科技馆、博物馆等科普场馆和公园等科普场地中，园林知识科普内容的展示受到科普方式单一等的影响，通过图版和视频等被动接受科普知识仍是当前主要的科普途径，知识传播效果仍有待提高。而近年来发展起来的科普游戏等新媒体技术，以其娱乐性和趣味性对公众特别是青少年具有强大的吸引力，其良好的体验性和互动性恰与中国古典园林的时空体验具有一定的相似性。根据传统园林的艺术特点和文化内涵，研究并设计互动性强的科普游戏方式，并利用手机、网络和多媒体等传播园林相关知识，充分调动参观者的“视”、“听”、“触”等全方位感官体验，让参观者能够在参观和体验的过程中找到自己的乐趣所在，使其主动地体会、思考乃至动手去证实原本艰涩难懂的科学原理，在潜移默化中掌握展项所要传达的园林信息和园林知识，具有非常特殊的意义。

1　科普游戏研究进展

科普教育游戏就是一种较为有效的科普形式，它将游戏和科普教育很好地结合在一起，不但能够促进认知的发展，激发学习动机，同时由于它具有自由性、自主性等特点，因此能够更好地开展创造性教学，培养科普受众的信息加工能力、探究精神、合作能力、创新意识和问题解决能力，无论是国外还是国内都取得了一定的研究进展。

1.1　国外科普游戏发展

科普游戏一般被归为教育游戏，而教育游戏的研究与应用起源于西方国家，由于他们相关工作起步早，技术上具有一定的优势，在科普教育游戏开发方面已获得众多研究成果和实践经验[1]。教育游戏的研究可追溯到20世纪70年代，当时著名学者Bowman研究把电视游戏整合到教学设计中，接着Dwyer、Bracey等教育学者也围绕教育和游戏这两个领域的整合开展了相关研究，他们认为电视游戏中激发内部动机的方法应用于教学中，可达到寓教于乐的效果。随着数字多媒体技术的发展，教育游戏的内容和种类更加丰富，电视游戏逐渐演变到性能更强的计算机游戏（含手机游戏和主机游戏），可玩性也逐渐增强，进而衍生出科普游戏，在一定程度上推动了科普事业的发展。通过整合关于科普游戏的研究成果可以看出，西方学者对科普游戏的研究主要分为理论研究和实践研究两部分。科普游戏理论研究主要探究其教育价值，其中著名的学者为美国的Marc Prensky，其所著的*Digital Game-Based Learning*一书论述了数字游戏式学习定义、带来的学习效果、在教育科普中的应用等内容。美国的UniGame及其After School Computer Labs Project都在致力于游戏在教育中的价值研究，并通过试验研究得出在对小学生、中学生、学生的教育以及终生教育中都可以使用数字化游戏的结论[2]。教育学者Kristian Kiili根据体验式学习理论、沉浸理论和游戏设计理论提出了教育理论与游戏设计整合的体验式游戏模型，在游戏设计中重要的就是给科普受众明确的目标、有效的反馈和适宜的难度，这一模型为科普游戏的应用提供了较为完善的理论依据。科普游戏的实践研究主体为众多的游戏公司及科普制作公司，开发的科普游戏种类众多。例如，法国游戏商Cryo公司和Canal+多媒体公司联合制作的“凡尔赛：宫廷疑云”和“埃及：法老王之墓”，均为深受广大用户喜欢的科普游戏，两款游戏都让用户在潜移默化中获得了很多的历史、文化知识；麻省理工学院和微软联合开发的Games-to-Teach，目的是构建更为优化的互动式教育模型；众多的公司参与科普游戏的开发，并且充分利用最新的图形图像技术，使得游戏的体验得到了大幅度的提升。国外对科普游戏的理论和实践研究是充分且具有前瞻性的，并且在实践应用中不断完善。韩国NHN集团于2009年12月在“联合国气候变化框架公约会议第15次缔约方会议”上发布了关于环境教育的系列游戏，并将借助世界各环境团体免费向全世界普及。此外，国外还有众多的模拟类游戏，用户可以从游戏中获得特定领域的相关知识，如Astragon Software GmbH制作，Wendros AB发行的游戏“模拟驾驶2009”（Driving Simulator 009）中，需要玩家掌握各种真实的路况以及不触犯道路交通法规、泊车、限速、红绿灯和单行线等。玩家在潜移默化中可获得相关的交通知识。游戏Vh-tual U可让玩家体验当大学校长需要面对的种种问题[3]。此外还有诸如模拟伐木工、帆船运动模拟、足球经理等，但是目前国内外尚没有大型的多人在线的科普游戏。

1.2 国内科普游戏发展情况

目前，国内尚未明确提出科普游戏的概念。2008年首届中国科普动漫游戏大赛曾提出“科普动漫游戏”的概念，并征集“科普动漫Flash及游戏”作品，但并未在市场中推广获奖作品，未能产生较大的市场影响。

在国内，中国科普博览中科学游戏这一栏目下有一些普及科学技术知识的网上小游戏，此外中国数字科技馆、中国香港科学馆也有多款在线的科普小游戏。腾讯网也在上海世博会倒计时400天之际推出了一款体验版的百年世博知识大富翁游戏。但是这些游戏大都是网页Flash游戏，这种形式的科普游戏互动性和体验性较差，不存在玩家间的交流和竞争，其吸引力也远不及网游[4]。国内首款角色扮演类大型科普网络游戏《青少年玩世博》，是以“趣味世博”为主题的科普游戏，青少年玩家开发的集趣味性、教育性、科普性于一体的虚拟网络游戏。香港中文大学信息科技教育促进中心开发了一款名为“农场狂想曲”的网络游戏，并后续推出了“农场狂想曲2”，旨在利用游戏形式让学生综合学习地理、经济、生物以及科技知识，培养学生解难、批判性思考以及合作能力等高阶思维技巧和自主学习终身学习的习惯。但目前这款游戏仅在香港地区部分中小学进行推广，受众规模很小，尚未进行专业的、面向全国的运营[5]。

我国现阶段出现的科普游戏总体上是多限于科普场所，游戏形式简单，说教性较强，交互不友好，甚至部分人可能还在强调游戏给科普带来的负面效应。因此，我们当前对科普游戏的研究和推广亟待完善，且应与时俱进，并迅速发掘前沿技术在科普游戏中的应用，从而更好地推动我国科普事业全面发展。

2 适合园林知识科普的游戏类型分析

当前科普游戏游戏种类很多，主要可以分为电子游戏、实体游戏和借助工具类科普游戏这几类。而电子游戏又可以分为文字图片科普游戏、视频动画科普游戏、二维场景科普游戏、三维场景科普游戏和增强现实科普游戏几类，根据对传统园林内容的分析，适合对园林知识进行科普的游戏有以下一些类型。

2.1 拼图类游戏

拼图游戏是益智类游戏，其游戏规则较为简单，游戏结束时容易使游戏参与者有成就感，因此一直受到人们的喜爱。拼图游戏将若干个打乱的图片移动以排序，当重新组织为有序状态时即完成游戏，参与游戏可培养算法思维能力。游戏设计重点是如何随机打乱图片

进行游戏布局，以及如何实现系统提示和知识学习功能。用拼图游戏的形式来为观众讲解园林和园林植物等方面的知识，使观众能更好地理解园林相关知识，加深记忆。

2.2 知识链接类游戏（连连看）

连连看游戏是一款界面友好、操作简单，甚至可以不用在网页上安装客户端，是深受社会公众喜爱的小型游戏[6]。用户可以在网页、电脑、手机等各类客户端上轻松地登录游戏并进行游戏操作，该游戏成为最受欢迎的经典游戏之一。

2.3 竞技类游戏

竞技类游戏是建立在公正、公平、合理的游戏平台上的对战游戏，主要包括射击、策略和塔防等不同的游戏，可以用来设置相对应的两类实物之间的竞技，在知识交流和可玩性中找到平衡点。在园林知识科普游戏中，适合表现害虫与天敌等科普内容。

2.4 找不同类游戏

幼儿和青少年的观察能力很强，经常能够观察到生活当中的细微变化。生活中青少年和幼儿可以去观察植物是不是长高了，是否又长出一片新叶子，由此培养他们的观察能力。因此在科普游戏设计中可结合孩子的兴趣点以及能力发展特点，设计短时间的找不同类游戏，将园林植物或其他内容的知识融入其中。

2.5 体验类游戏

主要包括角色体验类游戏和养成类游戏等，属于相对大型的游戏。在新技术背景下可采用三维场景的真实展示，在虚拟情境的交互练习过程中助其达到沉浸学习。将复杂的园林科技和文化知识融入角色扮演类游戏中，在达到当前网络游戏体验感的同时将相关知识自然植入其中，可以使相关的知识普及水到渠成。

3 园林知识科普游戏研究与实践

根据对园林科普内容的梳理与分析，进行了园林知识科普游戏的设计与开发，从园林建筑、病虫害防治中的害虫与天敌、园林植物识别、鸟类知识与象鸟蛋、传统园林知识等几个方面开发了系列科普游戏。

3.1 园林建筑游戏化科普展示

园林建筑是古典园林组成的重要因素，建筑的结构也是当前科普活动中的重要切入点，在古典园林建筑三维扫描成果的基础上，研发出古典园林建筑科普游戏，游戏参与者自己在游戏的过程中完成对展示内容的意义建构，能够最大程度地提高展示效率，激发参观的兴趣以了解相关园林建筑知识的兴趣。游戏中将园林建筑的不同部分进行拆解，每部分都有关于园林建筑的科普知识，通过游戏化的方式完成建筑的搭建，能够很好地了解古典园林建筑相关的知识（图 1）。

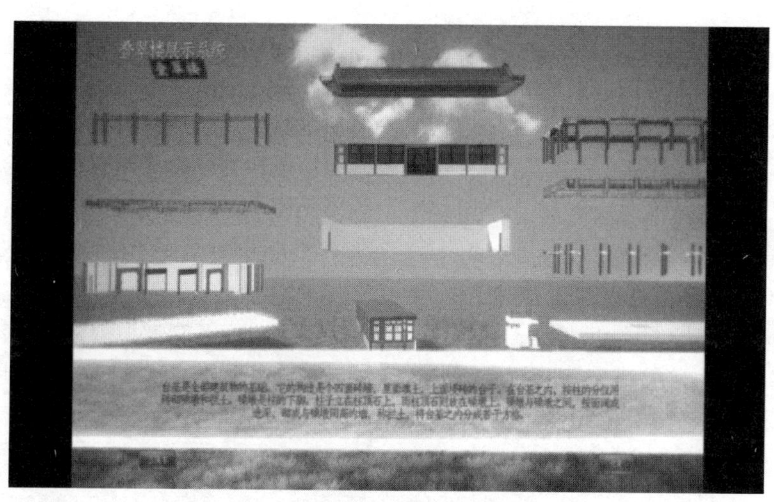

图 1　园林建筑科普游戏界面

3.2 鸟类知识与象鸟蛋科普游戏的开发

围绕象鸟、鸟卵与鸟巢的周边知识，设计互动科普游戏，将科普知识融入游戏中。以象鸟蛋为主题，延伸至鸟类相关知识，设置了四项科普游戏计，分别为“象鸟大拼图”、“鸟巢连连看”、“鸟蛋比大小”和“是谁在唱歌”。这四款游戏在中国园林博物馆的“微园林”公众号免费对外开放，主要普及多种鸟类不同的鸣叫声以及鸟巢的不同形状等知识。

采用 html5 网页游戏开发技术，以手机浏览器为服务窗口。前端采用 Bootstrap+jQuery + html5 技术实现网页游戏中的互动效果以及手机屏幕自适应效果。使用 ajax 方式进行前后台数据的交互；后台采用 java 语言进行开发，使用 mysql 数据库实现对数据的读写支持，通过 Tomcat 服务器进行系统的部署。

图 2　象鸟蛋与鸟类知识科普游戏界面

3.3　古典园林科普游戏的开发

中国传统园林以其深厚的文化底蕴和多元的功能深刻地影响着人们的生活和精神追求。在古典皇家园林中，园林建筑各异，山形水系形式多样，园林花木众多。采用三维扫描技术对古典皇家园林案例进行原真性三维数据采集，对扫描后的原始点云数据进行分析和加工，在此基础上将皇家园林要素进行数字化重建，在此基础上创作开发园林科普游戏（图 3）。以中国古典园林为主题，设置了“玩拼图”游戏，以知名古典园林古画为拼图素材，认识庭院布局、园林建筑构造、山石特性、水池驳岸等，实现对皇家园林艺术特征的可视化解读与传播，适合于少年儿童对皇家园林文化内涵的初步了解与认知；“连连看”游戏以古典园林公园及其内知名景点为素材，对公园和景点进行匹配。游戏时在充分了解和学习名园及重要景点的基础上，以两两连接消除的形式，加强对园林和其中景点的认识，在游戏中能够增加园林的相关知识。

采用 html5 网页游戏开发技术，以手机浏览器为服务窗口。前端采用 Bootstrap+jQuery + html5 技术实现网页游戏中的互动效果以及手机屏幕自适应效果。使用 ajax 方式进行前后台数据的交互；后台采用 java 语言进行开发，使用 mysql 数据库实现对数据的读写支持，通过 Tomcat 服务器进行系统的部署。

图 3　基于三维扫描数据重建的北海静心斋模型

图 4　中国古典园林科普游戏界面

3.4　园林植物与病虫害防治科普游戏

以植物分类、病虫害与天敌为主题，设计植物分类游戏（图 5）和保护花园科普小游戏（图 6），植物分类支持按照三个维度（植物类别、科属分类、园林应用等），对页面展示的植物进行归类。保护花园游戏是将病虫害与天敌进行匹配。两个游戏采用同一个用户体系，但按照不同游戏类别和关卡显示相应排行榜。前端采用 cookie 技术实现用户信息的存储与参与排行，而无须用户进行复杂的注册、登录操作，只需要简单输入昵称即可。

图 5　植物分类小游戏

采用 html5 网页游戏开发技术，以 PC 浏览器为服务窗口。前端采用 jQuery + html5 技术实现网页游戏中的互

动效果。本游戏中主要是对操作对象进行归类或匹配，因此，主要采用鼠标拖动的操作方式；为实现页面更加平滑的拖动效果，引用 Gridly 插件进行开发。游戏设计了得分排行榜环节，以激励用户通过反复游戏以掌握科普知识，技术上通过前端使用 cookie 实现用户信息的存储与参与排行，而无须用户进行复杂的注册、登录操作。使用 ajax 方式进行前后台数据的交互；后台采用 java 语言进行开发，使用 mysql 数据库实现对数据的读写支持，通过 Tomcat 服务器进行系统的部署。

图 6　保护花园小游戏

4　结语

科普游戏作为一种较为有效的科普形式，将游戏和科普教育很好地结合在一起，不但能够促进认知的发展，激发学习动机，同时由于它具有自由性、自主性等特点[6]，因此能够更好地开展知识普及，培养科普受众的信息加工能力、探究精神、合作能力、创新意识和解决问题的能力。在新媒体时代，根据中国古典园林艺术特点和文化内涵，研究并设计互动性强的科普游戏方式，并利用手机、网络和多媒体等传播园林相关知识，充分调动参观者的“视”、“听”、“想”、“触”等全方位的感官体验，可以让游戏者在体验的过程中找到自己的乐趣所在，使其主动地体会、思考乃至动手去学习探究复杂的科学原理和文化知识，在潜移默化中掌握游戏展项所要传达的园林信息和园林科技与文化知识。研究开发的园林主题科普游戏应用在科普活动中，取得了良好的知识普及效果，但是仍需要探讨大型科普游戏的互动设计方式，使之更好地服务于相关领域的知识普及和文化传播。

参考文献

[1] 周荣庭，方可人 . 关于科普游戏的思考——探寻科学普及与电子游戏的融合 [J]. 科普研究，2003（12）：60-66.

[2] 冯翔 . 国外科普游戏的发展概况与趋势 . 全国科普理论研讨会暨亚太地区科技传播国际论坛，2012.

[3] 潘津，孙志敏 . 美国互联网科普案例研究及对我国的启示 [J]. 科普研究，2014，2（9）：46-53.

[4] 广毅 . 教育与游戏的结合之路 [J]. 中国远程教育，2004：61-63.

[5] 郑博研，费广正，贺璐，等 . 科普网络游戏发展前景分析与相关建议 [D]. 中国传媒大学 .

[6] 赵海国，屈洋 . 连连看游戏的设计及其实现 . 湖南理工学院学报（自然科学版），2015，（28）3：39-51.

陶然亭公园科普活动的实践与探索

北京市陶然亭公园管理处 / 马媛媛　史新欣　杨　威　徐小云

摘　要：本课题在公园日常科普工作开展的基础上，开展了“陶然亭公园科普工作评价”调查，对公园科普设施、科普活动现状开展游客满意度调查，掌握公众科普需求。同时建立“陶然亭公园科普资源与评价指标体系”，分析公园自身科普资源状况，在此基础上完成科普活动资源库及科普工作手册的编写，为今后更好地开展公园科普工作，提供了科学指导。

关键词：公众调查；科普资源；评价体系

2002 年 6 月 29 日，国务院颁布的《中华人民共和国科学技术普及法》对科普的定义如下：国家和社会采取公众易于理解、接受、参与的方式，普及科学知识，倡导科学方法，传播科学思想，弘扬科学精神的活动。科普实际上是一种信息流变的系统，它是把科学知识、科学方法、科学思想以及科学精神，通过科普工作，传送到公众之中，并且内化为公众自己的思想、素养、道德、观念、能力、信念的系统过程。科普活动作为一种社会教育资源在促进公民终身学习、促进公民理解科学、技术与社会关系、完善学生知识结构方面具有重要作用。

1　陶然亭公园科普工作调研

为更好地开展公园科普工作，掌握公众科普需求，本课题开展了“陶然亭公园科普工作调研”，面向公园日常休闲游客对陶然亭公园的科普工作现状进行调查。调查问卷围绕公园科普工作开展调查，包括游客基本信息；科普设施及科普活动现状满意度；游客对未来科普活动的期望三部分内容。采取随机抽样的方法进行问卷调查，共发放调查问卷 348 份，有效率 100%。

1.1　基本信息分析

通过对调查者基本信息分析可知，陶然亭公园的女性休闲者比男性休闲者所占比例更大；按年龄结构分，18 ～ 35 岁的被调查者所占比例最大；被调查者的文化程度普遍较高，大专、本科及研究生以上学历者所占比例最大；按职业分，离退休人员最多。来陶然亭公园的频率，每周多次、每月多次的休闲者所占比例最多，停留时间基本都会超过 1 小时；来公园的主要目的是散步健身、观光游览、聊天会友或观赏动植物。以上调查结果与日常感知基本相近，通过了解公园游客信息，对于划分科普活动受众群体，确定公园科普工作定位具有重要参考价值。

1.2　科普设施、科普活动现状分析

陶然亭公园近年来举办的科普活动中，听说过但未参加过、参加过 1 次、多次的比例从高到低依次是：海棠 56.3%，月季 48.3%，科普小屋科普讲解活动 48%，观鸟活动 31%，植物导赏活动 30.7%，公园摄影活动 29.9%，

家庭园艺种植活动 28.4%，园艺知识讲解 27%，插花活动 23.9%，树木认养活动 21.9%。

根据调查结果可知，大部分游客对公园现有科普设施表示满意，认为内容设计合理具有时代感，标牌设计有新意。同时通过调查也得知游客对公园科普活动的了解情况欠佳，大部分游客并不了解公园开展科普活动的信息。但对于参加过科普活动的游客，对科普活动的整体满意度较高。针对目前科普活动知名度、参与度偏低的现状，今后的活动策划组织过程中，应增加活动的宣传力度，利用公园固定信息宣传栏及新媒体平台，尤其是利用网络、微信等宣传手段，让更多的人了解活动信息。另一方面，要注重科普受众群体的积累，通过建立科普活动报名平台，并且加强与周边社区及院校合作，建立长效机制，确保科普活动相对稳定的受众群体。

1.3 游客对未来科普活动的期望分析

根据调查结果可知，游客最感兴趣的是动植物识别活动、DIY 体验活动环保主题宣传；最喜欢的科普宣传方式依次是：宣传标牌，其次是微博与微信公众号、宣传橱窗和展板、工作人员讲解导览、宣传手册。希望科普活动以互动参与、表演、静态展示和导游解说呈现。

科普活动的举办时间首选休息日上午，其次是休息日下午，再次是工作日上午。科普活动举办的时间间隔，最好是每月一次，其次是半月一次或每季一次、每周一次。每个主题应举办 1 ～ 2 次合适，其次是 3 ～ 4 次。互动体验类型的活动，每个小组的人数最好控制在 10 人以内。户外参观、讲座类型活动，每个小组的人数 15 人比较合适。

2 陶然亭公园科普资源评价

科普资源是开展科普活动的先决条件，也是实现生态文明建设可持续发展的基础。通过建立陶然亭公园科普资源评价指标体系，对明确公园自身科普资源的类型与价值；探索公园系统科普资源科学评价方法；提升公园科普工作水平等方面具有重要价值。

2.1 公园科普资源类型

陶然亭公园，位于北京市南二环陶然桥西北侧，是一座融古代与现代造园艺术为一体的、以突出中华民族“亭文化”为主要内容的现代新型城市园林。陶然亭公园 1952 年建园，全园总面积 56.56hm^2，其中水面 16.15 hm^2，是北京市历史文化名园，国家级 AAAA 景区（点）。根据科普资源的定义及分类标准，将公园科普资源划分为自然、人文类型两大类。

2.2 评价指标体系构建

评价指标体系构建的一般原则是系统性、层次性、可操作性。在建立陶然亭公园科普资源评价体系的过程中，由于对科普资源评价的研究多围绕旅游资源开发，而没有针对城市公园范畴的相关研究。为满足可操作性原则，因此在评价体系的建立中，参考了旅游资源评价准则。科普活动的基础是旅游资源，科普活动的开展次数、规模、市场的知名度、美誉度，才是公园开展科普宣传工作的关键，也是科普资源评价的重要内容，因此围绕以上方面构建陶然亭公园科普资源评价指标体系（表 1）。

陶然亭公园科普资源评价指标体系　　表 1

准则层	因子层	指标层 1	指标层 2
观赏与科普文化价值	观赏价值	科普资源规模	植物覆盖面积
			人工湖面积
		科普资源特色	
	科普文化价值		
	历史文化价值	名人遗迹	
		历史见证	
		宗教信仰	
环境条件	环境质量	噪　声	
		空气质量	
		地表水质	
	环境容量		
设施条件	人力资源	科普人员总人数	
		科普人员结构	
		科普人员学历结构	
	科普经费	科普总经费	
		科普经费结构	
	科普设施	科普宣教多媒体设施	
		科普折页	
		科普宣传标识牌	
		科普宣传橱窗	
		电子显示屏	
	科普场馆、室外场地	室内科普场馆数量	
		室内场馆接待能力	
		室外科普场地数量	
		室外科普场地接待能力	
	可进入性及适游期	可进入性	
		适游期	

续表

准则层	因子层	指标层 1	指标层 2
开发条件	每年科普活动次数		
	每次活动接待能力（室内）		
	科普活动知名度		
	科普活动好评率		

2.3 评价指标权重确定

秩和比（Rank Sum Ratio，RSR）是一个新的统计量，是复合信息的载体，是综合效应的量化指标，也是非参数统计与参数统计相互融通的接口、切入点，有着极强的统计信息功能，在统计管理和统计研究中兼有描述性与推导性。在计算权重的过程中，既把专家对权重的估计作为其计算的主要依据，又有数理统计法统计计算的过程，通过专家对权重的指定与数学计算来最后确定权重的大小。RSR 法对权重进行计算的实质是专家法和数理统计法对权重的综合评定。

根据权重分配的计算公式：

$$a=\frac{2[m\times(1+n)-R_i]}{m\times n\times(1+n)}$$

式中，m 为专家人数；n 为被评价因素个数；Rj 为第 i 个因素的秩和，i=1，2，…，n。

各因素的权重 $a_i(t)$ 之和（$\sum_{i=1}^{n} a_i(t)$）可能不为 1，对其分别进行归一化处理。

2.4 模糊综合评价方法

通过构建研究对象陶然亭公园构成的科普资源评价体系，将指标按照评价指标体系转化为目标层、准则层和指标层；采用专家排序法和模糊隶属度相结合的方法，确定评判因素的权重系数，建立评价指标的评语集，基于每个子因素的评判，构建指标评价矩阵，最后进行模糊综合评价。

综合评价由低层次向高层次逐步渐进的方式完成。初级评价是对分指标层进行评价，利用以下公式并作归一化处理后求出指标层各个因子的评价模糊向量。

$$\boldsymbol{B}=\boldsymbol{A}\circ\boldsymbol{R}$$

式中：$\boldsymbol{B}$——1 级评判准则的结论向量；

$\boldsymbol{A}$——指标层的模糊权重集；

$\boldsymbol{R}$——单因素评判矩阵。

2.5 科普资源评价与分析

基于游客对陶然亭公园旅游需求的问卷调查结果，针对专家和学者设计“陶然亭公园科普资源评价调查表”，一方面对陶然亭公园科普因素重要性进行评价，另一方面，对陶然亭公园的科普资源现状进行评价。选择对于陶然亭公园比较熟悉的 22 位专家开展问卷调查，根据秩和比法确定各评价指标的权重（表 2）。

陶然亭公园科普资源评价指标权重　　表 2

准则层	因子层	指标层 1	指标层 2
观赏与科普文化价值 0.3364	观赏价值 0.2803	科普资源规模 0.3485	植物覆盖面积 0.6212
			人工湖面积 0.3788
		科普资源特色 0.6515	
	科普价值 0.3788		
	历史宗教价值 0.3409	名人遗迹 0.4242	
		历史见证 0.3788	
		宗教信仰 0.1970	
环境条件 0.2955	环境质量 0.6364	噪　声 0.3409	
		空气质量 0.3485	
		地表水质 0.3106	
	环境容量 0.3636		
基础条件（人、财、物及信息）0.1864	人力资源 0.2030	科普人员总人数 0.3636	
		科普人员结构 0.3636	
		科普人员学历结构 0.2727	
	科普经费 0.2606	科普总经费 0.6061	
		科普经费结构 0.3839	
	科普设施 0.2545	科普宣教多媒体设施 0.2627	
		科普折页 0.1576	
		科普宣传标识牌 0.2515	
		科普宣传橱窗 0.1788	
		电子显示屏 0.1544	
	科普场馆、室外场地 0.1515	室内科普场馆数量 0.2409	
		室内场馆接待能力 0.2909	
		室外科普场地数量 0.2364	
		室外科普场地接待能力 0.2318	
	可进入性及适游期 0.1303	可进入性 0.4697	
		适游期 0.5303	

续表

准则层	因子层	指标层 1	指标层 2
开发条件 0.1818	每年科普活动次数 0.2409		
	每次活动接待能力（室内）0.2682		
	科普活动知名度 0.2773		
	科普活动好评率 0.2136		

综合科普资源价值、环境条件、基础条件、开发条件，陶然亭公园科普资源模糊综合评判结果为“良”（模糊隶属度 0.3982）。这与陶然亭公园科普活动的现状还是非常吻合的。

$$
(0.3364 \quad 0.2955 \quad 0.1864 \quad 0.1818)\begin{pmatrix} 0.0897 & 0.0881 & 0.3270 & 0.4953 & 0.0000 \\ 0.0890 & 0.3095 & 0.1648 & 0.3731 & 0.0636 \\ 0.0518 & 0.2423 & 0.2774 & 0.2845 & 0.1426 \\ 0.0626 & 0.1455 & 0.3091 & 0.3758 & 0.1070 \end{pmatrix}
$$
$$
=(0.0775 \quad 0.1927 \quad 0.2666 \quad 0.3982 \quad 0.0648)
$$

3 小结与讨论

3.1 小结

根据陶然亭公园科普工作调查和科普资源评价体系，陶然亭公园科普工作总体评价为良。大部分游客对公园现有科普设施表示满意，同时通过调查也得知公园科普活动知名度、参与度偏低的现状。与北京市其他城市公园相比，陶然亭公园的科普工作无论是在资金、科普人员的配置，还是在科普活动策划上应尽可能规范管理，着力于完善设施、创新形式、扩大宣传、创建品牌。

未来陶然亭公园科普工作将围绕创建公园特色科普品牌活动开展，丰富科普相关产品；拓展科普宣传渠道；增强科普受众群体的积累，切实利用好公园的科普资源。

3.2 讨论

科普工作越来越受到社会关注与认可，但关于科普领域的研究相对较少，从本研究开展过程中所收集到的文献资料上可知，关于旅游资源开发等宏观尺度的研究文献较多，针对日常科普工作建设的微观尺度的研究非常少。研究者们普遍聚焦宏观层面的理论研究，却对微观层面的科普受众关注不够，而科普活动的落脚点恰恰是具体的景区和公园等。因此，开展微观尺度的科普工作调查与资源评价体系建立既有理论意义，也具有较高的实践价值，有利于促进科普资源优化和科普工作整体效果的提高。陶然亭公园今后还将结合公园日常科普宣传，继续围绕科普建设领域开展更多的研究工作。

参考文献

[1] 张俊，刘洋，翟红春．我国新时期科普资源开发对策探讨 [J]. 教育发展纵横，2016，(3)：267.

[2] 张志敏，任福君．科普活动作为一种社会教育资源的价值探讨——基于科普活动效果评估案例的分析 [J]. 科技导报，2012，30（28）：98-102.

[3] 理查德·洛夫．林间最后的小孩：拯救自然缺失症儿童 [M]. 王西敏译．北京：中国发展出版社，2014：8.

[4] 李婷．地区科普能力指标体系的构建及评价研究 [J]. 中国科技论坛，2011，(7)：11-17.

[5] 佟贺丰，刘润生，张泽玉．地区科普力度评价指标体系构建与分析 [J]. 中国软科学，2008（12）：54-60.

[6] 任嵘嵘，郑念，赵萌．我国地区科普能力评价——基于熵权法 -GEM[J]. 技术经济，2013（2）：59-64.

[7] 胡萌，朱安红．江西省科普效果指标体系及综合评价研究 [J]. 科技广场，2012，(12)：21-24.

[8] 唐顺英．山东省科普旅游资源特色评价及其分区研究 [J]. 桂林旅游高等专科学校学报，2007，18（5）：674-677.

[9] 王娜，钟永德，黎森．基于 AHP 的森林公园科普旅游资源评价体系构建 [J]. 中南林业科技大学学报，2015，35（9）：139-143.

[10] 张良强，潘晓君．科普资源共建共享的绩效评价指标体系研究 [J]. 自然辩证法研究，2010，26（10）：86-94.